中国特色政治经济学

人的发展经济学教程

主　编

许崇正

副主编

韩喜平

葛　扬

中国财经出版传媒集团

经济科学出版社

Economic Science Press

·北　京·

图书在版编目（CIP）数据

中国特色政治经济学：人的发展经济学教程/许崇正主编；韩喜平，葛扬副主编．－－北京：经济科学出版社，2024.5

ISBN 978－7－5218－5865－5

Ⅰ.①中…　Ⅱ.①许…②韩…③葛…　Ⅲ.①政治经济学－教材　Ⅳ.①F0

中国国家版本馆CIP数据核字（2024）第087424号

责任编辑：刘战兵　刘　悦　陈　晨
责任校对：李　建　靳玉环
责任印制：范　艳

中国特色政治经济学
——人的发展经济学教程
主　编　许崇正
副主编　韩喜平　葛　扬
经济科学出版社出版、发行　新华书店经销
社址：北京市海淀区阜成路甲28号　邮编：100142
总编部电话：010－88191217　发行部电话：010－88191522
网址：www.esp.com.cn
电子邮箱：esp@esp.com.cn
天猫网店：经济科学出版社旗舰店
网址：http://jjkxcbs.tmall.com
北京季蜂印刷有限公司印装
787×1092　16开　27.75印张　670000字
2024年5月第1版　2024年5月第1次印刷
ISBN 978－7－5218－5865－5　定价：98.00元

从人的发展经济学视角看中国特色政治经济学的建立（代序）

许崇正*

2008年的国际金融危机，成为世界资本主义体系从经济增长的“大稳健”时期跌入长期停滞的转折点。自那时以来，新古典经济学派和新自由主义经济政策受到了猛烈冲击。与此同时，中国改革实践取得的巨大成就，吸引了国内外的经济学研究者对中国经济发展独特性的关注，如法国的调节学派、美国社会经济结构学派（SSA学派）和日本的人的发展经济学派等。笔者认为，中国取得的成就有自己的独特之处，并不是市场自发的结果。

中国的经济发展有自己独特的道路，解释这一独特道路，当前主流的经济学尤其是西方的主流经济学是难以胜任的，需要建立中国特色的政治经济学。笔者认为，这一中国特色的政治经济学体系，必须以马克思主义经济学为指导，在深入研究新中国成立以来特别是改革开放以来走过的道路，在研究中国传统文化和习俗的基础上，才能建立起来。这一政治经济学体系不仅要与西方主流经济学体系有重大区别，而且必须是对其的超越，因为它既要总结中国已经走过的道路，更要揭示和指引中国经济未来的发展道路，这一未来道路必须是和谐的、健康的发展道路，必须是符合并不断促进人的自由全面健康发展的道路。构建这一政治经济学体系是一个宏大的工程，其中，需要在以下3个方面有所建树。

首先，建立中国特色政治经济学必须构建新的经济调节模式。

目前，西方新古典和新自由主义的市场调节模式已出现危机，完全的政府调节模式也存在缺陷，建立中国特色政治经济学体系，必须选择第三种调节模式，这一调节模式要以人的发展为核心。人的发展经济学的研究目的，恰恰就是为了找到一条以人的发展为核心、为目标、为调节模式的中国经济健康发展的道路。因此，经济新常态下，建立以人的发展为主导的第三种经

---

* 作者系中国人的发展经济学学会会长、南京师范大学中国经济研究中心主任。该文原载于《光明日报》［2015年11月18日和2016年8月31日15版（理论版）］，此处略有修改。

济调节模式，有助于真正建立起中国特色的政治经济学理论体系。

人的发展经济学研究在资源配置调节模式方面有如下特征：

第一，人取代物和货币，成为经济发展的原动力。数据显示，近几十年来，不少国家生产力提高的源泉，已经从有形资产变为无形资产。这里的无形资产是指不能与人分离，以人的智慧知识和人的创造，人的能力、人格等形式存在的资产，即人力资源。人的创造力的发展，人的潜能的挖掘发挥，人的素质的提升，是经济发展的原动力。从发达国家的发展历程来看，进入发展新阶段之后，能够转变为发达国家的，几乎都是通过人力资源对自然资源的替代，实现了经济发展与生态环境的协调。

第二，在调节模式方面，教育、科技研发、培训、医疗、护理、文化、休闲、老年服务、社会保障等行业，以及分配正义、分享经济、收入分配结构、人的精神需求、思想道德水平、人生观、价值观、人的生命健康需求、劳动保障、社会福祉的提升、以人为本的科技观、劳动时间的缩短、个人生态公正、代内公正、代际公正等，都对需求起着较强调节作用，应成为新的调节手段的主要内容。

第三，在资源调节的评价体系上，人类发展指数、人类发展的指标体系、人类幸福指数、人的自由发展程度、人类发展方法等指标，对于引导、优化资源配置，评价资源配置的优劣得失与水平高低，起着越来越重要的作用。

第四，在财富形成（价值创造）和财富（价值）分配方面，人的才能、智慧、创造力占有越来越重要的地位，资本和土地要素地位下降。知识、人的认知能力、人格特征越来越凸显其重要性，对资源的调节作用越来越明显。

第五，在财富资源的流通、消耗和储存上，物的经济正在被日益快速发展的智慧经济、“互联网+”等经济取代。

第六，在财富体系构成和财富资源的开发上，知识智慧体系和知识经济所占比重越来越大。

第七，在生态资源保护方面，政府、非营利性社会组织、民间组织和个人的作用越来越大。

其次，人的发展经济学是对马克思主义政治经济学的坚持与发展。

习近平总书记指出，坚持和发展中国特色社会主义政治经济学，要以马克思主义政治经济学为指导，总结和提炼我国改革开放和社会主义现代化建设的伟大实践经验。要加强研究和探索，加强对规律性认识的总结，不断完善中国特色社会主义政治经济学理论体系，推进充分体现中国特色、中国风格、中国气派的经济学科建设。习近平总书记的讲话为我们经济学研究者指明了方向，同时也为中国特色政治经济学——人的发展经济学研究指明了方向。

笔者始终认为，马克思主义经济学的核心和本质就是研究人、解放人，研究人与人之间的关系，研究人的自由全面发展。马克思主义经济学的起点是人，最终目标和目的也是人和人的发展，这鲜明体现了马克思主义经济学的性质和特征。西方经济学是关于资本的经济学，是物的经济学，它的起点是物和资本，是交换，终点和目的也是资本，追求资本的增殖和人的物欲不断增长。

马克思对人的自由全面发展的研究是建立在生产关系即人与人之间的关系和社会关系基础之上的。在马克思看来，经济发展的最高阶段是人的自由发展和人的普遍创新意识的觉醒。只要人们的普遍创新意识觉醒了，人自由全面发展了，经济发展的最高阶段就必然会到来。

马克思和恩格斯关于经济学的一系列主要著作，从早期的《1844 年经济学手稿》《1857－1858 年经济学手稿》，到《德意志意识形态》《共产党宣言》《资本论》，无不以人的自由全面发展作为研究经济全过程的价值取向、衡量标准。举例来说，马克思研究生产关系，是和生产力结合在一起的，而他研究生产力，不仅对物质的生产力进行了研究，还对人的精神生产力进行了深入的研究。

所以，人的全面发展的经济思想既深刻鲜明地体现了马克思主义政治经济学的本质、理论特点、理论优势、理论创新，又鲜明地体现了马克思主义经济学对西方古典经济学、新古典经济学以及凯恩斯经济学的重大超越。

中国学者倡导的人的发展经济学，既概括了马克思主义政治经济学的主要内容、主要特点及本质，又深刻总结了中国改革开放以来的实践成果，并对那些过分强调市场化、金钱化和“经济人”过分追求金钱的理论进行了批判。

“中国特色政治经济学——人的发展经济学”从社会历史的视角来研究人的发展的经济过程。对于社会历史进程，马克思主义经济学是从生产力、人与人之间的关系，以及社会经济形态、所有制与产权、分工、市场经济、生态文明建设等范畴来说明的。人的发展经济学继承了这一思想，不仅详细阐述了这些内容，而且充分体现了“人的发展是一个历史过程，人的发展与社会经济运动相辅相成”这一马克思主义的观点。例如，人的发展经济学认为，人是生产力的主体与核心，生产力的内部构成与人的能力的内部构成密切相关，社会生产力不断发展使其内部构成发生变化，与劳动者的发展内在相关。在生产力发展的推动下，人类的社会经济形态将经历不同的历史阶段，人的发展在其中分别有不同的特点。人的发展经济学还认为，从历史到现实，经济生活的根本内容是产权关系，它深刻反映了人的社会分化及其相互关系。社会分工是社会经济发展的重要方面，它对人的发展具有复杂的影响，旧式分工的消灭是人类劳动解放与人的全面发展的体现。此外，人的发展经济学指出，社会主义市场经济是包含经济制度与经济形态双重内容的历史阶段，它的建立与发展对实现人的全面发展起到必要的、多重的作用；生态文明建设有广义与狭义之分，在这个建设当中，人与自然的关系、人的生存条件以及人的自身发展都将产生重大变革。

“中国特色政治经济学——人的发展经济学”从人的发展涉及的相关领域来探讨人的发展牵连到的经济关系。人的发展涉及的相关领域主要是经济、社会领域，还包括环境，基于此，人的发展经济学以马克思主义经济思想为基点，站在人的自由全面发展这个角度来分析并揭示三类关系：人与人之间的关系、人与自然的关系、人与自身的关系。关于人与人之间的关系，西方主流经济学在分析资源配置时对决定人类幸福的其他因素缺乏考虑，尤其是缺少对人的智慧、创造力、潜能、人的全面自由发展的分析，人的发展经济学对此则进行了详尽论述。比如，收入分配是社会经济活动的基本内容之一，人的发展经济学分析了人类社会现有的几类收入分配方式对人的全面自由发展的利弊，并指出按劳分配方式是最为合理的收入分配方式，同时论述了具体的制度设计。关于人与自然的关系，人的发展经济学的研究内容包括生态公正、国民生态健康与可持续生存、生态需求、绿色经济等。在其研究视野中，生态公正要求公正地协调与处理各利益主体在生态领域的利益关系，使之保持在各自权利与义务上的均衡和对应，这是人的公平发展的重要方面。政府要加强以生态保护为主导的宏观调控。生态环境的质量是经济增长的结果之一，生态危机是当代最重要的危机之一，应对这一危机就要建立“生态环境·人的发展·经济再生产”三维协调发展观。社会经济要走绿色经济发展道路，以满足人的生态需求为宗旨，确保生态资本的非减性。关于人与自身的关系，人的发展经济学研究的内容包括消费活动与生活质量、人的健康、环境与人体需要等，并坚持联系马克思主义的消费观、消费经济思想来进行探讨。从这一视角来看，人的发展经济学不是传统消费经济学的延伸，而是紧密结合人的全面发展来论述消费经济问题，并把健康指标加入消费者的效用函数，解释人的健康与经济的生产方式、自然环境质量之间的关系。

中国的经济发展有自己独特的道路，而当前主流的经济学尤其是西方的主流经济学难以对其做出解释。这一中国特色的政治经济学体系，必须以马克思主义经济学为指导，在深入研究新中国成立以来特别是改革开放以来走过的道路，在研究中国传统文化和习俗的基础上，才能建立起来。笔者认为，“中国特色政治经济学——人的发展经济学”应该对此有所贡献。目前人的发展经济学的主要研究者、研究成果都在中国，国内也即将出版这部开创性的《中国特色政治经济学——人的发展经济学教程》。从现有的研究群体、研究成果和研究与教学内容来看，“中国特色政治经济学——人的发展经济学”学科体系已经基本形成，研究群体也在迅速扩大。人的发展经济学的相关研究成果始终能够与现实紧密联系，回答现实提出的经济问题。例如，关于当前和未来中国扭转经济下滑的局面、摆脱“中等收入陷阱”等问题，人的发展经济学提出，我国的经济发展质量必须依靠人的发展来提升，靠智慧经济、知识经济、科技创新和共享经济来实现。

最后，需要将人的发展经济学与生态经济学相融合。

建立中国特色的理论经济学，即“中国特色政治经济学——人的发展经济学”，其指导思想和理论渊源应该是人的发展经济学和生态经济学的融合。两者能够相互融合是因为两者具有内在统一性：经济学是人学和生态学的内在统一，是以人为本和以生态为本的内在统一，人既是发展的主体，又是发展的终极目标，是把人的可持续性生存与全面发展，尤其是人的身心健康、幸福生活放在发展的第一位。同时，自然生态环境既是发展的第一基础，又是发展的终极目标，必须把人及整个社会的发展建立在自然生态环境良性循环和发展的基础上。这些都对推动经济的健康发展有着重大的指导作用。

近年来，经济学研究常常“忘却了人”，“忘却了自然”，某些经济学家没有人与人的发展和自然与生态发展的基本价值取向，研究的是“以物为本”“以利润为本”“以金钱为本”“追求经济人私利”的经济学。在这种经济理论的指导下，经济增长往往需要付出极高的自然生态代价和沉重的人与社会的代价。

经济学是社会科学，从这一学科属性的内在逻辑来看，经济学以人为逻辑起点理所当然。人是生活在社会中的，任何一个单个的人都不可能脱离所处的社会和环境，经济学研究的经济规律说到底是人的社会活动规律。因此经济学研究对象不应是单纯的“经济人”，而应是“社会经济人”。人不仅有经济利益、金钱利益，更要追求、崇尚精神价值。

以人的生产力和生态生产力的巨大牺牲为代价换取的物质财富增长，虽然使物的世界大大发展，却也使人的世界贬值和自然的世界衰败。我国的经济发展也面临着上述问题，因此，中国特色理论经济学的建立，必须立足于促进经济发展的人性化和生态化，确保实现人的可持续生存与发展，确保自然的可持续生存与高度发展。而且，我国是社会主义国家，发展并不简单等同于经济的增长，中国经济的发展必须以人的发展和人与自然的和谐发展为指导、为方向。中国特色政治经济学就是要找到一条以人的发展为核心、为目标的中国经济发展道路。

CONTENTS 目录

第一篇 导 论

第三篇 基本要素

第四篇　生存发展环境

第一篇　导　　论

第一章

中国特色政治经济学——人的发展经济学的内涵、逻辑起点、研究对象

当前，对人的自由全面发展问题的研究，在世界各国已越来越引起高度重视，因为这一问题极其重要。本章主要围绕建立中国特色政治经济学——人的发展经济学学科的客观必然性问题，着重探讨其内涵定义、逻辑起点、研究对象、性质、研究内容、理论体系和研究方法。

第一节 中国特色政治经济学——人的发展经济学的内涵和定义

在经济学几百年的发展过程中，一方面关于经济学的内涵和定义在不断演变（变化），另一方面经济学家对它的定义可谓五花八门，莫衷一是。“econom”一词源于希腊语，eco的意思是“家务”，nom的意思是“规则”，“economics”的传统含义是“家政管理”。根据文献记载①，在古代社会，公共财富往往被少数人掌管，立法者习惯于把这部分财富视为掌管者自身的个人利益，人身依附关系决定了古代社会立法根本不可能关注到普遍的经济利益。法学家们十分注意维护财产带来的种种困难，特别关注如何使财产永远保存在家庭中的方法，而哲学家们只关注财富会给人类幸福带来何种恶果，并热衷于帮助政府制定限制财富增长的各种法律。最早的“经济学”概念出现在色诺芬的《经济学》一书中，他把经济学定义为改善家庭的艺术，显然与我们今天所讨论的政治经济学无关。亚里士多德在《论共和国》第一部中，以多章篇幅论述了政治经济学问题，他把这门科学命名为“理财学”，并给财富下了经典定义：财富是属于家庭和国家的经过加工的丰富的物资。但在《论经济学》一书中，他对财富管理的理解只是更偏重在感性的直观罗列上，如大量非法税收事件的真实记录，但没有任何分析与评价，政治经济学似乎还处在萌芽状态。

到了近代社会，人类形成社会团体以后，用公共财产来满足公共需要，管理由自身

---

① 主要参见伊特韦尔等．新帕尔格雷夫经济学大辞典：第一卷至第四卷［M］．陈岱孙等译．北京：经济科学出版社，1996；西斯蒙第．政治经济学新原理［M］．何钦译．北京：商务印书馆，1964.

的财产所产生的共同利益成为必要。因此，如何征收和管理属于公共所有的国民收入，就成为政治家们的一门重要科学知识，于是最早的财政范畴、政治经济学范畴应运而生。首先是16世纪查理五世的大臣们用积极的国家财政管理行动，框定了政治经济学发生认识论原理：关注国家财产增值，以公共利益作为行政方针。西斯蒙第称他们是实现政治经济学第一次革命的功臣。其次是17世纪亨利四世时期的法国，随着国家机构的发展和公共行政管理范围的扩大，"政治经济学"一词被法国学者蒙克莱蒂安首先提出，其含义是"管理、控制和自然法则"。随后，英国的威廉·配第开始使用"政治经济学"一词，他似乎更强调"政治"二字，并用"政治解剖"一词来描述他对爱尔兰经济的分析。同时，为了更精确地反映国家的政治经济状况、比较国家间的相对优势，他使用了"政治算术"一词。17世纪欧洲很不自由，各国财政管理实行严格保密制度，使最初的政治经济学家们被限定在职业或行业内部，既不能公开发表见解，也不能相互交换信息。18世纪是西欧资产阶级革命和资本主义制度确立的时代，尤其是该世纪初的法国思想启蒙运动和世纪末的法国政治大革命，推动了社会转型与国家管理活动中作为哲学和政治学体现的政治经济学的确立。18世纪政治经济学的出现，集中回应了17世纪、18世纪最具决定性的问题——社会转型和社会调节问题。它的核心理念是利益需要比利益感觉更重要，经济乃是社会的坚实基础，唯有它才能考虑和实现社会的协调性。率先从科学的经济学组织的角度表达政治经济学的学科寓意，是18世纪重农学派的贡献。魁奈概括了对财富的性质和再生产与分配的讨论，并在《经济表》中赋予政治经济学的学科含义，被米拉波表述为政治经济学"似乎由关于农业和公共管理与财富性质和取得财富的方法的论文构成"①。到了18世纪70年代，政治经济学几乎专指与国家资源相联系的财富的生产与分配。英国经济学家詹姆斯·斯图亚特第一个把"政治经济学"用于书名中，并把它解释为关于"如何保证所有的居民得到维持生存的必需资金，消除可能引起生活不稳定的各种因素，提供满足社会需求的一切必需品以及居民就业"② 的知识。学界公认，亚当·斯密是近代西方政治经济学最具影响力的创始人，他在《国富论》一书中把政治经济学定义为"政治家或立法家的一门科学"，并提出双重目标："为人民提供充足的收入和生计……以及给国家和社会提供充分的收入，使公务得以进行。"斯密还将政治经济学直接表述为"一门研究国民财富性质和原因的学问"③。尽管斯密的表述存在一定的抽象性和虚假性，但比起今天的西方经济学过于偏重工具理性的倾向，似乎要清醒得多。此外，亚当·斯密认为，经济学是一门旨在"富国裕民"的科学④。之后，西蒙斯第认为，经济学是"研究一定的国家绝大多数人能够最大限度地享受该国政府所能提供的物质福利的方法的科学"⑤。杰文斯认为，"经济学就是研究如何以最小痛苦换取最大快乐的学说"⑥。古典经济学的集大成者阿尔弗雷德·马歇尔认为，经济学"一方面是一种研究财富的学问，另一方面，也是最重要的方面，它是研究

①②③ 伊特韦尔等．新帕尔格雷夫经济学大辞典：第四卷［M］．陈岱孙等译．北京：经济科学出版社，1996：969.

④ 斯密．国民财富的性质和原因的研究［M］．郭大力，王亚南译．北京：商务印书馆，1974：1.

⑤ 西蒙斯第．政治经济学新原理［M］．何钦译．北京：商务印书馆，1977：414.

⑥ 蒋自强等．三次革命和三次综合——西方经济学演化模式研究［M］．上海：上海人民出版社，1996：239.

人的科学的一个部分"①。马克思认为，经济学是研究物质资料的生产、交换、分配、消费等经济关系和经济活动的规律及其应用的科学。萨伊认为，政治经济学是"阐述财富的科学"，是"阐明财富是怎样生产、分配与消费的"②。麦克库洛赫认为，"政治经济学是研究具有交换价格的，并为人所必需，有用或者喜爱的物品或产品的生产、分配和消费的规律的科学"③。罗宾斯对经济学的定义是："经济学是把人类行为当作目的与具有各种不同用途的稀缺手段之间的一种关系来研究的科学。"④"经济学对于各种目的而言完全是中立的；只要达到目的需要借助于稀缺手段，这种行为便是经济学家关注的对象。经济学并不讨论目的本身。它假设人们在下述意义上是有目的的，即人们拥有一些可以界定并可以理解的行为倾向。经济学要回答的问题是：人们达到其目标的过程如何受制于手段的稀缺——稀缺手段的配置如何依赖于最终的估价。"⑤ 这就是著名的稀缺论定义。这一定义对西方经济学产生了深远的影响，一大批经济学家，如萨缪尔森，理查德·里普瑟和彼得·斯坦纳都以某种形式在重复罗宾斯的定义。例如萨缪尔森认为，"经济学是研究人和社会如何进行选择，来使用可以有其他用途的稀缺的资源以便生产各种商品，并在现在或将来把商品分配给社会的各个成员或集团以供消费之用"⑥。

需要指出的是，所谓稀缺论只不过是商品观或者财富观的变通表达而已——在稀缺资源的限制下寻找商品或财富的最大化逻辑。

以上简要回顾的是部分经济学家对经济学的定义。那么人的发展经济学的内涵和定义是什么呢？由于人的发展经济学是一门新兴学科，国内是从 20 世纪 80 年代上半期开始研究的，1990 年出版了《人的全面发展与社会经济》等学术专著。国外研究的历史也不长，其他社会主义国家（包括苏联）没有这方面的研究成果。日本、美国、法国等研究这一问题也只有 20 多年。目前，笔者所能见到的国外著作中涉及人的发展经济学内涵和定义的，只有日本经济学家二宫厚美、成濑龙夫等于 1994 年出版的《人的发展经济学》，以及日本经济学家池上惇、二宫原美等于 2005 年出版的《人的发展政治经济学》。在这两本书中，作者分别对人的发展经济学的内涵及定义做了表述。在 1994 年出版的《人的发展经济学》的序言中，两位作者对人的发展经济学的内涵和定义是这样表述的：人的发展经济学的基本观点，大约有以下 5 点：第一，发现领悟人的发展潜在力在社会发展中的形成与发展的视角；第二，劳动能力的发展，生活、消费能力的发展，民主主义统治能力的发展；第三，怎样才能孕育创造出民主主义的各种要素；第四，强调了自由时间的扩大及随之而来的劳动时间短缩这一重要课题；第五，研究民主主义的人权制度及其有着不可分割关系的发展保障劳动。

另外，1994 年出版的《人的发展经济学》这本书的第七章对人的发展经济学还做了这样表述：人的发展经济学主张，在斯密时代也许是通过市场经济来达成的人权的经济基础与人的发展机会提供的，而现在只通过市场经济是无法达成的，必须补充生存权

① 马歇尔．经济学原理：上卷［M］．朱志泰译．北京：商务印书馆，1964：1.
② 萨伊．政治经济学原理：财富的生产、分配和消费［M］．陈福生，陈振骅译，北京：商务印书馆，1963：15.
③ 胡代光，周叔莲等．西方经济学名著精粹：第 1 卷［M］．北京：经济管理出版社，1997：5.
④ 罗宾斯．经济科学的性质和意义［M］．朱泱译．北京：商务印书馆，2001：20.
⑤ 罗宾斯．经济科学的性质和意义［M］．朱泱译．北京：商务印书馆，2001：26.
⑥ 萨缪尔森，诺德豪斯．经济学：第 12 版［M］．高鸿业等译．北京：中国发展出版社，1992：12.

的保障、公平竞争的保障、学习权的保障、创造权利的保障等，否则就不能达成。人的发展经济学同时主张，具有支持不同相关理论及制度的主动性公务劳动、合作社劳动、非营利组织的劳动（这些可以一并称为发展保障劳动），正是由它们担负开发个人的个性，构筑相互个性的关系，互相支持人性的经济基础及人的发展的社会关系才能够发展。从某种意义上说，当没有人权法则及支持它的劳动时，斯密的理想就不能实现，应当在认同市场经济意义的同时，通过强调公共支援、协同组织的关联来主张市场经济的限度，以此明确了人的发展经济学的必要性①。

以上是日本的几位经济学家在1994年关于人的发展经济学内涵、定义的表述。11年后，日本经济学家池上惇、二宫厚美等于2005年出版了《人的发展政治经济学》这本书，在这本书中他们认为，“人的发展经济学的关注点可概括为两点：从人的发展角度开辟经济学的新天地，同时，从经济学视角明确人的发展规律和人的发展所需要的社会条件、环境等”。作者认为，“人的发展经济学是将人的创造活动及营利活动纳入视野，综合性地掌握非营利性组织与个人以及进行营利性事业的组织与个人的经济学”，并指出：“本书所展开的人的发展政治经济学是基于这样的事实——人不只靠货币财富的积累、金钱的衡量、物质财富的价值来生存的，经济社会当然也不能只靠这些来维持。”此外，本书还指出，当推进金钱累积的活动达到一定的成熟阶段时，他就会考虑产生要保护自身的体制及习惯。那就意味着作为社会资源的货币财产，不能够为了当前紧急需要的“人的生命与生活的充实”而进行分配。这种倾向，在成熟社会与发展中国家，会使人们的生活变得悲惨，会威胁到人的尊严。

但是，这种动向是由这样的历史事实所支撑的——人，是无法长久拥有非人性化生存的希望的，即使想，那也是不可能的。世界是这样发展而来的，即在社会上确立了人们的生存权及人生的自由选择权，并将它作为正义的原则。况且，人类的历史，只有金钱是不够的，是通过智慧与创意方法、高度热情与伦理性和诚意来实现健康、生存意义与幸福的，以自己的意愿自由地创造人生，可以说是以这样的人的发展的经验积累而来的。

同时，在企业与劳动者之间围绕着金钱的价值所带来的金钱欲、物欲的形式，存在着严峻的生存竞争，而且在生存竞争中，作为人类智慧的科学技术、艺术文化的新成果，只是作为令金钱的价值增殖的手段而被开发利用着。并且这些成果在商业主义支配市场经济的条件下，变成了无数的新商品和服务，撩拨着人们的欲望。人类的这些欲望，也只是被摆放在让金钱的价值增殖的手段位置上，在这种倾向中，人无力地存在着，一心只想获取金钱，只能看到小的存在②。

在这个意义上，人的发展经济学自20世纪90年代以来，变得显眼起来，它重新评价了生存的权利、公正的竞争、企业伦理与环境伦理、政治伦理。

人的发展政治经济学是在20世纪90年代日本经济学的发展中特别是在基础经济科学研究所的共同研究中诞生的，是通过研究生存竞争发展而来的。而且，它进行的很多的严厉批判获得高度评价，经过对有关理论上的问题点的争论，到现在逐步实现了独立

① 二宫厚美，成濑龙夫等．人的发展经济学［M］．东京：青木书店，1994：序言．

② 池上惇，二宫厚美等．人的发展政治经济学［M］．东京：樱井书店，2005.

发展。

经济学从关注商品开发转换到关注人的发展。现代市场经济告诉我们，尽管通过高效率的技术发展及分工合作带来了生产力的进步，但当保障教育、医疗之类的人权制度不被支持时，是不能充分扩展自由的。

那么，应如何让这个“人的发展的经济学的两个流派”相互交流，谋求品质更高的新的经济学的结构呢？将这个新课题作为对“人的发展经济学”进行系统化展开的尝试，希望能够成为日本经济学者所做出的国际贡献的证明。池上惇等指出，“人的发展经济学，尽管大体上认同这种商品的双重性，但是同时，重视处于市场交换背后的人的主体”。①

以上是几位日本经济学家在1994年和2005年分别出版的两本著作中关于人的发展经济学内涵和定义的表述。

另外，更值得一提的是获得诺贝尔经济学奖的印度经济学家阿马蒂亚·森，他在20世纪90年代提出了“人的自由发展与经济学”，并就人的自由发展与经济写出了许多经典的著作，如《以自由看待发展》（1998年）、《理性与自由》（2002年）、《贫困与饥荒——论权利与剥夺》（1981年）、《集体选择和社会福利》（1970年）、《伦理学与经济学》（1998年）、《理性的傻瓜——对经济学行为主义基础的批判》、《饥饿的公共行为》（1989年）。在上述多数著作中，森都反复强调要用自由看待发展，他认为，要把发展的视角定位在自由之上，通过对自由的专注，他为我们提供了有力的概念基础。在森那里，自由被界定为与生活质量类似的实质意义上的人的潜在能力。这一自由概念具有多重面孔，是实质自由与形式自由、积极自由与消极自由、过程自由与机会自由的统一。自由是人类最可贵的本性，对应于人的二元性（福利与主观能动），人拥有两种自由：“福利自由”和“主观能动自由”。自由的反面是剥夺，“剥夺”是不自由的基本样态，指的是基本可行能力的丧失。另外，从自由出发，森建立了自己的“人类发展方法”。他提出了自由发展观，阐述了人的完全自由是发展的首要目的和重要手段的理论新框架。这种自由发展观与可持续发展观是一致的。森分析了格罗·布伦特兰和罗伯特·索洛可持续发展定义的局限性，为可持续发展赋予了新意，强调可持续发展的目标是实现“可持续的人类自由”②。但是，令人遗憾的是，阿马蒂亚·森没有出版专门论述“人的发展经济学”的专著，因此也没有就人的发展经济学的内涵下专门定义。

以上介绍的是国外经济学家关于人的发展经济学的定义和内涵。

结合我国的实践和笔者多年来（从1980年上半年起）对人的发展经济学的研究探讨，本书对人的发展经济学的定义如下：

所谓人的发展经济学，简略地讲，就是人的经济学，而不是商品的经济学或物的经济学，它的研究对象是“社会人”，研究一国经济发展、经济活动和人的经济行为、活动如何适应并满足人的最高需求（自由发展的需求）和欲望，研究如何应用人的自由全面发展这一最主要的生产要素来优化配置资源，从而使资源的配置、分配与人的自由发展达到和谐、完美的结合。

---

① 池上惇，二宫厚美等．人的发展政治经济学［M］．东京：樱井书店，2005.

② 周文文．伦理、理论、自由——阿马蒂亚·森的理论［M］．上海：学林出版社，2006：13－14.

人首先生活在社会中，因此人讲经济，追求经济利益和私利，离不开所生活的特定社会。单纯的经济人只会助长人的私欲、个人主义的无限膨胀。只有社会人才能使人在讲经济、追求私欲的同时，想到社会，想到自己是社会的成员，要有社会责任心，在追求个人利益的同时顾及他人、顾及社会。人既是发展的主体又是发展的终极目标，应把人的可持续生存与全面发展，尤其是人的身心健康、幸福生活放在发展的第一位，确保人的可持续发展；同时必须把人及整个社会发展建立在自然生态环境良性循环和发展的基础之上，确保实现人的可持续生存与发展和自然的可持续生存与高度发展的双重终极目标。一个国家的发展并不简单等同于经济增长。经济发展只是手段，人的自由全面发展才是目的和目标。经济增长并不等于人民一定得到幸福。经济的发展道路必须以人的发展和人与自然的和谐发展为指导、为方向。人的发展经济学的研究正是为了找到一条以人的发展为核心、为目标的经济发展道路。

以上就是本书对人的发展经济学的定义，以及对人的发展经济学内涵的论述。

在经济学研究的层次上，即在研究经济管理体制和经济发展之时，还存在着一个对人的研究领域。如果说在研究经济管理体制和经济发展目标这一层次上已经不能回避人的问题、不能不涉及经济学中的人的发展的话，那么在经济学的每个层次和方面，几乎所要探讨的每一个问题，都是经济发展研究与人的自由全面发展研究相结合的问题。这样也就十分自然地出现了建立“人的发展经济学”的需要。

随着当代人类生存世界的货币化、智能化以及异质化的深度发展，实践领域不断呈现出更为复杂、不确定和矛盾的性状。它深刻地提出了科学研究的整体性和交叉性诉求，自然科学的重大发现和技术创新，离不开跨学科互动，人文社会科学承担的社会责任，更使其离不开跨学科的联动。人的发展经济学正是跨学科联动产生的新经济学学科，从而彰显了人的发展经济学批判的优势和生命力。人的发展经济学的任务就是研究和回答当下因生产关系、财产关系、经济关系而导致的重大社会问题。

同时，经济学必须反思，必须把对追求物质财富和金钱的研究，以及对追求人的自私合理性的研究转向对人的发展的研究。这样也就十分自然地出现了建立“人的发展经济学”的需要。

应当指出，那种否定对“人”的研究的观点，是同马克思主义经济思想相违背的。马克思主义经济学始终把人理解为社会的人、实践的人，认为经济规律归根到底是人的活动规律；人是社会的主人，研究经济学，不能离开对人的研究，从而也不能离开对经济学中的人的自由发展问题的研究。这就是说，经济学应该研究如何增加物质财富的问题，但绝不应仅限于此，而更应当研究人如何才能自由全面发展，以及如何利用人们创造出来的财富来满足自己的物质和文化需要，研究物质财富增加过程中人与人之间的关系，研究人的发展、人的行为的选择，研究人的经济行为和社会、社会道德、伦理价值秩序的协调，以及人的欲望、偏好、理性预期、人的发展和需要对经济活动、经济发展、经济秩序的影响。

当前，关于人的发展经济学问题的研究已越来越受到重视，经济发展不是目的，而是手段，人的发展才是目的，是最高的价值标准。经济学需要研究人，涉及一个价值准则问题，即建立人的某种类型的行为是否合宜的价值标准问题。把握经济行为的合理性趋向，并由此而提升到一个实践理性的原则，这无疑是对我们的经济理论研究提出了一个新的迫切任务。这也就是说，“人的发展经济学”这一课题的研究，直接关系到社会主义经济发展的方向，关系到我国经济和政治体制改革的目标。

经济学这门科学理论本身，也需要与一定的人的发展经济思想相结合，才能使经济科学更加完善、完整。我们知道，经济学不仅要探讨经济发展自身的内在规律，同时它还直接涉及经济行为的主体——人的发展、行为、思想、欲望、预期和需求。对人的问题，从古典经济学的代表斯密开始，到马歇尔，以至现代西方的福利经济学派、货币学派等，无一不将其作为自己学说研究的对象或研究的中心，只不过他们研究的是“经济人”。著名的资产阶级经济学代表、“剑桥学派”的创始人马歇尔在其代表作《经济学原理》一书中，开宗明义地公开宣布：“政治经济学是一门研究财富的学问，同时也是一门研究人的学问。……因此，一方面它是一种研究财富的学科，另一方面也是更重要的方面，它是研究人的学科的一个部分。”① 但无论是斯密，还是马歇尔，他们研究的人都是追求物质利益、追求金钱私欲、私利膨胀的“经济人”。然而，新中国成立以来，我国的社会主义经济学教科书及其他许多著作，却始终回避对于人的问题的研究，把人的发展问题排斥在经济学研究的视野之外，这不能说不是一件憾事。经济学中的所有制问题，以及生产、市场、价格、金融、汇率、分配、生活质量乃至需求、消费等问题，无一不与人和人的发展密切相关。因此，社会主义政治经济学不将人和人的发展作为研究的对象，不将自己纳入人的学科的一个部分，又怎能建立起一个科学的、完善的、富有生命力的马克思主义经济学理论体系呢？再如，就现实的社会经济秩序而言，只有以个人的自由全面发展为目标而制定的秩序，才是符合事物发展规律和方向的秩序。如果我们的经济生活和经济行为不想给（或不至于给）人类带来灾难，就必须以人的发展为目标和准则，以此来调整、制约、完善我们的经济行为，使经济行为能不断为促进人的发展而努力。这就是说，一方面，客观经济过程以其独特的形式培养和选择它所需要的经济主体，不断地调整自己，以促进人的发展；另一方面，它以同样独特的方法，造就它所必须遵循的能够不断促进人的发展的行为规则。这是因为，经济主体的行为是与人们对自身不断发展的意欲和需求，以及人们物质的、精神的意欲和需求这一伴随人类俱来的生存、发展意志联系在一起的。这种要求生存和不断发展的意欲和需求，在马克思看来，恰恰是撬动社会进步的重要杠杆之一。因此，对这种经济行为及行为规范要求的分析，传统经济学和西方资产阶级经济学是不能完成的，必须和人的自由全面发展相结合才能完成它。这就是说，经济学必须从“经济人假设”，从对物质利益、物质财富的追求和满足，转向“社会人”研究，转向人的发展的经济学，转向智慧生产力的发展以及经济主体——人的自由全面发展、能力的提高和对经济行为合理性的价值论证进行多向的考察，从而界定经济行为的目标和方向。

人的自由全面发展与经济发展的各自价值内容中存有共性构成因素，它揭示了二者的价值同构性，并证明了“冲突论”与“同步论”乃是这一同构性的两端效应。人的自由全面发展与经济的价值同构主要表现在：一是人的自由全面发展为人类探求的终极价值目标。人类的生存发展有两大基本需求——物质和文化，人类不断地创造着两大文明成果，并以之作为自身繁衍的条件。现实的经济活动所产生的物质生活资料，同人的

① 马歇尔．经济学原理：上［M］．朱志泰译．北京：商务印书馆，1983：23.

不断全面自由发展，由于在根本意义上共同反映着人类的手段和目的的关系，故而二者成为人类始终的追求，只不过一个是手段，一个是目的。二是经济活动本身表现出对人的全面自由发展的同构。一方面，从人们认识经济和人的经济行为来看，人们对经济规律的认识，不是纯然的事实描述，而是在其认识中渗入了主体的价值选择因素，渗入了认识者的伦理价值标准，并且任何一个经济行为的选择，又都染上了主体对善恶的价值取向，具有一定的价值色彩。另一方面，从客观的社会经济过程来看，一定的生产方式又以其特定的历史形态，培养和选择它所需要的经济主体，并且又以这一经济关系造就出它所需要的社会道德规范。于是在这里，一面是主体的道德价值选择，一面是客体对道德价值的酿造；一面是任何合规律性的经济目标和学说都力图体现主体对“真”和“善”的一并追求，一面是任何经济形态都相应引发出的与自身相伴的价值观念，并以此寻求对经济行为合理性的价值论证。由此可知，经济活动是人的活动，人的发展精神特征既受制于一定的社会经济关系，同时又统摄着人们对经济规律的认识和经济行为的动机欲求，从而在逻辑上证明了经济与人的自由全面发展的同构特征。

作为一种思想体系，人的发展经济学具有方法论的功能。一般说来，经济学家在建构自己的经济学体系的时候，都渗透着各自的经济思想。这是因为，在多种经济体系的背后，都隐藏着（潜伏着）更为根本的因素，即主要是经济学家的哲学和方法论指导，正是这些因素的影响，决定着多种经济体系的本质和动态。比如，资产阶级上升时期风靡欧洲思想界的“人性自私论”和自由主义哲学，导致了经济领域中的个人主义、私欲泛滥和自由竞争的古典经济学。这从反面说明了中国特色政治经济学和人的发展的学说相结合对于经济生活、经济发展、社会发展的重要性。

刘思华先生曾指出：“改革开放 30 年间，不要说新自由主义经济学‘忘却了人’和‘忘却了自然’，就是在某些所谓‘主流经济学家’那里，也根本没有中国经济学的人与人的发展和自然与生态发展基本价值取向，而是宣扬‘以物为本’‘以利润为本’‘以金钱为本’的经济学。在这种错误的经济理论的误导下，我国经济高速增长不得不付出极高的自然生态和沉重的人与社会代价。有的学者甚至认为，中国经济超高速增长，‘是名副其实的黑色 GDP’，‘是名副其实的带血 GDP’。当然这是一种警示之言。但我们必须看到，当今中国确实是存在着以人的生产力和生态生产力的巨大牺牲为代价换取物质财富增长，确实是物的世界大大发展，而人的世界贬值和自然的世界衰败，使我国经济发展的‘反人性化’和‘反生态化’问题日益严重。这就迫切需要以当代中国马克思主义经济学双重价值取向理论为指导，促进我国经济发展的人性化和生态化，确保实现人的可持续生存与全面发展和自然的可持续生存与高度发展的双重终极目的的科学发展。”[①] 这是完全正确和深刻的。

无论是古代还是现代，经济学和人的问题都是互相渗透、相互影响的。经济学作为一门社会科学，它不仅与人类协力谋生的努力有关，同时也与探究人的发展以及人类欲望和其他影响人类谋生方法变化的学科密切联系着。正如诺贝尔经济学奖获得者加里·贝克尔曾指出的：“经济学已经进入第三阶段。在第一阶段，人们认为经济学仅限于研究物质资料的生产和消费结构，仅此而已（即传统市场等）。到了第二阶段，经济

① 刘思华．生态文明与绿色经济发展总论［M］．北京：中国财政经济出版社，2011：214.

理论的范围扩大到全面研究商品现象，即研究货币交换的关系。今天，经济研究的领域扩大到研究人类的全部行为及与其有关的全部决定。经济学的特征在于它要研究的是问题的本质，而不是该问题是否具有商品性或物质性。"①

综上所述，当前研究人的发展经济学，无论是在理论学术价值上还是在实践应用价值上都有十分重大的意义。它将克服传统经济学和现代西方经济学的缺陷与不足，发展、完善理论经济学，使中国理论经济学发生一次重大更新与革命。同时，它也是坚持和发展马克思主义经济学的需要。其应用价值，主要表现在其研究成果将有助于使中国经济沿着健康的道路发展，克服目前存在的一系列严重问题。21 世纪以来，随着中国经济体制改革的深入和市场经济的发展，在经济充分发展和物质财富快速增加的同时也带来了一系列严重的经济和社会问题，如环境污染、三农问题、农民工问题、收入分配差距扩大、农村剩余劳动力的转移、通货膨胀日益加剧、人的信用和道德严重缺失、城市和乡村差距日益增大、国际收支长期严重失衡、经济和金融危机等。这一系列问题必须通过对人的发展研究的重视以及对"人的发展经济学"的深入研究才能加以解决。我们必须充分认识到，一个国家的发展并不简单等同于经济的增长。经济的发展只是手段，人的自由全面发展才是目标。中国经济的发展道路必须以人的发展和人与自然的和谐发展为指导、为方向、为目标。

另外，对于人的发展经济学的研究正是为了找到一条以人的发展为核心、为目的的中国经济发展道路，因此，其应用价值也是十分重大的。

第二节　中国特色政治经济学——人的发展经济学的逻辑起点及其意义

建立一门新的学科和学说流派，首先必须解决好研究问题的逻辑起点。不同的逻辑起点在某种程度上直接影响和决定着这一新学科和新的学说流派的生命力与影响力。经济学中的新学科和学说流派也是如此。这是因为：一是经济学是一门思维的科学和历史的科学②。二是因为经济学说史上不同经济学流派的分歧主要来自其逻辑起点不同。

探讨经济学的逻辑起点，首先应对相关文献进行回顾和述评。但笔者查了国内关于经济学逻辑起点的相关文献，一共只有 10 多篇，不仅数量少，而且有的文献发表的刊物级别太低，选来选去只选了符合列入文献回顾条件的 9 篇，将其整理归纳为 9 个方面的观点：第一，主张以"劳动人"作为中国特色经济学的逻辑起点③。第二，将所有制确立为中国特色社会主义政治经济学的逻辑起点④。第三，主张中国特色社会主义政治

① 勒帕日．美国新自由主义经济学［M］．李燕生译．北京：北京大学出版社，1985：7.

② 马克思、恩格斯曾明确把经济学定义为一门历史的科学。马克思在他自己的经济学说的研究中，始终高度重视经济发展和制度变迁的历史延续性，经济学始终被看成一门历史科学。例如，恩格斯曾经指出："谁要想把火地岛的政治经济学和现代的英国的政治经济学置于同一规律之下，那末，除了最陈腐的老生常谈以外，他显然不能揭示出任何东西。因此，政治经济学本质上是一门历史的科学。"恩格斯．反杜林论［M］//马克思恩格斯选集：第三卷．中共中央马克思恩格斯列宁斯大林著作编译局编．北京：人民出版社，1972：186.

③ 张春敏．中国特色经济可创新的根据和逻辑起点［J］．前沿，2014（9）.

④ 刘谦，裴小华．中国特色社会主义政治经济学逻辑起点定位研究［J］．上海经济研究，2020（6）.

经济学的逻辑起点应是社会主义初级阶段的基本经济制度①。第四，提出社会主义公有制条件下的“变形的商品”应该是中国特色社会主义政治经济学体系的逻辑起点②。第五，主张以人力产权为中国特色社会主义政治经济学的逻辑起点③。第六，主张以“中国特色社会主义商品”为逻辑起点④。第七，提出以“剩余产品”作为中国特色社会主义政治经济学的逻辑起点⑤。第八，主张“人民主体论”是中国特色政治经济学体系的逻辑起点⑥。第九，认为资源稀缺是经济学研究的逻辑起点⑦。

由此，本书围绕论述人的发展经济学逻辑起点及意义这一主题，主要从三个方面进行论述。首先论述经济学学说史上不同经济学流派逻辑起点不同，决定了其研究对象和理论体系的不同。其次论述人的发展经济学要成为一门科学，必须有它自己的逻辑起点。最后论述人的发展经济学确立正确逻辑起点的意义。

一、经济学说史上不同经济学流派逻辑起点不同

经济学说史上不同经济学流派逻辑起点不同，决定了其研究对象和理论体系不同。经济学说史上不同的经济学流派的分歧，主要来自其逻辑起点的分歧。逻辑起点的不同，决定了不同经济学流派具有不同的研究对象和理论体系。

马克思《资本论》（资本主义的批判）经济学的逻辑起点是商品，引申为马克思《资本论》（资本主义的批判）经济学研究对象是研究商品中所包含的人与人的关系，简言之，即研究“生产关系”。

古典经济学的奠立者和代表亚当·斯密将劳动分工作为创立经济学的逻辑起点，由此决定了斯密古典经济学的研究对象和理论体系为：研究追求经济利益和利润最大化的“经济人”和市场这只“看不见的手”及其规律。

古典经济学的完成者李嘉图以商品的“价值”作为其经济学理论的逻辑起点，由此决定了他的经济学理论及体系主要关注的是交换价值的量的分析问题，以及工资利润、地租在社会总生产物中所占的数量比例的变化，并“确立支配……分配的法则”⑧。

继斯密、李嘉图等一批经济学家之后，是被马克思称为“庸俗经济学家”的萨伊。他的经济学的逻辑起点是财富的生产。由此，自然引申为他的经济学的研究对象和内容就是资本主义生产、分配、消费。由这一逻辑起点出发，萨伊继承和发展了斯密的“三要素”理论，并提出了三位一体公式，即：劳动—工资；资本—利息；土地—地租，由

① 卫兴华等．中国特色社会主义政治经济学的主线和逻辑起点［M］//砥砺奋进的中国经济：庆祝新中国成立70周年．北京：经济科学出版社，2020.

② 颜鹏飞．新时代中国特色社会主义政治经济学研究对象和逻辑起点［J］．内蒙古社会科学（汉文版），2018（4）.

③ 程昊，程言君．新时代中国特色社会主义政治经济学逻辑起点范畴研究［J］．当代经济研究，2019（2）.

④ 王松，周绍东．《资本论》与中国特色社会主义政治经济学：逻辑起点与体系构造［M］//程恩富等．中国经济规律研究报告（2017年）．北京：经济科学出版社，2018.

⑤ 王朝科．中国特色社会主义政治经济学的逻辑起点［J］．思想战线，2018（2）.

⑥ 白暴力．人民主体论是中国特色政治经济学体系的逻辑起点［M］//程恩富等．中国经济规律研究报告（2017年）．北京：经济科学出版社，2018.

⑦ 杨丽杰等．重构经济学研究的逻辑起点［J］．商业时代，2014（15）.

⑧ 李嘉图．政治经济学及赋税原理［M］．郭大力，王亚南译．北京：商务印书馆，1962：3.

此论证了资本主义从生产到分配、消费的完善和合理。由此，他也被奉为古典经济学的代表和斯密的继承人。

与古典经济学派对立的著名经济学家西斯蒙第，是对古典经济学最严厉的批评者。他在《政治经济学研究》一书中指出，“古典学派的理论舍本求末，丢掉了人的真正利益，只关心物的进步，为了眼前的利益而牺牲了未来”①。这是古典经济学的缺陷和严重不足。他认为：“古典经济学派只关心财富不关心人，是个理财学或财富增长学，不是与人或物相关联的，在这种基础上建立的大厦，也就是空中楼阁。”② 因此，他将他的经济学说的逻辑起点和出发点确立为人，由此引申出其经济学说的研究对象是人人分享物质财富。他的理论体系就是以人的福利和分配为中心的理论体系。然而遗憾的是，他的逻辑起点的人和研究对象的人只是如何分享物质财富和物质福利的人。因此，他对古典经济学的批判只能是软弱无力的，在经济学说史的长河中一直作为非主流。

对于剑桥学派的创始人马歇尔，在经济学说史上，也有人把他划为古典经济学派，称他为“古典经济学集大成者”。但马歇尔的经济学和斯密的经济学的最大不同，是研究的逻辑起点。马歇尔将他的经济学说的逻辑起点确立为人的欲望，即“自我满足的欲望”或“满足永久自我”的欲望，以及满足欲望的动机。由此引申，他的研究对象是一个实际存在的人，而不是一个抽象和“经济”的人。他对经济学的定义是：经济学是一门研究财富的学问，同时也是一门研究人的学问。这说明，马歇尔虽然看到了亚当·斯密从劳动分工（旧式分工）的逻辑起点出发，把经济学研究对象确立为“经济人”的重大缺陷和不足，力求改变它，但他将他的经济学逻辑起点确定在“欲望”和“动机”上，由此引申出的经济学仍未能跳出研究物质财富、生产、交换、分配、消费乃至物质需求的范畴。他虽然认识到经济学是一门研究人的学问，但仅停留在如何满足人的物质欲望和动机上，对人的发展特别是自主创造意识的发展没有关注和研究。

马歇尔后，另一位剑桥学派的代表是琼·罗宾逊。她以土地和劳动为其经济学研究的逻辑起点，由此引申出其经济学说着重考察在经济增长过程中劳动者收入和财产收入（企业利润）在国民生产总值中相对份额的变化，从而提出了“收入均等化”的分配学说。

与古典学派对立的凯恩斯经济学说的逻辑起点是有效需求，或叫有效需求不足，这是凯恩斯对古典经济学的批判和改正之一。由此引申，他的经济学的研究对象就是研究如何通过政府的干预增加有效需求，因而其经济学成为一门政府干预的经济学。

瑞典学派的代表维克·赛尔的经济学的逻辑起点是人的物质需要，由此引申，他的经济学的研究对象是交换、分配、资本及资本积累，以及货币信用。

制度经济学派一直以交易作为其经济学研究的逻辑起点，无论是旧制度经济学派还是新制度经济学派都是如此。旧制度经济学派的重要代表人物康芒斯说：我用“交易”作为经济研究的基本单位，“交易”是制度经济的最小单位③。新制度经济学派承袭并发展了康芒斯把“交易”作为经济学研究的逻辑起点（基本单位）这一制度分析的思路和传统。科斯在以“交易”作为基本分析元素的基础上，发展（开创了）交易费用

---

① 西斯蒙第．政治经济学研究［M］．胡尧步，李直，李玉民译．北京：商务印书馆，1989：48，中译本序言 4.

② 西斯蒙第．政治经济学研究［M］．胡尧步，李直，李玉民译．北京：商务印书馆，1989：11.

③ 康芒斯．制度经济学：上册［M］．于树生译．北京：商务印书馆，1962：11，73－74.

理论，张五常、威廉姆森（Williamson）等发展了企业合约理论。

所以，我们说每一经济学流派由于各自的逻辑起点不同，造成了研究对象和理论体系的不同。每一经济学流派之间的分歧，首先是逻辑起点的分歧。

二、人的发展经济学要成为一门科学就必须要有自己的逻辑起点

笔者认为，人的发展经济学要成为一门科学，成为一门修正西方主流经济学的经济学说和独立的经济学科，就必须有自己的逻辑起点。而这一逻辑起点必须回归到马克思人的学说上来。

以人的自由全面发展为中心的经济学的逻辑起点是什么呢？笔者认为就是人的自由自主创造意识。西方经济学包括古典和新古典经济学、凯恩斯和凯恩斯学派，其他所有的经济学流派和经济学理论，以及我国传统的和改革开放以来的主流经济学流派，都普遍忽视了经济学与人的自由自主创造意识的关系，都普遍未对其加以认真的研究，唯有马克思对此加以高度重视和研究（当然熊彼特除外，他在《经济分析史》这部巨著中对此做过一些论述）。

人先天就有一种自由自主创造的意识。马克思曾精辟地指出："生产生活就是类生活。这是产生生命的生活。一个种的整体特性、种的类特性就在于生命活动的性质，而自由的有意识的活动恰恰就是人的类特性。生活本身仅仅表现为生活的手段。"①

"动物和自己的生命活动是直接同一的。动物不把自己同自己的生命活动区别开来。它就是自己的生命活动。人则使自己的生命活动本身变成自己意志的和自己意识的对象。他具有有意识的生命活动。这不是人与之直接融为一体的那种规定性，有意识的生命活动把人同动物的生命活动直接区别开来。正是由于这一点，人才是类存在物。或者说，正因为人是类存在物，他才是有意识的存在物，就是说，他自己的生活对他来说是对象。仅仅由于这一点，他的活动才是自由的活动。"② 马克思的这一精辟思想来源于人类的宝贵财富——德国古典哲学，来源于伟大的哲学家黑格尔和康德。黑格尔的哲学名著《精神现象学》就阐述了人的有关自由自主创造意识问题，阐述了自由意识的产生和发展。这种阐述以两种形式表现出来：一种形式是直接阐述自由和自由意识的问题；另一种形式是间接阐述这个问题。无论是表现为前一种形式，还是表现为后一种形式，都可以证明一点，虽然《精神现象学》并非自始至终处处直接阐述自由和自由意识，更非以表述黑格尔的自由观为唯一的主题，但自由自主意识和对自由的认识，无论如何都是《精神现象学》所要阐明的问题。并且，这个问题在《精神现象学》中占有重要位置。揭示人的自由、自主意识，提供对自由的理解，这正是《精神现象学》的一个重要内容，是它拥有诱人魅力的一个重要方面。黑格尔认为，真正的人必然是自在自由自主的自我意识。这样的意识是一种辩证的意识形式。换句话说，真正的人、真正的自我意识自身具有独立性、自主性，又具有依存性③。在《宗教哲学讲演录》中，黑

①② 马克思．1844年经济学哲学手稿［M］．中共中央马克思恩格斯列宁斯大林著作编译局译．北京：人民出版社，2000：57.

③ 参见薛华．自由意识的发展［M］．北京：中国社会科学出版社，1983：3，22.

格尔还曾说，“人具有必须创造人所是的东西，这属于人的本质的东西”①。

德国古典哲学家康德也曾经指出：“在种种冲突、牺牲、辛勤斗争和曲折复杂的漫长路程之后，历史将指向一个充分发挥人的全部才智的美好社会。”康德把人的存在分析为现象的存在和本体的存在，与现象的存在是自然因果链条上无自由可言。作为人的本体的存在，“人身上具有一种独立于感性冲动的强迫而自行规定自己的能力”②。康德还把人的自由自主看作道德领域的一种“公设”，并从实践理性的角度去证明人的自由和自主，以特定的方式揭示出自由和必然的对立。在康德哲学中，自由和自主是理性的核心③。黑格尔还曾指出：如同人们在繁复杂多的艺术因素中要深入寻找出“一个更高尚更普遍的目的”，让艺术的各个方面共同趋向它、实现它一样，人们在社会生活中也是如此。“社会和国家的目的在于使一切人类的潜能以及一切个人的能力在一切方面和一切方向都可以得到发展和表现。”④ 在《历史哲学》中，黑格尔还明确指出：禽兽没有思想，只有人类才有思想，因为人类是有思想的动物，因而才有自由。黑格尔把自由和理性的精神联系起来，指出：真正理性自由的概念便包含着被扬弃了的必然性在自身内⑤。

空想社会主义者圣西门也说：“我终身的全部工作的目的，就是为一切社会成员创造最广泛的可能来发展他们的全部才能。”⑥

康德、黑格尔和圣西门的这些卓越思想，给马克思、恩格斯以深刻影响和启迪，他们进一步发展了这些思想，在他们的许多著作中都论及“人的潜能的挖掘和人的才能充分自由发展”这一思想。如在《1844 年经济学哲学手稿》中，马克思指出：“生产生活就是类生活。这是产生生命的生活”“自由的有意识的活动恰恰就是人的类特征”“生活本身仅仅表现为生活手段”。马克思一再指出：“人则使自己的生命活动本身变成自己意志的和自己意识的对象。他具有有意识的生命活动。这不是人与之直接融为一体的那种规定性，有意识的生命活动把人同动物的生命活动直接区别开来。正是由于这一点，人才是类存在物。或者说，正因为人是类存在物，他才是有意识的存在物，就是说，他自己的生活对他来说是对象。仅仅由于这一点，他的活动才是自由的活动。”⑦ 在《资本论》中马克思进一步指出：“全面发展的个人……也就是用能够适应极其不同的劳动需要并且在变替变换的职能中只是使自己先天和后天的各种能力得到自由发展的个人来代替局部生产职能的痛苦承担者。”“全面的活动才能使我们的一切天赋（潜能）得到充分的发挥。”“从全部才能的自由发展中必然产生创造性的生活表现。”⑧ 马克思在《资本论》中还指出，共产主义是以“每个人的全面而自由的发展为基本原则的社

---

① 《黑格尔全集》格洛克纳版，第 16 卷，第 267 页，转引自：薛华．自由意识的发展［M］．中国社会科学出版社，1983：40.

② 转引自：李泽厚．批判哲学的批判［M］．北京：人民出版社，1979：324－325.

③ 范晓丽．从政治经济学批判到意识哲学革命［J］．社会科学论坛，2009（3）.

④ 黑格尔．美学：第一卷［M］．朱光潜译．北京：商务印书馆，1979：59.

⑤ 黑格尔．历史哲学［M］．王造时译．北京：生活·读书·新知三联书店，1956：73.

⑥ 圣西门．圣西门选集：下卷［M］．何清新译．北京：商务印书馆，1962：286.

⑦ 马克思．1844 年经济学哲学手稿［M］．中共中央马克思恩格斯列宁斯大林著作编译局译．北京：人民出版社，1957：59.

⑧ 马克思．资本论（法文版）：第一卷［M］．北京：人民出版社，1975：500.

会形式"①，在《德意志意识形态》中指出，未来社会将使它的社会成员能够充分发挥其各方面才能。

但是，无论是康德、黑格尔生活的年代，还是圣西门、马克思生活的年代，科学的发展都还没有能够揭示人的潜能（才能）到底有多大。这是个谜。因此，很长一段时间以来，许多人特别是经济学界的学者对于马克思、恩格斯著作中关于"人的才能（潜能）充分挖掘、发挥"的思想，一直认为只不过是崇高的理想而已，而未给予足够的重视，研究得也很不够。现在已经到了必须引起重视的时候了，因为现代科学的发展已经揭开了人的潜能到底有多大这个谜。

伟大的思想家马克思、恩格斯、黑格尔、康德、圣西门等一再向人们阐述人天生具有自主创造意识的思想及其观点，经过近代和现代无数心理学家的试验和毕生研究，这被认为是真理。例如，当代美国心理学家西尔瓦诺·阿瑞提通过几十年研究揭示了人的创造的秘密，认为："创造力作为人的特权，可以被看成是对上帝创造出的人类所具有的谦卑的一种补充。神学家和宗教信徒一般都认为上帝是从无有之中，从空间和时间的虚无中去进行创造的，而人的创造力则是运用早已存在的，可以利用的材料，用无法预料的方式加以改变的。"② 他还认为："创造力就是这种主要的手段，人类可以借助它来使自己不仅从条件反射中解放出来。而且还可以从习以为常的选择中解放出来。不过创造力并不是简单的创新和无限的自由。它具有比这更多的涵义。"③

美国著名心理学家西尔瓦诺·阿瑞提了不起的地方在于他经过几十年对人的心理的研究，得出了如下科学的结论："具有优异的非凡创造力的人，或用于为某些人类或整个人类做出新的重大贡献的人，正像为人所知的那样，这种人很少有，在一定的人群里，他们的出现很难预料。也正像人们知道的那样，在一定的地理范围的某个特定历史时期内，具有这种水准的人的出现又特别的多。这种分布不均衡的现象表明，并非唯独只有生物因素而且还有特定的环境因素决定着创造力的发生。举四个主要的例子就够了：古希腊时期；意大利文艺复兴；有一批人给世界提出了关于人的新的概念的美国大革命；以及19世纪中叶以来大批犹太人天才做出了贡献的那个年代。这些例子有助于表明创造力并非是偶然出现的，而是受到了自由发展环境因素的影响。如果我们弄清这些情况，就能够努力使它们再次出现，从而促进创造力的发生。"⑤

生活于公元前19年到至少公元30年的伟大的历史学家瓦尔尤斯·彼特库勒斯，经过一生对人类历史的研究，也得出了相同的结论："为什么有着相同才干的人们，唯独出现在某个特定的时期、成群追求着一种事业并获得相同的成功呢?"他得出的结论是：他找不到任何可以肯定为正确的答案。尽管如此，他还是提出了一些假设。他认为这些天才是受到了自由发展环境竞争的鼓舞和影响。人们想超过一位出现在他们之中的天才，羡慕和钦佩促成了对他作品的模仿。但是当作品的某一既定类型臻于完美时就不可能进一步发展了。于是人们又去探索不同的事业。瓦尔尤斯还奇怪为什么——生在比欧

① 马克思，恩格斯．马克思恩格斯全集：第二十三卷［M］．中共中央马克思恩格斯列宁斯大林著作编译局译．北京：人民出版社，1972：649.

②⑤ 阿瑞提．创造的秘密［M］．钱岗南译．沈阳：辽宁人民出版社，1987：4.

③ 阿瑞提．创造的秘密［M］．钱岗南译．沈阳：辽宁人民出版社，1987：5.

西亚的平德尔是个例外——希腊文学中所有伟大的文人都是雅典人①。

可见，人天生具有自主的创造意识，具有创造力的基因，关键在于社会是否为他们提供了一个充分自由发展的环境。只要有一个充分自由的发展环境，就会涌现出一大批具有创造力的人，并涌现出一批杰出的、有卓越贡献的创造天才。

由此引申，人的发展经济学的研究对象必然是社会经济生活、经济行为、经济运行与人的自由自主创造意识及人的自由全面发展。简言之，就是研究“自主社会人”。更简言之，就是研究“社会人”。它包括以下几个层次：其一，经济的发展实质应该是人的自由自主创造意识及其发展；其二，人的自由自主创造意识及人的自由全面发展程度，如何影响和决定着一个国家社会经济的发展程度；其三，人的自由自主创造意识及发展如何作为最主要的生产要素来参与优化配置一个国家的资源及其分配；其四，衡量一个国家经济发展最主要的指标应该是人的自由自主创造意识及发展的程度；其五，人的自由自主创造意识及发展如何作为一国经济发展最主要、最重要的手段，发挥“建构性作用”和“工具性作用”。

关于这一点，我们在马克思的很多著作中可以找到许多相关论述，例如，马克思在他的《1844 年经济学哲学手稿》以及以后的《资本论》中曾多次提到，人先天就有一种自由自主的创造意识。马克思曾精辟地提出：“生产生活就是类生活。这是产生生命的生活。一个种的整体特征、种的类特性就在于生命活动的性质，而自由的有意识的活动恰恰就是人的类特征。”他还指出，“有意识的生命活动把人同动物的生命活动直接区别开来。正是由于这一点，人才是类存在物”。

另外，众所周知，马克思在《资本论》等一系列著作中，曾多次谈到人具有巨大的沉睡潜能。社会主义和共产主义就是要使人的巨大潜能得到挖掘和发挥。而挖掘和发挥人的潜能正是马克思人的自由全面发展学说最核心的本质。

可见，我们将人的发展经济学的逻辑起点确立在人的自由自主创造意识上，是回归到马克思人的自由全面发展的学说上。

三、将自由自主创造意识作为人的发展经济学逻辑起点的意义

黑格尔在他的《逻辑学》第一部第一编首先提出一个命题：一门科学的逻辑起点或者说一门科学的开端。黑格尔指出：“开端既不是什么任意的和暂时承认的东西，也不是随便出现和姑且假定的东西，而是后来它本身表明了它作为开端，是做得对的。”“开端的规定性，是一般直接的和抽象的东西，它的这种片面性，由于前进而失去了；开端将成为有中介的东西，于是科学向前运动的路线，更因此成了一个圆圈。”②“开端是有，而不是其他什么，这是开端本身的本性。”③ 这就告诉了我们，一门学科的逻辑起点是这门学科理论演进或者思维形成的根据和原则，从这个范畴和逻辑起点出发，能够衍生出构成这门学科基本元素的范畴体系，通过这套范畴体系建构一个一个的理论。

① 阿瑞提．创造的秘密［M］．钱岗南译．沈阳：辽宁人民出版社，1987：5.

② 黑格尔．逻辑学：上［M］．杨一之译．北京：商务印书馆，1966：56－57.

③ 黑格尔．逻辑学：上［M］．杨一之译．北京：商务印书馆，1966：58.

这一系列的理论层层深入，共同构成这门学科的理论体系。这就是说，一门学科逻辑起点之所以十分重要，是因为逻辑起点决定了一门学科是否具有整体性和逻辑的严密性，决定了这门学科的理论体系是否能深入、系统。马克思对黑格尔的辩证法做了这样的肯定："我公开承认我是这位大思想家的学生，并且在关于价值理论的一章中，有些地方我甚至卖弄起黑格尔特有的表达方式。辩证法在黑格尔手中神秘化了，但这决没有妨碍他第一个全面地有意识地叙述了辩证法的一般运动形式。在他那里，辩证法是倒立着的。必须把它倒过来，以便发现神秘外壳中的合理内核。"① 马克思在写作《资本论》和确定《资本论》逻辑起点时，曾吸收黑格尔的辩证法。马克思曾指出，政治经济学研究有两条道路，"在第一条道路上，完整的表象蒸发为抽象的规定；在第二条道路上，抽象的规定在思维行程中导致具体的再现"②。第二条道路就是将认识过程倒过来，从事物最简单、最纯粹、最抽象的本质出发，演绎了物质复杂的、个别的、具体的现象。马克思成功地运用了第二条道路的方法，选择商品作为《资本论》的逻辑起点，层层深入，揭示出了资本主义生产方式的内在矛盾和发展规律。列宁指出，"虽说马克思没有遗留下'逻辑'（大写字母的），但他留下《资本论》的逻辑，应当充分地利用这种逻辑来解决这一问题"③。

那么，将人的自由自主创造意识作为人的发展经济学研究的逻辑起点有什么重大意义呢？其理论意义很多。简单说就是，这样做，人的发展经济学在理论上就纠正了自古典经济学以来的主流经济学流派普遍忽视经济学与人的自由自主创造意识、潜能等关系的研究，回归到马克思主义经济学的视野。另外，这可以补充完善政治经济学、理论经济学，并使理论经济学多一个分支等。目前，就国内外来说，马克思主义经济学作为一门完整科学的学科并没有真正建立起来，原因之一就在于逻辑起点没有找好、找准。因此，马克思主义经济学在我国大学讲坛和课堂教学乃至大学生中的影响力减弱，原因就在于逻辑起点没找准，致使马克思主义经济学教材理论体系和研究对象混乱，也就难免使马克思主义经济学的影响力、说服力日益减弱。

就应用价值和意义来说，回顾和总结新中国成立 70 多年来的发展，经济虽然增长了，但自主研发的产品较少，核心技术较缺乏。我们国家之所以经济结构转型缓慢，原因之一就在于经济学研究脱离了人的自由自主创造意识，因此只能是片面空谈经济结构转型，这不能不是个深刻的教训。显然，将研究人的自由自主创造意识、人的潜能的发挥作为人的发展经济学的逻辑起点，正是为了克服这一重大缺陷，扭转这一现状，从而使我国经济发展和经济活动与人的自由自主创造意识的发挥密切结合起来，加快实现我国经济结构转型，推动我国创新型经济的发展，建立起一个创新型国家。

---

① 马克思．资本论：第一卷［M］．中共中央马克思恩格斯列宁斯大林著作编译局译．北京：人民出版社，2004：22.

② 马克思，恩格斯．马克思恩格斯选集：第二卷［M］．中共中央马克思恩格斯列宁斯大林著作编译局编．北京：人民出版社，1995：18.

③ 列宁．列宁全集：第五十五卷［M］．中共中央马克思恩格斯列宁斯大林著作编译局编译．北京：人民出版社，1990：290.

第三节　关于中国特色政治经济学——人的发展经济学研究对象

国外早已经初步建立了“人的发展经济学”学科，中国也必须建立这一学科，中国有条件、有能力、更有需要建立人的发展经济学学科，因为马克思主义经济学就是研究以人的自由全面发展为宗旨的经济学。

但是，国外虽然初步建立起了人的发展经济学学科，然而，已出版的国外几本讨论“人的发展经济学”的学术专著普遍未涉及人的发展经济学的研究对象，有的著作对此进行了回避或忽视①。可见，研究对象不探讨清楚，很难说这一学科已经完全建立起来。这从一个方面说明了探讨清楚“人的发展经济学”的研究对象对于真正建立起“人的发展经济学”这门学科的无比重要性和迫切性。

每门科学都应该有其特定的研究对象，只有有了特定的研究对象，才能构成一门科学。人的发展经济学也应如此。那么人的发展经济学的研究对象是什么呢？或者说它的特定的研究对象是什么呢？毛泽东在《矛盾论》中指出：“每一种社会形式和思想形式，都有它的特殊的矛盾和特殊的本质。”“科学研究的区分，就是根据科学对象所具有的特殊的矛盾性。因此，对于某一现象的领域所特有的某一种矛盾的研究，就构成某一门科学的对象。”②

人的发展经济学的研究对象是什么呢？这是个大问题，因为人的发展经济学只有有了特定的研究对象后，才能成为科学。那么它的特定的研究对象是什么呢？换言之，什么是人的发展经济学的特定的有别于其他学科，特别是有别于其他经济学科的研究对象呢？

许崇正认为，人的发展经济学的研究对象，简言之即是“社会经济人”。

具体地，这就是说，人的发展经济学研究的领域既不同于一般的经济学、宏观经济学、微观经济学、新古典经济学，也不同于人口经济学、人本经济学、生产力经济学、劳动力经济学，更不同于工业经济学、农业经济学、商业经济学等部门经济学。

众所周知，传统的主流经济学的研究对象是“经济人”，是研究对稀缺物质资源的有效配置，研究“经济人”如何才满足他的私欲和对金钱、利润的欲望，以及物质财富资料生产及其运动规律。而人的发展经济学与强调研究“经济人”、强调以物质财富为中心的传统主流经济学的视角相反，突出的人不是“经济人”，而是“社会经济人”，是在一定社会环境、社会制度中生存的社会经济人，突出以人的自由发展为研究中心，

① 这几本著作是2007年9月笔者应邀赴日本京都大学参加日本国“人的发展经济学”全国学术研讨会期间购买的。笔者应邀在此次大会上做了题为《论中国“人的发展经济学”研究的历史和现状》的学术演讲。此次会议期间，笔者不仅有幸在京都市的书店购买到了上述几本人的发展经济学方面的学术专著，而且还参加了大会举办的为期两天的日本全国人的发展经济学国际学术研讨会。来自日本全国各大学（包括东京大学）、科学研究院所的150多位教授出席了此次学术会议。几十位教授在大会上进行了发言。在为期两天的人的发展经济学学术研讨会议上，除了大会发言者的声音外，会场上没有其他声音，150多人的学术会议自始至终没有人中途退席或提前离会。此情此景给笔者留下了难忘的印象。

② 毛泽东．矛盾论［M］//毛泽东选集：第一卷．北京：人民出版社，1991：309.

侧重研究自由发展的人与人之间的经济关系，阐明人的自由发展的经济运动过程，以及在这一运动过程中，人的自由发展与经济活动、经济运行、经济行为的相互关系及其变化的客观规律。人的发展经济学的研究对象与宏观经济学、微观经济学、人口经济学、生产力经济学、劳动经济学、人本经济学等有一定的关联性和交叉性。但是，人的发展经济学又与这些学科有质的区别。人的自由发展既是经济发展的目的，又是经济发展、经济活动的主体，同时人的自由发展又是经济发展的重要、主要手段，更是调节和优化多种资源配置的手段。从这点出发，人的发展经济学与宏观经济学、微观经济学的重大区别在于，宏观、微观经济学看重的是物质财富和利润的增长、是“经济人”的利益（私利），它所看到的社会资源的稀缺，主要是物质资源的稀缺，它所调节和配置（分配）的社会物质资源，主要是围绕着“经济人”的私欲、对财富占有的不断膨胀的欲望而展开的，它使人利欲熏心，使整个社会物欲横流、精神堕落，使人与人之间充斥着虚伪和欺诈。一句话，它使我们的社会和人“一切向钱看”，为了“金钱”和“财富”的增长，个人乃至社会不择手段。2008 年由美国次贷危机和华尔街金融公司引发的全球金融危机，就是最充分的证明。

人本经济学虽然也把人放在研究的中心位置，但它主要是研究人的需要，特别是人的物质需要，由此引申到围绕人的福利、人的快乐而产生的经济活动。人本经济学仍然未能跳出主流经济学和传统经济学局限于物质财富增长的怪圈，而人的发展经济学对人与经济的关系及其运动的研究，主要是以人的自由发展对经济影响的规律为研究中心，因此，人的发展经济学与人本经济学也有着根本不同的研究对象，二者同样有着本质的、重大的区别。人的发展经济学虽然（必然）也研究人的需要、人的福利的增进、人的快乐，但是最主要研究的是人的自由发展的需要、人的自由发展的福利、人的自由发展的快乐，以及他们对经济发展及其运行的影响和调节。这就是说，人的发展经济学相对人本经济学是一种更高层次的经济学。它们虽然都是以人为研究中心，但是在研究层次和境界上有根本的不同。人本经济学的产生虽然较早，但是影响有限，原因就在于它未能使自己完全跳出主流经济学和传统经济学对人的物质财富需求、物质财富福利、物质享受快乐的追求的怪圈。而人的发展经济学追求、探讨研究的是社会经济人，是人的自由发展支配经济发展、经济运行、经济调节、资源配置的规律。所以，两者有着很大的不同，共同之处是局部的、少部分的，而研究层次和内容的差异将是重大的。人本经济学以人为中心，只是研究人的福利和人的物质享乐的发展。而人的发展经济学以人为中心，它的价值标准就是人的自由发展。财富、收入、福利、技术进步、经济现代化等固然可以是人的部分需求，但它们最终只属于工具性的范畴，经济发展的目的是人的自由全面发展，是为人的自由全面发展服务的。

人口经济学是研究人的关系、阐明人口生育运动规律；而人的发展经济学是研究人的先天自主创造意识（潜能）而引发的人的自由发展如何主导、影响及调节经济发展、经济运行、经济活动和经济行为的一门学科。

生产力经济学研究物质生产力内部的矛盾性，阐明这些矛盾运动的规律；而人的发展经济学只研究生产力中的人的能力因素，研究智慧生产力、社会生产力中的精神生产力，特别是人的自由发展因素及其运动与一国经济运行、经济发展的规律。

劳动力经济学研究作为生产物质财富的劳动力的经济关系，阐明作为物质财富生产力的劳动力的生产与再生产的运动规律；而人的发展经济学研究人的先天自主意识和人的自由发展对经济运动的影响规律。

部门经济学是研究国民经济某一部门的物质经济关系，研究物质的经济规律在国民经济某一部门的特殊表现；而人的发展经济学研究社会经济人，它的研究是将人的自由发展作为与物力相对应、相主导的概念，研究人的自主意识、自由全面发展的运动规律及与经济的关系。

可见，人的发展经济学与上述这些经济学科在研究对象和内容上的区别是明显的。关于人的发展经济学的研究对象，许崇正教授认为：人的发展经济学的研究对象，概括起来，就是研究社会经济人，探索如何有效地运用人的自由发展需求和规律来促进一国经济的健康、持续的发展，以及如何采用人的自由发展的指标体系对一个国家和一个地区经济发展、经济行为、经济活动进行科学有效的监督、管理，以更好地发挥人的自由全面发展作为目的和人的最高需求在调节资源配置、调节市场经济、调节经济发展、经济运行方面和促进我国社会主义经济体制改革和政治体制改革方面的作用；研究经济发展、经济活动和经济行为如何适应和满足人的潜能发挥，满足人的最高需求（自由发展的需求）和欲望；研究经济发展如何促进人的不断自由全面发展；研究如何应用人的自由发展这一最主要的生产要素来优化配置稀缺资源，从而使资源的配置、分配与人的自由发展达到和谐、完美的结合。人的发展经济学将研究对象确立为社会经济人，表明人不仅有经济利益、金钱利益，更重要的是追求崇尚的精神价值。人对金钱和物质的追求，必须在社会利益范畴、范围内活动，以便和社会利益相统一、相一致，社会利益高于个人的金钱欲望、物质欲望和一切个人私利。

或者，人的发展经济学研究对象，更进一步简言之即是“社会经济人”，研究社会经济生活、经济活动、经济行为、经济运行、人的物质及金钱欲望与人的自由发展的关系。它包括如下几个层次：其一，经济的发展实质应该是人的发展，特别是人的自由程度（状况）的发展；其二，经济的发展程度如何制约、影响人的自由全面发展程度；其三，人的自由发展水平如何影响、制约和决定一个社会经济的发展程度；其四，人的自由发展如何作为最主要的生产要素来优化配置一个国家、一个社会的资源及其分配；其五，衡量一个社会、一个国家经济发展最主要的指标应该是人的自由发展的程度（状况）；其六，一个社会、国家经济发展的目的、目标应是人的自由发展；其七，人的自由发展如何作为经济发展的最重要、最主要的手段；其八，研究自由在发展中所起的“建构性作用”和“工具性作用”（阿马蒂亚·森）；其九，研究“经济人”的极端危害性；其十，研究“经济人”如何和社会人结合，研究如何在社会利益、社会核心价值的统辖下追求金钱、物质私利。

由此可见，人的发展经济学有着自己特定的研究对象，这一特定的研究对象，决定了人的发展经济学是一门科学。

最后要强调的是，今天，人的发展经济学在许多国家日益受到重视，作为一门科学加以研究，绝不是偶然的，既有其必然的规律，又有着历史的、思想的、学术的、自然科学的、社会的以及人自身发展的根源和规律性。

德国古典哲学家康德曾经指出：“在种种冲突、牺牲、辛勤斗争和曲折复杂的漫长路程之后，历史将指向一个充分发挥人的全部才智的美好社会。”① 黑格尔也曾指出：如同人们在繁复杂多的艺术因素中要深入寻找出“一个更高更普遍的目的”，让艺术的各个方面共同趋向它、实现它一样，人们在社会经济生活中也是如此。“社会和国家的目的在于使一切人类的潜能以及一切个人的能力在一切方面和一切方向都可以得到发展和表现。”② 空想社会主义者圣西门也说：“我终生的全部工作的目的，就是为一切社会成员创造最广泛的可能来发展他们的全部才能。”③ 康德、黑格尔和圣西门的这些卓越思想，给予马克思、恩格斯深刻的影响和启迪。马克思、恩格斯进一步发展了这些思想，在他们的许多著作中都论及“人的潜能的挖掘和人的才能充分自由发展”这一思想。如在《经济学—哲学手稿》中，马克思指出，“生产的生活是族类底生活。它应是创造生活的生活”“人类的本质是自由自觉地活动”“自由的意识活动是人类族类的特征。然而现在这生活本身却仅仅表现为生活手段”。马克思还指出：“人类则把他的生活活动本身弄成他的意欲和意识的对象。他有着有意识的生活活动。他并不仅仅和一个规定性直接合流在一起，有意识的生活活动直接把人类和动物生活活动区别着。恰恰只因其如此，他才是一个族类的意识存在。换言之，正因为他是一个族类的存在，所以他只是一个有意识的存在，这就是说，他自己的生活对他是对象。只因为这个理由所以他的活动是自由的活动。”④ 在《资本论》中马克思进一步指出：“全面发展的个人……也就是用能够适应极其不同的劳动需求并且在变替变换的职能中只是使自己先天和后天的各种能力得到自由发展的个人来代替局部生产职能的痛苦的承担者。”“全面的活动才能使我们的一切天赋（潜能）得到充分的发挥。”“从全部才能的自由发展中必然产生创造性的生活表现。”⑤ 马克思在《资本论》中还指出，共产主义是以每个人的全面而自由的发展为基本原则的社会形式。《共产主义原理》中，恩格斯指出：“根据共产主义原则组织起来的社会，将使自己的成员能够全面发挥他们的得到全面发展的才能。”⑥

但是，无论是康德、黑格尔生活的年代，还是圣西门、马克思生活的年代，科学的发展还不能够揭示人的潜能（才能）到底有多大。这是个谜。因此，很长一段时间以来，许多人特别是经济学界的学者对于马克思《资本论》、恩格斯的著作中关于“人的才能（潜能）充分挖掘发挥”的思想，一直认为只不过是崇高的理想而已，而未予足够重视，研究得也很不够。现在已经到了必须给予足够重视的时候了，因为现代科学已经揭开了人的潜能到底有多大这个谜。

近年来，在大脑的研究和生物化学科学方面所取得的突破使我们知道，人的潜能（除体力外）的蕴藏量是相当可观的。人脑是由总数高达1000亿、分为5000万种不同

---

① 李泽厚．批判哲学的批判——康德述评［M］．北京：人民出版社，1979：324.

② 黑格尔．美学：第一卷［M］．朱光潜译．北京：商务印书馆，1979：59.

③ 圣西门．圣西门选集：下卷［M］．何清新译．北京：商务印书馆，1962：286.

④ 马克思．经济学—哲学手稿［M］．中共中央马克思恩格斯列宁斯大林著作编译局译．北京：人民出版社，1957：58.

⑤ 马克思．资本论（法文版）：第一卷［M］．中共中央马克思恩格斯列宁斯大林著作编译局译．北京：人民出版社，1975：500.

⑥ 马克思，恩格斯．马克思恩格斯选集：第一卷［M］．中共中央马克思恩格斯列宁斯大林著作编译局编．北京：人民出版社，1995：243.

类型的细胞组成；这些细胞延伸的分枝形成10^{51}对突触（通过特定的有机化学分子起作用的“开关”），所以，人脑好比一台有10^{51}个开关的电子计算机，这比目前世界上最大的计算机不知大多少倍（何况两者还不能简单地等质）。仅以记忆为例，较保守的估计也认为人脑一生中储存的信息单位可达1000万亿。人类至今只不过是利用了自己潜能的很小一部分，根据某些权威专家的估计，未曾利用的大脑的潜力竟高达90%以上。而这些人的潜能素质，只是人自身中“沉睡着”的力量，它们若不被唤醒，就会萎缩乃至泯灭。

然而，如何才能使人的潜能得到挖掘并得到充分发展呢？笔者认为，人的自由全面发展正是挖掘人的潜能的最重要的手段。因此，毫无疑问，深入开展对人的自由全面发展的理论研究，无疑对于我们挖掘和发挥人的潜能，从而提高我国人民的素质，具有极其重要的意义。而挖掘和发挥人的潜能，提高人民的素质，正是社会主义市场经济的主要内容和实现途径。一个五彩缤纷的繁盛社会，必须建立在无数个人的潜能得到充分挖掘、无数个人的独创和自由全面发展之上。一个社会如果能够使每个人的才能都得到自由、全面、充分的发展，创造力得到充分的发挥，这个社会就拥有文明发达的永不枯竭的生命源泉。否则，巨量的人口只不过是一个巨大的负担。我们今天承认“人才是立国之本，人才是创业之源，人才是现代化的灵魂”，提出要大力发挥人才的潜能，发挥人的主动性、积极性和创造性，认识到一切现代化必须以人的精神文明、人的现代化为先行，不正是从一个侧面反映出马克思主义关于人的自由发展理论的无比正确吗？不正是反映出研究人的自由发展理论即人的发展经济学的重要性和迫切性吗？

社会主义—共产主义文明是有史以来最高发展阶段的文明形态。然而，它的崭新性质、它的历史使命，并不仅仅在于创造比资本主义更为发达的物质生产力和更高水平的物质财富、物质生活，并不是让人人都追求钱财、追求利润，让人人都利欲熏心，而是要实现人的自由充分全面的发展，使人的巨大潜能得到充分挖掘和发挥，实现人的精神充实和提升。这才是社会主义市场经济优越于资本主义市场经济的真正所在，也才是社会主义文明对于人类历史的真正意义。

第四节　人的发展经济学的理论体系和研究内容

由于人的发展经济学是一门正在探索中亟待尽快建立的新学科，因而关于它的框架构想、理论体系，目前国内的论述甚少，国外也因为起步时间不长，尚处于探讨中，很不完善。这是一块亟待国内外众多经济学家和其他学科的学者共同努力去开垦、探讨的科学园地。在这里，笔者认为，人的发展经济学这门学科研究的基本框架（理论体系）大体上应该包括以下几个方面：

第一，研究探讨关于人的发展经济学的内涵、定义；人的发展经济学的研究对象；人的发展经济学的理论体系和内容；人的发展经济学所应遵循的主要原则和方法。

第二，研究人的发展经济学的萌芽和产生；人的发展经济学在中国产生的时代性与理论需求；人的发展经济学在中国的形成、发展和几个主要阶段的特点、特征。

第三，研究探讨人的发展经济学思想的主要理论渊源：马克思主义关于人的自由全面发展理论；中国古代经济思想中有关“人的发展”的思想；西方经济理论中关于人的论述（学术思想）；马克思主义经济学对西方主流经济学的重大超越。

第四，研究人所具有的自主创造意识、潜能和人的欲望、人的行为以及人的需要。人的自主创造意识、潜能、欲望和需要，应该是人的发展经济学这门学科的逻辑起点，在经济学发展的400多年的历史中，关于人的欲望，也有少数经济学家进行了研究。例如，马歇尔在他的《经济学原理》中，就曾把人的欲望作为该书第三篇的逻辑起点。但是绝大多数经济学家对此是忽视的，他们主要研究物质财富的增长、资源的配置，以及经济人私欲、金钱追求问题。而对于将人的潜能与经济学相结合进行研究，并作为经济学的逻辑起点，西方资产阶级经济学家中基本上没有人这样做，也没有人给予重视。只有马克思在他的几本经济学手稿中，以及伟大的经济学著作《资本论》中给予了高度重视，然而，马克思由于对资产阶级和资产阶级经济学批判的需要，并未将人的潜能挖掘发挥作为《资本论》的逻辑起点，而是将“商品”作为《资本论》的逻辑起点，这完全是出于批判资产阶级的需要，在当时完全是应该的。正如马克思在他的一系列经济学著作中所反复指出的：人本身具有“先天的自主意识”“创造意识”“创造潜能”“沉睡的潜能”，正是这些人的先天自主、创造的潜能，“沉睡的潜能”决定着人必须自由全面发展。因此，人的发展经济学无疑必须将研究人的自主创造意识、潜能和人的欲望、需要作为其逻辑起点和重要研究内容之一。

第五，研究人自由全面的发展与生产力的关系。每一时代的生产力都是那一时代社会、经济、政治、思想的基础，同样，每一时代的生产力也是那一时代人的发展程度的基础。因此，人的发展经济学应该研究人的自由全面发展与生产力的关系。这就是说，人的发展经济学不是一般地研究生产力，而是具体地紧密地结合人的自由全面发展去研究生产力，研究人的自由全面发展与物质生产力的关系，研究人的自由全面发展与科学进步的关系，特别是研究人的自由全面发展与智慧生产力、社会生产力的关系，从而去探讨生产力所具有的完整概念，推动生产力更快地发展。

第六，研究人的自由全面发展与社会经济形态。对于社会经济形态问题，哲学学科虽有所涉及，但一直只关注社会形态，而忽视了社会经济形态，忽视了对“社会经济形态”的全面系统研究。人的自由全面发展必须建立在一定的社会经济基础之上，以一定的社会经济形态为前提。因此，人的发展经济学既然把人的自由全面发展作为它的研究对象，也就必须同时把社会经济形态作为它的研究对象和内容，深入探讨社会经济形态的科学概念、社会经济形态与人类活动的关系，以及在三大经济形态下人的发展的特征。

第七，研究探讨产权和人的发展。既要一般地研究产权的基本理论、人类财产观念及制度的演化，更要研究马克思的产权理论，以及不同产权制度下人的发展。

第八，研究人的自由全面发展与分工。分工也是社会经济的基础。没有分工就没有经济的发展，也就没有社会的发展，同样也就没有人的发展。因此，人的发展经济学应该研究人的全面发展与分工的密切关系。这就是要深入具体地研究分工的起源，研究劳动分工和劳动者分工的区别和联系，研究消灭旧式分工、建立新式分工的客观必然性。必须指出，目前我国传统的政治经济学一直把分工排除在自己的研究对象、内容之外，哲学研究也是如此。这样，虽然这两大学科一直非常关注这一问题，不时地开展一些讨论，但从整个理论界来看，对这一问题的研究还是十分薄弱。人的发展经济学无疑应该担起这一重任，将分工作为自己的主要研究对象和内容，通过深入研究，揭示新式分工和人的全面发展的密切关系。

第九，研究探讨人的发展经济系统。首先研究经济进程；其次重点研究人的自由全面发展与资源配置，将人的自由全面发展作为第三种资源配置手段。只有将人的自由全面发展作为一个社会和一个国家资源配置的第三种手段，其经济发展和生态发展、社会发展才能达到和谐。

第十，研究国民生态健康与可持续生存的关系。这部分内容将从空气污染对人体健康的影响的角度出发，进行理论上的分析和相关文献综述，以讨论空气污染的负面影响，并利用格罗斯曼（Grossman）提出的模型来实证分析空气污染对人体健康的影响。对于处在社会经济转型期的中国而言，健康并非环境污染和健康关系研究的终点，如何实现“环境—健康—经济”协调发展才是我们追求的最终目标。

第十一，研究人类需求的扩展与经济的可持续发展。人类最初的需求来自生存的基本需要，伴随着人类不断演进，需求的内涵也在不断发生变化。这种变化从基本的吃穿住行逐步发展到高层次的精神追求。伴随着经济的高速发展，人类开始面临环境变化甚至是环境危机的挑战，这一点在中国尤其明显。本部分的研究将提出“生态环境—人的发展—经济”三维协调发展模型，主要研究健康人力资本对产出的影响。而结论是：环境质量改善和对健康投资是保证物质消费持续增长的必要条件；环境质量是保证物质资本增长、健康存量增加的基本前提条件。因此，新形势下中国的发展要走生态环境、人的发展、经济协调发展的道路，而这三者的发展本身也是互为前提、互相促进的。

第十二，研究人的自由全面发展与收入分配。消费品的分配是社会主义经济运行中一个极其重要的问题和环节。人的发展经济学也必须研究这一问题，把这一重要问题作为自己的研究对象和内容。但是，人的发展经济学对分配问题的研究和政治经济学对此问题的研究又是不同的，它不是具体地研究消费品如何分配，而是将社会主义的按劳分配原则与人的全面发展紧密地结合在一起加以研究，从而揭示人的全面发展与社会主义的按劳分配的密切关系。同时，特别重要的是，人的发展经济学还要重点研究剩余分享与人的发展的关系。

第十三，研究消费活动、消费质量与人的自由全面发展。消费是经济过程和再生产过程的一个重要环节。因此，人的发展经济学必须把消费作为自己的主要研究对象和研究内容。人的发展经济学对消费的研究主要是从人的自由全面发展和消费之间关系方面加以研究，通过这种研究，更好地揭示社会主义市场经济下的消费在人的发展中的作用，揭示消费的本质、目的和消费水平、消费能力、消费方式等与人的全面发展的密切关系。而对于生活质量与人的发展之间关系的研究，特别注意研究公平竞争、机会均等、效率优先与人的自由全面发展，工作兴趣与人的自由全面发展，闲暇与人的自由全面发展。消费活动和生活质量作为人的自由全面发展的必要条件对我国社会主义生态文明建设具有重要推动作用。

第十四，研究人的自由全面发展与社会主义商品生产价格。人的发展经济学不是一般地研究商品生产的发展，而是将商品生产的发展与人的自由发展结合在一起同步研究，而研究商品生产，又不能不研究价格、价格运动、价格体系、价格形成机制和运行机制，以及价格管理，而人的发展经济学研究这些既不像政治经济学那样进行一般的研究，也不是和价格学一样进行具体的研究，而是站在更高的层次上进行研究。这个更高层次的研究，就是将价格的诸问题与人的自由全面发展结合起来，把建立一种合理的价格体系、价格运行机制与人的自由全面发展联系起来，以能否促进人的自由全面发展作为衡量一种价格体系、价格形成和运行机制是否合理的准绳。

第十五，研究探讨社会主义市场经济中人的存在和发展方式。其一是回顾社会主义以前的商品生产和人的个体发展；其二是研究社会主义市场经济的发展是实现人的自由全面发展必不可少的阶段；其三是研究人的充分发展是社会主义市场经济发展的前提；其四是研究劳动者的商品性对人的发展的利和弊；其五是研究社会主义市场经济下企业家的社会责任和道德自律。

第十六，研究探讨经济效益。首先，研究马克思的经济效益理论，以及古典经济学和新古典经济学的经济效益理论；其次，重点对我国国有大型企业经济效益进行客观的分析与评价，肯定国有大型企业的经济效益；再次，对我国民营企业发展与人口红利、土地红利的关系进行客观分析；最后，指出无论是国有大型企业，还是民营企业，都要树立正确的马克思主义经济效益观。

第十七，研究探讨发展绿色经济与人的生存发展。首先探讨绿色经济的内涵和时代特征；其次指出生态资本非减性是发展绿色经济和满足人的全面需要的生态保障；最后探讨我国绿色经济发展的战略，提出绿色发展战略是 21 世纪人类生存发展的基本战略。

第十八，研究探讨生态文明建设与人的发展。探讨生态文明的定义与多元文明形态、工业文明的经济增长方式对人的自由全面发展的危害、人与自然关系的转换、人的自由全面发展与生态保护和循环经济，最后指出生态文明制度的建设已成为人生存发展的制度保障。

第十九，研究探讨人的发展指数和指标。首先探讨人的发展维度；其次探讨人的发展指标；最后探讨人的自由全面发展的指标体系的构造。

第二十，研究探讨如何推进社会主义和谐经济与人的发展相统一，包括：人与自然的和谐统一；经济增长速度与结构、质量、效益相统一；经济效益、社会效益、生态效益相统一；人口、资源、环境同经济社会发展相统一。

应该指出，社会主义人的发展经济学研究的内容是十分丰富的，同时，需要对人的发展经济学领域大量的理论问题做出新的概括，也有大量的实际问题有待深入探讨。因此，摆在我国人的发展经济学研究者面前的任务是：以马克思主义为指导，运用马克思主义哲学、政治经济学的基本原理，特别是马克思、恩格斯人的自由全面发展的理论，总结我国社会主义经济建设和社会主义市场经济发展的实践经验，并把它上升到人的发展经济学的层次上，同时研究和借鉴国外的经验，尽快建立起中国特色政治经济学，即社会主义人的发展经济学。

关于中国特色政治经济学——人的发展经济学的体系结构框架，笔者初步认为应由四篇组成：导论篇、基本理论篇、基本要素篇和生存环境发展篇。

一般来说，一门学科的科学理论的系统化，应该具有以下五个特点：

第一，严密的逻辑性。科学的理论体系都应有严密的逻辑性，即应当是采用一定的逻辑方法，既有逻辑的起点，又要按照逻辑的必然联系组成严密的系统。

第二，既具有复杂的结构，又具有韧性。系统的科学理论通常由两部分组成：一是理论的主要部分，即整个体系的核心思想，包括基本概念、基本命题以及基本理论的表述等；二是辅助部分，即核心思想的具体应用、展开和辩解。理论体系由这两部分组成，就使研究者可以通过建立和完善理论结构的方式来完善自己的认识。

第三，全面性和统一性。科学理论在创立时总是不完善的。这是由于当时历史条件和事物发展阶段的限制，以及理论家、科学家个人认识上的限制。随着实践的不断发展，人们的认识逐步深入，由表面深化到本质，对事物发展的规律有了进一步的、更全面的认识。而理论的系统化就是综合以往的认识成果，以理论体系的形式，提供到目前为止关于研究对象的最全面、最完整的认识，并且这种理论体系的形式又必须具有较高的逻辑统一性。“在发展的第一阶段，科学并不包含别的任何东西。我们的日常思维大致是符合这个水平的。但这种情况不能满足真正有科学头脑的人；因为这样得到的全部概念和关系完全没有逻辑的统一性。为了弥补这个缺陷，人们创造出一个包括数目较少的概念和原始关系，作为逻辑上的导出概念和导出关系保留下来。这个新的‘第二级体系’，由于具有自己的基本概念（第二层概念），而有了较高的逻辑统一性，但这是以那些基本概念不再同感觉经验的复合有直接联系为代价的。对逻辑统一性的进一步追求，使我们达到了第三级体系，为了要推演出第三层的概念和关系，这个体系的概念和关系数目还要少。这种过程如此继续下去，一直到我们得到一个体系；它具有可想象的最大的统一性和最少的逻辑基础概念，而这个体系同那些由我们的感官所作的观察仍然是相容的。”① 因此，统一性也就是科学理论体系最基本的特征之一。

第四，逻辑与历史的一致性。任何一门科学理论都必须表现为历史的逻辑体系。事物的发展是有开端的，人们描述事物的发展过程也有一个开端；理论体系的开端，要与事物发展过程的开端相一致。理论系统的逻辑次序应逐步展示出客观对象由抽象到具体的过程。从概念、范畴发展的程序来看，较前的概念、范畴是发展到较后的概念、范畴的前提和出发点。

第五，具有预测力。一个科学的理论系统不仅能够成功地解释以往对象发展过程的历史事实，而且还必须能对研究对象未来的发展做出成功的预见。这是因为，真正符合历史必然性的理论，不仅解释已知的事实是有效的，而且预测未知的事实也是有效的。因此，只有一个对过去有解释能力和对未来有预测能力的系统理论，才是富有生机、富有成果的科学的理论。

人的发展经济学要成为一门独立的、完整的科学理论，显然也必须具备或逐步具备以上五个特点。本书正是力求达到上述五点，努力按照这一目标去做的。

---

① 爱因斯坦．爱因斯坦文集：第一卷［M］．许良英等编译．北京：商务印书馆，1976：344－345.

第五节　人的发展经济学所应遵循的主要原则和研究方法

一、人的发展经济学所要遵循的主要原则

笔者认为，社会主义人的发展经济学所应遵循的原则或准则是：经济和物质生产力的发展只是手段，人才是目的。由这一基本理论原则又合乎逻辑地引申出另一基本理论原则：人的全面、自由的发展是最高宗旨。后一原则是前一原则的深化和具体化。

马克思曾经指出，社会主义是“在保证社会劳动生产力极高度发展的同时又保证人类最全面发展的这样一种经济形态”[①]。这就告诉我们，社会主义制度需要实现两大目标，即保证生产力的迅速发展和社会主义价值目标的实现。

这两大目标在日常生活中是经常发生矛盾的，但在根本上又是统一的。正是由于这种又矛盾又统一的状况，才需要和有可能提出社会主义两大目标。另外，生产力的提高并不会自然而然地提供自由、平等和正义，发展生产力与其说是目的，不如说是手段，人的全面自由的发展才是目的本身。从这个意义上说，价值目标高于发展生产力的目标。否认这一点，就会跌入为生产而生产的泥潭。

上述两大目标的矛盾统一的理论依据是，发展生产力虽然对社会主义制度来说极为重要，但并不构成社会主义概念的最本质的属性。这是因为：一方面，它并不是社会主义特有的目标，任何一种社会制度，如果不能发展生产力也就失去了存在的理由；另一方面，直到目前为止，能发展生产的不仅有社会主义，而且有资本主义。

社会主义概念是由社会主义的目的（价值目标）和实现目的的基本手段构成的。其中价值目标居于首要地位。马克思和恩格斯的社会主义是作为无产阶级的利益和未来目标而产生的。在他们的社会主义和共产主义概念中，价值目标也居于首要地位。恩格斯认为，可以用一句话来表述社会主义新纪元的基本思想，这就是《共产党宣言》所说的，在未来的联合体中，“每个人的自由发展是一切人自由发展的条件”。马克思在《资本论》中把社会主义社会和共产主义社会叫作“自由人的联合体”或“以每个人的全面而自由的发展为基本原则的社会形式”。

马克思、恩格斯还深刻地阐明了这两大目标的辩证统一关系。他们指出，生产力的高度发展是每个人全面而自由发展的条件，而最有利于人的全面而自由发展的生产方式和分配方式，也是最有利于生产力发展的。它们之间不仅在原则上是一致的，而且在越来越大的程度上互为条件。随着科学变为直接的生产力，将会发展到直接形式的劳动不再是财富的巨大源泉，到那时，表现为生产和财富宏大基石的，不是人本身完成的直接劳动，也不是人从事劳动的时间，而是人的发展。

---

① 马克思，恩格斯．马克思恩格斯全集：第十九卷［M］．中共中央马克思恩格斯列宁斯大林著作编译局译．北京：人民出版社，1963：130.

二、人的发展经济学的研究方法

同任何一门科学一样，人的发展经济学的研究也有方法论上的问题。人的发展经济学的研究方法和方法论，决定了它能否完成这门科学面临的任务。

“方法论”这个词，从广义上说，可以理解为在理论与实践中关于活动结构的学说、关于逻辑组织的学说、关于活动结果和方式的学说。从狭义上说，则可以理解为给科学指出认知的方法、获取并解释某些必要事实的方法、寻找和揭示某些被研究现象的规律性的方法。

在方法论中，我们要区别一般方法论（适用于一切科学）和某一学科方法论（适用于具体的某门科学）。一般方法论就是指哲学，它是关于自然、人的认识和社会发展的最一般规律的科学。在一般方法论中，唯物辩证法的三大规律处于重要的地位。在方法论的体系中，唯物辩证法的诸范畴对各门科学的研究都是十分重要的。某一学科方法论是针对具体的某门科学和研究对象的独特的研究原则、理论和方法。某一学科的方法论又可细分为通用方法和特殊方法。所谓通用方法，即是从各类研究方法中概括出来的，具有一定程度的普遍适用范围的研究方法。所谓特殊方法，是学科研究方法的最低层次，是指在前两种方法制约之下的具体操作方法。不言而喻，某一学科方法论是以一般方法论为基础的，受一般方法论的指导、制约、控制。

人的发展经济学的研究方法，除了必须遵循一般方法论原则外，主要还有以下几种：

一是问题研究法。科学发现的过程，就是提出问题和解决问题的过程。一门学科在某个时期提出的问题越多，它的科学的创造力就越旺盛。如果没有问题，新学科就不能诞生，也不可能发展。因此，人的发展经济学的研究，同其他一些学科的研究一样，必须掌握问题研究法。不断地总结社会主义经济建设、经济体制和政治体制改革实践中提出的问题，针对提出的问题，积极地、创造性地展开人的发展经济科学的探索活动。只有不断地提出问题和解决问题，才能使人的发展经济理论不断发展，使人的发展经济学这门学科的理论体系不断充实、完善。

二是假设法。科学的假设就是关于事物的现象的因果性或规律性的假设性解释，它是用来回答由事实提出的问题，并且可以经由事实进一步检验的。为了探索客观真理进行的科学研究，一般对所要探索的事物或现象的结果要先有一个假定和设想，科学的假设是人类的认识接近客观真理的方式，是新的科学理论的萌芽。科学发展的形式不是别的，只能是假设。正如恩格斯所指出的：“只要自然科学在思维着，它的发展形式就是假说。一个新的事实被观察到了，它使得过去用来说明和它同类的事实的方式不中用了。从这一瞬间起，就需要新的说明方式了——它最初仅仅以有限数量的事实和观察为基础。进一步的观察材料会使这些假说纯化，取消一些，修正一些，直到最后纯粹地构成定律。如果要等待构成定律的材料纯粹化起来，那末这就是在此以前要把运用思维的研究停下来，而定律也就永远不会出现。”① 自然科学的研究是这样，社会科学中其他

① 马克思，恩格斯．马克思恩格斯选集：第三卷［M］．中共中央马克思恩格斯列宁斯大林著作编译局编．北京：人民出版社，1972：561.

学科的研究是这样，人的发展经济学科的研究也是这样。

三是逻辑的方法。最高层次的逻辑的方法就是辩证的方法。辩证法就是关于自然、人类社会和思维的运动和发展的普遍规律的科学。我们认识社会经济生活领域里的人的发展及其规律也要受辩证法规律的支配。在人的发展经济学的研究中，许多范畴和问题都是一对矛盾的统一体，处于对立统一之中。例如，人的发展经济学研究的公正和效率就是一对矛盾。公正原则要求为广大社会成员提供施展才能、平等竞争的机会，从而使广大社会成员实现政治上、经济上的平等，实现等量劳动获得等量报酬；但公正绝不是牺牲效率，而是要促进效率。人的发展经济学的研究，就是应该通过逻辑方法进一步确立效率优先、兼顾公平的原则。逻辑的方法还要求我们采用对比的方法，即用历史的辩证法来进行研究，它包括时间对比法（即纵向对比法）和空间对比法（即横向对比法）。前者是考察人的发展在不同的历史条件下表现出的不同特性，借鉴历史；后者是考察当代不同政治和经济环境条件下的人的发展的差异，借鉴国外先进的人的发展经济思想。

四是行为分析法。这种方法就是把人的行为进行分类，并进行数量分析，预测出人的未来发展趋向、人的行为的趋势。人的行为的动机是由人的潜能、人的欲望、人的自主创造意识和人的需要引起的，人的潜能、欲望、创造意识需要或动机是行为的主动力，人的任何行为都是为了达到某个目标、为了获取需要的满足。人们的行为模式和行为动机，往往都包含着人的发展的需要与伦理价值的标准，并对社会经济生活产生重大的影响。人的发展经济学需要通过行为分析法，进行抽样调查、统计、运算，预测出整个社会经济生活中人的发展行为趋势，找出规律性的并体现为社会经济目标、目的的东西，用以指导我们的社会经济生活。

本章小结

本章主要探讨研究了中国特色政治经济学——人的发展经济学的内涵、定义及逻辑起点，人的发展经济学所具有的特定研究对象，这一特定的研究对象决定了人的发展经济学是一门科学。同时，本章还阐释了人的发展经济学的理论体系和主要研究内容，以及人的发展经济学的主要原则和研究方法。

思考题

1. 人的发展经济学的内涵有哪些方面?

2. 人的发展经济学的定义是如何表述的?

3. 人的发展经济学的研究对象是什么?

4. 人的发展经济学的内涵定义与古典、新古典经济学的定义有什么不同?

5. 西方主流经济学研究对象上的缺陷和错误主要体现在哪些方面? 对全球和我国经济、社会发展带来了哪些危害?

参考文献

[1] 许崇正．论人的发展经济学研究对象、理论体系及其意义［J］．学术月刊，2009（2）．

[2] 许崇正．人的发展经济学［M］．北京：光明日报出版社，2022.

[3] 许崇正．人的发展经济学概论［M］．北京：人民出版社，2010.

[4] 许崇正．人的发展经济学基本框架探讨［N］．光明日报（理论版），2009－09－08（10）．

[5] 许崇正．重温亚当·斯密理论与对中国经济学未来发展的思考［J］．经济评论，2005（2）．

第二章

人的发展经济学的产生、形成与发展

随着人类社会的发展，人们对于人本身的关注日益突出，由此导致人的发展经济学研究的形成与发展，并在理论界产生的影响越来越大，对于人类社会实践的指导作用也日益显著。我国经济学界关注人的发展经济学问题较早，特别是改革开放以来，在马克思主义理论指导下，我国加快了人的发展经济学的研究和建设，并取得了实质性的研究成果。本章历史地把握中国人的发展经济学产生的背景及其形成和发展的脉络，力图从整体上勾画出中国人的发展经济学的演化史。

第一节　人的发展经济学的萌芽和产生

经济学对人的发展关注很早。马克思政治经济学的研究对象就是生产关系，即在生产过程中所形成的人与人的关系。马克思在《资本论》中提到，为了依照工厂法保障工人的权利，需要（作为公务员任命的）工厂检察官为保护工人健康付出医疗劳动。西方经济学同样如此，杰出的古典经济学的代表亚当·斯密本身就是伦理学家，他认为经济人和道德人是人的两个方面，就像货币的正反面，“剑桥学派”的创始人马歇尔在其代表作《经济学原理》一书中，开宗明义地公开宣布：“政治经济学是一门研究财富的学问，同时也是一门研究人的学问……因此，一方面它是一种研究财富的学科，另一方面也是更重要的方面，它是研究人的学科的一个部分。”[①] 经济学中的所有制问题，生产、市场、价格、金融、汇率、分配、生活质量乃至需求、消费等，无一不与人和人的发展密切相关。现实的社会经济秩序，只有以个人的自由全面发展为目标而制定出来，才是符合事物发展规律和方向的秩序。如果我们的经济生活和经济行为不想给（或不至于给）人类带来灾难，就必须以人的发展为目标和准则，以此来调整、制约、完善我们的经济行为，使经济行为能不断地为促进人的发展而努力。这就是说，一方面，客观经济过程以其独特的形式培养和选择它所需要的经济主体，不断地调整自己，以促进人的发展；另一方面，它以同样独特的方法，造就它所必须遵循的能够不断地促进人的发展的行为规则。因为，经济主体的行为是与人们对自身不断发展的意欲和需求，以及与人们物质的意欲和需求这一伴随人类俱来的生存、发展意志联系在一起的。当然，无

① 马歇尔．经济学原理：上［M］．北京：商务印书馆，1983：23.

论是马克思经济学还是古典的西方经济学，都没有明确提出人的发展经济学这一学科名称。

据考证，人的发展经济学研究最早在20世纪60年代诞生于日本。日本“人的发展的经济学”研究起源于保育劳动问题和成人劳动者的公务劳动问题，包括家庭内劳动和社会劳动在内的“对人公共服务”劳动研究是日本“人的发展的经济学”的基础。在人的发展经济学理论化过程中，劳动者的“终身学习”问题即“一边工作，一边学习”问题起着重要作用①。

一、日本“保育费的减免和公费负担”与“终身学习”研究推动人的发展经济学产生

促进“人的发展的经济学”形成的直接契机，是有关托儿所阿姨和工厂检察官的研究。20世纪60年代到70年代，日本20岁左右的男女劳动者大规模地从农村来到城市（日本在战后民主主义的制度框架内，名义上男女就业机会平等）。随着劳动力的转移，所谓“双职工”快速增加，大家族解体成为小家庭。这样一来，幼儿的“人的发展”从过去的依靠家族关系，变成依靠本地的托儿所等公共设施和专业人员。这就意味着人的发展开始脱离习惯和传统的范畴，独立出来。人的发展开始依靠公共设施和专业人员，依靠社会上的相互支持、合作来实现。这样一来，人的发展的过程已经不仅仅是家庭内部的问题，人的发展的过程，开始在社会和公共场所，得到观察和探讨。随着对保育的权利主体和责任主体研究的深入，“保育费的减免和公费负担”的重要性开始受到关注。

这样，保育问题研究开始成为经济学研究者的课题。开办托儿所的创业活动，还有伴随托儿所公有化运动产生的公共预算如何向人的发展分配的问题等，都开始成为研究的对象。通过研究开发幼儿潜能的创业活动、家庭承担的保育费，还有地方财政预算内的保育费用等，来研究保育劳动（作为公务劳动）的“质”的学问。这种研究不只停留在保育领域，还进一步扩大到有关高龄者和残疾人福利的护理劳动，成为日本学术界新的研究领域，这应该是人的发展经济学的起源。

在“人的发展的经济学”理论化过程中，起重要作用的，是20世纪70年代初的“终身学习”问题。“终身学习”的问题，简单地说，就是确立劳动者“一边劳动，一边学习”的权利的问题，是恢复每个人独特的求知能力、美感、道德、生产能力、消费能力、治理能力、控制环境的能力等作为人的各种能力，以及向自然学习的能力的问题。“随着对公务劳动研究的开展，学者们发现不只是幼儿，成人劳动者的发展（潜能的开发）也需要多样的公务劳动支持。与技术进步相对应，劳动者在工作场所，从固定的分工中解放出来，提高承担多样劳动任务的能力，是解放潜在能力的重要条件。机器大工业对劳动者的训练和养成，给劳动者带来了痛苦，剥夺着他们的职业能力。同时，这种训练和养成，也使劳动者拥有多样的能力、挑战多样和创造型的工作成为可能，带来了增加劳动者学习和受教育权利的希望。”② 很多经济学者主张保障劳动者“一边劳

①② 池上惇．人的发展经济学在日本的产生、发展和未来［J］．改革与战略，2011（6）．

动，一边学习”的权利，积极地开设劳动者受教育的场所。人的发展的经济学最终在日本基础经济科学研究所进行活动的过程中，和对这些活动进行理论化的过程中得以产生。

二、人的发展经济学在日本的进一步发展

作为最早起步研究人的发展经济学的日本，目前已初步建立了“人的发展经济学”学科，日本学术界已出版了多部“人的发展经济学”专著。这其中具有代表性的是日本经济学家二宫厚美、成濑龙夫等于1994年出版的《人的发展经济学》，以及日本经济学家池上惇、二宫厚美等于2005年出版的《人的发展经济学》这两本书。但遗憾的是，这两本书都未涉及人的发展经济学的研究对象。因此，严格来说，作为一门科学的人的发展经济学在日本并没有形成。

从20世纪80年代中期开始，日本每年都会召开一次全国性的人的发展经济学学术大会，参会者包括来自日本各大学、科研机构的几百名著名教授和学者；日本还在20世纪90年代初创办了一份专门发表人的发展经济学研究成果的学术刊物：《经济科学通讯》。日本从2006年开始与中国南京师范大学合作，每两年在日本召开一次中日“人的发展经济学国际学术研讨会”，到目前为止已召开了10次。越来越多的日本经济学家、教授、学者加入了“人的发展经济学”的研究。

三、人的发展经济学在西方国家的影响日益扩大

人的发展经济学是在特定时空背景下形成的反映人的发展诉求的具有旺盛生命力的新兴的经济学分支学科，因此具有异质性和世界性的属性。随着经济、社会全球化的日益深入，各国学者关于人的发展经济学的研究日益相互渗透和影响，整体上推动了这一学科的发展。

20世纪70年代，由于市场经济中“非法操纵市场和股票交易、随意处置有毒化学物质、严重污染环境、生产有毒或危险产品、无视工人和顾客生命安全”① 等败德丑恶行为盛行，这给人的发展经济学研究带来了契机。福利经济学和制度经济学抓住了经济运行中的问题特征，在人的发展经济学研究中取得了重大进展。

诺贝尔经济学奖获得者诺思沿着社会学取向，对伦理的经济功能做了深刻的分析。诺思认为，个人效用函数远比新古典理论体现的假定复杂，事实上由家庭和教育灌输的伦理价值观念限制“经济人”的行为，因而，他把影响人类认识、规范人类行动的道德伦理信仰体系作为与国家、产权并列的三块基石构建其经济分析理论体系。他指出，自由市场制度本身并不能保证效率，一个有效率的自由市场制度除了需要一个有效率的产权和法制制度的配合之外，还需要在诚实、正直、合作、公平、正义等方面良好的道德人去操作这个市场。也就是说，没有道德的经济人如同行尸走肉，经济的发展也失去

---

① 豪斯曼，麦克弗森．经济分析、道德哲学与公共政策［M］．纪如曼，高红艳译．上海：上海译文出版社，2008：2.

了意义①。

在制度经济学派看来，“人类经济活动既受政策法律等正式制度约束，又受伦理、文化等非正式制度约束，强有力的伦理道德观念约束可能使决策者做出与集团利益相悖的政策，也可能使个人放弃看起来收益非常大的行为。退一步讲，即使人类经济行为确实是谋求利益最大化，由于信息不充分和预期不确定性使得人类理性有限，利益最大化的判断事实上经常性借助于以往的知识、信用、伦理等。把伦理道德纳入经济学分析应属必然”②。正如诺贝尔经济学奖获得者加里·贝克尔曾指出的：“经济学已经进入第三阶段。在第一阶段，人们认为经济学仅限于研究物质资料的生产和消费结构，仅此而已(即传统市场等)。到了第二阶段，经济理论的范围扩大到全面研究商品现象，即研究货币交换的关系。今天，经济研究的领域扩大到研究人类的全部行为及与其有关的全部决定。经济学的特征在于它要研究的是问题的本质，而不是该问题是否具有商品性或物质性。因此，凡是在以互相对立的目的、特征的资源稀缺情况下提出的资源配置和选择问题，都属于经济学的范畴，均可用经济分析的方法来研究。”③ 可见，建立人的发展经济学，也正是经济学本身理论建设上的要求和必然。

另外，值得一提的是获得诺贝尔经济学奖的印度经济学家阿马蒂亚·森，他在20世纪80年代后期就提出了“从商品开发的经济学到人的发展经济学”这个经济学思想范畴的转换，倡导“人的发展经济学”，并就人的自由发展与经济，写出了许多经典著作，如《以自由看待发展》《理性与自由》《贫困与饥荒——论权利与剥夺》《集体选择和社会福利》《伦理学与经济学》《理性的傻瓜——对经济学行为主义基础的批判》《饥饿的公共行为》。在上述的多数著作中，森都反复强调要用自由看待发展，他认为，要把发展的视角定位在自由之上，通过对自由的专注，他为我们提供了有力的概念基础。在森那里，自由被界定为与生活质量类似的实质意义上的人的潜在能力。这一自由概念具有多重面孔，是实质自由与形式自由、积极自由与消极自由、过程自由与机会自由的统一。自由是人类最可贵的本性，对应于人的二元性（福利与主观能动），人拥有两种自由：“福利自由”和“主观能动自由”。自由的反面是剥夺，“剥夺”是不自由的基本样态，指的是基本可行能力的丧失。另外，从自由出发，森建立了自己的“人类发展方法”。首先，他提出自由发展观，阐述了人的完全自由是发展的首要目的和重要手段的理论新框架。这种自由发展观与可持续发展观是一致的。森分析了格罗·布伦特兰和罗伯特·索洛可持续发展定义的局限性，为可持续发展赋予了新意，强调可持续发展的目标是实现“可持续的人类自由”。但是，令人遗憾的是，阿马蒂亚·森没有写出专门论述“人的发展经济学”的著作。

森的经济学在世界各国的研究人员中及日本学术界也拥有很多理解者与支持者。特别是在森获得了诺贝尔经济学奖之后，关于人的发展经济学的学术研究迅速在世界各国展开，参加研讨的经济学教授、学者越来越多。2011 年 4 月在美国麻省理工学院召开的世界经济年会，将人的发展经济学研究列为会议重要的内容和重要议题之一；2012

① 韩喜平，闵凯．经济学研究伦理属性的学说史考察［J］．中共中央党校学报，2014（1）：93－98.

② 韩喜平．西方经济学研究中的伦理视角及启示［J］．长白论丛，1997（4）：42－45.

③ 勒帕日．美国新自由主义经济学［M］．李燕生译．北京：人民出版社，1985：7.

年5月在墨西哥大学召开的世界政治经济学年会更是将大会的主题定为“市场、公众和人的发展”。来自世界各地的经济学家们共同研讨市场经济和人的发展的关系。人的发展经济学正日益显示出强大的生命力，吸引了越来越多的学者和公众的眼球，越来越多的人开始关注它、研究它。

第二节　人的发展经济学在中国产生的时代性与理论需求

理论来源于实践，理论是对实践的提炼和总结，任何一门学科的形成都有着实践的支撑。人的发展经济学在中国作为经济学学科领域的一个全新分支，其产生、形成与发展有着深层的社会经济发展理论和实践背景。

一、中国经济社会发展问题的“倒逼”

中国人的发展经济学是在回应“实践”诉求的过程中逐渐形成和发展的。实践属性是人的发展经济学最鲜明的特征。一方面，人类实践的发展为人的发展经济学的形成提供了物质基础和研究素材；另一方面，实践过程中出现的“人的发展困境”也加速了人的发展经济学的发展。

改革开放以来，随着经济体制改革的深入，以及社会主义市场经济体系的确立和发展，我国经济建设取得了令世人瞩目的成就，然而在经济充分发展和物质财富快速增加的同时也带来了与人类发展不一致甚至违背人类发展初衷的一系列严重的现实的问题。

第一，随着人类征服自然、改造自然能力的不断提高，人类赖以生存的环境却日益恶化，污染越来越严重。中国在迅速推进工业化的历史进程中，由于生产工艺落后以及粗放的生产与经营方式，造成环境质量恶化，局部地区污染非常严重；不仅城市的环境污染严重，而且农村的污染也在不断蔓延。大气污染、水污染、固体废弃物污染、噪声污染等给人民的健康造成危害，已严重危及当代人的生存环境；与此同时，生态破坏的范围在扩大、程度在加剧，水土流失、土地荒漠化、草场退化、森林资源危机、水资源短缺、生物多样性减少等已严重威胁到人类的生产生活。面对这种情况，中国在全面推进现代化建设进程中，从国情出发，将环境保护作为一项基本国策，开展了大规模的污染防治和生态保护工作，并取得了很大的成绩。

第二，收入分配差距呈进一步扩大趋势。共同富裕是社会主义的本质要求，也是人类社会发展的理想状态，但“中国居民收入分配差距的扩大在近年来越来越严重，这不仅表现在城乡居民间，还表现在城市内部、农村内部、区域之间、不同行业之间、不同所有制企业之间等各个方面”[①]。市场经济条件下，社会存在收入差距是一种常态，适度的差距也可能有利于社会保持前进的动力，然而，贫富差距过大可能引

① 杭行．中国居民收入分配差距扩大的原因及对策分析［J］．复旦学报（社会科学版），2002（2）．

起社会动荡不安①。国际上衡量收入差距通用的指标是基尼系数。该系数越大，表明一国居民收入差距越大，一般来说，该系数在 0.3～0.4 之间为宜。根据国家统计局公布的官方统计数据，2003 年中国的基尼系数是 0.479，2004 年是 0.473，2005 年是 0.485，2006 年是 0.487，2007 年是 0.484，2008 年是 0.491，此后逐步回落，2009 年是 0.490，2010 年是 0.481，2011 年是 0.477，2012 年是 0.474，2013 年是 0.473，2014 年是 0.469，2015 年是 0.462。尽管 2015 年基尼系数为 13 年来最低，但也明显高于 0.4 的国际警戒线。

第三，诚信缺失、社会价值标准迷失现象严重。和谐安定的大同社会是我国古人就向往的一种理想。改革开放以来，我们创造了一个又一个令世人瞩目的经济奇迹，人们的生活水平基本达到了小康水平，但精神文明建设却不尽如人意，“毒奶粉”“瘦肉精”“地沟油”“彩色馒头”等事件时有发生，社会主义核心价值观教育任重而道远。这些问题绝非单纯的经济和社会问题，而是极其深刻的、涉及各个方面的人与社会发展问题。这一系列问题呼唤着人的发展经济学的建立，希冀通过对“人的发展经济学”的深入研究推动这些问题的解决。

二、关注世界经济社会发展的影响

对于社会主义现代化建设，许多人认为它仅仅是经济的现代化（即“四个现代化”），看不到它是经济、政治、思想文化、人的发展、生态文明等整个社会大系统的现代化；或者仅认为是社会客体的现代化（如要建成多少项目，达到多少产值，建设多少学校、医院、图书馆等），看不到也是社会主体——人自身的现代化。离开了人本身的现代化，社会的现代化是不可能实现的。因为，现代化的社会是由现代化的人去实现的。当然，这不是说在时间上先实现人的现代化，然后才去实现社会的现代化，而是同一个现代化过程的两个方面。

众所周知，当今世界社会经济和科学技术知识的发展，已越来越明显地表现出以下几个特点。

一是新的学科在不断产生，同时各门科学之间出现了高度综合的趋势，彼此联系日益紧密，科学知识趋于整体化。不仅自然科学和社会科学结合而产生了一些新的边缘科学，而且当代社会科学和自然科学的内部也因互相渗透而产生了一些新的学科。这一系列新产生的学科，特别是由自然科学和社会科学的结合而产生的边缘学科，其研究对象已经不像从前那样，或者是自然界，或者是人类社会，而是二者兼而有之。如环境学，它既要研究大气、土壤、水文、生物圈等自然现象的发展变化，又要研究生产方式、消费方式、社会组织形式等社会现象的发展变化。当代，对任何一个社会问题的研究，都不仅要具备经济学知识，而且还要具备哲学、历史学、社会学、心理学等多方面的知识。随着未来科学技术的发展，自然的研究和利用，不能再同社会的改造、同精神世界的改造分开；社会科学的研究与应用也不能同自然界的改造、同精神世界的改造分开。同时，物理学、化学、生物学的界限将逐渐消失，成为难以划分的综合科学；农业科

① 刘林．人的发展经济学与政府社会福利改进的基础［J］．改革与战略，2009（11）．

学、工业科学的界限将逐渐消失，成为难以划分的综合科学；基础科学、技术科学、应用科学的界限将逐渐消失，成为难以划分的综合科学……因此，社会、经济、科学技术的发展，越来越要求有一大批既懂得社会科学的某一学科或几门学科，又懂得自然科学的某一学科或几门学科的那种跨学科的专家和人才。这样的人才，在一些经济技术发达的国家，已经在成批地培养。在美国的哈佛大学、麻省理工学院、斯坦福大学等院校的管理学院，有很多学生就是同时读自然科学或工程技术的某一学科和社会科学的某一学科，即同时攻读两种学位。美国社会上把这种人看作是拿着“金色护照”的人，有相当一部分人认为这种人才对社会最有用，因而这些拿着“金色护照”的人的待遇也最高。这说明，当代科学技术知识的发展，已进入了既高度分化又高度综合的阶段，各门科学知识正趋于整体化；人类认识的焦点已从事物过渡到了系统，人类的思维方法也已跨入了一个“系统的时代”。

二是科学发现与大规模地应用这种发现之间的时间间隔正在逐渐缩短。由于科学发现和技术变革的间隔缩短，以及不断采用新技术，由此引发新行业的不断兴起和经济活动领域的不断开辟，使当代的生产结构发生重大变革，许多传统的物质生产部门所占比重下降了，而大批新的生产部门不断出现，由此又带来了劳动变换的空前加速。100 多年前马克思就指出：“承认劳动的变换，从而承认工人尽可能多方面的发展是社会生产的普遍规律。”① 马克思揭示的这一规律，已经越来越被当代社会经济和科学技术的发展所证实。美国人口普查的数字表明，在 20 世纪 70 年代的一个为期五年的时间里，就有整整 1/3 的劳动力不是简单地改变工作岗位，而是在不同的职业之间移动。

三是科学技术知识的更新速度越来越快，老化周期也越来越短。当代知识正在不断地变革、更新，日新月异。著名的学者勒内・马厄说过：“过去的 20 年，人类的知识和力量是以惊人的速度发展着，变化正在无限地加速，正像人类的知识和科学工作者的人数迅速增加一样（整个人类历史上的 90% 以上的科学家与发明家都生活在我们这个时代）。”② 由于新知识以惊人的速度发展，所以，科学技术知识的老化周期日益缩短。如 20 世纪头 10 年老化周期是 40 年，而到了 80 年代已缩短为 3～5 年。越来越多的人已经认识到，当代，社会思想方法上的特征不再是常识、因袭传统、经验论，而是倚重抽象理论与系统分析；任何人再也不能一劳永逸地获取知识了，而需要终身学习。

四是可持续发展战略的要求。自 20 世纪末以来，由于人类面临日益严重的各种发展困境，可持续发展问题日益成为当今世界所面临的突出的现实问题，并普遍受到各国政府的关注。可持续发展作为一种新的发展模式和发展观，影响越来越大，甚至被许多国家作为一种社会发展战略。走可持续发展道路也是我国一项长期坚持的基本国策，是社会主义本质的必然要求。它既是一种符合人类要求和趋势的全面发展模式的主动选择，也是当代中国发展的资源环境条件的要求。我国属于发展中国家，众多的人口、贫乏的资源、脆弱的环境和已经形成的严重污染的现实，严重制约了我国经济社会的持续健康发展。现实和理性告诉我们，为了实现我国经济和社会的持续发展，为了子孙后代

---

① 马克思．资本论：第一卷［M］．中共中央马克思恩格斯列宁斯大林著作编译局译．北京：中国社会科学出版社，1975：500.

② 参见：富尔．学会生存［M］．北京：人民出版社，1982：127.

的生存和发展，我们必须处理好经济发展同人口、资源、环境的关系，走可持续发展之路是我们唯一的选择。人与自然关系问题作为可持续发展的核心问题，本身就包含着“人的问题”和“自然的问题”这两个相互联系的方面，解决“人的问题”是解决“自然的问题”的出发点和归宿点，因为“自然的问题”的出现源于“人的问题”，“自然的问题”的解决归根到底是为了更好地解决“人的问题”，其中最根本的是人的全面发展问题。所以，加强对人的发展经济学的研究，对于我国坚持走可持续发展道路的重要性和意义是不言而喻。

以上四个特点表明，随着现代科学技术知识的发展，现代和未来文明的真正财富将越来越表现为人通过主体本质力量的发挥而实现的对客观世界的支配。各个科学部门的不断高度分化和高度综合，人类认识的焦点从事物过渡到系统，新知识的不断涌现，知识更新的空前加快，劳动变换的空前频繁等，所有这些都要求人必须全面发展才能适应。因此，研究人的自由全面发展与经济活动的关系，建立起一门人的发展经济学科，无疑对于我国社会主义现代化建设有重要意义。只有加强对这一重大理论问题的研究，我们才能建立起一个和谐的经济秩序，才有可能自觉地为实现人的自由全面发展创造条件，为培养自由全面发展的人而奋斗，从而我国的社会主义现代化才可能实现。

三、坚持和发展马克思主义经济学的需要

人的自由全面发展问题，是马克思、恩格斯毕生研究的重点，在马克思、恩格斯提出并论证未来共产主义思想和创立科学社会主义理论的时期，他们对人的自由全面发展问题一直非常关心、高度重视，并以科学的态度进行了不懈的研究。

自第二次世界大战以来，西方一些哲学流派和经济学、心理学、教育学流派向马克思主义发出了很多挑战，而人的问题是首当其冲的一个问题。不少流派攻击和歪曲马克思主义是非人道的，是见物不见人的，是机械的物质决定论，是经济决定论。在我国的理论研究中，也一直存在着一种错误倾向，即拒绝承认人的问题是马克思主义的问题，否认马克思主义经济学有自己的人的自由发展原则，认为人的学说、人的自由发展都是资产阶级的、反马克思主义的和修正主义的东西，把马克思学说中的人学思想排斥在纯马克思主义经济学理论体系之外。这些年来，中外哲学把人与人的自由发展问题回归马克思主义哲学的视野，确定了人的发展问题作为唯物史观基本价值维度的地位。但是，人与人的自由全面发展问题却始终没有回归马克思主义经济学，它们在马克思主义经济学中基本价值维度的地位仍然没有得到确认。

众所周知，在写作《德意志意识形态》至《共产党宣言》的时期，马克思、恩格斯之所以未能形成关于人的自由全面发展的完整成熟的理论，与当时马克思、恩格斯还未能对政治经济学进行深入系统的研究，未能对人类的全部历史以及对资本主义经济运动规律进行深入剖析有关；而在《资本论》及《1857—1858 年经济学手稿》中，马克思、恩格斯对人的全面自由发展问题的论述之所以能日臻全面完善和科学，之所以能建立完整的理论形态和理论体系，正是由于他们深入系统地研究政治经济学、揭示整个资本主义及人类社会经济运动规律的结果。这说明，马克思、恩格斯人的自由全面发展的理论，与马克思主义的政治经济学有着密切的关系，是马克思主义经济学的重要内容。

因此，坚持和发展马克思主义经济学，必须加强对马克思人的全面发展理论的研究，必须创立人的发展经济学，深入探讨人的自由全面发展与经济运行、经济行为、经济发展的关系。人的发展经济学就在于把人的自由全面发展问题回归马克思主义经济学视野，从而确定人的解放与全面发展作为马克思主义经济学基本价值维度的地位，凸显出当代中国马克思主义经济学的人学特征。找到了马克思主义经济学与当代人与人的发展问题之间的有机联系，凸显它的人学特征，使人与人的发展和自然与生态发展问题回归马克思主义经济学视野，构成马克思主义经济学基本价值取向，将人和人的自由全面发展作为主要研究内容，才能建立起一个科学的、完善的、富有生命力的理论体系，从而促进马克思主义经济学的发展。

四、中国特色社会主义经济理论深化的推动

中国共产党高度关注民生问题，关注人的发展问题，始终把人民的生存与发展问题作为自身的奋斗目标，逐步探索形成了充满自信的中国特色社会主义理论体系。关注人的发展既是中国特色社会主义理论体系一直关注的重点问题，也是其特色和优势所在。发展是中国主题，也是中国特色社会主义理论体系探索的主要问题。中国特色社会主义理论体系从创立起就蕴含着以人与人的发展为核心的基本价值取向。

在 1921 年召开的中国共产党第一次全国代表大会上通过的《中国共产党纲领》就明确提出“由劳动阶级重建国家，直到消灭阶级差别”。毛泽东在中华全国苏维埃第二次全国代表大会上指出，应该高度重视革命根据地的民生问题，把苏区群众关心的，从日常生活的衣食住行、柴米油盐问题，到重大的生产资料土地问题，到劳动就业的问题以及孩子教育问题、人民的民主权益和医疗卫生问题等都作为重大的民生问题，请全党上下重视和关心。正是这种依靠人民、为了人民的理论使中国共产党成为执政党，建立了新中国。新中国成立后，中国共产党第一代领导人认识到，中国在工业化起点低、基础薄弱的特殊国情下，如果不重视发展生产力、优先发展工业，就不能从根本上改变生产力水平低下的落后状况，改善和发展民生也就会是一句空话。毛泽东说，“必须给人民以看得见的物质福利”①，“要把衣、食、住、用、行五个字安排好，这是六亿五千万人民安定不安定的问题”②。同时，毛泽东强调要实行真正的人民当家作主，认为只有这样，才能保障人民群众真正享有经济、政治、文化、社会等各方面的权益，才能从根本上推动“四个现代化”目标的实现。

党的十一届三中全会后，关注人民生活、实现共同富裕成为社会主义优越性的基础和体现。只有在社会主义社会才能让人们享受到民生幸福。“社会主义要表现出它的优越性，哪能像现在这样，搞了二十多年还这么穷，那要社会主义干什么？”③ 社会主义优越性归根到底要体现在它与资本主义相比，能把生产力发展得更快一些、更高一些，并且在促进生产力发展的基础上持续不断改善人民群众的物质文化生活。“中国的主要

① 中共中央文献研究室．毛泽东文集：第二卷［M］．北京：人民出版社，1993：467.

② 中共中央文献研究室．毛泽东文集：第八卷［M］．北京：人民出版社，1999：78.

③ 邓小平．邓小平文选：第二卷［M］．北京：人民出版社，1994：130.

目标是发展，是摆脱落后，使国家的力量增强起来，人民的生活逐步得到改善。”①

江泽民同志面对20世纪末不断变化的国际国内形势，以全新的战略眼光、提出了“三个代表”重要思想，明确“中国解决所有问题的关键要靠自己的发展”②。“在发展经济的基础上，努力增加城乡居民的收入，不断改善人们的吃、穿、住、行、用的条件，完善社会保障体系，改进医疗卫生条件，提高生活质量”③，全面建设高水平的小康社会，使经济更加发展、民主更加健全、科教更加进步、文化更加繁荣、社会更加和谐。

党的十七大全面深刻而富有新意地阐述了科学发展观等重大战略思想，强调把科学发展观贯彻落实到经济社会发展的各个方面，实现以人为本、全面协调可持续的科学发展，丰富和发展了中国特色社会主义发展尤其是经济发展的目的理论。科学发展观是坚持以“人的自由全面发展”为核心的马克思主义发展观，是以实现人民愿望、满足人民需要、维护人民利益为根本出发点和落脚点，以实现人的可持续生存与全面发展为目的的；坚持发展为了人民、发展依靠人民、发展成果由人民共享，尤其是要努力使工人、农民、知识分子和其他群众共享经济社会发展的成果。因此，党的十七大报告阐明的科学发展观，强调牢固树立以人为主体、以人为动力、以人为尺度、以人为目的的最高价值理念，追求以人与人的发展为目的的科学发展，靠科学发展实现以人与人的发展为目的。因此，当前我们抓紧建立起人的发展经济学，使人与人的发展理念贯穿于中国特色社会主义理论与经济理论中，使当代中国马克思主义经济学的人学特色更加凸显，构成其基本价值取向，完全是适应建立中国特色社会主义理论体系的需要。

党的十八大报告提出了“五位一体”的社会主义建设总布局，而且明确“加强社会建设，必须以保障和改善民生为重点。要多谋民生之利，多解民生之忧，解决好人民最关心最直接最现实的利益问题，在学有所教、劳有所得、病有所医、老有所养、住有所居上持续取得新进展，努力让人民过上美好生活”。

习近平总书记一系列重要讲话更是明确了经济发展与人的发展的内在关系。中国共产党领导人民全面建设小康社会、进行改革开放和社会主义现代化建设的根本目的，就是要通过发展社会生产力，不断提高人民物质文化生活水平，促进人的全面发展。检验我们一切工作的成效，最终都要看人民是否真正得到了实惠，人民生活是否真正得到了改善，这是坚持立党为公、执政为民的本质要求，是党和人民事业不断发展的重要保证。在前进道路上，我们一定要坚持从维护最广大人民根本利益的高度，多谋民生之利，多解民生之忧，在学有所教、劳有所得、病有所医、老有所养、住有所居上持续取得新进展。

马克思主义经济学人的全面发展的价值取向理论，有助于我们从马克思主义学说的理论源头的新视角，全面认识中国特色社会主义理论体系中人的全面发展的价值追求与取向，我们完全可以体会到中国特色社会主义经济理论的新成果是马克思主义的人学思想和生态学思想的有机统一，具有人文关怀和生态关怀的双重价值取向。包含以人为

---

① 邓小平．邓小平文选：第三卷［M］．北京：人民出版社，1993：244.

② 江泽民．江泽民文选：第一卷［M］．北京：人民出版社，2006：461.

③ 江泽民．江泽民文选：第三卷［M］．北京：人民出版社，2006：294.

本、人的自由全面的发展理念的中国特色社会主义理论体系是一种全新的马克思主义人学观，也是一种全新的马克思主义经济学观点。科学发展观是以人为本和以生态为本的内在统一。“科学发展观作为一种建立在科学价值判断基础上的发展观，把可持续发展建立在唯物史观和辩证法自然观相统一的坚实理论基础之上，是以人为本和以生态为本的价值取向的双重统一。由此决定了它所阐明的可持续发展的价值定位也是双重统一：既是实现以人的可持续生存与全面发展为导向的可持续发展，又是实现以自然的健康、稳定、发展为导向的可持续发展；既要从人的尺度去理解、把握、处理人与自然的和谐协调发展关系，又要以生态的尺度去理解、把握、处理人与自然的和谐协调发展关系，确立了人和自然的可持续发展价值目标。从前者来说，以人为本就是指，人既是发展的主体又是发展的终极目标，应当把人的可持续生存与全面发展尤其是人的身心健康、生命安全、幸福生活放在发展的第一位，确保人的可持续发展；从后者来说，以生态为本就是如前所说的，自然生态环境既是发展的第一基础，又是发展的终极目标，就是把人及整个社会的发展建立在自然生态环境良性循环和健康、稳定发展的基础之上，确保自然的可持续发展……只有确立了人与自然可持续发展的双重价值目标，才是最终实现了真正合理的科学的发展。当然，自然的可持续发展，既是为了人的可持续发展与全面发展，又是为了自然自身的健康生存与可持续发展，所以相对于人的发展，它既是手段又是目的。传统发展观把经济增长本身看成发展的目的与唯一价值尺度，不仅把人只是作为发展的手段，而且也把自然只作为发展的手段，致使人与自然依存发展目的的双重丧失。而科学发展观对可持续发展规律的新揭示，就在于把以人为本的发展和以生态为本的发展有机统一起来，使人与自然的发展目的的价值取向获得双重确立，使自然的可持续发展对于人的可持续发展既是手段又是目的，达到了完美的统一，并使不断促进人的自由、全面、完整、充分、和谐的发展既是检验人本的尺度又是检验生态的尺度，也达到完美的统一。”① 经济活动是人类基本的社会活动，任何经济活动的出发点和落脚点都是人，人们通过经济活动来获取生存和发展的物质财富与精神财富，以此来满足人类无限的需求和欲望。因此，归根结底，经济学可以被认为是一门研究“人”的学科，因此在研究过程中也要充分体现人文精神，这在我国现代学者之间也有一定的共识。如厉以宁指出，“人是经济研究的对象，又是经济研究的主体”②；宋承先认为，“经济学是研究满足人的欲望的行为的人的科学”③；刘永佶认为，应“以人生之学的要求，在人生之学的层面上创建新的经济学”④。这是完全正确和深刻的。因此，毫无疑问，当前建立人的发展经济学是落实科学发展观、发展中国特色社会主义经济理论体系的迫切需要。

五、传统经济学理论的拓展

人的发展经济学的形成与发展需要理论支撑。一方面，既有的理论知识为人的发展

① 刘思华．生态马克思主义经济学原理（修订版）[M]．北京：人民出版社，2014：523－524.
② 厉以宁．体制·目标·人——经济学面临的挑战 [M]．哈尔滨：黑龙江人民出版社，1996：268.
③ 宋承先．过渡经济学与中国经济 [M]．上海：上海财经大学出版社，1986：348.
④ 刘永佶．经济文化论 [M]．北京：中国经济出版社，1998：13.

经济学形成及发展提供了思想和智力支持；另一方面，当代经济学及相关学科发展的困境呼唤人的发展经济学的发展。理论的呼唤和进步是人的发展经济学不可忽视的重要内容，促进人的发展经济学的发展，必须重视理论研究和建设问题。

当前，关于人的发展经济学问题的研究已越来越受到重视，大部分经济学家们都认为，经济发展不是目的，而是手段，人的发展才是目的，是最高的价值标准。经济学需要研究人，涉及一个价值准则问题，即建立人的某种类型的行为是否合宜的价值标准问题。把握经济行为的合理性趋向，并由此而提升到实践理性的原则，这无疑是对我们的经济理论研究提出了一个新的迫切任务。就经济学这门科学理论本身来说，也需要与一定的人的发展经济思想相结合，才能使经济科学更加完善、完整。我们知道，经济学不仅要探讨经济发展自身的内在规律（比如市场的力量和机制、价值和价格的矛盾、生产要素与自然资源的有效合理配置等），同时它还直接涉及经济行为的主体——人的发展，以及人的行为、思想、欲望、预期和需求。其实，人的问题一直是经济学的重要研究对象，这种要求生存和不断发展的意欲和需求，在马克思看来，恰恰是推动社会进步的重要动力之一。因此，对这种经济行为及行为规范要求的分析，单靠传统西方经济学把人理解为“经济人”是不够的，必须和人的自由全面发展相结合才能完成。

当然，传统经济学一直有一种观点，认为经济与人的自由全面发展二者是彼此冲突的。所谓冲突，即是如果人们静态地观察人的自由全面发展，站在一定旧的社会习俗的立场，却又动态地感受着经济活动的阵阵潮涌和新经济利益的不断诱惑，那么，人们无疑会得出经济与人的自由全面发展相互冲突的结论，并且认为冲突的结果是以人的自由全面发展的牺牲、失范作为经济发展的必然代价。所以，18 世纪伟大的启蒙思想家卢梭就曾感叹：随着经济发展，科学与艺术的光芒在我们的天地升起，德行也就消失了。这种现象几乎在各个时代、各个地方都可以看到。

但是，如果我们转换一个视角来考察人的自由全面发展与经济发展的关系，可以看到，两者各自的价值内容存有共性构成因素，人的自由全面发展与经济的价值同构主要表现在：因为人类的生存发展有着两大基本需求——物质和文化，人类不断地创造着两大文明成果，并以之作为自身繁衍的条件。现实的经济活动所产生的物质生活资料，同人的不断全面自由发展，由于在根本意义上共同反映着人类的手段和目的的关系，故两者成为人类始终的追求，只不过一个是手段，一个是目的。而且，经济活动本身也表现着对人的全面自由发展的同构。一方面，从人们认识经济和人的经济行为来看，人们对经济规律的认识，不是纯然的事实描述，而是在其认识中渗入了主体的价值选择因素，渗入了认识者的伦理价值标准；并且，任何一个经济行为的选择，又都染上了主体对或善或恶的价值取向，具有一定的价值色彩。另一方面，从客观的社会经济过程来看，一定的生产方式又以其特定的历史形态，培养和选择它所需要的经济主体，并且又以这一经济关系造就出它所需要的社会道德规范。

无论是古代还是现代，经济学和人的问题都是相互渗透、相互影响的。经济学作为一门社会科学，它不仅与人类协力谋生的努力有关，同时也与探究人的发展以及人类欲望和其他影响人类谋生方法变化的学科密切联系。

作为一种思想体系，人的发展经济学具有方法论的功能。一般来说，经济学家在建构自己的经济学体系的时候，都渗透着各自的经济思想。这是因为，在多种经济体系的背后，都隐藏着（潜伏着）更为根本的因素，即经济学家的哲学和方法论指导，正是这些因素决定着多种经济体系的本质和动态。比如，资产阶级上升时期风靡欧洲思想界的“人性自私论”和自由主义哲学，导致了经济领域中的个人主义和自由竞争的古典经济学。可见，经济学和人的发展学说相结合，对于经济生活、社会发展十分重要。

第三节　人的发展经济学在我国的形成和发展

中国自古就有天人合一、重义轻利的重视人的传统经济思想，但在当代相当一段时期内，我国经济学界却忽视了对人的重视和研究。目前西方主流经济思想新自由主义经济学片面鼓吹追求利润、金钱、效益最大化，而我国经济学界也充斥着“经济人”思想。尽管如此，我国学界还是有相当数量的学者专家一直不懈地从事着人的发展经济学、人的发展与经济发展关系的研究。人的发展经济学作为一个新兴的研究领域和年轻的学科，在我国取得了长足的发展，基本上与改革开放后的中国同步成长。这既反映了我国经济发展进程中“人”的发展困境，同时也为解决“人”的发展困境找到了新的路径。因此，系统地梳理和回顾人的发展经济学的发展历程，不仅有利于从整体上掌握人的发展经济学的演化脉络，而且有利于站在新的历史起点上，促进人的发展经济学的进一步深化发展。

一、人的发展经济学在中国兴起与探索阶段（1983～1997年）

改革开放的推进和社会主义市场经济的发展，引起了一系列道德观念、价值观念、道德评价和道德规范的变化。新价值观念与规范一方面推动了社会经济生活的发展，另一方面又对社会经济和人的发展带来不利影响。经济发展和人的发展的关系问题、经济发展和道德进步这一对矛盾到底如何解决，以及众多经济和道德问题、人的发展和经济发展谁是目的等问题，倒逼人们做出选择，而现实经济生活和道德原则的矛盾又常常使人们难以做出价值判断而陷于两难境地。诸如，经济发展和人的发展究竟是什么关系？“经济人”和“道德人”二者能相容吗？经济发展的目的、生产的目的和讲求经济效益能统一吗？社会公正和效率原则哪个优先？评判经济行为的标准尺度是什么？经济发展了，人的生活质量是不是自然就提高了？等等。总之，类似经济发展和人的发展谁是目的，以及义和利的关系问题，不仅仍然困扰着人们的思想，同时直接影响着中国经济的发展方向，影响着中国经济能否健康、有序地发展。

针对上述这一系列困扰人们的问题，在马克思主义理论指导下，国内一些学者率先尝试对人与经济的关系开展学术研究，撰写了大量论文，出版了许多学术专著，并由此衍生出人的发展经济学这一门新兴的学科，从此开启了人的发展经济学研究和建构的漫长历程。在这一时期，在这方面有代表性的学者有厉以宁、许崇正、曾启贤、韩喜平等。

我国著名经济学家厉以宁教授1983年在其《关于经济问题的通信》（上海人民出版社出版）一书中对经济学中的伦理问题进行了阐述，起到了首创的作用。之后，在其另一专著《体制·目标·人：经济学面临的挑战》一书中，厉以宁教授用整整一章的篇幅较广泛地探索了福利的含义、生活质量问题的意义、公平原则、个人行为合理性等与伦理学密切相关的问题。并且，他还在这本书中提出，人是经济学研究的对象与经济研究的主体。经济学不是单纯地研究物质财富的科学，而是研究如何增加财富并利用人们创造出来的财富来满足人们物质和文化需要的科学，是研究人与人之间关系的科学，是研究如何关心人和培养人的科学。

1984年，许崇正发表了长篇论文《论培养人的创造性精神是现代和未来教育的一项重要任务》，就经济发展和人的潜能的挖掘、发挥以及人的创造力充分发展进行了初步的研究探讨。1985年许崇正又发表了《论马克思人的自由全面发展理论的萌芽和形成》（发表在《北京师范大学学报》1985年第6期上），文章从经济学的角度，就马克思人的自由全面发展理论进行了系统、深入的考察、研究。随后其又陆续发表了《论劳动者自由选择》《论劳动力合理流动》《论人的各尽所能与按劳分配关系的考察》《论人的全面发展与重建个人所有制》《论人的全面发展和社会主义》《论人的全面发展与市场价格的职能》等近10篇论文，从不同方面和不同角度就经济发展和人的发展的关系进行了较深入的探讨和研究。1990年，许崇正在学术专著《人的全面发展与社会经济——伦理经济学引论》（安徽教育出版社1990年版）中以马克思关于人的自由全面发展理论为指导，较系统而又全面地阐述了人的自由全面发展与社会经济之间的关系。许崇正认为，经济学必须将人和人的发展作为自己的主要研究对象，经济学如果不将人的发展问题作为研究对象，如果没有在高层次上与伦理学相结合，就不能使经济问题得到更完整、更完善的解决。经济学应该研究社会经济生活和人的自由全面发展的关系；研究直接产生于人们经济生活和经济行为中的道德观念，即社会经济生活与经济行为如何适应和满足人们的最高需求与欲望；研究如何适应和促进人的不断全面发展；研究人们如何应用符合经济行为的不断促进人的自由发展的伦理去指导经济行为和经济生活。关于研究内容，许崇正以人的自由全面发展为中心线索，列举了十几个方面的内容，对经济发展中的问题、经济学与伦理学连接点的问题均有所涉及。如人的自由发展与生产力，人的自由发展与分工，人的发展与社会经济形态，人的发展与所有制，人的发展与商品生产，人的发展与价格机制，人的发展与按劳分配，人的发展与生活质量，人的发展与公平竞争、机会均等、效率优先，以及人的欲望、需要与消费等。最后，许崇正提出："社会主义经济学的主要原则和准则，即经济和物质生产力发展只是手段，人的发展才是目的。由这一基本理论原则出发又逻辑地引申出另一基本理论原则，即人的自由全面的发展是最高宗旨。"从以上对该书的内容介绍可以看出，许崇正教授当时在该书中试图以马克思的关于人的自由全面的发展作为建立人的发展经济学的主线，以马克思的关于人的自由全面发展理论作为建立人的发展经济学的价值标准。

1989年5月，武汉大学曾启贤教授在《经济研究》上发表《经济分析中的人》。首先，曾启贤教授提出"经济分析不应置人的研究于视野之外"；其次，他考察、论述了西方"经济人"概念的提出和演进，以及西方经济学界对"经济人"的肯定和批评两种观点及几个流派；最后，他论述了“社会人”，认为“社会人”的经济行为与“社会人”的多种动机和需要结合起来，作为经济分析进一步深入的前提，是可取的途径。作者认为，第一，人的需要是多方面的，因而行为目标也是多方面的，经济行为尤其如此。第二，经济增长并非唯一目标，与之相联系的，一是生活水平的提高，二是生活质量的改善。该文的最后部分考察回顾了马克思、恩格斯早年和晚年的一些论述，认为1843～1890年，马克思和恩格斯对于人的自由全面发展一直是关注的。作者最终得出三点结论：第一，如果我们不重视人的自由全面发展这一目标，而是将为实现这一目标的手段当作一切，我们就离社会主义目标更远，而不是更近。第二，在经济分析中，我们应纠正被颠倒了的逻辑，按照“从每一个人到一切人，有了每一个人就有一切人”的逻辑来思考问题，在这种分析基础上提出的政策建议，能真正为每一个人接受，并通过他们的个人努力，使一切人的利益都能得到实现。第三，从这个意义上说，经济体制改革就是要造成一种使每一个人都能充分发挥自己的才能，在为自身利益平等竞争的过程中去增进社会整体利益的机制。

1992年，经济学家常修泽教授在《南开经济研究》上发表《市场经济的发展意味着将使人获得一次新的解放》一文，提出：“从这一角度来研究市场经济，可以说它是人的解放和全面发展的必由之路。”

1997年，吉林大学韩喜平教授在《东疆学刊》上发表了《伦理道德的经济功能》，率先提出“伦理道德对经济发展的作用表现在外部和内部两个方面。从外部来看，伦理道德对经济发展的作用主要体现在维护经济秩序上。从内部来看，伦理道德对经济发展的作用主要体现在三个方面。一是影响主体效用。二是激发经济主体活力。三是辅助产权界定”。同年4月，韩教授又在《长白论丛》上发表了《西方经济学研究中的伦理视角及启示》，文章中提到，“我国在发展社会主义市场经济过程中，经济理论要精确地测定经济关系的数量，并且成功地预测未来，推动经济发展，必须进一步完善经济理论，注重把伦理分析纳入经济学分析体系，深入考察人与人之间的生产关系”。“既然经济发展对伦理有着深切召唤，伦理道德是影响个人经济行为选择和整个社会经济发展的工具理性，我们就应在实践中坚持邓小平‘两手抓’的理念，不能借口参照西方经济发展理论和发展历程，以牺牲伦理为代价换取经济短期发展，依赖经济发展自然抚平道德滑坡的创伤，而应当以积极的姿态建设社会主义伦理，推动经济持续快速健康发展。”

总的来说，这一阶段中国经济学界对人和经济发展关系的研究、对人的发展经济学的研究是十分活跃的，探讨也是较深入的。有些观点、论点的提出，在国际上都是比较早的。当然，理论的探索难免会有挫折，中国人的发展经济学兴起与探索也难免会有低潮期。20世纪90年代中期，由于中国在高等教育中大量引进西方主流经济学、数理经济学教材，中国经济学研究出现了像西方经济学一样的以“经济人”为主要研究对象以及将经济学研究等同于数学研究这两种主要倾向和思潮。所谓的数学模型和数学公式在经济学研究中泛滥，似乎经济学文献中没有数学模型和数学公式就不叫经济学研究。极端者更是把经济学研究完全等同于数学研究。国内学界对于经济发展与人的发展关系的研究暂时处于停滞阶段。

二、人的发展经济学发展阶段（1998～2007年）

1998年，长期从事经济、伦理、经济发展与人的自由研究的经济学家阿马蒂亚·森获得了诺贝尔经济学奖，这对国内长期从事人的发展经济学研究的学者产生了重大影响，受此鼓舞，中国的学者开始重新审视和关注经济发展与人的发展的关系，重新重视对经济发展和人的发展关系的研究。这一时期人的发展经济学研究主要集中于人与经济发展的关系、经济发展与人的发展以及人类贫困问题等方面。

人与经济发展关系研究的代表性的学者有许崇正、李宝元等。李宝元2006年出版了《人本发展经济学》一书，该书以现代经济学人本化新趋向为基本标度，提出了一切关于经济发展的理论学说，归根到底都是关于人类自身发展这个根本性问题，即人在稀缺的资源环境约束下，如何在技术上挣脱自然压迫并与之和谐共处，通过制度创新建立和谐社会以与他人友好相处，并最终于内在的心智追求中获得自我超越，从而完满达成生存自由、社会自由和精神自由的总福利目标。

许崇正教授对经济发展与人的发展的研究取得了成果。许崇正教授2001年发表了《人的全面发展：马克思经济学对西方经济学的超越》（《经济学动态》2001年第12期）和《伦理经济学与马克思主义经济学的发展》（《经济学家》2001年第6期）两篇论文，2006年、2007年又发表了《论分工与人的全面发展》《论人的全面发展与生产力发展的关系》。许崇正教授在2007年出版了学术专著《经济选择与人的发展》和《伦理经济学与马克思主义经济学的发展》等，进一步阐述了经济选择与人的发展的密切关系、经济发展必须坚持人的自由选择和自由发展、自由选择对促进人的发展的极端重要性、人的发展和经济发展关系的研究在经济学研究中极其重要的地位，以及经济发展必须坚持人与自然的和谐，必须以人的发展为目标、目的等观点。另外，有些经济学家从传统伦理出发，研究了人的发展与物的发展的关系。人类的生存不可能摆脱其所生活的环境。在人的现实关系中，人与自然的关系是最直接和最根本的关系。因此，人类要重塑与自然的关系。此外，2006年4月许崇正教授等在南京师范大学举办了第一届中日人的发展经济学国际研讨会，此后该校每隔2年都举办一次，在国际上产生了一定影响，初步形成了我国国内研究人的发展经济学的重要研究基地和研究中心。

三、人的发展经济学繁荣阶段（2008年至今）

这一时期，受全球化下的经济危机、生态危机、环境污染、资源消耗与可持续、人类贫困等问题的持续影响，传统的西方主流经济学开始“失效”，人的发展与经济的发展的关系、经济增长与人的发展的关系开始受到世界各国越来越多的重视。与此同时，国内越来越多的大学和科研机构的教授、专家、学者也纷纷参与到人的发展经济学领域的研究中，至此国内学界对人的发展经济学的研究步入了快车道，实现了跨越式的发展，呈现出一个全新的态势，百家争鸣，百花齐放。此外，自2008年起，先后召开了20多次国际性的和全国性的人的发展经济学学术研讨会，包括：南京师范大学先后主办的12次“中日人的发展经济学”国际学术研讨会、全国人的发展经济学学术研讨会；广西大学与《改革与战略》杂志社在广西南宁召开的全国人的发展经济学学术研讨会；中国石油大学在北京召开的全国人的发展经济学学术会议；首都师范大学与光明网召开的全国人的发展经济学学术研讨会；西南财经大学与《改革与战略》杂志社在成都召开的全国人的发展经济学学术研讨会等。2012年3月，“中国人的发展经济学学会”成立。这些都有力地推动和促进了中国国内人的发展经济学的学术研究。

随着人的发展经济学研究的推进，其研究队伍基本形成，人的发展经济学的学科属性，以及研究的内容、框架、作用得到了进一步明确。因研究理论基础和学术倾向存在差异，形成了不同的研究团队，分别以许崇正教授、常修泽教授、韩喜平教授等为代表。

（一）关于人的发展经济学的研究对象

许崇正教授明确指出，人的发展经济学即是研究社会经济人、社会经济生活、经济活动、经济行为、经济运行与人的自由发展的关系。人的发展经济学包含以下八个方面的内容：其一，经济的发展实质应该是人的发展，特别是人的自由程度（状况）的发展；其二，经济的发展程度如何制约、影响着人的自由全面发展程度；其三，人的自由发展水平如何影响、制约和决定着一个社会经济的发展程度；其四，人的自由发展是如何作为最主要的生产要素来优化配置一个国家、一个社会的资源及其分配；其五，衡量一个社会、一个国家经济发展的最主要指标应该是人的自由发展的程度（状况）；其六，一个社会、国家经济发展的目的、目标应是人的自由发展；其七，人的自由发展如何作为经济发展的最重要、最主要的手段；其八，研究自由在发展中所起的“建构性作用”和“工具性作用”。胡钧教授也认为，人的发展经济学是关于人的发展和经济发展相互关系的规律的学说，人的发展与社会的发展是同步的，人的发展只能是社会发展的结果，发展了的个人会反过来推动生产力的发展。生产力和生产关系的发展水平决定了人的发展水平。人的发展经济学的研究方法，不能从人出发，而必须从一定社会生产关系出发。指导我们思想的理论基础是历史唯物主义，而不是人本主义和人道主义。人的发展与经济社会的发展都是一种自然史过程，不以人们的主观意志为转移。人的全面自由发展不能只作为一种价值追求，价值观只有在它符合世界观和历史观的条件时，才是现实的。

（二）关于构建人的发展经济学的必要性

韩喜平教授认为：“要构建富有解释力且避免异化发展的经济分析框架，必须考虑到人的社会性本质，强化经济学研究的伦理属性，唯有如此，经济学才能真正实现分析范式的科学性，进而实现人与经济的有机结合和统一。”常修泽教授2008年5月在《经济学动态》杂志上发表了《论当代中国人的自身发展问题》，指出，20世纪80年代后，随着人权的兴起，人类发展又增添了更多的“人文关怀”，“幸福指数”“人类发展指数”应运而生并受到普遍关注。由“物”到“人”，由经济发展到社会发展、可持续发展、人自身的发展，这是当代世界人类文明发展的总体趋势。韩喜平教授提出：“当前应着眼于实现人民的政治权利，从政治方面促进人的自身发展，扩大社会主义民主，更好保障人民权益和社会公平正义。从实现人民政治权利角度分析，关键在于实现下列四个权利，即知情权、参与权、表述权、监督权。”韩喜平教授认为：“中国社会主义建设的目的，科学发展观，以人为本的发展理念，把人自身的发展摆在主导和中心位置，以人的发展作为我国经济发展的指导思想和价值目标。只有确认以人为本的经济发展目标，才能使经济回归本质，没有伦理支持的‘经济人’不但狭隘，而且不符合人类的根本利益；缺乏人文关怀精神的经济发展，是一种畸形的发展。经济科学应该始终都包含着明确的社会伦理内涵和政治内涵，促进人的发展是物质进步的基本前提，这始终是经济科学坚持的核心伦理。”

（三）关于人的发展经济学学科研究的具体内容

社会生产和分配的方式与人生存和发展条件的结合是人类追求全面自由发展的关键问题，也是人的发展经济学研究的重要内容。解决好这个问题要从理论到实践都做到以下几点：确立保障人生存和发展条件的思想并制度化为一种社会规定，把它作为经济发展必须遵循的原则，使人生存和发展的条件也是生产条件，并在生产成本中体现；让每一个参与社会生产劳动的人获得基本的生存和发展费用，在分配中实现其生存和发展条件的保障；让每一个有劳动能力的人都能够参加生产劳动并实现其自身的劳动力价值。有的研究更为具体，如城市公共建设是一项关乎民生的事业，与人的生存和发展密切相关，公共设施事故频发已经是城市最伤不起的事。城市公共建设水平与经济发展直接相关，但经济发展水平不决定城市公共建设水平，对人自身生存和发展保障的认识是城市公共建设水平的决定性因素。

总之，中国当代和现代关于“人的发展经济学”的研究极其活跃，越来越多的经济学家和经济学者对此产生了兴趣，日益重视人的发展与经济发展关系的研究和“人的发展经济学”的研究。他们从不同的角度、不同的方面论证了“人的发展经济学”是一门科学。经济学的研究不能脱离对人的发展的研究，对人的发展研究应该是经济学研究的主线和指导思想。

本章小结

人的发展经济学作为一个新兴的研究领域和一门年轻的学科，是在马克思主义理论指导下不断发展和完善的，这是研究人的发展经济学的基本前提和理论共识。人的发展经济学的诞生既有理论发展的必然性，也有人类社会实践倒逼的因素，是理论和实践发展到一定阶段的历史产物。人类愈加发展，文明愈加进步，物质愈加繁荣，社会愈加现代化，人的发展经济学就显得愈加重要。可以预见，随着西方经济学对现实的解释能力日渐减弱，在不久的将来，不仅人的发展经济学自身的理论建构、研究范式、学科体系会得到不断的丰富、完善和发展，而且人的发展经济学亦将会逐渐跻身于主流经济学的行列。正如诺贝尔经济学奖获得者加里·贝克尔曾指出的：“经济学已经进入第三阶段。……今天，经济研究的领域扩大到研究人类的全部行为及与其有关的全部决定。”而“研究人类的全部行为及与其有关的全部决定”就是人的发展经济学的终极目标和使命。应该说，人的发展经济学已经进入历史上最好的发展阶段。

人的发展经济学最先是从资本主义社会内部产生的。资本主义社会是典型的生产资料私有制下的社会化大生产，其对人的剥削和异化、对环境和生态的破坏、对资源的掠夺和浪费等一系列自身无法规避的矛盾和问题，促使理论界开始反思和审视发展的动机、发展的目标和发展的行为。在西欧和北美的发达资本主义国家，“非法操纵市场和股票交易、随意处置有毒化学物质、严重污染环境、生产有毒或危险产品、无视工人和顾客生命安全”等败德丑恶行为给人的发展经济学研究带来了契机。在亚洲的日本，对“保育费的减免和公费负担”和“终身学习”等问题的研究推动了人的发展经济学产生。

从理念和思想的维度看，人的发展经济学思想与新中国共同成长，在我国的发展历史较长，因为我国建立的社会主义国家就是为了解决人的发展问题的。但是，从学科建设的维度看，人的发展经济学在我国发展的历史相对较短，通常认为是从20世纪80年代开始发展的。人的发展经济学在我国形成和发展主要有以下几个方面的因素：第一，中国经济社会发展问题的倒逼；第二，关注世界经济社会发展的影响；第三，坚持和发展马克思主义经济学的需要；第四，中国特色社会主义经济理论深化的推动；第五，传统经济学理论的拓展。这些因素共同作用，有效地推动了人的发展经济学的发展。这既反映了我国经济发展进程中“人”的发展困境，同时也为解决“人”的发展困境找到了新的路径。

随着人类社会发展，人们对于人本身的关注日益突出，由此导致人的发展经济学研究的形成与发展，人的发展经济学在理论界产生的影响越来越大，对于人类社会实践的指导作用也日益显著。我国经济学界关注人的发展经济学问题较早，特别是改革开放以来，在马克思主义理论指导下，我国加快了人的发展经济学的研究和建设，并取得了实质性的研究成果。总体来说，我国人的发展经济学主要经历了三个阶段，即“人的发展经济学兴起与探索阶段”“人的发展经济学发展阶段”“人的发展经济学繁荣阶段”。

思考题

1. 简述人的发展经济学的指导思想和理论基础。
2. 简述人的发展经济学在西方的发展历程。
3. 简述我国人的发展经济学的形成背景。
4. 简述人的发展经济学在我国的发展历程及特征。
5. 论述人的发展经济学建构要素及如何建构。

参考文献

[1] 许崇正．人的发展经济学概论［M］．北京：人民出版社，2010.

[2] 许崇正．人的全面发展与社会经济——伦理经济学引论［M］．合肥：安徽教育出版社，1990.

[3] 许崇正．伦理经济学再论：经济选择与人的发展［M］．北京：中国财政经济出版社，2001.

[4] 富尔．学会生存［M］．北京：人民出版社，1982：127.

[5] 韩喜平，闵凯．经济学研究伦理属性的学说史考察［J］．中共中央党校学报，2014（2）.

[6] 池上惇．人的发展经济学在日本的产生、发展和未来［J］．改革与战略，2011（6）.

[7] 豪斯曼，麦克弗森．经济分析、道德哲学与公共政策［M］．上海：上海译文出版社，2008.

[8] 许崇正．论培养人的创造性精神是现代和未来教育的一项主要任务［J］．教育研究，1984（5）.

第二篇　基 本 理 论

第三章

人的发展经济学思想的理论渊源

任何思想都不是凭空产生的，都是在继承发展前人思想的基础上并逐步完善发展起来的，人的发展经济学思想自然也是在继承了马克思的人的全面发展思想、中国古代人的经济发展思想和西方人的发展经济思想的基础上发展起来的。

第一节　马克思主义人的全面发展理论

一、马克思人的全面发展理论的形成与发展

在浩如烟海的经济思想形成过程中，马克思的人本经济思想的形成和发展，作为有关人的经济思想形成中浓墨重彩的一笔，也为人的发展经济学这一学科提供了理论基础和发展指导。

马克思认为，人的全面发展即“人以一种全面的方式，也就是说，作为一个完整的人，占有自己的全面的本质”①。如果马克思的论述具有很强的抽象性的话，那么列宁的表述则十分直白易懂，即“会做一切工作的人”。在进行详细考察和说明之前，首先应该明确两个概念，第一是有关“人”的概念，第二是有关“发展”的概念。

人的全面发展的关键在于“人”，要理解这一理论，首先必须先弄清楚它的主体。马克思与恩格斯认为，人的全面发展的主体是“每个现实的人”。在这里，作为主体的“人”既是一个全称概念——它涵盖每一个人，同时也是一个具体的历史概念，而对于这一历史概念的把握关键在于如何理解“现实的人”。按照马克思的理解，“现实的人”，即在一定物质条件和社会联系中从事实践活动的有生命的感性存在。具体说来，它至少包含以下五个方面的规定：一是现实的人是有生命的感性的存在，这是现实的人得以形成和活动的自然前提和感性基础。二是现实的人具有特定的物质生活条件，现实的人的状况如何，取决于他们所生产的物质条件，物质生活条件是现实人的本质得以产生和形成的社会物质基础。三是生产实践是现实的人最基本的

① 马克思，恩格斯．马克思恩格斯全集：第四十二卷［M］．中共中央马克思恩格斯列宁斯大林著作编译局译．北京：人民出版社，1979：123.

存在方式和活动方式，是人得以存在和发展的基础。四是现实的人具有特定的社会关系，这是现实的人的社会方位得以确立的社会现实基础。五是现实的人是处在一定的社会历史发展过程中的人。总之，现实的人既是历史的前提，也是历史的产物，是一个社会历史性的存在。只有从人的全面发展理论的主体出发，立足于他们的实践活动和社会关系，从社会的历史发展中寻求人的现实的本质，才能对这一理论做出科学的阐述和界定。

对于“发展”的理解也十分重要，按照唯物辩证法的观点，运动、变化和发展是自然界、人类社会和思维的普遍规律，在辩证法的范畴体系中，三者属于同一序列的抽象程度最高的范畴。从具体内涵来看，“运动”是物质的存在方式，是一般变化，是绝对的、无条件的，“变化”则是既有上升的、前进的、进步的，也有下降的、向后的、退步的。发展是在二者基础上进一步揭示世界运动变化的总体性质、趋势和方向性的范畴，是指上升的、向前的、进步的变化，是事物从一种质态转变为另一种质态，或从一种运动形式产生出另一种运动形式的过程，特别是指人类所处的现实世界从低级向高级、从无序向有序、从简单向复杂的上升运动。具体来看，“发展”有广义和狭义之分。广义的发展仅仅指“把已有的可能性发挥、展现出来”，即仅仅指从潜在到现实。这种意义的发展只要求两点：一是预先潜藏着某种或某些可能性；二是把可能性发挥、展现出来，使之成为现实。由于广义的发展仅仅指从潜在到现实，因此发展的结果既可能比发展前高级，也可能比发展前低级，从而发展既可能是进步的，也可能是退步的。狭义的发展不仅指从潜在到现实，而且包含进步，包含从低级到高级这一层意思。这也就是说，只有当从潜在到现实的结果比以前更高级时，才算是狭义的发展。高级与低级的区别在于，凡是低级者能做到、能具备的，高级者都能做到、都能具备，而高级者能做到、能具备的，低级者却不能都做到、都具备。高低之间的关系不仅是一种数量关系，而且是质的不同。通常我们所说的社会发展指的是社会进步，它在方向上是一维的，具有单向性，其基本特征是在量和质的方面，后者要比前者达到更高一级的程度。

近年来，国内外学者都在不断引用马克思关于人的自由全面发展的论述，但在其内涵的理解上并未达成一致，因此，能否正确理解马克思人的自由全面发展理论的内涵，对我们全面领会和掌握马克思的经济学说以及建立人的发展经济学有着十分重要的意义。对于马克思主义人的自由全面发展理论内涵的理解，应该从其萌芽时期梳理起。

马克思主义人的全面发展理论的萌芽时期大致是从1840年至1845年，即从马克思写作《博士论文》及《关于伊壁鸠鲁哲学的笔记》开始，到发表《评弗里德里希·李斯特的著作〈政治经济学的国民体系〉》为止。目前可见的著作和论文主要有《博士论文》(马克思)、《关于伊壁鸠鲁哲学的笔记》(马克思)、《大陆上社会改革运动的进展》(恩格斯)、《詹姆斯·穆勒〈政治经济学原理〉一书摘要》(马克思)、《1844年经济学哲学手稿》(马克思)、《神圣家族》(马克思、恩格斯)、《在爱北斐特的演说》(恩格斯)和《评弗里德里希·李斯特的著作〈政治经济学的国民体系〉》(马克思)等。在这些著作中，尽管马克思、恩格斯还没有正式使用“人的全面发展”这个专门的概念，但是关于人的全面发展的思想已初见端倪。

在《博士论文》和《关于伊壁鸠鲁哲学的笔记》中，青年马克思尤其关注伊壁鸠鲁关于自由问题的观点，高度赞扬了他关于精神和自由独立的观点。“伊壁鸠鲁几乎毫不掩饰地说，在宣称自然是自由的时候，他重视的只是意识的自由。”[①] 由此可见，在马克思看来，伊壁鸠鲁的哲学观点为马克思的自由学说提供了理论基础。马克思还指出：“伊壁鸠鲁并不满足于自己提供了关于世界的改造这一概念；他亲自上演这出戏，他为自己把刚才所作的一切具体化，说实在的，只是这时在他那里才开始世界的创造。”[②] 可见在这两部著作中，马克思通过对伊壁鸠鲁哲学的评价，认为人对客观世界和自然界具有改造和创造的能力，同时认为，人的意识应该是自由的。

恩格斯《大陆上社会改革运动的进展》一文也体现了马克思、恩格斯人的全面发展思想的萌芽，这主要表现在对傅立叶的自由劳动理论的充分赞扬和肯定之中。恩格斯指出：“傅立叶第一个确立了社会哲学的伟大原理，这就是：每个人天生就爱好或者喜欢某种劳动，所以这些个人爱好的全部总和就必然会形成一种能满足整个社会需要的力量。从这个原理可以得出下面一个结论：如果每个人的爱好都能得到满足，每个人都能做自己愿意做的事情，那末，即使没有现代社会制度所采取的那种强制手段，也同样可以满足一切人的需要。”“在合理的制度下，当每个人都能根据自己的兴趣工作的时候，劳动就能恢复它的本来面目，成为一种享受。”[③] 尽管这一时期恩格斯对于人的潜能以及人的才能需要全面发展的认识尚不全面，但三大空想社会主义者对恩格斯的深刻影响也为他以后产生人的全面发展的思想做了充分的准备。

《詹姆斯·穆勒〈政治经济学原理〉一书摘要》是马克思在1844年上半年完成的，马克思在恩格斯的著作《政治经济学批判大纲》的影响下，对政治经济学产生了浓厚的兴趣，而这本书正是他对于政治经济学最初研究的成果之一。通过对政治经济学的研究，马克思认识到，在私有制和分工下，劳动使人片面、畸形发展，人们将劳动作为一种谋生的手段而并未在其中感到乐趣，而在未来社会里，由于私有制和分工的消灭，人们能够从劳动中体会到快乐。“随着对象性的现实在社会中对人说来到处成为人的本质力量的现实，成为人的现实，因而成为人自己的本质力量的现实，一切对象对他说来也就成为他自身的对象化，成为确证和实现他的个性的对象，成为他的对象。”[④] 此时马克思对于分工的理解还是较为肤浅的，并没有将生产部门内的分工和社会内部的分工区分开来。但马克思对于怎样才能使人自由全面发展已经开始进行最初的思考和探索，这在其接下来的著作《1844年经济学哲学手稿》中有所体现。

在《1844年经济学哲学手稿》中，马克思第一次从唯物主义和共产主义立场出发，对资本主义经济制度和资产阶级经济学进行批判性观察，并对自己的哲学、经济学观点和共产主义思想进行了综合的阐述。马克思从批判资产阶级国民经济学出发，把异化劳动作为中心内容，深入研究了工人片面发展和非人生活的各种形式和后果，对于这些思

---

① 马克思，恩格斯．马克思恩格斯全集：第四十卷［M］．中共中央马克思恩格斯列宁斯大林著作编译局译．北京：人民出版社，1982：49.

② 马克思，恩格斯．马克思恩格斯全集：第四十卷［M］．中共中央马克思恩格斯列宁斯大林著作编译局译．北京：人民出版社，1982：55.

③ 马克思，恩格斯．马克思恩格斯全集：第一卷［M］．中共中央马克思恩格斯列宁斯大林著作编译局译．北京：人民出版社，1956：578.

④ 马克思，恩格斯．马克思恩格斯全集：第四十二卷［M］．中共中央马克思恩格斯列宁斯大林著作编译局译．北京：人民出版社，1979：125.

想与观点的阐释也使其成为马克思人的自由全面发展理论形成萌芽时期的一部重要著作。具体包括以下两个方面：第一，提出了造成人的片面发展的原因主要是分工和私有制。马克思认为，尽管分工提高了劳动的生产力，但却使工人更加贫困。而私有制的产生"使我们变得如此愚蠢而片面，以致一个对象，只有当它为我们拥有的时候，也就是说，当它对我们说来作为资本而存在，或者它被我们直接占有，被我们吃、喝、穿、住等等的时候，总之，在它被我们使用的时候，才是我们的，尽管私有制本身也把占有的这一切直接实现仅仅看作生活手段，而它们作为手段为之服务的那种生活是私有制的生活——劳动和资本化"①。第二，对于人的片面、畸形的发展，马克思认为"自由这一人权的实际应用就是私有财产这一人权"，"自由就是从事一切对别人没有害处的活动的权利"②。"最初的、从动物界分离出来的人，在一切本质方面是和动物本身一样不自由的；但是文化上的每一个进步，都是迈向自由的一步。"③ 这是马克思关于人的"自由全面"的论述见之于文字的第一次。尽管对于"全面"性的表述还是粗浅的，但已经明显带有人的发展经济学思想的痕迹。

不久之后，在马克思和恩格斯合著的《神圣家族》一书指出：人只有"表现本身的真正个性的积极力量才得到自由"④。每个人都应该有"必要的社会活动场所来显露他的重要的生命力"⑤。由此可见，马克思已经初步提出要使每个人的生命力得到显示，才能使人的潜能得到充分的发挥和发展，必须为每一个人提供社会活动的场所。而要提供社会活动场所，正与其在《1844 年经济学哲学手稿》中的论述相契合，即必须消灭旧式分工，使人在不断变换的岗位中克服非人化劳动对人造成的异化影响，使每份工作都符合个人的爱好和兴趣。

在马克思随后发表的《评弗里德里希·李斯特的著作〈政治经济学的国民体系〉》中，消灭旧式分工的思想得到更进一步的体现，同时，在恩格斯的著作《在爱北斐特的演说》中也有所表达。马克思揭露了资产者对工人发展个人才能不关心，而间接提出了人必须发展他们的一切才能，发挥他们的一切能力，由此可以看出马克思与恩格斯距离形成人的全面发展的思想越来越近。

可见，马克思、恩格斯关于人的全面发展思想萌芽的产生是从古希腊哲学和德国古典哲学那里吸收了有关于人的自由意识思想的合理成分，进而得到了思想上的启发。马克思通过莱茵报和德法年鉴时期对工人状况和资本主义社会上层建筑弊病的大致了解，以及在恩格斯的影响下，对资产阶级政治经济学进行了深入研究。我们特别应该注意的是，马克思与恩格斯关于人的全面发展思想的产生，最初就是针对资本主义社会下人的片面、畸形的发展而提出的，是为了寻找一条解决这种矛盾的途径而产生的。正是基于这一点，才使这一思想在萌芽时期就焕发了巨大的生命力，也为以后形成系

---

① 马克思，恩格斯．马克思恩格斯全集：第四十二卷［M］．中共中央马克思恩格斯列宁斯大林著作编译局译．北京：人民出版社，1979：124.

② 马克思，恩格斯．马克思恩格斯全集：第一卷［M］．中共中央马克思恩格斯列宁斯大林著作编译局译．北京：人民出版社，1956：438.

③ 马克思，恩格斯．马克思恩格斯全集：第二十卷［M］．中共中央马克思恩格斯列宁斯大林著作编译局译．北京：人民出版社，1971：126.

④⑤ 马克思，恩格斯．马克思恩格斯全集：第二卷［M］．中共中央马克思恩格斯列宁斯大林著作编译局译．北京：人民出版社，1957：167.

统、完整、科学的理论奠定了坚实的基础。而后马克思、恩格斯人的全面发展理论逐步进入形成时期。

1845~1847年大致是其理论初步形成的时期，以《德意志意识形态》为主要标志，后续的著作《共产主义原理》和《共产党宣言》是它的继续和补充，在这三部著作中，马克思、恩格斯正式提出了“人的全面发展”这个科学的概念，并对人的全面发展问题做了比较详尽、深刻的论述。尽管这些论述尚不全面，并且带有一定的浪漫主义色彩，但不乏闪光之处。

1847~1850年前后的工人运动，以及其后马克思对于政治经济学长达17年的系统研究，马克思、恩格斯人的全面发展理论在马克思主义的百科全书、马克思主义最伟大的作品——《资本论》及为写作《资本论》而准备的第一个手稿《1857—1858年经济学手稿》中，最终得以完整地形成。在这两部著作中，虽然与其他著作一样，关于“人的全面发展”的论述比较分散，但是内容极其丰富，也比较精辟和深刻。

二、马克思主义人的全面发展理论的主要内容

将《德意志意识形态》至《资本论》中关于人的全面发展的诸多论述归纳起来，可以看出马克思、恩格斯关于人的全面发展的理论已经形成了一个相对完整的体系，成为马克思主义的一个重要组成部分。具体内容包括以下几点。

（一）人的全面发展的科学含义

在人的全面发展理论初步形成时期，1845年春至1847年，马克思、恩格斯对该理论的含义做了探索和论述，大致概括起来可以分为以下两个方面：第一，在未来的社会当中，任何人都没有特定的活动范围，没有固定的职业，每个人都可以随自己的心愿在任何部门内发展，并可以通晓整个生产系统。第二，在社会主义、共产主义条件下的人的全面发展，是指社会全体成员的才能得到全面发展。即让每个人都全面发展，而不是个别人、少数人发展自己的才能。马克思也将人的全面发展看作是未来新社会的根本特征，在《共产党宣言》中，他指出，“代替那存在着阶级和阶级对立的资产阶级旧社会的，将是这样一个联合体，在那里，每个人的自由发展是一切人的自由发展的条件”。“劳动组织者根本没有像桑乔所想象的那样认为每个人应当完成拉斐尔的作品，他们只是认为，每一个有拉斐尔的才能的人都应当有不受阻碍地发展的可能。”① 马克思与恩格斯之所以认为不仅要使个别人的才能得到全面的发展，更应当创造条件使广大人民的才能得到全面的发展，是因为他们认为，在资本主义社会中，会绘画的人，是由于分工以及由分工产生的人们所受教育的条件造成的。因此，这一时期所谓人的全面发展，同时也是让每一个人——“现实的人”的才能得到全面的发展。

在《德意志意识形态》和《共产主义原理》这两部著作中，马克思与恩格斯对于人的全面发展的含义的论述总体来说还是科学的，但关于第一层含义的表述较为抽象与

---

① 马克思，恩格斯．马克思恩格斯全集：第三卷［M］．中共中央马克思恩格斯列宁斯大林著作编译局译．北京：人民出版社，1960：458－459.

含糊，如他们提出：任何人都没有特定的活动范围，每个人都可以在任何部门内发展，社会调节着整个生产，因而使我有可能随我自己的心愿今天干这事，明天干那事，上午打猎，下午捕鱼，傍晚从事畜牧，晚饭后从事批判，但并不因此就使我老是一个猎人、渔夫、牧人或批判者[①]。这都凸显了他的浪漫主义色彩。另外，马克思受空想社会主义的影响也很深，因此他所勾画出的图景与傅立叶十分相似。但与傅立叶有所不同的是，马克思认为不应该仅仅将劳动看作是一种娱乐和消遣，而应该成为自我实现、自我发展的一种方式。

这一不足在其后来的巨著《1857—1858年经济学手稿》及《资本论》中得到了完善。马克思对于人的全面发展的含义做了更具体、更完善的阐述，并进一步指出，全面发展的人就是“把不同的社会职能当作互相交替的活动方式”的人[②]。马克思、恩格斯还指出：人的全面发展对劳动生产力和整个社会的发展具有巨大的作用，并且在一定条件下和一定时期里，是物质生产力能否进一步大发展的决定因素，建立在资本基础上的生产发展本身要求造就全面发展的人，只有这样的人才能使资本主义生产的进一步发展成为可能，这是一种客观趋势。

至此，马克思、恩格斯关于人的全面发展的含义，实际上包含了四个层次：第一，是指人能够适应不同的劳动需求，把不同的社会职能当作互相交替的活动方式，这当中无疑包含着旧式分工的废除。第二，即在交替变换的职能中，人的先天和后天的各种能力得到了自由的发展。在这当中，由于人们将不同的社会职能，当作交替的活动方式，从而在这种交替变换的职能当中，必然使人们的先天潜能和后天能力得到自由充分的发展。正如马克思指出：“全面的活动……使我们一切天赋得到充分的发挥。”[③] 从全部才能的自由发展中必然产生出创造性的生活表现。第三，社会全体成员的才能得到全面发展，是从广阔的意义（形态）上说的，也是第一层次的引申和目标。由于消灭了旧式分工，社会为人的潜能的挖掘提供了自由发展和创造力产生的环境，这也使自由全面的发展不再是个别人、少数人的发展，而必然是全体社会成员的自由全面发展。因此，这一层次也使前面两个层次具有了更广阔的意义。第四，是指个体和社会的和谐统一的发展。这一层次也是由前面三个层次进一步引申而来的，个体与社会和谐发展的标志是，人的自由全面发展不仅是经济社会发展的手段，更是经济和社会发展的目的和指导。人的自由全面发展的程度决定着经济和社会发展的程度。一方面，社会在人的劳动过程中创造并不断发展着，这是人的本质的外在体现，是人类发展水平的客观标志；另一方面，特定的社会条件作为每一个时代的人们存在的基础和前提，不仅促进了个体的发展，又制约着个体的发展。由此看见，人的发展和社会的进步既是同步进行的，又是同一问题的两个不同方面，二者互为因果，处在对立统一的矛盾运动当中。总之，人的全面发展，必须在改造社会、促进社会发展的实践活动中才能得以实现，也必然在这一过

① 马克思，恩格斯．马克思恩格斯选集：第一卷［M］．中共中央马克思恩格斯列宁斯大林著作编译局编．北京：人民出版社，1972：37－38.

② 马克思，恩格斯．马克思恩格斯全集：第二十三卷［M］．中共中央马克思恩格斯列宁斯大林著作编译局译．北京：人民出版社，1972：535.

③ 马克思，恩格斯．马克思恩格斯全集：第三卷［M］．中共中央马克思恩格斯列宁斯大林著作编译局译．北京：人民出版社，1960：286.

程中展现出来。

上述四个层次，就是马克思在《1857—1858 年经济学手稿》及《资本论》中关于人的全面发展的含义的完整、具体的阐述，也是到目前为止，我们在马克思、恩格斯的著作中所能见到的对人的全面发展最科学、最完善的定义。

（二）人的全面发展是历史的过程和历史的产物

在马克思、恩格斯人的全面发展理论初步形成时期，恩格斯就曾深刻地认识到，人的全面发展是大工业和科学技术发展的必然结果和趋势。正如恩格斯指出的，生产的社会管理不能由现在这种人来进行，因为他们每个人都只隶属于某一个生产部门，受它束缚和剥削，在这其中，每个人只能发展自己一部分才能而偏废其他方面。同时，一切专门发展一旦停止，那么个人对普遍性的要求以及全面发展的趋势就开始显露出来了。不过在那时，无论是恩格斯还是马克思，都没有认识到人的全面发展是历史的过程和历史的产物。而这一认识的飞跃是在《资本论》及为它的写作准备的手稿当中完成的。

在《资本论》的第一手稿中，马克思提出："全面发展的个人——他们的社会关系作为他们自己的共同的关系，……不是自然的产物，而是历史的产物"①，它的出现是个历史的过程。在人类发展的早期，单个人表现出一种原始的全面性，因为在那时人的生产能力只是在狭窄的范围内和孤立的地点上进行的，还未建立在丰富的社会关系中。因此这种原始的全面性是与人类的蒙昧和野蛮相伴的，是生产力水平低下的表现。

到了资本主义社会，资产阶级的生产方式将人的"原始的全面性"否定得一干二净，它在形成普遍的社会物质交换和全面的社会关系的同时，将整个工人阶级变成了机器的附庸，将资本家阶级变成了金钱的奴隶，总之，都是异化为片面、畸形的人。这也就暴露了资本主义发展的限制：它虽然力求全面地发展生产能力，但是又把人这个生产力的主体推向了片面的发展。"资本在具有无限度地提高生产力趋势的同时，又在怎样的程度上使主要生产力，即人本身片面化，受到限制等等。"② 人类才能的发展，虽然在开始时要牺牲多数的个人，甚至是牺牲整个阶级，但最终会克服这种矛盾，与每个个人的全面发展相一致。大工业的发展，要求"工人有全面的流动性"，不断从一个生产部门投到另一个生产部门。工人阶级认识到这一过程当中的限制，并利用资本本身来排除这种限制。资本再也不能控制它自身产生的巨大生产力，从而促进人类向自由全面发展的历史进程。

由此可见，人的自由全面发展是一个历史的进程和历史的产物，这样，就使个人的自由全面的发展不再是空想社会主义者笔下的海市蜃楼，而是整个人类社会逻辑发展的必然趋势和结果。

（三）人的全面发展和社会主义、共产主义的关系

在《德意志意识形态》和《共产党宣言》中，马克思、恩格斯就对人的全面发展

---

① 马克思，恩格斯．马克思恩格斯全集：第四十六卷上［M］．中共中央马克思恩格斯列宁斯大林著作编译局译．北京：人民出版社，1979：108.

② 马克思，恩格斯．马克思恩格斯全集：第四十六卷上［M］．中共中央马克思恩格斯列宁斯大林著作编译局译．北京：人民出版社，1979：410.

与社会主义、共产主义的关系这一重要问题进行了深入的思考，并认为人的全面发展是社会主义和共产主义的一个重要特征和主要内容。马克思和恩格斯在这里所说的共产主义也包括共产主义的初级阶段——社会主义社会。他们指出，“任何人的职责、使命、任务就是全面地发展自己的一切能力，其中也包括思维的能力”①。“根据共产主义原则组织起来的社会，将使自己的成员能够全面地发挥他们的得到全面发展的才能。”② 在对它们之间关系进行探索的过程中，马克思、恩格斯还提出：让人全面地发展是社会主义革命在废除生产资料私有制以后的主要结果之一。

在《资本论》及为其写作准备的手稿中，马克思的论述更进一步，在探讨了人的全面发展是社会主义、共产主义的一个重要特征和主要内容之外，他还把能否实行人的全面发展作为衡量是资本主义还是社会主义、共产主义的一个重要标准。马克思认为，社会主义和资本主义是两种不同的社会制度，有着本质上的区别。在它们二者中，其中一个是为人的自由全面发展提供条件，使每个人都能自由全面地发展，而另外一个则是最大限度地浪费个人的全面发展。正如马克思指出的，“通过社会生产，不仅可能保证一切社会成员有富足的和一天比一天充裕的物质生活，而且还可能保证他们的体力和智力获得充分的自由的发展和运用”③。而资本主义则是“对人，对活劳动的浪费，却大大超过任何别的生产方式，它不仅浪费血和肉，而且也浪费神经和大脑。在这个直接处于人类社会实行自觉改造以前的历史时期，人类本身的发展实际上只是通过极大地浪费个人发展的办法来保证和实现的”④。由此可见，人的全面发展在社会主义、共产主义中的地位，不能不使其成为社会主义、共产主义的重要特征和主要内容。

（四）人的全面发展必须具备和已经具备的客观条件

马克思、恩格斯都认为，要使人全面发展，必须具备一定的前提条件。这在他们的三部著作《德意志意识形态》《共产主义原理》《共产党宣言》中有所提及，并提出了如下三点：第一，必须建立在一定的生产力基础上。人的全面发展，取决于个人间的联系，而这种个人间的联系，则是建立在一定的生产力基础上的。他们指出：“个人的全面发展，只有到了外部世界对个人才能的实际发展所起的推动作用为个人本身所驾驭的时候，才不再是理想、职责等等。”⑤此时马克思、恩格斯已经产生了人的全面发展必须建立在一定的生产力发展基础上的初步思想。第二，必须推翻资本主义所有制。只有在集体中，个人才能够获全面的发展，这里，马克思、恩格斯所说的集体，实际上是指“自由人的联合体”，而所谓“自由人的联合体”，就是“在那里，每个人的自由发展是

①⑤ 马克思，恩格斯．马克思恩格斯全集：第三卷［M］．中共中央马克思恩格斯列宁斯大林著作编译局译．北京：人民出版社，1960：330.

② 马克思，恩格斯．马克思恩格斯选集：第一卷［M］．中共中央马克思恩格斯列宁斯大林著作编译局编．北京：人民出版社，1995：243.

③ 马克思，恩格斯．马克思恩格斯选集：第三卷［M］．中共中央马克思恩格斯列宁斯大林著作编译局编．北京：人民出版社，1995：757.

④ 马克思，恩格斯．马克思恩格斯文集：第七卷［M］．中共中央马克思恩格斯列宁斯大林著作编译局译．北京：人民出版社，2009：103.

一切人的自由发展的条件"①，也就是社会要为人的自由全面发展提供相应的环境和条件。第三，必须消灭旧式分工。马克思指出：未来社会当中，这种分工将会完全消失。通过消除旧的分工……交换工种……使社会全体成员的才能得到全面的发展。"只有交往和生产力已经发展到这样普遍的程度，以致私有制和分工变成了它们的桎梏的时候，分工才会消灭。"② 由此可见，马克思、恩格斯关于消灭分工和人的全面发展的思想，是通过创立历史唯物论而得出的科学结论。

在《资本论》中，马克思对于相关的认识更进了一步，不仅肯定了《德意志意识形态》《共产党宣言》等著作中提出的人的全面发展必备的前提条件，而且还通过大量的分析，论证了人的全面发展已经具备的客观经济条件和可能性。并从以下方面进行了具体的阐述。

第一，市场的扩大和交往的普遍为人的自由全面发展提供了可能性。正如马克思提出的："生产力或一般财富从趋势和可能性来看的普遍发展成了基础，同样，交往的普遍性，从而世界市场成了基础。这种基础是个人全面发展的可能性。"③ "交往大大发展，交换活动量增大，市场扩大，同时进行的劳动具有全面性。"④

第二，大工业的发展，使自由劳动时间增多，从而为个人全面发展创造了一定的条件。所谓自由时间，实际上是指个人得到充分发展的时间，而个人的充分发展又作为最大的生产力反作用于劳动生产力。马克思认为："时间是人类发展的空间。一个人如果没有一分钟自由的时间，他的一生如果除睡眠饮食等纯生理上的需要所引起的间断以外，都是替资本家服务，那末，他就连一个载重的牲口还不如。"⑤

第三，大工业的发展使新兴工业不断兴起，劳动变换加速，从而要求人必须全面发展。大工业技术的发展必然使社会内部的分工不断发生革命，使大量的资本和大群的工人不断从一个生产部门投入另一个生产部门，从而要求劳动有变更，职能有流动，工人有全面的流动性。这样人的全面发展也就成为必须和可能。

（五）人的全面发展对社会发展的反作用

人的全面发展虽然必须建立在消灭分工和私有制以及一定的生产力发展的基础上，但反过来，人的全面发展也必然对社会的发展特别是对物质生产力的发展起到巨大的反作用。在人的全面发展理论形成初期，马克思、恩格斯只能初步地认为人的全面发展有两个作用：一是人的自由全面发展是消灭私有制的前提。二是人的全面发展是阶级消灭的前提。当时他们关于人的全面发展的作用的认识还是比较粗浅、不全面的，对人的自

---

① 马克思，恩格斯．马克思恩格斯选集：第一卷［M］．中共中央马克思恩格斯列宁斯大林著作编译局编．北京：人民出版社，1972：273.

② 马克思，恩格斯．马克思恩格斯全集：第三卷［M］．中共中央马克思恩格斯列宁斯大林著作编译局译．北京：人民出版社，1960：516.

③ 马克思，恩格斯．马克思恩格斯全集：第四十六卷下［M］．中共中央马克思恩格斯列宁斯大林著作编译局译．北京：人民出版社，1980：36.

④ 马克思，恩格斯．马克思恩格斯全集：第四十六卷下［M］．中共中央马克思恩格斯列宁斯大林著作编译局译．北京：人民出版社，1980：268.

⑤ 马克思，恩格斯．马克思恩格斯选集：第二卷［M］．中共中央马克思恩格斯列宁斯大林著作编译局编．北京：人民出版社，1972：195－196.

由全面发展对生产力有巨大的促进作用以及人的自由全面发展是经济和社会发展的目的和方向，还未充分认识到。

在《资本论》中，马克思对这一认识的不足得到了相应的完善。马克思指出，人的全面发展对劳动生产力有巨大的促进作用，并且在一定条件下和一定的时期内，是物质生产力能否进一步大发展的决定因素。

另外，马克思还认为，在社会主义、共产主义中，“物质生产的限制取决于物质生产对于个人的完整发展的关系”①。在社会主义制度下，大工业也同样由于其激烈变动的本身，已经把能否造就全面发展的人，能否让劳动者多方面发展，当作生死存亡的问题，同时，个人的全面发展，是生产和财富的宏大基石，是真正的财富，是生产力的最高发展，“真正的财富就是所有个人的发达的生产力”②。而在社会主义时期，个人的这种发展，不仅同样将作为一种最伟大的生产力反过来影响劳动生产力，而且是经济和社会发展的目标。

（六）人的全面发展与教育的密切关系

实现人的自由全面发展，仅仅具备先进的生产力、交往的普遍以及真实的集体中的个人联合是远远不够的，还必须通过一定的途径，这个途径就是教育及其与生产等社会实践的结合，可以说这是实现人的全面发展的必经之路。恩格斯指出：“教育将使年轻人能够很快熟悉整个生产系统，将使他们能够根据社会需要或者他们自己的爱好，轮流从一个生产部门转到另一个生产部门。因此，教育将使他们摆脱现在这种分工给每个人造成的片面性。这样一来，根据共产主义原则组织起来的社会，将使自己的成员能够全面发挥他们的得到全面发展的才能。”③ 但在这一时期，马克思、恩格斯对教育具体怎样培养和造就全面发展的人没有具体的论述，说明他们对这一问题的思考还不够全面。但这一问题在《资本论》中得到了解决，马克思对教育具体怎样使人全面发展做了具体、深刻的论述。“它不仅是提高社会生产的一种方法，而且是造就全面发展的人的惟一方法。”④ 这里所指的教育是克服人在劳动中的片面性和被动性的真正意义上的教育。

第二节　中国古代经济思想中有关“人的发展”思想

历史既是社会发展的历史，也是经济发展的历史，更是人的发展的历史。中国历史悠久，是世界上文明发达最早的国家之一。中国历史上有着十分丰富的经济思想，特别

① 马克思，恩格斯．马克思恩格斯全集：第四十六卷下［M］．中共中央马克思恩格斯列宁斯大林著作编译局译．北京：人民出版社，1980：127.

② 马克思，恩格斯．马克思恩格斯全集：第四十六卷下［M］．中共中央马克思恩格斯列宁斯大林著作编译局译．北京：人民出版社，1980：222.

③ 马克思，恩格斯．马克思恩格斯选集：第一卷［M］．中共中央马克思恩格斯列宁斯大林著作编译局编．北京：人民出版社，1995：243.

④ 马克思．资本论：第一卷［M］．中共中央马克思恩格斯列宁斯大林著作编译局译．北京：人民出版社，2004：557.

是关于人和经济发展关系的思想。

中国古代经济思想史的主要内容是封建时代的经济思想。中国的封建制度是在奴隶社会内部经过革命和改革而逐渐形成的，形成过程比较纯粹，生产力和文化均未遭到重大破坏，旧制度的残余也保留较少，因此，中国的封建制度本身发展得比较充分，具有民族特色和历史传统并成为灿烂古代文化组成部分的中国古代经济思想主要形成于这一时期①。其中，自春秋末期（公元前5世纪中叶开始）至西汉宣帝、元帝之交（公元前1世纪中叶）是中国古代经济思想发展的全盛阶段。封建主义经济思想朝气蓬勃、充满活力，各家各派的学说异彩纷呈，批判的、改革的和富有理想的各种思潮鲜明而强烈，形成了中国古代百家争鸣、大气磅礴的繁荣局面。中国自古被称为礼仪之邦，中华民族向来尊重人的价值，重视人的发展，在中国封建经济思想中，也不乏有关人的发展的论述。

一、社会分工思想

没有分工就没有经济的发展，就没有社会的发展，同样也就没有人的发展。社会分工的理论在我国古代早就出现，春秋时期的管仲提出的“四民分业定居论”是最早的社会分工理论，也是管子经济思想的一个重要方面②。管仲将国民分为士、农、工、商四大阶层，并按从事行业划定聚居地。这一划分，在以后两千多年的中国一直成为社会分工的典型分类。其具体主张是：“处士也，使就闲燕；处工，就官府；处商，就市井；处农，就田野”（《国语·齐语》），反映了分职分业的概念。管仲强调“四民者，勿使杂处，杂处则其言哤，其事易”（《国语·齐语》），目的是使“四民”各不干扰，祖祖辈辈继承各自的职业。这种思想虽然有其弊端，但它与当时的社会发展水平相适应，有利于促进劳动专门化，提升人的劳动技能、熟练程度和生产效率。同一行业的人聚集在一起，不仅易于相互交流经验，“相语以事，相示以巧，相陈以功”，而且易于相互间的信息交流，“相语以利，相示以赖，相陈以知贾”，进而形成一种良好的社会技术教育环境③。“四民分业定居论”蕴含着人的劳动实践的内涵，是当时社会实践的经验总结，对整顿当时的社会经济生活秩序、促进国民生产起到了积极的作用。

孟子和荀子是儒家学派的两位重要继承人，其经济思想也重视分工的必要性，强调分工对于经济生活的客观作用。相对于管子的分业定居论，孟子的社会分工思想在理论上进一步系统化，不仅肯定了农业和手工业者的分工，提出了农业和手工业之间的分工是社会生产力发展的结果，在此基础上还看到了交换的重要性。他强调人与人互助共生的重要性，把社会分工同发展产品交换联系起来，认为当生产力和社会分工的发展达到一定阶段时，个人及家庭不能仅靠自己的劳动来生产自己所需要的一切生活用品，不能一切都自给自足，而应以自己的产品同其他生产者交换自己所需要的其他产品④，“且一人之身，而百工之所为备，如必自为而后用之，是率天下而路也”（《孟子·滕文公

---

① 赵靖．中国经济思想史述要［M］．北京：北京大学出版社，1998：8.

②④ 赵晓雷．中国经济思想史［M］．大连：东北财经大学出版社，2013：32.

③ 胡寄窗．中国经济思想史：上册［M］．上海：上海财经大学出版社，1998：64.

上》），做到通功易事，各取所需。荀子对于经济现象的分析较前期儒家更为深刻、细致，他把农业和工商业作为国民经济的不同部门来对待，认为社会职能的划分可使“泽人足乎木，山人足乎鱼，农夫不斫削、不陶冶而足械用，工贾不耕田而足菽粟”（《荀子·王制篇》），充分肯定了分工和交换对技术进步和劳动生产率提高的促进作用。

二、“天人合一”思想

“天人合一论”是中华民族五千年来的文化核心和精神实质，是中国哲学中占主基调的思想。历代哲学家大多是从人是依赖于自然生存、人必须遵从“天命”，即自然与人遵循同一的运行规律的角度，来谈“天人合一”思想的。如老子说：“人法地，地法天，天法道，道法自然。”《庄子·齐物论》中说：“天地与我并生，而万物与我为一。”汉代董仲舒称“天人之际，合而为一”。宋代理学家程颐则认为，“天、地、人，只一道也”。“天人合一”是中国传统文化的主要哲学基础，作为一种认知方式和文化意识，对中华民族整体的人生观、自然观、消费观的形成具有重要影响，以致取之有利、用之有度等经济伦理思想能够在人们生活的各个层面得到长期渗透①。

人的发展离不开自然，人的发展要与自然的发展协调一致。依照今天的解释，天人关系就是人与自然的关系。人是大自然的一个组成部分，人依赖于大自然而生存，人在与大自然相互调适中获得发展。如果破坏自然规律，与大自然对抗，硬要把本属于大自然一员的人凌驾于自然之上，最终就会受到大自然的惩罚。中国古代对人与自然的关系有着很多积极的认识。例如，管子重视发展农业，具体措施就是重视天时、地利，根据动植物生长、畜养、成熟的自然规律，规定人们采伐捕捞的时间，“毋杀畜生，毋拊卵，毋伐木，毋夭英，毋拊竿，所以息百长也”（《管子·禁藏》）；孟子也重视林木采伐和水产捕捞，希望做到“鱼鳖不可胜食”“林木不可胜用”，还注意到了保护自然资源、防止滥捕滥伐的问题，提出了“数罟不如洿池”和“斧斤以时入山林”的著名论点；宋朝理学之集大成者朱熹也在《孟子集注》中做注说，“物，谓禽兽、草木。爱，谓取之有时，用之有节”，将“仁民爱物”的思想具体化为生态保护的实际内容。

“天人合一论”的宗旨是人类要同自然交朋友，人的生产活动不能违背自然法则和规律，要节约使用资源，彼此同属自然家族中的成员，不可欺之太过，以致今天到处物种濒危，树种、草原、湿地，物物亟须保护而犹恨之不及。“天人合一论”是一种教导人们从整体中去把握个别，以一种自然整体观去看待人类发展与消费的普遍联系的哲学观。宋代哲学家张载说“爱必兼爱”“物无孤立之理”，庄子说“万物一齐”，即万物平等的思想，都体现了“万物同体，天地同根”的中华文化特有的宇宙统一观②。越来越多的事实证明，“天人合一”的思想是非常科学合理的，它对于理解人与自然的关系，保持人类与大自然的和谐统一，以及人类经济的持久发展，具有非常深远的意义。

---

① 许崇正．人的发展经济学概论［M］．北京：人民出版社，2010：524.

② 许崇正．人的发展经济学概论［M］．北京：人民出版社，2010：525.

三、“均平”思想

“均平”思想是针对中国传统社会生产关系中形成的反对贫富分化、提倡改善贫民生活、促进社会稳定和政治巩固的经济思想观念。“均平”思想最早产生于春秋战国时代，齐国大夫晏婴在回答齐景公“古之盛君”的行为准则时说：“其取财也，权有无，均贫富，不以养嗜欲。”（《晏子春秋·内篇问上》）老子也曾说：“民之饥，以其上食税之多，是以饥民之难治，以其上之有为，是以难治民之轻死，以其上求生之厚，是以轻死”（《道德经》）。针对社会贫富分化严重的现象，应该“损有余而补不足”，使人民的生活得到改善。孔子在《论语》中也论述：“丘闻有国有家者不患寡而患不均，不患贫而患不安。盖均无贫、和无寡、安无倾。”即不怕社会财富少而怕分配不均，贫与富是相对的，若能均匀分配便无所谓贫，只有均，人民才能和睦相处，社会才能安定有序①。事实上，孔子所说的“均”不是人人“平均”，而是“均衡”，是社会各个阶层等级范围内的“各得其分”，但可贵的是他已经注意到财富的分配情况会影响社会的和谐与人的发展程度。

“均平”思想超越了自然经济形态中狭隘的小农经济意识，在一定程度上具有了现代社会公平与公正的民生内涵，充分显示了中华民族的睿智与远见。“均平”思想在一定程度上对统治者起到了规劝作用，适时推出政策法令来减轻对百姓的掠夺，如管子主张轻徭薄赋，提出了“取于民有度”的口号，儒家提出了“百姓足，君孰与不足”的理财思想，汉代董仲舒的限田法，西晋的占田制，北魏、隋、唐的均田制等。这些主张和措施在一定程度上减轻了统治者对人们的剥削压榨，提高了人们的生产积极性，有利于调动土地所有者的生产积极性。

“均平”思想也促进了节用论的发展。面对古代社会生产能力有限的现实，墨家从分配的角度着眼，主张统治者要黜奢崇俭，才能成倍积累财富并将其用于百姓的生产生活必需品上，提高人们的生活水平。节用是墨家经济思想的主要内容。墨子主张在衣、食、住、行各方面的消费都应以满足基本生理需要、足以保持生存和健康为标准。在饮食方面，强调“充虚继气，强股肱，耳目聪明则止”；在衣服方面，主张“冬加温，夏加清”，而不追求“锦绣文采”；在居住方面，房屋要“冬以圉风寒，夏以圉暑雨”，坚固足以防盗贼，而不应追求外观的富丽堂皇；在交通工具上，主张“车以行陵陆，舟以行川谷”“全固轻利”，可以“任重致远”，不追求刻镂装饰②。

四、富民思想

道家经典著作《老子》提出效法自然、无为、无欲和均富的主张。它反对过多地占有财产，反对重税和人对人的压迫，反对工艺技巧，推崇人的自然、自由发展。《老子》载：“我无事而民自富，我无欲而民自朴。罪莫大于可欲，欲莫大于不知足，咎莫

① 许崇正．人的发展经济学概论［M］．北京：人民出版社，2010：527.

② 许崇正．人的发展经济学概论［M］．北京：人民出版社，2010：526.

大于欲得。”这表达了“无为”“无欲”而人得其所的思想。对于社会贫富不均的现象，《老子》提出了一套见解：“天地相合以降甘露，民莫之令而自均。”又说，“天之道，损有余而补不足；人之道，则不然，损不足以奉有余”。这道出了当时社会富人压榨穷人这种违背天道的反常现象，并痛责统治阶级“菜或圄于，是谓盗竽，非道也哉”的强盗行径。极力向往那种能使人民“甘其食，美其服，安其居，乐其俗，邻国相望，鸡犬之声相闻，民至老死，不相往来”的“小国寡民”的理想境界①。

富民思想是先秦儒家的核心价值观念之一，历代儒家都把富民视为治国平天下的根本。他们从以民为本、关注民生的角度出发，提出了一系列惠民、利民、富民的主张，包括轻徭薄赋、制民之产、富而后教等措施，对中国传统社会经济思想的发展产生了极为深远的影响。孔子首先提出了要使人民“富之”的总的思想原则，提倡“施取其厚，事举其中，敛从其薄”，要求统治阶级立足长远利益，限制和减轻人民的徭役负担，注意培养税源，保护劳动者利益，以提高劳动人民的生产积极性和发展生产力②。孟子提出的“耕者，助而不税”（《公孙丑上》），以及荀子的“轻田野之税……罕兴力役，勿夺农时”（《富国》）等，其目的也都是强调轻徭薄赋，让人民有更多的时间从事生产劳动，创造更多的社会物质财富。孔子还认为，“博施与民而能济众”，强调“因民之所利而利之”，“废山泽之禁”、使民“足富”等，充分体现了其关注人的发展的经济思想。在富民的基础上，孔子又提出教民的观点，“谨庠序之教，申之以孝悌之义”，对富裕后的人民实施教化，从物质和精神两个方面都使人民得到充实，在一定程度上折射出在强调物质生产的同时重视人力资源开发和促进人的发展的思想③。

孟子在分田制禄理论中，提出了“制民之产”的设想。他把“制民之产”作为实行“仁政”的基础，要求统治者要为百姓置立永久的私有财产，提出了“民之为道也，有恒产者有恒心，无恒产者无恒心”（《孟子·滕文公上》）这一恒产论的基本论点。孟子所谓恒产，具体地说就是维持一个八口之家的农户的生活所需要的耕地、住宅以及其他农副业生产资料，就可以让百姓暖衣饱食，拥有一种相对富足的生活，“仰足以事父母，俯足以畜妻子，乐岁终身饱，凶年免于死亡”（《孟子·梁惠王上》），体现了经济上以安民、富民为先的思想。

富民论是管子经济思想的集中体现，主张治理国家要使“食足”“民富”，且使“民怀其产”（《管子·立政》），只有使人民有自己的家产可以怀恋，社会秩序才能安定，否则，“民不怀其产，国之危也”。这与孟子恒产论的说法基本一致。管子还提出了富民的具体途径，明确指出财富起源于劳动和土地的结合。他说：“地非民不动，民非作力毋以致财。”又说：“力地而动于时，则国必富矣。”“力地”指勤劳耕作；“动于时”指按农时进行劳动。这同英国古典经济学的创始人威廉·配第关于土地是财富之母、劳动是财富之父的理论有异曲同工之妙。《管子·牧民》篇开场白中说：“凡有地牧民者，务在四时，守在仓廪。国多财则远来者，地辟举则民留处，仓廪实则知礼节，衣食足则知荣辱。”管子认为，富国和富民是一致的，政治的安定、道德的进步，都以

①③ 许崇正．人的发展经济学概论［M］．北京：人民出版社，2010：526.

② 许崇正．人的发展经济学概论［M］．北京：人民出版社，2010：527.

物质生活的改善为前提，而物质生活改善后，就要追求礼节人格和道德行为规范[1]，比较正确地阐述了社会存在和社会意识的相互关系这个哲学的基本问题。管子提出了对劳动者实行“均地分立”“与之分货”的主张，促进劳动者的生产积极性、主动性，如果耕作不好、不及时，就会有“饥寒之至于身”，因而“夜寝早起，父子兄弟不忘其功，为而不倦，民不惮劳苦”，人力、地力都得到有效利用，生产得到发展，富国、富民就会得到实现。管子强调靠发展生产来富民，“务五谷则食足，养桑麻、育六畜则民富”（《管子·牧民》），有利于保护农业生产力、充分利用资源和满足多方面的生活需要。

五、财富伦理思想

以人的发展的道义主义为哲学前提，孔孟从性善论出发，把重视人和尊重人的伦理道德作为经济活动的目标和评价标准[2]。义利观是孔子经济思想的灵魂，是儒家对物质财富的基本态度。在其财富观中，孔子认为，“富而可求也，虽执鞭之士吾亦为之”，明确肯定了追求物质利益是人的天性，求富之心为人所共有。但孔子把财富和伦理观念严格结合起来，主张用道德原则作指导去追求物质利益。他提出：“富与贵是人之所欲也，不以其道得之，不处也。贫与贱是人之所恶也，不以其道得之，不处也。”财富虽是人人所追求的东西，但必须以合乎道德的方法取得，才可以享用，不能为了满足个人私利而损害道德原则。孔子认为义利冲突的原因在于“放于利而行”。为此，他提出一个有道德的人应该把“义”作为思考问题的出发点，通过“见利思义”的修养途径，达到“义以为上”的修养境界。孟子讲仁义，坚持人性本质是善的，功利只能放在后面，经济目标如获利、财富等本身不能成为活动的目的[3]。孟子认为，“恻隐之心，仁之端也”，从人性论的哲学观点出发，产生追求精神第一和道义主义的经济思想，否定了物质取向和功利主义的经济思想。在生产劳动观上，孟子主张发展生产，他认为这些都是仁义的结果，是施仁政的结果和表现，而不是施仁政、讲仁义的目的。因此，孔孟的经济思想突出的是“义”和“利”的对立，强调的是“重义轻利”。

墨家言利的最重要方面是主张“交相利”。其基本内容是“利人者，人必从而利之。害人者，人必从而害之”（《墨子·兼爱》）。交利必须做到人己两利，更不能亏人以利。墨子把交相利的原则应用到君臣关系、盗贼行为上，还应用到父子、兄弟之间的伦理关系上，把个人利益与集体利益糅合在一起，认为利人就是利己，损人就是损己，只有人各不相害，彼此有利，然后才能兴天下之利。在交相利的基础上，墨子主张兼相爱。“兼爱”是墨家思想的主要内容，主张不分阶级和等级、不分亲疏和国别，一切人互相爱，即上自国君、下至众民，都不能只知“自爱”，而要“相爱”，做到“视人之国若视其国，视人之家若视其家，视人之身若视其身”。

---

① 许崇正．人的发展经济学概论［M］．北京：人民出版社，2010：528.

② 许崇正．人的发展经济学概论［M］．北京：人民出版社，2010：530.

③ 许崇正．人的发展经济学概论［M］．北京：人民出版社，2010：529.

第三节　西方经济理论中关于人的发展的论述

西方经济理论中有着丰富的人的发展的观点和论述，这些论述为我们进行人的发展经济学研究提供了深厚的滋养。为了论述清楚，我们需要按照历史的脉络，分阶段叙述其主要思想。

一、古希腊经济思想中的“人”的发展

经济学在成为一门独立的学科之前，始终是在伦理思想的孕育中逐步发展的。在古希腊，德性在社会生活中占有重要的位置，伦理处于主导地位，因此，思想家们对人生的意义和幸福等问题的思考，都是从善、美德、选择、自由等角度来阐述；对于经济行为的判断标准也包含在思想家们的哲学和政治学体系之中。

第一，“善”是人一切活动的目的。古希腊思想的集大成者亚里士多德认为，从总体上说，人类所从事的每一种技艺和每一种研究，都是为了追求某种好处，达到某种目的，同样，每一种行业和事业亦是如此。他明确提出人要过上幸福的生活，必须具备“外物诸善，躯体诸善，灵魂诸善”。“外物诸善”包括“财富、资产、权利、名誉以及种种事物”；“灵魂诸善”则是指德性。“灵魂诸善”不可以依赖“外物诸善”，而“外物诸善”则必有赖于“灵魂诸善”，故“最高尚的灵魂也一定比我们最富饶的财产或最健壮的躯体更为可珍贵”①。亚里士多德认为，“我们所做的事都有一个目的，我们是为了这个目的的本身而企求做这些事……那么，显然这目的就必定是善和至善”②。人的目的应该是人所追求的善，达到善和至善就是幸福和快乐。因此，他在《尼各马科伦理学》中总结道：财富不是我们要追求的那种高于一切善的那种善，它只是我们追求“至善”的手段，“至善”才是人最好和最愉快的生活，是符合人的德性的活动，是人性最完满的体现。

第二，重视教育，轻视物欲。德谟克里特认为，“教育可以改变一个人，这样做，它就创造了一种第二本性”③。“大部分天性不能干的人由于练习而变成能干。”④ 伊壁鸠鲁则认为，“人类的本性也只是接受环境的教训”⑤。苏格拉底提出了知识是美德的前提条件和基础，认为任何美德都必须具备相应的知识，强调“美德即知识”，宣称不经过思考的人生是没有价值的，知识是人取得幸福和快乐的保证。对此，梭伦提出要抑制人对财富的贪婪欲望，对于那些“财物山积，丰衣足食而且有多余的人，应当抑制你们贪婪的心情，压制它，使它平静；应当节制你们傲慢的心怀，使它谦逊”⑥。对于那些贫

① 亚里士多德．政治学［M］．北京：商务印书馆，1965：340－341.
② 北京大学哲学系外国哲学史教研室．古希腊罗马哲学［M］．北京：商务印书馆，1961：316－317.
③ 北京大学哲学系外国哲学史教研室．古希腊罗马哲学［M］．北京：商务印书馆，1961：107.
④ 北京大学哲学系外国哲学史教研室．古希腊罗马哲学［M］．北京：商务印书馆，1961：119.
⑤ 北京大学哲学系外国哲学史教研室．古希腊罗马哲学［M］．北京：商务印书馆，1961：361.
⑥ 杨共乐．世界上古史资料汇编［M］．北京：北京师范大学出版社，2010：222.

民来说，要懂得节制，认为“自由不可太多，强迫也不应过分；富厚如属于没有教养的人们，食足就要滋生不逊”[①]。可见，思想家们认为，要达到幸福和至善，并非是物质和肉体的快乐与满足，也不是依靠聚集和积累财富，而是通过对美和善的追求。

第三，注重公正，诋毁以营利和积累为目的的商业活动。由于伦理天然的主导地位，思想家们都认为只有追求“善”才是高尚的行为，而在“人人有德，人人有福”的最善政治面前，参加低级的制造业和商业是卑鄙和缺德的，柏拉图则认为，“一切关于零销商和杂货铺以及开设酒店都给予斥责，并列为不光彩的事”[②]。维护正义、公平更是人们责无旁贷的义务，在德谟克利特看来，“当掌权者维护穷人的利益并且为他们服务善待他们的时候，人们便不会被凄凉孤独地抛在一边，而是成为同胞，相互维护”[③]。亚里士多德也认为，“在财产问题上我们也得考虑到人生的快乐和品德这方面。自私固然应当受到谴责，但所谴责的不是自爱的本性，而是那超过限度的私意——譬如我们鄙薄爱钱的人就只因为他过度贪财——实际上每个人总是多少喜爱这些事物，如自己的以及财务或金钱的。人们在施舍的时候，对朋友、宾客或伙伴有所资助后，会感到无上的欣悦”[④]。显然这是典型的公平互助的伦理观点，既肯定效用、供给、需求的作用，也强调伦理在经济发展过程中的重要价值，尤其是维系整个社会运转更需要公平、互助这样的伦理典范。柏拉图从维护奴隶主阶级的反动统治出发，强调由于每个人的道德、职能、地位不同，所以每个人都要按照自己的本分，执行自己的任务，履行自己的职责，这就是柏拉图的公正道德和理想国政治。柏拉图说：“我们每一个人也一样，倘若他灵魂的各个部分各自做本分的事，就凭着这一点便成为一个合乎公正的人，做他本分的事的人。”[⑤]“每个人必须在国家里面执行一种最适合于他的天性的职务。”[⑥]“人之本性各不相同，不同的人适宜于做不同的事务。因此，要一切物品生产得更丰富、更方便和有更好的质量，须使每个人专做一种与他性情相近之事和在适当的时候去做，并要放弃别的事务。”[⑦] 柏拉图对劳动分工价值的肯定和承认，对经济学的发展做出了巨大的贡献。

二、古典经济学思想中的“人”的发展

中世纪往往被人们认为是压抑人欲望的“黑暗时代”，经济活动并不十分活跃，但是伦理问题仍然是学者们十分关注的问题。经院哲学家圣·托马斯·阿奎那极为重视商业贸易中出现的各种不道德现象，并主张在经济活动中遵循公平、平等、诚信、义务等道德原则，用道德手段对之加以制约，提出了公平价格的思想：一个人无论是作为买者还是卖者，都不能利用或欺骗另一方[⑧]。随着资本主义因素在封建社会内部的产生、发

① 亚里士多德．雅典政制［M］．日知，力野译．北京：商务印书馆，1959：14.
② 惠特克．经济思想流派［M］．徐宗士译．上海：上海人民出版社，1974：7.
③ 斯皮格尔．经济思想的成长：上［M］．北京：中国社会科学出版社，1999：11.
④ 亚里士多德．政治学［M］．吴寿彭译．北京：商务印书馆，1965：55.
⑤ 周辅成．西方伦理学名著选辑［M］．北京：商务印书馆，1964：159.
⑥ 周辅成．西方伦理学名著选辑［M］．北京：商务印书馆，1964：155.
⑦ 晏智杰．西方市场经济理论史［M］．北京：商务印书馆，1999：23.
⑧ 门罗．早期经济思想［M］．蔡受百等译．北京：商务印书馆，1985：23－49.

展和壮大，封建神学和经院哲学的千百年的思想开始崩溃瓦解，各种新思想纷纷兴起，积极冲破封建神学的枷锁和重压，此时就迎来了历史上的“文艺复兴”时期。这一时期，人们的注意力从天上的“神”转移到了地上的“人”，从以神为中心的神道主义转变为以人为中心的人道主义，主张追求今生尘世幸福，反对禁欲主义，承认物质欲望，尊重人的价值，凡是“人”具有的一切，不管是好是坏，是善是恶，是美是丑，都是自然的、合理的。人性成为这一时代核心的伦理思想。

近代资本主义的崛起，除摆脱了神学对人们的束缚外，自由伦理和市场伦理也对人们日常生活和文化价值准则方面产生了很大的影响。自利、自由、竞争成为资产阶级经济学家所追求的经济伦理思想。

在斯密以前，英国的重商主义者约翰·海尔斯在1549年所著的《关于英格兰王国公共财富的讨论》一书中，就已明确提出了“人是追逐最大利润的”这种看法。重商主义后，重农学派在经济自由理论的指导下，主张经济自由，重视农业。重农学派的先驱达让逊指出，“国内的商业和对外贸易应该完全自由”，“许多事情只有借助于自由放任才能趋于完善”①。重农学派的代表魁奈提出道德伦理是市场经济活动运行的前提，道德早已存在于市场的“自然秩序”中，而这个“自然秩序”是重农主义体系的理论基础，是人类一切行为的规律。因为“自然”是仁爱、慷慨、聪明的，所以自然秩序“是造物主一成不变地制定的，以便于人们所需的财富的不断再生产和分配……这些不可动摇的规律，通过劳动和个人利益的正确结合，形成社会的道德体和政治体，教导人们以最大的成就促进公共福利，并保证最有利地在社会各个阶层之间分配这些福利”②。他认为，只有自由竞争才符合自然秩序，而一切垄断、限制和政府干涉都是违反“自然秩序”的。因此，人们的行为应该符合这个自然秩序，才是对人类有利的，一切脱离自然秩序的道德法则，都会造成人们社会生活的不和谐。经济哲学家休谟在市场道德建设方面提出了德性的“效用论”，在《道德原则研究》中他写道：“把我们所赋予社会性的德性的称赞归因于它们的效用，这似乎是如此自然的想法，以致人们会期望在道德作家们那里处处遇见这项原则，作为他们推理和探究的重要基础。”③ 他还提出“一个人不能从是中推论出应该是”这个命题，即市场道德原则不可能从市场经济本身的事实中推论出来，市场道德原则只能是人自觉建构的结果。

重农学派以后，迎来了资产阶级经济学说史上的繁荣时期——古典经济学时期。随着文艺复兴、宗教改革、国家主权运动的逐步兴起，思想家们出于对国家利益的考量，变得只关心利益得失，不再关心价值应该是什么，目的和手段之间的理性选择成为研究的关注点。可以说，在欧洲，近代是经济与伦理开始分离的时期，经济逐步从道德哲学和法理学的领域分离出来，“政治经济时代”开始取代“道德哲学时代”。著名经济学家亚当·斯密对伦理经济关系做了深度的分析和说明，提出了“理性经济人”的假设，认为人是自利的，同时又是有理性的。在经济活动中，人自利的需求和追求利益最大化的需要，会潜在地受到“看不见的手”的引导而推进社会的发展。但最为重要的是，

---

① 鲁友章，李宗正．经济学说史：上［M］．北京：人民出版社，1965：122.

② 魁奈．魁奈经济著作选集［M］．吴斐丹，张草纫选译．北京：商务印书馆，1979：396.

③ 汪丁丁．经济学思想史讲义［M］．上海：上海人民出版社，2012：147.

斯密把伦理人和经济人作为一个整体来看，而不是简单的利己、利他理论，斯密最为强调的是人性中的“互利本性”，他说：“无论人类如何被视为自私自利，然而，在他本性之中却明显地存有几种原则，使他能关怀别人的祸福，而且以他人之能有幸福为自己生活所必需，虽然除了在看见他人幸福时感到欣慰外，他别无所得。”① 而这种“互利本性”同样表现在经济活动中，正是这种互利的本性，才会有分工、交换、资源配置，才会形成市场。他说：“许多利益的分工，原本不是任何人类智慧的结果……而是由于人性中互通有无、物物交换、互相交易的倾向。”② 同样，人追求利益最大化的需要，也是在协调他人利益的前提下才能实现。因此，所谓的“斯密问题”是一个伪命题，其《国富论》必须是在《道德情操论》的基础上才能得以实现。《国富论》中的工资、资本、利润、财富、收入等追求经济利润最大化的思想的前提假设是在《道德情操论》的框架下进行的，也就是说，资产阶级的行为并不是毫无拘束的无限放大，相反，要受到同情感、合宜性、正义感、功过感、良心、义务感、克己、博爱等伦理关怀的约束。因此，对于斯密来说，单纯的经济思维具有负外部性，需要利他思想的约束，利他是利己的底线，因此，在斯密看来，人性是其伦理经济思想的立足点和核心支点，如何实现人性中利己与利他之间的动态平衡是他构建伦理经济学的重要使命。正是斯密对经济的系统分析，实现了经济思想史上的第一次革命，创立了古典政治经济学体系，标志着经济学作为一门独立科学的诞生。

经济学自独立出来之后，伴随着自然科学的辉煌成就发展迅速。边沁的功利主义学说的核心就是功利原则或者说是最大限度的幸福原则。英国资产阶级经济学家詹姆斯·穆勒从边沁的功利主义出发，认为经济学的研究应当关心人的幸福所在。之后，穆勒的儿子约翰·穆勒坚持功利主义的伦理经济，并在这方面实现了新的发展。他认为，凡是能促进最大多数人的最大幸福的行为，就是正义的行为。由此，他改变了政治经济学的研究对象，以“经济人”的欲望和满足为考察中心。他在《论政治经济学的若干未定问题》一书中认为，应当把人的各种活动的经济方面抽象出来，并做出定义，使它与政治经济学的研究对象联系起来。他提出了将“经济人”抽象出来的必要性和经济人的内涵，指出了政治经济学探索的是经济人的行为，提出了用边际效用价值学说来代替古典经济学的劳动价值学说③。

三、现代西方经济思想中的“人”的发展

19 世纪末 20 世纪初，资本主义由自由竞争资本主义进入垄断资本主义，伴随着资本主义生产力的发展，经济危机频发、两极分化、环境污染、资源告罄、公平与效率的矛盾等种种后工业社会展露出的危机引起了经济学家的普遍关注与反思。然而，面对这些问题，“科学化”发展的经济学显得无能为力。经济与伦理关系问题不得不再一次回归学者们的视野，经济学家开始摆脱单纯研究市场交易的桎梏，重视社会伦理和个人道

① 周辅成．西方伦理学名著选辑：下卷［M］．北京：商务印书馆，1964：177.

② 斯密．国民财富的性质和原因的研究［M］．郭大力，王亚南译．北京：商务印书馆，1962：192.

③ 许崇正．人的发展经济学概论［M］．北京：人民出版社，2010：281.

德等价值根源的追寻，探索在伦理的视域下寻求经济困境的解决，并越来越强烈地认识到人类经济行为受到潜在的愿望和伦理的约束。许多知名西方经济学家如阿马蒂亚·森、布坎南、科斯、弗里德曼、哈耶克、熊彼特等都呼吁，经济学不应该脱离伦理道德，数理化、模型化的研究只会使我们离经济学的本质越来越遥远。

其实，追求个人效用最大化的“经济人”刚一出现，就受到历史学派先驱李斯特和法国的西斯蒙第等一大批经济学家的强烈批评。他们认为，社会科学所要解决的问题比自然科学复杂得多，解决这种问题需要良心正如需要理智一样。政治经济学不只是计算的科学，还是道德的科学，只有注意人们的感情、愿望和需要时，才能达到谋求物质福利的目的。新古典经济学代表人物马歇尔曾指出：“经济活动不完全是利己的，也许出于高尚的动机。”① 就经济学理论逻辑内部发展来看，经济学研究排斥伦理因素的分析方法同样受到了抨击。著名经济学家珀特尔认为，经济发展来自创新，而创新首先需要用文化伦理营造创新的环境。缪勒把精神资本、物质资本、劳动力、土地并列为推动社会经济发展的四个基本要素。德国著名学者马克斯·韦伯是最早提出经济伦理的，他把西方资本主义经济发展直接归功于新教伦理，在其最为著名的著作《新教伦理与资本主义精神》中，他提出：“虽然经济理性主义的发展部分地依赖理性的技术和理性的法律，但与此同时，采取某些类型的实际的理性行为却要取决于人的能力和气质。如果这些理性行为的类型受到精神障碍的妨害，那么，理性的经济行为的发展势必会遭到严重的、内在的阻滞。各种神秘的和宗教的力量，以及以它们为基础的关于责任的伦理观念，在以往一直都对行为发生着至关重要的和决定性的影响。”②

这一点，在日本等经济高速发展的亚洲国家身上再次得到证明，这些国家把市场经济原理同东方伦理融合渗透形成了高效率的市场经济体制，尽管部分否定了韦伯对于儒家伦理的消极判断，但却进一步证明，伦理直接影响人类行为和经济发展。在西方经济学中影响较大的新制度学派认为，人类经济活动既受政策法律等正式制度约束，又受伦理、文化等非正式制度约束，强有力的伦理道德观念约束可能使决策者做出与集团利益相悖的决策，也可能使个人放弃看起来收益非常大的行为。由于信息不充分和预期不确定性使人类理性有限，利益最大化的判断事实上经常借助于以往的知识、信用、伦理等。把伦理道德纳入经济学分析应属必然③。

在对经济与伦理分离分析的批判中最有影响力的是诺贝尔经济学奖获得者阿马蒂亚·森，他特别强调伦理对经济发展的作用，他认识到经济在“利己”的指导下，越发展越不利于人，越背离人发展的目的。因此他提出以伦理道德来指导经济的发展。他以关注人的权利作为研究的出发点，构建和运用经济学研究中的伦理经济层面，论证社会发展是人的自由的增长。他指出，经济学可以通过更多、更明确地关注人类行为和判断的伦理思考而使现代经济学具有更强的解释力。对伦理与经济关系的关注，也引起了经济学家们对“经济学本质”问题的讨论。诺贝尔经济学奖得主布坎南在《经济学家应该做什么》中提出，市场首先是一种关系，而不是只有效率存在的市场，经济学和经济学

---

① 马歇尔．经济学原理：上卷［M］．朱志泰译，北京：商务印书馆，1964：74.

② 韦伯．新教伦理与资本主义精神［M］．于晓，陈维纲等译．北京：生活·读书·新知三联书店，1987：15－16.

③ 韩喜平．西方经济学研究中的伦理视角及启示［J］．长白论丛，1997（4）.

家更应关注人们在市场中相互进行交换的关系，为市场交换中人的行为做出解释和预见。布坎南呼吁，作为经济分析家，了解伦理作用及伦理变化对政治经济制度的机能影响是义不容辞的。诺贝尔经济学奖获得者诺思沿着社会学取向，对伦理的经济功能做了深刻的分析，认为："个人效用函数远比新古典理论体现的假定复杂，事实上由家庭和教育灌输的伦理价值观念限制'经济人'的行为"①。因而，他把影响人类认识、规范人类行动的道德伦理信仰体系作为与国家、产权并列的三块基石构建其经济分析理论体系。诺思认为，自由市场制度本身并不能保证效率，一个有效率的自由市场制度除了需要一个有效率的产权和法制制度相配合之外，还需要在诚实、正直、合作、公平、正义等方面良好的道德人去操作这个市场。也就是说，没有道德的经济人如同行尸走肉，经济的发展也失去了意义。日本企业"经营之神"涩泽荣一认为，抛弃利益的道德不是真正的道德，而完全的财富、正当的利益必须伴随道德。德国学者科斯洛夫斯基提出关于人的两大行为动力：最强的动力，追求经济利益的动力；最好的动力，追求伦理完善的动力。只有把最强动力和最好动力努力地结合起来，才能促进经济的发展，促进人的发展。因此，任何一种经济形态，在发展的过程中必然伴随着一定的人的发展的理念，没有"人"的融入，经济与社会都将走向没落，只有以人的发展为目标，经济的发展才是科学的、长久的。

第四节 马克思主义人学理论

马克思主义人学是科学的人学，它的产生不仅在当时引起了一场人学革命，而且对人类社会发展产生了广泛而深远的影响。当前，中国处于社会主义初级阶段，经济社会发展各领域都需要人学关照，都需要坚持以人为本，从而实现全社会的科学发展。

马克思主义认为，人成其为人有一个漫长的过程。尽管人的问题作为人们的认识对象，在实践上还是滞后于人的存在与发展现实，它是在人类的自我认识发展到一定阶段才出现的，但是，人是有理想的存在物，时刻关心着自己的生存状态和未来发展。有关人的问题，包括人的存在、人的本质、人的需要、人的利益、人的能力、人格、人的价值、人的自由、人的发展、人的解放、人类的前途命运，以及人与自然、人与社会、人与人、个人与群体、人与自身的关系，等等，在漫长的历史长河中，在每一个社会历史阶段，都是摆在人类面前的一个根本问题。随着人类的不断发展，人类对自身的关注和探讨在不断加强。可以说，一部人类发展史，也是一部自觉不自觉地探讨人自身的存在与发展的历史，是人学从无到有，再到繁荣发展的历史。

人类历史发展表明，社会越发展，人的地位与作用就越重要，而与之相伴随的是有关人的问题也越突出，特别是现代科学技术的迅猛发展，为人类带来了空前的物质利益和享受，但同时也引起严重的生态环境危机，已经直接威胁到人类自身的生存与可持续发展。这些问题的出现都需要人类给予明确科学合理的回答，从而也构成人学产生和发展的源泉与动力，诸多问题也构成了人学的理论研究内容。

---

① 诺思．经济史中的结构与变迁［M］．陈郁，罗华平等译．上海：上海三联书店，1994：4.

人学将人作为研究对象，这是毋庸置疑的。然而，将怎样的人作为研究对象，是孤立的个体还是社会的人，却在人类思想史上存在着不同的看法。并且，以什么方法研究人学，是唯物、辩证的分析方法还是唯心、形而上学的分析方法，也会得出不同甚至完全相反的结论。由于人是自然存在物，也是社会存在物、类存在物，因此，自然界、人类社会也都应当成为人学研究的对象，只不过在研究的角度、层面上有明确的要求，更重要的是需要从关系的角度来思考。不同思想家的立场、观点、方法不同，从而产生了不同的人学思想。

马克思主义以前的人学有旧唯物主义人学与唯心主义人学之分。包括 18 世纪法国唯物主义的人学以及费尔巴哈的人本主义人学在内的旧唯物主义人学都有一个显著的特点，即只从客体或客观的观点方面直观地研究人，认为人只是自然的一部分，轻视或忽视人的主体能动性。如费尔巴哈有丰富的人学思想，他说：“我的著作以及我的讲演的目的，就在于使人从神学家变为人学家，从爱神者变为爱人者，从彼世的候补者变为现世的研究者，从天上和地上的君主和贵族的宗教的和政治的奴仆，变为地上的自由和自觉的公民。”[①] 他的哲学始终贯彻和突出的一个核心就是人，费尔巴哈的人本学是以“人”或“人类”为出发点和归宿的。当然，从形式上看他似乎坚持了唯物主义“人本学”，但由于他仅看到了人的自然性、重肉体感官，而没有看到人的社会性、真正的类特性，所以，他的“人本学”思想尽管从形式上看是感性、具体的，但从内容上看却是抽象、空洞、夸张的。而马克思主义以前的唯心主义人学有其不一样的特点，如黑格尔的人学思想。黑格尔哲学用绝对理念去统一整个世界，把它看成是思维与存在的同一基础，事实上这就等于把“绝对精神”看成了世界的本原，从逻辑概念中派生出自然、社会和人的思维，从抽象推出现实。

马克思、恩格斯在批判地继承德国古典哲学的人学特别是费尔巴哈的人本主义人学和黑格尔的唯心主义人学的基础上创立了科学的人学思想，在人类思想史上，第一次对人的问题给予了全新的、完整的、科学的理解。马克思指出：“关于人的科学本身是人在实践上的自我实现的产物。”[②] 这就是说，人的科学的研究内容，一方面包括人的人本学方面——主体性、个性和主观性等，另一方面也包括人的社会学方面——人的主体性、个性和主观性实现的社会客观条件，如社会关系和物质条件等，这实际上是人的客观实在性和社会性。同时，马克思指出，人只是由于同自然界发生实践关系才现实地存在，自然界也只是由于同人的实践活动发生关系才成为属人的自然界，才成为现实的存在，因此，自然界是人化的自然界，人是自然化的人，离开人，自然界不过是一种抽象的“无”，即是一种自在的、唯一的和孤立的存在，对人没有任何意义。这样，在马克思看来，以自然界为直接对象的自然科学归根到底是人的科学[③]。显然，在马克思那里，人的科学作为一门科学，它研究的是人和自然的统一关系，其根据在于人和自然的不可分离性。在人和自然的关系中，当然包括人的主体性和客观实在性、个性和社会性

① 费尔巴哈．费尔巴哈哲学著作选集：下卷［M］．北京：生活·读书·新知三联书店，1959：525.

② 马克思．1844 年经济学哲学手稿［M］．中共中央马克思恩格斯列宁斯大林著作编译局译．北京：人民出版社，2014：292.

③ 马克思．1844 年经济学哲学手稿［M］．中共中央马克思恩格斯列宁斯大林著作编译局译．北京：人民出版社，2014：240.

的关系①。

马克思、恩格斯认为，人不是脱离物质的精神实体，也不是生物学意义上的物质实体，而是处在由自己的实践活动造成的一定生产关系和其他社会关系中的具体的现实的人。他指出，“我们的出发点是从事实际活动的人”②，“人的本质不是单个人所固有的抽象物，在其现实性上，它是一切社会关系的总和”③。恩格斯在《路德维希·费尔巴哈和德国古典哲学的终结》一书中批判费尔巴哈“抽象的人”时强调指出，他和马克思所创立的是一种关于现实的人及其历史发展的科学。显然他也主张要从人的客观实在性出发来研究现实的人的历史发展。

同时，马克思、恩格斯又认为，社会生活本质上是实践的，劳动是人们全部社会关系形成的基础。“在劳动发展史中找到了理解全部社会史的钥匙。”④ 劳动不仅生产出人们生存和社会生活所必需的劳动产品，同时也生产着人与人之间的社会关系，人们在劳动活动中结成的这种社会关系，称为生产关系，如劳动资料的占有和使用关系、劳动的分工与协作关系，以及劳动产品的交换、分配与消费关系等。人类劳动不只是意味着人类同自然界的关系，也意味着建立同这种关系相适应的社会结合形式。劳动发展状况不同，人们之间的社会结合形式也不相同。人类社会复杂的关系之网，就是在劳动的基础上编织而成的。

马克思、恩格斯指出：“个人怎样表现自己的生命，他们自己就是怎样。因此，他们是什么样的，这同他们的生产是一致的——既和他们生产什么一致，又和他们怎样生产一致。因而，个人是什么样的，这取决于他们进行生产的物质条件。”⑤ 在他们看来，人的发展与社会发展是统一的。生产力和生产关系的变化是人类实践活动的结果，它又成了人们实践活动的既定条件，制约人的发展。马克思认识到，个人的解放有赖于阶级的解放，个人的发展有赖于社会的发展，认识到人的解放和发展的前提条件是改变现有的社会关系和社会制度。马克思通过长期考察，不断深化自己的认识。在《资本论》中，通过对资本主义生产方式的历史考察，马克思更全面、更深入地揭示了人的发展和社会发展的关系，在这个基础上形成了马克思主义关于人的全面发展的科学理论。马克思在《1857—1858 年经济学手稿》中认为，人的发展在经历了人的依赖关系、以物的依赖关系为基础的人的独立性的历史形态后，将走向人的全面发展的社会形态——共产主义社会⑥。与空想社会主义者不同，马克思并未停留在批判现实和提出社会理想上，而是力求在发现社会发展规律的同时揭示人的发展规律，寻找人的全面发展的道路。马

---

① 韩庆祥．马克思主义人学思想发微［M］．北京：中国社会科学出版社，1992：7－8.

② 马克思，恩格斯．马克思恩格斯选集：第一卷［M］．中共中央马克思恩格斯列宁斯大林著作编译局编译．北京：人民出版社，2012：152.

③ 马克思，恩格斯．马克思恩格斯选集：第一卷［M］．中共中央马克思恩格斯列宁斯大林著作编译局编译．北京：人民出版社，2012：135.

④ 马克思，恩格斯．马克思恩格斯选集：第四卷［M］．中共中央马克思恩格斯列宁斯大林著作编译局编译．北京：人民出版社，2012：265.

⑤ 马克思，恩格斯．马克思恩格斯选集：第一卷［M］．中共中央马克思恩格斯列宁斯大林著作编译局编译．北京：人民出版社，2012：147.

⑥ 马克思，恩格斯．马克思恩格斯全集：第四十六卷上［M］．中共中央马克思恩格斯列宁斯大林著作编译局译．北京：人民出版社，1979：104.

克思主义创始人顺应时代潮流，建立了唯物主义历史观和剩余价值理论，把关于人的发展理论特别是人的全面发展理论的考察从空想变成科学理论。

马克思主义的人学是科学的人学，在思考人时，既注重作为个体的人的存在，又注重作为群体的人和作为类的人的存在；既注重外部世界的客观存在性，又注重人的内心生活，坚持二者的辩证统一；既注重人的存在的客观制约性，又肯定人的能动性、主体性。如此等等，马克思主义将唯物辩证法运用于对人的问题的思考，实现了人学的革命。这不仅在人类思想史上具有重大的理论意义，在人类社会的发展中更具有重大的实践指导意义。

第五节　马克思主义经济学对西方主流经济学的超越

人的全面自由发展是马克思主义经济学说的重要组成部分，是马克思主义经济学说的中心问题，是马克思、恩格斯整体经济思想的出发点与归宿。而人的全面发展之所以成为马克思主义经济学的出发点和归宿，主要原因在于，马克思主义者对于资本主义分析的视角本质上区别于西方主流经济学，同时，正是在人的全面发展问题上马克思主义经济学远远超越了西方经济学。西方经济学历来把资本主义生产关系看作是一种天然的、永恒的制度，从不研究这种关系本身，甚至有意、无意地用物的交换关系来掩盖人的交往关系、利益关系，把研究重点放在物的发展上，忽视人的发展，并把研究的焦点放在资源的边际替代和商品交换上，忽视商品交换背后的人与人的关系。马克思正是从经济现象的本质出发，坚持唯物主义的方法论，着重从人与人的关系的角度去研究资本主义的生产方式，密切结合物质财富的生产、分配、交换和消费过程，深刻揭示出人与人之间的关系，这种对人与人之间关系的分析比西方经济学分析得更深刻、更科学。

一、关于分工

无论是古典经济学派还是以后的福利学派、预期学派等，虽然也强调人的自由发展，但是这种发展是建立在旧式分工基础上的，以维护旧式分工为前提，从维护自由竞争的市场经济出发，而马克思的人的全面发展理论，强调人的发展必须要打破旧式分工，人应该自由地发展，建立新式分工，从而深刻揭示和把握了未来。

二、关于人的自由全面发展

西方经济学强调的人的自由发展与马克思的人的自由全面发展有本质的不同。西方经济学更多地把人的自由发展看作手段，目的是追求利润最大化。而马克思提出的人的全面发展理论与西方经济学相反，把人的自由全面发展作为目的，而不是手段。自由竞争、追求效益乃至市场经济只是手段，人的自由全面发展才是目的。比如，古典经济学派对人的自由发展的内涵并没有清晰的界定，更多地强调人的政治的自由，人应有天赋自由的权利，而马克思通过长期对政治经济学和经济学说史进行研究，通过对早期资本主义造成人的片面发展的研究，提出了人的全面发展的理论及该理论的本质、科学内涵，即市场经济和科技的飞速发展，必然要求人能够适应不同的劳动需求。他们能把不同的社会职能当作互相交替的活动方式，在自由选择、交替变换的职能中使人的先天和后天的各种能力得到自由发展，从而把人的自由全面发展既牢固地建立在政治基础上，又牢固地建立在经济基础上。100 多年前马克思所揭示的这一特征，恰恰是今天知识经济时代的特征。

三、关于分配

新旧古典学派包括预期学派、弗伦堡学派、哈耶克学派，所强调的人的发展，是指资本创造价值，按资本要素分配价值。在他们的价值论里，人的才能、智慧、创造力并不占据重要和主要的地位，占重要和主要地位的是资本、劳动、土地要素，特别是资本要素，因而相应地在分配上提出了三位一体的分配方式，在新旧古典学派的分配公式里，同样，人的才能、智慧、创造力并不占据重要和主要位置，占重要和主要位置的是按资本要素分配。而马克思提出并形成了人的全面发展理论，既坚持丰富了劳动价值论，又发展了劳动价值论。在马克思的价值论中，人的才能、智慧、创造力、复杂劳动占重要和主要地位，因而在他的分配模式中，人的才能、智慧、创造力在分配中也相应地占有重要和主要地位。马克思既强调人的才能、智慧创造价值，又强调人的才能、智慧、创造力也参与价值分配，强调它们在价值分配中的重要特殊地位，这是新旧古典学派所没有的，也无法达到的。这就不能不使我们佩服，100 多年前的马克思和恩格斯由于提出和形成了人的全面发展理论，从而使他的价值论和分配论超越新旧古典学派，达到当今时代——知识经济时代的高度。我们不能不承认，100 多年前的马克思和恩格斯所提出的人的全面发展理论思想已经被当今知识经济时代所证实，并日益在世界各国变成现实。发达国家正日益由传统的物质资本积累转向以人的智力提高为主的人力资本积累，正日益抛弃主要依靠资本创造价值，主要按资本分配，而转向知识创造价值，主要按才能、智慧、知识、创造力分配。这一趋势正日益影响不发达国家就是佐证。

四、关于调节

西方主流经济学理论众多，但都属于资本主义内部的改良方法，无法解决资本主义的根本矛盾。比如，凯恩斯经济学及其学派从克服财富分配不均，遏制乃至消灭资本坐收利息，消灭坐收利息阶级的伦理经济思想——价值观出发，反对古典学派自由竞争的自由市场经济理论，主张政府干预经济，提出了以政府调节、财政调节为主，货币政策为辅，扩大政府经济的作用和权力，大幅度降低利率，增加税收、增加政府投资和政府对投资的干预，以创造需求、创造消费的一系列理论，阻碍了人的自由选择和发展，阻碍了经济自由，因而只有短短二三十年就导致了该理论的全面危机。而马克思主义经济学提出的人的自由全面发展的伦理经济价值标准及其科学理论内涵，既坚持人的自由选择、自由发展，又鲜明地表明了马克思主义经济学不是政府干预的经济学，而是自由选择的经济学，这不能不说是对凯恩斯经济学的一大超越。经济危机是资本主义经济制度的必然，主流经济学不对资本主义制度进行研究，只在资本主义内部进行改良是无法寻得解决之道的，因此，只有对资本主义制度进行研究与变革，才能真正解释经济危机，才能真正实现人的自由发展，资本主义的危机史及当前的危机现实都证明了马克思主义的科学性。

五、关于可持续发展

无论是古典学派、新古典学派、凯恩斯的国家宏观经济调控理论，还是法兰克福学派以及刘易斯的发展经济学理论、罗宾逊的经济增长理论，这几大学派的理论在观点上尽管有很大不同，甚至对立，但有一点是共同的，他们的发展观都是单纯经济增长观，追求物质财富的高度增加。例如，古典学派的代表亚当·斯密认为，通过持续增加资本积累就可以持续增加国家的物质财富，实现经济增长和社会发展，新古典学派继承了这一观点。凯恩斯学派虽然反对古典学派，但它的国家宏观调控理论仍限于经济范围，仍然是一种单纯追求经济增长的发展观。法拉克福学派提出了工业文明观，它把工业增长作为衡量经济发展的唯一尺度。其后刘易斯的发展经济学理论和罗宾逊的经济增长理论的基点，无一不是实现经济增长，其理论视角仍限于经济领域。上述这些学派代表人物的所有研究，都普遍忽视了经济增长、经济发展与自然资源价值、生态环境以及与人的发展的密切关系，从而在使人类创造了历史上前所未有的经济发展奇迹的同时，也造成了人类对自然生态长期极大的破坏和危害。唯有马克思和恩格斯高瞻远瞩，早在130多年前通过对人的全面发展理论的研究，在《资本论》及其他一系列著作中大篇幅甚至在许多地方用整节的篇幅论述了自然资源的作用、人和自然的相互关系、人的自由全面发展的理论。我们认为，马克思对自然资源在人类社会发展中作用的论述以及恩格斯关于人类对自然界特别是资本主义对自然界的破坏以及后果的阐述，充分说明了合理地保护自然资源对人类社会发展及可持续发展的重要性。马克思一系列关于人的自由全面发展和人和自然物质变换关系的论述，十分明显，包含着丰富的以人的发展为目的、以人为本的可持续发展经济思想，远远超越了上述西方经济学各流派，也比以自由看待发展的诺贝尔经济学奖获得者阿马蒂亚·森早了130多年。特别是130多年前马克思和恩格斯通过潜心研究和论述，早已为我们揭示了以人为本的可持续发展的内涵、作用、重大意义等。因此，马克思和恩格斯当之无愧应该是以人的发展为目的的可持续发展理论学说的奠基人和最伟大的贡献者。我们必须还历史以本来面目，客观公正地看待并承认这一点，这才是科学的态度。使人类社会持续发展、使人和自然和谐发展共存，从而使人得到全面自由的发展，正是马克思毕生追求的。消灭剥削或消灭阶级剥削并不是马克思思想的全部。马克思理论占主导的应该是他的合理利用保护自然资源，人与自然和谐共存、发展，人得到充分自由全面发展的可持续发展思想。而正是这一点恰恰被我们长期忽视了，而我们忽视的这一点正是马克思经济学超越西方经济学的重要所在之一①。

① 许崇正．人的发展经济学概论［M］．北京：人民出版社，2010：580－584.

总之，130 多年前，马克思和恩格斯就提出了人的自由全面发展的理论，始终把对人的自由全面发展的研究作为他们创立的经济学的主要关注对象和主要核心之一，并对人的自由全面发展的概念、内容在经济学的层面上做了科学系统的界定和科学的论述。这不仅是马克思主义经济学超越西方经济学之处，更是马克思主义经济学经久不衰的魅力所在。

本章小结

理论是学科建构和发展的前提与基础，任何学科的形成都是理论发展到一定程度的结果。自然，人的发展经济学也不例外。相比于西方的人的发展经济学的理论贫瘠，中国的人的发展经济学的理论更为厚重和成熟。这是由我国的历史文化积淀和中国特色社会主义发展道路的现实国情共同决定的。

马克思主义理论的精髓是人的发展理论，人的发展理论是中国人的发展经济学理论体系的核心支柱。在浩如烟海的经济思想形成过程中，马克思和恩格斯关于人的全面发展理论不仅为经济思想史增添了浓墨重彩的一笔，而且也为人的发展经济学这一学科体系的形成和发展提供了理论基础和发展指导。马克思与恩格斯关于人的全面发展的思想的产生，最初就是针对资本主义社会下人的片面、畸形的发展而提出的，是为了寻找一条解决这种矛盾的途径而产生的。正是基于这一点，才使人的全面发展思想在萌芽时期就焕发了巨大的生命力。此后，从《德意志意识形态》《共产主义原理》《共产党宣言》到《资本论》，马克思、恩格斯正式提出了“人的全面发展”这个科学的概念，并对人的全面发展问题做了比较详尽、深刻的论述，形成了相对完整的理论体系。

中国人的发展经济学是形成于中国本土的学科，具有鲜明的中国本土特色，建构中国人的发展经济学离不开本土理论的支撑。历史既是社会发展的历史，也是经济发展的历史，更是人的发展的历史。中国历史悠久，是世界上文明发达最早的国家之一。中国历史上有着十分丰富的经济思想，特别是关于人和经济发展关系的思想的论述，包括社会分工思想、天人合一思想、均平富民思想以及财富伦理思想等。这些成熟的理论和思想是建构中国人的发展经济学的重要支撑。

西方经济理论中有着丰富的人的发展的观点和论述，包括：古希腊时期的“善是人一切活动的目的”，重视教育、轻视物欲，注重公正、贬低以欺诈和造假为目的的商业活动；古典经济学中的利己与利他理论、福利经济理论等思想；现代西方经济学中的道德人假设、韦伯的伦理思想、阿马蒂亚·森的发展与脱贫理论等。虽然这些思想具有阶级的局限性，但对于我国人的发展经济学的建构具有一定的借鉴价值和意义。

综合来看，我国人的发展经济学是在马克思主义人的发展理论指导下，在中国优秀传统伦理思想的支撑下，有意识地批判吸收和借鉴西方发展理论的基础上逐渐发展起来的。其中，坚持马克思主义的立场、观点和方法是建构中国人的发展经济学的核心和关键所在，任何时候都不能丢掉。

思考题

1. 简述什么是中国人的发展经济学。
2. 简述中国人的发展经济学的理论体系。
3. 简述中国人的发展经济学的核心理论。
4. 论述马克思主义经济学对西方经济学的超越。

参考文献

[1] 韩喜平，庹凯．经济学研究伦理属性的学说史考察 [J]. 中共中央党校学报，2014 (2).

[2] 韩喜平．构建“马克思主义伦理经济学”初论 [J]. 长白论丛，1997 (4) .

[3] 韩喜平．西方经济学研究中的伦理视角及启示 [J]. 贵州师范大学学报（社会科学版），2012 (6).

[4] 韩喜平．西方经济学研究中的伦理视角及启示 [J]. 长白论丛，1997 (4).

[5] 厉以宁．关于经济问题的通信 [M]. 上海：上海人民出版社，1984.

[6] 厉以宁．体制·目标·人：经济学面临的挑战 [M]. 哈尔滨：黑龙江人民出版社，1986.

[7] 马克思，恩格斯．马克思恩格斯文集 [M]. 中共中央马克思恩格斯列宁斯大林著作编译局译．北京：人民出版社，2009.

[8] 许崇正．对中国经济学未来发展的思考 [J]. 学术月刊，2005 (8).

[9] 许崇正．关于中国经济学未来发展及研究方法的四个问题 [J]. 经济评论，2005 (2).

[10] 许崇正．建设生态文明、发展循环经济与人的发展 [J]. 改革与战略，2009 (10).

[11] 许崇正．经济选择与人的发展 [M]. 北京：中国财政经济出版社，2007.

[12] 许崇正．伦理经济学与马克思主义经济学的发展 [J]. 经济学家，2001 (6).

[13] 许崇正．论分工与人的全面发展 [J]. 学术月刊，2006 (5).

[14] 许崇正．论马克思的生产力理论 [J]. 福建论坛（人文社会科学版），2007 (9).

[15] 许崇正．论马克思可持续发展经济思想与人的全面发展 [J]. 经济学家，2007 (5).

[16] 许崇正．论马克思人的全面发展与生产力增长 [J]. 社会科学，2008 (1).

[17] 许崇正．论马克思人的自由全面发展理论的萌芽和形成 [J]. 北京师范大学学报，1985 (6).

[18] 许崇正．论培养人的创造性精神是现代和未来教育的一项主要任务 [J]. 教育研究，1984 (5).

[19] 许崇正．论生产力增长与人的全面发展的关系 [J]. 社会科学辑刊，2007 (5).

［20］许崇正．人的发展经济学的研究对象、理论体系及其意义［J］．学术月刊，2009（12）．
［21］许崇正．人的发展经济学［M］．北京：光明日报出版社，2022.
［22］许崇正．人的发展经济学概论［M］．北京：人民出版社，1970.
［23］许崇正．人的全面发展：马克思经济学的创新发展［N］．光明日报（理论版），2007－07－03.

［24］许崇正．人的全面发展理论：马克思经济学对西方经济学的超越［J］．经济学动态，2001（12）．
［25］许崇正．人的全面发展与社会经济——伦理经济学引论［M］．合肥：安徽教育出版社，1990.
［26］许琳，韩喜平．伦理道德的经济功能［J］．东疆学刊，1997（1）．

第四章

人的潜能、欲望和行为

马克思主义认为，人是自然界的主人，也是社会的主人，人具有主体性、自觉能动性、自主创造性，无论在社会发展的哪个阶段，经济、政治、文化等领域的任何变革与发展都离不开人的因素。然而，当人们津津乐道于经济社会发展成果的时候，人作为一个最重要的基本存在，往往不可思议地被忽视了。这既不利于社会的可持续发展，也不利于人的可持续发展。因此，在探讨经济社会发展时，有必要认真审视人的生存与发展、人的权利与价值、人的自觉与自主、人的意识与行为等问题，根据经济社会发展不断丰富和人的发展经济学思想，以科学的人的发展经济学思想指导人们的经济活动，以实现经济社会发展与人的发展的辩证统一。

第一节　人的自主创造意识与人的潜能

人是能动的存在物，人具有主体性，即指人在与外部世界相互作用中具有的主动性、自主性、能动性和创造性等，这是体现人与其他存在物的根本区别所在。人的存在与其自主创造意识相伴随，人是生产力的核心因素，在社会发展的不同阶段，由于人的发展程度不同，人的自主创造意识不同，对社会发展所起的作用也会不同。人有多种潜能，在内外因作用下，人的潜能会不断展现，将人的潜能运用于经济社会发展，必将产生巨大的推动力。

一、人的自主创造意识

自主性是区别人与人之间个性发展状态的标志，自主性的人是客观环境的支配者和控制者，是自己活动的主人，能以自己的思维来支配自己的行为，而不是盲目受客观环境的支配，也不是盲目顺从他人的意愿。自主性的人能自我调节和自我控制，具有自律性。弘扬人的自主性、主体性，应当是现代社会的基本要求，发展人的自主性，就是要使人成为自主、自强、自觉的人，要让人能正确认识自己，主宰自己，能独立自主地做出决定，同时敢于面对生活的挑战。

人的自主创造意识与经济学密切相关，然而，众多的经济学家以及经济学派都忽视了二者之间的关系，西方经济学包括古典经济学、新古典经济学、凯恩斯以及凯恩斯学派几乎没有提及，而其他的经济学流派和经济学理论以及我国传统的和改革开放以来的主流经济学流派，也普遍未对其加以认真的研究。

马克思高度重视人的自主创造意识和活动。他在《1844 年经济学哲学手稿》中就把自由自觉的创造性活动作为人的本体的第一个规定。在《德意志意识形态》中，他以“个人自主活动”来描述人的价值。在《资本论》前后的著作中，他把人的能力的全面发展和自由个性作为社会发展的最高成果。“自由自觉的活动”将马克思主义与黑格尔思想区别开来，也与费尔巴哈等自然主义者区别开来。这一规定是使人成为主体的人的重要根据。马克思指出：“生产生活就是类生活。这是产生生命的生活。一个种的整体特征、种的类特征就在于生命活动的性质，而自由的有意义的活动恰恰就是人的类特征。生活本身仅仅表现为生活的手段。”动物和自己的生命活动是直接同一的。动物不把自己同自己的生命活动区别开来。它就是自己的生命活动。人则使自己的生命活动本身变成自己意志的和自己意识的对象。他具有有意识的生命活动。这不是人与之直接融为一体的那种规定性。有意识的生命活动把人同动物的生命活动直接区别开来。正是由于这一点，人才是类存在物①。

人的自主意识与创造意识密切相关。没有自主意识也就不会有创造意识，没有内心的自由，创造思维就张不开翅膀。人只有成为自由的人、自主的人、自觉的人，才能真正成为自然界的主人，成为社会的主人，成为自己的主人。

创造，简单地说，应该是人们通过卓越的劳动，产生了前所未有的、超越当下的、具有价值的成果的活动。苏联伟大的教育家苏霍姆林斯基说过：“‘创造’这个词的原义是创造物质和精神方面有重要价值的东西——它是人的精神生活的顶峰，是人的智力、情感、意志高度发展的表现。创造性活动不仅是学者、作家、作曲家、杰出的发明家活动的特点，在成千上万的生产劳动者和文化劳动者——普通工人、职员、工程师、技术人员、教师、医生的劳动中也有创造的因素。”② 因此，提到创造，人们往往会想到创造意识、创造精神、创造性思维、创造力等，这些都是创造不可或缺的内容，不可分割。

当代美国心理学家西尔瓦诺·阿瑞提通过几十年的研究揭示了人的创造的秘密，他认为：“创造力作为人的特权，可以被看成是对上帝创造出的人类所具有的谦卑的一种补充。神学家和宗教信徒一般都认为上帝是从无之中，从空间和时间的虚无中去进行创造的，而人的创造力则是运用早已存在的，可以利用的材料，用无法预料的方式加以改变的。”③ “创造力就是这种主要的手段，人类可以借助它来使自己不仅从条件反射中解放出来，而且还可以从习以为常的选择中解放出来。不过创造力并不是简单的创新和无限的自由。它具有比这更多的含义。”④

经过长时期的研究，阿瑞提得出了这样的结论：“具有优异的非凡创造力的人，或为某些人类或整个人类做出新的重大贡献的人，正像为人所知的那样，这种人很少有，

① 马克思，恩格斯．马克思恩格斯全集：第三卷［M］．中共中央马克思恩格斯列宁斯大林著作编译局译．北京：人民出版社，2002：273.

② 苏霍姆林斯基．学生的精神世界［M］．吴春荫，林程译．北京：教育科学出版社，1981：78－89.

③ 阿瑞提．创造的秘密［M］．钱岗南译．沈阳：辽宁人民出版社，1987：4.

④ 阿瑞提．创造的秘密［M］．钱岗南译．沈阳：辽宁人民出版社，1987：5.

在一定的人群里，他们的出现很难预料。也正像人们知道的那样，在一定的地理范围的某个特定历史时期内，具有这种水准的人的出现又特别的多。这种分布不均衡的现象表明，并非唯独只有生物因素而且还有特定的环境因素决定着创造力的发生。举几个重要的例子就够了：古希腊时期、意大利文艺复兴、19 世纪中叶以来大批犹太人天才做出了贡献的那个年代。这些例子有助于表明创造力并非偶然出现的，而是受到了自由发展环境因素的影响。如果我们弄清这些情况，就能够努力使它们再次出现，从而促进创造力的发生。”①

由此可见，人具有自主创造的意识，如果要转化为创造力，需要有一个适合自由发展的环境。马克思认为，个性自由和全面发展需要基本的条件，包括消灭旧式分工、自由时间的增长和创造性劳动的积极表现与发挥。只要有一个合适的主客观条件，就会激发创造热情和创造意识，迸发创造能力，从而涌现出一大批具有创造力的人，并产生创造性成果。

现实的人的自主创造意识应该成为人的发展经济学研究的重要内容。创新是不断发展的灵魂，如果不能创新，不去创新，一个民族就难以屹立于世界民族之林。新中国成立以来，特别是改革开放以来，我国的经济实力有了明显的增强，但是我们与发达国家还是有很大差距，经济的差距实际上是科学差距和国民素质的差距，我们的自主创新力还不强，这是一个深刻教训，需要得到根本改善。创造的主体是人，是有高度创造精神、创造意识和创造能力的人，重视人的自主创新意识，有利于我们将国家经济发展和经济活动与人的自由自主创造意识的发挥紧密结合起来，有利于我们在全社会形成尊重劳动、尊重知识、尊重人才、尊重创造的浓厚氛围。“放手让一切劳动、知识、技术、管理和资本的活力竞相迸发，让一切创造社会财富的源泉充分涌流，以造福于人民。”②

二、人的潜能

现代经济社会发展所遇到的种种困境，使人类又将注意力放到了人自身，从自身发展的内在要素方面找寻社会发展的新动因。于是，国内外许多学者对“人的潜能”问题产生了浓厚兴趣。

人的潜能是什么？许多时候，人的潜能与人的潜力是通用的，指人们为了完成活动需要而具有的潜在能力，其中包括完成多种活动所需要的一般潜力，如智力和体力等，也包括完成某一方面活动所需要的特殊潜力，经过专门学习或训练后可能达到一定熟练程度，如音乐和绘画能力等。人的潜能是由人的生理潜能、智力潜能和心理潜能三部分构成的，我们也可以说，人的潜能是蕴藏在人体内部的未被利用的综合能量。也有学者将人的潜能与人的潜力区分开来：“所谓潜力，指那些表露于外而尚待发挥的才力、智力、能力等；所谓‘潜能’，指那些尚待开发而蕴藏于大脑之内的智慧等。潜能概念的基本内涵就是指潜意识、下意识以及由此而转化为意识的尚待开发的思维能力、创造性

① 阿瑞提．创造的秘密［M］．钱岗南译．沈阳：辽宁人民出版社，1987：376.

② 江泽民．江泽民文选：第三卷［M］．北京：人民出版社，2006：540.

潜能。"① 不管做什么样的解释，都说明人的潜能同人的主体性有密切关系，与人的创造性有密切关系。

古往今来的一些思想家从不同角度对人的潜能进行过论述。黑格尔认为："社会和国家的目的在于使人类的潜能以及一切个人的能力在一切方面和一切方向都可以得到发展和表现。"② 面对强制分工和剥削制度对劳动者的压制和摧残，圣西门明确表示："我终生的全部劳动的目的，就是为一切社会成员创造最广泛的可能来发展他们的才能。"③

马克思指出："……全面的活动因而使我们一切天赋得到充分的发挥。"④ 马克思认为，能力范畴有相当广泛的内涵。人的能力是多种多样的，主要包括人的自然能力、社会能力和思维能力。人作为自然的存在物，机体内蕴藏着一定的能力，马克思说："不管有用劳动或生产活动怎样不同，它们都是个体的机能，而每一种这样的机能不管内容和形式如何，实质上都是人的脑、神经、肌肉、感官等等的耗费。这是一个生理学上的真理。"⑤ 马克思指出："任何人的职责、使命、任务就是全面地发展自己的一切能力，其中也包括思维的能力。"⑥ 同时，人作为社会的存在物，受社会环境和文化影响又具有生理、心理素质。人的自然能力的发展是人的全部能力的基础，主要有体力、智力、情感和意志能力，尤其是知、情、意的发展。人的社会能力的发展主要表现为人能成为社会的主人，人的社会关系的丰富和发展，摆脱狭隘性，扩大自己的社会交往，在与社会和他人的关系中确证自己，实现自己，得到社会和他人的尊重。人的思维能力的发展主要表现为人对世界的认知水平的提高，人的思维能力的发展也是衡量人的发展的重要因素。从这个意义上讲，人的发展是指自然所赋予人的各种潜能获得不断展现，人的本质力量得到不断发展。

从现实看，人潜在的自然力、思维力等的确是巨大的。近几年，我们在大脑的研究和生物化学科学方面的研究取得了重大突破。脑科学表明，就大脑皮层和皮质而言，即由灰质组成的大脑两半球的表面，由额叶、顶叶、颞叶、枕叶四部分组成。视觉、听觉、动觉等神经细胞分别集中分布在这些区域。在皮层下的则是间脑、中脑、小脑、桥脑、延髓等。这些皮下中枢，受高级神经中枢大脑皮质的支配。皮层的平均厚度为2.5毫米，是神经细胞集中的地方。其表面有许多深浅不同的沟裂，生理学上称之为"沟回"。大约有1/2的大脑皮质折入在这种皱褶重叠的沟回之中，同人脑的高级心理活动密切相关。假如把大脑皮质伸展开来，成人平均可达2000～2500平方厘米，相当于一张四开报纸的大小。有人统计，一个人大约有140亿个神经元，有9000万个辅助细胞。其组合的密度为人体任何其他组织所不及。人类至今只不过利用了自己潜力的很小一部

① 李哲良．潜能与人格［M］．上海：上海文化出版社，1989：13．

② 黑格尔．美学：第一卷［M］．朱光潜译．北京：商务印书馆，1981：56．

③ 圣西门．圣西门选集：下卷［M］．何清新译．北京：商务印书馆，1962：286．

④ 马克思，恩格斯．马克思恩格斯全集：第三卷［M］．中共中央马克思恩格斯列宁斯大林著作编译局译．北京：人民出版社，1960：286．

⑤ 马克思，恩格斯．马克思恩格斯全集：第四十四卷［M］．中共中央马克思恩格斯列宁斯大林著作编译局译．北京：人民出版社，2001：88．

⑥ 马克思，恩格斯．马克思恩格斯全集：第三卷［M］．中共中央马克思恩格斯列宁斯大林著作编译局译．北京：人民出版社，1960：330．

分。据权威专家的估计，未被利用的大脑的潜能高达90%[①]。这显然是极大的浪费。马斯洛认为，人具有无穷的潜力。“刚进入20世纪时，美国一位最著名的心理学家和哲学家威廉·詹姆斯就断定：普通人只用了他们全部潜力的极小部分。詹姆斯把这当作自己最重要的发现之一。‘与我们应该成为的人相比，我们只苏醒了一半。我们的热情受到打击，我们的蓝图没能展开，我们只运用了我们头脑和身体资源中的极小一部分。’由于某种原因——也许是因为各学科都对精神病、‘普通人’及动物的研究趋之若鹜，精神病理学和行为科学家竟没有注意到这一重要的论断。不管出于什么缘故，在后来的五六十年里，几乎没人致力于研究人的潜力及如何发展这种潜力。近至1976年，曾在这一领域成为先驱的社会心理学家赫伯特·奥托博士说：‘近50年来人类潜力这一课题完全被社会科学家和行为科学家所忽视，根本没有被他们当作一个中心课题来研究。’”[②]

人蕴藏着巨大的潜能，亟待人类去挖掘、去利用。除了我们要明确其意义和价值外，最大的问题是如何挖掘，如何利用。历史与现实都表明，每一个个人的发展都有一个过程，一个由低级向高级、由愚昧向文明、由传统向现代发展的过程。同时，现实中的每一个个体潜能的实现和发展都需要多种具体因素，生物因素、社会因素和主观因素都不可或缺。生物因素指生物个体的遗传因素。人首先是一个自然体，人的遗传素质对人的发展具有不可低估的作用，为人的身心发展提供了前提和可能性。社会因素包括环境和教育。在这里，环境主要指社会环境。人是环境的产物，环境的优劣对人的潜能的发挥、与人的发展至关重要。马斯洛曾经说过：“听起来仿佛我们是在论述人性中固有的基本特性，出生时就赋予所有的或大多数人的潜能。其实人的潜能，实与社会上的文化、社会环境存在有关，更与环境造就的人格有密切关系。”[③] 弗洛姆也批判了在资本主义社会里人的异化现象，他指出：“人征服了自然，都成了自己所创造的机器的奴隶。他具有关于物质的全部知识，但对于人的存在之最重要、最基本的问题——人是什么、人应该怎样生活、怎样才能创造性地释放和运用人所具有的巨大能量——都茫无所知。”[④]

马克思认为，“任何人的职责、使命、任务就是全面地发展自己的一切能力”[⑤]，而实现此任务的基本途径是劳动。马克思在《资本论》中指出：“劳动首先是人和自然之间的过程，是人以自身活动来引起、调整和控制人和自然之间的物质变换的过程。人自身作为一种自然力与自然物质相对立。为了在对自身生活有用的形式上占有自然物质，人就使他身上的自然力——臂和腿、头和手运动起来。当他通过这种运动作用于他身外的自然并改变自然时，也就同时改变他自身的自然。他使自身中的自然中沉睡着的潜力发挥出来，并且使这种力的活动受他自己控制。”[⑥] 在此，马克思强调人在劳动过程中，既要在对自身生活有用的形式上占有自然物质，又要把蕴藏在人身体内部的潜力发挥出来。人通过劳动，能动地改造客观对象，丰富自己，证明自己的本质力量。马克思认

① 许崇正．人的发展经济学概论［M］．北京：人民出版社，2010：57.

② 马斯洛．马斯洛人本哲学［M］．刘烨编译．北京：九州出版社，2003：136－137.

③ 转引自：李哲良．潜能与人格［M］．上海：上海文化出版社，1989：27.

④ 弗洛姆．为自己的人［M］．孙依依译．北京：生活·读书·新知三联书店，1988：25.

⑤ 马克思，恩格斯．马克思恩格斯全集：第三卷［M］．中共中央马克思恩格斯列宁斯大林著作编译局译．北京：人民出版社，1960：330.

⑥ 马克思，恩格斯．马克思恩格斯全集：第二十三卷［M］．中共中央马克思恩格斯列宁斯大林著作编译局译．北京：人民出版社，1972：201－202.

为："生产劳动给每一个人提供全面发展和表现自己的全部能力即体能和智能的机会。这样，生产劳动就不再是奴役人的手段，而成了解放人的手段。"① 恩格斯指出："通过社会生产，不仅可能保证一切社会成员有富足的和一天比一天充裕的物质生活，而且还可能保证他们的体力和智力获得充分的自由的发展和运用。"②

马克思认为，人的全面发展的关键在于劳动的解放，而劳动解放的核心是劳动过程的自主性、创造性，这就需要从根本上提高劳动者的地位以及改善劳动条件，让劳动者在改造客观世界的同时，达到主观世界的完善，充分发挥劳动者的聪明才智，发掘劳动者的创造性和一切潜能，使其本质力量得以充分展现。他指出，劳动既能满足、促进人的需要、情感和能力诸方面要素的全面发展，又能够满足和促进个人有别于他人而在发展特征上表现出内在差异性的自由的发展，是实现人的全面发展的必由之路。恩格斯指出："大工业及其所引起的生产无限扩大的可能性，使人们能够建立这样一种社会制度，在这种社会制度下，一切生活必需品都将生产得很多，使每一个社会成员都能够完全自由地发展和发挥他的全部力量和才能。"③

教育也是发挥人的潜能、促进个人成长与发展的重要条件或主要途径之一。开发和培养人的智力潜能，主要由教育活动来进行，因为人的智力潜能同人的知识、文化密切相关。马克思指出："要改变一般的人的本性，使他获得一定劳动部门的技能和技巧，成为发达的和专门的劳动力，就要有一定的教育和训练。"④ 特别是在现代经济社会发展中教育具有不可替代的基础性和先导性的作用，直接影响着个人潜能的发挥，也直接影响着个人的发展进程。个体通过学习教育，掌握社会生活知识、技能、规范和行为准则，认识自己的社会角色，发展自己的社会性和个性的过程。人的智力潜能在现代认识和实践活动中，起着越来越重要的核心作用，这是由现代科学技术在生产力发展中的地位决定的。

人有巨大的潜能，越来越多的经济学家认同人的潜能与经济活动的内在关联性，并把"人类的潜能挖掘发挥"纳入经济研究的内容和范畴之中。

如诺贝尔经济学奖获得者阿马蒂亚·森在《以自由看待发展》一书中指出："发展的目的与对发展所涉及的人们所享受的实际自由的价值评价有关。除其他因素外，个人的潜能发挥严重地依赖于经济的、社会的、政治的安排。在制定适当的制度性安排时，必须超越个人全部自由的基础性意义，去考虑不同类自由的工具性作用。""国家和社会在加强和保障人的潜能发挥方面具有广泛、重要的作用。这是一种支持性作用，而不是一种制成品的作用。"⑤ 阿马蒂亚·森还针对人的潜能的发挥以及对经济社会的影响做了较为深刻的分析，他认为："重要的是，还要注意到人类潜在能力（潜能）扩展在

---

① 马克思，恩格斯．马克思恩格斯选集：第三卷［M］．中共中央马克思恩格斯列宁斯大林著作编译局编．北京：人民出版社，2012：681.

② 马克思，恩格斯．马克思恩格斯全集：第二十卷［M］．中共中央马克思恩格斯列宁斯大林著作编译局译．北京：人民出版社，1971：307.

③ 马克思，恩格斯．马克思恩格斯选集：第一卷［M］．中共中央马克思恩格斯列宁斯大林著作编译局编．北京：人民出版社，2012：302.

④ 马克思，恩格斯．马克思恩格斯全集：第二十三卷［M］．中共中央马克思恩格斯列宁斯大林著作编译局译．北京：人民出版社，1972：195.

⑤ 森．以自由看待发展［M］．任颐，于真译．北京：中国人民大学出版社，2002：42.

导致社会变化（远远超出经济变化的范围）方面的工具性作用。实际上，即使只考虑人作为导致变化的工具所发挥的作用，其范围也是远远超出经济生产（这是‘人力资本’视角所考虑的范围），而包括社会和政治发展。为了对人类潜在能力的作用达成更充分的理解，我们必须注意到：（1）对人们的福利和自由来说，它们的直接关联性；（2）通过影响社会变化，它们的间接作用；（3）通过影响经济生产，它们的间接作用。人的潜在能力视角潜能的意义在于同时包括以上三种贡献。”① 阿马蒂亚·森关于人的潜能及其发挥的思想是非常丰富的，产生了广泛的理论影响，引起了许多经济学家的呼应，如日本经济学家池上惇等于2005年出版了著作《人的发展经济学》，从多方面对阿马蒂亚·森的理论进行了回应和呼应②。

第二节　人的欲望

西方经济学将人定义为“追求私利和个人利益的‘经济人’”，这是根本错误的。经济学当前紧迫的任务就是要从人的发展的角度为经济学还原形形色色的人，特别是还原社会人，以及人的社会属性。

其一，从属性来说，欲望、需要和需求揭示了动机的三种不同状态。欲望是心理学意义上的名词，需要是行为学意义上的名词，需求是经济学意义上的名词。“欲望表明的是人类的主观愿望与具有的心理学意义，需要表明的是欲望与对象的结合和由此形成的行为动力学意义，需求表明的是有货币支付能力需要的经济学意义。”③ 从经济学意义上说，需要强调“要”，需求强调“求”。

其二，从外延来说，欲望、需要和需求揭示了动机的三种不同范围。欲望是人类的主观愿望与具有的心理学意义，说明人性首先是有欲望；需要表明的是欲望与对象的结合和由此形成的行为动力学意义，说明需要是由欲望推动并由欲望引起的一种动力；需求表明的是需要的经济学意义，说明需求是由需要引起并受需要制约。由此推知，欲望引起需要，需要引起需求，需求是需要在经济上的实现。欲望包含需要，需要是欲望的一部分，需求又是需要的一部分。“没有欲望，需要无从谈起，没有需要，需求亦无从谈起，欲望是需要的基础，需要是需求的基础，反之，只谈需求，则会忽略经济学领域更加广泛的非货币含义的欲望与需要，使得经济学偏离以人为研究对象的初衷。”④

一、欲望的具体内容

第一，欲望是一系列复杂的心理过程。“欲”字“在构造上就有一个‘欠’字。所以，人的欲望总是与‘欠缺’‘没有’关联着，并且因为‘欠缺’‘没有’，所以人生就会有‘不满’的感觉。这个不满既意味着生理上不满足，也意味着心理上不满意。

① 森. 以自由看待发展［M］. 任赜，于真译. 北京：中国人民大学出版社，2002：294－295.

② 许崇正. 人的发展经济学概论［M］. 北京：人民出版社，2010：64－65.

③④ 黄娟. 基于人性需要视角的中国消费潜力研究［C］. 南昌：江西财经大学，2012：32.

因为不满足和不满意于这种‘欠缺’‘没有’，所以人的生活就产生出对欠缺和没有的东西一种追求和期望”①。

人通常在情感上体验到欲望的变化，欲望的满足程度的变化与苦乐的变化经常有着一致性。“当苦乐感停留在感觉印象的层次，欲望的程度就会与一些直接情感相适应，满足于食欲、舒适、安逸等较为平常的享受。当苦乐感升华为爱、恨、骄傲、谦卑等间接情感后，欲望的程度也会衍生为占有欲、拜金欲、炫富欲、征服欲、虐待欲，甚至毁灭欲等形态。随着情感受到外在条件与印象的更大规模的刺激，欲望也会无限地膨胀。”②

第二，欲望是指基于人的生理和心理需要所产生的对对象的渴求。显而易见，任何欲求与期望都具有一种意向性，它一定指向某物和朝向某物。荀子认为，“人生而有欲”，如“饥而欲食，寒而欲暖”（《荀子·荣辱篇》）。欲望人皆有之。一方面，“欲不可去”，实现人的身心和谐不能靠“禁欲”，也不能笼统地讲“寡欲”；另一方面，人又不能放纵欲望，随心所欲。怎么办？对于这个难题，我国古代思想家提出了一个办法，即通过内省式的心理修养功夫对欲望进行理性的节制和引导。这种办法只看到了欲望是一种心理渴求状态，但从欲望对对象的指向性角度来讲，欲望则是需要通过实践去满足。“正是欲望本身作为人们行为发生的最真实的动力，逻辑地催生和呼唤着创造性的生产”。③马克思认为，通过人的劳动创造一个能满足人的需要的对象世界，并通过亲手创造出来的劳动成果可以反观人自身欲望的满足。

以上分析有助于我们理解人类还有一个可贵的欲望，即充分发挥和发展才能的欲望。“马歇尔认为，还有一种发挥和发展活动的欲望，遍于社会中每一等级的人，这种欲望不但导致为科学、文学和艺术的本身而追求它们，而且导致作为职业而追求它们的那些人的工作需要迅速增大。空闲仅仅被用于休息的机会越来越少了，对于发育、发展活动，而不是放纵感觉器官的那些活动有一种日益增长的欲望。另外，对于高度熟练的自由职业者的服务和技术工人的最优秀的工作的需要，大部分是发生于人们对于他们自己才能的训练和爱好，和人们借助于最巧妙地适合和合用的工具以发挥这种才能的爱好。”④

二、欲望的基本特征

人的欲望是人体的机能，是人体各种器官渴望得到满足而通过一系列复杂的心理过程表现出来的一种心理现象。欲望主要来自先天遗传，并在后天的生活实践中随身心机能和环境的变异得到保健、强化和改变。

人的欲望为什么在数量上是无穷的，在种类上是多样的？“马歇尔认为，当一个人的财富增大时，他的食物和饮料就变得更为多种多样和昂贵了；但他的食欲是受自然的限制的，当他花于食物的费用达到奢侈浪费的时候，满足款客和夸耀的欲望，比放纵他

①③　戴茂堂，张祎娜．创产欲望的伦理学审视［J］．湖北大学学报（哲学社会科学版），2009（6）．

②　沈广明．从欲望的不知餍足到财富增殖的无止境［J］．武汉理工大学学报（社会科学版），2012（4）．

④　许崇正．人的发展经济学概论［M］．北京：人民出版社，2010：69．

自己的感觉器官，次数要多。这一点上，正如著名经济学家西尼尔所说的：多样化的欲望尽管是强烈的，但与优越感的欲望相比是微弱的，如果我们考虑后一种欲望的普遍性和永久性，就是：它在一切时间影响一切人，从我们生下地它就随之而来，直到我们进入坟墓它才会离开我们，则这种情感可以说是人类情感中最为有力的了。”①

在当今社会，消费者的欲望一部分是天生的，很大一部分是由商家和周围的人群创造出来的。例如吃、喝、睡、住等是与我们的动物属性相关的绝对需求，另外还有很多与周围邻居、相关社群有比较的相对需求则充满了心理因素。现代社会成了一个绝对需求要不断满足、没有相对需求则要加以培养的社会。相对需求有以下特点：“第一，消费欲望的形成不再单纯地由生物因素或经济因素所决定，而是涉及社会、文化等复杂因素（如身份认同、地位、炫耀等）；第二，欲望具有不断增长与膨胀的特点；第三，消费涉及对快乐体验和享乐价值的追求，这种快乐具有短暂性和易变性，并因此而表现为人们对新奇产品和时尚体验的无尽追求。”② 可见，不论从哪一个角度看，欲望的不断更新和无节制膨胀都是其根本特点。

整个人类社会活动和经济活动的主体是人，而深层次的动力源是丰富的人性和复杂多变的欲望，但只要人活着，只要人的身体存在，人的欲望活动就不会停息。因此，人的发展经济学将人的欲望作为逻辑起点和重要内容之一。

第三节　人的行为

在人与世界的关系中，同物、客体、自然界相对而言的是人、主体、社会。每个人既是社会的人，同时又是个体的人。作为社会的人，要受社会系统、社会背景、社会制度、社会关系、社会价值观的影响。作为个体的人，还受潜能、欲望、理性、需要、心理倾向、情绪、价值偏好、习俗、文化等理性和非理性因素影响。另外，每个人在生理和心理上在经验积累和知识的掌握、在能力的发展和能动性的发挥上，都各有差异。人的复杂性决定了人的行为的复杂性。经济学等社会科学的重要任务之一就是对人的行为做出解释。

从人与自然界的关系出发，基于人类欲望的无限性与资源的有限性这对矛盾的存在，以资源稀缺性假设为前提，新古典经济学将人假设为无差别的“经济人”，“其基本特点是把人假设成追求个人利益最大化的人，并把经济人的行为特征等同于整个人类的行为特征。人与人之间没有任何区别，是具有完全可替代性的‘经济原子’。主流经济学所基于的经济人假定偏重对个体的共性描述，假定人类的行为都是理性和自利的，人人都是绝顶聪明的自利者，其基本含义为经济人在做出经济选择时，根据理性原则的逻辑推理，必定选择那个能给他带来最大效用的方案。经济人还包含市场的完全性，即假定市场结构是完全竞争的，市场信息是充分的，市场交易瞬间可完成，不存在交易

① 许崇正．人的发展经济学概论［M］．北京：人民出版社，2010：68－69.

② 王宁．“国家让渡论”：有关中国消费主义成因的新命题［J］．中山大学学报（社会科学版），2007（4）．

费用"①。

传统主流经济学对人类行为的认识集中在行为产生的经济因素上，基于资源稀缺的假设，对资源、供求、市场、价格和就业等因素进行定量分析，其研究中面对的是物量关系而忽略了人与人、人与物之间丰富的互动关联，从而使现实世界在新古典的视野下变成了物质资源配置系统。此外，传统主流经济学根据"经济人"的经济环境和条件来分析人的行为，在对现实问题的解释方面，对心理因素的研究与对物量关系的研究相比则显得单一空洞。"著名心理学家、普林斯顿大学的卡尼曼教授和斯坦福大学的特沃斯基教授强调指出，人们的行为不仅受到利益的驱使，而且还受到多种心理因素的影响，如本能、偏见、歧视和嫉妒等。但这些因素在传统经济学中被有意无意地抽象掉了，因此现实中存在传统理论无法解释的一些人的行为，同时经济预测也常常出现较大误差。在此种情况下，经济学家们为了使理论更好地符合现实，只得另辟蹊径。一批西方经济学家把研究视角投向经济现象背后，试图发现牵动经济现象的活的主观因素和心理因素，以心理分析和经济运行规律的有机结合为基础的行为经济理论便脱颖而出。"②

"理性经济人"假设是为了解释人的行为的，但尽管"理性经济人"已在西方的经济理论界和大学讲台占据统治地位，但随着经济生活的深入，"理性经济人"在解释人的行为上暴露出了很多问题。

其一，西方主流经济学家的传统人类行为模型强调狭隘的自私自利，与现实生活中人的行为不能完全符合。"自私诚然是一项重要的人类动机，但其他的动机也很重要。因为现实生活中的人，除了追求自身利益之外，还有情感、安全、社会地位等方面的追求。特别是他们要受不同的经济条件和地位的制约，在经济行为上有很大差异。"③ 只谈自私不仅显得卑鄙，而且使我们解释在人类行为的这一重要方面时只能发表一些抽象和空洞的看法。

其二，最大化完全理性也受到了质疑。经济学家的传统模型假设，消费者决策是孤立做出的——尽管所有的证据都否定了这种意见。布兰德等人通过心理学实验证明，最大化行为不是典型的，而"非理性"行为在现实生活中更普遍。事实上，人们所有的评估都极大地取决于社会背景。例如，"传统模型说，理性人在权衡每周工作多少小时、花多少钱在不同商品上的时候，所得结果往往有利于推动社会整体的利益。可考虑到背景因素，情况并非如此。就拿花多少钱买一套面试专用套装来说吧。实验证明，要是一名候选人穿得比其他人更好，他更容易中选。这就为多花钱买套装创造了显而易见的动机。然而，倘若所有候选人都将服装费提高3倍，同一份工作还是会落入先前那名候选人手里。在这种情况下，如果人人都减少置装费，多花点钱购买预防疾病用的药物，或者买辆更安全的汽车，恐怕结果会更好"④。

其三，市场的完全性也不真正存在。传统假设认为，人在进行选择的时候是理性的，是不动感情的。这一假设认为，倘若人们不受限制地自由交易，社会将获得有益结果。暂且不说在市场配置资源的社会生活中，环境具有不确定性，信息通常是不完全

① 许崇正．人的发展经济学概论［M］．北京：人民出版社，2010：74.

② 李树．经济学中的人本主义价值取向［J］．江淮论坛，2006（5）.

③ 许崇正．人的发展经济学概论［M］．北京：人民出版社，2010：78.

④ 弗兰克．行为经济学的新近发展［J］．阎佳译．数据，2009（10）.

的，完全竞争的市场根本不存在，即使面对真实的市场信息，个人由于并不总是冷静和不动感情的，受有限注意力和有限感知能力等的约束，系统化认知偏差可能会造成不同的行为。

本章小结

本章主要思考人的相关理论，为人的发展经济学的建构打好人学基础。人是能动的存在物，具有主体性，具有自主创造意识。人的自主创造意识与经济活动、经济发展密切相关，应该成为人的发展经济学研究的重要内容。人有无穷的潜能，但是有许多潜能没有被开发和利用，古往今来的许多思想家非常重视人的潜能及如何开发人的潜能，如何利用人的潜能更好地促进经济社会发展，已经成为许多学科重点思考的课题。人的欲望是无限多样的，在现实中对人的欲望满足的追求确实能够带来个人及社会的发展，但是，不合时宜的无节制膨胀的欲望只能成为社会恶因。人性，通俗地说，就是人的本性，然而，对于人是什么、人指什么的问题，不同的思想家有不同的回答，马克思对资产阶级抽象人性论进行了批判，形成了关于人和人性方面的科学思想。人是复杂的生命体，人的欲望、人的需要等方面的复杂性决定了人的行为的复杂性，解释人的欲望、行为应该成为经济学的任务之一。

思考题

1. 简论人的自主创造意识与经济发展之间的内在关联性。
2. 简论人的潜能开发利用的条件。
3. 简论人的欲望与经济发展之间的关系。

参考文献

[1] 韩庆祥．马克思主义人学思想发微［M］．北京：中国社会科学出版社，1992.
[2] 李哲良．潜能与人格［M］．上海：上海文化出版社，1989.
[3] 马克思．1844 年经济学—哲学手稿［M］．刘丕坤译，北京：人民出版社，1979.
[4] 许崇正．人的发展经济学概论［M］．北京：人民出版社，2010.
[5] 许崇正．人的发展经济学［M］．北京：光明日报出版社，2022.
[6] 杨鲜兰．论马克思的需要动力思想［J］．哲学研究，2011（5）.
[7] 张晓波．人性假定：经济学视角下的解读［J］．生产力研究，2013（3）.

第五章

人的需要与人的全面发展

“人是人的最高本质”“人的根本就是人本身”①。在对人的直接存在规定中，人的需要即是人的本性。人的需要由人的本性产生，在实践活动中生成、变化和发展。人的需要既是推动人行动的内在根据，又为人的未来发展指明方向，成为判断人类活动和社会历史发展的最高价值准则。马克思主义理论以人的全面发展为宗旨，内蕴着深刻的人的需要理论，是理解其他学派人的需要理论以及当代中国人的需要观的理论指导。

第一节　马克思主义人的需要理论和人的全面发展

“需”字源远流长，最早出现于《易经》。《易经·需卦》曰：“需，须也。”“需，君子以饮食宴乐。”“需者，君子饮食之道也。”“需，须也”意思是说，需作为名词，就是必须。对于必须包括哪些内容，“君子饮食宴乐”生动地刻画出人的物质享受、文化和精神享受的具体内容。“需者，饮食之道也”进一步阐明饮食宴乐对于人所具有的必然意义，将饮食宴乐上升到道，即人的生存规律的高度，可见其对于人的重要意义。许慎在《说文解字》中，将“需”解释为“須”：“遇雨不进止㥲也。”《易》曰：“雲上於天，需。”根据许慎的解释，需的含义就是等待，可引申为一时不能做的事等待时机成熟后再做，看似柔软，实则刚强。把《易经》和《说文解字》对“需”的解释结合起来可以看出，需是人为了自身生存、发展，是作为个体的人和社会的人向外界和人内部所提出的要求和条件，是人发展的必须，具有客观必然性，但作为客观必然性的“必须”在现实中并不一定能得到满足，有时需要等待时机，需要具备社会的、人自身的若干条件。

马克思、恩格斯深谙人的需要在社会进步和人的发展中的重大作用，关于“人的需要”的思想体现在他们一系列重要的哲学经济学著作中，从1843年《黑格尔法哲学批判》一直到《资本论》，几乎都涉及人的需要问题。早在《1844年经济学哲学手稿》中，马克思就系统阐述了人的需要及其在资本主义社会发生的异化问题。在《德意志意识形态》中，马克思、恩格斯深刻阐述了需要在唯物主义历史观中的地位

① 马克思，恩格斯．马克思恩格斯文集：第一卷［M］．中共中央马克思恩格斯列宁斯大林著作编译局译．北京：人民出版社，2009：10.

和作用。通过这些著作，马克思、恩格斯对人的需要的基础地位、丰富内涵、基本特征以及实现条件等问题进行了精辟的阐述，形成了马克思主义关于人的需要的完整论述和理论体系。

一、需要是马克思主义理论的基石

需要是马克思主义理论的基本概念和范畴，是马克思主义理论的基石。需要理论是历史唯物主义、政治经济学、科学社会主义的理论前提，是马克思主义理论其他方面的理论前提。

人的需要理论是建立在马克思历史唯物主义理论基础上的，是社会发展变化的内在动力。马克思指出，历史的前提是作为肉体的人存在，人的存在必须要满足基本的生存需要，要吃饭、穿衣、住宿、繁衍后代等，这就要生产物质生活本身。物质生活资料的生产是人类的第一个历史活动，而需要是物质生活资料生产的前提和内在动因，“没有需要，就没有生产”①，需要和生产互为前提、互相渗透、密不可分。需要对于生产的作用主要是一种动力作用，不管是物质生产、精神生产，还是人自身的生产，归根结底都是由人的需要推动的。人之所以要生产，最终目的都是为了满足自己的各种需要。需要是生产的动力，自然会通过生产影响和制约社会的变化与发展，成为社会变化与发展的内在动力。

人的需要理论是马克思价值理论、人性理论的重要前提。马克思认为，“价值”这个普遍的概念是从人们对满足他们需要的外界物的关系中产生的。价值是主体依据自身需要对客体的评价，具有强烈的主观性。价值这种颇具主观性的概念本身背后的依据却是唯物的、客观的，是人的自身需要，人的需要成为价值不可或缺的构成部分，没有人的需要，也就无所谓价值。在人性论部分，需要完善了马克思主义的人性论。马克思反对抽象的人性论和人道主义，但从规律的角度讲，马克思即便是在成熟时期，对人性也进行了反复的思考，提出了“需要即是人的本性”的观点，从应然性角度提出了人类发展的方向。

人的需要是马克思政治经济学理论的重要内容和理论归旨。首先，马克思采用历史和逻辑相统一的方法，从纷繁复杂的社会经济现象中抽象出商品作为剖析资本主义经济运行的逻辑起点。商品是使用价值和价值的辩证统一体，使用价值是价值的前提和基础，是价值的物质承担者，价值寓于使用价值之中，没有使用价值就谈不上价值。在晚年写作的《哥达纲领批判》中，马克思明确指出：“劳动不是一切财富的源泉。”“物质财富是由使用价值构成的!”那么，使用价值是什么？使用价值是物品能够满足人们某种需要的各种属性。离开了人的需要，就谈不上使用价值，更谈不上财富和商品。人的需要构成整个人类生产的前提和基础，即便是在资本主义社会，资本家的生产以获取最大化的剩余价值为目标，也不得不在选择商品品种以及各种性能改进中充分考虑到人的需要。其次，在《资本论》中，工人阶级需要和消费的工具化、物化，以及工人阶级

① 马克思，恩格斯．马克思恩格斯全集：第四十六卷上［M］．中共中央马克思恩格斯列宁斯大林著作编译局译．北京：人民出版社，1979 29.

所过的非人的生活成为分析的主要思路和理论内容。正是基于此逻辑，马克思、恩格斯从无产阶级解放和人类解放的最高目的出发，提出建立共产主义制度，保证社会生产和人的需要相一致，实现人的自由全面发展，实现人的自由个性。

马克思、恩格斯指出，未来社会是自由人的联合体，每个人自由全面发展是其他人自由全面发展的前提。人的自由全面发展的依据是人的本性、人的需求，是人对自己生存和发展的各种要求。这就阐明了人的自由全面发展的制度保障，即实行按需分配，使人的本性的需要并不因人的能力差别而有所差别，给人类的美好未来指明了方向。在共产主义第一阶段，劳动仍然是生产的手段，生产的目的还是满足人们日益增长的物质、文化、精神等各方面的需要。在共产主义高级阶段，劳动成为人的本质需要，劳动的目的在于实现人的自由、全面发展。

可见，需要是马克思主义理论的基石，是人对自身生存、享受和发展的客观条件的依赖和需求，反映人在现实状况的贫乏状态，是人行动的根本动力和内在动机，是历史发展的根本依据。

二、作为“人的本性”的需要及其丰富性

考察作为人的本性的人的需要，可以有多重视角。其一，可以从人的劳动所具有的三重属性，即自然属性、社会属性、精神属性，来分析人的本性所展现的“三重生命存在”的人的需要的全面性、层次性和发展规律。其二，可以上升到从人的本质规定、从劳动和社会关系的总和两个方面来考察作为人的需要的本质规定。其三，从需要作用将需要分为生存需要、享受需要和发展需要三个依次递进的构成部分。以下逐一论述。

（一）人的自然需要、社会需要和精神需要

1. 人的自然属性和自然需要

人的自然属性构成人的需要的逻辑起点和基础。关于人的自然属性，马克思指出，“人直接地是自然存在物”，人的自然属性表现在两个方面，“一方面具有自然力、生命力，是能动的自然存在物；这些力量作为天赋和才能、作为欲望存在于人身上；另一方面，人作为自然的、肉体的、感性的、对象性的存在物，同动植物一样，是受动的、受制约的和受限制的存在物，就是说，他的欲望的对象是作为不依赖于他的对象而存在于他之外的”①。这段话清楚表明了马克思的立场，他把人看作“自然存在物”，同时又受到独立于人存在的外部自然的限制，是在与自然的联系中生存的“受苦的存在”，人的存在是能动性和受动性的辩证统一。

关于人的自然需要，即“人具有的需要”，马克思指出，“任何人类历史的第一个前提无疑是有生命的个人的存在”②，“肉体的个人是我们的‘人’的真正的基础，真正

① 马克思，恩格斯．马克思恩格斯文集：第一卷［M］．中共中央马克思恩格斯列宁斯大林著作编译局译．北京：人民出版社，2009：209.

② 马克思，恩格斯．马克思恩格斯选集：第一卷［M］．中共中央马克思恩格斯列宁斯大林著作编译局编．北京：人民出版社，1972：24.

的出发点”[①]。这从本体论上把人首先看作一个活生生的、有血有肉的、需要生存的个体存在。“肉体的个人”同动物一样，都需要依靠自然界来生活，而人和动物相比越具有普遍性，人赖以生活的自然界就越广泛。人的自然属性直接派生出自然需要，肉体存在的需要就是一种生理的需要，人要生存就有衣食住行的需要、繁衍后代的需要、两性的需要、基本生态环境的需要等，自然需要构成人的最低层次的需要，是人生存和发展的基础。

2. 人的社会属性与人的社会需要

人是社会性的存在物，人在与他人和社会的相互交往中从事物质资料的生产和社会关系的再生产。人的社会属性决定人的社会需要，需要不仅以个体为主体，还以社会整体为主体，派生出社会需要。首先，社会需要是指人有社会交往的需要，个人的有限性、非自足性、不完整性决定了人的存在和发展需要与他人交往并在此基础上形成一定的社会共同体为前提。马克思和恩格斯指出：“只有在共同体中，个人才能获得全面发展其才能的手段，也就是说，只有在共同体中才可能有个人自由。”[②] 平等、自由、尊重、亲情、爱情、友情等需要作为维系人际关系的纽带，是每一社会性的个人强烈追求的。其次，人的社会交往产生社会的共同需求，其作用在于引导、调节和规范人与人之间的依赖关系，表现在精神现象中，就是社会规范和伦理道德，表现在正式制度中，就是各种规则条文和实施机构。最后，社会生活产生出共同利益和共同需要，这些共同利益和需要有时会和个人利益和个人需要发生矛盾，但共同利益和需要的客观存在不可否认。“正是由于私人利益和公共利益之间的这种矛盾，公共利益才以国家的姿态而采取一种和实际利益（不论是单个的还是共同的）脱离的独立形式，也就是说采取一种虚幻的共同体的形式。”[③] 公共利益和社会需要对个人的自然需要形成强有力的约束和规范。

对上述人的自然需要和社会需要进行综合考察就会发现，两者是一个不可分割的统一体，是事物的两个方面。关于人的自然需要，并不能反映和代表人的类本质，而恰恰是人对待自然需要的态度，反映了人对待自身的态度；人必须在认可和面对自身的自然属性和自然需要的基础上，进一步提高和体现自己的社会属性和社会需求，体现人的类本质。马克思曾就以男性和女性的关系为例，对人的自然属性和社会属性做过精辟阐述。马克思指出，“人和人之间的直接的、自然的、必然的关系是男女之间的关系”。“从这种关系就可以判断人的整个文化教养程度。从这种关系的性质就可以看出，人在何种程度上成为并把自己理解为类存在物、人。”[④]

---

① 马克思，恩格斯．马克思恩格斯全集：第二十七卷［M］．中共中央马克思恩格斯列宁斯大林著作编译局译．北京：人民出版社，1972：13.

② 马克思，恩格斯．马克思恩格斯文集：第一卷［M］．中共中央马克思恩格斯列宁斯大林著作编译局译．北京：人民出版社，2009：571.

③ 马克思，恩格斯．马克思恩格斯选集：第一卷［M］．中共中央马克思恩格斯列宁斯大林著作编译局编．北京：人民出版社，1972：38.

④ 马克思，恩格斯．马克思恩格斯全集：第四十二卷［M］．中共中央马克思恩格斯列宁斯大林著作编译局译．北京：人民出版社，1979：119.

3. 人的精神属性与精神需要

人作为自由的有意识活动的存在决定了人还有精神需要。马克思在《资本论》中指出，人除了要满足基本的生存的自然需要外，还必须有时间满足“精神需要和社会需要”①，满足人的按照美的规律进行创造的需要。当人的生产或者劳动的需要满足后，或者说在保障了生存的自由时间里，人们产生的需要主要是科学研究和艺术创作的需要。马克思说：“创造是一个很难从人民意识中排除的观念。”② 因为只有探索大自然的奥秘、表达人生的真谛，才能真正显示人的存在价值，也才能够锻炼人、培养人、发展人的各种能力。人的精神需要的产生和满足，不仅局限于人的精神领域中，在人的自然需要和社会需要中，在人的物质生活、政治生活、社会生活中同样得到表现和满足。从发展趋势看，人的精神需要会呈现一个比重不断增加的趋势，人的行动目的逐步脱离对自然需要和对物质需要的直接满足，个体自我价值的实现以及对社会的贡献越发成为人的行动的内在依据，人的精神需要同时对人的自然需要和社会需要产生一个强有力的提升作用。

（二）人的劳动需要和社会需要

人区别于动物、之所以为人的根本依据就是人会劳动，通过社会实践自发地调节、控制人与自然的关系；人在现实性上是一切社会关系的综合。人的本质属性决定人有劳动需要和社会需要。

人的劳动需要指的是人有自主、自觉劳动，并在劳动中充分发挥自己的体力和脑力，从劳动中感受幸福和自我成就、发展自我的内在需要。关于劳动，马克思在《哥达纲领批判》中明确指出，在共产主义社会人的需要包含以下两个方面：“劳动已经不仅仅是谋生的手段，而且本身成了生活的第一需要。”③ 人的“自由个性”，即人的全面性发展。自由自觉的劳动是人的特性，从事自由自觉的劳动便成为人的需要。人的需要不仅包括物质的、精神的、社会的需要，还包括从事这些生产的需要。作为人劳动需要的劳动，首先是一种自觉劳动、自由劳动。无奈或强迫下的劳动、作为生存手段的劳动都不构成人的劳动需求中的劳动。劳动之所以成为人的需求，就在于自主劳动能够充分发挥人的体力和脑力、人的积极性和主动性，人从劳动中感受幸福、感受自我成就，在获取劳动成果的同时获取精神上的愉悦，进而发展自己。劳动是人本质的实现和发展，马克思指出：“生产劳动给每一个人提供全面发展和表现自己的全部能力即体能和智能的机会。”④ 列宁说：“劳动是健康的身体的需要。”⑤ 劳动是人完善自身、实现自我的途

① 马克思．资本论：第一卷［M］．中共中央马克思恩格斯列宁斯大林著作编译局译．北京：人民出版社，2004：269.

② 马克思．1844年经济学哲学手稿［M］．中共中央马克思恩格斯列宁斯大林著作编译局译．北京：人民出版社，2014：241.

③ 马克思，恩格斯．马克思恩格斯文集：第三卷［M］．中共中央马克思恩格斯列宁斯大林著作编译局译．北京：人民出版社，2009：435.

④ 马克思，恩格斯．马克思恩格斯选集：第三卷［M］．中共中央马克思恩格斯列宁斯大林著作编译局编译．北京：人民出版社，2012：681.

⑤ 列宁．列宁选集：第四卷［M］．中共中央马克思恩格斯列宁斯大林著作编译局编．北京：人民出版社，1995：130.

径，从而是人的精神需要。

劳动在不同的社会形态中带给人的体验和感受大相径庭。在资本主义社会，工人受雇于资本家，由于生产资料私有制的存在，工人劳动呈现出异化状态。工人同自己的劳动产品、劳动过程、与他人的关系相异化，劳动成为一种维持生存的手段。在异化劳动中，“劳动对工人来说是外在的东西，也就是说，不属于他的本质；因此，他在自己的劳动中不是肯定自己，而是否定自己，不是感到幸福，而是感到不幸，不是自由地发挥自己的体力和智力，而是使自己的肉体受折磨、精神遭摧残”①。

人的劳动是在一定的社会关系中进行的，人具有社会的需要。人的社会需要指的是人有社会交往的需要，在社会交往中产生的共同需要调节、规范和引导着人的其他需要。人对社会交往需要的本质要求是平等、自由、公正等，但现实的社会关系带有社会历史性，并非是人本质所需要的，人所需要的社会关系应该是建立在一定的生产力基础上，体现最广大人民的根本利益、能够推动社会进步和人的发展的社会关系。

（三）人的生存需要、享受需要和发展需要

恩格斯对于人的需要也有重要论述，明确指出人的需要的内容、层次以及实现条件。在《自然辩证法》中，恩格斯指出：“所谓生存斗争不再单纯围绕着生存资料进行，而是围绕着享受资料和发展资料进行。”恩格斯依次提出了生存、享受、发展三个概念，紧接着，又把三个概念连起来使用：“在资本主义生产方式下，生产所达到这样的高度，以致社会不再能够消耗掉所生产出来的生活资料、享受资料和发展资料，因为生产者大众被人为地和强制地同这些资料隔离开来。”② 在人的需要满足的条件上，恩格斯明确指出：“在人人都必须劳动的条件下，人人也都将同等地、愈益丰富地得到生活资料、享受资料、发展和表现一切体力和智力所需的资料。”③

从以上论述可以得出以下三点。第一，人的需要包括生存需要、享受需要和发展需要。生存需要是人的最基本的需要，是人的最低水平的需要；生存需要使人能够再生产出已消耗的脑力和体力，实现社会再生产的进行。享受需要是在生存需要满足后，人对自身生活质量提高、生存条件改进的内在需要，一方面是在人的生存需要活动及对象中产生的享受需要，表现为对衣食住行的更高要求，另一方面是与人的基本生存需要无关的享受需要，比如人对艺术、音乐、绘画、舞蹈等方面的需求。发展需要是人为了自身全面发展和社会进步，为了实现自己个性所产生的需要，既表现在精神领域，同时也表现在物质生产领域，劳动在此阶段成为人的第一需要和内在需要。第二，生存需要、享受需要、发展需要由低级到高级，从简单到复杂，依次递进。一般而言，前一需要是后一需要的前提和基础，但在现实中不同需要之间并非截然对立，经常会出现前一需要没满足而后一需要已出现的情况。从人的发展出发，在基本需要得到满足基础上，必须用

---

① 马克思．1844 年经济学哲学手稿［M］．中共中央马克思恩格斯列宁斯大林著作编译局译．北京：人民出版社，2000：54.

② 马克思，恩格斯．马克思恩格斯文集：第九卷［M］．中共中央马克思恩格斯列宁斯大林著作编译局译．北京：人民出版社，2009：548.

③ 马克思，恩格斯．马克思恩格斯文集：第一卷［M］．中共中央马克思恩格斯列宁斯大林著作编译局译．北京：人民出版社，2009：710.

后一需要，尤其是发展需要来促进和升华前一需要。第三，在资本主义社会，广大人民的生存需要、享受需要、发展需要得不到有效满足，一部分人垄断他人的需要，另一部分人的需要则被压抑。第四，只有在共产主义社会，人人参加劳动，社会产品按需分配，满足人不同需要的资料才能充分、平等地归社会支配。

三、马克思主义人的需要的基本特征

马克思主义经典作家指出，人的需要和动物需要相比，由于人的类本质，人的需要具有发展性、无限性和社会性。

关于需要的发展性，马克思指出："需要是同满足需要的手段一同发展的，并且是依靠这些手段发展的。"① "已经得到满足的第一个需要本身、满足需要的活动和已经获得的为满足需要而用的工具又引起新的需要。"② 需要的发展不仅包括需要内容的发展，更包括满足需要条件的发展。这是因为，人的需要是在一定的社会实践活动中产生的，满足需要的对象是经过人的劳动实践改造过的人工物、人化物。人的实践是一种社会历史活动，不断发展变化，由此决定人的需要的历史性和发展性。从整个社会需要的变迁和演进来看，上一历史时期的较高层次需要在下一历史时期就会变为基本需要和生存需要。由于生产力的发展和物质资料的丰富，今天社会的人使用、享受古代帝王所不曾见过的物品，而这些物品本身也开始变为人的基本需要和生存需要。从个人一生的历程来看，人的需要也是一个逐步提高的过程，必须从低级需要上升到高级需要，从物质需要上升到精神需要，以及自我实现、服务、贡献社会的需要，否则，如果没有更高一级需要的影响、渗透、规范，人一味耽于物质需要和生理需要，只会偏离人之所以为人，使人在物欲横流中迷惑和沦丧。

人的需要的无限性是从与动物的需要比较中逻辑推导所得。动物的需要以肉体的直接需要为主，其对外界环境的适应和对满足需求的对象的要求是有限度的，不能逾越一定的限度。尽管在自然界，有些动物对外界环境的适应能力要大一些，满足需要的对象和手段方式更广一些，但总体上仍有一个限度，这个限度决定了它们需要的内容和满足对象、满足方式。与动物相比，人的需要的无限性是从人本身的无限性产生出来的，由于人通过劳动不断确证自己、不断发展自己，人的体力和脑力，尤其人的脑力、智力具有不断发展的特点，因而人的需要内容、需要对象、满足方式就具有无限性特征。同时，对于人而言，其需要既有共性也有个性，不同历史时期、不同的文化特质，造成人的需要具有很大的差别，丰富和发展着人的需要的广泛性。

人的需要的社会性即人的需要的社会属性，可以从产生、内容和满足方式三个角度来理解。人的需要是在社会中产生的，是人在劳动实践中创造的。和动物的自然形成的需要不同，人可以认识需要、调节需要，并根据一定的社会条件创造出新的需要和满足对象与满足手段，人的需要受特定社会条件内在影响和制约。从内容分析，人的需要不

---

① 马克思，恩格斯．马克思恩格斯文集：第五卷［M］．中共中央马克思恩格斯列宁斯大林著作编译局译．北京：人民出版社，2009：585－586.

② 马克思，恩格斯．马克思恩格斯文集：第一卷［M］．中共中央马克思恩格斯列宁斯大林著作编译局译．北京：人民出版社，2009：531.

仅以个体为主体，而且以社会为主体，形成和表现为社会需要。社会需要一旦形成，不管是以正式制度还是以伦理道德方式表现，都对个体需要尤其是自然需要形成强有力的规范、引导和强制作用，某些时候二者作为此消彼长的制衡力量存在。需要的社会性从满足需要的方式考察，主要是指人与人之间的相互依赖。首先从情感需要看，人与人是互相需要的客体；其次是作为满足需要的手段，人类在社会生产中形成共同体。分工和专业化越发达，社会的协作就越发达，相互依存就越密切。马克思睿智地指出，大工业将使人类历史变为世界史，人类的社会性日益紧密，大工业“首次开创了世界历史，因为它使每个文明国家以及这些国家中的每一个人的需要的满足都依赖于整个世界，因为它消灭了各国以往自然形成的闭关自守的状态”①。

第二节　马斯洛人的需要理论与人的发展

在西方近代的心理学研究中，关于人的需要理论的研究，影响范围最大且最具代表性的，首推马斯洛的人的需要层次论。

（一）马斯洛的需要层次论的一般问题

马斯洛是一位美国的心理学家，他被称为“人本主义心理学之父”，是当代最伟大的心理学家之一。《动机与人格》是他最重要的著作之一，该书第三版第二章的“人类动机理论”一节系统地提出了人的需要及其层次与分类。

马斯洛认为，人的基本需要可以归纳为五类，这五类需要依次由较低层次到较高层次。

第一个层次为生理需要。生理上的需要是人们最原始、最基本的需要，比如吃饭、穿衣、住宅、医疗等。如果这些需要没有得到满足，就会面临生命危险，也就是说，它是人类个体为了生存而必不可少的需要，是不可避免的最底层需要，也是推动人们行动的强大动力。当一个人有多种需要时，如同时缺乏食物、安全和爱情，始终是缺乏食物的饥饿需要占据最大的优势，这说明当一个人被生理需要所控制时，其他一切需要都会被推后。

第二个层次为安全需要。人们要求劳动安全、职业安全、生活稳定、希望免于灾难、希望未来有保障等，具体表现在物质、经济、心理等方面。安全需要比生理需要高一级，当生理需要得到满足以后就要保障这种需要。每一个在现实中生活的人，都会产生安全感的欲望、自由的欲望、防御的欲望。

第三个层次为社交需要。社交需要也叫归属与爱的需要，是指个人渴望得到家庭、朋友、同事的爱护和理解，是对友情、信任、温暖和爱情的需要。社交的需要比生理和安全需要更细微，它包括社交欲和归属感。社交欲指的是希望和同事保持友谊与忠诚的伙伴关系；归属感是希望有所归属，成为团体的一员，在个人有困难时能互相帮助，可

① 马克思，恩格斯．马克思恩格斯文集：第一卷［M］．中共中央马克思恩格斯列宁斯大林著作编译局译．北京：人民出版社，2009：566．

以说说心里话、互发牢骚。而爱不单单指的是两性间的爱，它是广义的，表现在互相信任、理解和给予上，包括给予和接受。社交的需要与个人性格、经历、生活区域、民族、生活习惯、宗教信仰等都有关系，这种需要是难以察悟、无法度量的。

第四个层次为尊重的需要。尊重的需要包括自我尊重、自我评价以及尊重别人。与自尊有关的，包括自尊心、自信心，以及对独立、知识、成就、能力的需要等。满足自我尊重的需要导致自信、价值与能力体验、力量及适应性增强等多方面的感觉，而阻挠这些需要将产生自卑感、虚弱感和无能感。基于这种需要，人们愿意把工作做得更好，希望受到别人重视，借以自我炫耀，指望有成长的机会、有出头的可能。显然，尊重的需要很少能够得到完全的满足，但基本上的满足就可产生推动力。这种需要一旦成为推动力，就将会使人拥有持久的干劲。

第五个层次为自我实现的需要。这是人的需要层次结构里最高等级的需要。满足这种需要就要求完成与自己能力相称的工作，充分发挥自己的潜力，成为所期望的人物。这是一种创造的需要。有自我实现需要的人，似乎在竭尽所能，使自己趋于完美。自我实现意味着充分地、活跃地、忘我地、集中全力全神贯注地体验生活。成就感与成长欲不同，追求成就感的人有一定的理想，往往废寝忘食地工作，把工作当成一种创作活动，希望为人们解决重大课题，从而完全实现自己的抱负。马斯洛说：“音乐家必须演奏音乐，画家必须绘画，诗人必须写诗，这样才会使他们感到最大的快乐。是什么样的角色就应该干什么事。我们把这种需要叫作自我实现。”

（二）马斯洛的需要理论的自我实现

从以上所述的马斯洛人的基本需要的五个层次中，我们可以清楚地看到，马斯洛的人的需要理论和人的充分发展有着紧密联系。在马斯洛人的需要的五个层次里，第一个层次的需要是人的最基本的、最低层次的需要，是人类最原始的生活需要，其他四个层次的需要都与人的发展有着密切关系。比如对于第二层次的需要，马斯洛认为，每个人都有自由的欲望，要实现自由的欲望，人就必须自由充分发展；人只有得到充分自由的发展，才有实现自由欲望的机会，才可能有安全感。反之，人的自由欲望决定了人渴望才能的充分发展。又如对于第四层次的需要，马斯洛认为，自我尊重的需要，导致自我信任、价值、力量、能力等感觉。这就是说，满足自我尊重的需要，要求人们必须使自己的才能得到充分发展，才能谈自我尊重的需要。而第五层次的需要，与人的才能、潜能的充分发展更是密切相关。

每一个有思考能力的人都能意识到自己本身所拥有的能力和品质将如何影响他的前途和命运。每个人都会希望自己保持一种生机勃勃的精神状态，期望获得充满活力与效能的心理机能；人总是希望最大限度地发挥自己的聪明才智，为社会做出卓越的贡献。所谓的“自我实现者”，是已经或正在施展才能、充分发挥潜能的人。用马斯洛的话来说，就是“这种人好像是在体现他们自己并尽其所能”，在自我充实的基础上使个人的创造能力向获得相应于个人禀赋特点的方向发展。

在马斯洛的“需要理论”中，最高层次的需要是自我实现。马斯洛认为，物质需要的满足毕竟不能真正实现人性的最高境界，人性的最高境界（或人的“最深层的本性”）只能是人的价值生活或精神生活，即人的真正的自我实现状态。它是“人性的一个规定性特征。没有它，人性便不成其为充分的人性。它是真实自我的一部分，是一个人的自我同一性、内部核心、人的种族性的一部分，是丰满人性的一部分”①。自我实现的人是自由的，支配他们的因素是自身内部的主体自我选择。自我实现的人是真正超越了狭隘自我的人，他在所热爱的工作中获得自我本质确证，是人的创造性的最终实现。总之，这种人几乎具有人所应该具有的一切最完美的能力和境遇。

传统人本主义一直追求“人类终极价值”，追求人的完美人性即成为人能够成为的一切。马斯洛的“需要理论”则从人的低等生理需要出发，一步步扬弃传统人本主义推崇的那些人的自然生理、心理和情感特性，最后在现实中引发出一个在极少数优秀人物那里已经存在的本质状态来，并将其哲学本体化，视为人的真正本质。也就是说，在马斯洛那里，人性的潜能、发展的最高需要都是现实存在的，人的本质就是现实的、人尚未实现的潜能，它既是现实的，又是理想的，是一般人发展的希望。这就是说，马斯洛不再主张人的本质是一种先天应有而在现实生存中丧失了的东西，人的现实生存不是本质的异化，而是尚未达到本体存在的不足状态。人一旦创生出来，就始终在朝现实中的那个真实本质走去。马斯洛对人性的阐述也不是从现实的苦难的人导出的，而是从自我实现的人、健康的人导出的，从现实中把人引导向美好的未来，而不是像存在主义那样在现实的悲苦中把人推向未来。

马斯洛的“需要理论”昭示着人不仅是自然存在物，也是社会存在物；人不仅需要物质生活的丰裕，还需要崇高的精神依托。人不仅要获得肉体的完满生存，而且要重新组构自己一度被物化的心灵，人要同时达到灵与肉的完满境界。他反对将人变成理性的机器，也反对把人变成只有感性冲动的动物。他认为，“古典浪漫主义的酒神与太阳神的对立必定会解决。至少就它的某些形式来说，它同样是建立在不合理的动物的低级需要与反动物的高级需要的分裂之上的。与此同时，我们也必然要对理性与非理性的概念、理性与冲动之间的对立，以及作为本能生活对立物的理性生活的一般概念，作很大的修正”②。马斯洛的“自我实现的人”就是具有本能需要的，但他们在充分享受这些需要的满足的同时，又没有成为这些需要的俘虏。“高级需要的发展只有建立在低级需要的基础上，但最后一旦牢固建立，就可能相对地独立于低级需要。”③ 因而，在人性结构问题上，他摆脱了以往人本主义的片面性，强调一种整体的、综合的人性结构，一种“丰满人性”。

第三节　我国现代需要观的探讨

我国现代需要观必须从社会性质、历史文化、时代发展三个向度进行立体全面构建。我国是社会主义国家，需要观必须以马克思主义的需要为基本指导思想，以实现人的自由而全面发展为动力和目标，充分调动和依靠广大人民的主体性和积极性。我国又

① 马斯洛．人性能达的境界［M］．林方译．昆明：云南人民出版社，1987：320.

② 马斯洛等．人的潜能和价值——人本主义心理学译文集［M］．林方主编．北京：华夏出版社，1987：205.

③ 马斯洛等．人的潜能和价值——人本主义心理学译文集［M］．林方主编．北京：华夏出版社，1987：208.

是一个历史悠久的国家，有着丰富的需要思想和资源，比如“天人合一”思想、“不患寡而患不均”思想、“见利思义”思想等。这些丰富而独特的思想资源是现代需要观形成的肥沃土壤，是中国走向世界、彰显自信和民族特色的强有力的文化支撑。作为一个全球化时代的发展中国家，我国必须向其他国家开放，学习、借鉴和吸收包括发达国家在内的外部世界先进的发展经验和合理的价值理念、需要等。综上所述，我国当前需要观的确立必须以马克思主义需要观为指导，重视和发扬传统文化中的正确需要观，同时以开放的心态正确对待西方的需要观。三者的关系应该是有主导、有继承、有吸收、有批判、有发展的关系，这样才能形成具有中国特色的马克思主义需要观，不断丰富和发展马克思主义理论体系，推动我国经济社会的蓬勃发展。

改革开放以来，我国居民需要在得到大幅度提升和结构升级优化的同时，也出现了一些不容忽视的现象和问题，在人与自身、人与社会、人与自然三个相对独立而又相互交叉影响的层面影响着人的自由而全面发展。

在人与自身层面，人未能正确处理自身需要、消费和幸福之间的关系，将人的幸福与物质的消费直接关联，淡化或忽视人对精神、自我实现的追求。改革开放所创造的物质财富极大地丰富了人的物质生活，为满足人的需要奠定了良好的基础，但并没有给人必然带来幸福和自我实现。中国的改革开放在经济领域的重要内容是确立社会主义市场经济体制。市场经济是一种资源配置的方式，在肯定、认可、重视人追求自我利益最大化的前提下，利用价格机制实现资源的有效配置，增加社会福利。市场经济更是一种文化，在强调人的自由、平等的同时，从根本上肯定人对自我利益的重视和追求，利用人的自利心作为经济社会发展的根本动力。对自我利益尤其是物质利益的重视达到一定程度必然对人的人生观和价值观、消费观产生影响，使人误入歧途，导致人们在消费的过程中无限制地追求物质欲望，甚至不惜为此付出沉重的代价，只为满足虚荣的物质需求。物质消费被看成是高品质生活和幸福生活的象征，高消费成为整个社会的价值导向，成为每个人追求的终极目标，人们被物质欲望冲昏了头脑，试图从中获得幸福感和满足感，但总是事与愿违。

人对物质高消费的认识和追求必然导致人际关系的物化和攀比消费、炫耀性消费、奢侈性消费的兴起，对社会公正的形成造成一定的限制和影响。从农业国向工业国的转轨、从计划经济向市场经济的转轨，社会矛盾相对集中出现，和发达国家工业化、城市化过程中所遭遇的矛盾相比，我国同类矛盾不仅在时间上大为压缩，在几十年中要面对资本主义国家过去一二百年所遭遇的问题，而且在空间上各种矛盾同时出现，相互交织影响，问题异常复杂，正确解决和处理矛盾的难度不断加大。在各种社会矛盾中，一个最根本、影响最深远的问题就是收入分配问题，贫富差距不断拉大对经济、社会的健康有序发展造成极大伤害。在经济上，贫富差距的拉大使消费需求在国民经济中的贡献不断降低，内需不振严重影响短期经济的健康运行。在社会关系上，社会阶层的相对固化造成和加深了不同社会阶层的冷漠与仇视，不同社会阶层之间心理落差大，缺乏有效沟通和协调，社会情绪中充满不安定因素，影响了社会公正的培育与形成。表现在社会消费上，高收入阶层把消费作为自我社会地位和身份的体现，在日常生活中过度追求高消费和奢侈消费，形成不良的消费观和人生观，在消费上形成不良的社会示范效应；而作为低收入阶层的社会另一极，一方面对高收入阶层快速增加的财富充满质疑、不满乃至仇视，另一方面却对高收入阶层所示范的高消费充满向往，期待有一天当自身财富状况发生改变时，也能过上一种奢侈、浪费的生活。不良的需要观和消费观还表现在物质已渗透到人们的感情生活和人际关系中，原本质朴、简单、纯真的人际交往和情感需要在某种程度上被物质、金钱所影响和操控。

在人与自然层面，当前的消费观没有正确认识到人与自然的关系，对资源一味索取，对环境肆意侵害，人与自然的矛盾不断积累和激化。工业化和市场化相互交织，共同营造出一种不同于传统社会的生产和生活模式，这种模式的基本内涵即“大量生产—大量消费—大量废弃”。大量生产产生出对资源的不断索取，土地、森林、矿产、水等资源都面临前所未有的挑战，经济发展的可持续性受到深层次的挑战，要求当代人在满足当代发展的同时兼顾后代人的生存和发展。大量消费和大量废弃必然对生存环境造成极大的影响，气候变暖、空气污染、水质变坏、土壤沙化、生物多样性锐减等不断恶化着人类的生产和生活环境。改变原有的“大量生产—大量消费—大量废弃”的生产生活模式，提倡一种节制、内敛、有度的人类生存新模式，需要从制度激励、技术进步、法律规章、文化培养等不同方面进行改革和创新，运用经济的、行政的、法律的政策和手段促成人与自然和谐关系的形成。其中，最根本的、最重要的、自始至终贯穿于其他方式和手段中的则是正确认知人与自然的关系，全社会应牢固树立生态文明理念，充分发挥理念的引领和规范作用，以理念的深刻变革带动其他领域的深刻变革。

综上所述，建立适合我国国情的有利于社会主义现代化建设和中华民族伟大复兴的需要观，可以做以下几点设想：

第一，我国当代需要观的理论主体和指导思想是马克思主义的需要观。马克思主义需要观科学地阐述了人的需要的全面性和层次性、人的需要的无限性和有限性、人的需要和人的本质的关系、人的需要的社会性和发展性、人的自由全面发展及实现条件，为中国特色社会主义的发展明确指明了方向，沟通了现在和未来，将社会主义的当前阶段目标和最高目标有效衔接，既立足于当前实际，又着眼于长远，有助于实现雄心壮志和脚踏实地的辩证统一。

第二，我国当代的需要观具有开放性，在马克思主义需要观的基础上，积极吸取传统文化的需要观和西方某些合理的关于人的思想，构建具有中国特色的、以人为本的、符合既定阶段国情的需要观。在满足人民基础生存需要的基础上，不断提升和发展人的享受需要和发展需要，充分发挥人民的身体和精神潜能。

第三，深刻认知人的需要在人的实践和社会进步中的根本推动作用。人是认识活动和实践活动的主体，人在认识活动和实践活动中不断改造和提升自己，并通过认识活动和实践活动改变自然界、人类社会和精神，推动人类社会的发展和进步。人是经济社会发展的主体，是生产力中的能动因素，正是通过人的能动性，物质资本、自然资源得以优化组合，实现物质财富的增加。没有人，一切生产要素都是死的，都是消极的，只有充分调动人的体力、脑力，以及人的积极性、主动性，才能形成真正的生产力。在人的主体性中，人的需要构成人认识和实践的直接动力。人类生存的前提也就是历史的第一个前提，人类为了创造历史必须能够生活，因此，物质资料的生产成为人类历史的第一个活动。已经满足的需要本身、满足需要的活动和已经获得的为满足需要使用的工具又引起新的需要，新的需要不断推动历史向前发展。人类在生产物质生活资料的同时，也开始生产人与人之间的社会关系，最初是家庭，在家庭被逐渐突破后，产生出社会、阶级和国家。“需要”这个范畴在理解和描述现实的人和现实的社会与历史的过程中具有重要的地位和意义，必须从人的需要及其现实性出发来引导、规范社会生产和社会发展，以人的需要的满足作为衡量经济社会发展的内在标准和尺度，充分调动人的主体性和积极性，让广大人民能够分享经济社会发展的成果。

第四，人的自由全面发展是人的需要的最高层次。马克思主义需要观认为人的需要可包括人的生存、享受和发展需要。人的发展需要是一种自由全面的发展，是人最高层次的需要，这种需要的实现需要一定的条件，需要物质的极大丰富、生产关系的变更以及人自我素质和能力的提高。这些条件的满足并非完全是生产力和物质财富的问题，且不是经济发展后的逻辑必然，这些条件本身就是主客体的统一。在满足人们的基本物质资料需要后，应努力满足人们的享受需要和发展需要（尤其是发展需要），这在一些社会主义国家实践中并没有得到充分的重视。一方面，现代化建设要大力发展生产力，以不断增加物质财富满足人的生存和享受需要；另一方面，要引导人们正确对待物质财富，确立正确的财富观，通过教育、文化熏陶等方式影响人的主观世界，适时、有效地进行需要的提升和改造，以高层次的需要影响和规范人的基本需要。

第五，以科学、合理的人的需要观来评价和规范经济增长。在很长一段时间内，学界将经济增长等同于经济发展，认为物质财富的增加必然带来社会的进步。甚至在经济学领域中，资源的有限性和欲望的无限性成为一个不证自明的公理存在，把具有相对性和阶段性的人与物质的关系绝对化和永恒化。简单照搬这种学术范式和学术理念必然带来严重后果：一方面会鼓励和滋长人的欲望和贪婪，使其陷入拜金主义、享乐主义的泥潭不能自拔；另一方面必然造成社会关系的紧张和对立，造成人对自然的无限度索求和肆意破坏，从根本上破坏人的生存环境。必须以人的需要来规范经济的增长，经济增长是满足人的需要的手段和中介，并非人类追求的终极目标，经济增长必须服务于人的需要和发展。

第六，正确认知社会主义初级阶段的主要矛盾，在努力化解矛盾的同时，要看到矛盾本身的相对性和阶段性，处理好经济增长、经济发展和人的发展的相互关系。1981年，党的十一届六中全会对我国当时的社会主要矛盾做了规范的表述：“在社会主义改造基本完成以后，我国所要解决的主要矛盾，是人民日益增长的物质文化需要同落后的社会生产之间的矛盾。”这一提法沿用至今，2012 年，党的十八大报告指出，人民日益增长的物质文化需要同落后的社会生产之间的矛盾这一社会主要矛盾没有变。虽然主要矛盾没有变，还是社会需要同社会生产之间的矛盾，但这两个方面各自都发生了很大的变化，表现出一系列阶段性特征。进入中国特色社会主义新时代，我国的主要矛盾转变为人民日益增长的美好生活需要和不平衡不充分发展之间的矛盾。在对需要的理解和阐释上，在肯定物质需要仍然是需要的主要内容的基础上，应重视和肯定人的更高层次需要，包括人的发展需要、精神需要、公共需要等其他需要内涵。摆脱更多从物质视角看需要的旧思维，适应人发展的内在要求，通过发展教育、文化建设、提供公共产品和服务、消除不平衡性、实现社会公正等各种途径和方式满足人的发展需要。

第七，合理引导人，规范现实社会中人的需要，不断提升和改造人的需要，倡导健康、科学的需要观，克服和抵制拜金主义、享乐主义。我国改革开放在经济领域的主要内容是建立并完善社会主义市场经济，并已取得巨大成果，也积累了一些矛盾。市场的逻辑在促进经济发展的同时，在社会领域也营造出重视和追求利益的文化氛围，不可避免地形成拜金主义、享乐主义文化，社会关系变得复杂、多元，人对物的依赖性逐渐加深。作为公共利益代表的政府必须以人的需要发展规律为依据，规范和引导人的现实需要，不断提升和改造人的需要，从传统文化和其他领域中寻求合理资源，形成对市场经济价值观和理念的有效抗衡力量。

第八，在思维方式上，将整体需要和个体需要相结合，寻找二者利益一致的结合点。在认识和满足人的需要方面，针对我国国土辽阔、经济社会发展不均衡的特征，必须运用整体思维，从全局和长远出发，满足尽可能多人的生存、享受和发展需要。但整体思维的运用，并不意味着对个体需要和个体利益诉求的忽视与否定，整体利益必须是建立在保护个体利益基础上的整体利益，也只有尊重和保护个体利益的整体利益才能够持久。整体思维和个体思维具有内在的辩证统一性，整体思维必须落脚在个体利益上，而个体思维的逻辑指向则必须是整体思维。注重社会制度和规则的设计，尽可能调动每个人的积极性和主动性，在个人利益达到最大化的同时实现社会利益的最大化。

本章小结

本章第一节系统全面地分析了马克思、恩格斯的需要理论以及需要和人的全面发展的内在关联，科学地阐明了需要理论是马克思、恩格斯理论体系的基本概念和范畴，在提出人的需要即人的本性基础上，探讨了人的本性和人的本质的区别与联系，从自然属性、社会属性、精神属性，劳动需要和社会关系需要，以及生存、享受、发展需要三个维度阐述了人的需要的丰富性，指出人的需要具有发展性、无限性、社会性等基本特征，阐述了人的自由而全面发展的具体内涵以及实现条件。

本章第二节主要论述马斯洛的需要层次理论的内容，包括生理需要、安全需要、社交需要、尊重的需要和自我实现的需要，并在此基础上论述了马斯洛关于人的自我实现的看法，以不同的研究视角和理论内容丰富和深化了对人的需要和全面发展的理解。

本章第三节探讨了当代中国人的消费观。人们的消费观在发生改变的同时，仍然存在一些亟须解决的问题，需要从国情出发构建有利于民族复兴、国家富强、人民幸福的需要观。

思考题

1. 如何理解需要理论是马克思主义理论体系的基石？
2. 如何从人的自然属性、社会属性和精神属性来理解人的需要？
3. 最能体现人本质的需要有哪些？
4. 结合具体案例，谈谈人必须不断将生存需要、享受需要上升到发展需要的必要性和重要性。
5. 谈谈马斯洛需要层次论在现实生活中的应用。
6. 结合当代人的需要观，分析构建科学合理的需要观的基本设想。

参考文献

[1] 多亚尔，高夫. 人的需要理论 [M]. 汪淳波，张宝莹译. 北京：商务印书馆，2008.

[2] 弗洛姆. 人的呼唤——弗洛姆人道主义文集 [M]. 王泽应等译. 上海：上海三联书店，1991.

[3] 马尔库塞. 单向度的人 [M]. 刘继译. 上海：上海译文出版社，2008.

[4] 马斯洛等. 人的潜能和价值——人本主义心理学译文集 [M]. 林方主编. 北京：华夏出版社，1987.

[5] 许崇正，杨鲜兰. 生态文明与人的发展 [M]. 北京：中国财政经济出版社，2011.

[6] 许崇正. 人的发展经济学 [M]. 北京：光明日报出版社，2022.

[7] 许崇正. 人的发展经济学概论 [M]. 北京：人民出版社，2010.

[8] 袁贵仁. 马克思主义人学理论研究 [M]. 北京：北京师范大学出版社，2012.

[9] 张婵琴，李敏. 需要、欲望和自我 [M]. 北京：经济科学出版社，2012.

第六章

生产力理论

对人的发展问题进行系统研究，必须研究生产力。回顾人类生产力发展的历程，不难发现，自人类历史进入资本主义社会以来，人类的物质生产能力获得了前所未有的重大发展，正如马克思、恩格斯在《共产党宣言》中所说："资产阶级在它的不到一百年的阶级统治中所创造的生产力，比过去一切世代创造的全部生产力还要多，还要大。自然力的征服，机器的采用，化学在工业和农业中的应用，轮船的行驶，铁路的通行，电报的使用，整个大陆的开垦，河川的通航，仿佛用法术从地下呼唤出来的大量人口，——过去哪一个世纪料想到在社会劳动里蕴藏有这样的生产力呢?"① 与马克思和恩格斯生活的时代相比，今天的物质生产力更加发达、更加强大，物质财富和财富生产能力发展更是日新月异。但是在人类物质生产力迅猛发展、新的发展奇迹不断被创造的同时，环境污染、资源枯竭、许多珍稀动物濒临灭绝、生态平衡遭破坏、温室效应、赤潮、臭氧空洞、灾害性天气频发等问题，正日益困扰着人类。人类的生存环境面临着前所未有的挑战和威胁，日益成为全世界关注的焦点。究其原因，主要在于人类违背了发展生产力的最初本意，即人类在追求物质资料生产力发展的过程中，忘记了人类自身，忘记了发展物质生产力是为了解放人类自身，即实现人的自由、全面发展。为此，就有必要对传统的生产力发展理论进行反思，并从人的自由、全面发展出发，厘清生产力的概念和生产力的一般规定性，重新阐释生产力发展理论。

第一节　智慧生产力概念与生产力概念的反思

一、生产力概念的历史演变

人类发展生产力的目的在于通过发展生产力来不断地摆脱自然和社会的束缚，不断地争取自身的解放、完善和全面发展。人类要生存要发展，就需要自然界向人类提供数量越来越多、内容越来越丰富、能够满足人类消费需要的物质资料。但自然界通常不会

---

① 马克思，恩格斯．马克思恩格斯选集：第一卷［M］．中共中央马克思恩格斯列宁斯大林著作编译局编．北京：人民出版社，1995：227.

也不能自动提供这些资料，这就构成人类社会和自然界之间的矛盾。随着人口的快速增长或人口膨胀，人与自然之间的矛盾日益突出。解决这一矛盾的手段主要是人类的生产实践活动。人类在生产实践中究竟能在多大程度上解决这个矛盾，人类在解决这个矛盾时所表现出来的能力，就是通常所说的生产力。

关于人类的生产力，一直以来都是经济学家热衷探讨的话题。在马克思以前，很多经济学家对其进行了研究。重农学派的重要代表魁奈提出，“和庞大的军队会把田地荒芜相反，大人口和大财富，则可以使生产力得到很好的发挥”[①]。古典经济学大师斯密认为，“劳动生产力的最大的增进，以及运用劳动时所表现的更大的熟练、技巧和判断力，似乎都是分工的结果”[②]。古典经济学集大成者李嘉图则认为，“通过不断增进生产的便利，我们……不只是增加国家的财富，并且会增加未来的生产力”[③]。德国历史学派的重要代表李斯特对发展生产力做了较为系统的阐述，他认为，“财富的生产力比之财富本身，不晓得要重要多少倍；它不但可以使已有的和已经增加的财富获得保障，而且可以使已经消失的财富获得补偿”[④]。李斯特把宗教、法律、行政管理甚至婚姻制度和王位的继承等所有社会政治制度都视为生产力的源泉，称之为“政治生产力”。李斯特把鼓励、激发个人将头脑和手足用于从事生产劳动的精神力量称为“精神资本”。正是这种精神资本决定着国家生产力的发展与否和一国综合国力的强弱，而使一国精神资本得以延续的主要手段是教育。鉴于精神资本的作用，李斯特肯定了精神生产者的生产力，从而丰富和发展了以亚当·斯密为代表的古典学派仅把单纯的体力劳动视为唯一生产力的思想。针对斯密学说认为分工是一个自然法则，李斯特认为，这一自然法则的本质特征不限于统一生产过程被划为几个工序分别由几个人来完成，更为重要的是各种智力和资源为了同一生产过程而进行的联合或协作。分工要产生推动生产的积极作用，参与统一生产的个人就必须在体力、精神上协作，而且，各部分的劳动之间必须有适当的比例。李斯特在经济思想史上第一次对生产力做出了明确而系统的阐述，他把分析的重点放在劳动者的素质和使其得以发挥的各种条件之上，把他所谓的“精神资本”“物质资本”“自然资本”“社会资本”与生产力概念融为一体，视为生产力的构成要素，从而形成了广义的生产力概念[⑤]。

马克思和恩格斯对于生产力也做了许多精辟的论述。马克思一方面沿用了前人关于生产力的概念，并把某些朦胧的意识和散碎的思想逐步系统化为科学的理论，另一方面则进一步发展了生产力概念的内涵，尤其是提出了智慧生产力和精神生产力概念[⑥]。在《政治经济学批判》中，马克思提出了“物质生产力”的概念。在《资本论》中，马克思更明确地指出：“劳动首先是人和自然之间的过程，是人以自身的活动来中介、调整和控制人和自然之间的物质变换的过程。人自身作为一种自然力与自然物质相对立。”[⑦]

---

① 魁奈．魁奈经济著作选集［M］．吴斐丹，张草纫选译．北京：商务印书馆，1979：61.

② 斯密．国民财富的性质和原因的研究：上［M］．郭大力，王亚南译，北京：商务印书馆，1972：5.

③ 李嘉图．政治经济学及赋税原理［M］．郭大力，王亚南译，北京：商务印书馆，1961：118.

④ 李斯特．政治经济学的国民体系［M］．陈万煦译．北京：商务印书馆，1961：118.

⑤ 刘冬丽．李斯特生产力理论探究［J］．商业时代，2014（16）.

⑥ 许崇正．人的发展经济学概论［M］．北京：人民出版社，2010：150.

⑦ 马克思，恩格斯．马克思恩格斯文集：第五卷［M］．中共中央马克思恩格斯列宁斯大林著作编译局译．北京：人民出版社，2009：207－208.

人们“为了在对自身生活有用的形式上占有自然物质，人就使他身上的自然力——臂和腿、头和手运动起来。当他通过这种运动作用于他身外的自然并改变自然时，也就同时改变他自身的自然”①。即人在劳动过程中，一方面改造自然，另一方面也改变了他自身，使他自身的自然沉睡的自然力焕发出活力，形成一种力量。由此，马克思提出“人本身的生产力”的概念，即人自身的生产力构成了生产力的主要内容、主要方面，人自身的生产力主要是“智慧的生产力”，它自身也日益转化并作为“独立的生产能力”而存在。有史以来，人的智力一直参与生产过程，同人手一起成为人自身的自然力的一个方面，但在资本主义社会以前的手工劳动时期，它却是一个从属要素，此时，生产中的智慧不过是劳动者的生产经验和简单操作技能而已。工业革命以后，机器大生产日益普及，社会分工进一步发展，劳动者世世代代积累的经验和技能，经过脑力劳动者的加工提炼升华，逐步上升为理论、科学技术。现代科学实验室的建立与发展，进一步揭示了人类直接感觉不到的自然力方面，并使人的智力、知识、科学、技能、技巧等相对地脱离人的肢体而成为“劳动的客观条件”。马克思、恩格斯把这种体现于生产过程中的智慧、知识、科学、思维等称为“精神生产力”“智慧生产力”或“知识形式的生产力”，它与“物化生产力”相对应，成为它们赖以形成的诸运动形式本质方面的科学概括，即成为“一般生产力”。马克思的这些话，不但是对资本主义条件下生产力的描述，而且也是对生产力发展未来趋势的预测。人类一般智力在生产过程中的无限发挥，是生产力发展的总趋势②。

二、智慧生产力

如上所述，马克思关于“人本身的生产力”的论述，不但是对资本主义条件下生产力状况的描述，而且也是对生产力发展未来趋势的预测。当今时代，科学技术（即精神生产力）的蓬勃发展，已对这一科学预测提供了有力的证据。社会知识、一般智力、科学技术，作为物质运动的形式，它们居于最高层次；作为生产力，又是最强大、最有前途的。它的层次之所以高，力量之所以强，前途之所以广阔，不在于它的形式（因为它在形式上要以物质运动其他多种形式为前提，只有借助种种物质条件才能存在和发挥作用，在客观上所受限制最多），而在于它的内容和功能，因为它以理性的能动性和方式，辩证地揭示和包含着客观世界的无数方面，反映、发掘和支配低于它的各种自然力。凡是无机自然力、有机自然力和社会自然力在生产过程中的发挥，无不伴随着智力的作用，并且随着生产的发展，这种作用越来越由不自觉的从属因素，变成自觉的决定性因素。反过来，随着人类一般智力在生产过程中越发变成自觉的决定性因素，社会生产力以及整个人类社会便越向高级阶段迈进。由此，人类一般智力、“智慧生产力”和“知识形式的生产力”在生产过程中的无限发挥，是生产力发展的总趋势。

---

① 马克思，恩格斯．马克思恩格斯文集：第五卷［M］．中共中央马克思恩格斯列宁斯大林著作编译局译．北京：人民出版社，2009：208.

② 许崇正．人的发展经济学概论［M］．北京：人民出版社，2010：153.

三、生产力概念的内在规定性与生产力系统的构成

通过对生产力概念演化的梳理，可以清晰地看出，生产力就是指通过劳动获得物质财富和精神财富，确保人得到更好发展的能力。在生产力概念中，人始终是主体，是核心，是主要的决定性因素；实现人的发展是发展生产力的最终目的和归宿。这就是生产力概念的内在规定性。依据这一规定性，只有能促进人的发展的力，才能称为生产力，反之，就不能称为生产力[①]。如原子能技术作为重大科技成果，如果它用于军事、用于战争，成为杀人工具，就不能称为生产力；只有它被用于生产、宇航、医学等领域，用于造福人类，能促进人的发展，才可以称为生产力。从人的发展经济学角度看，尽管在生产力概念中的“力”包含着劳动资料、劳动对象以及人的智慧，但是这些要素如果不能促进人的发展（智力的发展、身体的发展），就不能被纳入生产力范畴。可见，人的发展经济学中生产力的概念及其构成各种要素，严格受制于人的发展，只有经它衡量和检验，才能决定其是否是生产力。

生产力是一个多层次的复杂系统。这个系统由“力”的构成、影响“力”的大小的因素和“力”的作用结果三部分组成。生产力中的“力”，从源泉上看，由自然力和智慧力（即科学技术）构成。其中，自然力包括劳动者自身的自然力和生产中物的自然力。劳动者自身的自然力又包含体力和智力；物的自然力主要来自生物资源和非生物资源即环境。智慧力（即科学技术）包括对世界的认识能力和对世界的改造能力。影响生产力中“力”的大小的因素主要取决于劳动者素质、劳动资料质量和劳动对象质量，以及三者之间的匹配程度和相互促进的良性互动状况。其中，劳动者素质包括身体素质和智力素质。“力”的作用结果体现为财富（物质财富和精神财富）的增加、劳动效率的提高和人的生存发展状况或环境的改善。

基于人的发展经济学和现有的研究成果，不难看出，生产力是一个多因素的、动态的系统。正如马克思所言：“劳动生产力是由多种情况决定的，其中包括：工人的平均熟练程度，科学发展的水平和它在工艺上应用的程度，生产过程的社会结合，生产资料的规模和效能，以及自然条件。”[②] 人类社会进入近现代以来，机器大工业生产全球普及，轮船、飞机和火车等制造技术发展日新月异，把人类带入集装箱时代、大飞机时代和高铁时代，计算机和信息网络技术飞速发展，互联网正深刻地改变和影响着人类的生活和生产，新能源、新工艺、新材料不断涌现等。这些变化大大地丰富了生产的内涵，拓展了生产的外延，这意味着生产力系统中正在增加新的成员，生产力已不仅只包括劳动者、劳动对象和劳动手段三个因素，而且包括交通、能源、管理、信息、科学技术等多种因素，生产力的概念已扩展成一个庞大的集合体，一个有机的超大系统[③]。值得一提的是，现代生产力之所以变成如此庞大的集合体，或有机的超大系统，关键因素在

---

① 许崇正．人的发展经济学概论［M］．北京：人民出版社，2010：155.

② 马克思，恩格斯．马克思恩格斯文集：第五卷［M］．中共中央马克思恩格斯列宁斯大林著作编译局译．北京：人民出版社，2009：53.

③ 许崇正．人的发展经济学概论［M］．北京：人民出版社，2010：156.

于：与以往任何时代相比，人实现了更大程度的全面发展。因此说，人的自由全面充分发展、个人生产力及智慧生产力在生产力这个有机的超大系统中的地位将越来越突出，将越来越发挥决定性作用。

第二节　物质生产力

物质生产力是在人类和自然的物质交换活动中表现出来的现实的物质力量，即人们征服自然、改造自然的能力，体现的是人们在生产过程中与自然的关系。生产力范畴所反映的对象是人与自然之间的关系，人类的生产活动就是人与自然之间进行物质和能量等的交换活动。生产过程是人的生命活动积极展现的过程，生产力的发展是人“自身的自然半沉睡着的潜力发挥出来”的结果。因此，物质生产力的发展对人的发展的意义不仅在于提供一定的生活资料，在一定程度上解决人们的吃、喝、住、穿问题，因而使得一部分人获得闲暇去从事政治、文学、艺术、科学等活动，更在于生产力的发展是人们上述活动中主观素质发展的最深刻的基础，亦即人们的种种思想和观念的最深刻的基础①。在人类生产过程中，人是生产活动的主体，而生产资料不仅是生产财富的物质手段或劳动改造的对象，而且本身就是人的实践能力的结果即劳动的物化。因此，人类生产力的发展，归根到底取决于人的能力的发展，尤其是人的全面发展。因此说，研究物质生产力，尤其是研究物资生产力的发展及其规律，从本质上讲，就是从另一个角度揭示人的发展的内在规律。

一、物质生产力呈加速发展态势

迄今为止，人类生产力发展大致经历了手工生产力、机器生产力、信息生产力三代。其中，手工生产力为第一代，时间为距今两三百万年前到 18 世纪中叶。依据工具的质地材料不同，这一时期大致可以分为石器时代、铜器时代、铁器时代。但人类从石器时代到铜器时代，用了 200 万～300 万年时间；从铜器时代到铁器时代，用了约 4000 年时间；整个铁器时代历时近 1800 年。在手工生产力时期，整个生产力的基础是简陋的手工工具。与此相联系，在生产力系统中，能源种类少而且开发程度低、人的体力成了操作工具的主要动力，劳动者为体力型，天然劳动对象占绝对优势，生产规模小，分工协作程度很低，农业是产业结构的主导和主体，生产技术建立在经验和成规的基础上。机器生产力为第二代，时间为从 18 世纪中叶到 20 世纪 40 年代末期。按使用的能源划分，可分为蒸汽时代和电力时代。从蒸汽时代到电力时代，不过百余年时间。机器生产力以机器体系的形成和使用为基础。能源的基础不再是简单的自然力，而是一个以电力为主的多种类、多形式、再开发的二次能源结构。劳动者已由体力型变为文化型（但其劳动大多是附属于机器的繁重而刻板的重复性劳动，所以它也是“机械型”的劳动），生产规模日益扩大，产业结构变为工业主导型，专业化

① 许崇正．人的发展经济学概论［M］．北京：人民出版社，2010：158.

分工日益深广，工厂制度普遍建立。信息生产力为第三代，时间从 20 世纪 50 年代初期开始。目前第三代生产力初见端倪。信息生产力的基本特征是以电脑化的智能机器体系作为整个生产力的基础。信息的作用高度强化，信息产业处于领航和主体地位，能源、材料被深度开发和利用，其功能向多样化和特异化发展，劳动者正逐步摆脱机器的统治，处于直接生产过程之外，行使创造和指挥的职能，成为一代崭新的专业技术型劳动者，整个生产力建立在以量子力学和微电子技术为中心的、精密而先进的现代科学技术体系之上①。

人类在与自然界进行物质变换的过程中，物质生产力水平的高低，通常用劳动生产率进行量化分析。据经济学家的粗略计算，在人类历史发展进程中，劳动生产率的提高幅度呈现加速态势：石器时代，每千年提高 1% ~2%；铁器时代，每百年提高 4% 弱；蒸汽时代和电力时代，以美国为例，产业部门在 1870 ~1949 年的近 80 年间，年均提高 1.5% ~3%；进入第三次科学技术革命以后，仍以美国为例，其工业劳动生产率在 1947 ~1978 年的 31 年中，年均提高 4.5%；在当代，生产力 3 年内所发生的变化，相当于 20 世纪初 30 年的变化，相当于牛顿以前 300 年的变化，相当于石器时代 3000 年的变化②。物质生产力水平的提高，一方面是人的发展的结果，另一方面也为人更全面更自由地发展创造了条件，并不断推动人的发展。

二、物质生产力发展对人的发展的影响

（一）物质生产力的发展能促进人的全面发展

人的潜能不仅是自然进化的恩赐，更是人有目的的社会实践活动的结果。人在“作用于他身外的自然并改变自然时，也就同时改变他自身的自然”③。人在生产活动中，使自然物发生形态变化，同时也就是把主观的目的实现在产品中。因此说，物质生产力的发展对人的发展的意义，不仅在于不断地把人的原始潜能发挥出来，而且使人的潜能越来越丰富、越来越高级，使人自身的自然随着生产力的发展而不断发展。更重要的是，由于物质生产力的发展，人生活在一个由自己所创立的而不是由自然界所直接给予的世界中。

人在享用、同化自己产品的过程中，又在人的主体中萌发出新的需要。新的需要的产生就是人的主体素质或个性的不断丰富。主体素质的这种丰富又反过来促进生产力的进一步发展。人的各种需要和属性是生产力发展的结果。只有生产力的发展才生产出人的需要的对象或材料、产品等，把以前人们可有可无的物品变为须臾不可离的必需品，把以前少数人的奢侈品变成大众必需的生活品。生产力的发展还不断改变和提高人们满足需要的方式。需要得到满足的程度，也就是人的消费能力水平，而这种能力“是一种

---

① 薛永应．生产力视角探索社会主义初级阶段的客观逻辑和客观规律［J］．经济研究，1988（1）．

② 解书森等．生产力进步规律探讨［J］．晋阳学刊，1984（3）．

③ 马克思，恩格斯．马克思恩格斯文集：第五卷［M］．中共中央马克思恩格斯列宁斯大林著作编译局译．北京：人民出版社，2009：208．

个人才能的发展，一种生产力的发展”①。新的需要转化为新的目的追求，就是说新的需要“创造出生产的观念上的内在动机”，这是“生产的前提”②。可以说，新的需要的满足过程，也就是创造出新的生产动力的过程。在这个过程中，新的生产对象被提出来，而首先是“作为内心的图象、作为需要、作为动力和目的提出来”③。这些主观目的或动机，随着生产主体又进入生产过程，并物化在产品中。为了实现新的主观目的，满足新的需要，人们必须改变原有的生产力水平，改进和创造出新的生产工具。抽象地说，新的需要的产生与原有生产力水平的局限性的冲突，就是生产力发展的内在动力。这种冲突的不断产生和不断解决，是一个无限的发展过程。“因此，所有对人这个生产主体发生影响的情况，都会在或大或小的程度上改变人的各种职能和活动，从而也会改变人作为物质财富、商品的创造者所执行的各种职能和活动。”④ 人的生产职能和活动受人的需要及其转化而来的目的支配。

物质生产力对人的发展的意义还在于：只有通过发展物质生产力，才能把由于自然和社会历史进程持续发展而不断赋予人的各种天赋和潜能发挥出来，不断更新和丰富人的需要、个性等，创造出人同对象世界的全面、丰富的关系，实现社会成员对自然界和社会联系本身的普遍占有，才能不断地使人类从必然王国向自由王国迈进。

（二）发展物质生产力造成环境破坏，又会制约人的全面发展

随着物质生产力的发展，人类创造了极大的物质财富，在给人的全面发展奠定物质基础，进一步促进人的全面发展的同时，由于过分强调社会生产力，而忽视了自然生产力，甚至把生产力简单地等同于社会生产力，人为地割裂了人与自然的有机联系，把人与自然相互作用的生产过程仅理解为人类向自然界单方面索取生存资料的过程，将自然置于人类的对立面，片面地放大了人类主体的力量和需求。在利用和改造自然的生产实践中，人类往往只看到眼前的或近期的利益，而忽视了人类生存与发展的长远利益等，结果造成自然资源被大肆开采甚至是掠夺性开采。由此带来严重的环境污染、生态恶化，灾害性天气频繁发生。这种片面追求物质生产力的行为，严重违反了人的发展经济学关于生产力的概念，更重要的是使人的全面发展面临极其严峻的挑战。良好生态环境是最公平的公共产品，是最普惠的民生福祉；保护生态环境就是保护生产力，改善生态环境就是发展生产力。因此，应重视资源节约和生态环境保护，重视生态文明建设，走可持续发展道路，建设美丽中国，实现中华民族伟大复兴的中国梦。具体措施主要有：第一，强化环境准入、环境标准硬约束，发展壮大节能环保等战略性新兴产业，从严控制高耗能、高排放行业发展，充分发挥优化经济结构的治本作用；第二，深化生态环保领域改革创新，加快自然资源及其产品价格改革，大力发展环保市场，推行环境污染第

① 马克思，恩格斯．马克思恩格斯全集：第四十六卷下［M］．中共中央马克思恩格斯列宁斯大林著作编译局译．北京：人民出版社，1980：225.

② 马克思，恩格斯．马克思恩格斯选集：第二卷［M］．中共中央马克思恩格斯列宁斯大林著作编译局编．北京：人民出版社，1995：9.

③ 马克思，恩格斯．马克思恩格斯全集：第四十六卷上［M］．中共中央马克思恩格斯列宁斯大林著作编译局译．北京：人民出版社，1979：29.

④ 马克思，恩格斯．马克思恩格斯全集：第二十六卷第一册［M］．中共中央马克思恩格斯列宁斯大林著作编译局译．北京：人民出版社，1972：300.

三方治理，充分发挥市场机制的激励约束作用；第三，加快建设生态文明法律制度，建立健全自然资源产权法律制度，切实抓好修订后的《环境保护法》的贯彻实施，充分发挥环境法治的规范保障作用；第四，抓好关键环节和重点领域工作，严格按照主体功能区定位推动发展，加快划定生态保护红线，着力解决大气、水、土壤污染等突出环境问题，充分发挥政府的统领引导作用；第五，推动形成多元共治局面，倡导良好生态环境人人共建、人人有责、人人共享，充分发挥社会公众的参与监督作用。唯有如此，才能真正推动人的全面发展，人的全面发展才有坚实的环境基础。

第三节　科技进步

科学是关于发现发明创造实践的学问，是人类探索研究感悟宇宙万物变化规律的知识体系。技术是为某一目的共同协作组成的各种工具和规则体系。科学技术是在机器大工业生产条件下才成为物质生产力的相对独立要素。这是因为：第一，在大机器生产中，机器代替了人手的劳动功能，产品的质量和数量直接决定于机器；而在手工劳动中，劳动工具的运用，直接从劳动者出发，产品的质量和数量直接决定于人的手艺。第二，大机器生产成为生产总体的智力，这种总体的智力支配局部工人；而手工劳动是一种分散的智力，是由个人的智力支配自己的劳动。第三，大机器生产的这种总体智力，由工程技术和管理人员承担；而手工劳动的智力发展和体力的支出，这两种功能却统一在手工劳动者个人身上。第四，大机器生产后，要求科学为它服务；而手工劳动只需要生产经验就足以进行了。第五，科学与生产经验是有本质区别的，科学具有相对的独立性，它不是从生产活动中直接发生的，而是直接依赖科学实验；而生产经验是直接从物质生产中自发产生的，它离不开手工劳动者。所以，只有当大机器生产后，科学应用才有可能。在现代化生产中，社会生产力的发展已经主要依靠科学技术的力量。科学技术在现代生产力的发展中已成为首要的、关键的、相对独立的要素。科技进步是人的发展的结果，反过来，科技进步对人的全面发展也产生着极其深刻的影响。

一、科技进步推动着人的全面发展

（一）科学技术对人的劳动方式具有强烈的影响

这主要表现在，劳动过程中体力劳动不断减少，智力劳动相应增加。马克思指出，随着机器体系的产生和发展，“工人的操作就会逐渐变成机械的操作，而达到一定地步，机器就会代替工人”。“过去是活的工人的活动，现在成了机器的活动。”① 科学技术的进步，使劳动不再像以前那样被包括在生产过程中，相反，表现为人以生产过程的监督者和调节者的身份同生产过程发生关系。“这里已经不再是工人把改变了形态的自然物

① 马克思，恩格斯．马克思恩格斯全集：第四十六卷下［M］．中共中央马克思恩格斯列宁斯大林著作编译局译．北京：人民出版社，1980：217.

作为中间环节放在自己和对象之间；而是工人把由他改变为工业过程的自然过程作为媒介放在自己和被支配的无机自然界之间。工人不再是生产过程的主要当事者，而是站在生产过程的旁边。”① “劳动生产力是随着科学和技术的不断进步而不断发展的。”②

人类社会的生产发展史表明，使用专业化设备促进劳动生产率的增长，引起劳动过程的分解和分散，产生了完成有限数量动作的业务工人，这种情况降低了对工人熟练程度的要求；工作的单调，减少了工人在劳动中的创造性因素。类似的矛盾，在技术的进一步发展和综合机械化及自动化生产体系建立的过程中将被克服。随着向这方面的转变，人们生产活动的性质、劳动的内容将发生改变，高级熟练劳动工人的数量增加（调整工人、调节人员等），业务员和技术辅助人员的数量增加，使工人固定在狭窄专业上的职能划分，将为他们在机器之间的划分所代替，工人活动的特点将是劳动职能的一体化、广博学识的日益增长和工程知识的日益积累。

另外，科学技术革命与劳动变换的规律密切联系在一起还表现在：通过使用机器、化学过程和其他方法，大工业的生产基础不断发生变革，同时在工人的职能和劳动过程的社会结合上引起变革。所以，“大工业的本性决定了劳动的变换、职能的更动和工人的全面流动性”③。马克思强调，劳动变换，一定工作形式中劳动对象的周期变换，是以机器技术为基础的大生产发展的一般规律。

这个规律的作用说明，在技术手段的发展中，劳动和劳动力的相互联系和统一，技术和整个生产技术基础中发生的变化，引起了工人劳动职能的变化和劳动力的流动。许多手工艺劳动的旧职业消灭了，出现了与新劳动技术手段的应用相关的新职业，并提供了更为先进的技术工艺流程。这些过程，在科学技术革命时期加速了。

应该指出，无论是科学技术进步的总体还是个别形式和方面，都会对劳动对象、劳动的内容和性质、劳动职能的灵活性、劳动力结构和熟练程度的变化产生影响。例如，铁路运输的电气化就改变了这个部门劳动力的职业技术结构，新工艺流程的应用，化学工业中的新生产器具的制造，不仅使就业人口增加，而且产生了新职业和各种具体劳动形式的专门化，导致劳动力的流动，而生产的综合机械化和自动化，对劳动变换带来了特别巨大的影响。

因此，科学技术进步在使生产技术基础革命化时，对劳动的内容和性质产生了重要的影响，引起劳动交换的需要，从而促进了人的自由全面充分的发展。正如马克思指出的：大机器工业提出了用那种把不同社会职能当作互相交替的活动方式的全面发展的个人，来代替只是承担一种社会局部职能的局部工人的任务。劳动变换要求工人尽可能多方面地发展。可见，在社会主义条件下，科学技术革命同劳动变换和人的全面充分发展紧密地联系在一起。因此，在社会主义条件下高度重视科学技术，大力加快发展科学技术，是促进劳动变换，从而促进人的充分全面发展的不可缺少的重要条件。

---

① 马克思，恩格斯．马克思恩格斯全集：第四十六卷下［M］．中共中央马克思恩格斯列宁斯大林著作编译局译．北京：人民出版社，1980：217－218．

② 马克思，恩格斯．马克思恩格斯文集：第五卷［M］．中共中央马克思恩格斯列宁斯大林著作编译局译．北京：人民出版社，2009：698．

③ 马克思，恩格斯．马克思恩格斯文集：第五卷［M］．中共中央马克思恩格斯列宁斯大林著作编译局译．北京：人民出版社，2009：560．

（二）新技术革命的发展增强了人的创造性能力，从而使人的巨大潜能得到充分的挖掘

新的工业革命在本质上是用电脑（微处理机）使信息和电脑的智能与机器系统紧密结合，来代替人的体力和脑力劳动。因此，在现代和未来社会里，一个显著、重要的特点是大多数人都在或将要从事信息工作，而不是商品生产。据有关研究者统计，现在发达国家从事信息工作的人员已超过劳动力总数的 60%。“真正增长的是信息工业。1950 年，只有 17% 的人从事信息工作，而目前从事计算机程序编制、教员、职员、秘书、会计、证券经纪人、经理、保险行业人员、官员、律师、银行业和技术人员等信息方面工作的人已经超过 60%。另外，还有许多人在制造厂商、公司从事信息工作。大多数美国人的工作都是在创造、处理及分配信息。例如，在金融界、股票市场和保险公司工作的人都是在从事信息工作。麻省理工学院的戴维·伯契说，美国目前只有 13% 的劳动力在从事制造业。”① “在 19 世纪末和 20 世纪初，农民占美国总劳动力的 1/3，而现在只占大约 3%。事实上目前美国大学里担任研究工作的人也比从事农业的人多。”② “专业人员几乎都是信息工作人员——律师、教师、工程师、计算机程序编制员、系统分析员、医生、建筑师、会计人员、图书管理员、新闻记者、社会工作者、护士、牧师等。每个人都要有某种知识才能做工作。区别在于对专业人员和事务人员来说，他们的工作就是创造、处理和分配信息。”③ 由于大多数人是在从事信息工作（信息的处理、分配），因此，当代知识的生产能力已成为生产力、竞争能力和经济成就的关键因素。知识的生产力已经成为首要的“工业”，已经成为经济和社会发展的主要动力。在当今信息社会里，价值的增加主要靠知识，而不是靠体力劳动。“信息社会”必然要大量生产知识，并不断更新知识。据有关人员统计，现在，科学技术信息每年增长 13%，很快就上升到 40%。每 20 个月信息就翻一番④。

同时，以微电子计算机为代表的现代科技在社会生产、社会生活领域的应用，给人最直接的利益是减轻人的脑力劳动强度。正如手工工具的应用使人的四肢延长和更加灵巧一样，动力机的应用使人的物质力量得到增长。如果说手工工具标志着人类文明的开始，从而使人超越了本身物质构造的生理局限，扩大了自己劳动活动的范围，精巧化了自己劳动的手段，使人从动物中升化出来的话，那么动力机的创造，则标志着人类找到了在生产中代替和壮大自己体力的自然形式，以及使一部分自然界变为人自己的力量去征服其余的自然界，使人本身繁重的体力劳动得到解放的可能性。同样，微型电子计算机的发明，标志着人类找到了代替自己脑力劳动的一部分工作量的自然形式，使一部分自然界（自然过程）转变为人自己的智力，用它去征服其余的自然界，使人本身繁重的脑力劳动得到解放的可能性。简言之，微型电子计算机的发明使人依托于自然物质的信息——控制装置，是一次智能革命。这就是科技革命的实质。不仅如此，信息科技革命最显著的是带来了体力劳动向脑力劳动的转变。企业应用微处理机后，可以实现工厂操作的自动化以及建立无人工厂，机器人、电脑代替工

---

①②③ 奈斯比特．大趋势：改变我们生活的十个新方向［M］．梅艳译．北京：中国社会科学出版社，1984：13.

④ 弗里德里奇，沙夫．微电子学与社会［M］．李宝恒等译．北京：生活·读书·新知三联书店，1984：4.

人和初级技术人员的工作，而工人则从传统的生产岗位、车间退出。信息科技革命将使脑力劳动成为社会的基本劳动形式，从而为人的劳动活动成为自由的创造性的活动提供重要的物质技术基础。

造就一代新型的人，正是科学技术革命及其所引起的社会变革的内在要求。这是因为：生产过程的高度自动化，要求人们具有更高的心理上和道德上的可靠性，具有新的道德品质。同时，劳动新产品日益成为集体精神力量，要求人们具有积极主动的精神和进行自觉的创造性活动。劳动产品是人的创造，是人的本质力量的体现。这种方式在当代科学技术革命的条件下，也不同于过去了。过去对于个体手工业者来说，他们的劳动产品只是某个人或某些人手的灵巧，手工劳动的经验、技能和方法的对象化；而现代机器工业的产品首先是把知识、科学的力量对象化。这些科学知识在大多数情况下，都是由科学家、设计师、工程师、工人组成的集体相互协作、共同创造的产物。因此，人类作为认识主体的层次变得更加复杂了，集体认识和个体认识相互关系的性质发生了重大变化。它对每一个个体的智力结构、品德结构和审美结构都提出了前所未有的高要求。它要求每一个生产者由简单的执行者变成创造过程中的积极参加者，不断提高自己的知识水平和主动精神，能够对集体活动的共同产品做出自己创造性的贡献。

总之，现代科技革命使社会和人的职业发生了重大变化，知识在生产中的作用越来越重大。这就使个人有时间、财力和机会通过培养自己的特定兴趣（如艺术的、科学的、工艺的、教育的、体育的以及其他方面的兴趣），达到充分发挥自己才能的目的。全盘自动化将大量排除生产和服务中的劳动，但是不会终止人类的活动，从这个意义上来说，也就不会终止人类的职业，而是将导致由创造性的、有趣的职业来代替以前的“劳动”。

二、科技进步为人的自由充分发展创造了条件

从理论上来说，随着新技术革命的实现，脑力劳动日益成为社会劳动的基本形式，人的劳动负担将相对减轻，劳动活动的自由度将会日益增加，业余时间也逐渐增加，劳动者从事重复性劳动的机会日益减少（因为重复性劳动是电子自动化操作可以代替的），而从事创造性劳动的可能性日益增加。劳动在这种发展中将进一步突破旧式分工的局限性而成为个人的自由创造活动，随之而来的将是劳动者体魄和精神的全面发展。因此，科技革命为一代新人的成长创造着社会物质生产条件和文化条件。

另外，当代科学技术的飞速发展，为人的创造才能的充分发展提供了前所未有的可能性。这是因为：首先，当代智能机器和自动装置耐疲劳、耐恶劣环境，且处理信息十分迅速，既可使劳动者从繁重的甚至有害的工作中解放出来，又可创造丰富的物质财富，在越来越高的水平上满足劳动者的需要，提高劳动者的自然素质，促进劳动者的健康发展。其次，智能机器自动装置的使用，必然极大地提高劳动生产率，增加劳动者的闲暇时间，能为劳动者进行学习、提高智力水平和从事创造活动提供更多的机会。最后，现代通信技术还可使劳动者之间的交往更加广泛、更加丰富，从而使人与人之间的关系更加亲密和谐。这一切都充分说明，当代科学技术飞速发展的同时也为造就一代新型的“创造着的人”提供了前所未有的可能性。当代科学技术革命所带来的前所未有

的创造力、所提供的人的发展和人的创造性精神得以发挥，造就一代新型的“创造着的人”便是我们这个时代的使命。因此，从这个角度来说，当前在我国应抓紧进行产业结构调整和经济增长方式的转型，要把我国工业中占绝大比例的低端加工工业迅速转型为具有高附加值和高科技的产业，如生物产业、新能源产业、碳减排产业等产业。这已是刻不容缓，意义十分重大。

三、人必须充分发展才能适应新科技革命

科学技术的进步，客观上要求一个劳动者必须具有多方面的知识，才能适应技术进步的需要。正如马克思指出的：大工业的本性，要求劳动者不断地变换职业，要求工人尽可能多方面发展，这是社会生产的客观规律。“工人们在自己的共产主义的宣传中说，任何人的职责、使命、任务就是全面地发展自己的一切能力”①。这就是说，劳动者必须具有一代新人的各种品质和全面发展的能力，社会主义把人的才能的发展作为一项任务、一项责任提了出来。资本主义的文明是不可能提出这样的任务的，因为它的财富生产事实上只是追求一个阶级的片面享受。但是，在其普遍的物质财富的生产中，客观上包含着人的自由全面发展的要求。

马克思说：“所谓财富，倘使剥去资产阶级鄙陋的形式，除去那在普通的交换里创造出来的普遍的个人欲望、才能、娱乐、生产能力等等还有什么呢？财富不就是充分发展人类支配自然的能力，既要支配普通所说的自然，又要支配人类自身的那种自然么？不就是无限地发掘人类创造的天才，全面地发挥，也就是说发挥人类一切方面的能力，发展不能拿任何一种旧有尺度去衡量的那种地步么？不就是不在某个特别方面再生产人，而是要生产完整的人么？”② 可见，承担新的客观责任，必然逻辑地导出要求有新的主体品质。社会主义要极大规模地发展社会生产力，增加社会物质财富，但它必须也应该超越鄙陋的资本主义物欲文明，它的价值目标是人的自由全面发展。这就是说，在马克思主义的科学理论中，不仅有着对资本主义的政治批判和经济批判，而且包含着价值批判，具有深刻的人的发展经济学性质。马克思主义在历史唯物论的基础上，深刻揭露了资本主义文明的内在局限和弊端，要求着眼于人类发展的未来建立新型的文明，这与当前科学技术革命提出的要求，在基本精神上是相通的。

人必须自由全面发展，才能适应新技术革命，那么在今后，人类将主要从事哪些事业呢？著名波兰哲学家沙夫曾预测，今后人类将主要从事下列事业：一是创造性劳动、科学和艺术。二是规划和组织社会生活。对人民的需要及其发展趋势进行调查研究，合理地加快规划和管理。三是由高级技术专家取代传统工人来维修设备，提供技术服务。四是为闲暇时间安排丰富多彩的社会活动。

科学家们认为，新的科技工业革命虽然会引起结构性失业问题，但这些问题绝不是无法解决的，因而并不需要也不可能抑制新的科技工业革命，而应当自觉地迎接它。这

① 马克思，恩格斯．马克思恩格斯全集：第三卷［M］．中共中央马克思恩格斯列宁斯大林著作编译局译．北京：人民出版社，1960：330.

② 马克思．政治经济学批判大纲：第三分册［M］．刘潇然译．北京：人民出版社，1963：105.

里的关键在于，必须采取新的发展战略，不再单纯追求量的增长，追求 GDP 增长，而要追求质的提高，不断提高人们的生活质量。这就要求全社会高度重视科学技术和教育，大力培养“自由全面发展的人”，即受过多方面教育、能够按照需要随时改变其职业的人。为此，整个社会应当为所有的人精心制定一整套不断接受教育的办法，使每个人在一生中不仅要接受普及教育，而且要接受职业培训；高等教育应当与科学研究紧密结合起来，与社会经济发展的需要互相衔接，以适应新科技革命的要求。

第四节　社会生产力

社会生产力是一种总体生产力，是个人生产通过某种社会结合如劳动协作与分工等方式而构成的一种集体力、社会力。社会生产力是人的个体生产力的社会化表现。现代社会生产力是物质生产、人力生产（特别是人才培养）、知识生产、精神生产、信息生产、资源与环境建设及其相应的能力的系统集成，其中每个环节、每个方面都对人的素质提出了更高的要求，也就是说，现代生产力的发展依赖于人的个体的发展。因此，社会生产力的发展水平与人的个体生产力水平高低相关，即人的全面发展的程度，决定着社会生产力发展的程度。反过来，社会生产力发展的程度也制约着人的全面发展的程度。

一、人的个体生产力发展推动着社会生产力发展

发展是人类社会的永恒主题。人类社会的发展历史，是人类自身发展和人类与大自然相互作用、共同发展和不断进化的历史。依据占主导地位的经济发展形式进行划分，人类文明依次经历了采猎文明、农业文明、工业文明和后工业文明（环境文明），相应的发展阶段依次为前发展阶段、低发展阶段、高发展阶段和可持续发展阶段①。在这一发展过程中，人的个体生产力的进步，推动着社会生产力水平不断提高。在采猎文明时期，人的个体生产力水平十分低下，使得早期人类以原始人群或部落为单位，过着游荡的采集和渔猎生活。此时，人类依赖自然，崇拜自然，真正意义上的社会生产力尚未形成。在农业文明时期，随着人类生产经验的积累和生产工具的不断改进，以及人类以个体的方式从事早期的科学研究，发明了诸如指南针、造纸术、活字印刷术、火药等，有力地推动了人的个体生产力水平发生质的飞越，劳动协作和劳动分工日益普及、日益精细。人口的迁徙、领土扩张战争、人员的跨区域流动，推动着当时世界各地的人的个体生产力水平提高。例如，早在公元前 4 世纪，亚历山大帝国雄踞欧亚非三大洲，客观上促进了三大洲生产力的交流，古希腊的文明之花在埃及和两河流域结出了丰硕的果实，巴比伦的天文学和数学知识进一步武装了希腊人的头脑。丝绸之路的开创、成吉思汗的远征、郑和七下西洋、哥伦布的环球航行等，这些洲际交流活动客观上促进了早期人类个体智慧的交流和传播，为人类走向蒸汽时代奠定了坚实基础，使真正意义上的社会生产力开始不断成长和发展。这一时期，人类开始逐步利用自身力量，有意识地改造自

① 郑国璋. 人类社会生产力发展的超越与回归［J]. 生产力研究，2001（4）：50－51.

然，并对生态系统施加局部影响。但人类的整体生产力水平较低，抗御自然灾害的能力较弱，人类活动引起环境的退化是局部的、低度的和缓慢的。在工业文明时期，人类也是凭借着人的个体智慧进行发明创造，推动社会生产力水平的提高。织布机、纺纱机、蒸汽机、电报电话、内燃机、汽车、飞机等无不是人的个体智慧的结晶。正是人的个体生产力水平的提高甚至飞跃性发展，才有了社会生产力的发展。随着科技进步加快、高等教育普及、互联网革命的发生发展等，人的个体生产力不断提高，推动着社会生产力加速发展。于是，巨大的财富被创造出来，人类文明大踏步前进。但工业文明以征服自然和驾驭自然为主要特征，巨大的生产力，对人类赖以生存的自然资源和生态环境造成了极大破坏，生态灾难不断发生，而且越来越严重。这严重违背了人与自然和谐发展的客观规律，严重威胁着人类社会的生存与发展，必将对人的发展、对人的个体生产力，从而对社会生产力的发展产生毁灭性的影响。这些问题的最终解决必须依赖人的全面发展，依赖人的个体生产力的提高。因此，在我们着重发展社会生产力的同时，绝不能忽视人的充分全面的发展，绝不能忽视个人生产力的相应发展，绝不能以牺牲个体生产力发展为代价来实现社会生产力的发展。也正是这些变化客观上推动着人类文明逐步走向后工业文明时期。人类的生态文明时代正在开启。

二、发展社会生产力的基本路径

人的个体生产力与社会生产力之间存在着如下关系：人的个体生产力具有一般劳动能力（体力和智力），具有普通发展的潜在力量，或者说是具有一般发展能力的萌芽，提供了形成各种特殊生产力的基础。各种各样的、具体的、特殊的劳动生产力，都是从个人一般生产力这个萌芽中生发和扩展开来的。另外，个人的个体生产力通过劳动方式、分工、协作、管理等中间桥梁，可以结合起来转化为社会生产力。反过来，社会生产力可以借助新的劳动方式及协作、分工、管理方式，赋予构成总体生产力的个人生产力以新的力量，甚至构成新的质，从而转化为新的个人生产力。因此说，充分发展个人一般生产力，就是使人的个体得到全面充分发展，并且是发展社会生产力的有决定意义的根本途径。个人全面发展就是最大的生产力，个人发达的生产力是社会财富的真正基石。在谈到未来社会的生产力发展时，马克思提出：“社会生产力的发展将如此迅速，以致尽管生产将以所有人的富裕为目的，所有的人的可以自由支配的时间还是会增加。因为真正的财富就是所有个人的发达的生产力。”① 他以极大的远见，洞察了科学技术发展将给劳动性质和主体发展带来的根本性质的变化，以及个人一般生产力在这一历史远景中的巨大作用，在这个转变中，表现为生产和财富的宏大基石的，既不是人本身完成的直接劳动，也不是人从事劳动的时间，而是对人本身的一般生产力的占有，是人对自然界的了解和通过人作为社会的存在来对自然界的统治，总之，是社会个人的发展。这是对生产力发展趋势的真正洞见。

由此可以看出，发展生产力有两条基本途径：一是发展社会生产力，把点子打在生

① 马克思，恩格斯．马克思恩格斯全集：第四十六卷下［M］．中共中央马克思恩格斯列宁斯大林著作编译局译．北京：人民出版社，1980：222.

产力的社会结合方式上；二是发展个人生产力，把点子打在强化文化教育、充分发掘个人一般生产力上。在整个人类历史上，个人生产力和社会生产力的关系也呈现为辩证发展的圆圈：在原始时代，人自身的生产，最简单的个人生产力，可能曾是生产力发展的主要因素，而社会生产力远未得到充分的发展。在资本主义时代，即工业文明时代，社会生产力、物质生产力得到长足发展，但劳动者的个人生产力存在被普遍压制的状况，人片面发展并普遍异化。由此造成人类生产力的巨大浪费。因此，社会的发展方向应该是：尊重人的个体生产力充分发展，促进个人生产力与社会生产力的协调发展，让个人一般生产力的充分发展真正成为发展社会生产力最强大的推动力。在我国，发展社会主义生产力的根本途径正在于促进个人生产力的全面的、普遍的发展。改革为发展个人生产力提供了社会舞台和社会环境，文化教育的发展乃是发展个人生产力的能动源泉和关键所在。

第五节　新质生产力

一、新质生产力的内涵

新质生产力是以新一轮产业技术革命为主导力量、以战略性新兴产业集群为产业形态形成的社会生产力，是新时代新征程与实现经济高质量发展要求相适应的社会生产力；新质生产力是在当代最新科技特别是在信息化、智能化、网络化等条件下形成的生产力，是重塑生产方式和生活方式以高质量发展带来高品质生活的生产力，是以科技创新为引领、全面提高要素生产效率和全要素生产率的生产力。

二、新质生产力的主要特征

（一）新质生产力以科技创新为核心驱动力

传统生产力的驱动力主要来自劳动、资本和土地等要素的大规模投入，而新质生产力的驱动力主要来自关键性、引领性、颠覆性技术的批量涌现，从而带来科技竞争优势、产业创新成果，形成新的增长动能。关键性、引领性、颠覆性技术的突破依赖于科技创新的关键性突破，因此，科技创新是生产力发生根本跃升、生成新质生产力的动力引擎。随着大数据、云计算、人工智能、量子信息、算法迭代、绿色低碳和生物技术等前沿技术领域取得颠覆性突破，并应用于生产过程，向生产力诸多要素渗透，在赋能传统产业的同时，还推动了新产品、新模式和新业态等不断问世，并将推动社会生产方式和价值创造方式的不断变革，引发产业组织形式的深刻改变，成为形成新质生产力的核心驱动力。

（二）新质生产力以战略性新兴产业和未来产业为主要载体

战略性新兴产业是立足于国家重大发展战略需求、知识技术密集、资源能源消耗水平低、未来成长前景广阔的产业，包括新一代信息技术、新能源、新材料、先进制造、绿色环保、生物技术和深海空天开发等产业。未来产业是面向未来社会重大需求、当下尚未成熟但该领域已出现重大技术突破，代表未来科技和产业发展新方向的未来战略性产业，包括人工智能、量子信息、工业互联网、卫星互联网和机器人等产业。驱动新质生产力产生与发展的新技术、新要素最先在战略性新兴产业和未来产业落地实施，新质生产力发展成果也最先体现在战略性新兴产业和未来产业上。当前，我国已成为全球最大的太阳能板和风力发电装机市场，是电动汽车的主要市场之一。我国在电子商务、云计算、区块链等领域深耕多年，拥有庞大的互联网用户基础和创新的数字技术产业。总的来说，我国战略性新兴产业和未来产业发展势头良好、动力充足、前景可观，正成为推动我国新质生产力快速发展的主要载体。

（三）新质生产力以数据和算力为关键生产要素

在新质生产力中，数据是重要的劳动对象，但数据价值的挖掘离不开算力。如果把数据比作矿山，那么算力就是挖矿的工具。例如，以 ChatGPT 为代表的大语言模型，就是依托强大算力来抓取互联网上的海量数据，通过分析、加工、整合输出成新的知识成果，颠覆了人类社会对于数据和算力作为生产要素的认知。在数字时代，人均数据拥有量和人均算力拥有量将是一国竞争优势的重要体现。近年来，我国自动驾驶和智慧工厂等新业态的出现导致全社会对算力的需求急剧增加。各方推动使云计算、边缘计算和端计算方式纷纷涌现，算力不再局限于机房和基地，而是呈现出“流动性”特征。在我国，数据和算力不仅支撑了工业领域智能制造和自动化生产的发展，而且正在向医疗、政务、金融和交通等各领域全面渗透，为新技术、新模式、新产业的诞生奠定了坚实的基础，成为形成新质生产力的重要基础动能。

（四）新质生产力以经济高质量发展为追求目标

人类发展生产力的根本宗旨是服务人类自身的生存与发展，改善生存环境，提高生活水平和生活质量。新质生产力倡导绿色、低碳、循环的发展模式，节约能源、减少排放和提高资源利用效率，追求经济发展和环境保护的有机统一。例如，智能电网和新能源技术的应用，使清洁能源大规模利用，减少了对化石能源的依赖，大大改善了能源结构；物联网和大数据技术的应用，实现了能源和资源的智能管理，在提高资源利用效率的同时，保护了自然环境，提升了生态体系恢复发展的综合能力。数字化技术的普及和互联网的发展，促使人们能够更加平等地获得各类公共服务，政府与公众之间的互动更加便利，增强了民众的参与感和满意程度。政府利用大数据分析和人工智能技术，实现精准决策和科学治理，优化公共服务和资源配置。

本章小结

在生产力概念中，人始终是主体，是核心，是主要的决定性因素。实现人的发展是发展生产力的最终目的和归宿。这就是生产力概念的内在规定性。依据这一规定性，只有能促进人的发展的力，才能称为生产力，反之，就不能称为生产力。生产力是一个多层次的复杂系统。这个系统由“力”的构成、影响“力”的大小的因素和“力”的作用结果三部分组成。生产力中“力”的构成，从源泉上看，由自然力和智慧力（即科学技术）构成。其中，自然力包括劳动者自身的自然力和生产中物的自然力。劳动者自身的自然力又包含体力和智力；物的自然力主要来自生物资源和非生物资源即环境。智慧力即科学技术力，包括对世界的认识能力和对世界的改造能力。影响生产力中“力”的大小的因素主要取决于劳动者素质、劳动资料质量和劳动对象质量，以及三者之间的匹配程度和相互促进的良性互动状况。其中，劳动者素质包括身体素质和智力素质；生产力中“力”的作用结果体现为财富（物质财富和精神财富）的增加、劳动效率的提高和人的生存发展状况或环境的改善。人类一般智力、“智慧生产力”和“知识形式的生产力”在生产过程中的无限发挥，是生产力发展的总趋势。新质生产力是在当代最新科技特别是在信息化、智能化、网络化等条件下形成的生产力。

思考题

1. 人的发展经济学是如何理解生产力概念的？
2. 如何理解生产力是一个多层次的复杂系统？
3. 物质生产力发展对人的自由全面发展有何影响？
4. 发展社会生产力的基本路径是什么？
5. 科技进步是如何影响人的自由全面发展的？
6. 何谓智慧生产力？应如何发展智慧生产力？
7. 论述新质生产力的内涵及主要特征。

参考文献

[1] 许崇正．论人的全面发展与生产力发展的关系［J］．社会科学辑刊，2007（5）．

[2] 许崇正．马克思智慧生产力理论和生产力概念的反思［J］．当代经济研究，2009（1）．

[3] 许崇正．人的发展经济学［M］．北京：光明日报出版社，2022．

[4] 许崇正．人的发展经济学概论［M］．北京：人民出版社，2010．

[5] 许崇正．生产力增长、智慧生产力与人的自由全面发展［J］．改革与战略，2010（5）．

第七章

社会经济形态

马克思主义认为，任何一种经济的社会形态的产生、发展和消亡都取决于经济条件。经济的社会形态是马克思把唯物辩证法运用于研究人类社会特别是用于研究社会经济过程而确立的重要概念，“是把经济的社会形态的发展理解为一种自然史的过程”①，其基本规定性就是：社会经济形态是人类社会发展一定阶段上占统治地位的生产关系的总和。这一概念把一切社会关系归结为生产关系，把生产关系归结为生产力的高度，从而揭示了社会发展的最深刻的根源在于生产关系与生产力的矛盾运动，阐明了生产关系一定要适合生产力性质的规律。经济的社会形态的发展是一个不以人们的意志为转移的有规律地从低级形态向高级形态发展的自然历史过程，人类社会经济形态的发展也充分证明了这些论述的正确性。

第一节　交换关系形态下人的发展的片面性

一、资本积累条件下普遍的交换关系

随着社会生产力的发展，特别是随着社会分工、自然力的利用以及科学技术在工艺上的运用等，以前社会的各种社会生产关系逐步解体。自耕农、小土地所有制或佃农、自由的农民的土地所有制关系逐步解体，以劳动者对劳动工具的所有为前提、把手工业技能的劳动当作财产的行会关系逐步解体。生产资料和劳动者彻底分离，从而为资本主义私有制的产生创造了条件。

于是，新兴的资产阶级和资产阶级化了的贵族便采用暴力手段，剥夺小生产者，迫使生产者和生产资料相分离，并把大量的生产资料和货币财富集中在自己手里，从而为资本主义的迅速发展创造了条件。因此，资本原始积累是指在资本主义生产方式确立以前，通过采取暴力手段使小生产者同生产资料分离和货币资本积累的过程。

资本原始积累最早发生在西欧，其内容主要包括以下两个方面：一是用暴力剥夺农

---

① 马克思．资本论：第一卷［M］．中共中央马克思恩格斯列宁斯大林著作编译局译．北京：人民出版社，2004：10.

民的土地，迫使他们成为无产者，从而为资本主义生产方式的迅速建立与发展提供大批廉价的劳动力，在一些国家中还建立起适应资本主义生产方式的大土地所有制。这个过程成为资本原始积累的基础。这一点在英国表现得最为典型，即历史上有名的“圈地运动”。最初的大批雇佣工人的出现，就是运用暴力手段剥夺农民的结果。二是从国内榨取、掠夺大量财富，为资本主义的迅速发展积累货币资本。同时，通过征服殖民地，从事贩卖黑奴、鸦片等罪恶勾当，从海外掠夺巨额财富，这是典型的强盗行径。资产阶级就是通过这种充满血腥的资本原始积累的过程，促进了封建生产方式向资本主义生产方式转变的过程，加速了资本主义生产方式统治地位的确立。对此，马克思深刻地指出，“这种剥夺的历史是用血和火的文字载入人类编年史的”，“资本来到世间，从头到脚，每个毛孔都滴着血和肮脏的东西”①。资本主义生产方式确立后，暴力剥夺的过程并未停止，而是仍在继续进行。所不同的是，这时已不仅仅是资本家剥夺小私有者了，而且出现了资本家剥夺资本家。这种剥夺过程是在资本积聚的基础上，通过资本集中实现的。

随着资本原始积累的逐步完成，人身依附关系被普遍的商品关系和货币关系所打破和粉碎，经济关系得以全面物化。在这里，劳动者不过是雇佣工人，他们的劳动力转化为商品；资本家是资本的所有者，是人格化的资本；资本家和工人之间通过商品、货币发生交换关系；资本家和资本家之间也是通过商品、货币发生交换关系。这种在一定历史条件下人把它本身的力量转化成商品，或者人作为资本的代表出现，人与人之间通过商品、货币发生社会关系，并且只有通过商品、货币才能发生社会关系的现象，就叫作人本身社会关系的物化。

二、资本主义交换关系下人的关系的全面物化

从表面上看，商品、货币、资本都只不过是物，具有物本身的自然属性，但是，它们又都不是单纯的物，而是体现着人们之间特定的经济关系。在资本主义条件下，经济关系主要表现为商品关系、货币关系和资本关系这三种互相联系又依次递进的物的形式。

资本主义社会经济关系的初级形式是商品关系。商品是用来交换的劳动产品。在资本主义条件下，商品是社会经济的细胞形态，占统治地位的社会财富，表现为“庞大的商品堆积”。商品关系之所以把人们之间的经济关系反映成物与物之间的关系，就是因为，商品是彼此独立的私人劳动的产品，生产者之间只有通过商品交换才发生社会接触，他们私人劳动的社会性质也只有在这种交换中才表现出来。所以，他们之间的经济关系就不是表现为人们在自己劳动中的直接的社会关系，而是表现为人们之间的物的关系和物之间的社会关系，商品关系实际上是人们之间经济关系的一种物化形式。

资本主义社会经济关系的中级形式是货币关系。货币是商品交换发展的结果，是在商品交换漫长的历史发展过程中从商品世界中游离出来稳定地充当一般等价物的特殊商

① 马克思．资本论：第一卷［M］//马克思，恩格斯．马克思恩格斯全集：第二十三卷［M］．中共中央马克思恩格斯列宁斯大林著作编译局译．北京：人民出版社，1972：783，829.

品。人们实际的交换活动，需要一种实际的媒介或现实的手段，来实现这种可能性和必然性。于是，人类在千百次交换活动中，逐渐找到了这种实际的媒介或现实的手段，这就是货币。历史上，曾有一系列不同的物充当过货币，但是，作为货币材料的物和其他商品不同，它的使用价值只是用来作为价值的物质承担者，它已和其他商品的自然存在形式相脱离，本身就是社会的存在形式，即商品价值的独立存在形式。在简单的物物交换关系中，人们还比较容易看到自身的经济关系在交换中的表现，也就是看到价值的本质；但是，当价值发展成货币的时候，当商品交换以货币为媒介进行时，情况就不同了，这时，价值取得了一个和其他使用价值相脱离又同它们并存的独立存在形式，从而使价值直接表现为物。这样一来，价值的本质就看不见了。货币关系是比商品关系更高级的形式，也是人们之间经济关系的一种物的表现形态。

资本主义社会经济关系的高级形式是资本关系。资本关系也是资本主义经济关系的本质所在。资本是能够带来剩余价值的价值。资本的产生，以商品交换的充分发展和价值在货币上的独立化为前提。无论是从历史的角度看，还是从资本主义现实角度看，资本的最初表现形式都是货币。货币转化为资本必须具备两个条件：其一是货币所有者有一定的货币随时可以转化为生产资料和生活资料，他们要购买别人的劳动力来增值自己所有的价值额；其二是劳动力商品的出现，劳动力作为自由劳动者，既摆脱了各种人身束缚，又丧失了一切生产资料，不得不出卖自己的劳动力。货币需要一定条件转化为资本，说明货币、生产资料、生活资料等本身并不是资本，只有在劳动力成为商品的条件下，它们才转化为资本。因此，资本不是物，而是一种社会关系，体现了资本家和雇佣工人之间的经济关系。“资本显然是关系，而且只能是生产关系。”① 而资本只有作为一种关系，作为资本对雇佣劳动的一种强制力量，在迫使雇佣劳动去创造和提供剩余价值的情况下，才能增殖价值。可见，资本体现着资本家和雇佣工人之间的经济关系。资本是在不断地运动中增殖的，它必须不断地采用或抛弃某种特定的使用价值形式，时而作为货币，时而作为商品，时而作为价值，时而作为使用价值出现，在这种不断转换和变化的过程中保存自己，增殖自己。资本作为物化的经济关系，在不断的运动中不断地再生产出这种经济关系。资本的各种存在形式如商品资本和货币资本、不变资本和可变资本、固定资本和流动资本等，都表现为物，采取了物的外观，无论资本在运动中怎样转换，从一种形式到另一种形式，都始终披着物的外衣，用物的形式体现着人们之间的经济关系。

三、人的片面性发展的极端形式——拜物教

从整个人类社会发展的历史来看，经济关系的全面物化促使人们挣脱了血缘关系和人身依附关系的束缚，把人们从狭窄范围的局限中、从作为狭小集团的附属物状态中解放出来。高度发达的商品、货币、资本关系，为人与人之间的全面联系提供了一条现实的途径。同时，在世界近代史上，商品货币关系，特别是等价交换，为自由、平等观念

① 马克思．政治经济学批判［M］//马克思，恩格斯．马克思恩格斯全集：第四十六卷上［M］．中共中央马克思恩格斯列宁斯大林著作编译局译．北京：人民出版社，1979：518.

的产生奠定了生产的、现实的基础。正如马克思所言："如果说经济形式，交换，确立了主体之间的全面平等，那么内容，即促使人们去进行交换的个人材料和物质材料，则确立了自由。可见，平等和自由不仅在以交换价值为基础的交换中受到尊重，而且交换价值的交换是一切平等和自由的生产的、现实的基础。"① 当然，经济关系的全面物化也表现出明显的弊端，这就是商品拜物教、货币拜物教、资本拜物教的出现。马克思认为，商品拜物教的形成是由生产商品的私人劳动所特有的社会性质引起的。这样，人与人之间的内在而直接的交换劳动的经济关系便只能颠倒地表现为商品与商品的物与物的外在而间接的关系，这就使商品具有了说不清的神秘性质。

马克思揭露了商品拜物教的秘密，也揭露了货币拜物教的秘密。他认为，货币不是物本身，而是表现在物中的经济关系。在马克思看来，随着商品经济的发展，世界变成了一个金钱世界。货币在资本主义社会成为一切财富的代表，在货币的层次上，拜物教的程度加深了。在普遍采取货币进行交换的阶段，人与人之间的社会关系已变得无处寻找。因此，"货币拜物教的谜就是商品拜物教的谜，只不过变得明显了，耀眼了"②。与商品拜物教和货币拜物教相比，资本拜物教是资本主义社会所特有的。资本本质上是一种权力关系，使资本家能够在公平交易的现象的掩盖下无偿地占有剩余价值。明明是由劳动者创造的财富，却颠倒地表现为资本这种"能生出来钱的钱"的神力。资本以一种强权和欺骗成了这个世界真正的主人，人们跪倒在它的脚下。这就是资本拜物教的秘密。

四、以物的依赖性为特征的人的片面性

商品经济打破了人身依附的局面，赋予个体的人以独立的人身地位，从而标志着人自身的一种解放。"人的依赖性"被"物的依赖性"否定了。"物的依赖性"反映了资本主义私有制度下人与人的本质关系。马克思说："一切产品和活动转化为交换价值，既要以生产中人的（历史的）一切固定的依赖关系的解体为前提，又要以生产者互相间的全面的依赖为前提。每个人的生产，依赖于其他一切人的生产；同样，他的产品转化为他本人的生活资料，也要依赖于其他一切人的消费。"③ "普遍的需求和供给互相产生的压力，促使毫不相干的人发生联系。"④ "交换价值作为整个生产制度的客观基础这一前提，从一开始就已经包含着对个人的强制……个人只有作为交换价值的生产者才能存在，而这种情况就已经包含着对个人的自然存在的完全否定。"⑤

---

① 马克思．政治经济学批判［M］//马克思，恩格斯．马克思恩格斯全集：第四十六卷上［M］．中共中央马克思恩格斯列宁斯大林著作编译局译．北京：人民出版社，1979：197.

② 马克思．资本论：第一卷［M］//马克思，恩格斯．马克思恩格斯全集：第二十三卷［M］．中共中央马克思恩格斯列宁斯大林著作编译局译．北京：人民出版社，1972：111.

③ 马克思，恩格斯．马克思恩格斯全集：第四十六卷上［M］．中共中央马克思恩格斯列宁斯大林著作编译局译．北京：人民出版社，1979：102.

④ 马克思，恩格斯．马克思恩格斯全集：第四十六卷上［M］．中共中央马克思恩格斯列宁斯大林著作编译局译．北京：人民出版社，1979：104.

⑤ 马克思，恩格斯．马克思恩格斯全集：第四十六卷上［M］．中共中央马克思恩格斯列宁斯大林著作编译局译．北京：人民出版社，1979：200.

商品作为交换价值主体的价值表现，它本来是商品生产者在实践中创造的对象化客体，因而表现了人的实践能力，表现了人的自由个性发展的程度，但是，一旦进入交换领域，就不得不被他们创造的商品世界所控制，完全依赖于商品这个物的世界。“人的社会关系转化为物的社会关系；人的能力转化为物的能力”①，人的关系全面物化了。从表层看，是人被商品世界所支配，而实质上是人们被自己在生产中形成的经济关系所控制，即人对人的依赖关系外化为人对物的依赖关系。

从历史发展的角度看，随着个人所有制演进到资本主义私有制，“人的依赖关系”随之演进到“物的依赖关系”。个人作为商品生产者和交换者，摆脱了自然的、传统的社会关系，以及对直接共同体的隶属或依附，获得了形式上的独立性。然而，市场是由一只“看不见的手”操纵着，个人并不能掌握自己的命运，人还要受到物的支配，就其对物的依赖的实质而言，还不是真正的独立性。所以，在资本主义私有制度下，人的发展具有二重性。一方面，在第二大形态下“形成普遍的社会物质变换，全面的关系，多方面的需求以及全面的能力的体系”②。因此，“这种物的联系比单个人之间没有联系要好，或者比只是以自然血缘关系和统治服从关系为基础的地方性联系要好”③。另一方面，“这种联系是各个人的产物。它是历史的产物。它属于个人发展的一定阶段。这种联系借以同个人相对立而存在的异己性和独立性只是证明，人们还处于创造自己社会生活条件的过程中，而不是从这种条件出发去开始他们的社会生活。这是各个人在一定的狭隘的生产关系内的自发的联系”④。站在个体发展的角度，“就个人自身来考察个人，个人就是受分工支配的，分工使他变成片面的人，使他畸形发展，使他受到限制”⑤。

上述分析表明，“物的依赖关系”不是人的本质的真正“复归”，而是人的发展的一个历史阶段，必然会被人的发展的更高阶段历史地否定。“在大工业和竞争中，各个个人的一切生存条件、一切制约性、一切片面性都融合为两种最简单的形式——私有制和劳动。”⑥ 因此，“资本家对这种劳动的异己的所有制，只有通过他的所有制改造为非孤立的单个人的所有制，也就是改造为联合起来的社会个人的所有制，才可能被消灭”⑦。这样，以物的依赖性为基础的独立性的人的发展的第二大形态就被彻底地否定了，人的自由个性得到全面实现。

---

① 马克思，恩格斯．马克思恩格斯全集：第四十六卷上［M］．中共中央马克思恩格斯列宁斯大林著作编译局译．北京：人民出版社，1979：103－104.

② 马克思，恩格斯．马克思恩格斯全集：第四十六卷上［M］．中共中央马克思恩格斯列宁斯大林著作编译局译．北京：人民出版社，1979：104.

③④ 马克思，恩格斯．马克思恩格斯全集：第四十六卷上［M］．中共中央马克思恩格斯列宁斯大林著作编译局译．北京：人民出版社，1979：108.

⑤ 马克思，恩格斯．马克思恩格斯全集：第三卷［M］．中共中央马克思恩格斯列宁斯大林著作编译局译．北京：人民出版社，1960：514.

⑥ 马克思，恩格斯．马克思恩格斯全集：第三卷［M］．中共中央马克思恩格斯列宁斯大林著作编译局译．北京：人民出版社，1960：74.

⑦ 马克思，恩格斯．马克思恩格斯全集：第四十八卷［M］．中共中央马克思恩格斯列宁斯大林著作编译局译．北京：人民出版社，1985：21.

第二节　自主形态与人的全面发展

一、人的发展的最高形态——“自由人联合体”

马克思认为，人类社会是从低级社会经济形式向高级社会经济形式演进的，即由无阶级、无剥削的原始共同体演进到有阶级、有剥削的社会，再演进到消灭阶级、消灭剥削的社会，这是一个否定的否定的历史过程。马克思把代替奴役制的人类社会形式称为“自由人联合体”。马克思主义的所有制发展理论与人的发展理论在这里达到了高度的统一，或者说，马克思主义人的发展理论与社会经济形态理论达到了高度的统一。

“自由人联合体”是马克思对未来社会的基本看法，是人和社会所追求的一个崇高理想，也是个人全面发展和自由个性得以实现的有效社会形式。我们从下面几方面进行具体分析。

（一）自由人联合体的本质特征

在马克思看来，“自由人联合体”既不同于古代那种天然形成的联合体（在那里，个人不过是共同体的附属物，不具有独立的人格，是以群体为本位的），也不同于资本主义异化社会的“虚幻的集体”①（这种虚幻的集体对个人产生奴役）。在“虚幻集体”中，个人是作为阶级的成员按等级参加的，而不是个人自愿平等地参加的，“阶级决定他们的生活状况，同时也决定他们的个人命运，使他们受它支配”②。个人在形式的独立性背后没有真正的独立自主性。但是，在自由人联合体中，个人是作为自由的个人自愿参加的，个人在其中具有独立自主性，是“自由的人”，联合体则是个性自由的个人发展的社会形式。其实质在于：它是以“自由个性”为目的、以个人自愿结成的联合体共同占有生产资料和产品为基础的社会。实际上，重新建立个人所有制和自由人联合体只是同一种社会形式的不同表述，因为那时的经济关系表现为直接的社会关系。

（二）自由人联合体形成的主体条件

随着社会生产力的发展，旧式分工造成的人的发展的片面性、畸形性已经消失，人们之间没有任何知识和能力上的重大差别，“任何人都没有特定的活动范围，每个人都可以在任何部门内发展，社会调节着整个生产，因而使我有可能随我自己的心愿今天干这事，明天干那事，上午打猎，下午捕鱼，傍晚从事畜牧，晚饭后从事批判，但并不因

① 马克思，恩格斯．马克思恩格斯全集：第三卷［M］．中共中央马克思恩格斯列宁斯大林著作编译局译．北京：人民出版社，1960：84．

② 马克思，恩格斯．马克思恩格斯全集：第三卷［M］．中共中央马克思恩格斯列宁斯大林著作编译局译．北京：人民出版社，1960：62．

此就使我成为一个猎人、渔夫、牧人或批判者"①。这就是说，人获得了全面的发展，过去社会强加的极其狭窄的活动范围已被打破，人们可以随自己的心愿自由地从事工作，在一切自己愿意表现其能力和个性的领域，自由地和充分地发挥、发展自己的体力、智力和创造能力，充分地展现自己个性的丰富性和多样性。

（三）自由人联合体形成的客体条件

生产力的高度发展，科学技术的普遍使用，交往方式的高度发达，都是自由人联合体形成的必要条件。实际上，马克思提出的自由人联合体的基本特征，与他提出的共产主义社会高级阶段的基本特征是一致的。这就是说，"共产主义和所有过去的运动不同的地方在于：它推翻了一切旧的生产和交往的关系的基础，并且破天荒第一次自觉地把一切自发产生的前提看作是先前世世代代的创造，消除这些前提的自发性，使它们受联合起来的个人的支配。因此，建立共产主义实质上具有经济的性质，这就是为这种联合创造各种物质条件，把现存的条件变成联合的条件"②。

（四）自由人联合体联合的基本原则

自由是个人的，也是总体的。个人的自由不是与社会总体相对立，而是在社会总体中实现的。以每个人的全面发展和自由个性的实现，达到个体和社会的和谐发展。

二、"自由人联合体"是马克思人的发展理论逻辑的必然

自由人联合体的理论与马克思人的发展理论研究的逻辑进程是一致的。自由人联合体的理论在《德意志意识形态》中已经奠定了基础。马克思和恩格斯指出："劳动转化为自主活动，同过去的被迫交往转化为所有个人作为真正个人参加的交往，也是相互适应的。联合起来的个人对全部生产力总和的占有，消灭着私有制。"③

在《共产党宣言》中，马克思和恩格斯通过论述资产阶级的必然灭亡和无产阶级的必然胜利，提出以自由人联合体的社会形式代替资本奴役的历史前景。他们指出："代替那存在着阶级和阶级对立的资产阶级旧社会的，将是这样一个联合体，在那里，每个人自由发展是一切人的自由发展的条件。"④ 在《1857—1858 年经济学手稿》中，马克思说："在共同占有和共同控制生产资料的基础上联合起来的个人所进行的自由交换相对立。（这种联合不是任意的事情，它以物质和精神条件的发展为前提……）"⑤ 在

---

① 马克思，恩格斯．马克思恩格斯全集：第三卷［M］．中共中央马克思恩格斯列宁斯大林著作编译局译．北京：人民出版社，1960：37.

② 马克思，恩格斯．马克思恩格斯全集：第三卷［M］．中共中央马克思恩格斯列宁斯大林著作编译局译．北京：人民出版社，1960：79.

③ 马克思，恩格斯．马克思恩格斯全集：第三卷［M］．中共中央马克思恩格斯列宁斯大林著作编译局译．北京：人民出版社，1960：77.

④ 马克思，恩格斯．共产党宣言［M］．中共中央马克思恩格斯列宁斯大林著作编译局译．北京：人民出版社，2014：51.

⑤ 马克思，恩格斯．马克思恩格斯全集：第四十六卷上［M］．中共中央马克思恩格斯列宁斯大林著作编译局译．北京：人民出版社，1979：105.

《1861—1863 年经济学手稿》中，马克思又说："如果单个工人作为单独的人要再恢复对生产条件的所有制，那只有将生产力和大规模劳动发展分离开来才有可能。资本家对这种劳动的异己的所有制，只有通过他的所有制改造为非孤立的单个人的所有制，也就是改造为联合起来的社会个人的所有制，才可能被消灭。"① 马克思在《论土地国有化》中进一步提出："生产资料的全国性的集中将成为由自由平等的生产者的联合体所构成的社会的全国性基础，这些生产者将按照共同的合理的计划自觉地从事社会劳动。"②

在《资本论》的创作过程，马克思通过严密的论证，对自由人联合体的历史前景不断进行理论升华。马克思在《资本论》第一卷第一章中提出："让我们换一个方面，设想有一个自由人联合体，他们用公共的生产资料进行劳动，并且自觉地把他们许多个人劳动力当作一个社会劳动力来使用。"③ 通过对资本主义的生产过程的分析，马克思揭示出生产社会化发展与生产资料私人占有这对资本主义社会的基本矛盾，做出了"资本主义私有制的丧钟就要敲响""剥夺者被剥夺""重新建立个人所有制"的科学论断。后来，在《资本论》第三卷中，马克思通过对资本主义生产的总过程的全面考察与分析，揭示了资本—利润、土地—地租、劳动—工资"三位一体"的秘密，并得出资本主义生产过程是一般社会生产过程的一个历史规定的形式的结论，从而进一步说明了资本主义私有制的历史性。在此基础上，马克思对自由人联合体再次做了解说，他说："这个领域内的自由只能是：社会化的人，联合起来的生产者，将合理地调节他们和自然之间的物质交换……作为目的本身的人类能力的发展，真正的自由王国，就开始了。"④

马克思关于自由人联合体的论述，是对资本主义的社会形式的矛盾运动做出的逻辑推论。尽管这个逻辑推论还不存在于现实人类生活之中，但是，根据已有的社会经济形态的演进历史，完全可以对其进行原则性的认识和把握，自由人联合体是对资本主义社会关系和生产制度的彻底否定。资本主义的社会关系和生产制度之所以被历史地否定，不仅在于它是一种奴役形式，而且在于它本身无法解决生产社会化的发展与生产资料私人占有的矛盾。只要社会大部分生产资料控制在少数人手里，那么，对于直接从事生产活动的大多数人来说，这种控制就仍然是一种盲目的力量的统治。资本奴役是人类历史上最后一种奴役形式，它的存在日益表现出与历史进步要求的对立，解决这种对立的唯一办法，就是消灭资本主义私有制，打破资本奴役的社会形式，将社会的生产资料的控制权掌握到作为社会化的历史主体的广大劳动者手中，实现社会化发展的要求与社会化的历史主体的和谐统一。

---

① 马克思，恩格斯．马克思恩格斯全集：第四十八卷［M］．中共中央马克思恩格斯列宁斯大林著作编译局译．北京：人民出版社，1985：21.

② 马克思，恩格斯．马克思恩格斯全集：第十八卷［M］．中共中央马克思恩格斯列宁斯大林著作编译局译．北京：人民出版社，1964：67.

③ 马克思，恩格斯．马克思恩格斯全集：第二十三卷［M］．中共中央马克思恩格斯列宁斯大林著作编译局译．北京：人民出版社，1972：95.

④ 马克思，恩格斯．马克思恩格斯全集：第二十五卷［M］．中共中央马克思恩格斯列宁斯大林著作编译局译．北京：人民出版社，1974：926－927.

三、人的全面发展实质是自由个性的实现

人的发展是一个辩证发展的历史，其自由个性经过商品经济生产形式中的片面发展，同时也在整体的历史进程中孕育着有助于克服片面性的积极因素，最终实现了“否定的否定”。马克思所说的“自由个性”既克服了小生产个人所有制条件下人们由自然发生的或政治性的个人之间的统治与服从关系的缺陷，又克服了资本主义私有制条件下人们之间由普遍的物化而形成的物的关系的弊端。自由个性表明，个人关系和个人能力已呈现全面性和普遍性，实现了对自然及社会关系的自觉控制，获得了人自身真正的自由。

马克思根据人的发展已有的历史去逻辑地展示未来的前景，对未来全面社会化的生产形式中的自由个性进行了理论化的提示。马克思站在社会历史条件和劳动人民实践的基础上，从人与自然、人与社会的关系去说明和把握“自由”。人与自然、人与社会是同一个过程的两个方面，人和自然的关系只有在社会关系中才能存在和实现，“社会是人同自然界的完成了的本质的统一”①。正是在人与自然、人与社会的现实活动的全面关系中，自由才得以产生、实现和发展。

第一，在全面社会化了的生产形式中，实现人与自然的和谐统一。在人的发展的历史进程中，人与自然的关系是贯穿始终的主线。这是因为“自然界是人为了不致死亡而必须与之不断交往的、人的身体……人是自然界的一部分”②。人类在至今的长期发展中，还没有能完全认识自然，被自然所支配，人的自由总是受到限制的。人的自由个性的全面实现，首先必须建立在对自然的完全控制的基础之上。正如马克思所说：“自由王国只是在由必需和外在目的规定要做的劳动终止的地方才开始；因而按照事物的本性来说，它存在于真正物质生产领域的彼岸。”③ 在自由王国出现之前，人与自然之间或完全对立或部分对立，随着人的能力的发展，这种对立逐步缩小。最终，“这个领域内的自由只能是：社会化的人，联合起来的生产者，将合理地调节他们和自然之间的物质交换，把它置于他们的共同控制之下，而不让它作为盲目的力量来统治自己；靠消耗最小的力量，在最无愧于和最适合于他们的人类本性的条件下来进行这种物质变换”④。

第二，在全面社会化的生产形式中，实现人的个体与社会的内在统一。“人们在生产中不仅仅同自然界发生关系。他们如果不以一定方式结合起来共同活动和互相交换其活动，便不能进行生产。为了进行生产，人们便发生一定的联系和关系；只有在这些社

① 马克思，恩格斯．马克思恩格斯全集：第四十二卷［M］．中共中央马克思恩格斯列宁斯大林著作编译局译．北京：人民出版社，1979：122.

② 马克思，恩格斯．马克思恩格斯全集：第四十二卷［M］．中共中央马克思恩格斯列宁斯大林著作编译局译．北京：人民出版社，1979：95.

③ 马克思，恩格斯．马克思恩格斯全集：第二十五卷［M］．中共中央马克思恩格斯列宁斯大林著作编译局译．北京：人民出版社，1974：926.

④ 马克思，恩格斯．马克思恩格斯全集：第二十五卷［M］．中共中央马克思恩格斯列宁斯大林著作编译局译．北京：人民出版社，1974：926－927.

会联系和社会关系的范围内，才会有他们对自然界的关系，才会有生产”①。随着生产的全面社会化和人的全面社会化，个体的人在社会关系中成为社会化的主体成为可能，也就使个人支配自身的社会关系成为可能。“它是个人的这样一种联合（自然是以当时已经发达的生产力为基础的），这种联合把个人的自由发展和运动的条件置于他们的控制之下”②。“各个个人在自己的联合中并通过这种联合获得自由”③。到那个时候，个体的人与社会的内在统一就会成为现实。正如恩格斯所说：“人们自己的社会行动的规律……那时就将被人们熟练运用起来，因而将服从他们的统治。人们自己的社会结合一直是作为自然界和历史强加于他们的东西而同他们相对立的，现在则变成他们自己的自由活动了……这是人类从必然王国进入自由王国的飞跃。”④

本章小结

经济的社会形态的发展是一个不以人们的意志为转移的有规律地从低级形态向高级形态发展的自然历史过程。社会经济形态是在人类社会发展一定阶段占统治地位的生产关系的总和。这就把一切社会关系归结为生产关系，把生产关系归结为生产力的高度，从而揭示了社会发展的最深刻的根源在于生产关系与生产力的矛盾运动，阐明了生产关系一定要适合生产力性质的规律。经济关系作为一定社会的基本构成要素，总要通过一定的形态表现出来。经济关系不是固定不变的、永恒的形式，它要随着社会生产力的发展而不断地发展和变化，因此，经济关系的表现形态在不同社会中会有所不同。经济活动是人类发展历史的真正起源和基础。人们在经济活动中，必然与他人形成一定的经济关系，只有形成这种关系，才会有人与自然的关系，才会有现实的经济活动。在不同的经济的社会形态中，人的发展具有不同的特征。在交换关系形态下人的发展表现为物的依赖性的基本特征。只有在自主形态下人才能实现全面发展，实现对自然及社会关系的自觉控制，获得人自身真正的自由。

思考题

1. 如何理解社会经济形态的基本内涵？
2. 经济关系在不同的社会经济形态中有怎样的不同？人类活动能力又有怎样的差别？
3. 自然经济形态下人的发展的特征有怎样的体现？
4. 为什么说交换关系形态下人的发展具有片面性的特征？
5. 如何理解人的全面发展？

---

① 马克思，恩格斯．马克思恩格斯全集：第六卷［M］．中共中央马克思恩格斯列宁斯大林著作编译局译．北京：人民出版社，1961：486.

② 马克思，恩格斯．马克思恩格斯全集：第三卷［M］．中共中央马克思恩格斯列宁斯大林著作编译局译．北京：人民出版社，1960：85.

③ 马克思，恩格斯．马克思恩格斯全集：第三卷［M］．中共中央马克思恩格斯列宁斯大林著作编译局译．北京：人民出版社，1960：84.

④ 马克思，恩格斯．马克思恩格斯全集：第十九卷［M］．中共中央马克思恩格斯列宁斯大林著作编译局译．北京：人民出版社，1963：245.

参考文献

［1］蔡俊生．人类社会的形成和原始社会形态［M］．北京：中国社会科学出版社，1988.

［2］马克思．摩尔根《古代社会》一书摘要［M］．中国科学院历史研究所翻译组译．北京：人民出版社，1978.

［3］吴泽．东方社会经济形态史论［M］．上海：上海人民出版社，1993.

［4］许崇正．人的发展经济学概论［M］．北京：人民出版社，2010.

［5］许崇正．人的发展经济学［M］．北京：光明日报出版社，2022.

第八章

产权与人的发展

产权与经济选择之间存在着系统关系。它对于经济行为和绩效，对于决定谁是经济活动的参与者，以及财富分配，都具有至关重要的影响和作用。正如柯武刚和史漫飞(Kasper and Streit，2002）所言：“产权并不是一个只影响大企业或无个性金融市场的抽象概念。它们与每个人的日常生活息息相关。它们直接影响着就业机会、消费者选择和每个人的学习动力。”[①] 产权关系及其制度，构成了社会经济生活的根本内容，最终决定着生产的效率，并是社会基础制度选择的主要依据。因此，产权与人的发展有着密切的关系，本章我们首先对人类财产观念的发展及产权的基本理论进行阐述，然后对不同产权制度下的人的发展进行分析。

第一节　人类财产观念及制度的演化

人们对财产权利的研究最早可以追溯到古希腊和古罗马社会，在整个思想史中，财产有时与繁荣、自由相提并论，有时又被人视为道德败坏、社会不公及战争的罪魁祸首。实际上，人类从最原始的社会到最先进的社会，所有历史都表明了对财产的普遍要求。

一、远古和中世纪人类对财产的认知

在远古和中世纪，人们大多认为财产是“神授”或“天成”的，是邪恶的根源。柏拉图的《理想国》(*The Republic*）是流传下来的人类最早对财产进行理论批判的著作。柏拉图认为财富分配上的极端不平等将导致社会冲突，主张消灭私有财产，实行公共所有制。在他那乌托邦式的理想社会中，居统治地位的精英阶层被剥夺了其所拥有的物品后，将不会受到私利的影响，而是全身心地服务于公共利益。

亚里士多德在《政治论》中对柏拉图的理想社会构想提出了质疑。他否定了柏拉图所持的公共所有制能消灭社会混乱的观点。他认为，共同拥有东西的人们比那些各自拥有东西的人更易发生争吵，能够有效根除纠纷的是教化，而不是对私有制的废弃。财

① 柯武刚，史漫飞．制度经济学——社会秩序与公共政策［M］．韩朝华译．北京：商务印书馆，2000：210.

产制度是无法消灭的，并且最终会是一种积极的力量，财产给人们带来变得慷慨大方的机会，从而把人提升到更高层次的伦理水平。

罗马时代对财产的理念所做的主要贡献在于法律领域。罗马时代的法理学家最先提出绝对私有制的概念。他们称之为“完全所有权”（*dominium*）——“在法律许可的范围内使用和耗费某人的物品的权利”（jus utendi et abutendi re sua quatenus iuris ratio patitur）[①]。完全所有权包含四层含义：必须是合法地获得的、排他的、绝对的并且是永久性的。中世纪的神学家们，大多把人看作是容易堕落的，而财产有可能成为邪恶的本源。基督教神学家们在基督教理想与世俗的现实之间找到有关财产的合理性。他们所持的基本假设是，财产并非来自自然法而是来自惯例（实在）法，因此必须得到尊重。

天主教的财产观点见诸托马斯·阿圭那（Thomas Aquinas）的《神学大全》（*Summa Theologica*）。阿圭那从正义的角度考察财产，他把正义定义为给予天下人以其所有之物并非合乎天道，因为所有物品都属于上帝，是上帝的子民共同的财产。但是他接受了亚里士多德《政治论》中的观点，认为共同所有制既不会提高效率，也不会带来和谐，只会导致混乱。为了能在灵魂上臻于至善境界，人必须具备唯有所有权才能给予的安全感。同时接受了亚里士多德关于财物使人能够行善的观点，认为布施行为是所有权必然的延伸，而道德的力量使富人们乐于把多余的财富全部赠予穷人。社会必须限制一切由财富导致的无度和过剩的状况。

新教的创始者们则超越了天主教教会对财产所持的宽容态度。路德和加尔文两人都特别赞成财产。路德谴责了德国叛乱的农民抢夺财产的行为，加尔文教派的信徒对财产持更为肯定的意见。加尔文非常赞许地写到了工业和商业以及它们给一部分人带来的巨大利益，否定了中世纪禁止高利贷的做法，并且承认了金钱和信用带来的利益。

美洲和南太平洋岛屿的发现[②]促成了一种与基督教神学的现实理想主义相冲突的乌托邦的理想主义，以及与自然法则的复兴紧密相关的新社会思潮的形成。这些旅行家的记述有一个共同的主题，即“高尚的野人”过着无拘无束的生活，既没有政府也没有法律。这种乌托邦式的理想主义的原型是托马斯·莫尔（Thomas More）的《乌托邦》（*Utopia*）。与中世纪的神学家一样，他们把人看成是容易堕落的；不一样的是，他们认为人的本性是好的，在法律和教育的共同作用下能够成为高尚的人。换句话说，通过让人受到理性法则的束缚，必要时采取强制手段，可以使之回心归善。他们设立了假想的公社（make believe communities）来约束人的感情和野心。对于乌托邦主义的倡导者而言，平等已经代替自由成为至高无上的优点。

另一部有影响的乌托邦著作是由托马索·康帕内拉（Tomaso Campanella）写于公元

---

① *utendi* 意即使用的权利，*abutendi* 指的是耗费，即任意处置的权利。

② 这是指哥伦布探索之旅对新大陆——美洲的发现及他的航行记述中所描绘的原住民（有人将其称为“高尚的野人”）的生活景象。南太平洋岛屿是指17世纪初被葡萄牙人所发现的澳大利亚的塔希提岛（Tahiti）。在18世纪，由于法国路易斯·德·布干维尔（Louis de Bougainville）对他在公元1768年的航行所做记录，塔希提岛获得了人间伊甸园的美誉。

1602 年的《太阳城》（*City of the Sun*）[①]。他设计了一个所有东西，包括智力成果，都共同拥有的社会。太阳城的居民过着集体生活。与莫尔的乌托邦不同的是，太阳城中没有奴隶，因为所有的工作都是光荣的。为了促进道德修养，所有的乌托邦社会都取消了选择的余地。人们无拘无束、自然发展的理想世界由此转变为一个受到严格控制的机构，在里面不存在个人主义，并且违反无处不在的规定就会受到严厉的惩罚。个人财产和家庭就此消亡。

远古时期和中世纪对产权的独立研究尚未出现，且混杂在政治学、伦理学和法理学等理论的研究中，其内容涉及对财产关系及权利的起源、财产权利的性质以及它所规定社会中各种人的地位等问题的研究。此时，“财产”一词实际上指的是土地。而土地不可避免地与统治权紧密相连，对土地的讨论引起了皇家（或者教廷）权力的问题，财产在理论探讨中也一直被视为无法躲避的邪恶。

二、近现代财产观念形成与发展

中世纪后期，随着新大陆的发现和飞速发展的商业的扩张，处于欧洲历史上的“近代社会初期”的西方世界，对财产的态度出现了巨大的突破。在欧洲，财产同时具有资本的意思，此时财产被当作具有积极意义的物品而对待，这种肯定财产和财富的作用的观点逐渐在公元 17 世纪、18 世纪的西方思想中成为主流。

（一）财富是人类道德水平提高的基础

斯宾诺莎（Spinoza）在其《伦理学》中写道，一个人愈努力能够寻求他自己的利益或保持他自己的存在，则他便愈有德性。反之，只要一个人忽略他自己的利益……则他便算是软弱无能。社会被越来越多的人看成是由个人组成的抽象的概念，而社会的康宁安乐是所有个人成功兴盛的综合。个人的成功，反过来，又被看作是理性生活的回报。公元 16 世纪、17 世纪的文献里有许许多多无限制地允许追求私人利益的事例。佛罗伦萨早期的人道主义者莱昂纳多·布鲁尼（Leonardo Bruni）把富人视为积极活跃的公众生活所必不可少的因素加以赞扬，而这种公众生活本身就可以被称为是“美好生活”。他写道，要想具有良好的品行，我们需要拥有很多物质财富。我们的德行越是杰出、伟大，我们就越是依赖这些东西。换句话说，个人追求财富并拥有财富不是罪恶。相反，财富是人类提高道德水平的重要基础。

（二）私有财产神圣不可侵犯

文艺复兴时期的理论家们则运用自然法来证明所有权的合法性。他们认为自然法则的出现先于实在法；所有人都拥有一些与生俱来的权利，政府不应侵犯这些权利，因为国家和政府之所以成立，就是为了实现保护人民的私有财产这一特殊目的。杰恩·博丹在其《共和国论》中援引了塞内加（Seneca）的论述，大意是“国王的权力无边，但

① 托马索·康帕内拉是一个多米尼加修道士，一个狂热的宗教信徒，曾被宗教裁判所作为异端分子在监狱中关押了 27 年。《太阳城》1623 年才得以出版。

私人财产不得侵犯”。博丹认为，政府产生的根源是由于处在自然状态下的人们需要获得对其所有物的保护，于是他们缔结了一份政治契约。国家的根基是拥有财产的家庭。主权权力不能越雷池一步去对家庭进行干涉：帝权（imperium）或王权（potestas）不能与完全所有权和财产（propritas）相混淆。博丹的著作确立了西方政治理论和实践的根本原则，即帝权（王权）不可侵犯个人财产权利[①]。

另一位运用自然法则来论证私有财产神圣不可侵犯的是荷兰法学家胡果·格劳秀斯。他在其代表作《论战争与和平法》中[②]，论述了主权国家之间的关系，同时也讨论了公民的权利。他指出，因为维护我们自己的财产是合法的行为，当有人来掠夺财产时，必要情况下可以将之杀死。他认为，最早的时候所有物品都是公共所有，但是大自然的恩赐并非永不枯竭。人口的增长以及人的野心和贪婪心的膨胀使得人们开始索求对牲畜、草地和可耕地的所有权，其依据就是“初占权”。这种情况在国家产生之前就出现了。

受博丹和格劳秀斯的影响，在 17 世纪的欧洲，人们普遍接受了自然法的存在，并且认为自然法是合理的、永恒不变和无法更改的，而且效力高于人类制定的法律（实在法）；自然法的一个方面就是个人财产的不可侵犯性，统治者即使不给予臣民参政的权利，也必须尊重其臣民的私有财产。

（三）产权与政权的关系——统治权不等于财产所有权

与自然法相关的整个思想体系在英国的克伦威尔革命和“光荣革命”中得到了实际的运用。当时英国的理论家在财产以及财产与政治权力的关系方面提出了新颖的观点，第一次对财产和自由的关系进行了研究，“财产”一词的含义有了根本性的变化。即财产不再仅指具有物质形态的东西，而且还包括个人拥有天然的权利去持有的任何东西。

托马斯·霍布斯（Thomas Hobbes）[③] 阐述了王权与产权的关系。他对“自然正义”的研究的起始点就是自问根据什么理由个人可以认为某一东西是为他所有的。他认为，所有权并非天然形成的，而是来自许可。在自然状态下物品不属于任何人，对这些物品的竞争导致了所有人对所有人的战争。在自我保存的本能促使下，为了避免无穷尽的争斗，人们放弃了自我管辖的天然权利，将之让渡给国家。在国家产生之前，世上唯有互相争斗不休的个人。他嘲笑那种认为自由是“私人财产”或者是“与生俱来的权利”的观点，在他看来，人的自由是由王权所赋予的。私有财产是国家的杰作，而国家保护了其所有者免受他人的侵犯。既然是国王使私有财产得以存在，他就拥有了对私有财产的合法权利：他可以不经臣民同意就进行征税和没收私有财产。

与托马斯·霍布斯同时代的詹姆斯·哈林顿（James Harrington）在其 1656 年的著作《大洋国》（*Oceana*）中，对国王相对于其臣民及其财产所具有的特权这一问题，做了更为现实的论述。哈林顿是第一个把政治权力视为经济的副产品的理论家，更具体地说，是将政治视为国家和人民之间的财富分配状况的副产品。他提出了在国王和臣民的财产权利

① 派普斯．财产论［M］．蒋琳琦译．北京：经济科学出版社，2003：33.

② 人们普遍认为这部著作奠定了国际法的基础。

③ 霍布斯是当时极力捍卫王权的一位非常有影响的理论家。其主要著作写于 1640 ~ 1651 年，也就是查理一世当政期间和其后的一段时间。

之间形成“平衡”的观点。他的基本假设是：所有的政府都是利益关系，其中占主导地位的利益关系决定了政府的本质或者基础。从早期的都铎王朝以牺牲国王和贵族的利益而使自耕农获益的土地改革中，哈林顿看到了君主专制之所以覆灭的根本原因①。

亨利·内维尔（Henry Neville）赞成哈林顿的假设，亦即无论何时何地，“财富孕育着统治权”，而统治者与民众之间的财富分配决定了政府的构成②。约翰·洛克（John Locke）认为，财产先于主权而存在，政治权力……是制定法律的权利……以此来规范和保护财产……这又必然导致人们联合起来组成国家，把自己置于政府的管辖之下，其最大和最为首要的目的就是保护其财产。

第二节 产权的基本理论

一、财产及财产权利

（一）财产的定义及分类

从语源学上来讲，“财产”一词来自拉丁语 *proprius*，意即特定于或者与一个个人相应的。从这个词中逐渐演变出拜占庭法理学的术语 *proprietas*，即“所有权”。更宽泛地讲，“财产”已逐渐包含了所有正当地属于一个人的东西，包括了其生命和自由。在马克思的影响下，一些现代理论家将“财产”定义为“体现在物上的人与人之间的关系”③，而不是对“物”的权利。财产权不应与物质形态上的占有相混淆，财产权不是所有者与物之间的关系，而是与物相对应的所有者与其他个人之间的关系。

过去，“财产”一词在我们的脑海中往往是有形物体的概念：房地产、银行账户、股票和债券。但是在现代社会中，财产越来越多地表现为诸如信用、专利权或版权之类的无形资产的形式，它实际上拥有更宽泛的含义。值得注意的是，“财产”从来就不意味着所有者亲身实施管理。将管理某人的财产的权利委托给他人的行为与所有权是并行不悖的，只要财产所有者保留了所有权。早在15世纪，欧洲商人就将其资本委托给专业人士经营的特许贸易公司、特许权公司和股份公司。那种认为所有权的实现要求自行对财产进行管理的观点是错误的。

人们将财产分为两类：生产性财产和私人性财产。生产性财产是指能够产生更多财产的一类财产（如土地、资本），私人性财产是指排他性使用的（如衣服、住房、武器、珠宝）财产。财产持有方式有两种：共有和私有。对共有财产的权利由所有的成员共同享有；私有财产属于一个人、一个有血缘关系的群体或个人联合体。

---

① 马克思认为，财产所有制（生产方式）决定了一个政府的本质和行为，而政府对于所有者来说是一个无用工具。哈林顿认为，财产分配决定了政府的本质和其政策，但政府是一个自我满足需要的实体。后来的马克思也持同样的观点。马克思认为国家是个人利益的工具，而哈林顿则认为国家是个人利益的竞争者。

② Henry Neville. Two English Republican Tracts. Cambridge：Cambridge University Press，1969：89－90.

③ Stephen R. Munzer，*A Theory of Property*（Cambridge，1990），17.

（二）产权的内涵

产权是一个外来词，是财产权（财产所有权）或财产权利的简称。在一些英文文献中我们找到了 property、property rights、a property right 和 the right of property 等表述形式。例如，我们在《大不列颠百科全书》中看到，property 是指“法定权利的客体，它把占有和财富结合在一起，通常强烈意味着个人所有权。在法律上，这个词指人与人之间对物的法律关系的综合。”① 该定义表明，property 不仅是产权的客体——财产，而且是“指人与人之间对物的法律关系的综合”。

此外，我们在另一部权威的经济学辞典《新帕尔格雷夫经济学大辞典》里查到了艾伦·瑞安（Alen Ryan）撰写的 property 词条和著名产权经济学家阿尔钦（Armen A. Alchian）撰写的 property rights 的词条。瑞安写道：“财产权与稀缺性和理性一样，是经济学的基础”（Property rights are as fundamental to economics as scarcity and rationality）②。阿尔钦则称，“产权是一种通过社会强制而实现的对某种经济物品的多种用途进行选择的权利”（A property right is a socially enforced right to select uses of an economic good）。③

除上述两个定义外，由于不同的产权学派研究产权问题的出发点和着力点不同，他们对产权的内涵各取所需，无法形成统一的产权定义，但是，对产权的理解还是有一些共识。例如，产权经济学家都把产权视为人们对物的使用所引起的相互关系，即是一种人与人之间的基本关系，而不是人对物的关系；他们都强调产权是一组行为性权利或者说是一个“权利束”；他们都把某一物品所附着的权利数量及其强度视为该物品经济价值大小的决定性因素；他们都把产权看作是一些社会制度等。

值得注意的是，产权作为一种权利，从另一个角度讲，它是一种自由。西方法理学总是把财产与自由联系起来，认为没有财产就谈不上自由。考特（Robert Cooter）和尤伦（Thomas U1en）指出：“财产的法律概念就是一组所有者自由行使并且其行使不受他人干扰的关于资源的权力，不受他人干扰的选择权通常称为‘自由’。因此，我们可以把财产定义为法律制度，它把一组关于资源的权力分配给人们，也就把在资源上的自由给了人们。财产创造了一个所有者无需告知他人就能够想怎么做就怎么做的隐私权。”④

综合众多的产权经济学家对产权的定义，我们得出结论：产权不是指人与物之间的关系，而是指由物的存在及关于它们的使用所引起的人们之间相互认可的行为关系。产权不仅是人们对财产使用的一束权利，而且确定了人们的行为规范，是一些社会制度。产权的基本内涵（或本质）如下：

第一，产权是与财产有关的，具有排他性的权利。产权的排他性意味着两个人不能

---

① 大不列颠百科全书［M］. 北京：中国大百科全书出版社，1999：509.

② 瑞安. 财产［M］//伊特韦尔等. 新帕尔格雷夫经济学大辞典：第三卷：K－P. 北京：经济科学出版社，1996：1099－1110.

③ 阿尔钦. 产权［M］//伊特韦尔等. 新帕尔格雷夫经济学大辞典：第三卷：K－P. 北京：经济科学出版社，1996：1101.

④ 考特，尤伦. 法和经济学［M］. 张军等译. 上海三联书店，1994：125.

同时拥有控制同一事物的某种相同权利，特定的权利只能是一个主体。产权虽然与排他性有关，但并不等于所有产权就必然是排他性产权。实际上，产权可以分为两大类：排他性产权与非排他性产权，且在这两种极端的类型之间还存在多种情况，排他性与非排他性不过是程度上的差别。

第二，产权是一种行为权利，是界定人们行为关系的一种规则。德姆塞茨在揭示产权起源时指出："在鲁滨逊的世界里，产权是不起作用的。"[①] 这里要注意的很重要的一点是，产权包括一个人或其他人受益或受损的权利，即产权规定人们可以做什么，不可以做什么，如果做了产权规定不该做的事情，谁应该向谁补偿。产权所表现出来的行为规则，实质上是交易主体之间的权、责、利关系。

第三，产权是可以分解的一束权利，如财产所有权可以横向分解为使用权、收益权和让渡权等，也可纵向分解为出资权、经营权和管理权。根据财产关系的变化，每一种权利还可以进行更细致的分解，产权分解的过程，也是权利界定的过程，产权分解界定得是否合理直接关系到交易费用的高低。"当一种交易在市场上议定时，就发生了两束权利的交换，权利不常常附着在一种有形的物品或服务上，但是正是权利的价值决定了所交换的物品的价值。"[②] 因此，产权是一个复数的概念，产权分解的必要性，取决于生产力发展与生产关系的矛盾规律。从发展的趋势看，随着生产社会化程度的提高，产权由合一到分解是社会分工的发展在产权权能行使方面的具体表现。

第四，产权是可以交易的权利。产权的排他性是产权交易的前提，特定的产权主体是唯一的和垄断的，特定的产权是有边界的和可计量的，否则就不能把特定产权从其他产权中分离开，并用于交易，也不能在交易过程中对产权进行有效计量，只有排他的、界定清晰的产权才具有可交易性。同时，产权意味着经济上的价值，所以是可以交易的，产权之所以具有经济上的价值，不仅是指产权客体是主体的劳动或劳动创造的结果，还意味着这些客体具有潜在的经济价值。例如，自然资源在未经人的劳动加工之前仅仅是自然物，根据劳动价值论它没有价值，但它是生产的条件，一旦与人类劳动相结合，就会给主体带来经济利益。再如，与物质形态无关的"无形物"，如特许权等，也可给主体带来经济利益。

由此可见，产权概念具有独立意义，在考察经济运行的表层权利结构时，产权概念是一个比所有权概念更恰当的、更便于分析的范畴。

（三）产权的构成

既然产权是一束权利，那么它究竟由哪些权利构成？在《牛津法律大辞典》中，产权被认为是由"占有权、使用权、出借权、转让权、用尽权、消费权和其他与财产有关的权利"构成的。[③] 埃格特森认为，产权"第一是使用一项资产的权利——使用者权利，即规定某个人对资产的潜在使用是合法的，包括改变或销毁这份资产的权利。……第二是从资产中获取收入以及与其他人订立契约的权利。第三是永久转让有关资产所有

① 转引自：Alchian A A，Demsetz H. Production，Information Cost and Economic Organization［J］. The American Economic Review，1972（5）：777－795.

② 科斯．企业、市场与法律［M］．盛洪，陈郁译校．上海：上海三联书店，1990：233.

③ 沃克．牛津法律大辞典［M］．北京社会与科技发展研究所组织翻译．北京：光明日报出版社，1988：729.

权的权利，即让渡或出卖一种资产”①。另一位学者阿贝尔对“产权束”也进行了描述，他指出，产权包括“所有权，即排除他人对所有物的控制权；使用权，即区别于管理和收益权的对所有物的享用和收益权；管理权，即决定怎样和由谁来使用所有物的权利；分享剩余收益或承担负债的权利，即来自于对所有物的使用或管理所产生的收益和成本分享和分摊的权利；对资本的权利，即对所有物的转让、使用、改造和毁坏的权利；安全的权利，即免于被剥夺的权利；转让权，即所有物遗赠他人或下一代的权利；重新获得的权利，即重新获得业已失去的资产的可能和既定保障；其他权利，包括不对其他权利和义务的履行加以约束的权利、禁止有害于使用权的权利”②。罗马法详细规定了几类产权：所有权、邻接权、用益权、使用权，以及抵押权③。

尽管产权学家对权利束的划分不尽相同，但我们可以根据已有的文献，将产权归结为以下四种基本权利，即将产权分解为所有权、使用权、用益权和让渡权等。

所有权是指在法律范围内，产权主体把财产（产权客体）当作自己的专有物，排斥他人随意加以侵夺的权利。具体讲，这一权利包含以下几层含义：第一，它表明产权主体对客体的归属、领有关系，排斥他人违背其意志和利益侵犯他的所有物（有形财产或无形财产）；第二，所有者对他的所有物可以设置法律许可的其他权利，即对他的所有权进行分解的权利，如他可以把他的房子出租给其他人或将收入权在一定时期内转让给另一个人（如出租车主班司机与代班司机的关系）；第三，利用所有者权能收取一定的经济利益④。

使用权是指产权主体使用财产的权利。对财产的使用可以大致分为三种情形：第一，使用而不改变其原有形态和性质，如人们利用机器进行生产时，机器的物质形态和性质不变；第二，部分改变其形态，而根本性质不变，如人们把布做成各式各样的服装；第三，完全改变，甚至使其原有形态完全消失，转换成其他的存在形式，如人们消费食物等。应该强调的是，在使用他人财产时，不得将其出租、出售或者改变质量。

用益权，国内一些学者称为“收益权”。西方产权学家认为，财产的用益权是指获得资产收益的权利。进一步说，“用益权是赋予所有者有权获取来自于一种资产的‘果实’或‘产出’”，“用益权的所有者仅对财产的果实拥有排他权，不拥有带来果实的资产”⑤。例如，一个农民可以拥有一块土地的农作物收益的权利，但这块土地不是他的。在这里，产权主体使用的是属于他人的物品，或者将其出租，但不是改变其质量或者出售给别人的权利。可见，在实施用益权的过程中需要遵守某些限制。根据德国民法，享有用益权的产权主体必须保证财产在经济上的完整性和特性，他不可以随意将森林改造成耕地，他的经营活动必须和有序管理的原则相一致。

让渡权是指以双方一致同意的价格把所有或部分上述权利转让给其他人的权利。让渡权是体现产权完整性的最为重要的组成部分，它确定了产权主体承担资产价值的变化

① 埃格特森．新制度经济学［M］．吴经邦等译．北京：商务印书馆，1996：35－36.

② 转引自：刘伟，李风圣．产权通论［M］．北京：北京出版社，1998：10－12.

③ 平乔维奇．产权经济学：一种关于比较体制的理论［M］．蒋琳琦译．北京：经济科学出版社，1999：29.

④ 权能即产权主体对财产的权利、职能和作用。

⑤ 弗鲁博顿，芮切特．新制度经济学：一个交易费用分析范式［M］．姜建强，罗长远译．上海：上海三联书店，2006：106.

的权利。

根据财产关系的变化，每一种权利还可以进行更细致的分解，产权分解的过程，也是权利界定的过程，产权的分解产生了多个权利主体。因为产权只有在多个权利主体之间进行权利界定时才有存在的意义。权利界定归哪一方，则该方相对于其他方来说就拥有产权，反之，其他方就不拥有产权。离开了其他方权利主体，面对一个单独存在的权利主体，就无从谈及产权的归属问题，这就是产权的相对意义。

与某一资源相联系的权利束一般被分配给了许多人，一些权利可能公共持有，所有人都可享用（即是非排他和不可转让的）；一些权利可能只是用益权（即排他的和不可转让的）；还有一些权利可能是私人拥有的（既排他又可自由转让）。例如，某人可能拥有一块土地的某些排他性的使用权，如可以耕种农作物，但不能种大麻，同时，享有对这块地的收益权及以双方达成的价格把这些权利自由转让的权利。然而，资源的用途具有多样性，对这块地而言，另一个人可能拥有穿过这块地进行灌溉的用益权，其他社会成员还可能享有向这块地排放烟雾和噪声的权利。所以，“产权的范围也是十分巨大的”（Ostrom，1988）[①]。

因此，产权是一个复数的概念，产权分解的必要性，取决于生产力发展与生产关系的矛盾规律。从发展的趋势看，随着生产社会化程度的提高，产权由合一到分解是社会分工的发展在产权权能行使方面的具体表现。值得注意的是，产权并不是使用权、用益权和转让权的简单相加，我们必须深入分析的是可转让条件下产权的全部权利在空间和时间上的分布形态，以及产权内部各种权利之间的边界和相互制约的关系。

（四）产权的分类

我们可以从不同的角度对产权进行分类，产权的分类标准不同，产权的类型就不同。例如，我们既可以根据产权的排他性程度来划分，也可以根据产权的特征来划分，还可以根据产权的主体和客体来划分等。我们根据产权的排他性程度将产权分为以下三种类型或形式：

1. 私有产权

“私有产权是对必然发生的不相容的使用权进行选择的权利的分配。”[②] 这种权利并不是对物品可能用途施以人为的或强加的限制，而是对这些用途进行选择的排他性权利的分配。换句话说，私人权利的所有者有权排除他人行使这种权利。值得注意的是，私有产权（private property rights）并不意味着所有的权利都掌握在一个人手里，私有产权可以由两个或多个人拥有，同样是一种有形资产，不同的人可以拥有不同的权利。只要每个人拥有互不重合的不同权利，多个人同时对某一资源或资产行使的权利仍是私有产权。所以，私有产权的关键在于，对所有权利行使的决策及其承担的后果完全是私人做出的。

---

① 转引自：菲吕博顿，瑞切特．新制度经济学［M］．孙经纬译．上海：上海财经大学出版社，1998：55.

② 阿尔钦．产权：一个经典注释［M］//科斯等．财产权利与制度变迁．刘守英等译．上海：上海三联书店，1994：167.

2. 共有产权

共有产权（communal property rights）是将权利分配给共同体的所有成员。即共同体的每一成员都有权分享同样的权利，但排除了共同体外的任何成员对共同体内的任何成员行使这些权利的干扰。原始社会土地上耕作和狩猎的权利常常是共同拥有的，现代社会在人行道上行走的权利也是共有的。共有产权的特点是，某个人对一种资源行使某项权利时，并不排斥他人对该资源行使同样的权利，与私有产权相比，其最重要的特点在于共有产权在个人之间是完全不可分的，即完全重合的。因此，即使每个人都可以使用某一资源来为自己服务，但每个人都没有权声明这个资源是属于他的财产。由于共有产权在共同体内部不具有排他性，因此，这种产权常常给资源利用带来外部效应。例如，清洁的空气是公有的，但结果是个人造成污染却不对排放有害气体负责。

3. 国有产权

国有产权（state - owned property rights）则意味着只要国家按可接受的政治程序来决定谁可以使用或不能使用这些权利，它就能排除任何人使用这一权利。

从经济学意义上来讲，不同的产权形式对资源配置的效率会产生不同的影响。例如，在共有产权下，由于共同体内的每一成员都有权平均分享共同体所具有的权利，如果对他使用共有权利监督和谈判成本不为零，他在最大化地追求个人价值时，由此所产生的成本就有可能有部分让共同体内的其他成员来承担。一个共有权利的所有者，无法排斥其他人来分享他努力的果实，所有成员要达成一个最优行动的谈判成本可能非常之高，共有产权导致了很大的外部效应；在国有产权下，由于权利是由国家所选择的代理人来行使，作为权利的使用者，由于他对资源的使用与转让以及最后成果的分配都不具有充分的权能，就使他对经济绩效和其他成员的监督和激励减低，而国家要对这些代理者进行充分监督的费用又极其高昂，再加上行使国家权力的实体往往为了追求其政治利益而偏离利润最大化原则，在选择其代理人时也具有从政治利益而非经济利益考虑的倾向，因而国有产权下的外部效应也是极大的；在私有产权下，所有者在做出一项行动决策时，他就会考虑未来的收益和成本倾向，并选择能使其私有权利的现期价值最大化的方式来做出使用资源的安排，而且为了获取收益所产生的成本，也只能由他个人承担。因此，在社团产权和国有产权下的许多外部效应，就在私有产权下被内在化了，从而产生了更有效地利用资源的激励。

值得注意的是，有些学者将产权分成绝对产权（absolute property rights）和相对产权（relative property rights）两大类①。所谓绝对产权是针对所有其他人的，包括有形物品（如土地财产等）和无形物品（如版权和专利等），它是指对所有物具有个人独占的权利，它保证所有者可以实施于其他所有人身上的权利。绝对产权界定了有关非所有者必须遵守或承担不遵守的成本的行为规范。相对产权是指赋予所有者“能够施加于一个

---

① 弗鲁博顿，芮切特．新制度经济学：一个交易费用分析范式［M］．姜建强，罗长远译．上海：上海三联书店，2006.

或多个特定人身上的权利”（Merryman，1985）①。相对产权可能产生于自由达成的合约或者法庭上的指令（侵权行为的情形中）。也就是说，相对产权包括合约性产权，如信用债务关系或销售关系，以及法律上的强制义务。

二、产权的功能

我们可以从一则有趣的故事引出产权的功能或作用。萨缪尔森（P. A. Samuelson）在1950年曾预言，经济发展最快的将是南美，因为那里资源丰富，劳动力受教育程度高，但后来他发现自己错了。因为他原先预计产权制度并不是经济结构最基本的问题。但事实上，第二次世界大战后欧洲以及东南亚地区经济发展最快。尽管这些国家资源贫乏，但由于产权制度合理，产权管理得当，因而经济得到了高速发展。这个故事说明，产权的功能和作用是非常大的。

（一）激励和约束功能

在一个资源不稀缺的世界里，产权是不起作用的。但是，人类社会所面临的是一个资源十分稀缺的环境，每个人的自利行为都要受到资源的约束。如果不对人们获取资源的竞争条件和方式做出具体的规定，亦即设定产权安排，就会发生争夺稀缺资源的利益冲突，以产权界定为前提的交易活动也就无法进行。因此，产权制度对资源使用决策的动机有重要影响，并因此影响经济行为和经济绩效。

“对未来产权的确信度，决定人们对财富种类和数量的积累。”② 产权的激励功能是通过利益机制得以实现的，如果产权受到威胁和没收，就会造成人们对未来预期的不确定性。由于获取未来收益的概率较小，要求得到或创造资产的人就很少，生产性资产的价值就会大大降低。在这个过程中，储蓄会向当前消费转移，并导致经济增长率的下降。同时，良好界定的产权使拥有者能把他的努力结果转让给他的后裔，反之，则减少了人们为将来做好准备的激励。中国古代思想家孟子说过，有恒产才有恒心。

约束与激励是相辅相成的，实际上，约束就是一种负激励。我们知道，产权关系既是一种利益关系，又是一种责任关系，从利益关系说是一种激励，从责任关系说则是一种约束。如果说，只有利益而没有责任，或者只有激励而没有约束，那么产权就不能发挥应有的作用。“良好界定的产权限制人们使用资产的方式。要使人们对他们的行动或不行动的结果负责，产权是其中的重要因素。此外，产权界定保证人们以某种方式承担他们行为的成本。”③ 产权不清晰，责任就无法明确。一个明显的例子是，在产权没有明确界定的情况下，对森林的乱砍滥伐将导致生态失衡，水土流失，因为这

① 转引自：弗鲁博顿，芮切特．新制度经济学：一个交易费用分析范式［M］．姜建强，罗长远译．上海：上海三联书店，2006：103.

② 华特斯．经济增长与产权制度［M］//道，汉科，瓦尔特斯．发展经济学的革命．黄祖辉等译．上海：上海三联书店，上海人民出版社，2000：131.

③ 华特斯．经济增长与产权制度［M］//道，汉科，瓦尔特斯．发展经济学的革命．黄祖辉等译．上海：上海三联书店，上海人民出版社，2000：134.

里只有利益而没有责任。因此，产权的约束功能表现为产权的责任约束，即在界定产权时，不仅要明确当事人的利益，而且要明确当事人的责任，使他明确应该做什么，不应该做什么，使他知道侵权或越权的后果或所要付出的代价。如此一来，产权主体或当事人就会自我约束。

（二）外部性内在化[①]

在鲁宾逊的世界里，产权是不起作用的。产权是一种社会工具，其重要性就在于事实上它们能帮助一个人形成他与其他人进行交易时的合理预期。这些预期通过社会的法律、习俗和道德得到表达。产权包括一个人或其他人受益或受损的权利。那么很显然，产权是界定人们如何受益及如何受损，因而谁必须向谁提供补偿以使他修正人们所采取的行动。这一认识能很容易地导致产权和外部性之间的密切关系。

外部性最典型的就是人们所熟悉的烟尘的例子。在对外部性的处理方面，传统经济学家庇古主张对外部性（危害）一律实行政府干预。而科斯等产权经济学家则主张可以通过产权谈判和产权界定，使外部性问题内在化。在产权经济学家看来，只有当内在化的所得大于内在化的成本时，产权的发展才有利于使外部性内在化。德姆塞茨指出："产权的一个主要功能是引导人们实现将外部性较大地内在化的激励。"[②] 比如，欧洲封建社会中的农奴向自由人的转变就是一个产权重新界定、将外部性内在化的过程。我们知道，由于农奴对庄园主有人身依附关系，庄园主在使用农奴劳动时并没有支付农奴劳动的全部成本。如果农奴是自由人，那么他们就可以和庄园主进行谈判，要求庄园主向他们支付以作为自由人的预期报酬为基础的自由补偿。[③] 这样，庄园主使用农奴劳动时的成本在计算中就被内在化了。可见，产权在将外部性内在化中所起的作用十分明显。

（三）资源配置功能

产权与经济选择之间存在着系统关系，在其他情况不变的条件下，任何物品的交换价值都取决于交易中所包含的产权束，因此资源中所包含的产权会进入决策者的效用函数，这样产权制度的变迁必然会影响人们的行为方式，并通过对行为的这一效应，产权安排会影响资源的配置、产出的构成和收入的分配等。

---

① 外部性概念源于马歇尔《经济学原理》中分析产业生产成本作为产量函数时引入的"外在经济"的术语。"我们可以把任何一种货物的生产规模之扩大而发生的经济分为两类：一是有依赖于这工业的一般发达的经济；二是有赖于从事工业的个别企业的资源、组织和经营效率的经济。我们可称前者为外在经济，后者为内在经济"。（马歇尔．经济学原理：上册［M］．朱志泰译．北京：商务印书馆，1964：279－280.）随着经济学的发展，马歇尔的内在经济概念演变成为厂商规模经济；而外在经济概念与它的对立词外在不经济一起被作为外在性的两种类型广泛地应用于分析生产活动和消费活动。通常外在性是指某一生产或消费的行为对其他生产者的生产函数或消费者的消费函数产生的影响，而这种影响又没有通过价格机制得到体现，外在性的制造者既没有信号提醒他考虑外在性，也没有激励刺激他考虑自己制造的外在性，结果便是：供给曲线不能完全反映生产的边际成本，需求曲线不能完全反映消费的边际成本，经济效率的条件得不到满足，市场失灵便出现了。

② 德姆塞茨．关于产权的理论［M］//科斯等．财产权利与制度变迁．上海：上海三联书店，1991：98.

③ 德姆塞茨指出："在一项关于一个人的自由权利的法律创立时，如果一个人要得到服务，这将迫使企业对纳税人提供部分补偿以足以包括使用他的劳动的成本。因此，劳动的成本在企业或纳税人的决策中就被内在化了。换言之，法律授予了企业或纳税人对奴隶劳动的明确权利，这将迫使奴隶的所有者考虑愿意为他们的自由提供的支付总量。"摘自：科斯等．财产权利与制度变迁．上海：上海三联书店，1991：99.

产权制度包括正式制度，如宪法条款、成文法、法庭判决和与财富的配置及使用有关的非正式的惯例和习俗。产权决定了在一个经济体系中谁是经济主体，规定了社会中的财富分配。在资源禀赋类似的社会里，产权制度的不同导致了经济绩效上的差异。产权经济学家认为，通常情况下私有产权的资源配置效率要高于共有产权，正如阿尔钦所言："除私有产权以外的其他产权都降低了资源的使用与市场所反映的价值的一致性。"① 因为，一方面，如果共有产权意味着每个自由进入的使用者都能平等地分享和获得平均报酬，这必然会导致资源的过度使用，如对公海或江河中的鱼资源的过度捕捞等。另一方面，如果共有产权意味着现有的使用者能阻止更多的使用者，那么，当现有成员在使个人的平均产量（不是边际产量）最大化时，其结果将是较少的使用者，资源就会利用不足，如俱乐部资源的使用。但我们不能误解成私有产权绝对优于共有产权，因为并不是所有资源都能由私有产权得到满意的控制，空气、水、电磁发射、噪声和风景就是一些例子。因而，人们设计了其他一些产权形式。

因此，不同性质的资源要有不同的产权形式与之匹配，只有合适的产权安排，才是生产资源得以有效使用和优化配置的先决条件。这一点已经得到经验事实的证明。日本和一些新兴工业化国家在发展初期，都进行过现代产权调整，对其经济复兴起到了不可低估的作用，中国也是如此。

第三节　马克思的所有制（产权）理论

关于财产权利的研究②，并非始于当代西方产权学派，只要浏览一下人类经济、法律和其他社会科学的发展史，便可清楚地认识到这一点。尽管马克思和恩格斯没有撰写专门的产权著作，但是，其产权思想散见于《黑格尔法哲学批判》《德意志意识形态》《哲学的贫困》《共产党宣言》《雇佣劳动与资本》《〈政治经济学批判〉导言》《政治经济学批判》《哥达纲领批判》《反杜林论》《家庭、私有制和国家的起源》等著作中。

一、所有制（权/产权）的含义

马克思从历史唯物主义出发，把所有权看作是生产关系的法律表现。"在每个历史时代中所有权以各种不同的方式、在完全不同的社会关系下面发展着。因此，给资产阶级的所有权下定义不外是把资产阶级生产的全部社会关系描述一番。"③ 可见，所有权在马克思那里首先是生产关系的概念，其次才是法律的概念。

按照马克思的观点，所有制即生产资料所有制，是指人们在生产中对生产资料的所有、占有、支配、使用等所形成的相互关系。在马克思看来，所有制不外是劳动主体与

---

① 阿尔钦．产权：一个经典注释［M］//科斯等．财产权利与制度变迁．上海：上海三联书店，1991：174.

② 广义的产权与广义的所有权在内涵上可以相等。

③ 马克思，恩格斯．马克思恩格斯全集：第四卷［M］．中共中央马克思恩格斯列宁斯大林著作编译局译．北京：人民出版社，1958：180.

劳动客观对象之间的关系，是“根据个人与劳动的材料、工具和产品的关系，决定他们相互之间的关系”①。简单地说就是通过对物的占有而形成的人与人之间的关系，这种关系决定了劳动者与生产资料结合的社会形式。马克思认为：“不论生产的社会形式如何，劳动者和生产资料始终是生产的因素。但是，二者在彼此分离的情况下只在可能性上是生产的因素。凡要进行生产，就必须使它们结合起来，实行这种结合的特殊方式和方法，使社会结构区分为各个不同的经济时期。”②

基于物质资料的生产是人类社会生存和发展的基础这一事实，马克思进一步认为，生产条件的归属是一切其他财产关系的决定因素。因此，在研究社会经济制度的性质和它的运动规律的政治经济学这门学科中，讲到所有制都是指生产资料的所有制，只有生产资料所有制才能作为生产关系总和的同义语来表述。

马克思深刻认识到了法权关系与经济关系的根本区别，并把法律上财产关系当作生产过程中所有制的表现形式。他指出，仅仅从私有者意志来考察的物根本不是物，物只有在交往中并且不以权利为转移时才是物，即成为真正的财产。“法的关系正像国家的形式一样，既不能从它们本身来理解，也不能从所谓人类精神的一般发展来理解，相反，它们根源于物质的生活关系……”③ 马克思在阐述了国家、法律与所有制的关系后指出，资产阶级国家及其制定的共同规章即法律，实质上只是为了私有制存在。不过，一切共同规章都是以国家为中介的，由此便会产生错觉，好像法律是以自由意志为基础的。马克思在具体分析商品市场和劳动力市场的法权关系后指出，为了使商品交换得以进行，商品监护人及所有者只有符合另一方的意志，才能让渡自己的商品，要占有别人的商品，必须彼此承认对方是私有者。“这种具有契约形式的（不管这种契约是不是用法律固定下来）法的关系，是一种反映着经济关系的意志关系。这种法的关系或意志关系的内容是由这种经济关系本身决定的。”④

可以看出，这里实际上存在着两个不同的概念：从经济关系上来把握的所有权——所有制和从法律形式作为一种意志关系把握的所有权。对社会经济运动来说，所有制是基本的、起决定性作用的关系，所有权则不过是经济关系在法律上的表现形式；所有制是经济范畴，所有权是法律范畴；所有制是生产资料归谁所有的经济制度，所有权是财产归谁所有的法律制度；所有制体现人们在生产资料占有中形成的经济关系，是生产关系的基础和核心，它决定了人们在生产过程中的关系以及交换关系和分配关系，所有制决定所有权，所有权是所有制的法律表现。例如，同是土地所有权，但封建土地所有制与资本主义土地所有制中的土地所有权就有本质的区别。资本主义条件下的土地所有权形式，不再是反映封建地主与农民的租佃关系，而只是资本投入农业而产生的一定的生产关系和交换关系的表现。只有认识了它的经济关系内容，才能理解这两种有本质区别

① 马克思，恩格斯．马克思恩格斯选集：第一卷［M］．中共中央马克思恩格斯列宁斯大林著作编译局编．北京：人民出版社，1972：26.

② 马克思，恩格斯．马克思恩格斯全集：第二十四卷［M］．中共中央马克思恩格斯列宁斯大林著作编译局译．北京：人民出版社，1972：44.

③ 马克思，恩格斯．马克思恩格斯选集：第二卷［M］．中共中央马克思恩格斯列宁斯大林著作编译局编．北京：人民出版社，1995：32.

④ 马克思．资本论：第一卷［M］．中共中央马克思恩格斯列宁斯大林著作编译局译．北京：人民出版社，2004：103.

的土地所有权。再如商品所有权，如果只从法律形式上看商品所有权，简单商品经济条件下的商品所有权和资本主义商品经济条件下的商品所有权都是共同的、没有区别的，但如果从所有制关系上看，一个是以自己的劳动为基础的所有权，一个是以侵占他人劳动为基础的所有权。

所以，在马克思和恩格斯看来，把所有制和所有权严格区分开来是非常必要的，混淆二者往往会得出不正确的结论。

二、产权的起源和演变

马克思、恩格斯是以他们创立的唯物史观作为基本方法论来认识产权和所有制的起源的。他们认为人类社会的第一种产权关系是公有产权，私有产权是在此基础上发展起来的。

马克思在其《政治经济学批判》（1857～1858年手稿）中考察了资本主义生产以前的各种所有制及其产权制度，其中包括原始公社的各种形式，认为原始社会的产权基本上是公有产权，而以土地公有为典型，并且认为这种财产关系是自然形成的。马克思指出："财产最初无非意味着这样一种关系：人把他的生产的自然条件看做是属于他的、看做是自己的、看做是与他自身的存在一起产生的前提；把它们看做是他本身的自然前提，这种前提可以说仅仅是他身体的延伸。其实，人不是同自己的生产条件发生关系，而是人双重的存在着：从主体上说作为他自身而存在着，从客观上说又存在于自己生存的这些自然无机条件之中。"① 因为人类的产生，就是自然的结果，而自然决定了人类的幼年时期是以"天然共同体"形式存在，他们对一切财产都自然而然地是公有关系。恩格斯在《家庭、私有制和国家的起源》中，在充分利用摩尔根的《古代社会》② 一书研究成果及马克思对《古代社会》研究成果的基础上，也认真考察了原始公有产权。

概括起来，马克思和恩格斯关于公有产权起源的论述，可谓自然起源说。所谓自然包括三重含义：第一，生产力的原始状态或自然状态；第二，人们的劳动对象和占有对象是自然之物；第三，人与人之间的关系的原始、自然状态。正是这三种意义的"自然"决定了公有产权的产生。

马克思指出，私有产权的产生和发展与原始社会的家庭及其演变密切相关。在以血缘关系为纽带的血亲氏族由自然共同体逐渐演变为具有独立经济意义的家庭时，私有产权也就在原始公有制内部产生了。值得注意的是，私有产权开始并不是作为一种独立的私有制存在的，而只是在生产资料的狭义所有权以外的权力上产生，在土地等基本生产资料仍然是公有制的前提下，私有家庭对土地具有实际上的占有权和使用权。马克思进一步分析，家庭由公有经济单位转变为私有经济单位的客观条件是生产力的发展，也就是说人的劳动生产率提高到可以按小家庭为单位从事市场活动并出现剩余产品。同时，

① 马克思，恩格斯．马克思恩格斯文集：第八卷［M］．中共中央马克思恩格斯列宁斯大林著作编译局译．北京：人民出版社，1979：491

② 《古代社会》是美国著名人类学家摩尔根历经40年的研究、考察、收集资料而写出的一部巨著，在这部著作中，摩尔根根据对美洲各地印第安人的考察，对古代希腊、罗马历史的研究，对亚洲、欧洲、澳洲部落制度的了解分析，证明了氏族是原始社会的基本组织。

家庭演变是与人类婚姻、性关系的演变相联系的，随着群婚制向个体婚制的转变，家庭单位变得越来越小，家庭也就由大的共同体转变为原始氏族公有制前提下相对独立的小经济单位。由此可见，家庭由自然共同体演变为独立的单个的经济单位，家庭私有制就产生了。私有产权主体首先是私有家庭主体，家庭私有制是人类私有制的第一种形式。

第二种形式是以劳动者自己劳动为基础的私有制。在这种形式下，劳动者不仅是劳动工具的所有者，而且也是原料和生活资料的所有者。“这是第二种历史状态，它按其本性只有作为第一种状态的对立物，或者可以说，同时作为已经改变的第一种状态的补充物，才能存在。”①

第三种形式是以无偿占有他人劳动为基础的资本主义私有制之前的私有制，“这种形式实质上是奴隶制和农奴制的公式”②。在这种形式下，土地和劳动对象都不归劳动者所有，甚至劳动者本身也不归劳动者所有。

对于资本主义私有制，马克思认为：“在资本的公式中，活劳动对于原料、对于工具、对于劳动过程中所必需的生活资料，都是从否定的意义上即把这一切都当作非财产来发生关系的。”③ 在这种状态下，劳动者除了劳动力外，既没有土地财产，也没有劳动工具的所有权，甚至没有生活资料的所有权。因此，在马克思看来，资本主义所有制不仅否定了原始公有制，也否定了以劳动者自己劳动为基础的私有制以及资本主义以前的剥削制度。“所有权对于资本家来说，表现为占有别人无酬劳动或产品的权利，而对于工人来说，则表现为不能占有自己的产品。”④ 马克思以资本主义内部两大阶级的产权关系为主线，讨论了资本家与工人在市场上的平等交换关系如何转化为企业内部资本家对工人的专制统治。他认为，劳动力市场上的平等交易反映的只是资本主义社会的表面现象，它掩盖了资本家和工人关系的本质。

三、产权的结构

在马克思的产权理论中，生产资料的所有权反映生产资料的归属，占有权是对生产资料的使用价值的实际拥有，谁取得了生产资料的占有权，就取得了生产资料的实际支配权和使用权，并且产权系统中的所有权、占有权、使用权和支配权是可以分离的。

在前资本主义私有制的产权结构中，马克思指出，不仅在以自己的劳动为基础的私有制中，而且在无偿占有他人劳动的奴隶制中，所有权和占有权是统一的。对于资本主义私有制之前的所有权与占有权的分离，马克思主要通过对亚细亚生产方式的考察来论述：其一，“在亚细亚的（至少是占优势的）形式中，不存在个人所有，只有个人占

① 马克思，恩格斯．马克思恩格斯全集：第四十六卷上［M］．中共中央马克思恩格斯列宁斯大林著作编译局译．北京：人民出版社，1979：501.

② 马克思，恩格斯．马克思恩格斯全集：第四十六卷上［M］．中共中央马克思恩格斯列宁斯大林著作编译局译．北京：人民出版社，1979：502.

③ 马克思，恩格斯．马克思恩格斯全集：第四十六卷上［M］．中共中央马克思恩格斯列宁斯大林著作编译局译．北京：人民出版社，1979：500.

④ 马克思．资本论：第一卷［M］．中共中央马克思恩格斯列宁斯大林著作编译局译．北京：人民出版社，1975：640.

有；公社是真正的实际所有者；所以，财产只是作为公共的土地财产而存在”①。其二，“在大多数亚细亚的基本形式中，凌驾于所有一切小的共同体之上的总合的统一体表现为更高的所有者或唯一的所有者，因而实际的公社只不过表现为世袭的占有者”②。

马克思还区分了领主制经济和地主制经济中的产权结构。在领主制经济中，基本生产资料完全归领主所有，直接生产者农奴也被领主不完全占有；而对于地主制经济，则是所有权和占有权相分离的。“在劳动地租、产品地租、货币地租（只是当作产品地租的转化形式）这一切地租形式上，支付地租的人都被假定是土地的实际耕作者和实际占有者，他们的无酬剩余劳动直接落入土地所有者手里。”③

在资本主义私有制中的产权结构，马克思认为，在使用自有资本进行生产和交换的经济中，所有权和占有权是统一的。随着资本主义信用制度的发展和股份公司的出现，所有权和占有权发生了分离。在信用制度下，借贷资本家一旦将资本贷给职能资本家，借贷资本家就只拥有这些资本的所有权，而占有权则完全归职能资本家。在股份公司中，“实际执行职能的资本家转化为单纯的经理，即别人的资本的管理人，而资本的所有者则转化为单纯的所有者，单纯的货币资本家。因此，即使后者所得的股息包括利息和企业主收入，也就是包括全部利润（因为经理的薪金只是，或者应该只是某种熟练劳动的工资，这种劳动的价格，同任何别种劳动的价格一样，是在劳动市场上调节的），这全部利润仍然只是在利息的形式上，即作为资本所有权的报酬获得的”④。

四、马克思与西方学者产权理论的比较

产权制度是马克思主义经济学和新制度经济学共同关注的经济范畴。斯韦托扎尔·平乔维奇曾认为，马克思是第一位有产权理论的社会科学家。道格拉斯·诺思也承认马克思在产权理论方面做出了巨大贡献。然而，西方产权理论模型强调交易费用的比较、市场机制的发挥和私有产权的精细化或明晰化，注重个别案例的研究；马克思的产权理论模型强调生产力与生产关系的矛盾运动，注重阶级关系和制度革命的研究。

正如诺思所说：“这里的一个例外是卡尔·马克思的著作，他企图将技术变迁与制度变迁结合起来。马克思最早阐述的生产力（它常常被马克思用来指技术状态）与生产关系（常意指人类组织和具体的产权方面）的相互关系，是将技术限制与制约同人类组织局限性结合起来所作的先驱性努力。”⑤“在马克思主义模型中，技术变革是现存经济组织内潜力不能实现的生产技术的先导。结果促使新阶级推翻现存制度，并发展出使该阶级得以实现新技术潜力的一组所有权。马克思主义的框架之所以是目前对长期变

---

① 马克思，恩格斯．马克思恩格斯文集：第八卷［M］．中共中央马克思恩格斯列宁斯大林著作编译局译．北京：人民出版社，2009：132.

② 马克思，恩格斯．马克思恩格斯文集：第八卷［M］．中共中央马克思恩格斯列宁斯大林著作编译局译．北京：人民出版社，2009：124.

③ 马克思．资本论：第三卷［M］．中共中央马克思恩格斯列宁斯大林著作编译局译．北京：人民出版社，2004：907.

④ 马克思．资本论：第三卷［M］．中共中央马克思恩格斯列宁斯大林著作编译局译．北京：人民出版社，1975：494.

⑤ 诺思．制度、制度变迁与经济绩效［M］．刘守英译．上海：上海三联书店，1994：177.

革最有力的论述，恰好是因为它将新古典框架舍弃的全部因素都包括在内：制度、所有权、国家和意识形态。马克思所强调的所有权在有效率的经济组织中的重要作用以及现存所有权体系与新技术的生产潜力之间紧张关系在发展的观点，堪称是一项重大贡献。在马克思主义体系中，正是技术变革造成紧张状态，而变革又是通过阶级斗争实现的。”①

（一）方法论的比较

马克思的基本方法论是辩证唯物主义和历史唯物主义。这一哲学方法论的形成，一方面取决于马克思、恩格斯对以往经济学方法论和更广泛的哲学思潮的有意识的研究和批判，包括对黑格尔和费尔巴哈的辩证法及唯物主义的研究和批判，创立了与唯心辩证法不同的唯物辩证法和与“直观的唯物主义”不同的“实践的唯物主义”，即强调唯物主义必须建立对社会本身及其内部矛盾的解剖、理解的基础之上。所谓唯物史观或历史唯物主义，就是以辩证唯物主义的观点去分析、理解人类社会的历史演变。所以我们一般说马克思主义经济学基本方法论为唯物史观。关于“历史唯物主义”这一基本方法论的含义和内容，一般概括为，生产力决定生产关系，经济基础决定上层建筑，生产关系反作用于生产力，上层建筑也反作用于经济基础。生产关系、上层建筑的变化都是由客观规律决定的，具有必然性，最终的决定因素是生产力，人类社会的不同历史时期，生产力发展状况不同，生产关系和支配分配关系的规律也不同。

西方现代产权经济学的基本方法论中虽然纳入了一些利他主义和“非个人主义”，但是个人主义、功利主义和自由主义仍然是其基本方法论。这与马克思主义经济学是完全不同的。马克思虽然并没有否定“经济人”假设，在其经济学体系中，单个资本家、工人并非不追求个人利益，但是，马克思主义经济学分析的人不是抽象的人，整个经济学体系并非建立在抽象的人格假设之下，其理论体系中的人不是作为脱离现实经济生活的个人，而是具有特定经济地位并互相建立起经济关系的人，即作为集体，作为“阶级”而活动的人。如果说马克思关注到个人行为的话，那是论证了单个资本家的行动与整个社会经济运行的矛盾。即单个资本和企业运行的有组织性与整个社会的无政府状态之间的矛盾，由此导出的结论就是否定资本的私人占有，建立公有产权，实行国家计划调节以取代盲目的市场竞争。可见，马克思经济学体现的是集体主义、阶级共同利益和国家干预主义。这些都是包含在其辩证唯物主义与历史唯物主义之中的，与西方现代产权经济学不同。

马克思的制度分析远远早于现代产权经济学，因此，西方现代产权学派研究制度，不可能不加以关注、重视和借鉴。事实上，从西方产权理论来看，这种影响是确实存在的，表现在：第一，将制度、人的动机和行为、意识形态与资源配置联系起来。把“人”视为各种社会关系的总和，强调从现实的人出发；把制度变迁、人的动机与行为、经济增长、产权安排、国家兴衰、意识形态联系起来分析构建了制度变迁理论。这些都体现了与马克思经济学方法论的接近。第二，表达了对主观主义、经验主义的不满，倾向于用事实检验理论，坚持“实证主义”，却也没有走上极端的经验主义；强调

① 诺思．经济史上的结构和变革［M］．厉以平译．北京：商务印书馆，1992：61－62.

从现实出发，强调概念既要是现实的，又要是便于处理的，等等。这些都说明他们受到马克思主义的影响。虽然我们不能说“实证主义”就是“唯物主义”，但是二者之间可以有一些沟通。第三，把制度作为分析对象，作为一个演进的过程，分析其产生、发展、变迁，指示制度的动态性、历史性，也就是制度经济学的所谓“过程典范方法论”。它与马克思对人类社会经济制度产生、演变规律的分析，在方法论上有相似之处，尽管它得出了一些与马克思主义经济学不同的结论。

不过，我们只是指出西方现代产权经济学在基本方法论上受辩证唯物主义和历史唯物主义的影响，并不是说它与马克思主义经济学的基本方法论是一致的。马克思主义经济学的基本方法论并没有成为他们的主要哲学基础。

（二）理论体系的比较

关于理论体系的比较，主要从能够体现理论体系总体面貌的几个方面，包括逻辑起点、核心范畴、理论主线、主要的理论组成部分等来进行。

马克思《资本论》的体系的逻辑起点是商品理论，其起始范畴既不是资本，也不是产权，而是“商品”。当然，马克思不是随意安排这个起点的，之所以从商品开始构建庞大的资本理论体系，是由马克思的抽象法、从抽象到具体的叙述方法决定的，必须从最抽象、最一般也最简单的对象开始。这种理论的逻辑起点也是与资本主义生产关系的历史演变顺序一致的。商品既是马克思的资本理论体系的逻辑起点，也是资本关系发展、演变的现实起点。资本并非一开始就表现为资本，它经过劳动力的购买并实现了货币的增殖，才转化为资本。资本主义的占有规律也是由商品所有权规律演变而来的。所以，商品关系是资本关系历史演变的现实起点。

西方产权经济学对企业性质和存在原因的分析是整个理论体系的逻辑起点，“企业”是其起始范畴。科斯教授无疑是这一理论的奠基者和最大贡献者。实际上，科斯教授创立交易成本理论的逻辑起点和起始范畴也就是整个现代西方产权经济学的逻辑起点和起始范畴。

马克思主义经济学的核心范畴是“资本”和“剩余价值”。因为这两个范畴本质上是一个范畴，二者的内涵在本质上没有差别。马克思给“资本”的定义是“能够带来剩余价值的价值”，即带来剩余价值是资本的本质。对剩余价值的研究就是对资本的研究，剩余价值体现的关系就是资本的关系，剩余价值的权利就是资本的权利，关于剩余价值的制度安排就是关于资本的制度安排。反过来说，资本必须要能增殖，即能够带来剩余价值，资本的关系实质上就是剩余价值的关系，对资本的研究必须以对剩余价值的研究为核心。在整个《资本论》的理论体系中，关于资本的研究贯穿始终，也可以说是关于剩余价值的研究贯穿始终，资本的生产过程就是剩余价值的生产过程，资本主义生产的总过程也就是剩余价值的分配过程。

西方产权经济学的核心范畴是“交易”和“交易费用”。“交易”是从康芒斯那里移植而来的，被西方产权经济学作为理论的最基本的分析单元。“交易”是人们的经济活动的最普遍、最一般、最抽象的形式，任何活动都是交易。交易的规则就构成制度。制定特定制度或交易规则的成本以及人们在此规则下从事交易活动的成本，就构成“交易费用”或“交易成本”，或者叫作该制度的运行费用。“交易”与“交易费用”在理论中的地位与马克思理论中“资本”与“剩余价值”的地位差不多。几乎其他所有的范畴都是围绕它们展开的，或者由此引申出来的。但是必须看到，“交易”与“交易费用”的关系不同于“资本”与“剩余价值”的关系。它们虽然都是对人与人之间的关系的抽象，但是二者的抽象度有很大不同。“资本”和“剩余价值”都特指资本主义的生产关系，而且是这种生产关系的本质的概括。在马克思看来，只有在资本主义社会才有所谓的“资本”和“剩余价值”，而“剩余价值”又不是日常经济生活所能看到的现实形态。而“交易”与“交易费用”却不限于某种社会制度，而是适用于所有社会的，在日常生活中都能见到，任何经济活动都是交易，任何交易都有代价。尽管产权经济学的分析重点是市场制度与企业制度，但是并不限于此，而且也没有进一步扩大分析范围的限制。因此可以说，“资本”和“剩余价值”具有特殊性，而“交易”和“交易费用”具有一般性。而且，“交易费用”并不是“交易”的本质，不是以“交易费用”去定义“交易”。“交易”是人们从事的活动，“交易费用”是在活动中消耗的资源或代价。“交易费用”只是揭示了“交易”中有成本这一事实而已，不能说“交易”的本质就是“交易费用”，或者，凡是支付交易费用的就是“交易”。而对“资本”和“剩余价值”却可以说，资本是能够带来剩余价值的价值，能够带来剩余价值的价值是资本。可见，“交易”和“交易费用”本质上是两个范畴，只不过交易费用是因为交易而存在的，具有共存性，分析交易费用不能不分析不同的交易。所以，它们在现代产权经济学中才同时成为核心范畴。

马克思的逻辑主线是对剩余价值或资本增殖的分析，亦即剩余价值理论是贯穿整个体系的主线。整个《资本论》，从头到尾，都以剩余价值的分析为核心。它或者从不同角度研究剩余价值，或者为研究剩余价值服务，或者以剩余价值研究为基础去研究、解释别的问题。

现代产权经济学的理论主线是交易费用分析，或者说，交易费用理论是贯穿在其理论体系中任何一个组成部分的，是其灵魂。交易费用理论是整个产权经济学的一个基础，是大家共同遵守的方法。无论不同的产权经济学家各自研究的具体对象和具体角度如何，用的都是交易费用比较的方法。对产权（确切地说是“私有产权”）的起源，是用交易费用去解释；对企业与市场的选择及不同产权制度的选择等，是以交易费用的比较为依据的；对任何特定场合的权、责、利的划分或法律界定，要考虑交易费用；对企业制度的历史纵向考察和现代公司治理结构的横向比较，也以交易费用作为分析工具；对立法过程及法律制度效率的分析，以交易费用理论为基础；对制度的均衡与非均衡、稳定与变迁、变迁的动力、变迁的方式等的研究，都立足于交易费用理论等。也正因为如此，有人直接把西方现代产权经济学称为“交易费用经济学”。

显然，西方产权经济学与马克思的经济学都有一条鲜明的逻辑主线。但是，二者的逻辑主线是不同的或有差异的，即两条主线各自在其理论体系中发生作用的方式或把理论构件联系起来的方式是有差异的。马克思主义经济学中的“剩余价值分析”是理论内容上的主线，而西方产权经济学中的“交易成本分析”是方法论意义上的主线。

总之，与西方现代产权理论相比，马克思主义产权理论主要解决的是生产关系中的所有制问题，较多论述上层建筑而较少涉及经济效率。马克思的产权理论具有明显的时代特点，即具有与当时历史条件相联系的侧重点：一是侧重社会本质性的研究和宏观性的分析，从这点上说，它仅是一种所有制理论，而并没有成为真正意义的产权理论；二是重点放在对私有制社会弊端的揭露和批判，尤其是服务于无产阶级革命的要求，很少具有从经济发展出发研究问题的内容；三是在对未来公有制产权发展的认定上，采取了对收利性的绝对否定态度和单一化形式设想。他对资本主义下产权的多种分离状态及各种权利形式作了大量细致的研究，但其重点不是证明产权与效率的关系，而只在于说明多种形式下剩余价值的客观存在及其剥削实质。用现代的观点来看，这也是一种历史的局限性，对历来社会主义国家的建立和经济的发展形成很大的影响作用，特别是从研究公有产权改革的现实需要来说，无疑会产生某些不适应。

本章小结

产权关系及其制度构成了社会经济生活的根本内容，最终决定着生产的效率，并是社会基础制度选择的主要依据。因此，产权与人的发展有着密切的关系。

在马克思和恩格斯看来，把所有制和所有权严格区分开来是非常必要的，混淆二者往往会得出不正确的结论。马克思、恩格斯是以他们创立的唯物史观作为基本方法论来认识产权和所有制的起源的。他们认为人类社会的第一种产权关系是公有产权，私有产权是在此基础上发展起来的。产权制度是马克思主义经济学和新制度经济学共同关注的经济范畴。斯韦托扎尔·平乔维奇曾认为，马克思是第一位有产权理论的社会科学家。道格拉斯·诺思也承认马克思在产权理论方面做出了巨大贡献。然而，西方产权理论模型强调交易费用的比较、市场机制的发挥和私有产权的精细化或明晰化，注重个别案例的研究；马克思的产权理论模型强调生产力与生产关系的矛盾运动，注重阶级关系和制度革命的研究。

区分社会主义市场经济与资本主义市场经济的标志，不在于是否让市场起决定性作用，也不在于是私有还是公有，而在于发展市场经济的目的是什么，在于产权的权利结构是什么。社会主义产权制度的构建正在于充分发挥市场经济在满足“每个个人的自由全面发展”的前提条件方面的关键作用，在于消灭并剥夺任何人利用财产的占有权利去奴役他人劳动的权利，在于重建“劳动者个人所有制”和自由人联合体，最终实现每个人的自由全面发展。

思考题

1. 简述人类财产观念的形成和发展。
2. 产权的构成及功能有哪些?
3. 简述马克思的产权思想。
4. 比较西方产权理论与马克思产权理论。
5. 试述私有产权对人的发展的影响。
6. 试述公有产权对人的发展的影响。

参考文献

［1］弗鲁博顿，芮切特．新制度经济学：一个交易费用分析范式［M］．姜建强，罗长远译．上海：上海三联书店，2006.

［2］科斯等．财产权利与制度变迁［M］．上海：上海三联书店，1991.

［3］诺思．制度、制度变迁与经济绩效［M］．刘守英译．上海：上海三联书店，1994.

［4］平乔维奇．产权经济学：一种关于比较体制的理论［M］．蒋琳琦译．北京：经济科学出版社，1999.

［5］许崇正．人的发展经济学［M］．北京：光明日报出版社，2022.

［6］许崇正．人的发展经济学概论［M］．北京：人民出版社，2010.

［7］朱巧玲．产权制度变迁的多层次分析［M］．北京：人民出版社，2007.

［8］朱巧玲．产权制度构建是社会主义市场经济与人协调发展的关键［N］．光明日报，2014－12－08（7）.

［9］Alchian A A，Demsetz H. Production，Information Cost and Economic Organization［J］. The American Economic Review，1972（5）：777－795.

第九章

分 工 理 论

分工是人类社会的普遍现象，它伴随了整个人类社会的发展，是人类存在和发展的助推器。马克思在探索人类发展的进程中，将分工理论纳入其思想的重要范畴，科学地把握人的全面发展这一终极目标。

社会分工与人的发展之间有着微妙的关系，两者同社会的进步和发展密切联系。其中，社会分工这一理论在马克思的哲学框架中有着极其重要的地位，社会分工理论的丰富和完善对认识世界起着重要的指导作用。分析社会分工理论不仅在促进人的发展问题上起着积极的作用，同时还有助于解决社会建设中出现的矛盾和问题。所以只有正确处理好社会分工同人的发展之间的关系问题，才能实现社会和谐并促进人的全面发展。学习和研究分工理论，对于我国社会主义市场经济发展中如何科学进行社会分工、真正实现人的全面发展有着十分重大的意义。

第一节　分工的本质及其历史演变

一、分工的本质

（一）分工是社会发展的推动力量

第一，分工促进生产工具的革新，进而促进生产力的发展。分工的不断细化发展，使劳动者的活动范围逐渐缩小，劳动者的劳动技能却得到积累。工业革命时代的新工具的革新，都是通过有经验的劳动者得到的。分工的机械化、专业化推动了生产工具的不断革新，从而促进了劳动生产率的逐步提高，而分工能提高生产力的发展主要是通过生产工具的革新来完成的。

第二，分工促进生产力的发展，进而促进社会财富的增加。狭义上的社会财富是指劳动者在生产劳动中创造的具有使用价值的劳动产品。分工的专业化推动了生产效率的提高，生产力的不断发展促进了社会生产的劳动产品不断增多，社会所产生的财富也在不断增加。新的生产领域不断出现，除了生产性的劳动产品不断增多，服务性劳动产品也繁荣发展。分工范围的不断发展，科学技术的迅速发展，使人类获得自然资源的水平不断提高。获得自然资源能力提高，为人类社会财富的不断增长提供了条件。分工推动了生产力的不断发展，同时也是社会财富的创造性力量。

第三，分工促进社会财富的增加，进而推动社会文明的发展。恩格斯把人类社会的发展划分为三个阶段：蒙昧阶段、野蛮阶段和文明阶段。这三个阶段的交替是一个由低级向高级逐渐发展的过程，也是分工逐渐发展的过程。在蒙昧阶段人类刚刚脱离动物的状况，处在维持基本生存的状态，没有任何意义上的分工。在野蛮阶段氏族的出现和发展推动了自然分工的产生，当生产力发展到社会出现剩余劳动产品时，人类经历了三次社会大分工。在文明阶段人类社会出现城市，城市和乡村的对立巩固了分工的发展。同时脑力劳动和体力劳动分工的存在，推动了社会财富的不断增长，标志着人类进入了更加文明的时代。所以，从一定意义上讲，文明时代是随着分工促进社会财富的增长而逐渐发展的。

（二）分工是异化劳动的社会形式

马克思指出："分工是关于异化范围内的劳动社会性的国民经济学用语，换言之，因为劳动只是人的活动在外化范围内的表现，只是作为生命外化的生命表现，所以分工也无非是人的活动作为真正类活动或作为类存在物的人的活动的异化的、外化的设定。"[①] 作为人类的活动方式，这种异化了的形式就是分工的本质。

第一，分工导致了人的片面发展。分工使人类自身的活动反而成为一种异己的力量支配并控制着人，成为异化劳动的社会形式。同时"人的才能的差异与其说是分工即交换的原因，不如说是它的结果"[②]。分工具有一定的强制性，并且剥削、降低劳动者的能力，因而在客观上导致人的能力畸形发展，造成了人的片面发展。

第二，分工造成片面发展的人。分工使得物质劳动和精神劳动相分离，这在一定程度上导致了劳动和享受的脱节。分工使得劳动异化为谋生的手段，而不是产生乐趣的劳动本身。分工把人限定在一定劳动范围内，人的劳动能力也呈现出专门化，这使人只能在单独的某一方面畸形发展。人的需要、潜能的多方面发展与劳动能力的有限性之间产生了矛盾，这种矛盾使劳动不仅失去了自身所蕴含的原始美感和艺术感，也使其成为片面、畸形发展的人。

第三，分工使生产与消费的分离。劳动者生产了劳动产品，但不能直接消费这些劳动产品，生产与消费之间产生了矛盾的对立。同时劳动者生产的劳动产品越多，他越受到劳动产品的制约，消费是为了生活和发展，而生活并未因消费而变得有价值，相反却因为不合理消费而变得空虚。消费由于生产、生活需要而进行，而没有成为推动自身发展的力量，却被自身以外的社会力量制约，消费也被异化了。生产与消费的分离，造成了不平等的社会关系。而消费没有能推动生产力的发展必然导致劳动产品的过剩，当这种生产关系不再能容纳生产力的发展时，社会也就必然会产生历史的更替。

第四，分工造成了个体利益与群体利益的矛盾。分工的发展产生了个人的利益与社

① 马克思．1844 年经济学哲学手稿［M］．中共中央马克思恩格斯列宁斯大林著作编译局译．北京：人民出版社，2000：134.

② 马克思．1844 年经济学哲学手稿［M］．中共中央马克思恩格斯列宁斯大林著作编译局译．北京：人民出版社，2000：137.

会的共同利益之间的矛盾。而在现实的社会中，共同利益仅仅作为一种普遍的观念存在于人们的头脑中，而个人利益因为分工存在于人与人之间相互依赖的现实关系中。群体利益要求良好的分工协作，而个人利益追求的是个人私权。只要生产力发展还不能满足人们日益增长的物质文化需要，个体利益和群体利益就有矛盾。一定意义上，只要分工还不是自愿的，而是自发形成的，那么人本身的活动就会成为与他对立的力量，驱使他去不断追求个体利益。分工在促进生产力发展的同时也产生了很多社会矛盾，它加深了生产力与生产关系的矛盾，也阻碍了人的全面发展。

二、分工的历史演变

分工是各种劳动的划分和独立化。早在原始社会初期就出现了分工。成年男子出外打猎捕鱼，妇女从事原始农业、采集果实和管理家务，老年人制造生产工具。这些是纯生理意义上的按性别和年龄进行的自然分工。即使在现代、在大机器和网络化生产的条件下，劳动分工也存在着自然分工，如有的部门、有的工种主要使用男工，有的部门、有的工种主要使用女工。由于受年龄和性别的限制，自然分工具有很大的局限性，特别是生产机械化和自动化水平不断提高，自然分工的意义越来越小。进入原始社会中期，人类产生了第一次社会大分工。人们在长期的狩猎中逐渐懂得和学会了驯服和饲养动物，以保证正常地得到乳类、肉类、皮毛等生活资料，于是一部分原始人在拥有丰茂天然牧草的地方开始驯养动物，使自己从其他部落中分离出来，成为游牧部落。剩余人群，采集和渔猎的部落中的大部分人逐渐转向种植业。第一次社会大分工不仅扩大了生产范围和场所，而且有了剩余产品，从而使牧民与农民之间的产品交换成为经常的事情。第一次社会大分二也产生了第一次社会大分裂。对剩余产品的追求，使俘虏不再被屠杀，而成为奴隶，同时氏族的公共财产日益成为私人财产，因而社会分裂为主人和奴隶两大阶级。

在原始社会瓦解时期，人类产生了第二次社会大分工。随着铁制工具在农业中的广泛使用，原来附属于农业的手工业发展起来，产品种类多样化，技术水平不断提高。这样，手工业作为独立的部门从农业中分离出来，形成了第二次社会大分工。这次大分工提高了劳动生产率，增加了剩余产品，使奴隶制不再是个别现象，而是社会制度的主要部分。分工也促进了生产规模和交换范围的扩大，出现了海外贸易，产生了直接以交换为目的的商品生产

在奴隶社会形成时期，人类产生了第三次社会大分工。商品交换日益频繁，交换地区不断扩大，需要一些人专门从事交换业务，于是出现了专门从事买卖商品的商人，此即第三次社会大分工。这次分工促进了商品生产和交换的进一步发展，促成了以货币为媒介的商品交换。随着货币、高利贷和土地私有制产生，一方面，社会财富迅速集中在少数人手中；另一方面，沦为奴隶的人群日益增多，人类最终进入奴隶制社会。从人类早期的分工中我们可以看到，只有当自然分工发展到一定程度，出现捕获的剩余动物不再被消费掉时，驯养动物才有可能。从个别动物饲养到普遍饲养，最终形成畜牧部落与其他部落的分离。因此，自然分工是社会分工的基础。

在奴隶社会，劳动分工有了新的发展。农业耕作广泛利用犁耕代替锄耕，有的还兴

修了较大规模的水利排灌工程，促进了生产提高。农作物的数量不断增多，种类不断扩大，既有麦、粟、黍、稻的粮食种植业，又有亚麻、橄榄、葡萄、瓜果、蔬菜等经济作物种植业。在手工业分工的基础上，出现了矿冶、舟车、皮革、酿酒、织帛等手工作坊。组织了庞大的建筑队伍，建筑了埃及金字塔那样的许多宏伟的建筑。这时，也出现了脑力劳动与体力劳动的分工，科学和文化发展到较高水平，商业资本和高利贷资本形成了较大势力，有些地方还出现了繁盛的海外贸易。但在奴隶社会中，自然经济占据统治地位，奴隶是奴隶主的财产，奴隶没有独立人格和人身自由，奴隶劳动的产品全部归奴隶主占有。奴隶的劳动是在奴隶主的强制下进行的，奴隶既没有生产的积极性，也没有改进工具的热情。因此，无论在古罗马的农庄中，还是在古雅典的手工作坊中，它们的内部分工都没有多大发展。奴隶社会的社会分工主要表现在产业之间。在封建社会，自然经济仍占统治地位，其主要特征是农业与家庭手工业的结合，农民过着自给自足的生活。封建主获得的地租也主要是用来自己享用，很少用于交换。在欧洲城市中的手工业者和商人，他们的经济活动要受到行会的限制。作为手工业者，他们也是以作坊为单位，但他们不能自主地从事生产和经营，都要参加各自的行会组织，如油作、木作、裁缝作（行会组织在不同的国家和不同时期有不同的称谓）。行会不允许来自外部和内部的竞争，不允许其成员有不均等的生产条件和不均等的经营条件。行会对招收学徒的数目、劳动时间、产品数量、质量、品种、规格、成本价格和使用的工具，都有严格的规定。原料的采购，产品的销售，都要由行会统办。商人也要加入各自的商业行会，如绢行、米行、牛行、羊行等，并遵守行规。商人要在指定的地点、时间、定价买卖，抬高价格、掺假贩假者会受到严惩。可见，封建社会比起奴隶社会，社会分工从产业间向行业间又推进了一步。但各种行会的兴起又阻碍了商品价值关系向行业内部的深入。社会分工更多的是在行业之间展开。如果说，自然分工对人类发展的推动是缓慢的，那么，形成不同产品之间交换的社会分工却明显地促进了生产的发展，增加了社会财富。当人类进入资本主义社会后，劳动分工有了长足发展，社会财富不断涌流。

资本主义社会经历了简单协作、工场手工业和机器大工业三个阶段。第一阶段：简单协作。与行会手工业相比，简单协作在生产工具和操作方法上虽然没有多大改变，也没有实行分工，但它突破了个体劳动的限制，形成了劳动者的联合劳动。这种劳动，均衡了个人能力的差别；通过共同使用厂房、仓库、工具、设备等，节省了生产资料；集体劳动还可相互激励，振奋精神，从而提高了生产率。第二阶段：工场手工业。工场手工业的分工是通过手工业活动的分解，劳动工具的专门化进行的。它有两种形式：一种是不同行业的手工业者组织在一个工场里，如在马车工场，有木匠、铁匠、裁缝、油漆匠等按车部件的分工，他们分别为马车生产从事一部分专门劳动；另一种是同行业的手工劳动者组织在一个工场里，为了共同完成一种产品，在互相衔接的不同工序上进行分工，如在制针工场，有打眼、磨尖等，按加工环节进行分工。单个劳动者只在制针的某一工序上进行劳作，不再独自完成 20 种以上的工作。场内分工使工人的劳动专门化，大大提高了劳动的熟练程度和劳动强度，同时，工具实现了专门化，将复杂工艺分解为个别操作，大大改进了生产工具。这些都创造了远高于简单协作时的生产力，为机器大生产的产生准备了条件。第三阶段：机器大工业。从工场手工业过渡到机器大工业，首先发生在英国。18 世纪 60 年代，英国发生了工业革命。棉纺机器的发明和改进，推动了织布业的革新，出现了水力推动的织布机并发明了蒸汽机，于是以机器体系为标志的工厂迅速发展起来。随后，毛织、麻织、丝织以及造纸、印刷等也从工场手工业转向机器大工业。轻工业机器的发明和广泛利用又推动了冶金、机器制造等重工业和交通运输业的技术革新。18 世纪末，冶铁业的发展又推动了采煤业的技术革新。19 世纪初，开始用机器制造机器，出现了机器制造业。从此，英国成为第一个机器大工业占统治地位的国家，而后，美、法、德、俄、日等国也在 19 世纪内先后完成了产业革命。

纵观人类的劳动分工，我们可以看到，分工经历了自然分工到社会分工的转变，从部门间分工到产业间分工、行业间分工、企业间分工再到企业内部分工的不断深化。在这一过程中，自然因素引发的分工始终贯穿其中，而形成商品价值关系的分工却止步于企业。

第二节　劳动分工、劳动者分工与人的发展

一、劳动分工和劳动者分工

社会范围的分工是一个大系统，这一系统是劳动主客体相互作用的结果。在劳动活动中，一方面，人们根据劳动不同的客观条件、不同的功用，把劳动划分为不同的种类；另一方面，又要求人们根据自己能力的差别和环境的不同，参加到这些不同种类的劳动中去。前者为劳动分工，后者为劳动者分工。这样，分工就表现为劳动分工和劳动者分工两个方面。

劳动分工的结构，就其较为完备的形式来说，可分为物质生产和精神生产两个门类，在两个门类中又都存在着一般分工、特殊分工、个别分工。一般分工指不同生产领域的划分，如物质生产门类可以分为农业、工业、商业等，精神生产的门类可分为教育、艺术、科学等。特殊分工是不同生产部门的划分，如工业分为轻工业、重工业、交通运输业、能源、材料业等，艺术分为表演艺术、声乐艺术等。需要说明的是，应该把物质生产的不同行业、不同企业，精神生产的不同行业、不同团体也划归特殊分工的范围之中。因为这些都可以看作是部门分工的延伸，它们有规模大小不同，没有质的差别。个别分工指单个生产机构内不同工种、不同工序、不同职能的划分，如工厂的车工、锻工、铸工等，艺术团体的二胡手、提琴手等。

从地理环境的角度看，劳动分工在一个民族内部表现为地域分工，在世界范围内表现为国际分工。自然条件、地理环境的差异是造成地域分工和国际分工的自然基础，社会经济技术条件的不同，则是导致地域分工和国际分工发展的现实社会基础。英国经济学家托·霍吉斯金认为，地域分工就是“土壤、气候和地理位置的不同，以及土地自然生长的产物的特性与蕴藏在地下矿物的特性，使一定的地点适合于一定种类的劳动”①。

① 马克思，恩格斯．马克思恩格斯全集：第四十七卷［M］．中共中央马克思恩格斯列宁斯大林著作编译局译．北京：人民出版社，1979：185.

马克思说："由于机器和蒸汽的应用，分工的规模已使脱离了本国基地的大工业完全依赖于世界市场、国际交换和国际分工。最后，机器对分工起着极大的影响……"① 另外，在劳动分工的各个层次中，还有管理劳动同生产劳动的分工。如果我们只注意不同层次的劳动分工，而不注意各层次管理劳动与生产劳动的分工，那就不是系统论的观点。各层次内部与各层次之间有着千丝万缕的联系。联系的必要性显而易见，又不可能让各个层次、每个单位的人都去进行联系，联系只能通过管理劳动实现，特别是企业管理劳动可以减少、降低交易费用，故管理劳动有其存在的根据。即使在原始社会的自然分工中，管理劳动也已存在。马克思说："能计划怎样劳动的头脑在社会发展的初期阶段（例如，在原始的家庭中），已经能不通过自己的手而是通过别人的手来执行它所计划好的劳动了。"②

另外，劳动分工还要求社会的人们进入不同的门类、领域、部门、行业、企事业单位，从事不同的工种和承担不同的职能，由此产生了劳动者分工。劳动者分工为两个层次：其一，生产者之间的分工。它反映了劳动者和物的关系，特点是虽然劳动千差万别，但都是同一层次的分工。电工和钳工、农民与工人作为物质生产者是同一层次的；画家和诗人作为精神劳动者都是同一层次的。其二，管理者和生产者的分工。它体现着人和人之间的关系，特点是虽然处于同一部门，但却有着纵向地位的不同。

那么，劳动者分工发展到今天具有什么样的本质特征呢？首先，劳动者分工对生产工具和劳动部门分工有客观依赖性。劳动者分工基本形式的交替发展与中心转移，在现代以前主要是依据生产工具和劳动部门的分工来进行的，在现代主要是高科技创新与革命决定的。人类早期生存资料的获取主要依靠人的自然机体对自然界的直接作用，因而人们的职业分工主要依赖人们自身的自然素质和人们所处的自然环境。随着手工工具的出现和逐步改进，职业分工从依赖自然因素转移到以手工工具为基础的劳动部门的分工。劳动的一般职业形式主要是体力劳动。同时，由于劳动生产率提高和剩余产品的增加，一部分人可以离开直接的生产劳动，形成了新劳动形式——脑力劳动，但脑力劳动还只占据次要的位置。当近代自然科学产生并运用于生产后，职业分工的技术基础又从手工工具转移到机器设备，机器大工业用巨大的自然力代替了人的有限肌肉力，用系统的科学技术代替了人们的局部的手工技能和传统经验，工业部门急剧分化，科学技术也成为相对独立的部门。职业分工的中心又从体力劳动为主向新的体力劳动和脑力劳动转移。由于科学技术的不断革新和生产力的突飞猛进，在社会分工领域，发达国家逐步出现了生产劳动和体力劳动急剧减少、非生产劳动和脑力劳动急剧上升的趋势。其次，劳动分工对劳动主体来说具有自我选择性。劳动分工能够存在和发展固然依赖生产力和劳动部门分工的发展，但也与劳动主体的自我选择性相关联，自我选择性也是职业分工的本质特征。一是这种自我选择性表现于人的一切活动中，同样也凝聚在人们的职业分工上。这已经为当代信息论所证明。二是自我选择性是主体自觉能动性的核心，具有自觉能动性的劳动活动，就是劳动主体选择一定的对象和手段来实现其目的的活动，所以自

① 马克思，恩格斯．马克思恩格斯文集：第一卷［M］．中共中央马克思恩格斯列宁斯大林著作编译局译．北京：人民出版社，2009：627.

② 马克思，恩格斯．马克思恩格斯选集：第三卷［M］．中共中央马克思恩格斯列宁斯大林著作编译局编．北京：人民出版社，1972：515.

我选择性内含于劳动形式即职业之中。三是自我选择性是新的职业形式和发展得以实现的一条途径。一般来说，新的职业的形成都是劳动主体在生产力发展和科技创新与革命的前提下，反复进行尝试性选择并取得成功的结果。古代社会中的牧人的形成对于猎人来说是这样，近代社会中的职业革命家的诞生对于农民、工匠而言也是如此，现代社会中的计算机程序设计师的产生对于机械制图师来说也是同理。四是自我选择性的发展与劳动部门分工的发展是相互作用的。劳动部门分工的发展不断产生着新劳动部门、劳动范围，从而为人们提供更多的职业选择机会；人们的自我选择性又为自己确定适当的劳动形式，使劳动部门的分工得到具体实现。正是由于职业分工内含的自我选择性，才使劳动的分配、一定的职业流动、职业形式的变化得以顺利进行，造成了人类社会的进步与文明。

劳动分工和劳动者分工既有联系，又有区别。就其相互排斥的关系而言，一是两者产生的前提不同。劳动分工主要是由劳动的客体条件决定的，而劳动者分工在很大程度上是受劳动的主体条件制约的。二是两者产生的逻辑顺序不同。一般总是先有了劳动分工，才可能有劳动者分工。如果没有特定的劳动，那么特定的劳动者是既不可能产生也不可能存在的。三是两者的社会作用不同。劳动分工往往直接作用于生产的进行，而劳动者分工除此之外，还极大地影响着人本身的发展。就其相互联系而言，它们是结合在同一个实体中，是分工的两个不同方面。同时，两者又是处于同一过程，劳动分工为劳动者分工开辟了道路，劳动者分工实现了劳动分工的要求。两者相互依存，缺一不可，劳动分工存在却没有劳动者分工的情形是不可能的。从分工演变的历史，我们可以更清楚地看出这一点。历史上，分工是生产力发展到一定阶段引起的，而生产力水平的发展引起分工的产生，还须经过一个中间环节，即交换的确立和发展。这是分工产生和不断发展的直接原因。在当代的社会主义市场经济条件下，劳动者一方面在分工的劳动组织形式下创造着物质财富，另一方面又要承受分工劳动带来的痛苦。

总之，劳动部门分工是劳动主体分工的客观基础，因而劳动主体分工对劳动部门分工有客观依赖性；劳动主体分工是劳动部门分工的人化形式，因而劳动主体对职业又有着一定的自我选择性。劳动者分工的客观依赖性在一定阶段又表现为职业的终身固定性，在一定的个体和群体身上又表现为相当的强制性；而劳动者分工的自我选择性往往又体现在职业的流动性上。劳动者分工的特征就是客观依赖性和自我选择性的对立统一，是固定性和流动性的对立统一。只不过随着社会历史的进步，职业分工的强制性和固定性不断削弱，选择性和流动性不断增强罢了。而这种选择性和流动性不断增强直接影响着人的发展。

二、分工与人的发展的关系

历史唯物主义认为，分工的发展过程是一个主体觉醒完善的过程。人的全面发展推动分工向更高的层次发展，而分工的发展也以实现人的全面发展为目标。探究分工与人的全面发展的关系，有利于充分发挥分工的积极作用，促进人的自由全面发展和社会进步。

（一）分工是人类活动的相互补充

马克思、恩格斯认为，人类赖以实现自身本质的劳动并不是孤立个体所进行的抽象活动，而是共同的人类活动。人与动物不同，“动物不能把自己同类的不同属性汇集起来；它们丝毫无助于自己同类的共同优势和方便。人则不同，各种极不相同才能和活动方式可以相互为用，因为人能够把各自的不同的产品汇集成共同的资源，每个人都可以从中购买东西”①。正是在这种交换过程中，每个人都在自己的产品与他人对其产品的使用中确证了自己人的存在、自己对于他人的存在、他人对自己的存在。分工协作作为人类的劳动方式是个人本质力量的社会表达方式，它是表明人与自然界相互作用过程中人的本质力量展开程度的一杆标尺，也是人类假借这种劳动方式去实现人与自然界和谐统一的基本途径。

分工使人的交往、活动范围、能力和需求的层次和空间不断扩大和深化，甚至促使世界历史形成。分工有助于提高每个个体的专门知识、技能和技巧，有助于满足每个个体多方面的需求，增强人们之间的相互联系。由于分工使每个个体具有专门的知识、技能和技巧，使他们可以创造出专门的产品，而所有这些个体组成的人类总体，则具有多方面的知识和技能，可以生产出多种多样的产品。在分工的条件下，每个人的产品都不只供自己消费，还供其他人消费，每个人的产品都不能满足自己多方面的需要，只有借助于其他许多人的产品才能满足自己的需要。这就加强了人们之间的相互联系和依赖，而且随着分工的发展，人们之间的相互联系不断扩大，甚至由一国范围扩大到整个世界。可见，分工对人类的发展和文明的延续起着重要作用。

（二）分工对人的全面发展的积极作用

在一定历史阶段上，人类不得不通过分工来实现人类关系和能力的专门化发展，以驾驭外部世界，“社会活动的这种固定化，我们本身的产物聚合为一种统治我们的、不受我们控制的、与我们愿望背道而驰的并且把我们的打算化为乌有的物质力量，这是过去历史发展的主要因素之一”②。自发分工在一定历史阶段尽管存在其合理之处，但它导致一系列矛盾和异化现象出现，同人的全面发展相背离，同人的本质和价值相背离。针对自发分工所产生的人的片面、畸形发展，马克思提出了消灭自发分工，代之以共产主义社会的自觉分工，实现人全面发展的人类终极目标。

第一，分工提高了人们的生活质量，促进了人的生活的全面发展，分工为人的生活的全面发展奠定物质基础，“物质生活的生产方式制约着整个社会生活、政治生活和精神生活的过程”③。精神生活和政治生活受到物质生活的制约，物质生活的丰富为精神生活和政治生活需要的满足提供了条件。分工的专业化、细化使劳动生产率不断提高，

---

① 马克思．1844 年经济学哲学手稿［M］．中共中央马克思恩格斯列宁斯大林著作编译局译．北京：人民出版社，2000：137.

② 马克思，恩格斯．马克思恩格斯选集：第一卷［M］．中共中央马克思恩格斯列宁斯大林著作编译局编．北京：人民出版社，1972：38.

③ 马克思，恩格斯．马克思恩格斯选集：第二卷［M］．中共中央马克思恩格斯列宁斯大林著作编译局编．北京：人民出版社，1995：38.

使社会生产的物质文化产品越来越丰富，为进行精神生活和政治生活及其他社会生活提供了条件。分工促进生产率的提高，使自由时间增多，为精神生活和政治生活的发展提供了空间。分工的专业化使产品之间具有差异性，为弥补生产性分工的差异性，就会产生更多的劳动产品。不断丰富的社会劳动总产品在一定程度上满足了人们的物质文化生活需要，使人的生活质量不断提高。

第二，分工促进了生产效率的提高，推动了人能力的全面提升，分工使单个劳动之间相互依赖，创造了一种集体力量，提高了劳动生产效率。在分工劳动中，劳动划分使复杂的劳动转变成了单个简单的劳动，简单的劳动有利于生产的专业化、标准化，不仅提高了产品的生产数量还保障了产品的高质量，从而为劳动生产率显著提高提供了条件。在分工的情况下，一部分人从事维持生存的必要生产劳动，另一部分人从生产劳动中解放出来，专门从事知识的传授和科学研究等工作，为人的思想道德素质和科学文化素质的提升提供了条件。分工有利于丰富个体的专门知识和提高个体的劳动技能。马克思指出："经常重复做同一种有限的动作，并把注意力集中在这种有限的动作上，就能够从经验中学会消耗最少的力量达预期的效果。"[①] 正是分工为个体划分了固定的活动范围，使劳动者不断总结劳动经验，获得专门的知识和劳动技能。同时，劳动技能的提高，促进了劳动工具的革新和新技术的发明，推动了生产效率进一步提高，为个体发展自己多方面的能力提供了空间保障。劳动者积极地利用自由时间，可以及时地调节人们在生产劳动中产生的身体和精神上的疲劳，保证体力的恢复、精力的储备和能力的补充。自由时间的增多使得人们在生产劳动之余，多方面的潜能都能得到挖掘和发挥。不断增长知识，发展自己的综合能力，提高实践能力、认知能力、审美能力等。

第三，分工扩大了交往的范围，促进了社会关系的全面丰富，良好的社会关系对于人素质的提高和人能力的发展具有积极的促进作用。虚假的社会关系会阻碍人素质的提高和能力的发展，这就要求变革社会关系，改变人潜能发挥的社会条件，开辟人能力发展的新的社会空间。首先，分工使人的全面的社会关系得到丰富。分工使人的交往关系、活动范围、社会需求的层次和空间不断扩大和深化，世界性的市场推动了世界历史的发展。分工的不断专业化，使劳动生产率得到很大的提高，物质产品极大丰富，劳动的产品不只供自己消费，还供其他人消费。分工的不断细化，形成了劳动产品更大的差异性，同时每个人的产品都不能满足自己多方面的需要，只有借助于其他的劳动产品，这样就增强了个体与个体之间、个体与社会之间的关系，增强了社会关系的依赖性。个体社会关系的发展促进了团体与团体、国家与国家关系的发展，为人的全面发展创造了安定而广阔的发展空间。其次，分工导致了新的阶层关系出现。分工在推动生产力发展的同时也推动了产业结构的调整，服务业和公共产业吸引了大量的劳动者。生产力的发展，使体力劳动者和生产工人的数量不断减少，大量的劳动者流向了中间阶层。中间阶层不断壮大，使处于社会底部的阶层逐渐缩小。由于中间阶层具有较高的知识水平和较高的收入，所以中间阶层的稳定性比较大，稳定的经济社会地位使他们的社会关系也比较和谐。中间阶层的增大也标志着国家发展的稳定性。

① 马克思．资本论：第一卷［M］．中共中央马克思恩格斯列宁斯大林著作编译局译．北京：人民出版社，1975：376.

第四，分工节约了劳动时间，为人的个性的全面发展提供了空间。马克思引用亚当·斯密的观点指出："一切减轻和缩短劳动的机器的发明，首先都是由分工引起的。"① 分工的发展，推动劳动生产率的提高，社会物质财富的增加，从而使大量的劳动者从谋生性的劳动中分离出来。劳动时间的逐渐减少，每周的工作日从七天变为五天甚至更短的时间。这说明职业分工限定的人的谋生性工作时间越来越少，而供人们自由支配的时间越来越多。自由支配时间增多，表明劳动者发展自己多方面能力和从事自身感兴趣的创造性劳动的时间增多，这就可以使得人从事更多自身爱好的感兴趣的能够发展自身能力和个性的活动。

马克思指出，人的发展达到多大程度的全面性，取决于自由时间的多少，这说明人的个性的全面发展和自由时间是有必然联系的。社会学家认为劳动者对劳动呈现三种精神状态：尽责地工作、主动地工作、创造性地工作，这是一个动态发展的过程。随着自由劳动时间的增多，劳动者可以从事自身喜欢的劳动，所呈现出的精神状态必然是创造性地工作。生产力水平低下时主动性和创造性的劳动较少，劳动者大部分时间都用于从事谋生性的劳动。分工逐渐缩短了必要劳动时间，增加了剩余劳动时间，有可能使自主性、创造性的劳动成为普遍现象。同时，人们从事业余的劳动表现出特别的热情和关注，没有压力，没有报酬，甚至牺牲自身的休息时间、付出大量的体力劳动和脑力劳动都是心甘情愿的，这种精神状态是谋生性劳动无法产生的。总之，在现阶段生产力水平不高的条件下，谋生性的劳动还不能被消灭，自由时间的增多为人的全面发展提供了条件，也弥补了职业分工对人的能力发展所造成的缺陷。

第三节 旧式分工、新式分工与人的全面发展

一、旧式分工与新式分工的划分依据

马克思和恩格斯在研究分工现象时，把分工划分为旧式分工和新式分工，这种划分方法通常是侧重于对主体分工进行研究，目的是探索人类在社会历史进程中的解放程度。具体而言，所谓"旧式分工"，用马克思的话说就是："当分工一出现之后，每个人就有了自己一定的特殊的活动范围，这个范围是强加于他的，他不能超出这个范围：他是一个猎人、渔夫或牧人，或者是一个批判的批判者，只要他不想失去生活资料，他就始终应该是这样的人。"② 个人本身完全屈从于分工，因此他们完全被置于相互依赖的关系之中，导致人在精神发展和体力发展方面的对立，限制了人的活动空间，剥夺了人的自由时间。新式分工则相反："在共产主义社会里，任何人都没有特定的活动范围，每个人都可以在任何部门内发展，社会调节着整个生产，因而使我有可能随我自己的心

---

① 马克思，恩格斯．马克思恩格斯全集：第四十七卷［M］．中共中央马克思恩格斯列宁斯大林著作编译局译．北京：人民出版社，1979：311.

② 马克思，恩格斯．马克思恩格斯选集：第一卷［M］．中共中央马克思恩格斯列宁斯大林著作编译局编．北京：人民出版社，1972：37.

愿今天干这事，明天干那事，上午打猎，下午捕鱼，傍晚从事畜牧，晚饭后从事批判，这样就不会使我老是一个猎人、渔夫、牧人或批判者。”① 劳动者不再束缚于某种固定的职业，不再成为职业的奴隶，劳动已不仅是谋生的手段，而且本身成了生活的第一需要。

那么，马克思主义经典作家把分工划分为“旧式分工”与“新式分工”的思路和依据究竟是什么呢？要解答这个问题，有必要分析一下经典作家考察分工的思路。马克思、恩格斯对分工的考察是循着两条相反相成的思路进行的，一条是沿着生产力—分工—生产关系的思路进行的；另一条是沿着生产关系—分工—生产力的思路进行的。马克思、恩格斯认为，现实的生产活动表现为一种双重的关系：“一方面是自然关系，另一方面是社会关系；社会关系的含义是指许多个人的合作，至于这种合作是在什么条件下、用什么方式和为了什么目的进行的，则是无关紧要的。”② 在马克思、恩格斯看来，在生产力—分工—生产关系的链条中，分工是连接生产力和生产关系的中间环节，分工既受生产力制约，又受生产关系的制约。

马克思、恩格斯对分工的考察首先是从生产力的发展出发的，更具体地说，“是以生产工具为出发点”③ 的。首先，从分工的历史起源看，马克思、恩格斯认为，分工的产生是以生产效率的提高和人口的增长为其前提条件的。其次，生产力的发展决定着分工的发展规模和程度。马克思、恩格斯认为：“一个民族的生产力发展的水平，最明显地表现在该民族分工的发展程度上。任何新的生产力，只要它不仅仅是现有生产力的量的扩大（例如开垦新的土地），都会引起分工的进一步发展。”④ 马克思、恩格斯还认为，从生产工具的进化中可以清晰地看到分工的历史演变，因为“劳动的组成和划分视其所拥有的工具而各有不同。手推磨所决定的分工不同于蒸汽磨所决定的分工”⑤。

马克思、恩格斯还进一步认为，生产力的发展不仅决定着分工的发展，而且生产力的发展以分工的发展为中介决定着生产关系的发展。在《德意志意识形态》中，马克思、恩格斯曾明确指出：“分工发展的各个不同阶段，同时也就是所有制的各种不同形式。”⑥ 他们还以分工的发展为线索，把历史上所有制关系的发展划分成“部落所有制”、“古代公社所有制和国家所有制”、“以劳动和交换为基础的所有制”即资本主义所有制、共产主义公有制五种所有制类型，并根据分工发展的规模和程度，把人类社会划分成原始公有制、私有制和共产主义公有制三大社会形态。

此外，在生产力发展的一定阶段上，分工和私有制还是阶级划分的社会条件。分工

---

① 马克思，恩格斯．马克思恩格斯选集：第一卷［M］．中共中央马克思恩格斯列宁斯大林著作编译局编．北京：人民出版社，1972：37－38.

② 马克思，恩格斯．马克思恩格斯选集：第一卷［M］．中共中央马克思恩格斯列宁斯大林著作编译局编．北京：人民出版社，1972：34.

③ 马克思，恩格斯．马克思恩格斯选集：第一卷［M］．中共中央马克思恩格斯列宁斯大林著作编译局编．北京：人民出版社，1972：72.

④ 马克思，恩格斯．马克思恩格斯选集：第一卷［M］．中共中央马克思恩格斯列宁斯大林著作编译局编．北京：人民出版社，1972：25.

⑤ 马克思，恩格斯．马克思恩格斯选集：第一卷［M］．中共中央马克思恩格斯列宁斯大林著作编译局编．北京：人民出版社，1972：127.

⑥ 马克思，恩格斯．马克思恩格斯选集：第一卷［M］．中共中央马克思恩格斯列宁斯大林著作编译局编．北京：人民出版社，1972：26.

作为劳动关系，不直接就是阶级划分，但分工是促成阶级划分的重要因素。马克思主义经典作家认为，阶级形成的物质基础，首先是生产力的一定发展水平提供出剩余产品，使一部分人有可能无偿占有别人的劳动。但一定的生产力发展水平不能自发引起阶级划分，而必须借助一定的社会条件，其中最主要的是分工和私有制。当社会生产力水平已经达到可以划分阶级的时候，分工所造成的差别必然地导致私有制出现，而私有制的出现既标志着阶级的形成，也是阶级对立的经济根源。因此，恩格斯认为“分工的规律就是阶级划分的基础”①。

但是，马克思、恩格斯同时又认为，在生产力—分工—生产关系的链条中，不仅存在着前者对后者的决定作用，而且也存在着后者对前者的反作用。这种反作用，不仅表现在一种新的生产关系的确立和巩固都使分工进一步得到拓展，从而引起生产力的扩张，而一种生产关系已经过时，也势必阻碍分工的进步，压抑和破坏生产力的发展，而且还表现在，特定的所有制关系一旦产生，又必然地反过来制约着一定分工关系的社会性质和劳动者在分工中的地位。马克思、恩格斯正是从生产关系对分工的反作用的意义上，依据所有制的不同性质，把分工划分为原始社会的分工、奴隶制分工、封建制分工、资本主义分工、共产主义分工等，并依据原始公有制、私有制和共产主义公有制的不同性质，把分工划分成“自然分工”、“旧式分工”、“新式分工”或“自觉分工”三类不同社会性质的分工。

二、建立新式分工，促进人的全面发展

随着新技术革命的兴起，整个社会的产业结构、职业结构以至人们的社会生活方式发生了新的深刻变化。科学技术的进步，引起了新行业的不断兴起和经济活动领域的不断开辟，使当代的生产结构日益发生着重大的变革，许多传统的物质生产部门衰落了，而大批新的生产部门正在不断地出现；许多传统的工种被淘汰了，又诞生了许多新的工种。美国劳动部就业支持局在1965年第3版编纂的职业辞典中，就把1949年第2版中列举过的8000个工种作为过时职业从工种种类的清单上除掉了，而把6432种主要由于使用新技术和科学手段而产生的新工种增补了进去。单就职业结构的变化来说，它出现的一个重要趋势就是产业部门的从业人数日益减少，而社会服务行业和信息业的从业人数则日益增多，为各生产部门实施不同种类服务的企业也应运而生，如各类信息交流中心、金融服务业、物资交流中心、生活服务中心等。

职业结构形成的直接动因是劳动者在社会劳动过程中的分工，而劳动者如何分工在当代则取决于科技创新与革命，取决于生产力的发展水平。新技术创新与革命作为生产力发展的直接表现，既决定了社会生产方式的改变，又决定了劳动者分工形式的改变，同时也必然引起社会职业结构的变化。因此，要想深入探讨新技术创新与革命对旧式分工提出的挑战，首先必须研究新技术创新与革命对劳动者的职业分工所产生的深刻影响。

---

① 马克思，恩格斯．马克思恩格斯全集：第二十五卷［M］．中共中央马克思恩格斯列宁斯大林著作编译局译．北京：人民出版社，2001：410.

第一，新技术创新与革命必然引起脑力劳动与体力劳动分工的变化。新技术创新与革命是建立在科学技术高度发展基础上的信息革命，它要求生产工人的劳动技能不是主要以体力和经验成规为基础，而是以智力和知识为基础，因而需要劳动者普遍具有较高的文化水平和科学技术水平，才能适应信息社会的需要。例如，20 世纪 70 年代以来自动化技术在工业生产中广泛采用，替代了劳动者的调节、控制行为和部分操作，机械手和机器人能完成生产流水线上的重复性操作、生产辅助工作，以及劳动强度大、劳动条件差和危险性工种的工作，劳动者则主要对生产过程实施监测，这便意味着“人—机器”关系中出现了与过去截然不同的新变化。历史上的劳动者与技术装备直接“硬性”配合的束缚被打破，劳动者已有可能在生产中获得较大的自由。马克思曾预言：随着大工业的发展，自动化技术普及使用，“劳动表现为不再像以前那样被包括在生产过程中，相反地，表现为人以生产过程的监督者和调节者的身份同生产过程本身发生关系……这里已经不再是工人把改变了形态的自然物作为中间环节放在自己和对象之间，而是工人把由他改变的工业过程的自然过程作为中介放在自己和被他支配的无机自然界之间。工人不再是生产过程的主要作用者，而是站在生产过程的旁边”①。马克思的预言，今天已逐渐变为了现实。一方面，新技术革命的发展使得大量新生产部门得以开辟，给人们提供了许多新的就业机会和新的工作岗位，这就有可能使一大部分过去被束缚在简单劳动中的劳动者游离出来，进入脑力劳动者的行列；另一方面，即使是在传统产业部门内部，由于电子计算机的广泛使用和自动控制的技术装备对落后工艺和设备的替换，也使越来越多的人从简单的体力劳动中解放出来，变为管理人员和工程技术人员，成为脑力劳动者。新技术创新与革命所带来的，必然是脑力劳动和体力劳动界限的消失。

第二，新技术革命必然引起职业的经常变换和职能的全面流动。在新技术创新与革命影响下，一方面，科学技术各学科的界限逐步消失，要求人们掌握的科学技术知识和劳动技能日益全面；同时，由于科学和教育的发展也为每个人提供了各种各样的受教育机会，分散化、终身化的教育使受教育者获得的知识不再是单方面而是多方面的，人的能力也由单方面转为多方面的，从而为人们在不同的部门和行业从事不同的工作提供了可能，为职能的经常变换提供了可能。另一方面，计算机、机器的全面自智化以及智能机器人的出现，则为人们工作的经常流动提供了可能。首先，过去那种劳动者依附于机器、成为机器的附属物和器官的地位得到了改变，劳动者由机器的奴隶变成了机器的主人，从而为工作的变换和职能的流动创造了条件。其次，科学技术的进步必然带来生产力的迅速提高和产业结构的频繁变化，这会把劳动者经常从一个部门抛向另一个部门，造成职业的经常变换和职能的全面流动。最后，科学技术的进步特别是智能机器人的出现，不但会减轻人们的体力劳动和简单脑力劳动的负担，而且可以直接承担人们的体力劳动和简单的脑力劳动。这样，人们将会逐步从固定化的职业分工中解放出来，实现马克思所说的“使工人的职能和劳动过程的社会结合不断地随着生产的技术基础发生变

① 马克思，恩格斯．马克思恩格斯文集：第八卷［M］．中共中央马克思恩格斯列宁斯大林著作编译局译．北京：人民出版社，2009：196.

革”①，“用那种把不同社会职能当作互相交替的活动方式的全面发展的个人，来代替只是承担一种社会局部职能的局部个人”②。马克思揭示的这一规律，已经被当代社会经济和科学技术的发展证实。美国人口普查的数字表明，在20世纪70年代的一个为期五年的时间里，就有1/3的劳动力不是简单地改变工作岗位，而是在不同的职业之间移动。在中国，一些人习惯性地认为，既然资本主义使工人不得不经常“变换”工作，全面流动，那么社会主义革命胜利之后，工人似乎就应该“终生不变换工作”，端上一只“铁饭碗”。这种在思想上对劳动者自由流动的畏惧，在实践中是根本不可能得到支持的。中国社会主义市场经济、现代化经济建设和大工业发展的客观规律，将迅速冲破这些旧的框框，劳动者的自由流动已经成为现实。根据有关部门的调查，目前在中国有80%的青年要求自由流动、自由选择职业。

第三，新技术创新与革命会使社会劳动的性质发生变化，劳动作为谋生手段的性质将会得到改变。社会学家认为，劳动积极性是指劳动者对劳动的一种精神状态，它表现在劳动行为上，可大体划分为由低到高三个层次，即尽责地工作（第一个层次）、主动地工作（第二个层次）、创造性地工作（第三个层次，也是最高一个层次，它的基本特征在于创造）。劳动积极性的三个层次是相互联系的，按照顺序，前者是后者的基础。劳动积极性的第一层次是第二层次的基础，第二层次是第三层次的基础，同时第一层次也是第三层次的基础。劳动积极性基本上沿着从低层次到高层次方向发展。当生产力不发达时，劳动者积极性不可能普遍上升到创造性层次上。这时，劳动者对经济需要特别是对物质需要的满足是产生劳动积极性的主要动力。当然，这时也存在着创造性劳动积极性，但就劳动主体而言，只是偶然的和特殊的现象，绝大多数劳动者的积极性一般介于尽责与主动之间。只有在代科学技术革命迅猛发展之后，生产力水平极大地提高了，劳动者对经济需要的满足不再是生产劳动积极性的主要动力时，劳动积极性上升到创造性层次才有可能成为劳动主体中的普遍现象。创造性劳动积极性发挥的根源是多样的。一般说来，劳动主体的活动形式越单一，创造性产生的可能性就越小。劳动主体在劳动行为之外的其他活动，有助于创造性劳动的开展。只有必要劳动时间大幅度缩短，创造性劳动的进行才能普遍化。这当然不能脱离科学技术革命成果在生产领域中的推广普及。社会学家还将劳动分为三种类型：一是再现型。它提供的产品，只是已有产品的复制与再现，产品自身没有结构及功能上的变化，这种类型的劳动是重复性劳动。二是改进型。它提供的产品，在形式和结构上有所改进，但并没有发生质的变化，属小改小革。三是突破型。这是一种完全意义上的创造性劳动。它提供的产品，在种类、结构、性能上都发生了质的变化。

有些脑力劳动的创造性内容较多，如自主性产品、专利技术、工程设计；有些脑力劳动的重复性内容较多，如数据统计和计算。这两种不同内容的脑力劳动并不能截然分开。一般的脑力劳动既包含创造性内容，又包含重复性内容，只是在不同的具体劳动中所占的比例不同罢了。在大容量、高速度的电子计算机问世之前，脑力劳动的重复性内

① 马克思．资本论：第一卷［M］．中共中央马克思恩格斯列宁斯大林著作编译局译．北京：人民出版社，2004：560.

② 马克思．资本论：第一卷［M］．中共中央马克思恩格斯列宁斯大林著作编译局译．北京：人民出版社，2004：561.

容占据了相当大的比重。在工程设计中，过去依赖传统的计算工具来计算数据，大量繁重的计算任务所耗费的时间、精力，往往大大超过设计中创造性劳动所耗费的。使用电子计算机，工程设计人员就能从繁重的重复性劳动中解脱出来，大大缩短必要劳动时间，增加剩余劳动的时间，从而可以把主要的时间与精力投放在使工程能达到更高标准的创造性劳动上。这就是说，电子计算机所引起的劳动控制方式的变革，在总体上促使人们的劳动内容不断地由重复上升到创造性，从而使劳动的层次不断升高。高技术所带来的一个显而易见的事实，就是我们现在可以提供较少的劳动，就能获得比过去大得多的劳动成果。这就意味着在社会劳动的构成比例中，用于保障人们生存条件的必要劳动所占的比重越来越小，而剩余劳动则大量增加。这就是说，职业作为谋生手段的性质也将发生变化。

第四，新技术革命带来的劳动生产率提高的另一个后果，就是劳动者在职劳动时间缩短和闲暇时间的增多。在信息技术、计算机及自动化生产体系出现，人均产值提高和社会财富大大增加的条件下，在职劳动时间的缩短已是完全可能的。在当今一些生产力高度发达的国家，由于技术进步和劳动生产率提高，减少了工人劳动时间，每年的工作日缩短为 130 ~ 150 天，每周的工作日规定为 5 天或 4 天，每天的工作时间减少到 6 个小时甚至更少。这种人均劳动时间减少的趋势，说明被旧式分工即职业分工限定的人的本职工作时间越来越少，而供人们自己支配的自由活动的时间越来越多，人们用于谋生的劳动时间越来越少，而用于发展自己的多方面能力和从事对自己来说更感兴趣的创造性劳动的时间则越来越多。这就可以使人们利用在本职工作中没有消耗完的比较充裕的精力，来从事自己爱好的、感兴趣的、能够发展自己的个性和能力的活动。而这种活动，则是促进个人的全面发展、克服职业分工所产生的人的片面发展的弊病、实现人的解放的重要途径。

我们看到，有许多人在从事自己的本职工作时并没有表现出特别的热心，而在从事业余工作时却显现出特别热心和专注。没有什么压力，没有他人的委派，也不管有没有报酬，但他甘愿牺牲自己的休息时间，愿意付出大量的体力和脑力来做他所热爱的工作，甚至在这些工作上花费掉自己在本职工作中所获得报酬的一部分也心甘情愿。因为只有这种劳动才是“最无愧于和最适合于他们人类本性”的劳动，才是真正的自由劳动。只有在这种劳动中，他才能体验到创造性劳动的幸福，弥补由职业分工所造成的才能上的缺陷。信息技术以及新技术创新与革命正在为这种自由劳动的实现创造条件。

总之，新技术革命的发展必然导致旧式分工消灭，这是一个不可逆转的趋势。“旧式分工”即劳动者职业分工的出现，曾经是人类劳动方式的巨大变革。它一方面带来了社会生产力的巨大发展，带来了工业、商业和科学、艺术的繁荣，使人类跨入文明时代；另一方面又造成了人们在生产活动中地位的差别和物质利益上的差别，带来了残酷的阶级剥削和压迫，带来了劳动的强制性，成为束缚人的个性、能力以及创新的精神发展的桎梏。如果说人类通过艰苦卓绝地改造自然、改造社会的奋斗，最后必然使自己摆脱自然和社会的奴隶地位的话，那么就一定要消灭人类劳动的强制性，消灭把人局限于一定活动范围的、束缚人的个性和能力全面发展的职业分工即旧式分工，使人们可以按照自己的兴趣、爱好、愿望来挑选自己的工作，并且可以按照自己的心愿经常变换，不断进行自由选择。每个国家都在争取经济的持续发展，但是“其主旨应是把发展看作是扩大人们享受的真实自由的一种过程。按照这一思想，扩展自由是发展的首要目的和主要手段”①。在当今的世界，特别是对中国这样的发展中国家来说，以人的自由全面发展为中心的关于发展的目的和手段的观点，应越来越在经济发展中受到高度重视，并在实践中予以落实。这正是旧式分工的消灭、新式分工的建立，以及人的全面发展、人类劳动解放的实现。而人类社会进步的历程，就是逐步创造条件把人从旧式分工的束缚中解放出来，建立新式分工，使人得以自由全面发展的过程。

本章小结

随着生产力的发展和社会的不断进步，分工在经济生活中的作用日益凸显，分工问题越来越受到人们的广泛关注，因而在理论领域对分工的探讨层出不穷。我们从马克思的分工理论来认识人的全面发展，立足于客观现实，将社会分工的发生和发展置于整个人类社会的发生和发展之中，特别注重在研究和解决社会现实问题的同时，把研究和解决人的问题作为一个社会问题的中心。理解马克思的消灭分工与人的全面发展思想，对于构建社会主义和谐社会、坚持以人为本、更加凸显以人的全面发展作为经济社会发展的最终价值取向、推进人的全面发展进程具有重大意义。

思考题

1. 分工的概念和基本类型是什么？
2. 应如何理解分工与人的全面发展的关系？
3. 将分工划分为“旧式分工”和“新式分工”的思路和依据是什么？

参考文献

[1] 盛洪. 分工与交易 [M]. 上海：上海三联书店，1992.

[2] 涂尔干. 社会分工论 [M]. 渠东译. 北京：生活·读书·新知三联书店，2000.

[3] 许崇正. 论分工与人的全面发展 [J]. 学术月刊，2006，38 (10).

[4] 许崇正. 人的发展经济学 [M]. 北京：光明日报出版社，2022.

[5] 许崇正. 人的发展经济学概论 [M]. 北京：人民出版社，2010.

[6] Corsi M. Division of Labour, technical change, and economic growth [M]. Berlin: Wissenschaftszentrum Berlin, 1986.

① 森. 以自由看待发展 [M]. 任赜，于真译. 北京：中国人民大学出版社，2002：67.

第三篇　基 本 要 素

第十章

人的发展经济系统概述

第一节　经 济 进 程

市场如何配置资源，市场经济如何有效运行，对此问题的经典性论述，可追溯到亚当·斯密的“看不见的手”原理。在亚当·斯密于1776年发表的标志着古典经济学体系创立与经济学第一次革命的著作《国富论》中，对“看不见的手”原理即市场经济的微观运行机制，做了如下粗线条式勾画：“由于每个个人都努力把他的资本尽可能用来支持国内产业，都努力管理国内产业，使其产物的价值能达到最高程度，他就必然竭力使社会的年收入尽量增大起来。确实，他通常既不打算促进公共的利益，也不知道在什么程度上促进那种利益。……他只是盘算他自己的安全，……它所盘算的也只是他自己的利益。在这种场合，像在其他许多场合一样，他受着一只看不见的手的指导，去尽力达到一个并非他本意想达到的目的。也并不因为事非出于本意，就对社会有害。他追求自己的利益，往往使他能比在真正出于本意的情况下更有效地促进社会的利益。”①

至于“看不见的手”如何调节资源配置，亚当·斯密做了如下说明：“个人的利益与情欲，自然会使他们把资本投在通常最有利于社会的用途，那么这些用途利润的下降，和其他各用途利润的提高，立即使他们改变这错误的分配，用不着法律的干涉，个人的利害关系与情欲，自然会引导人们把社会的资本，尽可能按照最适合于全社会利害关系的比例，分配国内的一切不同用途。”② 亚当·斯密认为，在经济自由条件下，经济系统在资源配置上，受人的利欲牵引，自然地存在一种自由调节机理，引导经济资源优化配置。为此，他在政策上，极力主张自由放任，反对政府干预。

1871年英国的杰文斯、奥匈帝国的门格尔分别发表了《政治经济学原理》和《国民经济学原理》。三年后，瑞士瓦尔拉斯的《纯粹经济学要义》在洛桑问世。这三本书的面世，标志着西方经济学拉开了第二次革命——边际革命的序幕。这次革命具有以下特点：第一，以效用价值论取代古典经济学的劳动价值论，并以此作为整个理论体系的基础。第二，强调经济学研究的出发点是消费而非生产，分析的中心是最大单位个人的

① 斯密．国民财富的性质和原因的研究：下册［M］．郭大力，王亚南译．北京：商务印书馆，1972：27.

② 斯密．国民财富的性质和原因的研究：下册［M］．郭大力，王亚南译．北京：商务印书馆，1972：119.

商品劳务交换，即资源如何通过市场交换来实现最优配置。第三，在微积分数学公式的帮助下广泛运用边际分析方法，打开了数学方法进入经济学的通道，从而使经济学向着数学化、定量化发展。第四，把经济学由政治经济学变成了所谓的“纯经济学”，这样他们完全撇开制度分析，把经济学研究对象定为资源配置。由此可见，边际革命背离了经济学的古典传统，放弃了古典经济学有关制度分析的“副线”，把“经济学的列车开上了自由配置的轨道”①。

边际革命后来又经过几次深化，主要进展有：奥地利学派维克赛尔、庞巴维克、萨克斯等人对门格尔边际效用理论的阐发与运用拓展、意大利边际主义者帕累托和巴罗尼为等人对瓦尔拉斯一般均衡分析的阐述与发展以及美国克拉克边际生产力理论的提出。经过这三次深化之后，它逐渐占据了西方经济学的主流地位。到了 1890 年，英国经济学家马歇尔发表了具有里程碑意义的流行经济学名著《经济学原理》，他以边际主义者的理论为基础，结合斯密、李嘉图的古典经济学，并综合当时流行的供求论、节欲论、生产费用论等，构建了一个新理论体系。在马歇尔理论体系基础上，加上庇古、克拉克、威克斯迪特等人提出的新论点，形成了以马歇尔和瓦尔拉斯为代表的西方主流经济思想。经济学说史上称之为新古典主义。19 世纪末期以来，新古典主义的经济思想广泛流行于西方世界，统治了当时的大学讲台和经济理论界，形成了一种新古典分析的“范式”。

在这种分析“范式”中，资源的有效配置成了他们研究的中心问题。新古典经济学家认为，在所有资源配置的方式中，市场是最有效的，尤其是完全竞争性市场最能有效地引导社会资源的有效配置。对此，他们以数理形式，精致地分析了市场有效配置资源的内在机理。

资源稀缺性假设或稀缺法则是新古典经济学分析资源配置的基本前提或出发点。在他们看来，正是由于资源的稀缺性，才会产生人类社会所面临的三大基本经济问题：生产什么、如何生产以及为谁生产。同时，也正是由于人类欲望的无限性与资源的有限性这对矛盾的存在，才使人们不能不考虑在各种可相互替代的方法中选择一种最好的方法去使用资源。就生产者来说，资源的稀缺性导致了产品的生产存在着“生产可能性边界”，由此决定了他们只能在“生产可能性边界”内做出产品种类和数量安排上的合理选择。就消费者来讲，资源稀缺性既使人们的收入有限，又使消费者选择的对象——消费品有限，为此，消费者必须考虑以有限的收入在有限的消费品中做出恰当的选择，以求最大的心理满足即效用。

为了论证市场可以有效地配置资源，新古典经济学采用了特定的基本分析方法与基本假设。在基本分析方法上，他们从“社会达尔文”的庸俗进化论中得出启示，提出“连续原理”，反对唯物辩证法，着力论证私有制下市场经济的有效性与永恒性；他们从微积分中得到启示，广泛运用“边际衡量”方法去分析各种经济问题，力图把社会经济关系化为单纯的数量关系，由此完全放弃古典经济学对资本主义生产关系的分析；他们从力学中得到启示，处处采用“均衡分析”，力图证明“市场经济是一架精巧的机构，通

① 温特劳布．当代经济思想——若干专论［M］．北京：商务印书馆，1989：2.

过一系列价格和市场，它无意识地协调着人们的经济活动”[①]。在基本假设上，新古典经济学家立足于个人自由主义与功利主义的哲学基础，为了论证上的逻辑与分析上的精致，做出一系列假设，其中最基本的假设如下：一是“经济人”的人格假设。这是古典经济学的最基本人格假设。其基本含义是把人抽象为追求个人利益最大化的化身，由此否定人作为社会存在的其他一切非经济特征。二是理性选择或理性行为假设。其含义为经济人在一组可供选择的方案中，必定并且也能够选择能给他带来最大效用或受益的那个方案。为此，经纪人行为必满足完全性（completeness）、反射性（reflexivity）、传递性（transitivity）这三个选择行为之基本假定。三是市场完全性。即假定市场结构是完全竞争，市场信息是充分的，市场交易瞬间可成，不存在交易费用等。除上述基本假设外，新古典经济学还假设个人消费偏好或趣味、生产技术或生产函数、经济体制等为一组外生既定变量或背景条件，由此封闭地分析市场内生变量之间的关联以及由此引导稀缺资源在不同部门与经济主体之间的配置。

时间到了1950年，以阿罗—德布鲁模型为代表的公理化体系，给主流的新古典经济学提供了形式完美、结构完整的数学模型。数学方法在经济学中的广泛传播和普遍应用使经济学理论达到“深奥而漂亮的新高度”，同时由于数学方法具有高度的抽象性、精确性和反随机性的逻辑异质性，致使很多经济学家认为数学理性方法是唯一能够给经济学提供科学性和完整性的方法，对于实验和其他方法则采取漠视乃至排斥的态度。高深的数学表达和精巧的建模技术俨然成为经济学研究的一种时尚，经济学走向数字化和模型化。但事实是，现实的经济活动有许多层面，如“经济人”的心理倾向、情绪、价值偏好、习俗、文化等都很难用数学理性方法精确描述，只能近似反映现实，数学模型对现实的把握是相对的、有条件的。数学化虽然给经济学披上了貌似严谨的公理化外衣，但却是一种以牺牲经济内容来顾全数学形式的片面发展结果，与经济学的实质分析脱离了联系。传统的观念中，主流经济学通常被视为一门现场观察性科学，这种方法偏好导致经济学理论难以证伪，更无法证实。客观经济环境的高度复杂性、多种因素的交互作用和混合影响，以及某些状态发生的偶然性，使许多经济学命题或假定无比“微妙”和“似乎有理”，进而极大地制约了经济学理论的科学性。

主流经济学除颇受诟病的关于“经济人”的人性假定之外，还有广为争议的绝对化的环境假定。主流经济学将市场视为经济行为唯一的制度环境，并将经济自由作为最高信念。许成钢、钱颖一等把西方主流经济学中关于制度的最重要的内容归纳为五个关于“不相关性”的理论基准：一是阿罗—德布鲁一般均衡模型，意味着经济体制与经济效益不相关；二是莫迪格里亚尼—米勒定理，意味着金融工具与经济效益不相关；三是科斯定理，其结论是在交易费用接近于零的条件下，法定产权的初始配置与经济效益无关；四是卢卡斯的货币中性理论；五是贝克尔—施蒂格勒模型，其基本判断是除法庭外的执法体系与经济效益无关。基于这五大理论基准，可以通过假定零交易成本、信息完全和知识完全等条件，屏蔽掉制度、文化等因素，为资源配置研究提供“理想条件”并得出“理想状态”下资源最优配置的均衡点。尽管这五个理论基准本身的正确性仍有待检验和考察，但类似问题在现代经济学其他的环境假设中普遍存在。

① 萨缪尔森，诺德豪斯．经济学：上册［M］．高鸿业等译．北京：中国发展出版社，1992：70.

考虑到主流经济学有关环境假定的绝对化，遵从主流经济学指导的人们的经济实践结果必然是人与自然的不和谐，新古典经济学是研究如何将可用的经济资源分配给社会以便获得最大社会价值的一门科学。如果为达到一个社会目标必须放弃和牺牲某些东西，经济学家会尝试告诉我们如何在价值有形、效率最高的物质产品及“帕累托最优”等之间进行抉择。有效市场的主要优势正是在于有能力达到“帕累托最优”的资源配置。然而，这种配置也可能出现在资源利用的生态非持续性模式中，对决定人类幸福的其他因素缺乏考虑。由于环境计量和估价的困难，有形的环境效益被低估了，无形的环境效益在经济分析中体现得更少。新古典经济学理论及其实践应用已严重掩盖和低估了全球普遍发生的生态恶化问题。

正是由于主流经济学的价值误导，世界自然和人文环境都遭到严重侵蚀。“工业革命”尤其是20世纪以来，世界经济尽管得到了前所未有的发展，但自然环境却遭受了野蛮的破坏，大量资源和能源被消耗，无数垃圾被排向自然，人类生活也因此面临自然的持续报复①。

第二节　资源创造与配置

一、市场配置和政府配置的局限性

诚然，强调市场机制在资源配置中的功能与作用，是古典经济学的一条主线。还应看到，在以斯密为代表的古典经济学体系中，学者们还分析了“看不见的手”发挥作用所需要的社会法律制度。对社会经济制度的分析，是古典经济学的一条副线。斯密先在其伦理学、法律学体系中充分论证“看不见的手”的社会法律等制度基础，然后才把“看不见的手”作为自由经济制度的运行法则展开论述。他认为，经济人的自利行为是限定在严格的正义与法律许可范围之内的，社会秩序的前提是积极的法律制度，包括正义规则和某些行政制度。斯密一方面推崇经济自由，强调市场调节，但另一方面，并不试图把经济自由与市场经济推崇到至善境地。他客观地揭示了完全自由的经济可能产生的种种问题，如合谋、垄断破坏自由竞争，人们的自利动机与行为导致诸多无益于社会的行为，收入分配不公会损害劳动者的智力、事业心和精神品质等。为此，他虽然主张自由放任政策，但并不主张绝对的自由放任。他认为在自由竞争机制作用良好的领域，政府完全不必干预经济。他批评了当时许多流行的经济政策，如长期学徒制侵犯了劳动所有权，国内关卡和对外贸易限制严重制约了技术进步、生活水平提高和国民财富增进等。由此，他从自由放任主张出发，要求废除一切特权和限制，建立一个“最明白最单纯的自然自由制度”②。尽管如此，斯密还认为政府在构建市场经济制度基础和弥补市场失败方面具有不可忽视的作用。他勾画了自由放任的制度边界，指出在自由市场

① 张谊浩．西方主流经济学的范式危机［J］．经济学家，2009（8）．

② 斯密．国民财富的性质和原因的研究：下册［M］．郭大力，王亚南译．北京：商务印书馆，1972：252.

下，政府的职能或作用主要表现在：保护国家安全，使之不受其他独立社会的侵犯；设立真正的司法机关，使社会各个人不受其他人的侵害与压迫；建立并维持公共工程①。

这就是说市场失灵引起了政府干预与制度修正，但是，在政府干预和制度修正过程中，由于政府或国家的性质、政治市场信息的不完备以及公共选择方式所内含的缺陷等原因，又会引起政府失灵，导致市场扭曲和资源低效配置以及腐败等。为此，为了能够使现代市场经济有序运行，提高政府驾驭市场经济的能力和效率，还必须分析政府失灵的表现和原因，并建立一套规则来修正、治理政府失灵。

政府失灵的主要表现可归纳为四个方面。

第一，在现实经济中，政府矫正市场运行的一个典型行为是管制物价。众所周知，在市场失灵方面，垄断和自然垄断可能会引起价格扭曲。同样，政府对物价的管制或矫正，也可能导致价格扭曲，因为政府管制物价通常有两种做法：一是实行最高限价，即政府定价低于市场均衡价格，如计划经济时期，政府以计划价格收购农民粮食，又以低于成本价格的计划价格出卖给城市居民；二是实行最低限价，即政府定价高于市场均衡价格，比如说，在粮食短缺条件下，政府为了鼓励粮食生产，出台高于市场价格的粮食收购政策。这两种物价管制的结果，前者通常会造成市场商品供给短缺、票证分配、黑市交易等消费品资源低效分配与不公平分配；后者通常会引起市场商品供给过度、生产资源浪费以及由价格保护而产生的降低生产者内部经营效率等问题。从产权角度上分析，如果政府实行最高限价，则使边际消费者愿意支付的商品价格和市级需要支付的价格之间的差额为正，这个差额对于消费者来说，就成了一种额外的福利。这是一种非排他性的收入，其实质类似于公共产权或“公地”下的资源。它的存在不仅会出现低效资源配置问题，而且会使商品销售者通过降低商品质量来弥补其价格损失。对于政府在物价方面管制效果的失灵，施德格勒在《管制者能管什么？——电力部门实例》和《证券市场的公共管制》两篇文章中，从电力市场和证券市场管制的实证分析中，得出了政府价格管制无效的结论②。

第二，政府对经济活动的干预、管制会产生权钱交换的寻租活动，为此而造成资源的浪费和生产社会成本的扩大。寻租活动指某种经济利益主体通过各种合法或非法努力，比如游说、行贿等，促使政府帮助其建立垄断地位，以便获取超额垄断利润的活动。政府干预、管制经济活动的过程，就是政治过程中的权力因素直接介入经济活动，从而干预经济当事人的市场交易。此过程就为经济利益主体运用权钱交换和借助政府权力因素谋求垄断利润、实现其最大利益目标提供了前提和基础。如果政府的制度或政策安排因种种主客观的因素出现失误，则围绕政府的寻租活动还会增加。寻租活动之所以会造成资源浪费，加大生产社会成本，主要是因为寻租者为了获取政府优惠政策和经济租金要进行系列的寻租、互租活动，就必须进行一定的“非生产性投资”，耗费一定的生产性资源。如果寻租者所获取的垄断利润或经济租金小于其所支付的“非生产性投资”，则还会引起社会净福利的降低。此外，寻租活动会导致社会经济秩序的混乱，浪费社会经济资源。概括地讲，寻租活动所引起的社会成本主要包括四方面：一是寻租活

① 斯密. 国民财富的性质和原因的研究：下册［M］. 郭大力，王亚南译. 北京：商务印书馆，1972：252－253.

② 施蒂格勒. 产业组织和政府管制［M］. 潘振民译. 上海：上海三联出版社，1996.

动中浪费的资源；二是由经济寻租引起政治寻租而浪费的资源；三是治理由寻租活动引起的社会秩序混乱和政治腐败而浪费的资源；四是寻租成功后形成垄断所损失的经济效率或社会净福利。所以，寻租的存在，表明政府对经济的干预、规制并非无代价，而是要支付一定的社会成本。

第三，政府作为公共物品的生产者和主要供给者，可能会因其决策失误而致使公共物品供求失衡。公共物品的供给，一般是通过政治决策程序而不是依据市场来决定其供求数量和价格。在决定公共物品的生产力供给的决策过程中，下列原因可能导致供需失衡：一是现实经济社会的复杂性和决策人自身素质的限制，使决策人很难获取有关公共物品的需求数量、种类和结构的准确市场信息；二是某些机构的官僚主义导致在公共物品的生产、供给上可能不考虑“公共利益”，并以自身利益或集团的利益为行动目标；三是在西方国家，政府官员、立法议员是在利益集团的帮助下选举出来的，这样的政府机构就有可能为利益集团所左右，成为利益集团的“被俘获的政府”，因此，在公共物品的供给上，利益集团可能采用各种方式来影响、制约政府决策，以实现公共物品的生产和供给有利于他们；四是由于供给物品的非竞争性和非排他性，致使供给物品的价格通常不是在市场竞争中形成，而是由政府决策人决定，这种价格难以发挥其调节市场供求关系的应有功能。上述原因的综合作用，完全可能使政府在公共物品的生产、供给的决策过程中发生失误，引起供给物品供求失衡，导致生产公共物品的资源浪费。

第四，官僚机构膨胀和官僚主义作风所产生的政府低效率运行，造成社会资源空耗。在利益集团、官僚和立法官员相互勾结、联盟而成的“铁三角”的作用下，官僚机构的行为最终表现为最大化预算收入，使政府官僚机构内在地存在一种自我膨胀倾向。政府官员为了做出政绩，会尽量增加自己的部下，使人员增加，机构扩大，这又会使政府的工作增加，而且政府机构之间也会相互创造出“工作”。这样，政府机构就会不断膨胀，出现无论政府工作量是增加或减少，或者已根本没有任何工作了，政府机构的人员数目总是会按同一速度递增。这就是所谓的“帕金森定理”①。从政府运行的实践看，官僚机构的膨胀在许多国家有明显的表现，即使以“最好的政府是最小的政府”为准则的市场经济国家也同样摆脱不了②。

萨缪尔森等人指出：“政府试图纠正市场失灵，如垄断和污染等，以鼓励效率。增进平等的政府计划通过使用税收和支出手段，对特定阶层进行收入再分配。政府依赖于税收、支出和货币管制，以促进宏观经济的增长和稳定，并在促进经济增长的同时，减少失业和降低通货膨胀。市场失灵都会导致生产或消费的无效率，从而，政府在医治经济疾病中能够起到有用的作用。但是，在评价政府医治经济疾病的作用的同时，我们也必须提防‘政府失灵’——政府医治市场失灵的努力可能使弊端更加严重或引发其他问题。”③

布坎南认为：“在民主社会中政府的许多决定并不真正反映公民的意愿，而政府的缺陷至少和市场一样严重。”④

① 帕金森．官场病（帕金森定理）[M]．陈休征译．北京：生活·读书·新知三联书店，1982.

② 周小亮．市场配置资源的制度修正 [M]．北京：经济科学出版社，1999：227－229.

③ 萨缪尔森，诺德豪斯．经济学：上册 [M]．高鸿业等译．北京：中国发展出版社，1992：73.

④ 布坎南．自由、市场和国家 [M]．吴良健等译．北京：北京经济学院出版社，1988：281.

布坎南还认为：“担任政府公务员的是有理性的、自私的人，其行为可以通过分析其任期内面临的各种诱因而得到理解。这一思想的主要推论是政府不一定能纠正问题，事实上反倒可能使之恶化。”① 公共选择理论经济学家把政府的政策制定者视为理性的、自私的人。正如我们这些人一样，他们也是从个人的角度看待问题，并按个人面临的诱因行事②。“一个民主的政府根本不能成为稳定经济的力量，任何强迫政府这样做的企图，最终都必然会招致经济的动荡。”③

公共选择理论从经济学最根本的“经济人”假设入手，把政治舞台看成一个经济学意义上的交易市场，从供给和需求两个侧面着手分析。政治产品（即公益）的需求者是广大的选民或纳税人，供给方则是政治家、官僚和党派。他们的活动无论多么复杂和有差异，但他们的行为都遵循一个共同的效用最大化的规则。就是说，一个选民在投票前总是要在候选人名单中选择那个能给他带来最大预测利益的人，然后才投他的票；一个政治家或官员在决策时总是对那个最能满足他自己利益（如权力、金钱、名誉等）的议案投以青睐，就是说，公众的利益有可能是手段而未必总是目的④。

由于市场失灵，政府试图担当起纠正市场失灵的责任，然而并非总能奏效。如上所述，政府配置资源同样存在诸多失灵及其不良后果。那么如何解决呢？这就必须依赖第三种手段配置优化资源，以纠正政府失灵，从而使社会经济的发展达到真正的和谐。这第三种配置资源的手段是什么呢？就是人的全面自由发展。只有将人的全面自由发展作为一个社会和一个国家资源配置的手段，一个国家社会和经济发展才能达到和谐。

从当前来说，从单纯经济增长转向人的全面自由发展，从人与自然的技术—工具模式转向和谐—有机模式，才是最终走出现代发展危机的根本。作为对增长发展的突破和对人之自由本性的追求，阿马蒂亚·森的理论无疑切中了我们当代的发展困境问题。阿马蒂亚·森结合人的发展经济学而倡导的人的全面自由发展，其哲学基础是对人所做的主体性理解，把人看作经济人、社会人、文化人的有机整合，是作为完整的主体出现的；它强调人本身的综合发展，又提倡人与人之间的平等发展和可持续发展。这种发展理念不仅是对终结“客体化的日常世界”（经济决定的世界）呼声的有力应和，而且，它期待着，不仅仅在未来，也在现在，人类和谐发展时代的到来。

任何理论都存在理论的历史渊源，人的发展经济理论思想也不例外。从关注人的发展到关注物、再从物到重新关注和重视人的发展，既是历史的发展过程，也是经济学理论应有的发展过程。其实将人的自由全面发展作为资源配置的第三种重要手段，在经济学史上早有论及，只不过一方面没有明显的表达，另一方面我们没有加以充分重视。在人类历史发展的进程中，人的发展、人的社会劳动生产与自然界的自然资源是同样起作用的，社会生产力表现为人与自然物质变换过程中自然资源的效用存在和人的发展以及发挥与人的劳动生产力相互作用的结果，是人的发展以及自然资源效用的结合体。在《资本论》中，马克思还明确指出：“社会化的人，联合起来的生产者，将合理地调节他们和自然之间的物质变换，把它置于他们的共同控制之下，而不让它作为一种盲目的

①② 布坎南．自由、市场和国家［M］．吴良健等译．北京：北京经济学院出版社，1988：280.

③ 布坎南，瓦格纳．赤字中的民主［M］．刘延安，罗光译．北京：北京经济学院出版社，1988：187.

④ 缪勒．公共选择［M］．张军译．上海：上海三联书店，1993：1－2.

力量来统治自己；靠消耗最小的力量，在最无愧于和最适合于他们的人类本性的条件下来进行这种物质变换。”①

虽然马克思在上述论述中没有明确地提出人的自由全面发展是资源配置的手段，但是从中我们可以明显体会到马克思具有这样的思想和意图。

另外，我们从马克思人的发展的经济思想、内容和马克思人的发展经济思想的特点中也可以看出这一点。

1. 马克思主义人的发展经济思想的主要内容

马克思对经济学的研究始于哲学问题的思考，科学的人的自由全面发展是他对经济学研究的根本观点和方法。马克思用以阐释其所期望的理想人状态的关键词是“每个人”“一切人”“自由发展”“自由个性”。他一方面从人及其劳动来理解一切社会经济现象和本质，并据此阐明实际的经济运动；另一方面从历史发展的社会经济关系来认识人丰富的现实性，并以此来衡量经济上的一切进步。人的自由全面发展的哲学传统和经济学的统一，使他对经济关系的研究和对人的研究达到了完全的统一。

具体地说，这种统一基于以下几点：一是历史是人类实践活动的结果，实践中的人是历史过程的主体和出发点。二是劳动是人类的本质，物质生产是人类最基本的实践活动，而“一切生产都是个人在一定社会形式并借这种社会形式而进行的自然的占有”②。因此，人类经济是人与自然之间物质变换关系和人与人之间交往关系发展的历史，历史的主要过程实质上是人的这两方面能力的提高和发展的过程。三是人的现实性是社会关系的总和，认识自己的社会关系的“人格化”；而社会关系是人的社会关系，是人的非人格表现。因此，经济学对经济关系和对人的研究是同一过程不可分离的两个方面。正是基于这种统一性，马克思在探讨社会经济运行规律的同时，深入探讨了人，“人的自由全面发展”经济思想贯穿于马克思主义经济学说的始终。

（1）劳动是人为满足自身需要而进行的活动，又是人类自身发展的必要条件和手段。马克思认为，劳动是人的基本的、有目的的活动，是人创造社会财富、不断完善和发展自身技能的过程。因而，劳动的意义不仅在于创造财富，满足人生存的需要，更重要的在于它是人自身发展的必要条件和手段。

（2）政治经济学是研究人与人之间生产关系的科学，人是一切经济活动的主体。第一，人是生产力中最活跃的因素，在生产过程中起主导和主体作用。生产力是人们征服自然、改造自然，使之为人服务的一种物质力量，它的构成要素是任何工具，在这两个要素中，人是最基本、最根本的要素，没有人的活动，就没有生产；工具是物的要素，是人创造的结果，离开了人，工具只能是一堆废物。工具的进步和发展证明人征服自然、改造自然能力的加强。第二，经济活动的目的是人。经济活动的目的，从微观上说是获得利益，宏观上讲是社会发展，但从根本上来说是满足人的需要，促进人的自由全面发展，即目的在人，而不在物。在生产资料与劳动力的关系上，人支配物，劳动者

---

① 马克思，恩格斯．马克思恩格斯文集：第七卷［M］．中共中央马克思恩格斯列宁斯大林著作编译局译．北京：人民出版社，2009：928－929.

② 马克思，恩格斯．马克思恩格斯选集：第二卷［M］．中共中央马克思恩格斯列宁斯大林著作编译局编．北京：人民出版社，1995：5.

运用生产资料，创造物质财富，从而满足自己和发展自己。人的经济活动的初始目的是指向物的追求，并以此来丰富人们的物质生活，但从终极上看，追求物质丰富和经济的增长是一种基础性工作，它的最终目的不仅是物欲的满足，更是人的全面发展（包括道德的、文化的、价值观的进步），使人被赋予人的全面价值。第三，马克思反对“以资为本”的分配原则，主张“促进人的自由发展”的分配原则。产品的分配以人的劳动和人的才能的自由充分发展为核心，财富归其创造者所有，并归其创造者享用。社会则以人（劳动者）创造财富的多少为依据，进行分配和消费。他指出，“按资分配”是资产阶级权利，对于广大劳动者来说是不公平的，依据资本（生产资料、价值）来分配是对劳动的蔑视，创造财富的人不享有财富，违反了人的价值在劳动和创造财富中体现的原则。“促进人的才能自由发展”的分配则是人的价值原则的体现，尊重了人的权利（而不是物的权利）和人的发展。

(3) 确立“三大社会形态”划分，历史地研究了不同社会经济形态对人的发展的不同影响。马克思提出，社会发展和人的发展是相互决定的同一历史过程，前者是这一历史过程的物质基础和历史条件，决定并影响着人的发展；后者是这一历史过程的物质基础和历史条件，决定并影响着人的发展；后者是这一历史过程的目的、本质内容和内在动力，是衡量其进步的尺度。马克思主义经济学始终把对人的发展和人类解放的深刻关切作为对一切社会经济问题研究的动因和目的，而他对人的发展和人类解放的这种探索，又深深植根于对人类物质生活的生产史及其全部历史事实的经济学研究中，并揭示出人的发展和社会发展在历史发展过程中的内在逻辑规律。马克思在《政治经济学批判(1857—1858 年手稿)》中，又进一步从交往形式上研究了人自身发展的历史过程，并按照个人和社会关系的发展程度，将社会划分为三大形态：“人的依赖关系”的历史阶段，涵盖了原始公有制、奴隶制和封建制社会，其经济基础是自然经济；“以物的依赖性为基础”的历史阶段，相当于商品交换普遍化了的市场经济社会，其经济基础是商品经济，这时，人虽摆脱了“人的依赖性”，但又受到了“物的依赖性”的限制；“建立在个人全面发展和他们共同的社会生产能力成为他们社会财富这一基础上的自由个性”的历史阶段，消灭了“异化”，实现了人的本质的复归，做到了人成为物的主人。这一理论开辟了从实际的历史过程考察人自身发展的真正的实证科学。社会发展三大形态理论强调生产力发展和交往形式基础上个体与社会的关系，强调了“人们的社会历史始终只是他们的个体发展的历史”。

2. 马克思人的发展经济思想的特点

从上述分析我们可以看出，与主流经济学相比较，马克思人的发展经济思想具有如下特点：

(1) 从“经济关系人格化”出发，强调对人的动机和行为做出历史的具体的解释。从孤立的个人出发来解释一切经济现象，是古典经济学开创的西方经济学的哲学传统。无论是亚当·斯密的本性论抑或现代西方经济学的工具主义，根本上都是一致的。而马克思经济学的方法论是从社会的个人出发来解释一切经济现象。由于方法论不同，因而对人的动机和行为及其经济现象的解释产生了根本的差别。

西方经济学排斥对经济活动中的人做出历史的具体研究。马克思主义经济学则认为，作为社会的个人，人的现实性是一切社会关系的总和，是一定历史条件下的产物，是以往历史的结果。因此，历史地、具体地分析经济活动中的人及其动机和行为，成为马克思主义经济学的重要研究内容。

西方主流经济学从孤立的个人出发，把自利性和理性作为解释一切经济现象的万能钥匙，又势必排斥经济范畴的历史性质，把特定的历史的生产方式当作永恒的自然形式。马克思从社会的个人出发来考察经济问题，则必然要考虑经济发展和制度变迁的历史延续性，经济学本质上被看成是一门历史科学。马克思认定人与物的关系是物质生产的内容，作为人与人关系的中介是经济关系构成部分，但是，他更侧重于研究物质生产过程中的人与人的关系，来丰富对人的现实性的认识，包括他们所处的社会地位、经济活动的动机和行为，并通过分析这些动机和行为实现的社会形式，揭示特定社会的经济运动规律。

（2）通过对“异化劳动”的批判，深刻揭示经济学以劳动为根据的人的发展的性质。在马克思看来，古典经济学虽然确立了劳动是财富的主体本质，但是，它的无批判的前提和非历史观的形而上性质，使它“把社会交往的异化形式，作为本质和最初的形式，作为同人的本性相适应的形式确立下来了”，并通过对“社会交往的异化形式”的分析肯定了私有制，从而肯定了资本和劳动的关系，掩盖其非人化后果。基于上述问题，马克思在《1844 年经济学哲学手稿》中展开了对政治经济学的批判。

虽然古典经济学家也有劳动价值论，但是，他们的劳动价值论把人看作“经济人”，人是一种“机器”，是会创造利润的机器，就如同奴隶是会说话的工具一样，因而，在价值的实质问题上，就弄不清楚其根源，而把参与财富创造的一切要素都加进去了，按照这一逻辑，机器同人一样是价值的创造者。马克思认为，古典经济学只关心劳动的某种经济意义，不考虑劳动的属人性质。它所理解的劳动并不是真正的人类劳动，而是异化劳动，它实质上是在劳动的概念上表述了异化劳动的规律。劳动外在于劳动者，亦即劳动不属于它实际的主人。因而，他不是肯定自己，而是否定自己。正是从这里开始，异化概念第一次进入了经济学。异化劳动不仅表现为劳动产品和劳动活动的异化，而且也表现为人的本质的异化。异化劳动概念的提出，成为马克思批判地研究资产阶级政治经济学的重要成果。它既分析和说明资本主义社会的“经济事实”和经济关系，又着眼于把人摆在首位和对现存社会进行价值评判，整个资本主义的历史不过是通向使个人能够更多地自觉、更少地异化的新制度的一个阶梯①。

因此，与西方经济学抽象掉劳动概念的人的发展性质，降低劳动范畴在揭示人的本质、人的社会经济关系乃至社会历史发展规律中所处的基础地位不同，马克思的批判强化了劳动范畴在其经济学体系中的核心地位，也强化了其经济学人的自由全面发展的性质。

（3）马克思的劳动价值是在“以人的自由全面发展”的思想基础上建立的。马克思认为，价值的实体是劳动，在商品价值决定和价值的计量问题上，马克思“以人的自由全面发展”，分析了人的劳动过程的二重性，找到了商品价值的真正源泉，从而把劳动价值论建立在科学的基础之上。马克思从分析商品、价值、交换入手，指

① 刘红红．价值、发展：人本主义经济理论：第 7 卷［M］．北京：经济科学出版社，2008.

出了价值的本质是人的抽象劳动，商品交换的是指人们相互交换其劳动，从而揭示了商品拜物教的本质是人们相互交换其劳动，从而揭示了商品拜物教的本质是物的关系掩盖了人的关系。

另外，在经济学学说发展史上，还有一个重要人物是不得不提及的，这就是诺贝尔经济学奖的获得者阿马蒂亚·森。

阿马蒂亚·森在其不同于功利主义的基础上提出了人的实质自由，即人们去做他们有理由珍视的事情的潜在能力及去享受他们有理由珍视的生活的自由，它包括免受贫困、营养不良以及可避免的疾病、过早死亡，可以识字算数，参与社区活动，拥有民主、人权和自尊等。森通过分析个人自由的含义及其不同层面（包含过程层面和机会层面）与竞争市场机制的关系，扩大了价值标准的信息基础，使个人自由不再是个人效用的重复。

这样的自由概念可以追溯到亚里士多德关于生活质量和亚当·斯密关于生活必需品的论述，森在此基础上考察构成人的有价值的生活的“功能性活动”。举例来说，这些活动可以包括吃、穿、住、行、读书、看电视、社会参与（投票选举、在公共媒体发表言论观点），等等。在这个意义上，能力就是一种自由——能过有价值的生活的实质自由。这样的自由意味着个人享有的“机会”。假定每个人都在可行的各种活动组织中，按自己的标准选择最优组合，那么一个人能够实现的能力就可以通过他的实际选择而表现出来。

在人们拥有各种经济资源，如劳动、知识、土地等要素的基础上，市场机制可提供各种经济资源自由结合的最好机会，市场给予个人自由选择、自由交换、自由贸易的权利。但仅仅着眼于市场机制的帕累托效率将不可能实现人的自由全面发展，如果把焦点最终放在扩展实质自由，使人们享受他们有理由珍视的那种生活以及扩展他们拥有的真实选择的能力，那么就应该对竞争市场机制采取一种更为广阔的综合性视角，即自由是发展的核心。自由具有超越经济效率、经济利益的意义。例如，从人身自由、就业自由、劳动自由的角度来评价市场机制。在许多以自由市场取代传统社会经济状态的发展过程中，使用自由的劳动契约和不受限制的人身迁移制度取代了人参依附性劳动和强制性劳动体制，以自由为基础的视角可以很快注意到竞争市场机制的机会自由，竞争市场机制的机会自由，竞争市场机制的优势在更广的视角中得到更好的理解。

在森的理论框架中，自由在发展中首先具有建构性作用：自由是人们的价值标准与发展目标中自身固有的组成部分，它自身就是价值，因而不需要通过与别的价值的事物的联系来表现其价值；同时，自由也发挥手段性作用，森特别分析了促进发展的五种最重要的工具性自由：政治自由、经济条件、社会机会、透明性担保以及防护性保障。他用大量的证据说明，自由促进发展，而缺乏自由、压制自由会阻碍发展，其中包括贫困、市场与政府的作用、民主、饥饿、人口和粮食、文化传统等都对自由及其发展的作用影响巨大。所以，从人的发展经济学的角度来看，自由既是发展的手段，又是发展的目的，更是发展的机会。按照森的观点，发展是一个与“个人自由和社会承诺”紧密联系的过程。自由具体是指由社会所赋予的，人们采取各种社会、经济和政治行为的权利和能力，它不只是个人的选择权利，更是社会制度为此而提供的承诺和保障。因此，“自由的扩张”被视为发展的主要目标，也被视为发展的主要手段。即让人们能够在现行的政治、法律、文化制度框架下有更多的机会，做出更多的选择，实现更大的效用，这正是发展的题中应有之义。可见，新发展观是以人的自由发展，以制度为载体的概念，每个人都是充分享有自由的个体，而制度也不是发展之外的既定因素，而是通过传导、保障个人的选择权利，进而推进经济发展的内在因素。

以自由为中心的发展观的核心是人们所拥有的自由全面发展，这里自由与发展有不可分割的关系，这种发展观与传统发展观迥然不同——发展可以看作扩展人们享有的真实自由的一个过程。传统狭隘的发展观视发展为国内生产总值（GDP）的增长，或个人收入的提高、或工业化、或技术进步、或社会现代化，而这些根本不是发展目标。这些固然可以是人们追求的目标，但它们最终只属于工具性的范畴，而不是发展的目标，发展还要依赖于许多超经济因素，诸如社会制度安排、政治制度安排和公民权利等。这些都是为人的发展、人的福利服务的，以人为中心，最高的价值标准就是自由——无论是贫穷还是富裕国家的公民都应享有的自由。

因此，以自由为中心的发展观也是一个消除那些造成不能全面自由发展的因素的过程。这些因素包括贫困、专制、匮乏的机会、对公民权利的忽视等。有的情况下，自由的缺乏是与经济上的贫困直接相关的，贫困剥夺了人们满足最基本需要的自由，比如消除饥饿，得到适当的营养，得到适当的衣物和住所，以及得到适当的卫生设施的自由；有的情况下，经济不自由是与公共设施的缺乏相关的，比如缺乏有组织的医疗保障，缺乏维护社会安定和秩序的制度安排；还有的情况下，经济不自由直接源于专制政体，公众没有表达政治意愿的自由。显然，无论基于哪种原因造成的经济不自由，都需要通过发展的过程来消除其根源。在经济领域中，自由应被看作是摆脱对贫困的恐惧、减少必要劳动，代之以允许个人身心发展、进行创造性劳动的自由。

自由作为发展的核心有两个基本理由：一是它具有评价体系的作用。经济发展必须要有某种指标体系来加以评价和比较，而其中一个基本指标即是人们所享有的自由是否得到了增进。根据这一观点，一个社会成功与否，主要应根据该社会成员所享有的实质性自由来评价。这一评价性立场不同于传统的规范性分析，它注重的是其他变量，如效用、程序性自由、实际收入。二是各种不同的自由权利在促进发展和增进人类自由方面具有功能性的作用。自由不仅是评价成功或失败的基础，还是个人创造性和社会有效性的主要决定因素。更多的自由可以增强人们自助的能力以及他们影响这个世界的能力，而这些对发展过程是极为重要的。

森突出了五种在经济发展中发挥直接作用的基本自由：一是政治自由和公民权利，即个人所能支配的政治资源。二是经济设施，指人们各自享有的基于消费、生产或交易目的而使用经济资源的机会与便利性。个人所拥有的经济资源支配权不仅取决于他所占有的或可获得的资源，也取决于交易条件，如相对价格与市场运作。三是社会机会，指社会所提供的教育、医疗保健等安排，它们直接影响个人有多大的自由度去选择更好的生活方式。四是社会透明度，即人们所期望的公开性，这不仅是教育与市场体系运作的基础，而且对于防治腐败行为和地下交易也起着重要作用。五是安全性，指的是提供一个社会安全网，使社会的弱势群体不至于陷入悲惨的生活境地，这包括一些固定的制度安排，如失业救济、对穷人的补助等。这五个方面的基本自由相互之间是互相促进的，它们被经济行为主体运用的结果，就直接或间接导致资源的不同分配（配置），以及经济发展和人的自由发展的不断完善。

总之，由于市场严重失灵，政府企图通过干预予以纠正，但政府干预同样造成许多失效（失灵）和由此引起的寻租与腐败。由此必须要有第三种资源配置方式对市场配置和政府配置加以补充和纠正。这第三种资源配置方式就是人的自由全面发展。人的自由全面发展作为第三种资源配置方式，在当代既具有客观性、必然性，又具有紧迫性，它是历史发展的必然。

二、人的自由发展对资源配置的机理（机制）

让我们把人的自由发展对资源的配置活动做一个环流图，描绘在图 10－1 中。

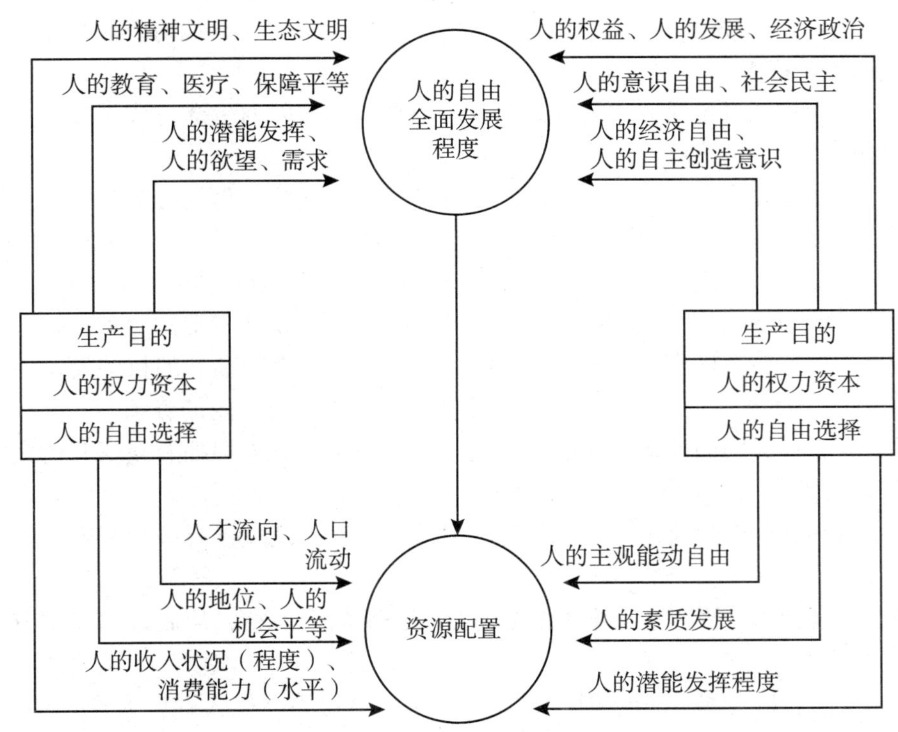

图 10－1　人的自由发展对资源配置活动的环流图

该图提供了一个鸟瞰，人的全面自由发展对资源的配置是通过以下一些方面影响、配置资源。

（1）人的创造发明和核心技术配置资源。

（2）人的创造力发展、自主创新意识、自主权配置资源。

（3）人的民主、自由焕发出来的积极性配置资源。

（4）人们通过所享有人的权力资本配置资源。

（5）人的自由选择和自由流动配置资源，使资源从一个地方转移到另一个地方。

（6）人的需求、人的收入和消费状况、消费力决定生产什么物品以及生产多少。

（7）人的知识资本状况、技术水平、素质、创造力发挥程度等决定着如何生产物品，是采用高端技术还是低端技术，是采用劳动密集型生产方式还是高科技生产方式，从而引导资源的走向而配置资源。

（8）生产的目的——为谁生产、人的发展的目的，以及以人的精神消费为主、以素质发展为主还是以奢侈的享乐消费为主会导致不同的资源配置。

（9）是为富人生产还是为广大民众生产，是为广大民众发展而生产还是仅为少数人的享乐而生产，如房地产是以廉租房为主还是提供别墅、豪华住宅。前者是为了满足广大民众的发展需要，后者是为满足少数人奢侈享乐的需要，从而引导资源的配置。

（10）人的无形资本——知识产权配置资源，从而引导资源不同配置。

（11）人的发展程度决定生态文明，是保护生态，还是破坏生态，从而资源配置和利用效益也不同。

（12）人的潜在能力——潜能发挥程度，对资源配置产生影响，人的功能性活动、社会氛围差异、个人异质性以及环境多样性、人际关系差异都可以对资源配置产生影响而有不同的资源配置。

（13）自由地选择生活方式对资源配置产生影响，不同的生活方式引导资源的不同配置和走向。

（14）人的想象力、思考力、创造力、情感、实际现状、自主自由意识等对资源配置产生影响，在有些情况下可对资源配置起主导作用。

（15）实质自由、人的主观能动自由、社会机会、政治自由、公民自由、机会平等、人的权益等可对资源配置产生影响，在有些情况下可决定资源的合理配置。

（16）人的经济条件指个人分别享有的，为生产、交换、消费的目的而运用其经济资源的机会。经济条件、经济权益决定一个人所拥有的或可使用的资源。

（17）人在社会中的政治经济地位不同，决定和影响着人们拥有或占有的资源，从而影响资源配置。

（18）人的社会影响决定人们享受美好生活的程度，以及占有多少有助于提高生活质量的资源。

（19）实现代内公平才能有平等的分配权、公平的发展权，从而影响和调节资源配置。

（20）实现代际公平才能合理配置资源，从而不仅为当代人，也为子孙保护环境、有限的耕地和资源。

（21）民主的内在价值有助于人们潜在能力的发挥，增加人们的福利（提升生活质量，不仅是物质的，更包括精神的），从而影响资源的配置。

（22）民主的工具性作用为当政者提供有效的政治制度，使之能做出适当反应，以满足广大人民群众的正当需求。民主的结构性作用有助于社会价值和优先顺序的形成，影响资源的优化配置。

（23）不民主有三种形态：一是缺乏透明性保证；二是缺乏有效、公开监督（包括新闻监督）；三是缺乏保护性保障。不民主会影响资源的有效配置，并可产生资源逆配置，即破坏性配置。

第三节　金　　融

一、金融的含义与金融资源的配置效用

金融是指资金的融通，即资金的筹集、分配、融通、运用及其管理。它有狭义和广义之分。狭义的金融仅指货币融通，是货币市场和资本市场的微观运行机制。广义的金融指与物价有紧密联系的货币流通、银行与非银行金融机构体系，包括货币市场、资本市场、保险系统以及国际金融等领域。它是由诸多部分构成的大系统，既包括微观运行机制，也包括宏观运行机制。

（一）金融资源的正配置与效用

金融资源的正配置是通过将资源从低效率利用的部门转移到高效率利用的部门，从而使一个社会的经济资源能最有效地配置在效率最高或效用最大的用途上，促进资金的合理流动，促进地方产业升级的发展和劳动生产率的提高，实现稀缺资源的有效利用。好的金融资源配置可以减少信息与交易成本，进而影响储蓄率、投资决策、技术创新和长期经济增长率。金融业通过提高资源配置效率实现对经济增长的促进。随着经济增长的持续，金融对经济增长的资源配置功能日益突出。

（二）金融资源的逆配置与危害

金融资源配置功能的扭曲，必然导致金融资产的错误定价和稀缺资金的错误配置。金融资源的逆配置指不是将稀缺资本配置到生产效率最高的生产部门，而是将资本错误地分配到生产效率相对较差的行业和企业，并最终导致效率较高生产部门资金成本的提高，不能实现金融效率的帕累托效率最优，将严重阻碍经济的发展，甚至造成经济或金融危机。

健康多元的金融组织体系和金融市场体系是有效配置金融资源的基础条件。

二、科技、绿色、普惠、养老、数字金融

要实现“金融强国”目标，必须做好科技金融、绿色金融、普惠金融、养老金融、数字金融“五篇大文章”，针对科技创新、绿色发展、普惠小微、养老需求、数字转型等薄弱环节和重点领域，优化融资结构，完善金融市场、金融机构、金融产品体系，推动产业智能化、绿色化、数字化转型，切实提升金融服务质量。其中，科技金融是对加强对新科技、新赛道、新市场的金融支持，加快培育新动能新优势等要求的落实，不断优化金融资源的配置，更好助力科技创新和结构转型升级；绿色金融是推动经济社会的低碳、可持续发展；普惠金融是助力金融服务普及和均等；养老金融首次提出，是助力解决人口加速老龄化的相关问题，加强对老年群体的金融服务和青壮年群体的养老规划

金融支持，推动养老产业升级；数字金融强调通过金融业自身的数字化转型，完善数字经济新型基础设施，引导中小企业与“三农”融入电子商务等数字产业链，促进数字金融服务拓宽服务场景，推动数字经济与数字金融融合发展，实现金融高质量发展。“五篇大文章”是中国金融高质量发展的方向，也指明了金融支持实体经济的方向。

（一）科技金融

科技金融是以人工智能、区块链等金融科技为基础，以创新金融产品、服务模式、业务流程为手段，以服务科技企业、推进科技创新进程为目标，通过创新财政科技投入方式，引导和促进银行业、证券业、保险业金融机构及创业投资等各类资本，创新金融产品，改进服务模式，搭建服务平台，实现科技创新链条与金融资本链条的有机结合，为初创期到成熟期各发展阶段的科技企业提供融资支持和金融服务的一系列政策和制度的系统安排，不仅可有效缓解科技企业融资问题，更是一种推动科技与经济结合并持续创新发展的重要机制。据中国人民银行公布的 2023 年三季度金融机构贷款投向统计报告，截至 2023 年三季度末，获得贷款支持的科技型中小企业达 21. 28 万家，获贷率达 47%，比 2022 年末高 2. 7 个百分点。

推动科技金融的路径如下：一是加强政银企对接，加强科技型企业信息库建设，引导金融资源更加精准地支持重点科创领域，加大探索政府对科创企业增信和风险补偿机制，同时发挥专业部门的认证作用，更好量化评价企业科技创新能力，为更多金融机构提供决策依据。二是金融机构要以科技创新全链条、科创企业全生命周期投融资需求为牵引，推动创新链和资金链无缝衔接，不断完善科技金融服务体系，构建“股贷债保”联动发展的科创金融生态体系，通过直接融资和间接融资“两条腿走路”，发挥合力，提高科创企业融资比例，改善融资结构。三是提高银行保险机构支持科技创新的适配性，推动金融机构建立单独的科技企业信用评价模型，持续更新迭代审核模型，并鼓励金融机构进一步设立科技金融专营机构，不断延伸覆盖科技创新全链条、科技型企业全生命周期的资金链，推动创新链、产业链、资金链、人才链深度融合。

（二）绿色金融

根据 2016 年 8 月 31 日人民银行等七部委发布的《关于构建绿色金融体系的指导意见》，绿色金融是指为支持环境改善、应对气候变化和资源节约高效利用的经济活动，即对环保、节能、清洁能源、绿色交通、绿色建筑等领域的项目投融资、项目运营、风险管理等所提供的金融服务。

绿色金融有两层含义：一是指金融业如何促进环保和经济社会的可持续发展；二是指金融业自身的可持续发展。前者是指“绿色金融”的作用主要是引导资金流向节约资源技术开发和生态环境保护产业，引导企业生产注重绿色环保，引导消费者形成绿色消费理念；后者则明确金融业要保持可持续发展，避免注重短期利益的过度投机行为。

发展绿色金融的必要性如下：

第一，绿色金融是经济高质量发展的新方式。当前，我国经济发展已由高速增长阶段转向高质量发展阶段，高质量发展是全面建设社会主义现代化国家的首要任务。高质量发展要求我们在推动经济发展、创造满足人民多种需求的物质财富和精神财富的基础上，提供更多优质绿色生态产品，满足人民对良好生态环境和生态可持续发展的需求。这就需要绿色金融服务与协调，将对环境保护和资源利用效度作为活动成效的标准之一，通过自身活动引导各经济主体在自然生态中的平衡，重视金融活动与生态平衡的协调发展，形成以绿色创新为主要机制的现代化产业体系。

第二，绿色金融对于推动绿色转型发挥了重要作用。绿色金融以“生态优先，保护优先”原则开展资金运行和资金配置，能够适应新时代、满足人民新需求，在生态、经济、社会系统运行中具有“绿色能源”的作用。通过大力发展绿色金融，提供更多绿色金融产品，能够倒逼传统行业向低碳绿色的方向转型发展，促进绿色技术的应用与推广，推动实体经济实现绿色转型。我国已初步形成支持绿色金融发展的政策体系和市场环境，在推动经济绿色转型过程中发挥着重大作用。

第三，科技赋能绿色金融为“双碳”目标提供助力。随着“双碳”目标的推出，各行各业的增长方式都要满足绿色发展的要求。从金融机构和金融市场机会来看，有绿色产业、绿色转型需求，也有为绿色转型服务的服务业，还有个人绿色生活、绿色出行等，将形成一系列的产业机会。通过互联网、云计算、大数据、物联网、人工智能、区块链等科技手段赋能绿色金融发展，不仅可以拓宽金融服务应用场景和推进绿色金融产品体系创新，还能为绿色产业项目、绿色科技研发、绿色金融体验提供多样化的融资渠道，推动经济向更高效、更绿色、更节能的方向发展，为生态文明建设和我国“双碳”目标的实现提供金融助力。绿色金融的职责，就是通过一系列制度安排，借助信贷、债券、发展基金、保险等金融工具，为绿色低碳转型提供资金支持以及综合服务。

推动绿色金融的路径如下：

一是建立绿色金融评估标准和评估机构，完善绿色企业和绿色项目认定标准；制定并完善减税、贴息等方面的激励措施，明确奖励方式、范围、条件等，激发重点企业、金融机构开展绿色投融资活动的积极性。

二是搭建完善绿色金融综合服务平台，围绕绿色金融交易和绿色项目运营，建设绿色金融产品库、企业信息库、咨询专家库等机构的合作机制，畅通金融机构和企业沟通对接渠道，实现信息公开的标准化和一致性，促进金融机构精准服务绿色发展。

三是推进绿色金融管理体制机制创新，支持金融机构制定绿色金融发展整体战略规划以及具体实施方案，并从发展战略、组织架构、产品服务体系等方面加以改进，为绿色金融服务效能全面提升提供良好保障。

四是要从产业绿色转型的需求出发，创设更多的绿色金融产品、转型金融产品和气候金融产品，充分发挥金融市场在资源配置中的重要作用。

（三）普惠金融

根据全球合作伙伴组织（GPFI）给出的定义，普惠金融是指所有处于工作年龄的成年人（包括目前被金融体系所排斥的人），都能够有效获得正规金融机构提供的以下金融服务：贷款、储蓄（广义概念，包括活期账户）、支付和保险。

2015 年，国务院印发的《推进普惠金融发展规划（2016—2020 年）》中提出，普惠金融指立足机会平等要求和商业可持续原则，以可负担的成本为有金融服务需求的社会各阶层和群体提供适当、有效的金融服务。小微企业、农民、城镇低收入人群、贫困人群和残疾人、老年人等特殊群体是当前我国普惠金融重点服务对象。

发展普惠金融的必要性如下：

第一，普惠金融是实现共同富裕的有效途径。长期以来，我国区域间、城乡间的金融资源配置存在异质性差异，金融资源的不平衡分布加速了经济发展的“马太效应”。普惠金融既是一项经济活动，也蕴含着“共享”的发展理念，目的就是要提升金融服务的覆盖率、可得性、满意度，以可负担的成本为有金融服务需求的社会各阶层和群体提供适当、有效的金融服务。从本质上说，普惠金融就是帮助低收入群体和小微企业获得公平发展和致富的权利，重点服务对象为小微企业、农民、城镇低收入人群和残疾人、老年人等特殊群体。

第二，普惠金融有助于实现金融资源的均衡配置。我国经济结构在城乡之间、大企业和中小企业之间、国企和民企之间、富裕人群和贫困人群之间处于不均衡的状态。普惠金融致力于把金融资源配置到社会发展的重点领域和薄弱环节，以金融的普惠性缓解发展不平衡、不充分的问题，不断满足经济社会发展和人民群众日益增长的金融需求。机会均等、普惠公平的市场秩序，能够提升对特殊群体的金融福祉，让百姓普遍有渠道获得便捷的金融服务，提高经济发展的包容性。在经济发展滞后的农村地区，通过扩大基础金融服务的覆盖面，改善区间金融服务的不平衡性问题，为乡村振兴、城乡融合发展夯实物质基础；针对小微企业和个体工商户的融资难问题，构建金融服务市场主体的长效机制，扩大中等收入群体规模，扩宽就业渠道，促进经济发展的协调性。

第三，普惠金融提供有尊严的服务。金融的最根本的出发点就是服务实体经济和社会发展。过去向贫困地区和弱势群体提供的支持和服务有时候是用行政化的手段，而有尊严的服务强调的是市场机制。普惠金融既要坚持市场化、法治化原则，又要遵循成本可负担、商业可持续的金融规律，通过更丰富更多元的普惠金融产品，面向老年人、农民、新市民、低收入人口、残疾人等群体提供有尊严的、适当的和有效率的服务，满足这些群体真正的金融需求。

推动普惠金融的路径如下：

第一，找准方位，发挥积极性。积极引导各种类型金融机构和金融组织结合自身特点，找准市场定位，发挥各自优势，充分发挥积极性和能动性，为所有市场主体提供多层次、广覆盖的金融服务。

第二，形成合力，健全机制。要加强财政政策、货币政策、金融监管的协调配合，完善政策扶持体系、加大政策支持力度，探索建立政府主导的小微信贷担保体系，改善普惠金融风险补偿环境等，促进形成成本可负担、商业可持续的长效机制。同时，健全普惠金融机制保障，持续完善信贷资源配置、业务流程设计、内部资金转移定价、考核激励、风险约束等专业化机制，建立健全“敢贷、愿贷、能贷、会贷”长效机制。

第三，加大创新，提高普适性。积极引导各类普惠金融服务主体使用大数据、云计算、人工智能、生物识别等新技术为普惠金融在客户识别、项目认证、风险评估等方面提供技术支持，优化普惠金融服务模式，加大金融产品和金融服务手段创新的力度，降低金融交易成本，延伸服务半径，拓展普惠金融服务的广度和深度，不断切实提高产品的普适性、可及性。

第四，加强保障，正确激励。一是要加快推进金融基础设施（农村支付体系、金融信用信息体系、统计体系等）建设，改善普惠金融发展环境，促进金融资源均衡分布，为金融机构运行效率和服务质量的提高创造条件。二是要充分发挥政策引导和激励作用，根据薄弱领域、落后地区、特殊群体金融服务需求的变化趋势，调整完善管理政策，促进金融资源向普惠金融倾斜。三是要加强普惠金融教育与金融消费者权益保护，培育公众的金融风险意识，提高金融消费者维权意识和能力。四是要完善普惠金融法律法规体系，明确普惠金融服务供给、需求主体的权利义务，确保普惠金融服务有法可依、有章可循。

（四）养老金融

老有所养指老年人依靠社会和家庭能够得到所需的生活照顾和经济、物质保证。现阶段主要包括两个方面：一是老年人所需要的经济、物质生活条件基本得到保证；二是老年人在日趋衰老或因病痛导致生活不能自理时，应得到社会或家庭的帮助和照顾。

养老金融指围绕着社会成员的各种养老需求，以及应对老龄化社会的挑战，所进行的金融活动的总和，包括养老金金融、养老服务金融和养老产业金融三方面，又具体分为六个方面：养老金制度安排、养老金资产管理、非制度化养老财务管理、养老金融便捷性支持、养老产业投资、养老产业融资。

推动养老金融发展的路径如下：

第一，进一步健全基本养老保险全国统筹制度。要加快推进基本养老保险全国统筹步伐，提升个人养老金吸引力。为了鼓励更多人参与个人养老金的缴存，也为了未来劳动人口的稳定，可以考虑对低收入家庭直接进行补贴；对不同人群根据个人情况设置不同的缴纳上限；建立第二、第三支柱之间的资金转移制度，释放更多的资金以推动更多需求的形成。

第二，加强养老金融产品和服务创新。一是针对不同年龄阶段和不同风险承受能力的个体设计多样化养老金融产品，满足其个性化产品需求的同时提高个体养老资金投资收益，并利用金融科技进一步优化养老金业务的办理体验等。二是鼓励不同金融机构依据自身优势进行产品和服务开发，开发出针对不同类型养老服务机构建设和运营特点的信贷产品，并持续提升金融适老化服务水平。三是通过对养老金融产品国际经验的学习，不断开发并完善长期护理保险、养老目标基金等创新型养老金融产品，加大养老金融产品惠及范围和力度，不断提高国民认可度与满意度。

第三，建立和完善第三支柱个人账户。针对中国居民缺乏专属的个人养老账户的现状，应加快建立具有专属性的第三支柱养老金个人账户，账户设立应该灵活并且便利。账户设立时，参保者可以自主或者以雇主为媒介进行开户信息的提交，账户管理机构接到申请后可以借助金融机构的信息共享平台完成交易，并实现参与者缴费、税收等相关信息的查询；账户运作时，可以由不同金融机构分别进行产品准入审核并建立养老金融产品池，参保者可以通过个人账户与其实现对接并完成对养老金融产品的自主选择和购买；账户领取时，可以通过搭建个人账户与税收部门的数据共享平台，由税务部门完成递延税收的代扣代缴并由账户管理机构完成账户资金的代收。

第四，优化第三支柱的税收优惠制度设计。首先，提高税收优惠力度，如可以搭建与社会平均工资增长指数挂钩的税延养老保险税前抵扣标准的动态调节机制，并可对该标准在合适时机进行调高。其次，还可以借助个人所得税应用程序（App）等工具简化抵扣流程并扩大公众受益范围，即借助 App 的推广与运用来扩大税收优惠的普及度以及享受税收优惠的群体范围，并通过 App 内程序设计简化税收抵扣流程。通过优化第三支柱的税收优惠制度设计，提高税收优惠力度和政策积累的覆盖范围。

第五，提高公众对养老金融产品的购买意愿。一方面，需要加强对公众养老规划方面的教育，帮助消费者提前了解老年生活的金融需求以及保险、基金、信托等不同功能的养老金融产品。另一方面，需要提高公众对养老金融产品的信心和信任程度，加强对相关产品的风险控制和保护力度，同时向公众普及保险保障基金等监管政策，让公众提高对养老金融产品的信心和认可度，更加放心地进行养老储蓄和投资。

（五）数字金融

数字金融指通过互联网及信息技术手段与传统金融服务业态相结合的新一代金融服务，包括互联网支付、移动支付、网上银行、金融服务外包及网上贷款、网上保险、网上基金等金融服务。它的主要特征是对于数据、数字的分析与审核，有助于不同领域数字化转型快速发展。

近年来，这种以新一代信息技术为核心的金融行业数字化的浪潮正席卷全球，数字货币、数字支付、数字信贷、数字证券、数字保险等数字金融新领域蓬勃发展，数字金融和实体经济日益深度融合。

中国推动数字金融发展的路径如下：

第一，加强数字金融基础设施建设。数字金融需要强大的数字金融基础设施为根基。因此，需要以大数据、云计算、区块链等数字科技为基础，构建安全、合规、统一的公共数据开放平台和金融服务共享平台，不断提升数据传输能力。同时，要不断提升数据的应用管理水平，丰富数据来源，完善统一化数据资源体系，夯实数字金融发展的大数据基础。

第二，高质量推进金融机构数字化转型。金融机构一方面需要建立数字运营思维，优化数字化服务流程，加快数字金融产品创新和迭代，激活金融服务新功能；另一方面需要加强与政府、企业、行业组织多方协同合作，加快证券、保险、资管等行业多场景数字化渗透，打造多元主体的数字共同体，提供“有个性”“有温度”的综合金融服务。

第三，激发市场化多元主体的活力。数字金融的应用主体非常广泛，需要激发市场化多元主体的活力，形成金融机构、科技平台、专业服务商分层发展、互补协作的数字金融行业新生态，以 AI 为核心的新技术作为抓手，加快金融机构的智能化和数字化转型，增强数字金融方面的核心竞争力，最终实现数字金融既普且惠。

第四，利用数字技术防范化解金融风险。构建金融安全体系，必须重视监管技术创新，丰富监管科技手段，强化防范化解风险能力。一是推进数字化金融监管立法。构建符合我国国情的数字化金融监管模式，在管理体制、工作机制、工作标准、人员配置、工作保障等方面做出系统化安排，规范顶层设计。二是加快数字化金融监管人才培养。完善金融监管人才标准，并加强数字化金融监管、现代信息技术手段监管学科的专业教育。三是监管部门、行业协会要开展数字化金融科技监管理论研究、技术提升、人才培养、标准研制等工作。

第四节　资本范畴

资本是经济学中一个重要的范畴，也是本书研究主题中的基本范畴。这个范畴不仅在经济理论史上含义众多，并且在我国经济理论界也有不同的见解。而如不能清楚和准确地把握这个范畴的内容，将不利于我们建立和完善社会主义市场经济体系，将极大地妨碍我们贯彻社会主义核心价值观和核心价值体系。因此，当前再识这个基本范畴，对这个范畴的内涵加以科学的再界定，就显得十分迫切和必要了。

一、经济理论史上的资本观及评价

19 世纪的苏格兰经济学家麦克鲁德曾认为："资本是用于增值目的的经济量，任何经济量均可用为资本。凡可以获取利润之物都是资本。"① 而奥地利经济学家庞巴维克认为，最初，资本（capital）源于 Caput 一词，用来表示贷款的本金，和利息相对。庞巴维克还认为："一般来说，我们把那些用来作为获得财货手段的产品叫作资本。"② 资本在这里和"生息金额"同义。关于资本的定义最早见于 1678 年出版的《凯奇德佛雷斯词典》，其中将资本称为产生利息的"本钱"。休谟最早确认了"资本除了包括代表物（货币）外，还应包括被代表物（财货）"③。古典经济学的创立者威廉·配第在其《政治算术》中"将资本视同于流通中的货币"④；法国资产阶级庸俗政治经济学创始人让·巴蒂斯特·萨伊认为，资本包括各种技艺所使用的工具、劳动者在执行他的部分生产任务时所需要的生活必需品、劳动者所拥有的原料等⑤。他还认为："如果货币用于促进产品交换，货币也属于生产资本的范畴。"⑥ 但不是所有的货币都是生产资本，而只有"分配在整个人类劳动机构上的货币"⑦ 才是生产资本。这说明，在他看来，相当一部分货币不是分配在整个人类劳动的机构上。同时，他认为作为生产资本的货币，在社会资本总量中只占极小部分，不能认为一个社会的资本仅仅在于货币。他还认为："一个国家越繁荣，它的产业越发达，处于货币形态的资本在国民资本总额中所占的比例越小。"⑧ 马尔萨斯认为，资本是"积累的财富中被用来在未来财富的生产与分配中谋取利润的特殊部分"⑨。古典经济学的主要代表人物亚当·斯密认为，"资本是人们储

① 麦克鲁德．信用理论［M］．北京：商务印书馆，1872：127.

② 庞巴维克．资本实证论［M］．陈端译．北京：商务印书馆，1964：73.

③ 庞巴维克．资本实证论［M］．陈端译．北京：商务印书馆，1964：50－61.

④ 配第．政治算术［M］．陈冬野译．北京：商务印书馆，1978：87.

⑤ 萨伊．政治经济学概论［M］．陈福生，陈振骅译．北京：商务印书馆，1963：70.

⑥⑦ 萨伊．政治经济学概论［M］．陈福生，陈振骅译．北京：商务印书馆，1963：70－71.

⑧ 萨伊．政治经济学概论［M］．陈福生，陈振骅译．北京：商务印书馆，1963：71.

⑨ 马尔萨斯．政治经济学原理［M］．厦门大学经济系翻译组译．北京：商务印书馆，1962：129.

存起来取得收入的那部分资财"①；古典经济学的完成者大卫·李嘉图认为"资本是国家财富中用于生产的部分"②；重农学派的主要代表人物之一的杜阁认为，"资本是积累起来的价值，是可动的财富"③；奥地利学派主要代表人物庞巴维克系统分析了前人的12种资本定义后认为，资本是"生产出来的获利手段"，或者说"资本是用作获利的生产出来的产品集合体"④。瑞典学派的创始人维克塞尔认为，资本是"被生产的生产手段"⑤。新古典学派的创始人和主要代表马歇尔认为，"以个人看资本是期望获得收入的那部分资产，从社会观点看资本是生产收入的收入"⑥。美国著名经济学家欧文·费雪认为："资本是指一段时间内存在的财富的存量。"⑦ 并认为"资本的价值必须由其估计的将来净收入计算，而不是相反""资本的价值来自收入的价值"⑧。在这里，费雪指出，"资本价值的大小，由人们去估价，而估价是人为的过程，含有预期的性质。如一只股票，其价值的大小便决定了人们预期它每年能带来多少股息（即净收入）。在利息率不变的情况下，人们对它能带来的股息的期望值越多，价值越大，相反，价值越低"⑨。英国经济学家希克斯认为："实际的资本量就是价值量，而资本的价值也就是按资本的将来要获得的最终纯产品的资本化的价值，即以资本所获得的利息（利润）按现时利息率折合的资本的价值。"⑩ 他还认为："这种资本概念是向前看的，因为它是一种预期的价值。"⑪ 新古典综合学派代表人物萨缪尔森认为，"资本一词通常被用来表示一般的资本品"，⑫ "资本是一种不同形式的生产要素。资本（capital）（或资本品）是一种生产出来的生产要素，一种本身就是经济的产出的耐用投入品"⑬，并认为"资产作为资本有多大价值取决于利息率的高低，与利息率的高低成反比"⑭。

对于资本的论述最充分的当然是马克思。马克思在《资本论》中，对资本的本质、形式、内涵特点、规律、运行方式进行了深刻的揭示。马克思最主要的论述是认为资本是带来剩余价值的价值，并认为资本不是物，它体现着资本家与雇佣工人之间的剥削被剥削关系。

综观古今经济理论史，经济学家们关于资本范畴的定义和思路大概可以归类为五种观点：一是把资本等同于货币；二是把资本视为资本品（或生产手段或财货）；三是把资本视为资本品或资财的价值额；四是把资本视为带来收入的财货；五是把资本视为带来剩余价值的价值。

---

① 斯密．国民财富的性质和原因的研究：上卷［M］．郭大力，王亚南译．北京：商务印书馆，1972：254.

② 李嘉图．政治经济学及赋税原理［M］//彼罗斯拉法主编．李嘉图和通信集：第一卷．北京：商务印书馆，1962：78.

③ 杜阁．关于财富的形成和分配的考察［M］．南开大学经济系经济学说史教研组译．北京：商务印书馆，1961：51.

④ 庞巴维克．资本实证论［M］．陈端译．北京：商务印书馆，1964：58，84.

⑤ 维克塞尔．国民经济学讲义［M］．刘絜敖译．上海：上海译文出版社，1983：141.

⑥ 马歇尔．经济学原理：上卷［M］．朱志泰译．北京：商务印书馆，1964：15.

⑦⑧ 欧文费雪．利息理论［M］．上海：上海人民出版社，1959：10.

⑨ 曾康霖等．资金论［M］．北京：中国金融出版社，1990：142.

⑩⑪ 希克斯．经济学展望［M］．余皖奇译．北京：商务印书馆，1986：158.

⑫ 萨缪尔森．经济学：上册［M］．高鸿业译．北京：商务印书馆，1979：73.

⑬ 萨缪尔森．经济学：第十四版［M］．北京：商务印书馆，1986：55.

⑭ 萨缪尔森．经济学：中册［M］．高鸿业译．北京：商务印书馆，1979：306，307.

上述关于资本范畴的思想，除了马克思的论述外都有其片面性和局限性。

把资本等同于货币是错误的。虽然资本可以以货币的形式存在——表现为货币金融资本，而且资本在价值形式上总表现为一定的货币金额，但是，资本和货币是两个不同的经济范畴，两者有不同的内涵和外延。一是作为资本的货币与作为流通手段的货币在商品交换中只起媒介作用。早在300年前，英国古典经济学派的初期代表人物之一达德利·诺思（Dudley North）最早把作为“资本的货币与一般货币区别开来了”[①]。二是从外延看，资本不仅包括货币资本，而且包括真实资本；而货币不仅包括作为资本的货币，而且包括作为一般流通手段和支付手段的货币。三是货币和资本有不同的运动形式，货币的运动形式是 W－G－W′，资本的运动形式是 G－W－G′(G＋ΔG)，马克思对此有过精辟的论述。四是货币和资本的经济职能不同。货币运动是为了追求使用价值，而资本运动是为了追求价值增殖，货币只有被用作价值增殖的手段，它才变为资本。

把资本视为资本品也是片面的。一是在商品经济社会，特别是现代发达的商品货币经济社会，社会经济高度货币化和信用化，任何资本品的生产、交换、分配和消费都必须有其价值反映，体现为一定的货币价值额，资本品的自然形式仅仅是资本的具体物质承担者。马克思指出：“资本作为自行增殖的价值，不仅包含着阶级关系，包含着建立在劳动作为雇佣劳动而存在的基础上的一定的社会性质。它是一种运动，是一个经过各个不同阶段的循环过程，这个过程本身又包含循环过程的三种不同的形式。因此，它只能理解为运动，而不能理解为静止物。”[②] 二是它不能反映资本的本质属性即价值运动和价值增殖。三是资本不仅包括资本品（实物资本），还应包括货币金融资本。四是现代经济学特别是宏观经济学不可能也不必研究资本品的物质存在及自然属性。正如哈耶克和希克斯所言，“资本的物质属性与经济学是不相干的”[③]。所以，把资本仅仅定义为资本品在经济学意义是不科学的。

把资本仅仅视为资本品或资财的价值也是不完善的。首先，它没有反映出资本范畴的根本属性即价值增殖运动。资本品或资财的价值存在只表明它是潜在的、可能性的资本，资本品或资财的价值体只有作为增殖价值的预付价值介入资本运动及增值过程才是现实的资本。其次，它仅仅包括真实资本（即资本品或财货的价值）而忽略了货币金融资本（纯价值体）。马克思曾经深刻指出，货币资本、生产资本和商品资本（后两种实际上就是真实资本的内容）这三种资本形式在社会再生产过程中必须“在空间上并存，在时间上继起”。并且，在现代商品经济社会，货币金融资本作为发动整个社会再生产过程的“第一推动力”和“持续的动力”的作用日益增强，货币金融资本“作为发达的生产要素”是“社会形式发展的条件和发展一切生产力即物质生产力和精神生产力的主动轮”[④]。

把资本视为带来收入的财货的思想类似于把资本视为带来收入的资本品，如上所

---

① 诺思．贸易论［M］．桑伍译．北京：商务印书馆，1976.

② 马克思．资本论：第二卷［M］．中共中央马克思恩格斯列宁斯大林著作编译局译．北京：人民出版社，2004：121－122.

③ 希克斯．经济学展望［M］．余皖奇译．北京：商务印书馆，1986：167.

④ 马克思，恩格斯．马克思恩格斯全集：第四十六卷上［M］．中共中央马克思恩格斯列宁斯大林著作编译局译．北京：人民出版社，1979：173.

述，这种观点也是片面的。

马克思把资本视为带来剩余价值的价值，突出表明了资本的根本属性——价值增殖功能，这是对资本范畴最深刻的认识。但马克思对资本范畴的理解又主要是从生产关系而不是从生产力角度去考察资本主义社会的资本，因此，并不能完全适合包括社会主义市场经济在内的商品经济社会一般或共性的资本范畴。社会主义经济的理论和实践已经发展了马克思主义经典作家们的商品经济理论，所以，适用于市场经济一般的资本一般范畴也应该得到发展。

另外，从麦克鲁德到萨缪尔森都认为资本主要指的是有形资本，他们对于资本的概念基本上没有包含或没有充分重视无形资本。而在今天，无形资本越来越重要，无形资本，如创造发明、专利等同样可以带来财富，有的甚至可带来巨大的财富。

二、资本范畴的重新界定

资本范畴如何界定才能更合理和全面？显然应做到以下几点：一是要揭示其内在本质特征和内涵：二是要客观公正，不介入意识形态和某一学派或个人的思想；三是要体现市场经济的一般要求，适用于一切商品经济社会，特别是市场经济社会；四是要适用于一般经济分析，特别是宏观经济学。

从以上几点出发，资本范畴的含义应包含以下几点：一是资本是商品经济社会客观存在的经济范畴。资本是商品化、货币化的生产要素，非商品经济条件下的生产要素不是商品化、货币化的价值物，因而不表现为资本。资本范畴及资本运动，如同商品、货币、价值等商品经济社会的经济范畴及其运动一样，仅仅体现为商品经济中的一般关系，而不是某一特定的社会经济关系和社会经济制度的反映。二是资本是一个货币价值体，是再生产过程中商品化、货币化生产要素的价值的集合体。虽然货币及其他金融资产和厂房、机器设备、存货等资本品是资本的具体的载体或物质者，但这些载体或物质承担者本身并不构成资本本体。经济学意义上的资本是研究内在于这些载体或物质承担者中的价值及其运动。三是资本的本质属性是一种带来价值增殖的价值。它不但要求资本化的生产要素保存和补偿原有的预付价值，并且更重要的是带来价值增殖。正如马克思揭示资本主义社会生产目的时所指出的，“不仅要生产价值，而且要生产剩余价值”①。因此，价值增殖性是资本的根本属性，资本的基本经济功能就是增殖价值。四是资本是一种预付价值，是活劳动物化的价值，马克思沿用斯密的话说“资本是‘积累起来的劳动’”②。因此，资本的价值是预付的物化劳动价值或现实的市场价值额，它不同于资本的“资本化价值”③。资本的“资本化价值”是未来持久性收入的“现在贴现值”④。五是货币只有投入生产过程才是资本，不投入生产过程的货币不能叫资本。

① 马克思．资本论：第一卷［M］．中共中央马克思恩格斯列宁斯大林著作编译局译．北京：人民出版社，2004：218.

② 马克思，恩格斯．马克思恩格斯全集：第三卷［M］．中共中央马克思恩格斯列宁斯大林著作编译局译．北京：人民出版社，2002：453.

③ 吴强．经济发展中的资本积累［M］．北京：中国金融出版社，1993.

④ 萨缪尔森．经济学：中册［M］．高鸿业译．北京：商务印书馆，1981：307.

资本是财富中用于生产的部分。六是资本是一种预期价值，收入的价值是生产出来的获利手段。七是资本不仅是一种有形的财富，也包含无形的财富，如知识及其创造发明、专利。

总之，从商品经济一般运行特征及共性规律和现代经济学的现实意义的角度，资本范畴的完整和合理的定义应该是：资本是商品经济社会再生产过程中所有者积累起来以取得价值增殖的预付价值，它不仅包括有形的预付价值，也包括无形的预付价值，特别是在知识经济的时代，一切都以知识为基础，所有财富的核心都是"知识"，所有经济行为都依赖于知识的存在。在所有创造财富的要素中，知识是最基本的生产要素，其他生产要素都必须靠知识来更新，靠知识来装备，所谓的高新技术不过是高新知识的凝结。知识经济时代这种独特的生产要素——知识，与农业社会、工业社会的生产要素相比具有下列特征：一是具有无限性，可以源源不断地发明创造出来；二是具有快捷性，其更新的速度非常快；三是具有巨大的波及性，每项发明都可以惠及人类。一种比黄金、货币和土地更灵活的无形财富（无形资本一无形预付价值）正在形成，或称已经形成，因此，在当代，资本的内涵中不仅应该包括有形的预付价值，而且应包括无形的预付价值，并且后者随着科技和社会的发展，在资本内涵中所占的比重将越来越大，地位将越来越重要。

第五节　资本的循环、周转理论与经济的可持续发展

马克思可持续发展思想体现在他关于资本的循环、周转以及资源配置理论的阐述中。

一、马克思的资本循环理论和资本周转理论

马克思的资本循环理论和资本周转理论揭示了市场经济可持续发展的客观规律。按照马克思的理论，社会总资本的再生产实际上是由多个单个资本的不断循环、不断周转有机构成的。我们认为，这种社会总资本的不断循环、不断周转就构成了经济的可持续发展。

马克思首先分析了资本循环。什么叫资本循环？企业的投资，在生产经营中离开出发点，经历购买阶段、生产阶段和销售阶段，又回到原来的出发点的运动，就叫资本循环。从货币形式出发的资本循环过程，经历三个阶段，采取三种形式，即货币资本形式、生产资本形式、商品资本形式。而每一种形式的转变，实际上就是生产要素的流动和结合。在马克思那里，生产要素被概括为人的要素和物的要素，也就是劳动力和生产资料，马克思认为这是一切生产社会形式下的共性。货币资本形式向生产资本形式的转变，就是为了生产一定商品，把生产这种商品必需的劳动力和生产资料准备好。生产资本形式向商品资本形式的转变，就是通过劳动力与生产资料相结合并发生相互作用，生产出预定的商品。而商品资本形式向货币资本形式的回归则是通过使生产的商品变成新的生产消费资料或生活消费资料的同时获得相应的货币积累。这三种形式之间的循环变化是通过完成三种职能实现的，即货币资本向生产资本的转化是通过购买实现的，生产

资本向商品资本的转化是通过生产实现的，商品资本向货币资本的回归则通过销售实现。显然，资本循环过程中的三种职能，除生产职能是在企业内部完成的，其余的两种职能只能在市场环境中完成，或者说这两种职能的进行就形成市场。正是从这个角度讲，企业是构成市场的利益主体，某一区域内企业之间的购销活动就形成这一区域的市场，某一国家内的企业间交易就构成某一国的国内市场，而超越国界的企业之间的交易就构成国际市场乃至全球市场。资本循环的过程，对某一个企业来说，就是企业进入市场购买生产要素，将购得的生产要素进行整合、加工后再以商品所有者的身份进入市场将商品进行销售的过程。因此，无论在企业内部，还是企业之间，无论在地区之间，还是在国家之间，都存在经济资源通过市场配置转化为生产要素，进而形成满足社会需要的商品的内在要求，也就是资本循环的要求。而所有资本循环的过程，就构成全社会所有经济资源通过市场配置的过程。显然，资本循环的过程是一个连续不断的过程，从社会经济的角度看，也是一个持续发展的过程。

在分析了资本循环之后，马克思形成了资本周转理论。什么是资本周转呢？企业的投资，经过一定时期的反复循环，带着盈利又回到生产经营者手中的运动，即资本周转。我们认为，马克思资本周转理论的内涵主要是在资本循环的基础上引入时间概念，从而引导出资本循环效率的含义。由资本周转产生的周转速度、一年中预付资本总周转的次数等概念，实质上就是讲资本循环效率。如前所述，资本循环的过程就是经济资源通过市场配置的过程，因而资本循环效率就是指经济资源的配置效率。如果说，资本循环理论告诉我们经济资源的转换和配置不应中断，而应该持续的话，那么，马克思资本周转理论告诉我们，这种经济资源的转换和配置的持续性还应该是有效率的。上升到人类社会的高度，全社会资源转换和配置的持续和有效，就是经济可持续发展的基本内容之一。

二、马克思关于两大部类的理论

马克思关于两大部类的原理，揭示了简单再生产和扩大再生产得以持续的前提，也揭示了社会经济可持续发展的前提，特别是解释了满足人类需要的生活资料消费以及由此产生的生产消费是社会再生产得以持续，从而经济发展得以持续的根本前提。马克思在对资本主义再生产进行剖析时，曾按产品的最终用途把社会生产分为两大部类。第一部类是生产资料的生产部类（用符号Ⅰ表示）。它是指必须进入或至少能够进入生产消费的产品及其生产部门，如采掘、冶炼、煤炭、动力、机器制造、水泥、化肥等部门和其他生产原料的部门。第二部类是消费资料的生产部类（用符号Ⅱ表示）。它是指提供生活消费品的生产部门，如食品、纺织、药品、造纸等部门和其他生产生活消费品的部门。在把社会生产划分为两大部类的基础上，马克思又通过把商品从价值构成的角度，即任何商品的价值都是由不变成本（C）、可变资本（V）和剩余价值（M）组成，详细探讨了两大部类之间的比例关系。

首先，社会总资本简单再生产必须以三方面的交换完成为条件。例如，如果要保持全社会的原有规模的简单再生产在下一年继续进行，必须完成三方面交换：一是第Ⅰ部类的4000C，即价值4000的生产资料；二是第Ⅱ部类的500V＋500M，即价值1000的消费资料，在本部类内部进行交换，以解决本部类的各生产部门次年所需要消费资料；三是第Ⅰ部类中的1000V+1000M，即价值2000的生产资料，和第Ⅱ部类的2000C，即价值2000的消费资料相交换，以解决第Ⅰ部类次年所需的消费资料和第Ⅱ部类所需的生产资料。这三个方面交换的完成，从而各种商品的价值得以实现，就是要全社会生产的商品即6000的生产资料和3000的消费资料通过交换，都进入消费即生产和生活消费，社会简单再生产在第二年才得以继续。因此，从简单再生产的分析已可以得出结论，产品完成交换，从而实现消费，是再生产的前提，也是社会简单再生产在第二年得以持续的前提。马克思立足于19世纪中叶资本主义经济发展的客观实际，在批判地继承资产阶级古典经济学理论，特别是“斯密教条”和魁奈理论的基础上，从社会再生产的高度运用科学的抽象对优化资源配置做了系统分析，并含有丰富的经济可持续发展思想。马克思认为，再生产在一切社会经济形态中都存在，他指出，“不管生产过程的社会形势怎样，生产过程必须是连续不断的，或者说，必须周而复始地经过同样一些阶段。一个社会不能停止消费，同样，它也不能停止生产。因此，每一个社会生产过程，从经常的联系和它不断更新来看，同时就是在生产过程”①。总之，再生产为一切社会经济形态所共有。马克思这里所讲的生产过程“连续不断”“周而复始”显然包含了可持续发展的含义。

其次，马克思对社会总资本扩大再生产进行了详尽的分析。马克思在分析简单再生产后，认为扩大再生产必须有多余的生产资料为前提。同时，扩大再生产除了要有多余的生产资料外，还需追加消费资料。也就是说，两大部类都要积累和扩大，才具备社会总资本扩大再生产的实现条件。同时，多余的生产资料和追加的消费资料也必须实现三个方面的交换，社会扩大再生产才得以进行。从马克思扩大再生产必须完成的三方面交换不难看出，两大部类都要既追加生产资料，又追加消费资料，同时保持两大部类各自内部各部门之间以及两大部类之间的交换完成，才是社会总资本扩大再生产的实现条件。不仅原有规模的商品全部完成交换，实现消费，而且为扩大再生产追加的全部商品也要完成交换，并实现消费，扩大再生产才能得以持续。

纵观马克思对简单再生产和扩大再生产的详细分析，可以发现，市场经济形态下的社会再生产离不开各部门及两大部类之间的顺利交换。无论对某一部类，还是某一部类中的某一部门或某一商品生产单位，只有其生产的商品完成了交换，才能顺利进行下一年的简单再生产或扩大再生产，否则再生产难以持续。这种交换的目的，最终是通过现实市场交易活动使全部商品都得以消费，不是生产消费，就是生活消费。如果是生产消费，实际上是商品已作为生产要素为生产新的商品在发挥效用；如果是生活消费，实际上是商品为满足人的需要和人的发展在发挥效用。所有这些消费的进行，也就是社会再生产的运行。全社会的消费与社会再生产是同一的过程。如果某一商品的消费停止，与这一商品消费相关的再生产必然中断；如果全社会的消费停止，整个社会再生产必然中断。同时，从两大部类之间交换的前后联系看，第Ⅰ部类为第Ⅱ部类提供的物质，是为了生产满足人们需要的生活资料；而第Ⅰ部类从第Ⅱ部类接受的物质，是为了满足第Ⅰ

① 马克思，恩格斯．马克思恩格斯文集：第五卷［M］．中共中央马克思恩格斯列宁斯大林著作编译局译．北京：人民出版社，2009：653.

部类内部人的需要和人的发展。在这里，生产消费的目的是提供用于生产生活消费资料的物质基础，生活消费则完全是为了满足人们的需要。马克思的两大部类原理，充分说明了满足人类需要的生活消费以及由此产生的生产消费是社会再生产得以持续，从而经济发展得以持续的根本前提。

总之，马克思对自然资源作用的论述、对人与自然物质交换关系的论述、对资本循环周转的论述以及对人的全面自由发展的论述，其最终目的，就是要通过变革资本主义不合理生产关系，新建一种可持续发展的方式，合理开发和利用自然资源，实现人与自然界物质交换关系的和谐发展，最终实现人的自由全面发展。过去，我们一直传统地认为马克思论述资本主义的不合理以及推翻资本主义，主要是因为资本主义存在着对工人的残酷剥削。通过对马克思可持续发展经济思想和人的全面发展关系的研究，现在我们的思想必须修正，更重要的是从人的发展的角度，从人类社会可持续发展的角度，揭露和论证资本主义的危害性和暂时性，以及被新的合理社会形态（人与自然和谐发展、人得到全面发展的社会形态）所替代的必然性、合理性。使人类社会持续发展、使人和自然和谐发展共存，从而使人得到全面自由的发展，正是马克思毕生的追求。马克思理论蕴含着合理开发利用保护自然资源、人和自然和谐共存发展、人得到充分自由发展的可持续发展经济思想。而正是这一点恰恰被我们长期忽视了。今天，认真深入地研究探讨马克思的可持续发展经济思想，不仅对于深刻领会和贯彻以习近平同志为核心的党中央提出的以人民为中心的发展思想意义十分重大，而且对于我们更好地重新认识、宣传、坚持和发展马克思主义理论意义更是十分重要。

第六节　加强生态为主导的调控：实现生态公正

公正的本质在于权利与义务的对等交换，生态系统本身并不存在所谓的公正问题，只有当生态成为人类活动的载体和对象、自然资源和能量进入社会生产活动，为人类提供价值时，才有了公正的内涵。生态公正就是运用公正理论的一般原理去协调和处理各种利益主体在生态问题上的利益关系，使之保持各自在权利与义务上的均衡和对应①。

生态公正的内涵和外延非常广，它包括如下几个方面的内容：

第一，非人类存在物的生态公正问题，即对生物和自然界的公正。人类作为生态系统的一个要素，与其他动物、植物等要素在地位上是对等的，同样享有对自然生态系统的权利。但是，动物、植物等并没有行使权利的主体行为能力，所以人类必须规范自己的行为，公正地对待其他要素，保障其权利的实现。

第二，人类的生态公正问题。这又包括了三个方面的内容：个人的生态公正、“代内公正”和“代际公正”。个人的生态公正是指公民个人有要求良好生态环境的权利，包括对生态环境状况的知情权和生态环境参与权，主要是相对于政府而言的。“代内公正”是一种横向的原则，强调代内的所有人，不论其国籍、种族、性别、经济发展水平和文化差异，在对生态系统的利用和谋求自身发展上的机会均等、权利平等。生态系统

① 马保华．我国的生态公正及其实现研究［J］．天中学刊，2007（2）．

提供的物质和能量是有限的，因此不能以损害其他人为代价谋求自身的发展。“代际公平”是一种纵向的原则，强调每一代人都要合理使用自然生态资源，实现代际的机会平等。因为，人类社会是一个世代发展的过程，每一代人都要生产和发展，都需要利用自然生态资源满足自身需要。

生态公正在强调发展的同时也强调保护自然生态环境，它主张处理好局部经济发展与整体生态环境的关系，处理好人类当前利益与长远利益的关系，处理好经济效益与生态效益的关系，是保证人类和谐可持续发展的需要。

现代政府，就其主要职能来说，无非就是保持经济可持续发展和促使社会稳定、公正、公平和文明。这主要包括两个层面：一是向社会提供有形的公共物品，如公共教育、公共交通与经济基础设施等；二是提供无形公共物品，如社会公正，即通过立法、司法和执法以及行使政策保护各种合法权利，监督各种义务的履行，鼓励创造，并以同样平等的第三方立场协调与仲裁各种利益冲突等。所以，实现生态公正是现代政府的应有之义，政府必须加强以生态为主导的宏观调控，实现生态公正。

目前，国家宏观调控的重心在于降低能耗、减少污染和破坏，保护和恢复自然环境，促进可持续发展，这正是生态公正所要求的。

本章小结

由于主流经济学的价值误导，世界自然和人文环境都遭到严重侵蚀。“工业革命”尤其是20世纪以来，世界经济尽管得到了前所未有的发展，但自然环境却遭受了野蛮的破坏，大量资源和能源被消耗，无数垃圾被排向自然，人类生活也因此面临自然的持续报复。当市场失灵时，政府试图担当起纠正市场失灵的责任，却也并非总能奏效。政府配置资源同样存在诸多失灵及不良后果。

为了解决以上问题，就必须依赖第三种手段配置优化资源。这第三种配置资源的手段，就是人的全面自由发展。只有将人的全面自由发展作为一个社会和一个国家资源配置的手段，一个国家社会和经济发展才能达到和谐。

本章最后一节阐述了生态公正问题。生态公正在强调发展的同时也强调保护自然生态环境，它主张处理好局部经济发展与整体生态环境的关系，处理好人类当前利益与长远利益的关系，处理好经济效益与生态效益的关系，是保证人类和谐可持续发展的需要。

思考题

1. 市场失灵的表现有哪几个方面？当市场失灵发生时，政府行为为何不能总是奏效？

2. 人的全面自由发展作为第三种资源配置方式如何对市场配置和政府配置加以补充和纠正？

3. 为什么说“人的自由全面发展是配置资源的有效手段”？

4. 如何理解生态公正？为实现生态公正，你认为中国需要做出哪些调整？

参考文献

[1] 布坎南，瓦格纳．赤字中的民主［M］．刘延安，罗光译．北京：北京经济学院出版社，1988.

[2] 布坎南．自由、市场和国家［M］．吴良健等译．北京：北京经济学院出版社，1988.

[3] 刘红红．价值、发展：人本主义经济理论：第7卷［M］．北京：经济科学出版社，2008.

[4] 温特劳布．当代经济思想——若干专论［M］．北京：商务印书馆，1989.

[5] 许崇正．马克思资本周转循环理论与可持续发展［J］．经济学家，2007（3）.

[6] 许崇正．人的发展经济学［M］．北京：光明日报出版社，2022.

[7] 许崇正．人的发展经济学概论［M］．北京：人民出版社，2010.

第十一章

国民生态健康与可持续生存

第一节　空气污染对人类健康严重影响的理论分析

随着中国经济持续快速增长，空气污染问题日益严重。《2007年世界发展指标》一书显示，在世界111个主要城市中，空气污染状况排在前15名的城市，有14个在亚洲，其中，有9个在中国。在目前公认的空气污染物中，颗粒物（主要是可吸入颗粒物PM_{10}）和二氧化硫（SO_2）是主要的超标污染物。2007年，中国主要城市的PM_{10}浓度是世界卫生组织推荐标准的2～7倍，SO_2浓度是世界卫生组织推荐标准的2～4倍①。

污染物浓度超标不仅影响了人类的居住环境，更重要的是给人类健康造成了严重的影响。医学研究已经证实，PM_{10}浓度过高可引起机体呼吸系统、心脏及血液系统、免疫系统和内分泌系统等广泛的损伤②；SO_2可影响呼吸系统和肺功能，并刺激眼睛和呼吸道，从而加重哮喘和慢性支气管炎，使人们更易患呼吸道感染。在中国，每年因城市空气污染和室内空气污染导致的超额死亡人数分别为17.8万人和11万人；每年因城市空气污染而造成的呼吸系统门诊病例为35万人，急症病例为680万人（蔡如鹏，2007）。

一项针对上海市空气质量的研究表明，2000年的空气污染水平导致上海市成人呼吸系统疾病平均每次门诊的医疗费③是355.8元（彭希哲等，2002），而同期上海市属综合医院门诊病人的人均医疗费仅为134.5元④。从表象来看，空气污染对人类健康的即时危害体现为居民卫生服务支出费用的增加。但从经济学角度来看，空气污染对人体健康的长期危害是不断恶化的空气质量提高了健康的影子价格，从而减少了居民的健康需求，最终造成健康水平的下降。经济学家通常把健康既看作一种消费品，又看作人力资本的一个组成部分，增加健康需求不仅可以增加效用（健康的身体是人一生的追

---

① 现在世界卫生组织推荐的PM_{10}年均标准是20微克/立方米；SO_2 24小时平均标准是20微克/立方米。

② 李红，曾凡刚，邵龙义等．可吸入颗粒物对人体健康危害的研究进展［J］．环境与健康杂志，2002（1）．

③ 这里的医疗费用包括挂号费、检查费、治疗费、化验费和药费等。

④ 中华人民共和国国家卫生健康委员会．2003年中国卫生统计提要［R/OL］．http：//www.nhc.gov.cn/mohwsbwstjxxzx/s7967/200804/19472.shtml.

求），而且可以提高劳动生产率。但是，对健康的需求不同于对普通商品的需求，它不能直接从商店购买，而是通过卫生服务、体育锻炼、营养投资等方式得到满足。另外，还有一些因素如污染严重的生活环境、不合理的饮食结构等会改变人们的健康需求。因此，从经济学角度研究空气污染对人类健康的危害程度，离不开对居民总体健康需求函数的分析。

目前重要的空气污染物是 PM_{10} 和 SO_2。PM_{10} 主要来自人为源，如石化燃料的燃烧、机动车尾气、工业粉尘、废弃物焚烧等，PM_{10} 能长期飘浮在空气中，因此又称飘尘。颗粒物在空气中停留的时间和转移速度主要取决于颗粒物的粒径大小。粒径越小，沉积地点越远，清除需要的时间就越长，也就越容易滞留在人体内。SO_2 主要来自含硫燃料，燃煤是造成空气中 SO_2 增多的主要原因。虽然我国已经在减少工业和生活中排放 SO_2 方面有了很大的改善，但是对于那些以煤炭为主要能源的城市而言，降低空气中过高的 SO_2 浓度的工作依然艰难。本章内容关注两个方面：一方面，通过调查地区的数据检验我们的假设——随着空气污染物（PM_{10} 和 SO_2）浓度的增加，健康的影子价格提高，在其他条件不变的情况下，居民的健康需求减少，健康状况变差；另一方面，试图发现影响调查地区居民健康需求的其他主要因素。

第二节　关于空气污染对人类健康影响的文献回顾

在经济学领域，空气污染对健康影响的主流研究是以格罗斯曼（Grossman，1972）开创的健康生产函数为理论指导。格罗斯曼（Grossman，1972）首次将健康作为一种既能带来效用的消费品又能带来收入的投资品引入消费者效用函数中，认为健康存量随着锻炼次数的增加和饮食习惯的改善而上升，但会随着健康折旧率的增大而减少，年龄是影响健康折旧率的主要因素，在此基础上研究消费者实现效用最大化的最优健康需求量。运用 Grossman 模型，经济学家对健康需求进行了不同方式的实证研究。代表性的研究有：瓦格斯达夫（Wagstaff，1986）运用丹麦 1976 年的截面数据，分别估计了纯粹的健康消费需求和纯粹的健康投资需求；克罗珀（Cropper，1981）在格罗斯曼理论模型的基础上引入了空气污染物变量，认为空气污染是影响健康折旧率的又一要因，从而建立了空气污染影响健康的分析框架，并在此基础上用支付意愿法实证分析了改善空气质量的居民健康状态变化的货币化收益；格尔金等（Gerking et al.，1986）同样以格罗斯曼理论模型为基础，估算了圣路易斯 824 名工人对改善空气质量的支付意愿，但与克罗珀不同的是，格尔金等直接把空气污染物浓度引入健康生产函数中，类似的研究还有阿尔伯里尼等（Alberini et al.，1997）。

由于当前的空气污染物浓度限值是以成年人的健康反应为标准制定的，儿童尤其是那些处于较低社会经济地位家庭的儿童面临着更大的健康风险，更易受到空气污染的影响。因此，较多实证研究都以儿童为对象，估计各种空气污染物对不同年龄段、不同社会经济地位儿童健康状况的影响，包括死亡率、患病率、住院率及就诊率等，并考虑了社会经济因素对空气污染和健康关系的影响。代表性的研究有奈德尔（Neidell，2004）、柯里等（Currie et al.，2008）和贾亚钱德兰（Jayachandran，2008）。奈德尔（Neidell，

2004）以加利福尼亚地区为研究对象，发现处于较低社会经济地位的儿童患哮喘的概率更大。柯里等（Currie et al.，2008）的研究表明，一氧化碳（CO）对婴儿出生前和出生后的健康结果有显著的负面影响，并且分析了母亲及婴儿家庭的社会经济因素对婴儿健康状况的独立影响。贾亚钱德兰（Jayachandran，2008）的研究同样说明“健康—社会经济分层”现象改变了空气污染对健康水平的影响程度。根据中国的研究数据，欧等（Ou et al.，2008）的实证分析表明，社会经济地位更低的居民对空气污染物的影响更敏感。

由于测量健康的复杂性以及空气污染对健康研究的群体性特征，有些实证研究转而分析空气污染对群体医疗支出的影响。杰雷特等（Jerrett et al.，2003）从国家层面考察了环境质量和医疗保健支出之间的关系，发现污染越严重的国家，医疗保健支出越高；政府环境保护支出越高的国家，居民医疗保健支出越低。纳拉杨和纳拉杨（Narayan and Narayan，2008）用经济合作与发展组织（OECD）国家的数据研究了空气污染物排放对国民医疗保健支出的影响，发现 SO_2 排放量能显著增加医疗保健支出。

虽然学者们从不同的角度讨论了空气污染和健康的关系，但大多数研究都忽视了一个问题：个人的污染暴露程度是内生决定的。如果个人能最大化自己的福利，对清洁空气有偏好的个人将会选择居住在空气更清洁的城市。其实，人们可以通过调整他们的污染暴露水平对一系列可获得的污染信息做出反应。如果我们不能适当地对此进行说明，那么空气污染和健康的关系的估计就会有偏（Neidell，2004，2008）。

第三节　分析框架

格罗斯曼（Grossman，1972）关于健康和一般商品理论模型假设一个代表性消费者在一生中各个时期的效用函数为：

$$U = U(\Phi_t H_t,\ Z_t) \quad t = 0,\ 1,\ \cdots,\ n \tag{11-1}$$

其中，H_t 是第 t 期的健康资本存量；$\Phi_t H_t$ 是第 t 期消费的健康；Z_t 是第 t 期消费的一般商品。$U_H \geqslant 0$，$U_Z \geqslant 0$，$U_{HH} \leqslant 0$，$U_{ZZ} \leqslant 0$，另外，假定 $U(\cdot)$ 具有可分性和跨期弹性不变。$H_t \in [H_{min},\ H_{max}]$，$H_{min}$是消费者死亡时的健康资本存量，$H_{max}$是消费者一生中身体状况最好时的健康资本存量。又假设 H_t 和 Z_t 的边际成本分别是 δ_t^H 和 δ_t^Z。

格罗斯曼认为，健康对个人效用函数的影响通过两个途径：(1) 作为一种消费品，健康可以给消费者带来幸福的感觉，进而增加效用；(2) 作为一种投资品，增加健康资本存量可以减少患病的时间，从而提高收入能力。

消费者一出生，就有了一定的健康资本存量，初始的健康资本存量是外生的，以后各期的是内生的，由消费者自己选择①。

我们把健康作为耐用品，一般商品作为一次性消耗品。健康资本的增量为：

$$H_{t+1} - H_t = I_{ht} - \delta_{ht} H_t \tag{11-2}$$

① 这里假设了消费者一出生就有了自主选择的能力，这与现实有一定的差距。可以理解为在自己具备选择能力之前由家庭为其行使选择能力。

其中，I_{ht}是第 t 期的健康资本投资；δ_{ht}是健康折旧率，与年龄等一系列外生变量有关。克罗珀（*Cropper*，1981）认为，污染进入健康变化方程是合乎逻辑的。因为居住在污染严重地区的人更容易患病，并且个人锻炼身体的生产率将会大大降低。不过，并不是所有健康投资的生产率都受这种方式的影响，克罗珀认为，污染水平只是影响了投资健康的物理环境，因此，将污染水平引入健康折旧率方程中是合理的。另外，健康折旧率还受到其他变量的影响，比如生活方式等。因此，健康折旧率方程采用克罗珀的形式，即：

$$\delta_{ht} = \delta_0 e^{\tilde{\delta} t} P_t^{\varphi} G_t^{\varphi} \tag{11-3}$$

取对数：

$$\ln\delta_{ht} = \ln\delta_0 + \tilde{\delta} t + \varphi \ln P_t + \varphi \ln G_t \tag{11-4}$$

其中，δ_0 是初始的健康折旧率；t 是年龄，它以一个不变的弹性 $\tilde{\delta}$ 影响健康折旧率；P_t 是消费者周围的环境污染水平（在本章中指空气污染物浓度）；G_t 是生活方式等变量。

健康资本的投资函数如下：

$$I_{ht} = (M_t,\ TH_t;\ K_h)$$

这里认为对健康的投资是医疗服务、投资健康时间和教育等变量的综合，克罗珀把健康投资函数假设为规模报酬不变的 CD 形式。即：

$$I_{ht} = (M_t,\ TH_t;\ K_h) \tag{11-5}$$

其中，M_t 是可以购买的一系列有利于健康的商品，如卫生服务，它们作为投入，可以产出 I_{ht}；TH_t 是生产健康需要的时间；K_{h1t}，…，K_{hnt}是教育变量等。由于假设健康投资的规模报酬不变，健康投资的边际成本独立于 I_{ht}，因此，健康投资的边际成本为：

$$\pi_t^H = w^{1-\varepsilon} P_M^{\varepsilon} K_{h1t}^{-\zeta 1} \cdots K_{hnt}^{-\zeta n} \tag{11-6}$$

其中，π_t^H 是投资健康的边际成本；w 是工资率；P_M^{ε} 是购买医疗服务的价格。

消费者一生拥有的时间为：

$$\Omega = TW_t + TH_t + TZ_t + TL_t \tag{11-7}$$

其中，TW_t 是工作时间；TH_t 是改善健康需要的时间；TZ_t 是用于消费一般商品的时间；TL_t 是健康状况不良造成的时间损失，由两个部分组成：一部分是一般原因造成健康状况不良的时间损失，另一部分是由于空气污染造成健康状况不良的时间损失。投资健康的主要动机就是健康资本能增强消费者抵御疾病的能力，减少消费者健康不良时间。因此，消费者健康不良时间方程为：

$$TL_t = \beta_t + H_t^{-\beta_2} \tag{11-8}$$

那么，健康的边际生产率为：

$$\frac{\partial TL}{\partial H} = -\beta_2 H_t^{-(\beta_2+1)} \tag{11-9}$$

消费者一生的财富变化方程为：

$$A_{t+1} - A_t = rA_t + y(TL_t) - \pi_t^H I_{ht} - \pi_t^Z Z_t \tag{11-10}$$

当 $t=0$ 时，是消费者的初始财富。

在上述条件下，消费者追求一生效用函数的最大化，即：

$$\int_0^T e^{-\rho t} U(\cdot)\,\mathrm{d}t$$

最终得出实现效用函数最大化时的健康需求量方程为：

$$(\beta_2+1)\ln H_t=\varepsilon\ln w_t+\ln\beta_2-\ln\delta_0-\tilde{\delta}t-\varphi\ln P_t-\phi\ln G_t$$
$$-\varepsilon\ln P_M+\zeta_1\ln K_{h1t}+\cdots+\zeta_n\ln K_{hnt}+\vartheta_1 \qquad (11-11)$$

以上是健康作为投资品的均衡条件。需求理论认为，市场达到均衡时的量既可表示均衡时的需求量，也可表示供给量。但是，当均衡条件改变时，这个均衡量会随之改变。把不同均衡条件下的均衡量连结起来，就是需求函数。根据以上思路，可以得出健康需求函数：

$$\ln HD_t=a_1\ln C_1+a_2\ln w_t-a_3t-a_4\ln P_t-a_5\ln G_t$$
$$-a_6\ln P_m+\zeta_1\ln K_{h1t}+\cdots+\zeta_n\ln K_{hnt}+\vartheta_1 \qquad (11-12)$$

其中，HD 是个人的健康需求，用个人的健康综合指数表示；C_1 是常数。其他变量与前面含义相同。如果医疗服务价格提高，则个人的健康需求减少，表现为医疗服务价格的系数为负；如果个人住所周围的污染水平提高，则个人的健康需求减少，表现为污染物浓度的系数为负；个人年龄增加，则个人的健康需求不断减少；个人受教育水平越高，则个人的健康需求越大，参加医疗保险也会增加个人的健康需求等。以上因素变化会导致个人健康需求的变化，从而构成了个人健康需求函数。

第四节　数据、样本描述及方法

一、数据简介和样本描述

本章数据来自 2008 年 7 月在某省两个地级市进行的“空气质量和居民健康状况”问卷调查。调查主要包括两个部分：不同空气监测点污染物浓度数据的收集，包括两个城市 15 个监测点两年（2006 年和 2007 年）的二氧化硫（SO_2）和可吸入颗粒物（PM_{10}）月均污染物浓度数据，以不同空气监测点附近居民健康状况和个人信息的调查，包括居民的环境支付意愿、健康状况、家庭情况以及个人背景信息等方面的调查。共获得问卷 665 份，其中，农村问卷 153 份，城市问卷 512 份，最终形成有效问卷 657 份，有效率达 98.79%。采用的抽样方法如下：以空气质量监测点为中心，向外延伸，随机调查步行到空气质量监测点 30 分钟①之内的居民户，然后从这户人家随机抽取 18 岁及以上居民进行一对一访谈。调查数据统计描述如表 11－1 所示。

关于健康指标，文献中常用的有以下三种：（1）人体测量变量，包括身体质量指数（Fogel，1994）和蛋白质等营养摄入（Stauss，1986；Foster and Rosenzweig，1994；张车伟，2003）；（2）患病率和因病“受约束天数”（Bloom and Mahal，1997；Smith，1999），这种方法暗含的假设是健康就是无病或无功能失调（高梦滔，2007）；（3）总体健康状态和功能障碍变量，包括自评健康（Bound，1991）和功能性健康指数（樊

① Currie（2008）类似的研究是选择距监测点 10 千米以内居住的居民。我们认为离监测点越近，其代表性越高，为了获得更多变异性，又不失其代表性，我们选择步行道最近监测点 30 分钟内的居民作为样本。

明，2002；魏众，2004）。以上研究主要考察健康与收入、健康与劳动参与以及健康与劳动生产率的关系。但正如文献中所指出的，由于健康包含的内容是多方面的，靠单一的变量无法完全测量。因此，构造健康综合指标成为一种必需。

表 11－1　　样本描述统计

项目	全部样本	城镇人口
样本总数（个）	657	507
女性（人）	410	307
具有初中及以上文化者占比（%）	78.7	84.4
平均年龄（岁）	48.70	49.68
家庭人均年收入（元）	9238.92	10232.47
现在有工作比例（%）	65.0	80.5
有工作居民的平均工资（元/月）	1331.35	1384.37
总体健康指数均值	0.665	0.668
自评健康均值	2.591	2.554

注："家庭人均年收入"和"有工作居民的平均工资"为2007年的数据。该年度，两个地级市人均月收入分别为1145.46元和833.10元。

卡普兰等（Kaplan et al.，1989）构建了生活质量指标（quality of well-being scale）。生活质量指标的构建既基于个人健康状况的客观指标，也反映了个人对自己健康状况的主观评价（赵忠等，2005），但它对数据的要求较高。运用MIMIC方法，结合探索性因子分析提取健康指标的方法也被广泛使用（Van de Ven and Hooijmans，1991；Baldwin and Johnson，1994）。根据国内的研究，魏众（2004）和高梦滔（2007）运用这一方法分别构建了成人的健康因子和女性生殖健康指数，虽然探索性因子分析比单一指标更综合、更客观，但是探索性因子分析完全靠数据本身，并没有先验理论的支撑。而验证性因子分析因为有先验理论作支撑，所以能构建更加合理的健康指数。

因此，本书用MIMIC方法和验证性因子分析构建多维健康指数（具体构造步骤略）。最终得出4个健康因子（分别是急性病因子、功能性因子、慢性病因子和心理因子）和1个总体健康指数，由于健康问题设计时是健康状况越差，得分越高，所以，因子得分越高，表明健康状况越差。

二、自变量

大部分自变量都直接来自调查问卷，但下面提到的自变量需要进行必要的处理后才可使用。

医疗服务价格（Pm）：为了避免使用个人的医疗费用带来的选择性偏差（赵忠等，2005），我们根据个人数据计算出15个空气监测区域治疗急性鼻咽炎、急性咽喉扁桃体炎和流行性感冒的平均费用，居住在同一个空气监测点附近的人具有相同的医疗服务价格。

个人工资（*Wage*）：在我们的调查中，65%的居民都有工作，所以可以直接用个人月收入作为个人工资，对于没有月收入的居民，用家庭人均月收入替代。

避免污染行为（*Avoid*）：我们在问卷中调查了“您是否为了防止自己、家人受空气污染做过一些预防措施（如买空气净化器、在空气质量较好地区买房等）”，有26.03%居民回答有避免污染的行为。对于空气污染物的浓度，选择近2年①的月均最高浓度值、中等浓度值和最低浓度值分别作为自变量。

饮酒程度（*Drinkdgree*）：这一变量由两个指标相乘而得，一个为是否饮酒，另一个为饮酒的严重程度，0表示不饮酒，1表示饮酒不严重，2表示饮酒比较严重。

住房市场价值（*Housevalue*）：我们在问卷中调查了居民拥有的住房面积，然后用居民所在社区平均房价乘以住房面积，得出居民住房的市场价值。

人口密度（*Density*）：我们调查了15个监测点所在社区的人口数量和面积，计算出15个监测点的人口密度。

使用的因变量和主要自变量统计性描述如表11－2所示。

表11－2　　　　计量分析的主要变量

变量及其含义	最小值	最大值	均值	标准差
Totalhealth：总体健康指数	0.203	2.357	0.665	0.437
Function：功能性因子	0.841	3.838	1.431	0.600
Wage：个人工资（元）	20.833	10000	1017.149	900.484
Pm：医疗服务价格（元）	53.650	322.120	174.836	70.967
Housevalue：住房市场价值（元）	0	2000000	209910	214188
Density：人口密度	0.040	1.600	0.705	0.435
Edu：受教育年限（年）	1	22	9.323	3.820
Insurance：医疗保险	0	1	0.769	0.422
Time：到达监测点步行时间（分钟）	2	30	10.713	7.538
SO_{21}：最低浓度（$\mu g/m^3$）	5	340	104.185	97.849
SO_{22}：中等浓度（$\mu g/m^3$）	31	388	153.444	109.971
SO_{23}：最高浓度（$\mu g/m^3$）	56	443	253.894	111.859
PM_{101}：最低浓度（$\mu g/m^3$）	53	382	176.877	119.062
PM_{102}：中等浓度（$\mu g/m^3$）	67	428.280	219.984	122.285
PM_{103}：最高浓度（$\mu g/m^3$）	123	498	274.473	127.726

① 由于空气污染物对健康的影响存在急性和慢性反应，因此，我们认为不能仅仅用一年的数据进行分析，而应该用几年的平均值作为空气污染物的浓度。在考虑了数据的可得性后，我们选择近2年数据进行分析。

三、“内生性”问题及来源

健康与收入之间的内生性是估计健康需求函数要考虑的问题之一。由于健康和收入之间常常存在“同时决定”的问题，因此我们无法识别个人健康结果和个人收入的独立影响。比如，在询问个人健康状况时，无法识别 t 期的健康状况不是第 $t-i$ 期健康状况的延续，而 $t-i$ 期健康状况会对 $t-i+1$ 期的收入造成显著影响。因此，直接用 OLS 方法估计难以保证收入系数的无偏估计。

健康与空气污染物浓度之间也可能存在“同时决定”的问题。如前所述，对清洁空气有偏好的个人可以通过调整自身周围的污染暴露水平（如选择到空气污染物浓度相对低的地区买房等），对一系列可获得的污染信息做出反应。第 t 期健康结果可能会影响个人是否在 $t+i$ 期搬到更清洁的地方；反过来，第 t 期的空气污染物浓度会影响第 $t+i$ 期的健康结果。如果以上情况存在，我们将无法识别空气污染物浓度对当前健康状况的独立影响。

上述分析只是为了说明这两个变量可能存在内生性，但是否是内生变量还需要做进一步检验。我们在此使用工具变量法对模型进行估计，然后进行内生性检验。工具变量的有效性问题也是需要解决的问题之一。用一个低劣工具变量所得的回归结果要比不用工具变量的估计结果更糟糕。一个有效的工具变量必须满足以下两个必要条件：第一，工具变量 z 与残差项 μ 不相关，即 $\mathrm{cov}(z,\ \mu)=0$；第二，工具变量 z 与内生变量 x 相关，即 $\mathrm{cov}(z,\ x)\neq 0$。基于上述两个条件，我们选择的工具变量在理论上应该对因变量没有直接影响，但应该通过影响内生变量 x 而间接影响因变量。

基于以上分析，我们选择住房市场价值和居民所在社区的人口密度作为个人工资的工具变量。虽然住房市场价值对个人健康并没有直接影响，但是居民住房的市场价值，可以从两个方面影响个人工资，从而影响个人健康需求。住房价值高，一方面说明所在社区居住条件好，能聚集收入水平相对较高的居民，从而会促使个人在寻找工作时会选择工资水平较高的工作，进而影响个人的健康需求；另一方面说明在同等房价条件下，个人拥有的住房面积较大，也会促使个人寻找工资水平较高的工作，进而影响个人的健康需求。对于社区人口密度而言，人口密度高的社区，说明经济发展水平较高，则个人收入水平相对较高，从而个人的健康需求也较大。

对于污染物浓度变量，我们选择住房价值和住所到监测点步行时间作为 SO_2 和 PM_{10} 的工具变量，因为上述变量会通过影响空气污染物浓度进而影响个人健康需求。具体而言，住房价值高，说明社区居民具有相对较高的社会经济地位，他们会通过影响政府环境政策来降低社区周围 SO_2 和 PM_{10} 浓度，进而影响居民健康需求。住所到监测点步行时间越短，住所周围的空气污染浓度越高①，居民健康需求受空气污染物的影响越大。

---

① 因为空气监测点的设置是以空气污染严重程度为标准，即空气污染越严重，则越会考虑设置监测点。

第五节 实证分析

一、内生性检验——Hausman检验

虽然从理论上分析了个人工资和空气污染物浓度可能是内生变量，但是还需要做进一步的检验。具体步骤如下：第一，把个人工资当作内生变量，把空气污染物浓度和其他变量当作外生变量，检验个人工资的内生性；第二，把空气污染物当作内生变量，把个人工资和其他变量当作外生变量，检验空气污染物浓度的内生性。

无论是个人工资，还是两种污染物浓度，都不存在内生性问题，即都是外生变量。对于个人工资，可能的解释是在人力资本理论中，虽然健康状况会影响人们的收入能力，但健康主要是通过增加可劳动时间，而不是通过提高生产率影响收入能力。由于我们的样本大多是城镇居民，他们大多都在国有企业、集体企业或事业单位工作，具有相对固定的劳动时间，因此，他们的健康状况较难影响收入水平。另外，我们选择的收入变量是个人月工资，由于国有企业、集体企业或事业单位的工资具有刚性①，不容易受健康状况变化的影响，所以个人工资和健康之间只有单向关系。

对于空气污染物浓度变量，虽然对清洁空气有偏好的个人可以调整自身周围的污染暴露水平，但在调查中，只有28.61%的居民回答搬过家；在回答搬过家的居民中，只有6.38%的居民回答因为空气污染搬过家。可见，居民健康状况并不会影响空气污染物浓度，即空气污染物浓度与健康需求之间也不存在内生性，可以把个人工资和空气污染物浓度当作外生变量。

二、主要结果

在实证分析中，尤其关注两种空气污染物（PM_{10}和SO_2）浓度对居民健康需求函数的影响。流行病学研究认为，空气污染物浓度不同，其对健康需求的影响不同。我们对空气污染物最低浓度、中等浓度、最高浓度数据分别回归（见表11－3）。结果显示，空气污染物对居民的健康需求存在显著影响，这与克罗珀的回归结果一致。进一步来讲，最低浓度和最高浓度对健康需求的影响不如中等浓度对健康需求的影响显著。因此，我们认为污染物对健康需求的影响并不是线性的，随着污染物浓度升高，其对健康的不利影响逐渐增加，健康需求逐渐减少，但是浓度升高到一定程度，空气污染对健康需求的影响程度逐渐减小（体现为回归系数变小）。可能的解释是，当空气污染物浓度较低时，其对健康状况并没有明显的不利影响，居民生活在空气质量相对优良的环境中；随着空气污染物浓度不断升高，在其他条件不变的情况下，空气污染对健康的不利影响逐渐变得明显，居民开始对空气质量的不断恶化做出一些反应，比如采取一些避免

① 目前中国的工资水平还是根据个人的工作年限和职称确定，较少受健康状况影响。

措施（avoidance behavior）；当空气污染物浓度进一步上升，因为预先采取了避免措施，因此对健康需求的影响又变得不显著。在调查地区发现，居民对空气污染采取的避免措施是减少停留在户外的时间、调节饮食结构以及在自家院子搭建塑料薄膜。这些行为对于减少空气污染对健康的不利影响起到一定的缓解作用。而且，在分析中也证实了不考虑避免污染行为将会低估空气污染对健康需求的影响（见表 11－3）。因此，最高浓度值的回归结果并不能否定空气污染对人们健康状况的不利影响。为了更客观地反映空气污染对居民健康的危害，在以后进一步扩展的模型中，如果没有特别说明，污染物浓度使用中等值。

表 11－3　　不同浓度污染物对健康需求的回归结果

因变量：总体健康指数

自变量	最低浓度值	中等浓度值		最高浓度值
	系数	系数	系数	系数
Female	－0.089	－0.089	－0.075	－0.083
Age	0.036***	0.035***	0.034***	0.036***
Age^2	$-1.99E-04$***	－0.0002***	$-1.83E-04$***	$-2.03E-04$***
Insurance	－0.041	－0.055	－0.045	－0.040
$\ln Edu$	－0.089	0.040	0.044	0.042
$\ln w$	－0.064**	－0.047	－0.034	－0.052*
*Drinkdgree*1	对照组			
*Drinkdgree*2	－0.109	－0.108	－0.098	－0.106
*Drinkdgree*3	－0.085	－0.091	－0.089	－0.093
Smoke	－0.090	－0.096	－0.094	－0.089
Avoid	－0.147***	－0.145***	—	－0.147***
$\ln SO_2$	0.048	0.127***	0.127***	0.087
$\ln PM_{10}$	0.093*	0.199**	0.192**	0.132*
$\ln P_M$	0.070	0.043	0.057	0.049
调整的 R^2	0.1581	0.1633	0.1538	0.1581
样本量	657			

注：* 表示 P＜10%；** 表示 P＜5%；*** 表示 P＜1%。

表 11－4 是基本模型的回归结果。把样本按性别分别回归。因变量选取构建的总体健康指数，数值越大，健康状况越差①，健康需求越小。因此，正系数表示健康需求的减少，负系数表示健康需求的增加。从基本模型的回归结果来看，随着年龄的增大，其对健康不利的影响先增加后减少，回归结果符合格罗斯曼的模型假设。年龄通过两种途

① 樊明（2002）使用了同样的健康测度标准。

径影响健康需求：一是随着年龄的增大，健康折旧率逐渐增加，从而导致健康的影子价格上升，在其他条件不变的情况下，人们对健康的需求减少；二是随着年龄的增大，健康人力资本的回报率不断减少，从而导致健康需求减少，但是到一定年龄（老年），健康需求又会增加。不过对于男性而言，年龄对健康需求影响是线性的（见表 11－4），年龄对健康需求的影响存在性别差异。

表 11－4　　　　　　　　　　基本模型回归结果

因变量：总体健康指数

自变量	全部样本	女性	男性
	系数	系数	系数
Female	－0.089	—	—
Age	0.035***	0.045***	0.014***
Age^2	－0.0002***	－0.0003***	—
Insurance	－0.055	－0.095	－0.016
ln*Edu*	0.040	0.056	－0.038
ln*w*	－0.047	－0.032	－0.058
*Drinkdgree*1	对照组		
*Drinkdgree*2	－0.108	－0.072	－0.185***
*Drinkdgree*3	－0.091	－0.383**	－0.350**
Smoke	－0.096	－0.079	－0.090
Avoid	－0.145***	－0.101*	－0.185**
$\ln SO_2$	0.127***	0.124**	0.124
$\ln PM_{10}$	0.199***	0.155**	0.195
$\ln P_M$	0.043	0.072	0.014
调整的 R^2	0.1633	0.1624	0.1723
样本量	657	410	247

注：* 表示 P＜10%；** 表示 P＜5%；*** 表示 P＜1%。

空气污染物对健康需求的影响在全部样本中是显著的，即无论是 PM_{10} 还是 SO_2，都会显著降低居民的健康需求。分性别回归发现，空气污染物对家庭成员造成不利影响时，先是女性的健康需求减少，而男性由于在家庭中更有地位，健康人力资本投资的回报率更高，因此其健康需求并不受显著影响。另外，我们发现教育水平对健康需求的影响并不符合 Grossman 模型的预测结果，也与其他学者（赵忠等，2005；Li et al.，2007；高梦滔，2007）的研究结果不一致。虽然工资水平上升增加了人们对健康的需求，但对健康需求的影响并不显著。造成以上结果的可能解释是：与全国平均水平相比，调查地区的经济发达程度较低，当个人工资增加时，先影响的消费项目是食品和教育等支出，对健康需求的影响较小。引人注意的是，无论是全部样本，还是女性或男性样本，避免污染行为对健康需求的影响都是显著的，这说明由于采取了避免污染行为，居民并没有减少健康需求，这使投资健康的成本并不会由于空气污染浓度的升高而增加。医疗服务价格无论对全部样本还是对女性和男性样本都没有显著影响，这与 Grossman 模型预测不一致。可能的原因是我们选择了花费较低的呼吸系统疾病。

三、对模型的进一步检验

由于健康测度的复杂性，所以有必要对健康测度指标进行重新选择，以检验分析结果的可靠性。本小节选择的指标包括功能性因子和自评健康指标。功能性因子为连续变量，数据通过健康测度方程估计获得（具体步骤略）；自评健康为离散变量，数据直接来自问卷中对一般健康状况的询问“与同龄人相比，您目前的健康状况如何?”答案依次为“很好、好、一般、差”四级。利用中国的数据，樊明（2002）和魏众（2004）的研究都使用了自评健康作为衡量健康状况的指标。虽然自评健康是个人对自身健康的一种主观判断，但是自评健康和由医生根据医疗记录所做出的健康评价是高度相关的（La Rue et al.，1979；樊明，2002），不过也有一些学者反对自评健康，主要针对偏差性（bias）问题。巴特尔和陶伯曼（Bartel and Taubman，1979）指出，两个健康状况完全一样的人未必对其自己的健康状况做同样的评价，因为不同的人可能有不同的主观判断。一个人对自己健扆状况的评价可能比另一个人建立在更多的信息基础上。更重要的是，自评健康可能比较容易以其健康状况为由为自己的某些行为进行开脱，从而夸大其健康不良的程度（如在环境污染地区，居民可能会有意夸大自己健康状况不良），从而夸大环境污染对健康的影响程度。不过，也会有人隐藏自己的健康信息。但无论如何，自评健康在其他健康信息缺乏的情况下是有效和经济合理的健康测度（La Rue et al.，1979；樊明，2002）。因此，我们仍然用自评健康作为测量健康的重要指标对调查地区居民的健康需求函数进行重新估计。

使用上述两种健康指标，我们对调查地区居民的健康需求函数进行了重新估计，估计结果与使用总体健康指数的结果基本一致（见表 11－5）。这就说明，即便选择不同的健康测度指标，得到的结论也基本一致：居住在空气污染严重地区的居民更容易患病，健康状况更差。由于空气污染对健康存在着这种不利影响，使居民投资健康的成本更高，因而其健康需求就会减少。

表 11－5　　对模型的进一步检验

因变量：功能性因子（OLS）			
自变量	全部样本	女性	男性
	系数	系数	系数
Female	－0.013	—	—
Age	0.024***	0.034***	0.009**
Age^2	－0.0001**	－0.0003***	—
Insurance	－0.064**	－0.092**	－0.049

续表

因变量：功能性因子（OLS）			
自变量	全部样本	女性	男性
	系数	系数	系数
ln*Edu*	-0.018	-0.025	-0.058
ln*w*	-0.039**		-0.049*
*Drinkdgree*1	对照组		
*Drinkdgree*2	-0.111***	-0.029	-0.154***
*Drinkdgree*3	-0.002	-0.302**	-0.141**
Smoke	-0.020	0.053	-0.007
Avoid	-0.073**	-0.065*	-0.058
$\ln SO_2$	0.100***	0.062	0.120***
$\ln PM_{10}$	0.146***	0.092	0.179***
$\ln P_M$	0.004	0.007	0.023
调整的 R^2	0.1797	0.1699	0.2228
样本量	657	410	247

因变量：自评健康（Ordered Logit）				
自变量	自评健康很好	自评健康好	自评健康一般	自评健康很差
	边际效用	边际效用	边际效用	边际效用
Female(1)	-0.005	-0.007	0.007	0.005
Age	-0.005	-0.007	0.007	0.005
Age^2	4.06e-05	6.12e-05	-5.95e-05	-4.23e-05
Insurance(1)	0.027*	-0.043	-0.038*	-0.031
ln*Edu*	-0.008	-0.012	0.012	0.009
ln*w*	0.022**	0.034**	-0.033**	-0.023**
*Drinkdgree*1				
*Drinkdgree*2(1)	0.044	0.057*	-0.064	-0.037*
*Drinkdgree*3(1)	0.062	0.070*	-0.087	-0.044*
Smoke(1)	0.010	0.014	-0.014	-0.010
Avoid(1)	-0.023	-0.037	0.033	0.026
$\ln SO_2$	-0.028*	-0.043*	0.042*	0.030*
$\ln PM_{10}$	-0.053**	-0.079**	0.077**	0.055**
$\ln P_M$	-0.002	-0.002	0.002	0.002
边际效应	0.108	0.297	0.482	0.113
样本量	657			

注：* 表示 P<10%；** 表示 P<5%；*** 表示 P<1%。

四、主要结论

本章关于空气污染和个人健康需求关系的研究主要有以下两方面的发现。

第一，空气污染已经显著降低了调查地区居民的健康需求，使调查地区居民的健康状况更差。具体来讲，在调查地区，PM_{10}浓度每增加1%，居民的健康需求将减少0.199%，而SO_2浓度每增加1%，居民的健康需求减少0.127%（见表11-4），说明PM_{10}对居民健康需求的影响大于SO_2，这与当前中国空气污染的实际情况相符。在中国大多数城市，SO_2浓度与前几年相比，已经有了较大幅度的降低。根据2007年中国主要城市空气质量检测结果数据显示，在31个省会城市和直辖市中，67.7%的城市SO_2年均浓度达到国家二级空气质量标准①。但PM_{10}仍然是中国大多数城市的重要污染物。2007年空气质量监测数据显示，仅有41.94%的城市PM_{10}浓度达到国家二级空气质量标准。可见，降低空气中可吸入颗粒污染物的浓度是当前的迫切任务。有研究表明，如果2004年所有城市的空气质量达到国家环境空气质量二级标准，约有2.5万人避免因空气污染诱发的疾病死亡；如达到一级标准，约有17.2万人避免因空气污染而死亡（於方等，2007）。

第二，避免污染行为显著地改变了空气污染和健康需求之间的关系。研究表明，采取了避免污染行为人群的健康需求要比没有采取行为的人群高0.145%。采取避免空气污染的行为会改变个人暴露污染的水平，这样就降低了健康需求的影子价格，从而增加了健康需求。在调查地区，居民采取的避免污染行为是减少停留在户外的时间、调节饮食结构以及在自家院子搭建塑料薄膜。这些行为对于减少空气污染对健康的不利影响都起到一定的缓解作用。可见，考虑避免污染行为能够更加精确地估计空气污染对健康需求的影响。

我们认为，本章的发现对于处在社会经济转型期的中国而言，具有以下两点启示。

第一，关于环境污染和健康关系的研究，健康并非是研究的终点，如何实现“环境—健康—经济”三维互动协调发展才是我们追求的最终目标。严重的环境污染并非自然环境正常的物质和能量交换所造成，更多是由“一维”的经济发展模式所致。“一维”的经济发展模式忽视了自然环境的更新能力，造成了严重的环境污染，环境污染对这种发展模式进行了“反馈”。这种“反馈”体现为环境污染对健康人力资本的危害，健康人力资本的受损进一步制约了经济的持续发展。可见，关于环境污染和健康关系的研究不能只关注环境污染和健康之间的“剂量—反应”，而应该更多地从经济社会可持续发展中考虑“环境污染—健康受损—制约经济发展”之间的多重关系。

第二，环境污染对健康的不利影响并不遵守“谁污染、谁承受”的原则，而是更多地转移到那些并没有制造污染的弱势群体（主要是广大的贫困阶层）身上。其表现为各种环境污染物向贫困地区转移，对弱势群体的健康造成了严重的威胁。依靠体力劳动维持生存的贫困的城镇居民和农民产生显著的不利影响。可见，弱势群体背负了较多

① 《环境空气质量标准》（GB 3095—1996）规定，二级空气质量标准是SO_2年均浓度为60微克/立方米，PM_{10}年均浓度为100微克/立方米。

的环境污染恶果。因此，治理环境污染不仅是为了解决人与自然之间的矛盾，更是一项利贫政策。

本章小结

近年来雾霾现象越来越严重，已成为国家高度的战略性问题，也引起了理论界以及政府的高度关注。本章从空气污染对人体健康的影响的角度出发，进行了理论上的分析和相关文献综述，以讨论了空气污染的负面影响。

通过把健康指标加入消费者的效用函数，格罗斯曼提出了关于健康和一般商品的基本理论模型。本章利用格罗斯曼提出的模型来实证分析空气污染对人体健康的影响。

本章得到的关于空气污染和个人健康需求关系的基本结论有：第一，空气污染已经显著降低了调查地区居民的健康需求，使调查地区居民的健康状况更差。第二，避免污染行为显著地改变了空气污染和健康需求之间的关系。结论对于处在社会经济转型期的中国而言，具有两点重要启示：第一，关于环境污染和健康关系的研究，健康并非是研究的终点，如何实现“环境—健康—经济”三维互动协调发展才是我们追求的最终目标。第二，环境污染对健康的不利影响并不遵守“谁污染、谁承受”的原则，而是更多地转嫁到那些并没有制造污染的群体身上。

思考题

1. 谁首次将健康引入消费者效用函数？Grossman 模型的基本方程是什么？方程里的 H 表示什么？

2. 为什么环境污染对健康的不利影响出现了转嫁现象？模型研究是如何支持这一论点的？

参考文献

[1] 许崇正，杨鲜兰等．生态文明与人的发展［M］．北京：中国财政经济出版社，2012.

[2] 许崇正．人的发展经济学［M］．北京：光明日报出版社，2022.

[3] Alberini A, et al. Valuing Health Effects of Air Pollution in Developing Countries: The Case of Taiwan, China [J]. Journal of Environmental Economics and Management, 1997, 34 (2): 107 - 126.

[4] Cropper M L. Health, Investment in Health, and Occupational Choice [J]. Journal of Political Economy, 1977, 85 (6): 1273 - 1294.

[5] Grossman M. On the Concept of Health Capital and the Demand for Health [J]. Journal of Political Economy, 1972, 80 (2): 223 - 255.

[6] Grossman M. The Demand for Health after a Decade [J]. Journal of Health Economics, 1982, 1 (1): 1 - 3.

[7] Grossman M. The Demand for Health: A Theoretical and Empirical Investigation

[M]. New York: Columbia University Press, 1972.

[8] Grossman M. The Human Capital Model of the Demand for Health [R]. NBER Working Papers No. 7078, 1999.

[9] Jerrett M, Eyles J, Dufournaud C, et al. Environmental Influences on Health Care Expenditures: An Exploratory Analysis from Ontario, Canada [J]. Journal of Epidemiology and Community Health, 2003, 57 (5): 334 -338.

[10] Narayan P K, Narayan S. Does Environmental Quality Influence Health Expenditures? Empirical Evidence from a Panel of Selected OECD Countries [J]. Ecological Economics, 2008, 65 (2): 367 -374.

[11] Wagstaff A. The Demand for Health: An Empirical Reformulation of the Grossman Model [J]. Health Economics, 1993, 2 (2): 189 -198.

[12] Wagstaff A. The Demand for Health: Some New Empirical Evidence [J]. Journal of Health Economics, 1986, 5 (3): 195 -233.

第十二章

人类需求的扩展与可持续发展

第一节　生态危机、异化需求与经济危机

一、生态危机

（一）生态危机的含义

生态危机，简单地说，是自然资源严重短缺、生态环境严重恶化、灾害型生态物质增加的状态。自然资源的短缺是物理学意义上的绝对短缺，而不是经济学意义上的相对短缺。所谓自然资源的相对短缺，是相对于人类的无限需求而言的短缺，而在人类正常需求保持不变的前提下，依然存在的自然资源短缺则是绝对短缺。当前，自然资源绝对短缺已经成为不争的事实，突出表现为：土地资源短缺、淡水资源短缺、矿产资源短缺、能源资源短缺以及生物多样性锐减等。生态环境的严重恶化，突出表现为空气污染、水污染、食物污染、声光污染以及土壤污染等。

从经济学角度讲，生态危机是指生态集合中资源型生态有效供给严重不足，灾害型生态显著增加，人类福利大幅度降低，甚至负福利显著增加的状态。

福利，即效用，是人类从产品消费中感受到的满足状态或幸福程度。在不饱和的假设下，人类福利水平与人类（直接或间接）消费资源型生态的数量与质量正相关，即生态数量越多、质量越高，则人类从中获得的福利水平越高，幸福程度越高。相反，人类福利水平与遭受的灾害型生态数量与程度负相关。灾害型生态数量越多，灾害等级越高，则人类福利越少，幸福指数越低。所谓资源型生态有效供给不足，是指在一定条件下，（广义的）生产者愿意并且能够供给市场的生态数量难以满足市场需求的状态。马克思的年代，由于制度原因、机制原因以及异化需求等原因，已经不同程度地出现了生态危机问题，如土地肥力的严重递减，粮食大幅减产，人均粮食占有量显著下降，劳动者吃不饱、吃不好，幸福指数下降等。城市污染、空气污染、工厂污染、居室污染等导致出现了劳动者流行病的暴发等问题。

生态危机的种类很多，按照马克思的生态分类，生态危机表现为人的生态危机与自

然的生态危机，并可具体化为天的生态危机、地的生态危机与人的生态危机。

（二）自然资源的绝对短缺

生态危机表现为自然资源绝对量上的短缺。具体表现为以下两个方面。

第一，自然资源的效用降低，即所谓的有“体无力”型短缺。自然资源的数量没有减少，但其作用、效用却降低了。当前，空气、阳光、地下水和气候等数量没有减少，但是，日益严重的空气污染使空气质量下降了，它对人类的服务功能削弱了，新鲜空气变少了，因此，我们可以说生态稀缺了。荒漠化的土地、被污染的空气或湿地、菌群或重金属超标的食物等，尽管承载生态的自然体尚在，但有益于人类福利增进的生态缺乏或消失了。人的生态缺乏，体尚存但力消失最突出的例子是植物人。医学上，植物人是指由于某种原因导致的大脑皮层受损、皮质下中枢可维持自主呼吸运动和心跳但处于深度昏迷状态的人。植物人虽然其肌体依然存在，但除保留一些本能性的神经反射和进行物质及能量的代谢能力外，认知能力、自理能力、劳动能力、思维能力、溢出正能量等增进人类福利的生态消失了。改革开放以来，随着经济条件的改善，居民拥有的机动车数量不断增加，一方面提高了生活品质，但另一方面车祸频次及危害程度也在提高。资料显示，每年由于车祸造成的植物人数量达到10万人之多，植物人不仅丧失正向生态，还给本人及家庭带来沉重的负担，这不能不引起注意。另外，从人的生态总量上看，在人均生态不变的条件下，人口总量的减少会导致生态总量的降低。

第二，自然资源数量减少进而其作用与效用水平随之降低，即“皮之不存，毛将焉附”型短缺。充分燃烧后的煤炭、石油、天然气，它们提供热能的生态，随着煤炭、石油及天然气自然物质体的消失而消失。臭氧空洞使臭氧屏蔽紫外线的生态减弱或随之消失。灭绝的物种、死亡的人等，其生态随着自然体的消失而消失。马克思在论证资本主义生产力发展对生态造成损害时指出，随着生产力水平的提高，人们向自然掠夺的能力加强了，造成了森林、煤炭、铁矿的枯竭。马克思所阐述的毁掉的森林、枯竭的煤矿和铁矿等，就属于“皮之不存，毛将焉附”的生态消失现象。

（三）生态环境的恶化

生态危机的重要表现之一是环境恶化，如空气污染、土地污染、水质污染、生物多样性减少等。

（四）灾害型生态物质的增加

风灾水患频繁出现，生物病毒大范围肆虐、气候异常等现象出现的频率越来越高。恩格斯在论证灾害型生物生态与人居污染的环境之间的关系时指出：“现代自然科学已经证明，挤满了工人的所谓‘恶劣的街区’，是周期性光顾我们城市的一切流行病的发源地。霍乱、伤寒、肠热症、天花以及其他造成大量死亡的疾病，总是把自己的病源散播到工人街区被污染的空气和含有毒素的水中去；这些疾病在那里几乎从未绝迹，而在适当的条件下就发展成为普遍蔓延的流行病，于是越出它们的发源地传播到资本家先生们居住的空气较好的比较卫生的城区去。统治的资本家阶级以逼迫工人阶级遭到流行病的痛苦为乐事是不能不受惩罚的；后果总会落到资本家自己头上来，而死神在他们中间也象在工人中间一样逞凶肆虐。”① 在世界范围内发生的流行病暴发，就属于灾害性生物生态增加的现象。从人的角度看，资源型生态减弱灾害生态增加，表现为人的生态降低或减损人的福利能力的增加。

二、生态危机与自然力递减规律

（一）自然力递减规律的含义

自然力递减规律是指在技术一定的条件下，由于人为原因导致自然物质服务功能下降、人类福利减少的状态。

（二）自然力递减与生态危机的关联

生态危机是自然力递减规律发挥强大作用的结果。如图 12－1 所示，广义的生态危机是从 B 点到 E 点以下，包括轻度生态危机、中度生态危机、重度生态危机与崩溃型生态危机。轻度生态危机位于黄色预警阶段。该危机造成的生态递减程度较轻，人类只要稍加注意，给生态足够的修复时间，无须人为投入即可恢复生机与活力。轻度生态危机不属于本章的讨论范围。因而，我们在此讨论的生态危机从蓝色预警 C 点开始，包括中度生态危机、重度生态危机与崩溃型生态危机。因为 C 点以下，生态递减程度不断加剧，对人类福利的增进作用严重减弱，必须花费较大的人工成本，投入巨量资金与物质，实施全面的生态补偿，生态才有望得以一定程度的修复。当然，过了 E 点，生态彻底崩塌，无论投入多少资金都不能恢复。

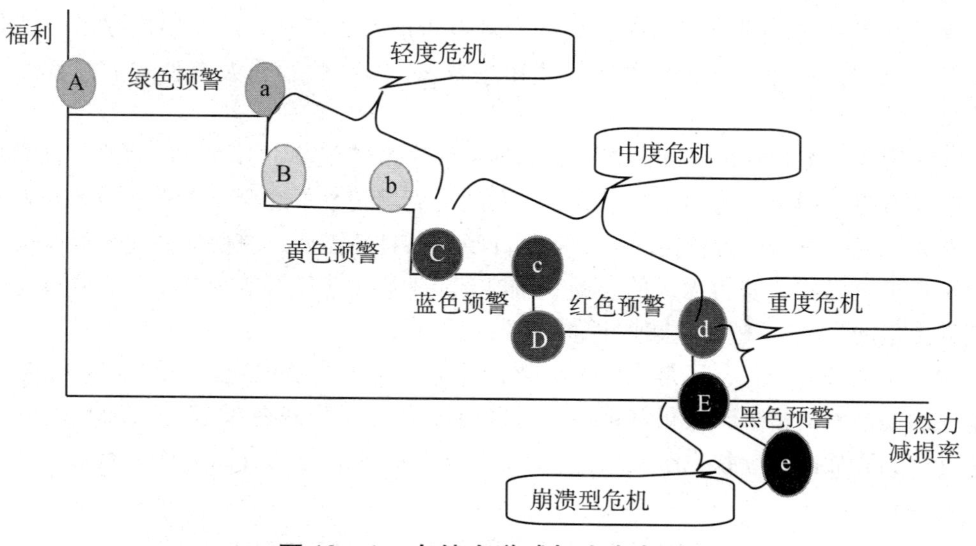

图 12－1　自然力递减与生态危机

① 马克思，恩格斯．马克思恩格斯选集：第二卷［M］．中共中央马克思恩格斯列宁斯大林著作编译局编．北京：人民出版社，1972：491－492.

对于超载利用生态的国家与地区，如波斯、美索不达米亚以及希腊等，马克思和恩格斯沉重地指出，“从人那里夺走了他的无机的身体即自然界”①，最终招致生态危机——土地荒芜化、无林化、日益腐败的自然界，以及森林、煤炭、铁矿的枯竭等。

三、异化需求与生态危机

马克思认为，生态危机的出现有人们认识能力不足、生产力水平低下的问题，但是在资本主义制度下，资本的无限贪欲导致的异化需求则是诱发生态危机的根本原因。

（一）马克思关于异化需求

马克思对于异化需求进行了分析。马克思在《1844 年哲学经济学手稿》中，深刻阐释了异化需求、生态危机的内在机理与逻辑。他指出，资本对超额利润的贪欲，催生了异化需求，即超越生态承载阈限的需求。异化需求触发人的生态危机与自然的生态危机，而生态危机必将引爆经济危机。马克思所阐述的异化需求，主要包括消费者的异化消费需求与私人资本的异化投资需求，对于异化政府需求几乎没有触及，因为当时政府在经济中尚未起主导作用。异化消费需求是（从正、负两方面）严重超越人的生态正常能量摄取需要的需求。其中，负的异化消费需求，是劳动者在资本家的残酷压榨下，由于赤贫，被迫将其消费需求降至体力与智力正常恢复所需能量水平及承载限度以下的超低消费需求。对此，马克思描述道，沦为赤贫的工人，不仅放弃了运动、交往乃至受尊重等各项人的正常需求，甚至放弃了对光、空气、清洁环境等动物都需要的最基本的需求，对食物的需求也降至低档品水平。而正的异化消费需求是指直接或间接盘剥劳动者剩余价值的食利者阶层严重超越人的生态恢复所需能量的超高消费需求。马克思所批评的糜烂式病态需求、奢侈性需求及浪费式需求都属于这类需求。

异化投资需求包括由异化消费引起的异化引致投资需求、引诱异化消费的诱导性投资需求及直接滥用生态的异化投资需求。对此马克思列举了迎合工人粗陋需要与富有人下流意念、病态欲望的投资需求，千方百计唤起某种新需要，诱使他们追求新享受方式的投资需求，以及“贪得无厌的农场主靠掠夺土地肥力来提高收获量”②，“直接地滥用和破坏土地的自然力……使土地日益贫瘠”的需求③。

无论是消费的异化，还是投资的异化，都会产生生态负效应。一端削弱人的生态，如享受超高消费的富人，其正常精神力与体力被异化（精神萎靡不振，身体受糖尿病、脂肪肝、肥胖症困扰导致生态受损），受超低消费煎熬的劳动者因其体力智力消耗难以

---

① 马克思，恩格斯．马克思恩格斯全集：第四十二卷［M］．中共中央马克思恩格斯列宁斯大林著作编译局译．北京：人民出版社，1979：97.

② 马克思，恩格斯．马克思恩格斯选集：第二卷［M］．中共中央马克思恩格斯列宁斯大林著作编译局编．北京：人民出版社，1995：198.

③ 马克思，恩格斯．马克思恩格斯全集：第二十五卷［M］．中共中央马克思恩格斯列宁斯大林著作编译局译．北京：人民出版社，1974：917.

获得必要补充导致生态衰弱；另一端削弱自然的生态，如大量索取低熵生态、索取能量，反过来又过度排放废弃物，输出高熵生态，使生态系统的能量输出输入失衡，出现“完全违反自然的荒芜，日益腐败的自然界”①。

马克思对异化消费曾进行过有力的批判，“享受这种财富的人，……把别人的奴隶劳动、人的血汗看作自己的贪欲的虏获物……他把人本质力量的实现，仅仅看作自己放纵的欲望、古怪的癖好和离奇的念头的实现”②。过度消费必然导致高熵生态的过量排放和低熵生态的过量掠夺，最终导致生态系统运行的失衡和紊乱。

（二）现代人的异化需求

现代人的异化需求形式多样，简单来说可从个人与政府两方面进行研究。个人的异化需求表现为超高消费与超低消费并存。改革开放使人们的生活发生了翻天覆地的变化，人们的生活水平大幅度且持续提高。伴随着收入的提高，人们的衣食住行不再满足于基本需求，而是向高消费倾斜。中国人年消费奢侈品超千亿美元，支撑起全球奢侈品市场的半壁江山，是全世界最大奢侈品客户③。然而仍有许多地方生活较为困难。政府的异化需求主要表现为形象工程与危房学校并存。近年来劳民伤财的形象工程屡屡被媒体爆出，有些地区建设豪华办公楼，然而还有部分县乡在危房中办学多年。

正如马克思所言，之所以出现这些异化需求是追求超额利润的贪欲导致的。个人正的异化需求是异化心理的物质表现，同时受企业异化投资的影响，如企业对于奢侈品开发规模的不断扩大，野生动物皮毛、肉骨成为富人竞相追逐的消费品以及为追求经济利益而出现有毒食品等。而负的异化消费需求则是生产力不足的社会表象，以及社保体制不健全的变现。对于低保者来讲，为满足基本生活需要不得不最大限度地降低消费水平、生活水平。不同于马克思时代政府对经济的微作用，现代社会政府在经济活动中发挥着举足轻重的作用。政府异化需求与市场经济浪潮下异化需求的蔓延不无关系，这也反映出政治经济体制改革任重而道远。

（三）异化需求必然导致生态危机

一方面，在超高消费水平下，奢侈品给消费者带来的效用是有限的，但奢侈品制造往往造成巨大的资源浪费，对生物多样性造成致命的打击等。资源危机、雾霾等气候危机、物种灭绝等生态危机便是超高消费的产物。与此同时，超高饮食消费与高营养摄入成正比，越是发达的国家，高血脂、高血糖和高血压越普遍，严重影响人的身体健康，构成人体的生态危机。另一方面，在超低消费水平下，过低的生活水平往往造成生活环境的恶化与疾病蔓延。人们不得不在脏、乱、差的环境中生存，无力应对因污染而带来的健康损害，而低成本的生活方式又使环境进一步恶化，由此陷入贫困—生态危机—贫困的恶性循环之中。

---

① 马克思，恩格斯．马克思恩格斯全集：第三卷［M］．中共中央马克思恩格斯列宁斯大林著作编译局译．北京：人民出版社，1979：134.

② 马克思，恩格斯．马克思恩格斯全集：第四十二卷［M］．中共中央马克思恩格斯列宁斯大林著作编译局译．北京：人民出版社，1979：141－142.

③ 中国人买走全球近半奢侈品 消费者日趋理性［N］．人民日报海外版，2014－11－22.

四、生态危机与经济危机

广义的经济危机，是指由于国民经济在内在因素或外在因素出现重大变故，致使市场供给与需求、生产与消费严重失衡，生产与再生产发生严重困难，经济运行无法正常运行，经济体处于混乱和衰退甚至严重萧条，引起民不聊生的状态，包括俗话所讲的"饥荒"，以及由此引起的人口迁徙等。狭义的经济危机，则指经济在周期性波动中的严重萧条、严重衰退或者是谷底的阶段。广义的经济危机包括狭义经济危机，以及"饥荒"、经济崩溃、生态移民等。生态危机与"饥荒"、经济崩溃、生态移民以及经济学上的产能短缺型经济危机、产能过剩型经济危机以及滞胀型经济危机密切相关。

（一）短缺型危机

广义的短缺是指生产资料、消费资料供不应求的状态，而狭义的短缺则是指消费资料供不应求的状态。短缺概念是由经济学家科尔奈在其1980年出版的《短缺经济学》一书中提出的。20世纪以来，在战争时期，苏联、德国、日本等国家都出现过普遍的商品短缺。在当今发达资本主义经济中也存在着能源短缺、人力资本短缺等状况。科尔奈还运用供求分析、均衡分析、制度分析，得出短缺经济是政企不分、高度集中统一的计划经济国家的典型经济特征。短缺经济是相对于过剩经济而言的，是指在较长时期内，市场经常处于供不应求状态，即供给小于有购买力的需求，属于卖方市场。新中国成立后，由于计划经济体制以及物资的匮乏，出现了物资短缺的状况。粮票、布票、肉票、油票等，是短缺经济的显著特征。中国经济运行形态至1997年起即开始转型，即由"短缺经济"向"供需动态均衡经济"转型，在这种"供需动态均衡经济"中，供过于求与供不应求交替出现。1998年买方市场的出现，是这种转型的一个阶段性标志，即"短缺经济"与"供求动态平衡经济"、生产制约与市场制约并存的标志①。

短缺经济运行中突发的严重短缺，就是短缺型经济危机。短缺型经济危机是指消费品数量严重不足，难以满足消费者维持正常生活需要，影响消费者身体健康甚至生命存在的经济状态。历史上，短缺危机通常都是由于重大自然灾害爆发导致的食物短缺性经济危机。如在中国古代，气候危机、蝗虫、瘟疫导致农业危机，社会危机与经济危机相互促动，甚至出现人口锐减。1959～1961年中国处于三年困难时期，粮食大量减产，出现了全国性食品短缺的现象。

短缺型经济危机是资源型生态严重不足、灾害型生态大规模增加或突然爆发的结果，如持续多年干旱、暴雨成灾、气温骤降、病虫害、泥石流、地震、海啸等。

（二）过剩型经济危机

短缺型经济危机通常发生在技术落后、人的抗变能力极弱的农业社会。工业社会以后，这种短缺型经济危机逐渐被过剩型经济危机所取代。如人类社会在经历长期的短缺、匮乏之后，1788年，英国棉纺织工业出现了第一次过剩型经济危机。此后的200多

① 袁东明，孙兆刚．我国经济转型与"短缺经济学"［J］．当代经济研究，2001（2）：49－51.

年里，过剩型经济危机成为常态。

过剩又称一般产品过剩，或产能过剩。按照马克思的经济理论，过剩是指在资本主义社会，厂商所生产的商品数量超过了有支付能力的需求数量，进而出现的商品相对过剩的现象。通常理解，过剩是指供过于求，形成买方市场。

过剩型经济危机是早期资本主义经济危机的基本类型，现在在社会主义国家也经常发生。过剩型经济危机表现为商品销售困难、产品大量积压、物价暴跌、企业倒闭、工人失业、贫困化加剧的现象。工业革命以后，1788 年，英国棉纺织工业第一次爆发过剩型危机。随着工厂制度的普遍建立和机器大工业的发展及产业链条的延伸，出现过剩危机的部门越来越多。1825 年，英国爆发了人类历史上第一次普遍性的工业生产过剩型经济危机，这场危机几乎冲击了英国所有的工业部门①。随后，过剩型经济危机成为常态，发生年份分别是 1836 年、1847 年、1857 年、1866 年、1873 年、1882 年、1890 年和 1900 年。在资本主义自由竞争阶段以及向垄断资本主义阶段过渡时期，每隔十年左右就要发生一次这样的经济危机。进入 20 世纪，在 1900 年危机之后至第二次世界大战以前，又分别在 1907 年、1914 年、1921 年、1929 ~ 1933 年、1937 ~ 1938 年发生了经济危机，差不多每隔七八年就发生一次危机。

关于过剩型经济危机的原因，马克思指出："一切真正的危机的最根本的原因，总不外乎群众的贫困和他们的有限的消费，资本主义生产却不顾这种情况而力图发展生产力，好象只有社会的绝对的消费能力才是生产力发展的界限。"② 换言之，过剩型经济危机的根源是人的生态危机的经济表现。

在资本主义制度下，资本家为了获得更多的超额利润，不由自主地收缩了市场、降低了市场需求，同时又盲目地扩大生产，人为地造成了供求矛盾。如图 12 - 2 所示，产品需求用 D 表示，产品供给用 S 表示。随着技术水平的提高和生产力的发展，资本有机构成不断提高，单位资本对劳动力的需求相对减少，失业率上升。失业率的上升，使在业工人工资水平不仅难以提升，还有降低的压力，进而增加了贫困阶层劳动者的数量。为了最大限度地追求剩余价值，资本主义企业一边不断增加资本积累、提高劳动生产率，另一边尽可能压低工人的工资。压低工人工资，降低了劳动者的收入。资本家残酷压榨劳动者，劳动者由于赤贫，缺乏购买力，被迫将消费需求降至体力与智力正常恢复所需能量水平及承载限度以下，维持超低消费需求③，"工人生产得越多，他能够消费得越少"，吃不饱、穿不暖、住在肮脏潮湿环境里的劳动者，由于正常体能不能得以维持，其身体内部的生态系统运行受到破坏，贫病交困，人的生态衰减。以广大劳动者为代表的消费者的需求曲线由 D_1 萎缩到 D_2。平均利润率的下降，诱发资本家靠扩大生产规模获得总利润。他们不顾市场需求盲目扩大生产，产品供给大幅度增加，供给曲线由 S_1 右移到 S_2。如果市场是完全竞争的，则产品价格由 P_1 降到 P_2，市场产品由 Q_1 增加到 Q_2，市场达到出清状态。然而，由于垄断的存在，市场价格会高于均衡价格 P_2，处于 P 的位置上，于是市场就会出现产品过剩，如图 12 - 2 中的 AB 段。普通劳动者购买

① 林晨辉. 危机时刻：200 年来的经济大动荡［M］. 北京：中央文献出版社，1998：23.

② 马克思，恩格斯. 马克思恩格斯全集：第二十五卷［M］. 中共中央马克思恩格斯列宁斯大林著作编译局译. 北京：人民出版社，1974：548.

③ 刘静暖，纪玉山. 马克思生态危机思想研究［J］. 经济学家，2010（4）：31 - 38.

力相对不足，需求增长经常赶不上生产增长，从而导致生产过剩的经济危机。生产的过剩、资本的过剩和人口的过剩互为补充、互为因果，集中体现了资本主义经济的基本矛盾和资本主义经济危机的历史特征。

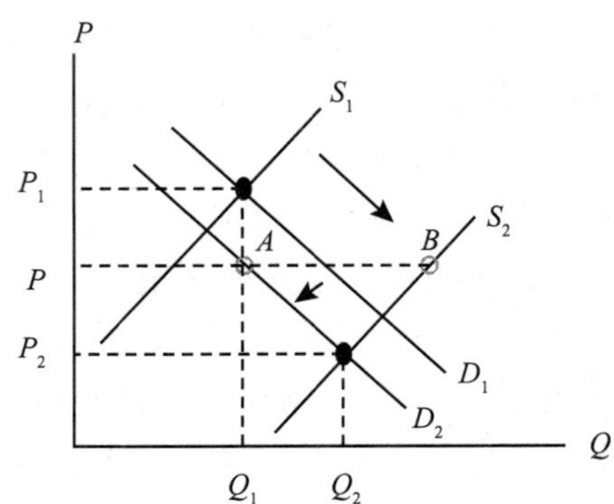

图 12－2　人的生态危机与过剩型经济危机

经济学说史上最著名的生产过剩型大危机是 1929～1933 年席卷西方社会的大萧条，这一期间各国失业等具体指标如表 12－1 所示。当时大量产品卖不出去，大量工人失业，大量工厂和银行到闭，国民生产总值（GNP）增长速度下滑以及大量贫困人口涌现。对卖不出去的牛奶，大农场主将其倒入密西西比河，卖不掉的小麦和玉米被当作燃料投入炉火。失业率上升最严重的是美国，失业人数由不足 150 万猛增到 1700 万以上，失业率高达 25%，也就是四个人中就有一个人失业。美国 86000 家企业破产，5500 家银行倒闭，全国金融界陷入"窒息"状态；GNP 由危机爆发时的 1044 亿美元急降至 1933 年的 742 亿美元，整体经济水平倒退至 1913 年。城市中无家可归者用木板、旧铁皮、油布甚至牛皮纸搭起了简陋的栖身之所，这些小屋聚集的村落被称为"胡佛村"。流浪汉的要饭袋被叫作"胡佛袋"，由于无力购买燃油而改由畜力拉动的汽车叫作"胡佛车"，甚至露宿街头长椅上的流浪汉身上盖着的报纸也被叫作"胡佛毯"。

表 12－1　　1929～1933 年西方世界的过剩型经济危机

国家	工业增长率下降（%）	与世界贸易总额下降（%）	物价下跌情况（%）	工厂倒闭数量（万家）	失业工人人数（万人）	工资下降（%）	整个工业倒退至（年）
美国	46.2	70	32.6	14	1300	35	1605
英国	23.8	40	33.6	3.2	300	15	1897
法国	39.9	67	45.1	5.7	150	—	1911
德国	40.6	76	33.4	6	600	67	1896

资料来源：王学武．华尔街飓风Ⅱ：百年一遇的经济大危机［M］．广州：广东经济出版社，2009：112.

（三）滞胀型经济危机

通常认为，滞胀危机是20世纪70年代以后出现的新的经济危机种类。其实不然，滞胀危机早已有之，只是由于时间短，影响面窄，没有纳入危机种类中而已。

滞胀包括两个方面内容：一方面是经济停滞，包括危机期间的生产下降和非危机期间的经济增长缓慢和剧烈波动，以及由此引起的大量失业；另一方面是持久的通货膨胀，以及由此引起的物价上涨。这两种现象互相交织并发，贯穿于经济周期的各个阶段。停滞膨胀并非直线上升，而是波浪式地发展，有起有伏，有弛有张，甚至也不排除有某些间歇的可能。日本经济学家马渡尚宪对滞涨危机做了数量规定，物价上涨率为4%以上，失业率为4.5%以上，二者之和为8.5%以上，开工率低于85%。西方发达国家两数字之和1965～1973年为8.5%，1974～1979年为15.8%，1980年为17.6%，1981年为16.3%，1982年为15%，这一期间的经济增长为负①。

滞胀危机是自然的生态危机，如天的生态危机、地的生态危机引起的经济危机。生态危机表现为资源型生态有效供给不足，或灾害型生态增加的现象。一方面，资源型生态危机，导致生态产品价格水平上升引发通货膨胀。如图12-3所示，价格水平由P_1涨到P_2；另一方面，资源型生态危机导致产品原材料成本上升，产成品价格上升，生产萎缩，产品供给由S_1萎缩到S_2，产能由Q_1降低到Q_2，劳动者的收入在高物价下进一步缩水，有支付能力的需求进一步降低，消费者的需求由D_1萎缩到D_2。天的生态危机在马克思的年代主要表现为资源型气候生态供给不足、灾害天气增加的危机，引发农业危机，进而引爆整个产业的滞胀危机。马克思引证了气候生态危机对农产品进而对整个经济的影响，指出由于气候作祟，“茶叶这样一种必需品涨价和中国这样重要的一个市场缩小的时候，正是西欧发生歉收，从而使肉类、粮食及其他一切农产品涨价的时候。这将引起工业品市场的缩小，因为生活必需品每涨一次价，国内和国外对工业品的

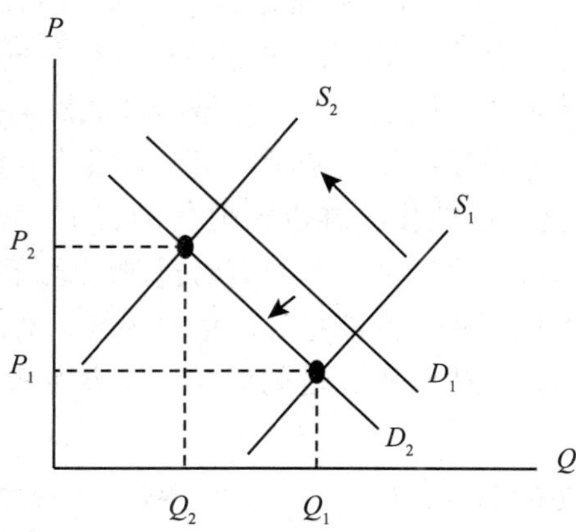

图12-3　天与地的生态危机与滞胀型经济危机

① 王成鼎.“滞涨”是资本主义危机在今天的表现形式［J］.理论月刊，1987（9）：52-55.

需求量就要相应地减少”①。粮食歉收导致粮价上涨，从而引发商业危机。如“谷物以外的农产品的价格比去年上涨20%、30%甚至50%。大陆的谷物价格比英国涨得更高。在比利时和荷兰，黑麦价格整整涨了100%，小麦和其他谷物作物也跟着涨价”②。

对于天的生态危机，尤其是短期气候灾害引发的经济滞胀危机，人们似乎习以为常，并未引起理论界的注意，也未对其加以特殊界定。如美国在1957～1958年爆发了经济危机，物价持续上涨，学者们将其称为“新的物价上涨”。20世纪60年代，英国爆发经济危机，人们将经济停滞中的物价上涨称为“英国病”。

20世纪70年代，地的生态危机中的石油矿产危机导致的滞胀危机令人们感到恐惧，并引起了足够重视。石油限产导致石油供给不足，引发石油价格上涨，自美国开始，引爆西方发达国家的滞胀危机。工业生产大幅度下降：美国为15.3%，英国为11.2%，联邦德国为12.3%，法国为16.3%，日本为20.8%；同时，上述几个国家的通货膨胀率也达到了两位数：美国为15.3%，英国为43.9%，联邦德国为11.1%，法国为19.1%，日本为32.5%。自20世纪70年代起，滞胀危机似乎成为常态。进入21世纪，滞涨危机依然不断光顾各国。以中国为例，2008年中国通货膨胀率为10%，发生了严重的通货膨胀。从2007年1月到2008年5月，消费者物价指数（CPI）连续上涨了16个月。生产者物价指数（PPI）从2007年10月的3.2%上升到2008年7月的10%，达到了两位数。通胀指标GDP平减指数涨幅不断创出新高：2007年全年为5%，2008年第一季度为8.3%，第二季度为8.9%，通胀已不仅仅局限于猪肉等食品领域，而是逐渐向非食品领域蔓延③。

有学者指出，滞胀危机是资本主义基本矛盾被压抑后的一种变异表示。马克思、恩格斯曾说过，“资产阶级用来克服危机的种种办法，都只不过是资产阶级准备更全面更猛烈的危机的办法，不过是使防止危机的手段愈来愈少的办法”④。

（四）混合型经济危机

所谓混合型经济危机，是指产品过剩型危机与滞胀型危机频繁交替出现，甚至交织、纠缠在一起的危机现象。其表现为：过剩型经济危机与滞涨型经济危机交替出现，危机时间拉长。过剩型经济危机刚刚过去，滞涨型经济危机就接踵而至。滞涨型经济危机刚刚收敛，过剩型经济危机再度萌发。两种危机交替发生，延长了危机发生时间，使经济“病症”呈现出长期化、慢性化、难以治愈化的特征。过剩型经济危机与滞涨型经济危机同时发生，相互缠绕、交织在一起。有时过剩型经济危机呈显性，滞涨型危机呈隐性，即以过剩型经济危机为主，滞涨型经济危机为辅；有时滞涨型危机呈显性，过剩型危机呈隐性，滞涨型经济危机为主，过剩型经济危机为辅；有时二者皆呈现显性特

---

① 马克思，恩格斯．马克思恩格斯选集：第二卷［M］．中共中央马克思恩格斯列宁斯大林著作编译局编．北京：人民出版社，1972：5－6.

② 马克思，恩格斯．马克思恩格斯选集：第二卷［M］．中共中央马克思恩格斯列宁斯大林著作编译局编．北京：人民出版社，1972：6.

③ 李炳炎，刘变叶．当前我国经济运行显现的“滞涨”现象分析及其矫治方略新探［J］．经济学家，2009（3）：5－17.

④ 马克思，恩格斯．马克思恩格斯选集：第一卷［M］．中共中央马克思恩格斯列宁斯大林著作编译局编．北京：人民出版社，1972：257

征，即过剩型经济危机与滞涨型经济危机各占据半壁江山。这种交织性的经济危机，具有危机时间长、治愈难度极大、破坏力极强等特征。

过剩型经济危机与滞涨型经济危机相互交织的混合型危机，是天、地、人的生态危机同时并发的结果。一方面，人的生态危机，即劳动者有支付能力的需求不断降低，超过了生产能力，造成一般产品的相对过剩，一般产品充斥市场，出现过剩型经济危机；另一方面，矿产资源、气候资源、土地自然的有效供给不足、自然灾害的频繁光顾，导致初级产品价格升高，生产成本上升，导致一般产品价格上涨、生产不足、失业率上升和经济增长受到抑制，引发滞涨型经济危机。混合型经济危机导致严重的通货膨胀、产能过剩。天、地、人的生态危机同时爆发，使过剩型经济危机与滞涨型经济危机呈现出交织性特征。数据显示，20 世纪 70 年代的前 5 年通货膨胀比较严重，而后 5 年通货膨胀更加严重。美国、英国、日本、联邦德国、法国、意大利六国 1970 ~ 1974 年消费物价年平均上涨率为 7.9%，而 1975 ~ 1979 年为 10.1%。1980 ~ 1982 年危机延续，该危机是在长期“滞胀”的经济条件下再度爆发的滞涨型危机。工业增长率下降，·失业率上升，通货膨胀更加严重。美国 1975 年的消费物价上涨率为 9.1%，而 1980 年则为 13.5%，法国、意大利的物价上涨率也都超过了 1975 年。持续的通货膨胀，使库存商品难于消减，从而引爆产能过剩型经济危机。

第二节　生态危机和人类需求的转变

人类是特殊的有生命存在物。自从人类在这个世界上产生后，就一直以自身特有的生存和发展方式延续着人类自身。从茹毛饮血的原始社会发展到以工业化、信息化、后现代化为特征的现代社会，人类经过漫长的奋斗历程，在改造自然和发展经济方面创造了无与伦比的成就。但是就在人们为自己取得的成就欣喜时，人们蓦然发现自己创造的文明也会伤害自己。人类发明了提高生产效率的内燃机，却有可能引发温室效应；人类发明了提高农产品产量的农药，却有可能导致食品的不安全。人类越文明，对自然的行为就有可能越野蛮。科技越进步，经济越发达，自然界对人类生存的威胁就越大。当今人类的生存与发展不仅来自人类生命存在的“底线”即“生存”问题，而且还来自人类生命存在的“上限”即“发展”问题，人类生存与发展已经成为一个紧迫的时代性问题①。

现代人类生存与发展危机呈现出三种表现形式：首先表现在人的生存和发展处在不安全的社会环境之中，这种不安全包括战争、不平等、不公正、失业、缺乏民主权利和自由、暴力、吸毒、基本需求的匮乏、贫困、疾病、饥饿、死亡、没有受教育的保障等，这是人类社会内部的不安全。其次表现在人类还不能适应由于科学技术革命的消极后果而造成的自然环境的变化，如环境污染对人类及其后代造成的健康方面的不良影响。最后表现在后代人类生存的不安全，即当代人对子孙后代缺乏必要的关照，甚至为了眼前的利益，以牺牲长远的、后代人的利益为代价。这实际上是侵犯了人类后代的权

① 孙正聿．当代人类的生存困境与新世纪哲学的理论自觉［J］．社会科学辑刊，2003（5）．

益，剥夺了他们应当享有的生存资源，污染了他们赖以生存的环境。① 下面对以上三种表现形式进行具体的阐述和分析。

第一，当代人类生存和发展处在不安全的社会环境之中。这里主要是指当代社会发展是为精英创造的发展，社会是为富人创造的社会。无论是从生存和发展机会上看，还是从发展结果上看，都显示出这种不平等性。财富现在正在被极少数人生产出来，其实在很大程度上，这不是创造性过程的产物，而是一种有害的再分配。可以预见，如果不转变传统的经济增长方式，那么获益的人和没有获益的人之间的差距会越来越大。这是一种不可持续的财富和贫困极端化的趋势，它威胁着整个人类和全球环境的稳定。

第二，当代人类生存和发展处在不安全的自然环境之中。由于经济高速发展带来的消极后果而造成的环境问题威胁到人类的生存和发展。就生存危机而言，如果说过去主要是针对个人生命而言，现在则是整个人类面临威胁与危机；如果说这种危机过去主要来源于生命运动自然法则，那么现在在很大程度上是由人类自身的活动所致。就发展极限而言，如果说发展的可能性空间过去主要受制于人类自身的创造能力，现在则主要受制于外部自然界的可承受性和可再生性；如果说过去的发展明确地意味着进步与福祉，则现在发展在很大程度上要以巨大的破坏甚至毁灭为代价②。在当前经济高速增长而没有适当环境保护的发展道路上，正发生着另一类退化。有这样一个例子：居住和工作在严重污染的大气中的人们正在经历的是“黑肺病”，他们丧失了富有生产力的潜在工作时间，这还不包括支气管炎、肺气肿、肺癌和其他使人衰弱的疾病所产生的影响。损失的工作日的经济成本是相当惊人的。1950 年以来，世界经济总量增长了 5 倍，从 4 万亿美元发展到 20 万亿美元。虽然只有 8% 的世界人口拥有汽车，但其排放的二氧化碳已达到威胁全球气候的程度。随着臭氧层破坏、全球变暖、物种迅速灭绝、遗传多样性减少、植物与水资源紧缺、有毒废物扩散以及世界生态系统衰落这些全球性生态威胁的到来，种种现象表明危机就在我们身边③。

2005 年 3 月 30 日，来自全球 95 个国家的 1360 名科学家经过 4 年通力合作完成的“新千年生态系统评估”报告正式公布。报告警告说，由于人类活动的干预，2/3 支持地球生命系统运转的生态环境已被严重破坏，维持人类生存的一些重要自然资源也几近枯竭。我国生态恶化的形势也十分严峻。根据首届“环境与发展”中国论坛提供的数据，全国水土流失面积 356 万平方千米，每年新增 1.5 万平方千米；沙化土地 174 万平方千米，每年新增 3436 平方千米；森林资源总量不足，生态功能退化；90% 以上的天然草原退化，每年新增退化草地 200 万公顷；一些北方河流水资源开发利用率超过国际生态警戒线，流域生态功能严重失调；10% ~15% 的高等植物物种处于濒危状态，物种流失严重。乔万纳·里科韦里指出：“人也是自然的一部分，所以，对自然的剥夺也是一部分人对另一部分人的剥夺；环境恶化也是人类关系的恶化。”④ 记住这一点十分重要。因此生态发展也是环境公正的问题。

环境破坏几乎总是沉重地打击那些生活贫困的人们，每年死于空气污染的人绝大

---

① 秦麟征．破损的世界［M］．哈尔滨：东北林业大学出版社，1996：83 - 84.

② 孙正聿．当代人类的生存困境与新世纪哲学的理论自觉［J］．社会科学辑刊，2003（3）.

③ Brown L, et al. The State of the World［M］. New York：W. W. Norton，1996：3.

④ Ricoveri G. Culture of the Left and Green Culture［J］. Capitalism，Nature，Socialism，1993，4（3）：116 - 117.

多数是发展中国家的穷人，受荒漠化、全球变暖引起的洪水、暴风和粮食歉收影响最严重的也是这些人。世界各地穷人一般住在肮脏的工厂、繁忙的道路和成堆的垃圾附近。这具有很强的讽刺性，尽管穷人承受环境破坏的主要冲击，但他们却很少是环境破坏的主要制造者。富人污染更多，对全球变暖影响更大：富人产生的垃圾更多，对自然承载力造成的压力也更大。居住在富裕和人口压力相对较低的经济合作与发展组织（OECD）国家和地区的人们没有直接体验过环境恶化。坐在窗前，眺望维护得很好的公园，很容易认为是夸大了这些环境问题。此外，自然界难道不能够完美地从一些地方化的小损害中得以恢复吗？然而，故事还有另一面。就在商界精英们聚集的豪华大酒店的视野之外，大量人民正死于污染。今天的许多地区还在经历这一状况。

第三，后代人类生存和发展的不安全。在梅多斯所著的《超越极限：正视全球性崩溃，展望可持续的未来》序言中说道，有两样东西是无限的：一是我们要对之负责的后代；二是我们的创造力。第一样给我们提出了挑战，不仅应该对现在负责，还要对将来负责。第二样，我们的创造力将创造出面对挑战的方法和政策。我们对后代的责任特别应扩展到那些现在生活在贫困的大陆上，或者生活在各大洲的城市中最贫困地区的那些人。现在和将来我们的责任都将扩展到不只是保证粮食和物质的供应，还应保持环境的优质。但是，现实中的人总是处于眼前利益与长远利益的两难之中。而且发展总是充满诱惑的，出于对利润增进的需求，人们总是想更多地占用地球资源，特别是一些不可再生资源，这样使当代人给后代人带来了“资源赤字”，日趋贫瘠的地球是否还有足够的资源供养、哺育后代人，是当代人不得不考虑的问题。我们中总是流行这样一句话：“我们现在的发展是借用了子孙后代的地球。”

此外，传统经济增长模式把环境排斥在外，这种不考虑环境而一味追求经济大规模增长的发展模式导致了生态圈在人类发展的实践过程中吸收、补充和恢复的能力不堪重负。当代人由于缺乏良好的环境意识，不能敏感地领悟环境的重要，因此就等于剥夺了后代人享受蓝天、绿地、净水的权利。卡逊在 1963 年指出，“当今世界崇拜速度和数量，崇拜快捷地赚取利润，这种盲目崇拜滋生了滔天罪恶”。她指出，导致最严酷生态问题的罪魁祸首是为了快速获得经济回报而将自然蜕变成工厂一样的组织形式。

第四，当代人对后代人欠下了发展的“赤字”，加大了后代人发展的难度。当代人急功近利、寅吃卯粮的做法，使地球出现了“环境赤字”“生态赤字”，这种种“赤字”终将使后代人的生存和发展面临比当代人更为严峻的挑战。

第三节 生态环境、人类健康和经济的健康发展

在当前社会经济发展过程中，在自然生态环境不断恶化的局面下，人体健康越来越被世人所关注和重视。健康是人类生命存在和社会发展最基本的前提，在经济发展过程中以牺牲人的健康去换取的利润，环境污染所带来的对人类健康乃至生命的威胁，都让人不得不慎重地思考经济发展到底是为了什么，为什么要牺牲人的健康来换取那些物质财富，那些物质财富存在的理由是什么。这都是在经济发展过程中需要考虑的问题。有

些学者可能会认为只要经济总量增长了，环境保护好了，这些问题就自动解决了，但结果未必如此。在现实生活中，很多问题不能够仅仅依靠经济总量的增加而自动解决，比如现在比较关注的公平问题、医疗保障问题，经济增长不是这些问题的自动解决器。同样，仅仅被动地保护自然生态环境也不能解决人的健康问题。原始社会自然生态环境总的来说是好的，但是当时人的健康问题仍然很严重，短寿、疾病持续困扰着人类。有些健康问题是由经济发展带来的，有些健康问题是由环境污染带来的，而更多的健康问题却是这两者综合形成的。因此，关注人的健康问题不仅是人的全面需求理论中的一个方面，也是经济可持续发展的工具性手段，更是人类社会发展的根本目的之一。在这样的基础上，我们提出了“生态环境 · 人的发展 · 经济”三维协调发展论，在原有的实现“生态和经济双赢”的基础上，把人的发展内生化，从而实现“生态环境、人的发展、经济的多赢”。

一、生态环境与人的健康

人和环境之间密不可分，既相互作用、相互制约，又相互依存、相互适应。人类文明早期，自然灾害是影响人类健康的主要因素。人是生态环境的产物，又依赖生态提供的生态福利以发展延续。人类完全依赖自然、服从自然，微弱的自然变化会对人类生存发展产生巨大影响。气候变化、洪水、地震、瘟疫等自然灾害不仅摧毁劳动成果，更威胁人们的生命安全。伴随着人类文明的发展，人们学会了防御应对自然灾害，自然灾害对人类健康的影响略有减弱。但科技发展带来的人为灾害对人类健康的威胁逐渐升级。如矿业的兴起使人们认识了“矿难”，动力车增加了车祸，机械装置工具使工伤的风险上升，交通工具的便捷使区域疾病可能在短期内形成大面积瘟疫等。近代以来，环境与科技的双重作用导致的生态危机威胁人类文明的延续，如环境污染造成的有毒化学物中毒、病毒变异速度加快、瘟疫的全球化、核辐射对人的影响将延续数代等。可见，除原生自然灾害外，人为灾害成为威胁人类健康的主要因素。

生态之所以演变为人类健康的“杀手”，根源在于人们对生态环境的破坏。历史上众多生态危机案例，无不是人类对生态的过度掠夺导致的。20 世纪 30 年代，由于马斯洛河谷内工厂肆意排放废气，致使大量气体污染物弥漫于空中无法消散。越积越厚的有害气体超过大气的自我净化能力，导致一个星期内就有 60 多人死亡，是同期正常死亡人数的十余倍。其中以心脏病、肺病患者死亡率最高。许多家畜也未能幸免于难。马斯洛河谷事件是人类过度利用大气自然力的典型案例，为世人敲响了大气生态危机的警钟，也显现了自然力报复作用。

马克思、恩格斯在《自然辩证法》中指出，我们不要过分陶醉于我们对自然界的胜利，对于每一次这样的胜利，自然界都报复了我们，如“无林化”现象、“腐败的自然界”、污浊的空气等。所谓自然力报复，是以拟人的手法，对人类在经济生活中过度利用自然力、不按客观规律办事，导致自然力服务功能异常的生动描述。自然力报复理论是马克思生态层面自然力危机理论的重要内容。自然力的“报复性”似乎是自然力的目的性和主动性使然，实则不然，这是自然力的强制平衡性发挥作用达到一定程度的结果。就土地来说，在自然生态状况下，植物在土壤中吸取养料，通过新陈代谢的自组织作用又以腐殖质形式还肥于土地，从而保持其生机和活力。只要人类参与自然力代谢活动，换言之，就是利用自然力的机能时，热力学第二定律的熵值增加、物质无序性就会产生，可用能量就会减少，但是，在不超过自然力所能承载的阈限时，自然力会通过自然的抗变力和恢复力，通过其自身新陈代谢机能恢复原有的生产力，如果超过这个临界点，自然力的内在运行机理被打乱，对人类的服务功能就会减退，从而产生人类所不希望的作用。该作用尚存两种情况：第一，如果自然力的抗变力和恢复力尚存，只要加以治理或给自然力以休养生息的空间，它还有恢复生机的可能；第二，如果人类在自然力阈值外持续施加干扰，致使其抗变力和恢复力全部丧失，自然力的正向作用就会长久地、大面积地发生逆转，极可能产生威胁人类生命和财产的质变、异变甚至突变。当前物种的灭绝导致的基因库亏损、臭氧空洞的形成导致人类皮肤癌发病率的上升，以及沙尘暴、气候异常对农作物的破坏作用等自然力的“报复”皆可归因于人类的经济活动不仅超过自然力的阈限，而且严重超过了阈限的警戒线，从而导致了所谓自然力的报复。

生态环境的日益恶化，特别是环境污染对人类的健康造成多种多样的危害，分为急性、慢性危害及致癌、致畸的远期危害。人类应该选择一种与自然和谐共处的消费方式，既使人类的发展需要得到满足，又使自然界的生态系统得到最大限度的保护。

二、生态环境与经济发展

生态环境的持续恶化已是不争的事实，学术界往往以“生态赤字”衡量生态恶化程度。刘宇辉和彭希哲（2004）对 1962 ~ 2001 年我国的生态赤字变化进行测算发现，1980 年以后生态赤字开始出现并持续扩大，且截至 2001 年我国生态足迹已经大于生态承载力的 41%[①]。而水土流失、资源紧缺、空气污染、土壤重金属污染、生物多样性锐减是生态恶化的具体表现。高效利用资源、保护修复生态环境与严峻的生态危机相比，却显示出明显的滞后性。以淡水资源为例，据统计，我国人均淡水资源量只有世界平均水平的 1/4，属于水资源短缺国家，而水环境污染、供水绩效和用水效率低下又加剧了水资源短缺的局面。我国农业用水量占全国水资源利用总量的 61%，而有效利用系数仅为 0.51，通过城市节水、提高工业用水重复利用率、降低供水管网漏损，可提高城市节水效率 15 个百分点以上；通过城市污水处理就地回用、雨水收集、海水淡化等措施，可以增加城市供水量 15 个百分点以上[②]。

经济系统与生态系统是彼此分割的两个系统，相互交织成庞大的复合系统——生态经济系统。其中，经济系统处于生态系统之中，是生态系统的核心组成部分。生态系统承载经济系统，经济系统从生态系统中获取低熵物质，并将高熵废弃物排放到生态系统中。因此，经济系统的发展程度取决于生态系统的健康状况，也就是生态环境

① 刘宇辉，彭希哲．中国历年生态足迹计算与发展可持续性评估［J］．生态学报，2004（10）：2257 - 2262.

② 仇保兴：农业节水 10% 城市水资源紧缺状况将大大缓解［N/OL］．人民网．［2014 - 06 - 17］，http：// env. people. com. cn/n/2014/0617/c1010 - 25158959. html.

对于经济发展具有制约作用。刘渝琳和温怀德（2006）[①] 对1989～2004年中国的环境污染损失数据的分析表明，环境污染损失随经济增长，且环境污染造成的经济损失不断上升，从数据角度验证了生态恶化拉低经济增长速度。林新波（2011）[②] 将生态环境对经济发展的制约作用概括为生态经济发展不可持续性、不稳定性、不平衡性、不协调性等。一个不争的事实是，气候自然力供给不足导致的经济发展不可持续性总危机的重灾区，乃是那些在生计上依赖气候、在技术上受制于气候的国家。有气候专家认为，气候变化将导致中国主要粮食作物生产潜力下降、不稳定性增加，不可持续性危机更加深重。如近十余年来，中国每年仅因旱灾平均损失粮食就达300亿千克。如果对此不高度重视并采取措施，到2030年，气候变化将使灌溉和雨养春小麦分别减产17.7%和31.4%；到2050年，小麦、水稻和玉米的年产量最多可下降37%。[③]

为了减轻生态恶化的经济影响，中国必须转变发展方式，控制温室气体排放、发展低碳经济。而且，站在更高层次来看，气候变化是一个全球性的问题，承担人类共同的责任、发展低碳经济更是社会主义国家的重要使命。

三、低碳消费与经济可持续发展

“低碳经济”由英国于2003年提出，指以减少温室气体排放为目的，以低能耗、低污染、低碳排放为特征的经济模式。近几年，发达国家的专家学者按照“干中学”理论，不断深化低碳经济研究，在政策和机制问题研究上居领先地位。英国、日本、法国、韩国、德国等国家将理论付诸实践，通过制度创新和技术创新，推动高碳模式向低碳模式的转型，积累了较丰富的经验。中国的研究尚处于概念界定、制约因素研究中，在低碳经济发展模式问题研究上还没有形成共识。笔者认为，中国模式的低碳经济，应在马克思自然力可持续理论指导下，以“绿”色为主基调，促进低碳消费。

与经济增长方式相对应，人类消费模式经历了从古典低碳消费逐渐走向现代高碳消费的历程。在原始狩猎时期，人类茹毛饮血的消费模式，基本没有碳排放，可视作零碳排放时代。发明钻木取火后，人类焚烧燃料、煮熟食物，消费的碳排放由零排放过渡为少量有碳排放时代。但由于种植业的发展，农作物对碳的固化作用，再加上大自然的自我平衡能力，帮助原始人类抚平了碳足迹，此时的消费仍属于原始无碳消费。进入农业文明以后，随着农业、畜牧业、手工业的分工，出现了城市。农业文明时期，虽然城市内缺乏强大的农作物碳汇作用，但限于人均消费水平低、城市规模小，再加上节约观念盛行，城市消费引起的碳排放不足以形成对气候环境的制约，城市消费属于古典低碳消费。工业文明以后，随着技术进步，人类改造自然的能力大大增强，除了正常的消费量大幅增加外，在发达国家奢侈消费、糜烂消费、浪费式消费渐成风尚，并成为发展中国家“追求”的目标，从而消费领域的碳排放陡然上升，城市消费进入引起气候变化的

① 刘渝琳，温怀德．污染经济损失估算与GDP、外贸增长的关系研究［C］．中国可持续发展研究会2006年学术年会经济高速增长与中国的资源环境问题专辑，2006．

② 林新波．生态环境对经济发展制约的主要表现［J］．生态经济，2011（7）：

③ 郑国光．科学应对全球气候变暖提高粮食安全保障能力［J］．求是，2009（23）．

高碳消费阶段。20 世纪末，随着全球平均气温升高、冰川融化、极端气候灾害频发及城市热岛效应的加剧，人类反思高碳消费的危害，力图开创生态文明新时代。生态文明，要求城市居民从高碳消费向低碳消费转型，进入自觉尊重与维护自然秩序、增进生态健康和人的健康的现代低碳化消费阶段。因此，城市消费的低碳化转型符合城市消费演进规律，符合生态文明建设思想。

美国社会心理学马斯洛将消费者的消费需求划分为生理需求、安全需求、社交需求、尊重需求与自我实现需求五个层次。依据这一消费需求层次理论，城市居民消费的低碳化转型，由低到高应包含五层次内容。第一层，生理消费的低碳化转型。衣、食、住、行等满足人的正常生理需要的基础性消费，在消费中占据较大比重，是低碳化转型的重点。其中，衣物的低碳化，是服饰从奢华、高淘汰率向典雅得体、简约消费的转型；食物的低碳化，是在保证营养均衡的条件下，食品消费从铺张浪费、红色消费向适度、绿色消费的转型；住所的低碳化，是居所从大面积、奢华装饰、化石能源向适度面积、简约装修、绿色能源消费的转型；出行的低碳化，是从能源高消耗向低碳出行的转变。第二层，安全消费的低碳化转型。安全消费的低碳化转型，是生理消费低碳化转型的更高层次，要求在保障生活安全、免于自然灾害冲击等条件下，保障安全的高碳原材料向低碳化转型，如使用碳含量比较低的防盗门、房屋防震抗风加固材料等。第三层，社交消费的低碳化转型。在安全消费低碳化转型的基础上，城市居民的社交消费应从以往的过度物质消费、奢华消费及浪费式消费向选择质朴、典雅的社交场所和适度的物品以及更多的精神层面的低碳化消费转型。第四层，尊重消费的低碳化转型。尊重消费的低碳化转型，就是城市居民为了实现自我尊重、得到自我高评价以及尊重他人的需要，从以往的追求外在修饰的高碳消费模式如华丽的服饰、豪宅、豪车、奢华用品等向追求内在充实、内涵丰富、思想深刻的消费方式转型。第五层，自我价值实现消费的低碳化转型。发挥自身潜能、实现自身社会价值的消费也需要从高碳转型为低碳，要求消费更注重品位、注重健康、注重绿色，强调在人的丰富的社会关系中，充分发展人的各种才能和潜质，使人在创造物质财富与精神财富和为社会创造价值的同时，自身也得到发展，实现自身的价值，即满足“自我实现需求”。

城市消费低碳化转型需要激励驱动。促进城市消费的低碳化转型，需要设计激励驱动机制与约束驱动机制。激励驱动机制，就是通过体制创新与制度安排，促使城市居民产生一种自觉自愿的动力，乐于放弃高碳消费，积极主动地实施低碳消费，实现主动转型。具体有三个方面：第一，可支配收入增进的驱动机制。凯恩斯认为，随着收入的增加，消费也在增加，但消费的增加不如收入增加得快①。凯恩斯消费理论表明：其一，消费总量与收入水平同方向变动；其二，存在边际消费倾向递减规律。该理论适用于低碳消费转型，即在物价水平一定的条件下，城市居民消费的低碳化受到个人可支配收入的影响，收入越高，购买低碳产品与服务的内驱力越强；同时，城市居民中中低收入者的低碳边际消费倾向高于富人。因此，制定个人可支配收入增进机制，有利于增加低碳化转型的内驱力。城市个人可支配收入增进机制：一是加大收入分配制度改革，提高城市居民平均收入水平，拉动低碳消费总量的增长；二是通过税费改革及相关社会保障制

① 凯恩斯. 就业、利息与货币通论［M］. 北京：商务印书馆，2005.

度改革，降低基尼系数，增加中低收入者收入，提高边际消费数量。第二，价格补贴与低利率的驱动机制。城市低碳消费受到物价水平的影响，表现出实际余额效应，即降低低碳消费品与劳务的价格水平，在消费者名义收入不变的情况下，城市居民实际收入提高，低碳消费品的购买力增强，从而增加城市居民扩大低碳消费的内驱力。从价格角度激励消费者增加低碳消费，可设计价格补贴机制：一是对厂商的补贴，能有效降低低碳消费品销售价格，扩大低碳消费市场。我国从2011年起，对符合节能标准的平板电视、空调、电冰箱、洗衣机和热水器五大类商品实行节能补贴政策，对低碳产品销售确实起到了激励作用。二是对消费者的补贴，即向购买低碳产品的消费者给予低碳消费补贴，能够形成更直接的驱动力。三是购买的积分补贴，对购买节能家电的消费者实施低碳积分制度，低碳积分可兑换低碳产品，引起连锁性低碳消费，激励消费者增加低碳消费。居民对大宗低碳消费品的消费，如新能源汽车、低碳商品房的购买，直接受到银行利率的影响，存在着机会成本考量。给予低利率信贷支持，会降低购买支付，增加消费者对大宗低碳产品的需求。第三，低碳环保的偏好驱动。形成低碳消费，需要两个必备要件：意愿和能力。实施收入驱动、补贴驱动及低利率驱动是为了增加消费者低碳购买能力，而消费者意愿包含着偏好因素。有些低碳消费的预算要低于高碳消费，如一场节俭的婚礼、一次简约的宴请、一趟低碳的出行等。如果消费者拥有强烈的低碳偏好，就会在节约开销中实现低碳转型。为此，建立低碳偏好培育机制、培育低碳偏好显得更加重要。具体包括：一是建立电视低碳广告宣传制度。电视广告的效应非常大，建立电视公益低碳宣传制度，要求各电视频道每天定时插播低碳广告，设置寓教于乐低碳消费娱乐节目，如低碳大赛、抠门大赛等，让低碳环保深入人心。二是设立低碳环保教育制度。在小学阶段、中学阶段设立低碳环保通识教育课程，并在中考、高考增加低碳环保内容；大学阶段，将低碳经济学、生态经济学等作为基础课纳入教学模块；对于司机驾照考取、年检均应增加低碳交通内容。

再看看城市消费低碳化转型的“5S”约束驱动。城市消费低碳化转型的约束驱动机制，就是通过制度安排，约束与规范城市居民的高消费行为，使之不得不从高碳消费转型到低碳消费轨道，包括简约性（saving）消费、耐久性（sustained）消费、无害性（security）消费、共享性（sharing）消费与体恤性（sympathetic）消费①约束机制，简称“5S”约束驱动。具体如下：第一，简约性消费驱动。实践表明，豪华、奢侈和挥霍式消费，是超过人的正常需要的浪费性、资源透支性消费，是名副其实的高碳消费。为了约束消费者的高碳消费行为，对豪华消费品及奢华的餐饮、旅行、娱乐（如高尔夫球）、婚礼、生日服务等设置奢侈消费碳排放税，以此驱动高碳消费向自然、典雅、舒适、休闲、个性、简约而不简单的消费模式转型。第二，耐久性消费驱动。非耐久性消费不仅造成资源浪费，还造成高碳排放，影响城市小气候环境。设置禁止服务业免费提供一次性筷子、洗浴用品等非耐久性产品制度，建立罚则机制；对购买一次性产品的消费者设置一次性产品碳排放税征收制度，能够有效约束服务场所、家庭对一次性产品的消费，增加消费使用周期长以及可回收、可重复、可循环利用的物品消费，驱动消费者从非耐用消费向耐用消费转型。第三，共享性消费驱动。在城市消费中，特殊性消费的

① 刘静暖，纪玉山．应提倡“5S”消费原则［J］．经济学家，2010（4）：31－38.

碳排放占消费总碳排放的很大比重。通过设置碳税，增加消费者私家车出行及私人游泳馆、私人健身房、私人娱乐场地的使用成本，驱动消费者向低碳共享性产品与服务的公共交通、公共体育场馆、集中供热等消费模式转型。第四，无害性消费驱动。对大气环境有严重危害的产品消费，例如使用氟利昂制冷剂的冰箱冰柜，使用含有铅、镉、六价铬等有害金属的学习机，公共场所吸烟，随意丢弃垃圾尤其是电池，燃放烟花爆竹等通过实施有害产品碳税征收制度、罚则制度，规范消费者的高碳有害消费转型到无害低碳消费轨道。第五，体恤性消费驱动。体恤性低碳消费是从生态伦理学角度，把人当作自然的一分子，把自然当作与人类相生相伴的伙伴，采用关爱、体恤和呵护自然生态，而非凌驾于自然生态之上的“天人合一”式消费。实施碳税征收制度及罚没制度，规范对自然生态冷酷无情的消费模式，如残害动物、毁坏林木花草等，使之向减少野生动物产品消费、保护花草树木等方向转型。

四、“生态环境·人的发展·经济”三维协调发展是四种再生产的协调发展

“生态环境·人的发展·经济”三维协调发展的实质是经济社会再生产的总需求和生态再生产的总供给的互相均衡协调发展的理论。

四种再生产分别是指：(1) 物质再生产，指满足人们物质生活需要的生活资料以及为此必需的生产资料的生产；(2) 精神再生产，指满足物化在物质生产技术和人的大脑中所需要的“知识形态”产品的生产；(3) 人口再生产或人的再生产，指满足经济发展所需的劳动力数量和质量的再生产，包括现有劳动力的生产和后备劳动力的生产；(4) 自然再生产或生态再生产，指满足经济发展和人类生活所需的自然资源环境的再生产。

现代经济社会发展实践表明，当代世界系统中人与自然、人与经济、经济社会与生态自然之间的相互依存关系越来越复杂，相互作用关系越来越深化。从而使四种再生产之间相互适应关系越来越密切，相互协调关系越来越强化。因此，四种再生产的协调成为“生态环境·人的发展·经济”三维协调的实质。从经济发展的视角来看，“生态环境·人的发展·经济”三维协调的内涵就是把生态再生产和人的再生产（这里主要指人体健康）纳入物质再生产模型中，让生态环境、人体健康内生化，让它们由外生变量转变为内生变量①。当今的经济活动对自然界产生了越来越大的影响，对人体健康也产生了越来越大的影响，人化的自然②和自然的人化③越来越明显，人化的自然界对人体健康的影响也越来越显著。因此，现在的环境、健康都不是由经济运行之外的过程所

---

① 在经济模型中，内生变量指该模型所要决定的变量，而外生变量指由模型以外的因素所决定的已知变量，它是模型据以建立的外部条件。

② 关于“人化”的定义，马克思在《1844年经济学哲学手稿》中指出：人化的自然和自然的人化，就是有意识、有目的的人的活动给自然界留下的印记——人的视野、足迹、实践和影响所及，自然界按照人的目的，不同程度地、不同性质地发生了变化。此时，变化了的自然界对人来说是“人化”了的自然，对自然来说，这部分又是自然的人化。

③ 自然的“人化”则是指自然在实践中不断地变为属于人的存在、为人的存在和在对人有用的形式上占有的自然物。

决定的，而是更多地受经济运行过程的影响。原来经济再生产模型没有把生态因素纳入进去，那是因为当时自然界受经济再生产的干扰很小，甚至可以忽略不计，所以可以以生态环境作为经济再生产的外生变量。而当今生态环境再生产越来越受到经济再生产的影响和制约，经济高速发展总是以改变人类生存环境为代价。这些改变严重地扰乱了生态环境的自然发展进程，不同物质的自然发生比率不再不受影响，人造物质被引入那些不会自然产生它们的环境中。如果经济再生产对环境做出的反应漠不关心，经济运行将付出更加沉重的代价，因此在经济运行过程中考虑生态环境这一重要因素就成为必然。同样，如今的经济再生产对人的再生产——人体健康的影响越来越大：一方面，前面论述的经济再生产带来了环境污染，环境污染通过损害人体生态健康间接地对经济增长施以“报复”，像空气污染、水污染、臭氧层空洞对人体生态健康都造成严重的伤害；另一方面，人力资本理论中的一个非常重要的因素——健康对经济持续发展的作用也越来越被学术界重视，T. W. 舒尔茨曾经说过：“人类的未来是敞开的，它不取决于土地、农田和拥有多少资源，而取决于人本身……人口质量和知识投资在很大程度上决定了人类未来的前景。”因此无论从哪个方面讲，生态环境、人体健康都应该纳入经济发展模型中，从而实现“生态环境·人的发展·经济”三维协调可持续发展。

（一）物质再生产和生态环境再生产协同运动与协调发展

传统再生产理论隐含着一个基本假定，即生态环境可以无限地供给自然资源和消纳废物。因此，人类在“人化”自然的过程中只需要按照人的尺度来改造自然，而不用遵循自然界的尺度。这种观念导致了人类实践活动的失控，破坏了生态环境再生产运动过程，使物质再生产和生态环境再生产不相协调，导致了环境污染和生态破坏等严重后果。因此物质再生产与生态再生产不协调就成为全球性的重大问题，阻碍着经济可持续发展的实现。物质再生产与生态再生产从极不协调发展走向协调发展是历史的必然，这是因为物质资料再生产的前提先是生态的再生产，只有拥有良好的生态环境，经济社会才能源源不断地创造出物质产品。因此，生态环境再生产是物质再生产的前提；同时物质再生产则为生态环境再生产提供条件，对生态环境的补偿和修复需要物质资料，可见，只有两种再生产协同运动才能实现持续的经济发展。

两种再生产相互交织的思想早在马克思、恩格斯的著作《关于费尔巴哈的提纲》和《德意志意识形态》中就闪烁着光芒，著作中明确指出，环境是由人来改变的。其后马克思在《〈政治经济学批判〉导言》里对环境的生产和再生产做了论述：物质资料的生产实际上有它的条件和前提，这些条件和前提构成生产的要素。这些要素最初可能表现为自然发生的东西。通过生产过程本身，它们就从自然发生的东西变成历史的东西，并且对于一个时期表现为生产的自然前提，对于前一个时期就是生产的历史结果。经济的再生产过程，不管它的特殊的社会性质如何，在这个部门内，总是同一个自然的再生产过程交织在一起。这些论述表明，环境是人类通过世世代代的劳动创造出来的，是人类生产的历史结果。因此，生态环境再生产理应纳入社会生产的范畴。过去，谁都不谈的社会生产的“生态因素”曾是微不足道的。如今“生态因素”不以我们的愿望转移成为整个社会发展的强大要素，不仅如此，已经到了生态因素变成“生态决定因素”，不能简单地不负责任地对待它的时候了。因此我们必须把经济和生态之间的敌对状态转变为它们的合作与统一，必须考虑到生态环境改变对社会经济的决定作用。

由此看出，经济再生产和生态环境再生产相互交织协同运动和协调发展的状况已经存在于整个经济生产与再生产过程中，生态环境生产与再生产已经成为整个社会生产与再生产最重要的组成部分。因此“生态环境·人的发展·经济”三维协调是物质再生产和生态环境再生产的协调发展。

（二）物质再生产和人的再生产协同运动与协调发展

在这里，人的再生产主要是指人力资本的再生产，包括健康、教育等方面的再生产。“生态环境·人的发展·经济”三维协调发展要求物质再生产和人体健康再生产协调发展。这是因为：一方面，物质再生产是人维持生命生产的基础。没有物质资料生产，就不会有人的生产，没有吃穿住行等必需的物质生活资料，人就无法生存，更谈不上健康再生产。另一方面，人体健康再生产是物质再生产的前提，人力资本理论把健康这一生产要素显化出来，成为经济持续发展的源泉。没有人口的生产，更准确讲，没有良好的身体，就不会有劳动者的存在和延续，这是健康再生产对劳动力数量供给方面的贡献。同样，如果没有健康再生产，就不会有劳动效率的提高和劳动时间的延长，就不会推动经济产出的增长，这是健康再生产对劳动力质量供给方面的贡献。舒尔茨指出，由健康投资所带来的预期寿命的延长，会使更重要的人力资本教育投资有利可图，从而大幅度提高劳动者的素质和技能，取得更大的经济效益。劳动者是生产力中最活跃的因素，在生产力中处于主导地位，没有劳动者健康的体魄，物质资料的生产就不可能进行。正如马克思所说：“人本身是他自己的物质生产的基础，也是他进行的其他各种生产的基础。”因此，“生态环境·人的发展·经济”三维协调发展是物质再生产和人的再生产的协同运动与协调发展。

（三）生态环境再生产和人的再生产协同运动与协调发展

前面讲过，生态环境再生产是指自然的“人化”。即人类通过劳动改造自然界，使其对人类的经济活动更为有利。就是说，人类不断再生产出符合人类需要的环境。但是如果生态系统再生产偏离了人类发展的状态，那么长时间后，自然生态环境将变得越来越不利于人类的生存，即人类生存会受到威胁。恩格斯讲过，人类过分陶醉于自己一时的胜利，就会遭到自然的报复，人与自然互伤互损，这种人对自然的作用和自然对人的作用的相互异化关系，即人的反自然化和自然的反人化。这种双向否定关系的集中体现就是人在物质再生产过程中以消耗自然资源、破坏生态环境来换取经济增长，而环境污染、生态破坏反过来对人体健康造成严重的伤害，如水污染、大气污染、垃圾污染等。一方面，人来自自然界，尽管人具有社会属性，但人也是自然界的产物，人的生存离不开自然界，离不开生态环境的再生产。以前人类对物质的狂热追求已经“降温”，取而代之的是对生态的需求。人首先要生活在一个良好的环境当中才可以有其他的追求，因此，生态环境再生产是人体健康再生产的一个基本条件。另一方面，人体健康再生产也促进了生态环境的再生产。人类凭借智慧和劳动对自然要素进行重新组合——在对人有用的形式上占有自然物，以创造出能够适合人类生存的环境条件，因此人的再生产是生态环境再生产的驱动力，即人类进行生态环境再生产，是从人的自身需要出发的，是为了维持和再生产自己的生命、健康。于是人与环境、人的生产和环境生产是相互依存、休戚与共的关系，人类为了维护和再生产自己的生命，必须“调节他们和自然之间的物质变换”，并“通过运用和开发自然力来提高人的劳动力”，还要使自然界最适于人类本性、最适于“人类能力的发展”①。

（四）生态环境、人的发展、经济再生产的协同运动与协调发展——终极经济发展模式

在经济人理念所决定的增长范式指导下，几乎人类的一切经济活动和生产行为都是围绕着一个共同的，甚至可以说是唯一的目标进行，就是单一物质资本“一维”自利追求，即一味追求物质财富的无限增长。在这种片面理论的指导下，工业经济社会的生产与再生产全过程，始终是以大量消耗自然资源和牺牲人体健康来尽可能地生产更多的物质产品，而对其他再生产却弃之不理的过程。换言之，工业经济时代的社会再生产模式，基本上是物质产品的生产、流通、分配、消费运动模式，因而是一种片面的社会再生产模式。

但是随着经济社会的高速发展，这种增长范式指导的社会再生产模式越来越凸显出经济社会发展的不和谐、畸形，最终阻碍了经济的持续发展。集中表现在四种再生产过程的不协调发展，即人的再生产与生态环境再生产的不协调、物质再生产和生态环境再生产的不协调，我们一般概括为人与自然的不和谐、人与人的不和谐。为了解决经济发展过程中的这些不和谐因素，追求经济的可持续发展，就需要转变经济增长模式，达到四种再生产的协同运行和协调发展，即经济社会生产不仅要关注经济系统中物质再生产的发展和需要，而且要关注经济系统以外的其他系统再生产的发展和需要，那就是生态环境再生产、人体健康再生产和精神再生产作为一个有机整体的全部生产和再生产的理论。即由单一的物质资本“一维”自利追求变为物质资本、生态资本、人力资本“三维”自利追求，关键是让生态资本和健康人力资本成为“经济人”的直接自利追求。这就是终极的可持续发展模式。

人和自然组成的世界系统，在基本层次上可以概括为三种生产②——物质生产、人的生产和环境生产的联系。这三种生产的关系呈环状结构，任何一种生产不畅即会危害世界系统的持续和发展。因此，人和自然组成的此系统的畅通程度取决于三种生产之间的和谐程度。所以不管经济运行如何发展，人类经济增长依然始终离不开对自然界的依赖，离不开与生态环境的相互作用，离不开对生物圈的依赖和改造。人类只有将自己与整体自然界协调起来才能永续存在和发展。这就要求人类再生产不能像动物那样只是按照自身肉体的需要来进行生产，即只按照自身所属的那个物种需要的一个尺度进行生产，而是要按照社会和人的全面发展的需要进行生产，摆脱那种只是为了肉体的物质需

① 马克思，恩格斯．马克思恩格斯全集：第三十三卷［M］．中共中央马克思恩格斯列宁斯大林著作编译局译，北京：人民出版社，2004：22.

② 在这里把精神生产纳入人的生产里，即人的生产不仅包括人的种的繁衍，而且包括人的素质的提高，即人力资本的生产。

要而进行的生产，即人类生产不仅要按照人的尺度生产，而且也按照物（自然界）的尺度来生产，这才是真正意义上的生产。

人类应该改变四种再生产相对立的局面，让四种再生产过程相互交织与相互融合而浑然一体，达到自然、人、社会协同运动与协调发展。因此，“生态环境·人的发展·经济”三维协调发展理论指导下的综合再生产不仅是人类开发、利用和索取自然，保证满足人类生存发展需要的再生产，而且是人类保护、建设、补偿自然，保证满足生态自然演化发展需要的再生产。前者是人对自然的关系，包含了人与人的关系，后者是自然对人的要求，同样也包含了人与人的关系，这是人与自然、人与人的“三维”双向运动与协调发展的生态经济社会统一运动过程。“生态环境·人的发展·经济”三维协调发展理论就是“人的再生产、物质再生产、精神再生产和生态再生产相互适应与协调发展的生态经济理论。这是我国社会再生产理论发展史上一次质的飞跃”。①

五、“生态环境·人的发展·经济”三维协调发展是维持三种生态安全的发展

在大多数人眼里，安全一般是与军事相关联的，似乎与经济、环境没有太大的关系。但是由于社会的不断进步，安全这一概念逐渐由军事领域扩展到经济社会发展领域，使安全的概念发生了全新的变化，产生了新的区别于传统安全的安全范式——非传统安全。非传统安全是相对于传统安全而言的。传统安全是指保护民族国家或统治实体的生存，保护其既不受外来的攻击和奴役，也不受内部的颠覆。国家是安全的主体，它寻求和维护安全的主要手段是威慑对手和对抗敌人的侵略，以实现国家利益的最大化②。非传统安全对安全重新加以界定，把重点放在保护人的生命、健康、幸福和关注整个地球的命运上，而不是像传统安全范式那样强调国家的生存。它的范围包括政治、经济、社会、文化、环境等诸多领域中的问题。本章所研究的三种生态安全属于非传统安全范畴，分别是自然生态的安全、人体生态的安全和社会生态的安全。安全是相对于不安全而出现的。因为有不安全才提出了安全这个概念。因此，要想了解自然生态的安全、人体生态的安全和社会生态的安全，就需要先了解三种生态不安全的内涵。

（一）人体生态的不安全

本章所指的人体生态不安全包括两个方面的内容。

一方面是指人的有机身体遭到环境污染、生态破坏的威胁，导致了人自身的自然危机，表现为人的有机身体生态系统出现紊乱。例如空气污染、水污染对人体健康的损害，更严重地表现为新型流行病毒在经济社会中的传播，即原来只在“自然的世界”传播的病毒转移到“社会的世界”的人体身上。如 2003 年的严重急性呼吸综合征（SARS）、2019 年的新冠肺炎等，都是威胁人体生态安全的因素。这反映了人和自然的不和谐关系，“自然世界”对“社会世界”的报复是生态危机的负面效应积累起来的必

① 刘思华．生态马克思主义经济学原理：修订版［M］．北京：人民出版社，2014：254.

② 陆忠伟．非传统安全论［M］．北京：时事出版社，2003：50.

然产物，是人与自然的生态关系发展到21世纪的冲突，是现代人类的生存危机，是人与自然发展关系的危机。它有两个新特点：首先，它是自然生态的危机和人类生态的危机的综合反映；其次，它是人类外部环境的自然危机（即外在自然的危机）和自身内部的自然危机（即内在自然的危机）的集中体现。

另一方面是指人的有机身体遭到经济发展带来的直接威胁，这同样也导致了人自身的自然危机，表现为人在消费“现代经济产品”时的不安全。比如在消费食品时对人体健康的威胁，如用石蜡“打造”过的水果和大米、用化学制剂充当食品添加剂、猪肉精和牛肉精等都是“现代经济产品”对人体健康威胁的代名词。人与人之间的这种欺骗与被欺骗反映了“社会世界”即任何人关系的不和谐。

造成以上人体生态不安全的根源就是经济增长的“一维性”，以破坏自然环境、牺牲人体健康乃至生命来换取经济增长的高速度。这种经济增长模式具有毁灭性和自杀性，正在摧毁着人类赖以生存的自然生态系统，把人类逼进生态危机的深渊。“生态危机在本质上不仅是人类生存危机，而且是人类生存方式的危机。因此，这场大规模的生态灾难不仅吞噬着自然生态（即人类的外部自然），而且毁坏着人体生态（即人自身的自然），使现存的人类生存方式具有毁灭性。”①

（二）自然生态的不安全

根据现有文献，对自然生态的不安全有很多理解。有些学者理解为自然生态系统本身的不安全（杨京平，2002）。有些学者认为自然生态的不安全有两层含义：第一层，它是一种资源环境状态的不安全，即自然生态自身处于恶性循环之中；第二层，它是一种关系的不和谐，即资源环境与经济发展之间的关系不能保持协调（曲福田等，2005）。还有人理解为自然生态的不安全是人的不安全，而不是“环境的不安全”（张勇，2005）。本书所指的自然生态不安全是人类不合理的经济活动方式导致自然资源迅速耗竭，破坏了自然生态的生产和再生产能力，破坏了自然生态系统的自我调节能力和净化能力，有时也被称为狭义的环境不安全②。生物多样性的减少、气候变化、森林面积减少等人类不合理的经济增长方式和生产方式导致的问题都对自然生态功能的完整性构成了极大的威胁。自然生态的不安全反映了人和自然关系的不和谐。而广义的自然生态不安全可以从马克思主义人与自然相互关系学说的角度来理解，马克思关于人的概念肯定了“人直接地是自然存在物”，而且是“有生命的自然存在物”，并强调是“现实的、有形体的、站在稳固的地球上呼吸着一切自然力的人”，“具有自然力、生命力，是能动的自然存在物”。③ 在恩格斯的著述中同样也可以找到论证与发挥。他指出：“人来源于动物界这一事实已经决定了人永远不能完全摆脱兽性……”④ 可见，马克思主义人与自然相互关系学说也赋予人生态自然本性，因此，人体生态的不安全属于自然生态的不

① 卡普拉．转折点：科学、社会兴起中的新文化［M］．冯禹，向世陵等，译．北京：中国人民大学出版社，1989.

② 陆忠伟主编的《非传统安全论》里把环境安全分为三类，本书所说的自然生态安全属于第二类环境安全。

③ 马克思，恩格斯．马克思恩格斯全集：第四十二卷［M］．中共中央马克思恩格斯列宁斯大林著作编译局译．北京：人民出版社，1979：167.

④ 马克思，恩格斯．马克思恩格斯全集：第二十卷［M］．中共中央马克思恩格斯列宁斯大林著作编译局译．北京：人民出版社，1971：110.

安全。反过来，自然界是人自身的自然与人身外的自然的统一体；人是人的有机的身体和人的无机的身体的统一体。可见自然生态的不安全指人的无机身体的不安全，又属于人体生态的不安全。

因此无论从哪个角度来看，自然生态的不安全和人体生态的不安全都是相互依存不可分割的统一体。而“一维”的经济增长模式和首末不相连的生产组织方式最根本的错误就在于只是从人类自身一个物种的物质利益与物质需求出发，无视人类自身的其他利益与需求，更无视其他生物物种的利益与需要，不顾地球生物圈整体的生存利益及所有生物的共同需要，来实现自身生存与发展的利益与需要。其结果给世界系统带来了深重的生态灾难，给自身带来了深重的生存危机。

（三）社会生态的不安全

社会生态概念是借用生态学中的“生态”一词而产生的，人类社会就像一个生态系统，它也需要种群之间、种群内部的平等以及和谐来维持自身的可持续发展。在这样的生态系统中，种群内部成员之间没有孰轻孰重的区别，只有处于不同社会生态位的区别，成员之间存在着相互依赖的共生关系，他们必须彼此和谐相处才能维持社会生态的平衡，达到社会生态系统内部的良性循环，实现整个社会的良性发展，这样的社会生态才是安全的、可持续发展的。因此，本章所指的社会生态不安全就是在社会生态系统内部出现了人这个种群内部成员之间关系的不和谐，表现为代内的不和谐和代际的不和谐。代内的不和谐表现为穷人和富人之间关系的不和谐，具体表现为收入分配不公平、社会保障不公平、生存环境不公平、发展机会不公平等这些不和谐因子的活跃，这是社会生态不安全的鲜明特征；代际的不和谐表现为当代人和子孙后代之间关系的不和谐，具体是指当代人的经济增长模式和生产组织形式、消费方式过度地消耗了子孙后代应得的资源，破坏了子孙后代应有的生态环境。

从阿马蒂亚·森的人类发展理论视角出发，社会生态的不安全也包含了人体生态的不安全。人体健康遭到的威胁一方面来自自然生态系统的威胁，另一方面来自经济发展模式的威胁。前者就是社会生态不安全中的生存环境的不公平，少部分人破坏了人类的自然生态环境，自然生态环境为了维持自身的生存就要对人类施以报复，但是这种报复没有加在那些制造污染的少部分人头上，而是让穷人来承担这种罪过，即所谓的“环境污染转嫁问题”。那些穷人却没有更多的资源来躲避这种报复。在社会经济发展政策缺乏伦理道德的指导，人与人之间缺乏信任，维系他们的只有金钱，尔虞我诈、欺上瞒下的情况下，才会出现这一问题，以致出现各种食品不安全现象，这些都是社会生态不安全和人体生态不安全的综合表现，因此，社会生态不安全和人体生态不安全是相互联系而不可分割的。

综上所述，这三种生态不安全是相互依存相互联系的，自然生态的不安全会导致人体生态的不安全和社会生态的不安全，而社会生态的不安全又是造成自然生态不安全和人体生态不安全的直接原因，人体生态不安全又反映了自然生态不安全和社会生态不安全的结果。三种生态不安全的经济根源就是“一维”的经济增长模式。为此，要重新审视人与自然、经济社会与生态环境的发展关系，重新审视人的生存方式，尤其是经济增长方式，彻底改变以经济牺牲生态环境为代价，片面追求现代化和经济全球化的发展方式，对现代经济运行与发展进行一场全方位的生态革命。“生态环境·人的发展·经济”三维协调发展模式就应运而生了，因此“生态环境·人的发展·经济”三维协调发展是维持三种生态安全的发展模式，它保证了自然、人、社会协调、全面自由的发展。这也是生态经济社会全面协调可持续科学发展观的应有之义。

第四节 “生态环境·人的发展·经济”三维协调发展模型

一、基本假设

假设在一个生态经济系统中存在两个部门，一个是最终产品部门，另一个是健康人力资本产出部门。产出部门只生产一种产品，为使问题简化，假设人口增长为常数并标准化为1，每个人既是消费者又是生产者，人均产量就是总产量。由于本章主要研究的是健康人力资本对产出的影响，因此暂不考虑人力资本其他部分对产出的影响。

二、生产函数

健康状况是决定人力资本拥有量的关键因素（Mankiw，Romers and Weil，1992）。广义的人力资本包括：（1）有形人力资本，即把儿童抚养到工作年龄的消费支出；（2）教育投资；（3）健康投资；（4）研究和发展投资。其中，（1）为有形资本，（2）、（3）、（4）为无形资本。（2）、（3）构成狭义的人力资本。那么，劳动或简单劳动就限定于以成年人体力为基础的基本生产能力。在此以上的通过教育、保健、研发形成的人类生产能力就成为狭义的人力资本①。因此，本章假设最终产品的生产取决于物质资本存量 K、健康人力资本存量 H、环境质量存量 E，而且健康人力资本和环境质量之间不存在统计上的相关性，即它们之间在生产上是相互独立的。这就保证了生产函数中自变量之间互不相关的假设条件，同时生产最终产品的技术为不受事件影响的柯布—道格拉斯技术。

根据效率工资理论，健康状况好的劳动力具有高的工作效率，而工作效率高则意味着产出多，所得的单位工资就高。这样，健康状况的好坏就会直接影响劳动的效率或产出。因此，效率工资理论通过建立健康和“时间效率”之间的联系，把健康和产出联系在了一起。

假设生产者将以一定的比例时间 μ 从事生产，如果生产者劳动和闲暇的时间共计为一个单位，劳动力就将以 $1-\mu$ 的比例时间来从事健康人力资本投资（如休息、锻炼等）。运用这一假设，健康人力资本的变化率可以写作：

$$\dot{H}=(1-\mu)H-\partial H \tag{12-1}$$

其中，$(1-\mu)H$ 是健康的积累；∂ 是健康折旧率。折旧率是外生的，但随着年龄的变化而变化。在这里，μH 是投入生产中的健康资本量。从长期来看，一个人投入生产中的

① 张帆．中国物质资本和人力资本估算［J］．经济研究，2000（8）．

劳动时间是跨期不变的，即我们可以把一个人一生劳动的时间均等地投入每一期的生产中，因此可以假设，长期而言，一个人投入生产中的健康资本量是不变的，即 μH 是个常数。

如前所述，把健康资本和生产函数联系在一起的是效率工资理论。逻辑如下：生产者从事生产的时间 μ 可以被区分为“时钟时间”和“效率时间”。一个效率高的劳动力在给定的“时钟时间”内，会生产出较多的“效率时间”。单位“时钟时间”内生产的“效率时间”依赖于劳动力的健康状况，如果用 μ_e 表示“效率时间”，它可以被表示为“同质性”和“异质性”两个部分（张车伟，2002）。H 是一组影响“效率时间” μ_e 的人力资本变量，如健康、教育等方面的指标。在本章就是健康资本变量。$h(\cdot)$ 为效率时间方程，$h'>0$，$h''<0$，它代表了生产时间的“异质性”部分，μ 是实际中观察到的时钟劳动时间，它代表了效率时间的“同质性”部分。

$$\mu_e = h(H)\cdot\mu \tag{12-2}$$

健康人力资本变量在生产函数中的作用可以被认为是通过使劳动时间发挥更大的效率而实现的（张车伟，2002），即健康人力资本和劳动时间对产出的共同贡献可以被表示为：

$$\mu\cdot e^{h(\cdot)} \tag{12-3}$$

因此，生产函数的具体形式为：

$$Y(t) = A_t K_t^{\alpha} \mu^{\beta} e^{H} E^{1-\alpha-\beta} \tag{12-4}$$

三、环境质量与污染排放

随着产品数量不断增加，污染物也不断增加。为了简化研究，假设产品生产过程只生产一种产品，而且只产生一种污染物。本章只考虑生产过程中产生的污染物，对消费产生的污染物暂时不予考虑。根据斯托基（Stokey，1998）、阿吉翁和豪伊特（Aghion and Howitt，1992）的研究，污染流是产出水平和污染强度的函数①，因此生产过程产生的污染物数量可用污染物排放函数表示。污染物的排放函数为：

$$P(Y, z) = Yz^{\gamma}$$

其中，Y 是总产出；$z\in(0, 1)$ 是污染强度，即每单位产出的污染物排放量；γ 是污染程度指数（$\gamma>1$），它保证了 $P_{zz}=Y_{\gamma}(\gamma-1)z^{\gamma-2}>0$，即污染的边际成本递增。

环境质量 E（尽管从原则上看环境有很多维度，但我们用 E 表示总的环境质量指标）受到三种因素的影响：一是污染物排放量的影响，前面讲过，污染函数为环境质量的变化率。二是环境可能的最大再生速度，又叫作环境的自净率。我们把环境 E 视为一种资本品，随着环境污染会耗尽，但其也有再生能力，用 θ 表示。三是人类的环境保护，人类经济系统可以通过对环境保护的投入来改善环境。令 I_E 表示环保投入，同时假设环保投入和治理比例 τ 与当期产出 Y 有关，为了得到系统的收敛解，进一步假设 I_E

① 在本部分模型中污染排放表现为流量，环境质量是存量，污染函数为环境质量的变化率。

是 τ 的凸函数，则有：①

$$I_E = (b_0 + b_1\tau^b)Y$$

其中，b_0，b_1，b 为常数，b_0，$b_1 \in [0, 1]$，$0 < \tau < 1$，$0 < b_0 + b_1 < 1$。环保收入对环境改善的贡献为 $R(I_E)$，$R'(I_E) > 0$，而且环境保护对环境质量的改善没有上限，则有：

$$\lim_{I_E \to \infty} R(I_E) = +\infty$$

由于本章没有考虑技术的进步，因此可以假设环保投入的技术水平也不变，即环保投入对环境改善的边际贡献率$\frac{R'(I_E)}{E}$也为常数。

阿吉翁和豪伊特（1998）在《内生增长理论》一书中详细介绍了环境质量的假设条件，假设环境质量存在一个上限值，当所有生产活动都被无限期停止时，环境质量达到上限值。为了研究方便，我们将环境质量 E 定义为实际的环境质量与上限值之差，从而 E 恒为负值。同时，假设环境质量存在一个下限值，在该值之下，意味着环境遭遇不可逆的毁灭性灾难，故我们可以得到一个临界生态阈值 E^{min}，根据如上分析，我们假设 E 遵循如下约束条件：

$$E^{min} \leqslant E \leqslant 0$$

因此，综合以上分析可以得出环境质量变化的运动方程为：

$$\dot{E} = -Yz^\gamma - \theta E + R(I_E) \tag{12-5}$$

四、物质资本积累

在这个系统中，最终产品的生产函数采取变化的 C－D 函数，总物质资本存量是 K，同时，消费和环保投入将消耗掉一部分产出，假设没有资本折旧，因此物质资本积累方程为：

$$\dot{K} = F(K, H, E) - C - I_E \tag{12-6}$$

其中，C 是社会消费；I_E 是环保投入消耗的资本。

五、社会福利

在传统经济理论中，社会福利是物质消费的函数，社会福利最大化就是消费或产出的最大化。从传统经济学意义上讲，让消费或产出指标最大化本无可厚非，但是仅仅对物质产品消费最大化并不能带来人们的最大福利，不能代表社会的进步，因此需要能更好地代表社会全面进步、人全面发展的指标来衡量。世界银行用人类发展指数（HDI）来衡量社会福利，人类发展指数是 GDP、人均寿命和识字率的线性组合，但是达斯古普塔等（Dasgupta et al.）认为 HDI 没有将未来考虑在内，缺乏可持续性，因此提出用“财富”作为衡量跨代或跨时期福利的指标。财富包括制造业资本（如建筑、机器和道路）、知识和人力资本（如技能和健康）、自然资产（如生态系统、矿产和森林）以及

① David L. On environmental Kuznets curves arising from stock externalities [J]. Journal of Economic Dynamics & Control, 2003, 27 (5): 1367－1390.

制度（如政府、法律规则、合同规则）的价值。可见经济学发展到现在，已经突破了传统经济学仅仅追求经济增长的窠臼。本章用“E－H－E”[①] 三维协调发展综合效用指标衡量社会福利。它是指包括物质产品消费指标、人体健康状态指标[②]、环境质量指标三方面综合的指标。这就是“生态环境·人的发展·经济”三维协调发展的数量化阐述。这三个指标组成的社会福利函数最大化才能保证实现最优经济可持续发展路径达到稳态。

假设存在一个社会决策者，决策者倾向于在整个时期内生态经济社会福利最大化，即决策者既考虑当代人的福利，也考虑后代人的福利。由于时间偏好，后代人福利将按贴现率 $\rho>0$ 贴现。因此在规划期［0，∞）内，“E－H－E”三维协调发展模型的基本形式如下：

$$\varphi = \int_0^{\infty} e^{-\rho t} U(C,\ H,\ E)\mathrm{d}t$$

其中，φ 是规划期内经贴现的总福利；U 是福利函数，它受到消费、健康和环境质量的影响。福利函数的形式可以用瞬时（instantaneous）效用函数表示，如下：

$$U(C,\ H,\ E) = \frac{C^{1-\sigma}}{1-\sigma} + \frac{H^{1-\omega}-1}{1-\omega} - \frac{[(-E)^{1+\eta}-1]}{1+\eta},\ \sigma<0,\ \omega<0,\ \eta>0 \tag{12-7}$$

其中，σ 是边际效用弹性参数；ω 是健康意识参数；η 是公众的环境意识参数。

“E－H－E”三维协调发展理论指导的经济发展就是追求在最优状态下的经济可持续增长、人体健康和良好的环境质量，用数学表示就是跨期福利最大化。这样就建立了一个时间连续条件下同时考虑消费、人体健康和环境质量的动态模型。

目标函数：$\max\phi = \max\int_0^{\infty} e^{-\rho t}[U(C,\ H,\ E)]\mathrm{d}t$，$\rho$ 为跨期效用体现率。

$$\text{s.t. } \dot{K} = F(K,\ H,\ E) - C - I_E$$

$$\dot{E} = -Yz^{\gamma} - \theta E + R(I_E)$$

$$\dot{H} = (1-\mu)H - \partial H$$

$$E \geqslant E^{\min}$$

其中，C、I_E 和 μ 是控制变量；K、H 和 E 是状态变量。

六、模型求解

现代经济增长理论研究发现，多数国家的长期增长过程具有稳态的特征，即长期增长过程中所有人均变量的增长率都是常数。这一发现使在假设增长具有稳态时，数学处

① “E－H－E”是由环境、健康、经济三个英文单词的首字母组成的，后面用“E－H－E”代表生态环境、健康、经济。

② 在经济学中，产品是能够增加人们效用水平的东西。健康显然是能够增加人们的效用水平，能够给人们带来幸福。因此从这个意义上讲，健康可以理解为是一种产品，这种产品的数量表现为人生某个时点上的健康状况，在人生任何一个时点上的健康状况的改善对以后人生的健康都产生影响。如果通过采取某种医疗措施使人的健康得以改善或健康存量增加则对以后相当一段时期甚至终身都带来收益。因此我们可以把健康理解为一种耐用消费品（durable good），就像住房、汽车、教育一样。

理变得很方便，因此，本章也假设长期增长是稳态的。该动态优化问题可以利用庞特里亚金极大值方法处理，为此设定以下的 Hamilton 函数：

$$H=U(C,\ H,\ E)+\lambda_K(A_tK_t^{\alpha}\mu^{\beta}e^{H}E^{1-\alpha-\beta}-C-I_E)+\lambda_H[(1-\mu)H-\partial H]$$
$$+\lambda_E[-AK^{\alpha}\mu^{\beta}e^{H}E^{1-\alpha-\beta}z^{\gamma}-\theta E+R(I_E)]$$

假设$\lim\limits_{t\to\infty}\lambda_K Ke^{-\rho t}=0$，$\lim\limits_{t\to\infty}\lambda_E Ee^{-\rho t}=0$，$\lim\limits_{t\to\infty}\lambda_H He^{-\rho t}=0$，这些条件确保经济的路径不发散。

其中，λ_K、λ_H、λ_E 分别为物质资本、健康人力资本和环境质量的影子价格。经整理，得到三个控制变量的一阶条件为：

$$C^{-\sigma}=\lambda_K \tag{12-8}$$

$$\lambda_K=\lambda_E R'(I_E) \tag{12-9}$$

$$\beta\mu^{\beta-1}AK^{\alpha}e^{H}E^{1-\alpha-\beta}(\lambda_K-\lambda_E\cdot z^{\gamma})=\lambda_H H \tag{12-10}$$

三个状态变量的欧拉方程为：

$$-\dot{\lambda}_K-\lambda_K\rho=\alpha\lambda_K AK^{\alpha-1}\mu^{\beta}e^{H}E^{1-\alpha-\beta}-\alpha\lambda_E AK^{\alpha-1}\mu^{\beta}e^{H}E^{1-\alpha-\beta}z^{\gamma} \tag{12-11}$$

$$-\dot{\lambda}_H+\lambda_H\rho=H^{-\omega}+\lambda_K AK^{\alpha}\mu^{\beta}e^{H}E^{1-\alpha-\beta}-\lambda_E AK^{\alpha}\mu^{\beta}e^{H}E^{1-\alpha-\beta}z^{\gamma}+\lambda_H(1-\mu-\partial) \tag{12-12}$$

$$-\dot{\lambda}_E+\lambda_E\rho=-(-E)^{\eta}+(1-\alpha-\beta)\lambda_K AK^{\alpha}\mu^{\beta}e^{H}E^{-(\alpha+\beta)}$$
$$-(1-\alpha-\beta)\lambda_E AK^{\alpha}\mu^{\beta}e^{H}E^{1-\alpha-\beta}z^{\gamma}-\lambda_E\theta \tag{12-13}$$

在稳态增长条件下，各变量的增长率为常数，且 z 为常数，把变量 x 的增长率记作 g_x，即 $g_{\lambda_k}=\dfrac{\dot{\lambda}_k}{\lambda_k}$，$g_k=\dfrac{\dot{K}}{K}$，$g_{\lambda_H}=\dfrac{\dot{\lambda}_H}{\lambda_H}$，$g_H=\dfrac{\dot{H}}{H}$，$g_{\lambda_E}=\dfrac{\dot{\lambda}_E}{\lambda_E}$，$g_E=\dfrac{\dot{E}}{E}$。

由式（12－11）有：

$$\frac{\dot{\lambda}_K}{\lambda_K}=\rho-\alpha AK^{\alpha}\mu^{\beta}e^{H}E^{1-\alpha-\beta}\left(1-z^{\gamma}\cdot\frac{\lambda_E}{\lambda_K}\right)$$

由前面假设可知，环保投入的技术水平不变，即 $R'(I_E)$、$\dfrac{R(I_E)}{E}$都为常数，因此由式（12－9）可知，$\dfrac{\lambda_E}{\lambda_K}=\dfrac{1}{R'(I_E)}$，对式子求时间的导数可得：

$$g_{\lambda_E}=g_{\lambda_k} \tag{12-14}$$

又因为$\dfrac{\dot{\lambda}_K}{\lambda_K}=\rho-\alpha AK^{\alpha}\mu^{\beta}e^{H}E^{1-\alpha-\beta}\left(1-z^{\gamma}\cdot\dfrac{\lambda_E}{\lambda_K}\right)$是个常数，所以

$$\alpha AK^{\alpha}\mu^{\beta}e^{H}E^{1-\alpha-\beta}\left(1-z^{\gamma}\cdot\frac{\lambda_E}{\lambda_K}\right)$$

是常数，对它求时间的导数，可得：

$$(\alpha-1)g_k+g_H+(1-\alpha-\beta)g_E=0 \tag{12-15}$$

由式（12－10）可得：

$$\beta\mu^{\beta-1}AK^{\alpha}e^{H}E^{1-\alpha-\beta}=\frac{\lambda_H H}{(\lambda_K-\lambda_E\cdot z^{\gamma})}\Rightarrow g_{\lambda_H}+g_H=g_{\lambda_K}+g_K \tag{12-16}$$

同理推出：

$$g_H=1-\mu-\partial \tag{12-17}$$

$$\alpha \cdot z^{\gamma} g_k + z^{\gamma} g_H + [(1-\alpha-\beta)z^{\gamma}+1] g_E = 0 \tag{12-18}$$

由式（12-15）、式（12-17）、式（12-18）推出：

$$g_K = \frac{1-\mu-\partial}{(1-\alpha-\beta)z^{\gamma}+1-\alpha} \tag{12-19}$$

把式（12-10）代入式（12-12）可得：

$$g_{\lambda_H} = \rho - \frac{H^{-\omega}}{\lambda_H} - \frac{\mu H}{\beta} - (1-\mu-\partial) \tag{12-20}$$

μH 是投入生产中的健康资本量，如前假设，一个人投入生产中的健康资本量 μH 是常数。$\frac{H^{-\omega}}{\lambda_H}$是消费者在购买健康上花费的最后一元钱所带来的边际效用。

由以上假设，从式（12-20）可以推出：

$$-\omega g_H = g_{\lambda_H} \tag{12-21}$$

结合式（12-10）和式（12-13）可以推出：

$$g_{\lambda_E} = \rho + \frac{(-E)^{\eta}}{\lambda_E} - \frac{(1-\alpha-\beta) \cdot \lambda_H}{E \cdot \beta \cdot \lambda_E}\mu H - \theta \tag{12-22}$$

假设$\frac{(-E)^{\eta}}{\lambda_E}$不变，这个假设成立的理由是：$\frac{(-E)^{\eta}}{\lambda_E}$表示公众在对环境意识程度上，最后一单位货币所带来的边际效用不变，这就是效用最大化的均衡条件之一。因此这个假设是成立的。那么，由式（12-22）推出：

$$g_{\lambda_H} = g_E + g_{\lambda_E} \tag{12-23}$$

又因为假设$\frac{(-E)^{\eta}}{\lambda_E}$是常数，对其两边求时间的导数，可得：

$$\eta \cdot g_E = g_{\lambda_E} \tag{12-24}$$

结合式（12-21）、式（12-23）、式（12-24）得出：

$$g_E = \frac{-\omega(1-\mu-\partial)}{\eta} \tag{12-25}$$

根据式（12-8）、式（12-16）、式（12-17）、式（12-21）、式（12-19）得出：

$$g_C = \frac{1}{\sigma}\left[-(1-\mu-\partial)(1-\omega) + \frac{1-\mu-\partial}{(1-\alpha-\beta)z^{\gamma}+(1-\alpha)}\right]$$

其中，$(1-\alpha-\beta)z^{\gamma}$ 可以被理解为环境资本的污染物边际产出，即经济活动利用环境资本的损耗。

为了保证社会最优路径上的可持续增长，我们得到消费、物质资本、环境质量、健康资本的稳态增长率为：

$$g_C = \frac{1}{\sigma}\left[-(1-\mu-\partial)(1-\omega) + \frac{1-\mu-\partial}{(1-\alpha-\beta)z^{\gamma}+(1-\alpha)}\right]$$

$$g_K = \frac{1-\mu-\partial}{(1-\alpha-\beta)z^{\gamma}+1-\alpha}$$

$$g_H = 1-\mu-\partial$$

$$g_E = \frac{-\omega(1-\mu-\partial)}{\eta}$$

七、结果分析

（一）经济可持续发展的必要条件

经济可持续发展要求产出 Y 在长期无限增长，根据环境质量运动方程 $\dot{E}=-Yz^{\gamma}-\theta E+R(I_E)$，为了保证 $E\geqslant E^{\min}$，污染密度 z 在长期应该趋近于零，那么对于消费的增长率 g_C 而言，在稳态条件下，消费增长可能为正，只要（$1-\omega$）$<\dfrac{1}{1-\alpha}$即可。进一步地，如果 $\omega>1$（ω 是健康意识参数），那么无论资本弹性取什么值，都能保证消费增长率为正，说明公众越关注健康，就越能保证物质资本积累和消费可以实现长期增长。因此经济可持续发展的必要条件是：

$$(1-\omega)<\frac{1}{(1-\alpha-\beta)z^{\gamma}+(1-\alpha)}$$

（二）生态环境、健康和经济增长三者的良性互动分析

命题1：环境质量改善和对健康投资是保证物质消费持续增长的必要条件。

$$g_C=\frac{1}{\sigma}\left[-(1-\mu-\partial)(1-\omega)+\frac{1-\mu-\partial}{(1-\alpha-\beta)z^{\gamma}+(1-\alpha)}\right]$$

其中，$\dfrac{1}{\sigma}$表示跨期替代弹性。

对上式稍加变形得：

$$g_C=\frac{1}{\sigma}(1-\mu-\partial)\left[\frac{1}{(1-\alpha-\beta)z^{\gamma}+(1-\alpha)}-(1-\omega)\right]$$

实现物质消费增长的必要条件之一是在（$1-\mu-\partial$）和（$1-\omega$）不变的情况下，减小（$1-\alpha-\beta$）z^{γ} 和（$1-\alpha$）的值。因为（$1-\alpha-\beta)z^{\gamma}$ 和（$1-\alpha$）的值越小，则物质消费增长率越高；反之，则越低。其中，$(1-\alpha-\beta)z^{\gamma}$ 可以被理解为环境资本污染物排放的边际产出，即经济活动利用环境资本的损耗。

首先分析（$1-\alpha-\beta$），如果环境资本的边际产出（$1-\alpha-\beta$）比较小，那么经济增长环境有两种情况：一种情况是经济发展水平较低的农业社会。由于生产技术水平较低，人类社会产出的增加主要依靠自然界，因此主要的生产要素是环境资本（包括环境质量和自然资源）。在这种情况下，经济社会进步缓慢，人类对自然界的干扰较小，环境资本作为一种不稀缺资源的边际贡献率比较低，因此物质消费增长率的提高主要依靠环境资本，如果风调雨顺，则社会产出就增长，如果遇上自然灾害，则社会产出就减少。另一种情况是经济发展水平较高的知识型社会。由于实行清洁型、环保型的生产技术，注重环境质量的改善，这时环境质量不是稀缺性资源，同时对环境资源的利用率非常高，则排出的污染物非常少。根据边际收益递减规律，环境质量的边际贡献率在降低，即（$1-\alpha-\beta)z^{\gamma}$ 的值在减小，这样就保证了物质消费的可持续增长。而当前以破坏环境换取经济总量增加的增长方式会造成环境质量成为稀缺的生产要素，提高了环境质量的边际产出，即增加了（$1-\alpha-\beta$）的值，这种增长方式放慢了物质消费的增长

率。因此，要想使物质消费增长率保持稳态增长，一方面要改善环境质量，降低环境资本的稀缺性，另一方面则要采取环保型的技术水平，提高资源利用率，这两种方式同时使用则是保证物质消费稳态高速增长的必要条件。

其次对于（$1-\alpha$）而言，它是健康人力资本和环境质量的边际产出，如果要提高物质消费增长率，在其他条件不变的情况下，就要降低（$1-\alpha$），即降低健康人力资本和环境质量的产出弹性。而根据边际收益递减规律，健康人力资本和环境质量越不稀缺，它们的产出弹性就越小。这说明社会中的健康资本存量高，并且保持了优良的环境质量，而出现这一结果则需要加大健康资本和环境资本的投资。

因此，无论从哪方面讲，优良的环境质量和较高的健康人力资本存量都是实现物质消费增长的必要条件。

命题2：环境质量是保证物质资本增长、健康存量增加的基本前提条件。

从环境质量增长率 g_E 的表达式可以看出，g_E 可正、可负，也可为零。

（1）如果 $g_E>0$，则（$1-\mu-\partial$）<0，意味着以下三点：第一，由于 E 恒为负值，在这种条件下，$\dot{E}<0$，说明这时环境质量在变坏；第二，恶化的环境会使健康存量减少，这反映在 $\dot{H}<0$，即（$1-\mu-\partial$）<0；第三，恶化的环境会使物质资本存量减少，我们看到 $g_K=\dfrac{1-\mu-\partial}{(1-\alpha-\beta)z^{\gamma}+1-\alpha}$，由于（$1-\alpha-\beta$）$>0$，因此分母恒为正数，那么物质资本的增长率的符号就由分子决定，即由（$1-\alpha-\beta$）决定。因此，如果 $g_E>0$，则（$1-\mu-\partial$）<0，那么 $g_K<0$，这时物质资本减少将使经济不可持续。

（2）如果 $g_E<0$，则（$1-\mu-\partial$）>0，同样意味着以下三点：第一，环境质量在改善，即 $\dot{E}>0$；第二，改善的环境会给人提供优美的环境享受，因此健康存量会增加，这时 $\dot{H}>0$，即（$1-\mu-\partial$）>0；第三，改善的环境质量会使物质资本增加，因为如果 $g_E<0$，则（$1-\mu-\partial$）>0，物质资本增长率的分母恒为正数，那么在分子为正数的情况下，物质资本增长率就为正，即在平衡增长路径上，物质资本会增加，这就保证了经济增长的需要。

（3）如果污染密度 z 在长期趋于零，那么对于物质资本增长率 g_K 而言，在稳态条件下，g_K 会增大。$g_K=\dfrac{1-\mu-\partial}{(1-\alpha-\beta)z^{\gamma}+1-\alpha}$，当 $z\to0$ 时，$g_K=\dfrac{1-\mu-\partial}{1-\alpha}>\dfrac{1-\mu-\partial}{(1-\alpha-\beta)z^{\gamma}+1-\alpha}$，因此如果实行清洁生产，则物质资本积累速度将加快。

以上分析表明了环境质量对健康存量、物质资本存量的影响变化过程。如果改善环境，那么这不仅对经济可持续发展产生正的影响，而且也对健康产生正的影响，而增加的健康存量又促进了经济的进一步发展，这就是环境改善、经济增长、健康改进的良性互动过程，也是本章所要阐述的重要内容。

本章小结

人类最初的需求来自生存的基本需要，伴随人类不断演进，需求的内涵也在不断发生变化。这种变化从基本的吃、穿、住、行逐步发展到高层次的精神追求。伴随经济的高速发展，人类开始面临环境变化甚至是环境危机的挑战。

正是出于这种担忧，本章提出了“生态环境、人的发展、经济”三维协调发展模型，此模型主要研究了健康人力资本对产出的影响。通过模型求解，我们可以得到以下两个重要结论：（1）环境质量改善和对健康投资是保证物质消费持续增长的必要条件；（2）环境质量是保证物质资本增长、健康存量增加的基本前提条件。

由此，本章要强调的是新形势下中国的发展要走生态环境、人的发展、经济协调发展的道路，而这三者的发展本身也是互为前提、互相促进的。

思考题

1. 请你谈谈对健康人力资本的理解，可以结合你的生活经历说说你和你的家人甚至是整个社会是如何投资于健康的。

2. 中国改革开放以来所取得的成就有哪些代价？未来应采取何种发展之路？

3. 环境破坏对穷人和富人的影响相同吗？如果不同，为什么不同？

4.“生态环境·人的发展·经济”三维协调发展模型的主要结论是什么？是如何推导得出的？

参考文献

[1] 艾尔斯．转折点——增长范式的终结［M］．戴星翼，黄文芳译．上海：上海译文出版社，2001.

[2] 卡普拉．转折点：科学、社会兴起中的新文化［M］．冯禹，向世陵等译．北京：中国人民大学出版社，1989.

[3] 联合国开发计划署．1998 年人类发展报告［M］．高春燕等译．北京：中国财政经济出版社，2000.

[4] 刘思华．生态马克思主义经济学原理［M］．北京：人民出版社，2006.

[5] 陆忠伟．非传统安全论［M］．北京：时事出版社，2003.

[6] 秦麟征．破损的世界［M］．哈尔滨：东北林业大学出版社，1996.

[7] 孙正聿．当代人类的生存困境与新世纪哲学的理论自觉［J］．社会科学辑刊，2003（5）.

[8] 许崇正，杨鲜兰等．生态文明与人的发展［M］．北京：中国财政经济出版社，2012.

[9] 许崇正．人的发展经济学［M］．北京：光明日报出版社，2022.

[10] 许崇正．人的发展经济学概论［M］．北京：人民出版社，2010.

[11] Brown L, et al. The State of the World [M]. New York: W. W. Norton, 1996.

[12] David L. On Environmental Kuznets Curves Arising from Stock Externalities [J]. Journal of Economic Dynamics & Control, 2003, 27 (5).

[13] Ricoveri G. Culture of the Left and Green Culture [J]. Capitalism, Nature, Socialism, 1993, 4 (3): 116 – 117.

[14] Snyder G. A Place in Space [M]. Washington, D. C.: Counterpoint, 1995.

第十三章

收入分配与人的自由全面发展

人类社会经济活动的基本内容之一是收入分配，收入分配的制度安排、收入分配的过程、收入分配的结果等对于人的自由全面发展有着重要的决定性作用，因为它不仅决定着消费水平、能力发展、机会发展，也决定着生产力的发展和生产关系的演进，合理的收入分配会促进人的全面自由发展，不合理的分配则会损害人的全面自由发展。

第一节 收入分配与人的自由全面发展概述

一、收入分配与人的自由全面发展

分配和人的自由全面发展所包括的内容都十分广泛，其与人的自由全面发展的关系也十分复杂。当然，无论两者的内容和关系怎样复杂，其所围绕的中心依然是人，无论何种分配最终都是人与人之间的分配，无论自由全面发展如何演进最终都是人的发展，因此只要始终把握“人”这个中心，就能够从纷繁复杂的关系中梳理出分配与人的自由全面发展之间的关系，就能够找到正确处理两者关系的路径。

分配包括自然资源、生产条件、国民收入、消费资料等的分配，这些均对人的自由全面发展产生重要的影响，但这里我们要探讨的只限于国民收入的分配。分配制度不同，分配的公平性就不同，分配的结果及其对生产力发展造成的影响就不同，最终对人的自由全面发展就会有不同的影响。整个社会国民收入分配包括国民收入的初次分配和再分配两个基本环节，无论是国民收入的初次分配，还是国民收入的再分配，在不同的分配制度下，分配规则、分配过程、分配结果等并不相同，造成的分配状态和社会对分配状态的认可度都会有差异，因此对人的自由全面发展就会有不同的影响。与国民收入初次分配相比较，国民收入再分配对人的自由全面发展具有同等重要的影响，在某些条件下，甚至会有更大的影响，其分配规则、分配过程、分配结果是否公平合理，或者分配规则、分配过程、分配结果既定的状态不同，对生产力的发展和政治、社会的发展会有不同的影响，最终必然会影响人的自由全面发展，因此把握国民收入分配对人的自由全面发展的影响完全应该全面、系统地分析国民收入再分配对人的自由全面发展所产生的影响，因为居民的收入水平、消费水平、教育水平、环境与交通消费等均受到国民收入再分配的影响，在现代社会中，这种影响呈现出不断上升的趋势，但因为国民收入再分配对人的自由全面发展的影响会在本书的其他部分得到阐述，因此本章只探讨国民收入的初次分配对人的自由全面发展的影响。

尽管人的自由全面发展要受到自然条件、生产力发展、生产资料所有制、社会制度等各个方面因素的影响，但收入分配对人的自由全面发展始终具有广泛的重要的影响，是决定人的自由全面发展的基本因素之一。

第一，分配本身会对人的自由全面发展产生影响。分配制度、分配过程是否公平和合理，会对人对社会的认同产生影响，进而会对人的能力发展的积极性、人对社会活动的兴趣、人对社会的态度和处理社会事务的价值取向、从事经济活动的积极性等产生影响，最终不仅会影响个体的人的发展，也会影响社会的发展。

第二，分配结果会对人的自由全面发展产生影响。不同的分配结果会造成不同的社会满意度，形成不同的社会阶层，不仅会影响到作为个体的人的发展，也会影响社会的发展。

第三，分配通过消费对人的自由全面发展产生影响。收入是消费的决定性因素，消费水平的高低本身是人的发展水平高低的主要表现途径，这就意味着收入分配对人的自由全面发展有着决定性的影响。并且收入分配也影响着人们的消费内容、消费结构、消费方式等，而这些既反映着人的自由全面发展的水平，也对人的未来发展产生影响。

第四，分配通过教育对人的自由全面发展产生影响。一方面，居民收入水平决定着自身及子女接受教育的数量和质量（影响程度的大小取决于教育支出中居民个人负担的比重的大小），从而影响人的能力特别是智力的发展，也会影响就业公平等，并且教育水平的高低本身就是人的能力发展水平高低的表现；另一方面，居民收入水平也会通过教育影响人的社会资本的形成和积累，从而长期影响人的发展条件。

第五，分配通过对医疗、保健等的影响而对人的自由全面发展产生影响。收入分配水平决定了可以获得的医疗、保健等服务的数量和质量，收入水平越高，越有能力获得更多数量、更高质量的医疗、保健服务，从而越有利于身体健康。收入分配水平不同，获得的医疗、保健等服务的数量和质量就不同，体质、生活质量、寿命长短等体力发展的结果就不同，人的发展的结果就不同。

第六，分配通过对经济效率的影响而对人的自由全面发展产生影响。分配规则、分配过程、分配方式、分配格局等不同，会对人从事经济活动的积极性产生影响，因为人从事经济活动的直接动因就是获取收入。对人们从事经济活动的积极性的影响会对人们发展自身的能力和向社会提供所具有的能力产生影响，公平、合理的分配会调动人们从事经济活动的积极性，因此会激发人们发展自身的能力和向社会提供其所具有的能力，人自身的能力就会得到提高，社会的生产力就可以得到更快的发展，人类社会就可以达到更高的发展水平，如果分配不公平、不合理，则会使人们不愿意发展自身的能力，不愿意向社会提供其所具有的能力。

第七，分配通过对人的心理状态的影响而对人的自由全面发展产生影响。心情是否愉悦，心理是否健康，本身就是人的发展状态的衡量指标，并且它们也会影响人的生活态度、人的进取心、人的劳动积极性等，而这些不仅会影响个体的人的发展，也会影响社会的发展。如果对分配不满的社会成员多了，就会出现社会性的消极的生活态度及社会性的慵懒，人的自由全面发展就不可能实现。

总的来看，收入分配会通过多个方面对人的自由全面发展产生影响，这就意味着要实现人的自由全面发展，就必须重视收入分配，就必须着眼于促进人的自由全面发展而不断改善收入分配。

收入分配对人的自由全面发展的影响表明，我们要关注收入分配对人的自由全面发展的影响，但我们也要看到人的自由全面发展的状态也会对收入分配产生影响。一方面，从整体上来看，人的自由全面发展的水平决定着收入分配可以达到的水平和可以形成的结构，毕竟收入分配是生产关系的组成部分，也是由生产力发展所决定的，人的自由全面发展的水平低下，只可能有低下的社会生产力和经济制度，这就决定了收入分配水平和结构的低下；另一方面，人的体力（健康）、智力水平和心理质量及其利用决定着生产力的发展，从而决定着收入分配的水平、结构和分配制度的演进。

综上所述，收入分配与人的自由全面发展之间相互联系，是互相促进、互相制约的关系，一方面收入分配是人的自由全面发展的重要决定因素，另一方面人的自由全面发展也对收入分配有着重要的影响。不过基于本章主题，我们将主要探讨收入分配对人的自由全面发展的影响。

二、收入形式

收入分配的具体形式有很多，以收入是否凭借劳动获取为标准，可将收入形式划分为两大类，即劳动收入与非劳动收入。

劳动收入是指劳动者凭借其为社会所提供的一定数量和质量的劳动所获取的收入。劳动可以分为直接生产劳动与经营管理劳动，因此，劳动收入可分为直接生产劳动收入与经营管理劳动收入。从劳动收入采取的具体形式来看，主要有工资、津贴和奖金。对于个体、私营企业来说，企业利润实际上包含着个体劳动者和私营企业主的劳动收入，即利润中的一部分是劳动收入，因此对这类企业的这类劳动者来说，利润也是其劳动收入的一种表现形式。

非劳动收入是指不是凭借劳动，而是凭借资产所获得的收入和从各种渠道所获得的转移性收入，包括资产收入和转移性收入。

资产收入是指居民通过向社会提供一定数量的货币形式与非货币形式的资产所获得的收入。从资产功能属性来看，资产收入包括生产要素类资产收入和非生产要素类资产收入。所谓生产要素类资产收入是指生产要素的所有者通过向社会提供一定数量的物质形态的生产要素或非物质形态的生产要素所获得的收入，所谓非生产要素类资产收入是指居民向社会提供一定数量的生产要素以外的资产所获得的收入。从资产收入在市场上所采取的形式来看，主要包括以下两种：一是利息收入，指出让货币形式的资产的使用权或投资于债权性的金融资产所获得的收入，包括储蓄存款利息收入、债券利息收入、股息收入等。二是金融投资利润或溢价收入，指投资于金融资产所获得的利润或得到的溢价收入，如股份分红、股本溢价收入、债券溢价收入等。三是租金收入，指凭借实物资产所获得的收入，如房屋租金收入、农具以及其他生产资料出租收入等。四是出卖收入，指居民出卖其拥有的废旧物资、艺术品等资产所获取的收入。

转移性收入是指一个经济单位向另一个经济单位单方面无偿提供的收入。居民所获得的转移性收入主要包括以下两种：一是营利机构和非营利机构向居民个人提供的转移性收入。二是居民个人向居民个人提供的转移性收入。这种转移性收入的提供一般是无偿的，因此实际上是一种收入援助。当然，居民获取转移性收入的另一个重要来源是政府，但政府向居民提供的转移性收入是政府进行收入调节（收入再分配）的一种形式，是非政府力量所决定的收入分配格局形成之后的一种收入调节。转移性收入在社会发展的不同阶段，在不同的经济制度和社会制度下，在全部国民收入分配中的比重有着较大的差别，在居民个人（家庭）的收入来源中所占的比重也有着较大的差异，在社会发展的既定阶段，在既定的经济制度和社会制度下，不同的居民个人（家庭）所获得的转移性收入以及转移性收入在其总收入中所占的比重也往往存在很大的差异。转移性收入在全部国民收入分配中所占比重不同，对生产力发展等造成的影响是不同的，居民个人（家庭）所获得的转移性收入的差异以及转移性收入在不同的居民个人（家庭）总收入中所占比重不同，对于经济效率、对于社会对分配制度的合理性和分配状态的认可度等造成的影响是不同的，最终对人的自由全面发展产生的影响也会不同，因此，应该关注转移性收入分配对人的自由全面发展的影响，要通过改善转移性收入分配来促进人的自由全面发展。但因为转移性收入分配属于国民收入再分配环节，所以本章将不对转移性收入分配对人的自由全面发展的影响进行专门讨论。

第二节　按劳分配与人的自由全面发展

一、按劳分配与人的自由全面发展关系的理论溯源

（一）空想社会主义者有关按劳分配与人的自由全面发展的思想

空想社会主义者莫尔[①]、康帕内拉[②]提出了按需分配的思想，没有提出按劳分配的思想，布雷虽然提出了“按劳取酬”“同工同酬”思想，但正如马克思所指出的，其所提出的“按劳取酬”“同工同酬”实际上是一种“‘平均主义’的关系”[③]，不能叫作按劳分配，因此，从莫尔、康帕内拉、布雷那里，无法得知他们对按劳分配与人的自由全

---

① 托马斯·莫尔（Thomas More，1478～1535 年），欧洲早期空想社会主义思想的创始人，也是英国著名的政治家、作家和社会哲学家。1516 年用拉丁文写成《乌托邦》（全名为《关于最完美的国家制度和乌托邦新岛的既有益又有趣的金书》）一书，在他的乌托邦里，公民们没有私有财产，财产全部公有，人们在经济、政治权力方面都是平等的，没有商品货币关系，社会实行按需分配。该书对以后空想社会主义思想的发展有很大影响。

② 托马索·康帕内拉（Tommaso Campanella，1568～1639 年），意大利空想社会主义思想家，也是哲学家、神学家、占星学家和诗人。其代表性著作是《太阳城》，太阳城是他理想的社会，在他所描述的太阳城里，没有私有财产，没有剥削，人人劳动，生产和消费由社会统一组织安排，产品按公民需要进行分配，儿童由国家抚养和教育，教育与生产相联系。他的思想对后来的空想社会主义也产生了很大的影响。

③ 马克思，恩格斯．马克思恩格斯全集：第四卷［M］．中共中央马克思恩格斯列宁斯大林著作编译局译．北京：人民出版社，1958：117.

面发展的关系的看法。但圣西门①、傅立叶②、欧文③这三位空想社会主义者，基本上提出了按劳分配思想，他们的按劳分配思想是和他们有关人的自由充分发展的“各尽所能”思想紧密联系在一起的。

我们先来看看圣西门的按劳分配思想怎样和人应自由充分发展的各尽所能思想联系在一起。在《圣西门选集》上卷、下卷中，明确提出要按劳动（贡献）进行分配的地方有五处。在《一个日内瓦人的日记》里，他提出要付给有才能的人应该得的报酬。他所说的才能，并不是指潜在能力，而是指每个人做出的贡献④。

那么，圣西门的按劳分配思想是怎样和他的人应该自由充分发展的各尽所能思想相联系的呢？这主要表现在以下两点：其一，圣西门早期的著述，如在其著述的第一篇文章《一个日内瓦人的日记》里，一方面提出要按每个人的贡献付报酬，另一方面又阐述了他的人的自由充分发展的各尽所能思想。他指出，“一切人都要劳动，都要把自己看作属于某一工场的工作者”，要使人“有充分的自由，按照自己的愿望支配自己的力量”，要使人“发挥他具有的一切能力”，做自己的能力最擅长的工作。其二，在圣西门晚年的著作中，其对按劳分配和人的自由充分的发展之间的关系做了更充分和明确的论述。在《论财产和法制》一文中，他一方面提出了未来社会将“按照社会成员的贡献”进行分配，另一方面又指出，人只要“存在一天，就要根据他们最初得到的动因和方针，以这种或那种力量活动”，未来社会将使“自由和财富”同时发展，将使人“在全面行使自己权利方面真正得到自由”。在《论实业制度》一文中，他一方面指出，实业家必须“通过自己的劳动”，才能获得分配，另一方面又明确指出，“自由就在于尽可能广泛地不受任何阻碍地发展人们在世俗和精神方面有利于社会的才能”。在《实业家问答》一文中，圣西门指出，学者要享用生活资料就得自己劳动，而实业阶级正是根据学者的劳动状况给其报酬。“实业制度是一种可以使一切人得到最大限度的全体自

---

① 克劳德·昂列·圣西门（Claude Henri de Rouvroy, comte de Saint - Simon, 1760 ~ 1825 年），法国空想社会主义思想家，主要著作有《一个日内瓦居民给当代人的信》（1802 年）、《人类科学概论》（1813 年）、《论欧洲社会的改造》（1814 年）、《论实业制度》（1821 年）、《实业家问答》（1824 年）和《新基督教》（1825 年）等。圣西门认为，社会历史的发展过程不是偶然事件的联结，而是与整个宇宙发展过程一样按规律进行的，是一个连续的、上升的、进步的发展过程。他认为，封建制度崩溃后，由资本主义取而代之；而资本主义也终将走向衰亡，另一个更高级、更完善的社会制度必然要出现。圣西门设想，在未来的新社会中，人人都要劳动，没有游手好闲、不劳而获的人，没有剥削、没有压迫。他相信，只要大家都接受这个理想，新的社会就一定会实现。

② 夏尔·傅立叶（François Marie Charles Fourier, 1772 ~ 1837 年），法国空想社会主义思想家。主要著作有《关于四种运动和普遍命运的理论》《宇宙统一论》《经济的和协作的新世界》等。他认为，人类社会的发展经历了蒙昧、宗法、野蛮和文明四种制度，它们都是情欲斥力占统治地位的强制社会，都经历了盛衰过程，资产阶级视为永恒的文明制度也不过是社会发展的一个阶段。这种制度是万恶之源，他主张消灭文明制度，建立和谐制度（社会）。

③ 罗伯特·欧文（Robert Owen, 1771 ~ 1858 年），英国空想社会主义思想家，也是企业家、慈善家。主要著作有《新社会观》和《新道德世界书》。1820 年，欧文在《致拉纳克郡报告》中提出了消灭私有制，建立财产公有、权利平等和共同劳动等主张。1824 年欧文还到美国创办了“新和谐”公社，公社实行生产资料公共占有、权利平等、民主管理等原则。他关于教育和人的全面发展的思想也具有重要的价值。他主张儿童应受到全面教育，在智、德、体、美、行方面都得到发展，以便能从事全面的实践活动。他认为，教育必须与生产劳动相结合，要培养智育、德育、体育全面发展的一代新人，就必须把教育与生产劳动结合起来。他说：“知识的成就要求培养智、德、体全面发展的有理智的人的时期就要到来了。”他还说：“人应该有充分发展的才能，合理利用智、德、体、行的能力。”

④ 徐节文．论按劳分配［M］．北京：中国社会科学出版社，1982：360.

由和个体自由的制度。”在《论文学、哲学和实业》一文中，他指出，由于实业制度实行按人的贡献进行分配，所以能鼓励劳动：鼓励人自由充分发展自己的才能，因而可以出现重大的发明，导致文明和教化的最大进步。衡量一个人是否有才能，就要看你在实践中的劳动成果，看你的贡献。他同时又指出，实业社会将使一切人的才能得到充分的发展，其“最有利于发展”人的“一切有益的才能”。

傅立叶对按劳分配与人的自由全面发展的关系又持有什么看法呢？傅立叶认为，在他所设想的和谐制度（社会）里，每个人都能从他的爱好、才能出发自由地选择能够发挥他特长的工作，从而使每个人的才能、爱好都能得到充分全面的发展。而为了使人的这种“情欲”能够得到“保持”，必须解决好分配问题[①]，因为“整个协作结构就是建立在这个问题的解决上的”。如果这个问题解决不好，作为和谐制度的基本单位的协作社——“法郎吉”就会解体。为了保证这个“协作结构”的巩固，法郎吉使每个人“能够在每一个诱人的劳动部门中，获得适合他们的劳动、才能和资本的报酬”[②]。具体来说，它要按照以下比例进行分配：收入的5/12按劳动进行分配；4/12按资本分配；3/12按才能（知识）分配。其中，劳动和才能占2/3比例，资本占1/3。按照傅立叶的设想，劳动所占的5/12将按照每个成员所做工作的多少再进行分配，根据他们的工作数量、质量给予一定的报酬。傅立叶之所以会在消费品的分配中提出4/12按资本分配，是因为傅立叶认为，从旧社会到新社会，需要一个过渡阶段（保障制度阶段和协作制度阶段）[③]，每个社会都存在着旧制度的残余和新制度的萌芽。正是这个原因，他才在自己的分配理论里，安排了“资本”参与分配的份额，不过他并不认为这是“合理”的，而是出于无奈，这样做的目的是使才能和劳动的分配得到承认，使才能和劳动在分配中的份额逐渐增加。傅立叶在其晚年的著作和讲演中曾多次提到要逐步排除非劳动收入，认为随着和谐制度的发展，资本的作用将越来越小，劳动和知识的作用会越来越重要[④]。从傅立叶的上述论述来看，在傅立叶那里，按劳分配和人的自由充分的发展是紧密联系的。按照他的设想，要根据每个人的爱好、特长自由选择工作，使人的天赋、才能充分发展，而分配则要根据劳动、才能和资本进行，劳动收入的分配则要根据每个成员的工作数量和质量进行，否则“法郎吉”就会解体，“和谐制度”就会崩溃，人的自由充分发展就不可能实现，因此可以说按劳分配是人的自由充分发展的必要条件。傅立叶是反对平均主义和禁欲主义的，在傅立叶看来，分配的目的就是要保持、造成财产上的不平等，只有有了这种不平等才能促进社会的发展，这种不平等因此也就成为社会发展的重要动力[⑤]。

我们再来看看欧文对按劳分配与人的自由全面发展的关系。欧文所设想的理想社会是“各尽所能，按需分配”的社会。不过，他也认识到，从“虚伪、贫困和不幸的恶劣制度”到“真理、富裕和幸福的优良制度”之间要经过一个过渡时期[⑥]。为此，欧文在1832～1834年组织建立了劳动市场和合作社。在劳动市场上，实行劳动券。劳动券

---

① 傅立叶．傅立叶选集：第1卷［M］．赵俊欣等译．北京：商务印书馆，1979：69.

② 傅立叶．傅立叶选集：第3卷［M］．汪耀三等译．北京：商务印书馆，1979：355.

③④ 吴易风．空想社会主义［M］．北京：北京出版社，1980.

⑤ 傅立叶．傅立叶选集：第1卷［M］．赵俊欣等译．北京：商务印书馆，1979：90，95.

⑥ 欧文．欧文选集：下卷［M］．柯象峯等译．北京：商务印书馆，1965：105.

实际上是一种分配手段和凭证，它证明"他个人在供消费的那部分共同产品中应得的份额"[①]。这种分配已经是按劳分配了。欧文认为在合作社里，"一切财富都来自劳动和知识"，因此"对于劳动和知识，一般是按照所耗费的时间给酬的"。他也认为，"根据劳动时间给予报酬是对男工而言的，而与女工和童工无关。女工和童工的报酬应当按照劳动的效用规定"[②]。这里，欧文不仅提出了按劳动时间给予劳动报酬，并且提出了要按劳动效益（效用）来给予劳动报酬的思想。

那么，欧文提出的按劳分配思想和人的才能应得到自由充分发展的各尽所能思想有没有联系呢？或者说，当欧文提出"按劳分配"的思想时，他是否抛弃了他以前的与"按需分配"的原则紧密相连的人的才能应自由充分发展的各尽所能的思想呢？回答是"没有"。研究欧文的整个学说的演变和发展，我们可以看出，当欧文在1832～1834年提出按劳分配思想的时候，不仅没有抛弃人的才能充分自由发展的各尽所能的思想，相反，对人的才能充分自由发展的各尽所能思想进行了更深入的研究。1834年初，欧文把人的自由充分发展的各尽所能思想明确提到合作化运动应当达到的伟大目标的高度。他认为应当达到两个伟大的目的：一是每个劳动人民都要有工作；二是人人都要受到良好的教育，并有机会发展自己的智慧[③]。1836年，欧文又明确提出了"各尽所能"。可见，在欧文那里，按劳分配和人的自由充分发展的各尽所能是密切联系的；人的自由充分的发展，不仅和欧文未来理想的按需分配有密切联系，是按需分配的前提，而且和按劳分配也有密切联系，既是按劳分配的前提，也是按劳分配的目的。

综上可知，在三大空想社会主义者那里，按劳分配与人的自由全面的发展是紧密联系在一起的，按劳分配既是迈向人的自由全面发展的社会的重要阶段，也是实现人的自由全面发展的重要条件。

（二）马克思、恩格斯关于按劳分配与人的自由全面发展关系的理论

马克思、恩格斯对莫尔、康帕内拉和三大空想社会主义者所赋予的人应自由充分发展的"各尽所能"的思想给予了高度的评价，并将其纳入所创立的科学社会主义之中，如《德意志意识形态》一文指出，"工人们在自己的共产主义的宣传中说，任何人的职责、使命、任务就是全面地发展自己的一切能力，其中也包括思维的能力"[④]。在《共产主义原理》中，恩格斯指出，未来社会的人们将"根据社会的需要或他们自己的爱好，轮流从一个生产部门转到另一个生产部门……这样一来，根据共产主义原则组织起来的社会，将使自己的成员能够全面地发挥他们各方面的才能，而同时各个不同的阶级也就必然消失"[⑤]。在《资本论》中，马克思则更加明确地指出，社会主义是"以每个

---

① 马克思，恩格斯．马克思恩格斯文集：第五卷［M］．中共中央马克思恩格斯列宁斯大林著作编译局译．北京：人民出版社，2009：115，注50.

② 欧文．欧文选集：上卷［M］．柯象峯等译．北京：商务印书馆，1965：381.

③ 欧文．欧文选集：上卷［M］．柯象峯等译．北京：商务印书馆，1965：413.

④ 马克思，恩格斯．马克思恩格斯全集：第三卷［M］．中共中央马克思恩格斯列宁斯大林著作编译局译．北京：人民出版社，1960：330.

⑤ 恩格斯．共产主义原理［M］．中共中央马克思恩格斯列宁斯大林著作编译局译．北京：人民出版社，1973：16－17.

人的全面而自由的发展为基本原则的社会形式”①。这说明，杰出的空想社会主义者关于人的自由充分发展的“各尽所能”的思想被马克思、恩格斯接受了。

那么，由空想社会主义者提出并被马克思、恩格斯所充分肯定和接受了的人的自由充分发展的各尽所能的思想，同马克思、恩格斯提出的在社会主义阶段个人消费品分配上实行按劳分配的思想有没有关系呢？可以说，在马克思、恩格斯那里，人的自由全面的发展不仅是与按需分配紧密联系的，是按需分配的前提，而且同样是与按劳分配有紧密联系的，也是按劳分配的前提。

马克思的按劳分配思想最早见于1857～1858年写的《政治经济学批判大纲》手稿，在这部手稿中，马克思表述了对按劳分配原则的全新观点，他指出：在集体生产中，“单个人的劳动所买到的。不是某种特殊商品，而是他在集体生产中所应得的一定份额”。也正是在这篇手稿中，马克思对1845年前后从空想社会主义者那里吸收的人的才能应自由充分发展的各尽所能思想做了坚持和发展，他反复指出，社会主义就是要让人的才能得到充分的发展，就是要造就一种全面发展、个性自由、具有高度文明的人，这是一种客观趋势。社会主义就是“在共同占有和控制生活资料的基础上联合起来的个人所进行的自由交换”。而所谓自由交换，其中包含着人的能力、活动的自由交换，因此，包含着社会主义阶段能够根据个人的才能、爱好和兴趣自由选择职业，以适应大工业发展所带来的劳动变换空前加速的需要的意思。马克思指出，在社会主义阶段，社会生活过程将按照个人和整个社会全面发展的需要实行改造，从而为个人的充分发展创造条件；而个人的这种充分发展，同样也将作为一种最伟大的生产力反过来影响劳动生产力。

在《资本论》中，马克思关于按劳分配和人的才能自由全面发展之间有紧密联系的思想得到更加充分的发展。在马克思设想社会主义阶段实行按劳分配时，首先谈到必须有一个前提，即必须建立“一个自由人的联合体”。按劳分配正是在自由人的联合体内实行的：离开了自由人的联合体也就谈不上按劳分配。“自由人的联合体”是什么意思呢？根据马克思、恩格斯的解释，就是：在那里，每个人的自由发展，是一切人的自由发展的条件。这里无疑包含有人的才能应得到自由充分全面发展的思想在内。因此，马克思将按劳分配的实行纳入“自由人的联合体”范围（条件）之内，将实行自由人的联合体作为按劳分配的前提，也将人的自由充分全面发展作为按劳分配的前提。此外，在《资本论》论中关于按劳分配思想的论述还有几处。与此同时，关于社会主义社会人的才能自由充分全面发展的思想，关于每个人的全面而自由的发展是社会主义的基本原则的思想，在《资本论》中都得到了详尽、深刻的阐述。由此可见，在马克思《资本论》中，按劳分配和人的才能自由充分全面发展是有密切联系的。

在1875年的《哥达纲领批判》中，马克思在充分肯定社会主义阶段必须实行按劳分配的同时，并没有忘记和忽视人的才能的自由充分全面的发展。虽然他没有用明确的语言提出“各尽所能、按劳分配”，但是在论述中，许多地方是以人的才能的自由充分全面发展的各尽所能的内容为前提的，包含着人的自由充分全面发展思想的阐述。如他

① 马克思．资本论：第一卷［M］．中共中央马克思恩格斯列宁斯大林著作编译局译．北京：人民出版社，1975：649.

在论述按劳分配的具体内容时，说过这样一段话："它不承认任何阶级差别，因为每个人都像其他人一样只是劳动者，但是它默认不同等的个人天赋，因而也就默认不同等的工作能力是天然特权。"马克思的这句话里包含两层意思：其一，在社会主义阶段要实行按劳分配，必须人人劳动，每个人都要成为劳动者，都要有劳动权利和就业机会；其二，在社会主义时期，实行按劳分配，本身就意味着充分承认劳动者的天赋和才能是不相同的，因而允许（同意）他们各自充分地发展其天赋和才能，他们每个人也都有这样的权利。

另外，在《哥达纲领批判》里，马克思在谈到按劳分配向各取所需过渡时，也是以个人的全面发展作为根本条件的。马克思说："在随着个人的全面发展，生产力也增长起来，而集体财富的一切源泉都充分涌流之后，……只有在那个时候，……社会才能在自己的旗帜上写上：各尽所能、按需分配！"可见，马克思将人的才能充分全面发展这个各尽所能的主要内容提到了非常高的位置。

恩格斯认为，按劳分配和人的自由全面发展是紧密联系的。在1876年出版的《反杜林论》中，他说，"对于要把人的劳动力从它作为商品的地位解放出来的社会主义来说，极其重要的是要认识到，劳动没有任何价值，也不可能有任何价格，……从这种认识产生了进一步的认识：只要分配为纯粹经济的考虑所支配，它就将由生产的利益来调节，而最能促进生产的是能使一切社会成员尽可能地全面发展、保持和运用自己能力的那种分配方式"。恩格斯在这里明确地提出了按劳分配应"是能使一切社会成员尽可能全面发展，保持和运用自己能力的那种分配方式"，换句话说，只有按劳分配才能实现人的自由全面发展。另外，他将人的才能的自由充分全面发展和按劳分配作为社会主义时期同时生长的事物来论述，他指出，在社会主义时期，与实行按劳分配的方式同时出现的，将会是劳动交换的加速，劳动者职位的不断变化，以及劳动者选择职业的灵活性，人的职业一辈子固定不变的现象不应该存在。恩格斯还高度科学地概括了人的自由充分全面发展的各尽所能的内容，并将其提到了社会形态和社会主义主要特征之一的高度，并据此指出，在社会主义社会中，"一方面任何人都不能把自己在生产劳动这个人生存的自然条件中所应参加的部分推到别人的身上；另一方面生产劳动给每个人提供全面发展和表现自己全部体力和脑力的能力的机会。这样，生产劳动就不再是奴役人的手段，而成了解放人的手段，因此，生产劳动就从一种负担变成一种快乐"。

总的来看，马克思、恩格斯认为，按劳分配与人的自由全面发展是紧密联系在一起的，社会主义社会是实现人的自由全面发展的必经阶段和低级阶段，实行按劳分配是实现人的自由全面发展的必要条件。

二、按劳分配与人的自由全面发展的关系

（一）按劳分配的含义

按劳分配（又称按劳取酬）是指按照每个劳动者向社会所提供的劳动量来分配劳动收入的收入分配制度。对按劳分配的含义，需要做以下五点说明。

其一，劳动量是个人劳动收入分配的尺度。劳动收入的量取决于劳动量，多劳多

得，少劳少得，不劳不得。

其二，收入分配的对象不是全部社会产品，而只是做了必要的社会扣除之后的国民收入中用作个人消费的部分。那么在社会总产品中要扣除哪些部分之后才可作为个人收入分配的对象呢？马克思认为应扣除以下六个部分：一是用于补偿已消耗掉的生产资料部分；二是用于扩大生产的追加部分；三是用来应付自然灾害等的后备基金或保险基金；四是与生产没有直接关系的一般管理费用，如国家行政管理和国防费用等；五是用来满足社会共同需要的部分，如学校等公共设施；六是为丧失劳动能力的人等设立的保障基金。马克思说："如果我们把'劳动所得'这个用语首先理解为劳动的产品，那么集体的劳动所得就是社会总产品。现在从它里面应当扣除：第一，用来补偿消耗掉的生产资料的部分。第二，用来扩大生产的追加部分。第三，用来应付不幸事故、自然灾害等的后备基金或保险基金。从'不折不扣的劳动所得'中扣除这些部分，在经济上是必要的。"① 他说："剩下的总产品中的另一部分是用来作为消费资料的。在把这部分进行个人分配之前，还得从里面扣除：第一，同生产没有直接关系的一般管理费用。同现代社会比起来，这一部分一开始就会极为显著地缩减，并随着新社会的发展而日益减少。第二，用来满足共同需要的部分，如学校、保健设施等。同现代社会比起来，这一部分一开始就会极为显著地增加，并随着新社会的发展而日益增长。第三，为丧失劳动能力的人等等设立的基金，总之，就是现在属于所谓官办济贫事业的部分。只有现在才谈得上纲领在拉萨尔的影响下狭隘地专门注意的那种'分配'，就是说，才谈得上在集体的各个生产者之间进行分配的那部分消费资料。"②

其三，取得收入的劳动必须是为社会所提供的劳动，就是说这种劳动必须是为社会所需要的，是社会劳动的一部分，否则就不能取得任何劳动收入。

其四，作为劳动收入分配标准的劳动量必须是社会平均性质的劳动，等量劳动取得等量报酬的劳动是指社会平均性质的劳动，社会平均性质的劳动是劳动收入分配的共同标准，因此如果个人劳动生产率与社会平均的劳动生产率不一致，即使劳动者劳动时间相同，所获得的劳动报酬也会不相同，如果个人劳动生产率低于社会平均的劳动生产率，所付出的一部分劳动就不会被社会承认，如果个人劳动生产率高于社会平均的劳动生产率，劳动者就可获得超额收入。

其五，作为劳动收入分配依据的劳动应是流动形态的劳动。劳动有三种形态：潜在形态、凝固形态、流动形态。作为劳动收入分配依据的是流动形态的劳动。当然，并不是任何形式的流动形态的劳动都能获得劳动收入，只有社会所需要的为社会所承认的劳动才能获得劳动收入，不是任何数量的流动形态的劳动都能获得相同数量的劳动收入，只有社会平均性质的劳动消耗才能获得等量的劳动收入。

（二）按劳分配与人的自由全面发展的关系概述

按劳分配与人的自曰全面发展之间有着十分密切的关系。一方面，按劳分配是人类

① 马克思，恩格斯．马克思恩格斯选集：第三卷［M］．中共中央马克思恩格斯列宁斯大林著作编译局编．北京：人民出版社，1995：302－303.

② 马克思，恩格斯．马克思恩格斯选集：第三卷［M］．中共中央马克思恩格斯列宁斯大林著作编译局编．北京：人民出版社，1995：303.

社会迄今为止最有利于人的自由全面发展的收入分配制度，按劳分配从多个方面影响着人的自由全面发展；另一方面，人的自由全面发展的状况也影响着按劳分配的实施。

按劳分配对人的自由全面发展的影响主要反映在两个方面：一是制度性质方面；二是制度运行层面。

从制度性质层面来看，按劳分配是人类社会至今最有利于人的自由全面发展的分配制度。尽管未来社会，即在劳动成为人的爱好的条件下，不再需要按劳分配，那时最好的分配制度是按需分配，但只有在生产力高度发展的条件下和社会意识彻底摆脱私有和自我的条件下，劳动才可能成为人类社会成员的普遍爱好，因此只有到那时，按需分配才会成为具有现实可能性的分配制度。而要达到那种社会条件，依然是极其遥远的，因为直到今天，全球依然还有十亿人以上生活在贫困的状态之中。这就意味着，如果在未达到那种社会条件的社会就实行按需分配，那绝对是会损害人的自由全面发展的。我们的社会已经具备实行按劳分配的基本条件，虽然还不是真正社会意义上的按劳分配，但即使是这种按劳分配也已经是一种优于其他分配制度的分配制度，因为按劳分配是依据劳动者对社会所做出的劳动贡献进行分配，因为它消除了利用劳动以外的手段剥削他人劳动的现象，只有在按劳分配制度下，人们才能够依靠向社会提供更多的劳动量而获取更多的收入，因为按劳分配的规则是多劳多得、少劳少得、不劳不得。按劳分配虽然不能使人们实现经济上的完全平等，但是它所反映的是劳动者之间平等交换其劳动的关系，最大限度地实现了在社会生产力发展水平达到按需分配之前的社会中人们之间经济权利的平等。这样一种只能依靠劳动获取收入，多劳多得、少劳少得、不劳不得的收入分配制度，一方面是最为公平的收入分配制度，另一方面也会驱使所有劳动者向社会贡献自己的劳动，激发劳动者不断提高自己的劳动能力，不断增加向社会的劳动供给。其结果一方面是劳动者个人能力的不断提升，另一方面是整个社会的不断发展。因此，从制度性质方面来看，按劳分配有利于人的自由全面发展。

从制度运行层面来看，按劳分配对人的自由全面发展也有着重要的影响。具体有以下六个方面。

第一，按劳分配的具体制度设计会对人的自由全面发展产生影响。尽管从按劳分配制度性质上看，它是最公平的分配制度，但因为劳动标准的确定和劳动的衡量在运行层面是非常复杂和困难的，因此按劳分配的具体制度设计却并不一定符合完全公平的要求，这样具体分配制度的公平性程度的高低和差异就会对人的自由全面发展产生影响。因为如果具体分配制度的公平性程度低，就会损害劳动者的劳动积极性，也会损害人们提高劳动能力的积极性，并且会对社会环境等产生影响，最终不利于人的自由全面发展，而如果制度设计公平，则会激发劳动者的劳动积极性，激励人们提高劳动能力，并且会促进社会的和谐与稳定，从而会对人的自由全面发展产生积极影响。

第二，按劳分配的结果会对人的自由全面发展产生影响。实际上，按劳分配的平等是等量劳动获取等量报酬的权利的平等，这种平等所带来的必然是由劳动者劳动贡献差异所带来的分配结果的差异。如果按劳分配造成的结果差异是社会所认可范围之内的差异，那它不会造成社会的不满，不会造成社会心理的阶层分化，这会为人的全面自由发展创造条件，但如果按劳分配造成的结果差异超出了社会所认可的范围，特别是部门差距、地区差距过大，则会引起社会的不满，并且也会因为收入差距而造成居民之间在接受教育、医疗等方面的能力的相应差异，最终会造成从社会整体来看不利于人的自由全面发展的结果。

第三，劳动收入对消费所产生的影响会对人的自由全面发展产生影响。虽然劳动收入在居民收入来源中的比重从宏观上来看与劳动收入和非劳动收入的分配结构有关，从微观上来看与居民的要素结构有关，但总体上来看，劳动收入都是居民的主要收入来源，因此劳动收入也就成为决定居民消费的主要因素。这就意味着，劳动者的劳动能力、劳动能力的利用、劳动能力利用所产生的价值等决定劳动收入的因素，最终会成为决定居民消费的因素。劳动收入的高低决定着居民消费水平的高低，劳动收入的差距也会通过消费水平、消费内容、消费结构、消费方式等的差异反映出来，而消费水平、消费内容、消费结构、消费方式等对人的自由全面发展有着直接的影响，因此，从劳动收入决定消费的角度来看，按劳分配对人的自由全面发展发挥着重要的影响。

第四，按劳分配对教育影响显著，也因此会对人的自由全面发展产生重要的影响。一方面，人的能力的发展主要取决于所接受的教育的数量和质量，由于劳动收入是居民的主要收入来源，因此劳动收入水平也就成为所接受教育的数量多少和质量高低的重要决定因素，从而也就成为决定人的能力发展的重要因素；另一方面，人们接受教育的积极性也与劳动收入分配密切相关，接受教育的数量越多、质量越高，获取的劳动收入越多，人们就愿意接受更多数量和更高质量的教育，人的能力就可以得到更大程度的提高。

第五，按劳分配对就业影响显著，因而会对人的自由全面发展产生重要的影响。一方面，就业是劳动者的权利，就业也是人的劳动能力形成和发展的重要条件，按劳分配意味着人们必须依靠就业来获取劳动收入，必须依靠向社会提供更多的劳动来获取更多的劳动收入，这就会促使人们积极寻求就业机会，从这个方面来看，按劳分配会促进人的能力的发展；另一方面，因为劳动力供求关系的变化会使就业机会发生变化，劳动力供求状态的差异会使同样的劳动力和同样的劳动所获得的劳动收入出现差异。从前者来看，它会促进劳动力的流动，促进劳动者的重新学习，也会造成劳动力的失业；从后者来看，它会促进劳动者调整劳动能力结构，促进劳动力在单位之间、行业之间和地区之间的流动，也会引起劳动者之间的矛盾。由此得出，按劳分配既有促进人的自由全面发展的一面，也有不利于人的自由全面发展的一面。

第六，按劳分配实施状况对劳动效率有着决定性的影响，因此其对人的自由全面发展也产生着重要的影响。劳动者付出劳动的直接动因是获取劳动收入，如果按劳分配得到很好的实施，多劳多得、少劳少得、不劳不得，那它会充分调动劳动者的劳动积极性，一方面会促进生产能力的充分利用，另一方面也会激励劳动者不断提高劳动能力，从而不断开发出新的生产力，因此其会促进人的自由全面发展；如果按劳分配实施状况不佳，没有形成多劳多得、少劳少得、不劳不得的分配格局，就会损害劳动者的劳动积极性，如果出现了劳动收入和劳动量倒挂的格局，那就会对劳动者的劳动形成负向刺激，生产力就不可能发展，人的自由全面发展也就不可能实现。

此外，按劳分配也会通过其他途径对人的自由全面发展产生重要的影响。

总的来看，按劳分配如果得到很好的实施，其会促进人的自由全面发展，反之，则会损害人的自由全面发展。但同时也得注意按劳分配形成的劳动收入的差异及其进一步带来的收入分化效应，如果超出了社会所接受的范围，也会对人的自由全面发展造成不利的影响。

从按劳分配与人的自由全面发展的关系来看，人的发展不只是受按劳分配的单向影响，人的自由全面发展的状况也会对按劳分配产生影响。因为人的自由全面发展的状况是按劳分配所面临的重要现实条件和环境，如果人的自由全面发展的状况很差，那么按劳分配的实施要么会大打折扣，要么会造成严重的收入分化，而如果整个社会人的自由全面发展的状况良好，就可以为按劳分配的实施创造良好的条件和环境，从而促进按劳分配的发展。

（三）不断完善按劳分配，促进人的自由全面发展

人的自由全面发展是人类社会发展的目标，也是我们的现实目标，因此要通过不断完善按劳分配来促进人的自由全面发展。

首先要做好按劳分配制度的具体制度设计。按劳分配制度的基本性质和特征是统一的，但具体制度设计却可以千差万别，从现实情况来看，按劳分配的具体制度设计也的确存在很大的差异，特别是在生产资料所有制多元化、市场经济条件下，如何构筑社会整体意义上均质化的或者尽可能均质化的按劳分配的具体制度是我们面临的艰巨任务。城乡之间、所有制之间、行业之间、地区之间、单位之间的差异是当前所面临的突出问题，应着力解决。其方向就是尽力消除劳动贡献差异以外的因素所造成的对按劳分配的损害，从而尽可能在更大的程度上实现社会整体层面的等量劳动获取等量劳动收入。

其次是要完善按劳分配的保障机制。单位内部和行业之间、所有制之间、行业之间、地区之间、单位之间的劳动收入差异既有实际的劳动贡献的差异，也有非劳动贡献因素的影响。也就是说一部分人的薪酬远高于他们的劳动贡献，另一部分人的薪酬又远低于他们的劳动贡献，这实际上是违背了按劳分配的原则。之所以存在这样的问题，主要是因为按劳分配的实施缺乏有效的保障机制。要健全按劳分配的保障机制，需要做到：一是健全法规；二是加强监督；三是全面推进劳动力市场的统一和开放；四是完善薪酬决定的决策机制。

当然，仅仅依靠完善按劳分配制度本身并不能够解决按劳分配制度运行层面的问题，并不足以达到为人的自由全面发展创造条件的目的，还必须同时采取调节劳动收入分配格局、发展基础教育、完善高等教育体制、完善就业体制以及完善社会保障制度等措施。

第三节 按生产要素贡献分配与人的自由全面发展

一、按资本要素贡献分配与人的自由全面发展概述

（一）按生产要素贡献分配的含义及其必要性

不同的社会发展阶段有不同的收入分配制度，收入分配制度的性质和特征取决于所

处阶段的生产力发展和生产资料所有制性质及特征。人类社会经历了原始社会的平均分配、私有制社会的按土地和资本要素分配的演变，在完全的生产资料社会所有制的条件下，可以实行完全的按劳分配，不过在到达这个阶段以前，还要经历一个漫长的按劳分配与按生产要素贡献分配并存的阶段，我们现在所处的就是这样一个阶段。前面已述及按劳分配与人的自由全面发展的关系，本节所要论述的是按生产要素贡献分配与人的自由全面发展的关系。

生产要素是指进行物质生产所需要的一切要素及其条件，它是进行生产活动、创造物质财富必不可少的条件。生产要素既包括人的要素，也包括各种物的要素；既包括物质形式的要素，也包括非物质形式的要素。随着生产力的发展和产业及产业结构的升级，生产要素的具体形式也越来越多样化。在现代经济中，劳动力、土地、生产用房、机器设备等劳动资料、劳动对象、知识、管理等都是重要的生产要素。生产要素的规模和质量是物质生产规模和水平的重要决定因素。扩大生产要素的规模、提高生产要素的质量是扩大物质生产规模、提高物质生产水平的前提条件，是生产力发展的基本途径，因此，生产要素的供给和利用对于人的自由全面发展具有基础性作用，人类社会应该不断增加生产要素的供给规模和不断提高生产要素的质量，不断提高生产要素的利用率和利用效率。

能否不断增加生产要素的供给规模和不断提高生产要素的质量，以及不断提高生产要素的利用率和利用效率，既取决于生产力自身发展的一般规律，也取决于生产要素供应与配置的激励机制。在生产要素未实现全社会所有制的条件下，要实现生产要素供给规模的不断增长、生产要素供给质量的不断提升以及生产要素利用率和利用效率的不断提高，就必须给予生产要素的所有者以充分的激励，合适的激励制度就是按生产要素贡献来分配收入。

按生产要素贡献分配指的是根据生产要素的所有者向社会所提供的生产要素在价值形成或创造中所做出的贡献而进行的分配。生产要素的所有者能获得多少收入，首先取决于在国民收入分配中劳动收入的比重，在国民收入分配中劳动收入和生产要素收入是此消彼长的竞争性关系；其次取决于其所提供的生产要素的种类和稀缺性，因为不同种类的生产要素在价值形成或创造中的贡献存在着差别，稀缺性也存在差别，贡献越大，收入水平越高，稀缺性越高，价格越高，获得的收入越多；最后取决于其所提供的生产要素的数量与质量，提供的生产要素数量越多、质量越高，获得的收入会越多。

在社会生产力高度发达和生产资料全社会所有的条件下，按生产要素贡献进行分配不再存在，那时按劳分配与按生产要素贡献分配并存的格局会被单一的按劳分配代替，但在社会生产力还没有达到高度发达，生产资料还没有实现全社会所有的条件下，还必须有按生产要素贡献分配。一方面，要通过实施按生产要素贡献分配来刺激居民向社会提供生产要素和提高生产要素质量，以此来促进物质生产的发展，促进生产力的发展；另一方面，在生产要素分属于多个经济主体的条件下，只有给予生产要素的供给者以报酬，他们才会愿意向社会提供其所拥有的生产要素，社会生产发展的潜力才能被调动出来，生产力才能得到发展。也就是说，实行按生产要素贡献分配在目前以至在人类社会发展的漫长阶段都具有其必要性。

（二）按资本要素贡献分配与人的自由全面发展的关系

生产要素包括多种类型，这里将其划分为资本要素、知识要素和其他要素，因此按生产要素贡献分配就有按资本要素贡献分配、按知识要素贡献分配和按其他要素贡献分配。这里的资本要素包括土地、机器设备、劳动对象等，从产权形式来看，包括土地所有权、土地占有和使用权、企业资本所有权等，在土地公有制条件下，居民只能拥有土地的占有权和使用权。

按资本要素贡献分配就是指资本要素的所有者凭借其向社会所提供的资本要素在价值形成中所做出的贡献而进行的分配。

居民提供的资本要素所采取的收入形式主要包括：（1）企业利润；（2）股权投资分红以及股本溢价收入；（3）贷款利息收入、债券利息收入以及股息收入等；（4）土地占有和使用权出租租金收入以及转让溢价收入、生产用房出租租金收入、机器设备出租租金收入等；（5）减去各种开支后的盈余（针对个体经营者）。

在国民收入分配中劳动收入和生产要素收入比重一定的条件下，资本要素能获得多少收入，首先取决于资本要素和非资本生产要素收入的比重，两者之间是此消彼长的竞争性关系；其次取决于资本要素的所有者所提供的资本要素的种类和稀缺性，因为不同种类的资本要素在价值形成中的贡献会不同，稀缺性也存在差别，所提供的资本要素在价值形成中的贡献越大，获得的收入越多，稀缺性越高，价格越高，获得的收入越多；最后取决于其所提供的资本要素的数量与质量，提供的资本要素越多，质量越高，获得的收入会越多。

那么按资本要素贡献分配对人的自由全面发展有什么影响呢？其影响具有双重性。一方面，按资本要素贡献分配对人的自由全面发展可以发挥促进作用；另一方面，按资本要素贡献分配对人的自由全面发展会产生消极影响。之所以说按资本要素贡献分配对人的自由全面发展可以发挥促进作用，是因为按资本要素贡献分配能够鼓励储蓄和积累，激励人们积极向社会提供更多的资本要素，对资本形成可以产生促进作用，同时在市场机制的作用下，也可以促进资本要素利用效率的提升，因此可以促进生产力的发展，而生产力的发展是人的自由全面发展的基础。按资本要素贡献分配对人的自由全面发展会产生消极影响，则是因为资本要素参与分配，势必在国民收入分配中挤压劳动收入和知识要素收入，并且资本要素的可继承性和“滚雪球”效应完全可能会造成收入分配的“马太效应”，从而造成分配两极化和不公，最终会对生产力发展和社会和谐造成负面影响，不利于人的自由全面发展。

人的自由全面发展对按资本要素贡献分配也有影响。一方面，人的自由全面发展的水平和阶段会对按资本要素贡献分配在整个收入分配中的地位产生影响，发展水平越高，越处于更高的发展阶段，按资本要素贡献分配的地位会越低；另一方面，人的自由全面发展的水平和阶段会对按资本要素贡献分配的内部结构产生影响，发展水平越高，越处于更高的发展阶段，物质化的资本要素的分配比重会越低。

鉴于按资本要素贡献分配对人的自由全面发展影响的双重性，就有必要通过完善和调节按资本要素贡献分配来消除或者弱化其对人的自由全面发展的不利影响。具体有：首先要允许按资本要素贡献分配，以此来促进资本形成，扩大生产力规模；其次要促进资本要素的市场竞争，限制或者消除资本要素供给的垄断行为和垄断价格；最后要对资本要素收入进行调节，解决资本要素收入的“马太效应”，通过税收政策等收入调节政策，缩小资本要素收入差距。

二、按知识、才能分配与人的自由全面发展

（一）按知识、才能分配与人的自由全面发展的关系

按知识、才能进行分配（按知识要素贡献分配）是指根据知识、才能的所有者向社会所提供的知识、才能在价值创造中所做出的贡献而进行的分配。知识、才能参与国民收入分配的具体方式很多，常见的形式包括：（1）将知识和才能转化为专利权，通过专利权的出售来获取收入；（2）将知识和才能转化为企业的股权，通过分红和股权转让来获取收入；（3）运用所拥有的知识和才能举办营利性质的企业或者事业实体，通过制造商品或者提供服务的方式来获取收入；（4）以高薪受聘需要其所拥有的知识和才能的单位。除了这些常见的形式之外，还有其他各种物质的和非物质的方式。随着工业化社会向知识经济的转型，知识和才能对社会发展的贡献越来越大，知识和才能也越来越多地参与国民收入分配，在国民收入分配中所占有的比重也越来越大。

按知识和才能进行分配与人的自由全面发展是什么关系呢？一方面，按知识和才能进行分配影响着人的自由全面发展；另一方面，人的自由全面发展也对按知识和才能进行分配产生着影响。

从按知识和才能进行分配对人的自由全面发展的影响来看，一方面，按知识和才能进行分配具有促进人的自由全面发展的作用；另一方面，从社会的角度来看，也有不利于人的自由全面发展的一面。

人能力的全面而充分的发展是社会生产力发展的基础和社会进步的推动力量。社会的发展，人的发展，首先和根本的就是人的能力的发展。马克思指出，任何人的职责、使命、任务就是全面地发展自己的一切能力，其中包括思维能力，因此，发展人的各种能力是人的发展的重要内容。人的能力包括体力、智力、创造力、适应能力、应变能力等。按知识和才能进行分配能否促进人的自由全面发展，自然要看它能否促进人的能力的发展。按知识和才能进行分配是完全能够促进人的能力的发展及人的自由全面发展的，其促进作用主要反映在以下四个方面。

首先，按知识和才能进行分配能促进人的智力不断发展。在前工业化时期，人类社会的发展主要依赖于人的体力，但正是因为智力的发展才使人最终从动物界脱颖而出，并发展出农业文明；在工业化时期，尽管经济发展依然大量依靠人的体力，但对人的智力的依赖大幅度提升，机器的发明、制造、应用以及科学技术的发展等都是建立在人的智力发展的基础上的。工业化社会进一步发展到知识经济阶段之后，经济的发展将主要依靠人的智力的发展。这就意味着随着知识经济的到来，知识将成为经济发展的决定性力量，而如何促进知识发展将会成为人们要面对的最主要的问题。要促进知识的发展最关键的是要给予先进知识和专门才能的创造者和拥有者足够的动力，以此来驱使整个社会不断进行创新和创造。而按知识和才能进行分配则可以给予先进知识与专门才能的创

造者和拥有者足够的经济动力，而知识和才能的发展正是人的智力发展的表现，因此，按知识和才能进行分配会促进人的智力的不断发展。此外，按知识、才能分配也会提供智力发展的压力，因为如果不拥有先进知识和专门才能，就不可能获取相应的收入，甚至会影响就业选择空间，这就会促使劳动者要不断地学习，不断地提高自己的知识水平，不断地进行创新和创造，造成的结果就是人的智力得到不断的发展。

其次，按知识和才能进行分配将激发人的创造力的不断发挥。要拥有为市场所需要的先进的知识和专业技能，就必须在掌握现有知识和专业技能的基础上，充分挖掘创新和创造的潜能，充分发挥个体和团体的创造力，在分工高度发达的经济社会中，还必须进行联合攻关，解决面临的技术和管理难题，从而在知识和技能的创新竞争中获得优势。这一方面会促进个体的人的能力的发展，另一方面也会促进群体的人的能力的发展。

再次，按知识和才能进行分配将使人的适应能力、应变能力等得到发展。创新和创造的过程、提升专业技能的过程是人的能力不断提升和延展的过程，按知识和才能进行分配对创新和创造、专业技能提升的激励作用和压力机制意味着这一分配制度将使人的能力不断提升，其中包括人的适应能力、应变能力等。在分工高度发达、市场需求结构和产业结构不断变化和升级的条件下，人的适应能力、应变能力等的发展既是人的自由全面发展的要求，也是人的自由全面发展的条件。

最后，按知识和才能进行分配将促进社会生产力的发展。按知识和才能分配提供了知识和才能的市场化和获取收入的条件，一方面可以激发知识和才能的拥有者向社会贡献其知识和才能的积极性，另一方面人们不断地进行创新和创造，不断学习、掌握和提高专业技能，因此可以促进整个社会知识的不断发展和专业技能的不断发展，其结果是社会生产力得到不断发展，而生产力的不断发展会持续促进人的自由全面发展。

不过按知识和才能进行分配也有对人的自由全面发展不利的一面。这主要表现在以下三个方面。

第一，按知识和才能进行分配主要适用于能够市场化的知识和才能，对于不能和不适宜市场化的知识和才能的发展会造成负面的影响。人类的知识和才能包括生产和生活的所有方面，有些类型的知识和才能是可以完全市场化的，有些类型的知识和才能是可以部分市场化的，有些类型的知识和才能则是完全不能和不适宜市场化的，按知识和才能进行分配意味着只有那些市场化的知识和才能可以获取收入，而那些不能和不适宜市场化的知识和才能则不能获取收入，由此造成的结果是社会的资源会大量配置于那些能够市场化的知识和才能的创新和提升上，这样那些不能和不适宜市场化的知识和才能就难以发展。知识和才能是一个具有内在联系的体系，人类社会的发展既需要那些能够市场化的知识和才能的发展，也需要那些不能和不适宜市场化的知识（如基础科学知识等）和才能（如人类文化遗产类的才能等）的发展，如果不能和不适宜市场化的知识和才能得不到相应的发展，人类社会的知识和才能体系的发展就会受到极大的限制，这就说明，如果不能和不适宜市场化的知识和才能不能参与市场收入分配，将会损害人类知识体系和才能体系的进步，从而损害整个社会的人的自由全面发展。

第二，按知识和才能进行分配会导致不拥有能够市场化的知识和才能的人得不到收入。在可以和能够市场化的知识与才能中，真正能够获取收入的知识和才能只是其中的一小部分。从知识来看，只能是那些具有领先地位的可商业化的知识可以获取收入；从才能来看，只能是那些超高水平和具有垄断性质的“独门秘籍”类的才能可以获取收入。其他知识和才能是不可能获取收入的。无论人类社会知识和才能体系提升到何种阶段，具有商业价值、能凭其参与收入分配的知识和才能总是少数，拥有这些知识和才能的人也总是少数。这就意味着大部分人并不能获得知识和才能类的收入，造成的结果就是人的发展的失调。

第三，按知识和才能进行分配会限制知识和才能的扩散。知识和才能越是能广泛地得到利用，越有利于生产力的发展。但在按知识和才能进行分配的条件下，保守知识和才能的秘密，垄断性地占有具有商业价值的知识和才能，是实现收入最大化的理性行为选择。由此造成的结果就是按知识和才能进行分配会限制先进知识和专业才能的扩散。并且如果这些知识和才能的拥有者具有很高的市场垄断地位，那就可以获取极高的垄断性收入。这无疑会损害生产力的发展，损害社会福利水平的提高。

（二）不断完善按知识和才能分配的制度，促进人的自由全面发展

从上述对按知识和才能进行分配的制度来看，一方面它能促进人的自由全面发展，另一方面它也有不利于人的自由全面发展的一面，因此我们要关注的不只是要推行按知识和才能进行分配的制度，更重要的是不断完善按知识和才能进行分配的制度，从而充分发挥其促进人的自由全面发展的积极作用，克服或者弱化其不利于人的自由全面发展的负面作用。

第一，要允许并坚定地推行按知识和才能进行分配的制度。一方面是因为人类社会的发展依赖于知识和才能的发展，特别是进入现代经济阶段，经济发展已经高度依赖于知识和才能的发展，国内市场竞争、国际市场竞争，企业间的竞争、国家间的竞争，都要依靠知识和才能，社会必须对知识和才能的发展给予高度的肯定和强力的激励；另一方面是因为按知识和才能进行分配的制度能够给知识和才能的发展提供内在的经济驱动力，也可以给知识和才能的发展提供外部的竞争机制和压力，其对可以和能够市场化的知识和才能的发展形成强力的刺激，因此应该允许和坚定不移地推行按知识和才能进行分配的制度。

第二，必须不断完善按知识和才能进行分配的制度。之所以要不断完善按知识和才能进行分配的制度，是因为按知识和才能进行分配的制度既不利于不能和不适宜市场化的知识和才能的发展，也不利于知识和才能创新和提升中“失败者”的发展，并且还会限制知识和才能的扩散。如何完善按知识和才能进行分配的制度呢？首先，要完善知识产权保护制度，一方面要对知识产权进行保护，另一方面要确定合理的知识产权保护时限和范围。其次，要对企业的垄断行为进行合理的干预，消除或者弱化通过企业垄断的方式长期阻止知识和才能的扩散。最后，要对知识和才能的垄断性价格进行干预，消除或者弱化垄断者通过垄断性高价谋取超过合理界限的垄断性收入。

此外还要采取其他措施来克服或者弱化按知识和才能进行分配的制度的负面作用，包括政府运用公共资源支持不能够和不适宜市场化的知识和才能的发展、大力发展教育、积极支持科技进步以及对按知识和才能进行分配形成的收入分配格局进行调节等。

第四节　员工持股参与分配与人的自由全面发展

一、员工持股制度的含义及对国有企业改革的意义

（一）员工持股制度的含义

企业在本质上是一个物质资本和人力资本在一定的合约下形成的组织体系。拥有物质资本和人力资本的各产权主体缔结成企业合约，分工协作、创造财富。对于剩余的索取形成企业的相关人员最有效的激励，因而对剩余索取权的安排，就成为与企业效率密切相关的问题。一个有效的所有权安排必须消除企业中存在的“搭便车”等问题，企业要提高其成员的积极性，必须形成企业成员的自我约束机制，而自我约束的动力来自风险与收益的对称。一般来讲，控制权、岗位责任及风险与剩余索取权相对应，是最优的企业制度安排。现代企业中股东、经理、工人等共同承担了相应的风险，也应共同分享剩余，共同参与所有权的分配。而其前提是股东、经理、工人应相应地拥有企业的所有权。因此，在现代企业中引入员工持股制度对优化法人产权结构、形成更为有效的法人治理结构具有积极作用，是现代企业制度的一种重要实现形式。

员工持股指由公司内部员工个人出资认购本公司部分股份，并委托公司工会的持股会进行集中管理的产权组织形式。员工持股制度为企业员工参与企业所有权分配提供了制度保证。员工持股通过使员工拥有企业的一部分股份并参与利润分配来增强对企业的关联度，提高员工的生产积极性，从而达到提高企业效率的目的。员工持股制度虽与典型的股份制企业在持股人资格、收益分配、股票出让等方面存在差别，但依然是以资产的个人占有为基础而拥有相应的剩余索取权和控制权的，它不允许企业外人员占有其股份（即成为持股会成员），企业员工则必须认购本企业的股份。认购股份的多少取决于企业资本与劳动的比例。员工离开企业时，企业要回购其股份。在员工持股企业中，由工人股东大会选举企业的董事会等决策机构和管理机构。企业的股东大部分为企业内部成员，外部股东拥有分享企业利润的权利，但很难干涉企业董事的人选。工人股东对经理人员的监督、约束，因股份转让受到严格限制，不是通过退出股权来实现，而是通过在股东大会的表决权直接监督经理人员，参与企业决策。

从国外的通常做法来看，一般有以下两种方式可组成员工持股企业：一是通过信托基金组织，用计划实施免税的利润回购现有股东手中的股票，然后把信托基金组织买回的股票重新分配给员工；二是一次性购买原股东的股票，企业建立工人信托基金组织，企业转让一部分资金给工人信托基金组织原股东手中的股票。回购后原股票作废，企业逐渐按制定的员工持股计划向员工出售股票。国外员工持股制度主要产生于以下两种情况：一是新办企业采取员工持股的方式；二是现有公司股权结构改变时选择员工持股制度，如国有企业非国有化、大型股份公司遗弃或改组其子公司等。

（二）员工持股制度对国有企业改革的意义

员工持股制度可以应用于竞争性行业的所有制类型不同的企业，也可以应用于竞争性行业的国有企业。对国有企业来说，如果引入员工持股制度，应能从多个方面促进企业改革和发展。

首先，有利于建立明晰的产权结构。员工持股制度实际上是通过在国有企业内引入本企业员工持股的成分，形成股权结构多元化，从而优化企业所有权结构，明晰产权关系。员工持股企业通过引入新的产权主体、重新注册企业资本，界定企业产权主体，重新确立企业的债权债务关系，明确产权主体享有的权益及承担的责任，使最终所有者与企业法人在行为目标上趋于一致，共同追求国有资产及个人资产的保值增值。

其次，有利于建立高效的企业治理结构。员工持股制度通过对企业所有权的重新安排，实现了剩余索取权与控制权的对称性分布，在企业内部建立起出资者、经营者、生产者互相制衡的有效机制，形成了有效的自我约束机制，可以有效地克服企业内部各要素所有者的“搭便车”行为，从而完善企业治理结构。

再次，有利于实现政企分开。政企不分是困扰国有企业改革深化的重要原因之一，而员工持股制度的引入，使企业员工作为企业股权主体进入董事会，职工持股会可以通过在董事会中的代表行使投票权，以抑制政府对企业经营活动的不合理干预，从而有利于实现政企分开。因此，在国有企业引入员工持股制度，是建立现代企业制度的有效途径。

最后，有利于提高企业经营效率。员工持股以后，就成为企业的“主人”，企业经营成败会影响其利益，因此员工不仅要努力工作，还会以主人翁的角色关心公司的经营状况，积极参与企业的技术创新和经营管理活动，这些都有助于提高企业经营效率。

二、员工持股参与分配与人的自由全面发展的关系

（一）员工持股参与分配与人的自由全面发展的关系概述

员工以持股的形式参与收入分配不只是资本要素的所得，在实际中，可能还包括了劳动收入和剩余收入．特别是在剩余收入分配中，员工持股能够比不持股获得明显的、强有力的保障。

从员工持股制度产生和发展的历史来看这种制度是为了达到下列目的：一是为了解决企业资金问题；二是为了员工队伍的问题；三是为了提高员工对企业的忠诚度；四是为了调动员工的劳动积极性。国内外企业都有推行员工持股的成功案例和失败案例。但整体来看，员工持股制度还是呈现出不断发展的趋势，这说明其发展是适应生产力发展需要的。

从员工持股参与分配与人的自由全面发展的关系来看，两者是相互影响的。从人的自由全面发展对员工持股参与分配的影响来看，人的自由全面发展对员工持股参与收入分配有推动作用，实际上它反映了员工权利意识、参与意识、民主管理意识和能力的发

展，但员工的集体意识、合作意识、奉献意识以及员工参与经营管理的能力等也会对员工持股参与分配的效能产生影响，员工的集体意识、合作意识、奉献意识以及员工参与经营管理的能力越强，员工持股参与分配的效能发挥得就越充分，如果员工的集体意识、合作意识、奉献意识以及员工参与经营管理的能力很差，员工持股参与分配的期望目标就不可能实现。

员工持股参与分配对人的自由全面发展也有着重要的影响。从积极影响来看，主要体现有：第一，员工持股参与收入分配能够体现民主管理的精神，因为一旦持股，有关就成为所有权人之一，他可以以所有权人的身份参与经营管理决策和对企业经营管理进行监督；第二，应该可以参与或者影响分配决策，从而可以获得更多的收入，特别是持股者能参与剩余收入的分配，并且在企业上市以后，股票价格上涨，可能使财富暴涨，如果出售股权，可能能获得巨大的溢价收益；第三，员工持股参与收入分配意味着员工的利益和企业整体的利益捆绑在一起，员工作为利益共同体的一员会更关心企业经营管理，也可能发挥出巨大的劳动热情和主人翁精神，激发出员工的创新和创造热情及能力，提高员工多方面的能力。

但员工持股参与收入分配也会面临一些问题，这些问题解决不好，从社会来看，会对人的自由全面发展带来负面影响。具体来看：第一，如何解决行业发展势头和潜力差异的影响。行业发展势头和潜力不同，员工持股的意愿会不同，发展势头好、潜力大的行业，员工持股意愿高，持股者获得的收入也多，而那些发展势头不好、潜力不大的行业，员工不会愿意持股，不可能通过持股获得更多的收入，如果员工所在行业衰败，员工持股会遭受更大的损失，这就意味着行业发展势头和潜力的差异会导致行业之间职工收入的更大差别和能力提升的更大差别。这一点对国有经济更是难题，因为国有经济的行业选择并不是市场选择，而是政治选择，如果员工持股参与收入分配，结果无非是发展状态好、收入高的行业（烟草、商业银行、保险、电信、石油等）的员工获得更高的收入，而对效率的提高产生不了多大的作用。第二，如何解决企业发展势头和潜力差异的影响。企业发展势头和潜力不同，员工持股的意愿也会不同，员工所在企业发展势头好、潜力大，持股的积极性就高，通过持股参与收入分配所获得的收入也多，但若员工所在企业发展势头不好、潜力不大，员工不会愿意持股，也就不可能获得更多的收入，如果企业破产倒闭，员工持股会遭受更大的损失，这就意味着企业发展势头和潜力的差异会导致不同企业之间职工收入的更大差别和能力发展的更大差别。这对国有企业是一个难题，因为发展状态好、收入高的企业大多数是垄断企业，员工持股参与收入分配不过是使这些企业的员工获得更多的收入。第三，如何确定与企业规模、行业、发展状态、企业文化等相适应的合理的股权结构。股权分配结构是否合理，对员工和企业发展影响很大，而股权分配结构是否合理，则与企业规模、行业、发展状态、企业文化等因素密切相关。同样的股权分配结构可能造成不同的结果。如员工平均持股，在一些类型的企业，可以形成凝聚力，促进企业和每个员工的发展，在另一些类型的企业则可能带来“搭便车”行为，每个员工既不可能多得，也不可能少得，因此就导致每个员工都不关心企业发展。再如，股权集中度较高，在一些类型的企业，可以形成有利于持续发展的治理结构，不仅是股权多的员工，股权少的员工也会关心企业的发展；而在另一些类型的企业，则可能造成大部分员工不关心企业发展[①]。第四，如何协调员工持股参与收入分配和非员工持股参与收入分配的关系。这一问题主要存在于国有企业和政府特许经营企业及特殊政策保护的企业。如果只允许员工持股参与收入分配，则会造成整个社会的分配不公，如果股权向社会开放，员工股权与外部股权的结构如何安排也会是一个难题。此外，国有企业员工持股参与收入分配的决定权、社会对国有企业员工持股参与收入分配的监督等都是推行员工持股参与收入分配制度面临的难题。这些问题如果解决不好，会造成更大的收入分配不公，对经济效率会造成更大的损害，因此必然会损害人的自由全面发展。所以问题的关键不是要不要允许员工持股参与收入分配，而是如何选择合理的员工持股参与收入分配的制度安排。

（二）完善员工持股参与分配的制度，促进人的自由全面发展

要发挥员工持股参与收入分配制度促进人的自由全面发展的作用，解决员工持股参与收入分配制度面临的问题，需要不断探索，基本的政策取向就是要不断完善员工持股参与收入分配的制度，从而不断促进人的自由全面发展。具体有以下三方面。

第一，鼓励非国有企业积极尝试推行员工持股参与收入分配制度。鉴于当前一些企业员工的主人翁精神缺位、员工队伍不稳定、员工提升自身专业技能的积极性不高以及员工被排斥在剩余收入分配者之外等问题，应当考虑通过积极推行员工持股参与收入分配制度，并做好这一制度的法律保障工作。一方面鼓励非国有企业按照自愿原则实行员工持股参与收入分配制度，明晰员工持股相关权益方权益的法律关系，确保持股员工作为所有者应该享有的参与决策、监督、分配等方面的权益；另一方面要防止出现强制性推行员工持股，特别是要防止通过这种手段减少员工薪酬和诱骗员工资金的行为。

第二，做好国有企业推行员工持股参与收入分配的顶层设计，在国有企业稳妥进行员工持股参与收入分配的试点。从顶层设计来看：一是要对推行员工持股制度的行业做出合理的选择；二是要对推行员工持股制度的企业做出合理的选择；三是要对员工持股和股权向社会开放做出合理的选择；四是要处理好员工持股和国有企业的全民属性的关系；五是要对员工持股各权益人的权益关系做出合理的安排；六是要对推行员工持股的操作方案做出合理的设计。在进行顶层设计的同时，要始终做好员工持股参与收入分配的试点工作。员工持股不可能有永恒不变的最优方案，所以始终需要做好试点工作。由于员工持股参与收入分配直接涉及员工的利益和国家利益，试点工作必须尽可能降低风险，着眼于全局，做好试点方案的设计，提前做好风险防范的预案，稳妥推进。

第三，根据行业、企业的差异对国有企业员工持股参与收入分配进行合理的调节。行业之间、企业之间的发展势头和潜力的差异永远存在，员工持股本身不可能对消弭行业之间、企业之间的发展势头和潜力的差异产生多大的影响，这就意味着国有企业只要推行员工持股参与收入分配的制度，如果没有外部干预，不同行业职工之间、不同企业

① 这意味着，如果股权结构设计或者股权结构调整不合理，本来发展不好的企业会更不好，本来发展好的企业会越来越不好。

员工之间的收入差距只会更大，因此需要根据行业、企业的差异对国有企业员工持股参与收入分配进行调节。调节所要达到的目标是使员工持股获得的收入与员工和企业自身的努力和贡献相称，垄断和政策因素带来的收入归属于全民，这样才能既调动员工的积极性，发挥出主人翁精神，又可以维护社会的利益。

第五节　剩余分享与人的自由全面发展

一、剩余分享及方式

何谓剩余？这似乎是一个令人纠结的问题，因为如果劳动和各种生产要素均依其贡献获得了应有的收入，就不会再有剩余。从逻辑上来看，的确如此。之所以还会提出这个问题，是因为在实际中的确还存在分配给各方应得的收入之后还有剩余的现象。这里可将剩余界定为国民收入中按照劳动贡献和各种生产要素贡献进行分配之后所余下的收入部分。从企业来看，表现为企业利润。

为什么会有剩余产生？剩余的产生有多种可能性。按照传统的经典的经济学理论，剩余是指活劳动创造的价值与劳动力价值之间的差额，不过在按劳分配为主的社会发展阶段，劳动者获得的收入不再限于劳动力价值，而是在劳动创造的价值中做了必要的社会扣除之后的价值部分，并且生产要素的所有者也要依生产要素的贡献获取相应的收入，因此就不再会有剩余。如果有剩余，就只能从其他方面寻求解释。第一种可能性是劳动者和生产要素所有者所获得的收入低于其做出的贡献，或者是劳动者和生产要素所有者所获得的收入同时低于其做出的贡献，或者是劳动者所获得的收入低于劳动贡献，或者是生产要素所有者所获得的收入低于要素贡献，这种情况在现实中是存在的，因为劳动者和许多生产要素所有者无权参与企业收入分配决策，因此最终就给企业留下了剩余收入。第二种可能性是因为收入管制（包括薪酬管制、利息管制、租金管制、股利分配管制等）导致分配水平低于劳动贡献和生产要素贡献，最终就形成了企业的剩余收入。第三种可能性是劳动者以及各种生产要素所有者获得了各自应得的收入，但在价值创造中，一部分价值是由劳动方式改进、生产要素配置效率提高、劳动与生产要素结合机制改善等带来的，以单个因素来衡量，无论是劳动还是各种类型的生产要素都不应该或者没有能够获得由此而产生的价值，结果就给企业留下了剩余收入。

剩余收入如何分配呢？政府代表社会为了公共利益目标需要分享一部分剩余收入，剩余收入的其他部分则由企业的各相关主体分享。所谓剩余分享所指的就是企业各相关主体对企业剩余收入的分享。

剩余分享的具体方式很多，具体来看，主要包括：第一，以增加津贴、奖金等劳动收入的方式让企业员工分享。第二，采取增加股份分红、增配股份等方式让企业出资者分享。第三，采取配送股票、股票期权、优惠出售股票等方式让企业员工以及知识、才能的所有者分享。第四，以增加福利补助的方式（如增加交通补贴、住房补贴、教育培训补贴、差旅费补贴、旅游补贴等）让企业员工以及知识、才能的所有者分享。

二、剩余分享与人的自由全面发展的关系

（一）剩余分享与人的自由全面发展的关系概述

剩余分享与人的自由全面发展具有密切的联系。人的自由全面发展水平对剩余分享的要求、对剩余分享制度的安排等都会产生影响，剩余分享对人的自由全面发展也具有重要的影响，剩余分享可以发挥促进人的自由全面发展的作用，但若分享制度安排不合理也可能对人的自由全面发展产生负面影响。

剩余分享对人的自由全面发展的促进作用主要反映在：第一，分享剩余收入可以增加劳动者的收入，从而提高劳动者的消费水平和其他经济支付能力，这有利于增强人的自由全面发展的经济基础。第二，分享剩余收入可以刺激劳动者增加劳动供给，刺激知识和才能的所有者增加知识和才能的供给，刺激创新和创造，刺激资本要素的所有者增加要素的供给，这有利于生产力的发展。第三，分享剩余收入既可以刺激物质资本积累，也可以刺激人力资本积累，这也有利于生产力的发展。第四，分享剩余收入可在一定程度和范围内促进社会和谐，增加社会成员的社会满意度和愉悦感。

但如果剩余分享制度安排不合理，则可能损害人的自由全面发展。第一，剩余分享的分配额度。如果剩余分享的额度（分配的剩余在剩余收入中的比重）过低，员工和企业相关经济主体得不到多少收入，会不利于员工积极性的发挥和生产力的发展。第二，剩余分享的分配结构。企业相关经济主体包括员工、经营管理阶层、资本要素的所有者、知识和才能的所有者，如果剩余收入分配结构严重失衡，要么会损害劳动者的积极性，要么会损害积累增长和效率。剩余分享对人的自由全面发展产生何种影响不仅在于是否实行了分享，更在于剩余分享分配结构是否合理。

（二）建立和完善剩余分享制度，不断促进人的自由全面发展

首先，应该建立全面的剩余分享制度。在剩余收入创造中做出了贡献的劳动和各种生产要素都应该也有权参与剩余收入的分配。建立全面的剩余分享制度有利于调动劳动者的劳动积极性和生产要素所有者提供生产要素的积极性。无论是国有企业，还是非国有企业，都应该建立全面的剩余分享制度。

其次，要确定合理的剩余分配额度。要处理好企业利益和国家利益的关系，剩余收入的大部分应留归企业支配；要处理好企业长远发展和短期发展的关系，要根据企业长远发展确定必要的剩余收入留存额度，同时要根据市场竞争和相关经济主体的要求，保障合理的剩余收入分配额度。通过合理的持续的剩余分享制度安排，使已分配的剩余收入再回归企业。

再次，要不断完善剩余分享的分配结构。一是要在员工、经营管理阶层、资本要素的所有者、知识和才能的所有者之间形成合理的分配结构；二是要考虑在企业初次分配中劳动和各类生产要素收入的分配结构，通过剩余收入的分配最终形成与各自的贡献相称的分配结构，若在初次分配中，获得的收入份额相对低于贡献份额，在剩余收入的分

配中就要提高份额，反之，则应降低份额。

最后，要不断完善剩余分享的方式。要关注员工、经营管理阶层、资本要素的所有者、知识和才能的所有者的意愿，要关注市场上剩余分享方式的演进，不断完善剩余分享的方式，寻找和采取刺激效果最好的剩余分享方式。

本章小结

收入分配与人的自由全面发展具有十分密切的联系，人的自由全面发展对收入分配产生影响，收入分配也对人的自由全面发展具有十分重要的影响。分配方式包括按劳分配方式和按生产要素贡献分配方式，其中按生产要素贡献分配方式可分为按资本要素贡献分配方式和按知识和才能分配的方式。按劳分配是人类社会迄今为止最为合理的收入分配制度，最有利于人的自由全面发展，但如果具体制度设计不合理以及在运行层面其他相关安排出现问题，就会损害人的自由全面发展，因此需要做好按劳分配制度的具体制度设计，不断完善按劳分配的保障机制，并同时完善包括收入再分配在内的其他相关政策。按资本要素贡献分配是由生产力发展水平和生产资料所有制结构所决定的，它具有促进人的自由全面发展的作用，也有不利于人的自由全面发展的作用，因此，需要通过完善和调节按资本要素贡献分配来消除或者弱化其对人的自由全面发展的不利影响。按知识和才能进行分配可以从多个方面促进人的自由全面发展，但也必须认识到其可能产生的损害生产力发展的作用，因此要不断完善按知识和才能进行分配的制度。员工持股参与收入分配是企业发展和收入分配制度演进中出现的新的分配方式，它可以增加员工的收入，发展员工的能力，但也可能对效率的提高等产生消极影响，因此需要不断完善员工持股参与收入分配的制度。剩余分享制度是人的自由全面发展的要求，有助于增加劳动者的收入，促进生产力的发展，但如果剩余分享制度安排不合理，也会损害生产力的发展，最终对人的自由全面发展造成负面影响，因此需要建立和不断完善剩余分享制度，使之成为促进人的自由全面发展的力量。

思考题

1. 收入分配对人的自由全面发展具有什么影响？

2. 按劳分配对人的自由全面发展具有什么影响？如何完善按劳分配制度促进人的自由全面发展？

3. 按资本要素贡献分配对人的自由全面发展的双重影响表现在哪些方面？如何完善和调节按资本要素贡献分配来消除或者弱化其对人的自由全面发展的不利影响？

4. 按知识和才能进行分配对人的自由全面发展的双重影响表现在哪些方面？如何完善按知识和才能进行分配的制度来促进人的自由全面发展？

5. 员工持股参与收入分配对人的自由全面发展的促进作用反映在哪些方面？对于人的自由全面发展，国有企业员工持股参与收入分配面临哪些需要解决的问题？如何完善员工持股参与收入分配的制度？

6. 剩余分享制度对人的自由全面发展的双重影响表现在哪些方面？如何完善剩余分享制度来促进人的自由全面发展？

参考文献

[1] 许崇正．人的发展经济学 [M]. 北京：光明日报出版社，2022.

[2] 许崇正．人的发展经济学概论 [M]. 北京：人民出版社，2010.

[3] 张秀生，曾国安．政治经济学（社会主义部分）[M]. 武汉：武汉大学出版社，2007.

第十四章

消费活动与生活质量

第一节　消 费 活 动

一、消费活动的目的

每个人从出生那天起，人生各个阶段一刻也离不开消费。正如马克思所说，“人从出现在地球舞台上的第一天起，每天都要消费，不管在他开始生产以前和在生产期间都是一样”①。那么，什么是消费呢？所谓消费，是人们在一定社会经济关系中，并借这种社会经济关系而进行的用消费资料满足自己生活需要的行为和过程。由于人们的消费是在一定的社会关系中进行的，因此消费具有社会的历史的规定性，是生产关系的一个重要方面。不同社会的消费关系反映出各自不同的本质特征。

在资本主义社会中，全部的个人消费包括“工人的个人消费和剩余产品中非积累部分的个人消费”，消费的主体是工人和资本家，消费的客体是消费资料，即“具有进入资本家阶级和工人阶级的个人消费的形式的商品”。如果从消费资料的来源考察，它由必要产品和一部分剩余产品构成。工人的消费资料一般称为必要生活资料或生存资料，它是由工资价值部分来计量的用以维持工人自身的社会产品，是代表必要劳动的产品即必要产品。资本家的消费资料包括必要生活资料和奢侈品两部分，二者都来源于剩余产品中的收入部分②。

在市场经济的初期，人的再生产过程，异化为对抗性阶级的再生产过程。资本主义初期消费的阶级对抗性表现为：奢侈消费资料是再生产出作为资本主义生产关系中的资本家阶级的物质条件，工人的必要消费资料是再生产出劳动力商品的物质条件。马克思曾明确指出，在资本主义的消费关系中，工人的消费只有在保证取得利润这一任务的限度内，才是资本主义所需要的。在此之外，消费问题对于资本主义就失去了意义，人及其需要就从视野中消失了。雇用工人的消费并不是为了再生产人，而仅仅是为了再生产

① 马克思．资本论：第一卷［M］．北京：人民出版社，2004：196.

② 赵学增．《资本论》中的消费理论［J］．求索，1983（3）.

可供剥削的劳动力，劳动力商品的再生产，完全从属于资本家榨取剩余价值的目的。

在社会主义社会，理论上要求社会主义消费关系应该发生根本性变化。具体包括以下几点：

第一，在社会主义社会中，理论上说劳动者对资本的依附关系应该不复存在，因此，劳动者的消费不再以维持劳动者在生理上的最低限为界限，而是扩大到一方面为社会现有的生产力（也就是工人的劳动作为现实的社会劳动所具有的社会生产力）所许可，另一方面为个性的充分发展所必要的消费的范围。

第二，我们生产的目的应是满足人的全面发展需要，人的全面发展需要使消费具有全面性的特点。消费的全面性可从不同角度进行考察。从消费的层次来看，它分为生存性消费、发展性消费和享受性消费三个层次。生存性消费是消费的基础层次或最低层次，是人们最基本的消费。人的全面发展，客观上要求进行发展性和享受性消费。发展性消费主要是指人们为增强其自身的思想文化素质、智力素质、体力素质，使自己的才能在多方面发展和体现的消费。这就要生产出发展资料作为发展性消费的物质内容。为此，社会要相应地生产出供人们接受教育、从事文化、科技学习、体育锻炼等发展性消费活动所需要的各种物质资料和设备。

总之，社会主义消费的本质特征，不仅是再生产劳动力，而且是再生产全面发展的人。

二、消费能力和消费水平

现代社会，人的消费能力与人的全面发展有着直接的关系。一方面，人的消费能力的不断发展，必然促进人的全面发展；另一方面，人只有得到了全面发展，消费能力才能得到提高，才能具备多方面的消费能力。

马列主义经典作家都很重视消费能力问题，但令人遗憾的是，长期以来，我国经济理论界和实际工作中很少提到和运用消费能力这个范畴，更谈不上将消费能力和人的全面发展结合在一起进行研究了。

什么是消费能力呢？消费能力究竟是一个什么范畴呢？人是消费能力的主观因素，即消费能力的主体。作为生产力主体的人，只包括在物质生产过程中发生作用的直接劳动者，而不包括在物质生产过程之外的非生产部门的劳动者。但是，作为消费力主体的人则不同，不论是生产部门还是非生产部门的劳动者，作为消费能力要素中的人则都是消费者，不管这些人参加生产活动与否，也不论男女老少，所有的人都是消费能力的主体。因此，所谓消费能力，是指人为满足消费需要而进行消费活动的能力。消费能力包括主体的生理上的消费能力，还包括主体取得（在商品货币经济条件下，即指是否能支付一定量的货币用以购买）和消费一定量的消费资料，以及劳务上、经济上及文化上的消费能力。具体来说，也就是指消费者所具备的关于如何消费、使用消费对象的知识和才能。这方面的消费能力十分重要，没有一定的经济条件，当然无法进行一定的消费活动；而不具有一定文化条件，即使进行物质消费活动，也要受到限制。只有消费者具备了使用消费对象的科学知识，消费对象的使用价值才能得到充分的、合理的利用。因此，消费能力和生产力一样，应主要属于社会经济的范畴。

消费能力与人的才能全面发展之间的密切关系，具体表现在以下五个方面。

第一，生产目的决定了人的消费能力将逐步得到增长，为此，生产力也将不断进步。消费能力的增长，是生产力迅速发展的重要前提之一。因为，消费能力的增长可以更好地“生产出生产者的素质，因为它在生产者身上引起追求一定目的的需要”。即全面发展人的能力及需要，发挥人的生产积极性和创造性，从而发展社会生产力。现代生产不仅对机器设备等生产资料，而且对创造、掌握机器设备的生产者，提出了更高、更全面的要求。生产力的迅速发展，要求生产者有更全面的专业知识、技能和更高的科学文化技术水平等，而这些在很大程度上又取决于人的消费能力的提高和改善，使消费力同生产力协调地同步发展。

第二，人的消费能力归根到底是社会经济、文化发达程度与人自身发展水平的表现。在不同的历史阶段，不同群体和个人的消费能力各异。不同的消费能力，使人的消费方式具有特殊性。不仅文化水平不同的人消费能力不同导致消费方式具有差异，而且不同的生理条件，如男性与女性，老年人、中青年人与儿童，健康的人与患病的人，消费能力也不相同，因而消费方式也显现出各自的特点。

第三，如果消费者不具备使用某种消费资料（包括劳务）的能力，消费者对这种消费资料的使用就可能造成很大的浪费。马克思曾经说过，“如果音乐很好，听者也懂音乐，那么消费音乐就比消费香槟酒高尚”①。可见，“消费”音乐要有收获，不仅要求音乐优美，同时要求消费者懂音乐，也就是要具备“消费”音乐的能力。否则，即使是世界上最美的音乐，对于一个毫无音乐修养和乐理知识的人来说，它的使用价值也必定甚小，消费效果必然较差。同时消费者的消费能力直接关系到对消费资料使用价值的利用程度。例如，一个不仅懂得如何使用各种家用电器而且具备关于各种家用电器维修和保养知识的消费者，同那些懂得如何使用各种家用电器但不懂它们的维修和保养知识的消费者相比，前者的使用效果一般来说比后者要好，使用年限比后者要长。这就是说，要提高消费资料使用价值的利用率，必须先提高消费能力。

第四，人们的消费需要是经常变化的，并且呈逐步上升的趋势，因此人的消费能力也是不断发展的。列宁在《论所谓市场问题》一文中论证了需求上升的规律，指出“资本主义的发展必然引起全体居民和工人无产阶级需求水平的增长”。“欧洲的历史十分有力地说明了这一需求的上升的规律，……这个规律在俄国也显示出了自己的作用：商品经济和资本主义在改革后的迅速发展引起了‘农民’需求水平的提高。”② 需求之所以上升，主要由于生产的发展和产品交换的频繁，使需求不断得到满足，消费水平不断提高，从而反转来又不断引起新的需求。“生产通过它起初当作对象生产出来的产品在消费者身上引起需要。”③“因为消费创造出新的生产的需要”④，这样又必然使需求不断上升。社会主义市场经济条件下需求的上升，反映了全体劳动者消费水平的不断提高，

---

① 马克思，恩格斯．马克思恩格斯全集：第二十六卷（第一册）［M］．中共中央马克思恩格斯列宁斯大林著作编译局译，北京：人民出版社，1972：312.

② 列宁．列宁全集：第一卷［M］．中共中央马克思恩格斯列宁斯大林著作编译局译．北京：人民出版社，1995：89.

③ 马克思，恩格斯．马克思恩格斯选集：第二卷［M］．中共中央马克思恩格斯列宁斯大林著作编译局编．北京：人民出版社，1995：10.

④ 马克思，恩格斯．马克思恩格斯选集：第二卷［M］．中共中央马克思恩格斯列宁斯大林著作编译局编．北京：人民出版社，1995：9.

体力和智力得到了日益充分的发展和运用，反映社会主义市场经济所带来的巨大物质利益逐步得到实现，社会主义市场经济下需求上升规律的作用，还表现在多层次的需要逐步得到满足上。这充分说明，人的消费需求、消费能力和人的发展之间有着密切的联系。

第五，由于人们的需要和消费是多方面的，而消费资料的使用价值也是多方面的，这就要求人们具备多方面的消费能力，否则既不利于对消费资料的多方面的使用价值的综合利用，也不利于人们的全面发展。同样一部著作或一部电影，由于人们接受能力不一样，对不同人产生的效果、收益也不一样。马克思说："因为要多方面享受，他就必须有享受的能力，因此他必须是具有高度文明的人。"① 可见，提高人们的科学文化水平，对于提高人们的消费能力、不断使人达到全面发展具有极端的重要性。

所谓消费水平，是指按人口平均的消费生活资料和劳务的数量和质量。它主要是从数量上表明消费者物质的、文化的需要及其满足程度，就是消费者个人及其家庭、社区和整个社会得到消费品和服务的数量。由于任何消费品和服务总是具有一定质量的，在这个意义上，消费水平还包含了消费品和服务的质量。由于消费品及其服务，既有物质方面的，又有精神方面的，因此，消费水平不仅包括物质消费品及其服务的数量和质量，还包括精神消费品及其服务的数量和质量。所以，应当从数量与质量、物质消费与精神消费的统一中把握消费水平。同时，人的消费需要是发展变化的，在一定生产力水平下，有些需要可以满足，有些需要不可能满足，能够满足的程度，也就是人们实际消费的生活资料和劳务，表现为消费水平。

生活资料的数量，不单指物质文化生活资料的总量，还包括产品门类和消费结构。消费品总量越多，门类越全，享受性、发展性的资料的比重越大，消费水平就越高。消费品总量和结构中还包括劳务。劳务消费结构包括享受劳务的种类、范围，以及它在整个消费中的比重。享受劳务的种类多、范围宽、占比大，消费水平就高。

反映消费水平提高的内容，除了按人口平均的实物消费量和劳务消费量之外，还有自由时间的增加。在劳动条件和实际收入总额不变的情况下，工作时间缩短，自由时间增加，不仅意味着单位劳动时间的生活资料数量增加，而且使人们有更多的时间去学习、休息和娱乐，满足发展智力和能力的需要。自由时间的日益增多，是在现代科学技术革命时代生产力迅速发展所决定的一条客观规律。在自由时间里，劳动者可以通过自修、函授、开放大学、业余大学以及职业学校等多种形式，学习掌握多方面的科学文化知识和劳动技能，特别是掌握新技术、新知识、新工具，这样就使劳动者原有的知识和技能得到更新，适应了社会化大生产的要求。因此，自由时间毫无疑问是个人得到充分发展的时间，而个人的充分发展又必然作为最大的生产力反作用于物质生产力。正如马克思所指出的："在必要劳动时间之外，为整个社会和社会的每个成员创造大量可以自由支配的时间（即为个人生产力的充分发展，因而也为社会生产力的充分发展创造广阔余地）。"② "可

---

① 马克思，恩格斯．马克思恩格斯全集：第四十六卷上［M］．中共中央马克思恩格斯列宁斯大林著作编译局译．北京：人民出版社，1979：392.

② 马克思，恩格斯．马克思恩格斯文集：第八卷［M］．中共中央马克思恩格斯列宁斯大林著作编译局译．北京：人民出版社，2009：199.

以自由支配的时间是财富整个发展的基础。”① 因此，自由时间的增加既表明用于人的自由全面发展的时间的增加，也反映了消费水平的提高。

从上述消费水平的含义可以看出，消费水平与人的全面发展之间的密切联系表现为：一方面，人的消费水平的高低反映了人的全面发展的程度；另一方面，人的全面发展的程度也制约着人的消费水平。

除了消费水平与人的全面发展有密切联系外，合理的消费水平的确定也与人的全面发展有着密切的联系。社会主义市场经济条件下，人们的消费水平理论上应该将随着社会生产力的发展而逐步上升，这也是社会主义市场经济生产关系的本质体现。

那么，当前我国人民究竟应该保持怎样的消费水平呢？合理的消费水平，不仅能够补偿生产过程中的劳动消耗，维持劳动力的简单再生产，而且能使劳动力不断发展和完善。不断发展和完善，就是不断发展体力和智力，增强体质，提高文化技术水平和劳动熟练程度，克服片面性，逐步实现人的全面发展。一般来说，合理消费水平的客观标准主要有以下五点。

第一，物质生活资料中的食物要能够提供维持人们正常生产和工作需要的能量和营养；而且吃、穿、住、用、行方面的物质资料数量逐年增多，质量和档次逐步提高，范围逐步扩大。

第二，要有比较充裕的物质条件，使劳动者能够学习和掌握现代化生产所必需的文化科学知识，总结和积累生产经验，提高技术水平。

第三，要有完善的高质量的医疗保障。

第四，由社会提供的劳务要能为劳动者在生产时间之外，增加自由支配的时间，从而使人得到全面发展的时间和条件。

第五，达到上述要求，不仅要有日益增多的生存资料，还要有一定的享受和发展资料。

三、人全面发展的几种消费方式

消费方式即人们消费产品的方法和形式。消费方法取决于产品本身的自然属性，每一种特定的产品都要用特定的方法来消费。消费形式是指产品消费的社会形式，它不仅取决于产品的自然属性，还取决于各个时代的社会经济条件，每一个社会形态都有与它相适应的消费形式。随着社会的进一步发展，培育生态消费意识、构造符合人的发展的生活结构成为我们当今的主题。

（一）消费方式

人的发展经济学研究消费方式，既不是孤立地研究产品的消费方法，也不是孤立地研究消费形式，而是从两者的统一中研究消费方式，从而揭示消费方式与人的全面发展的密切联系，特别是人的全面发展对消费方式的指导、制约作用。

第一，消费形式是由生产决定。马克思说：“生产为消费创造的不只是对象，它也

---

① 马克思，恩格斯．马克思恩格斯文集：第八卷［M］．中共中央马克思恩格斯列宁斯大林著作编译局译．北京：人民出版社，2009：82.

给予消费以消费的规定性、消费的性质，使消费得以完成。正如消费使产品得以完成其为产品一样，生产使消费得以完成。”① 例如，在原始社会初期，由于摩擦生火第一次使人支配了一种自然力，形成了人的劳动生活方式和消费生活方式，从而使原始人改变了过去那种“动物式”的生活方式。到以农业经济为主要的原始社会末期、奴隶社会和封建社会，人们的消费方式逐渐发生了重大的变化。由于物质生产的发展，剩余劳动出现，脑力劳动与体力劳动分离，专门从事精神生产的部门形成，人们的物质消费与文化消费越来越进步。社会发展到了工业化的资本主义时期，由于生产力的飞跃式发展，商品经济高度发达，社会消费生活方式发生了空前的巨大变化。随着自然经济的解体，农业生产越来越工业化、商品化，自给性消费让位于商品性消费。随着科学技术革命和生产的发展，消费资料日益丰富，并且生产成本日益降低，销售价格也日益低廉，在人均收入增加、社会消费水平提高的情况下非物质财富的生产领域如体育、文娱、医疗和信贷及保险事业不断扩大，这些方面的消费活动也随之发展。微电子技术应用于家庭生活，使家庭劳动日益社会化，整个消费服务也越来越社会化。在形成统一的世界市场的条件下，人们的消费活动不仅不再局限于家庭居住的狭小地区，而且超越了国界。而闲暇时间的日益增多，又为人们消费活动的多样化、个性化创造了条件。第二次世界大战后，随着一些发达资本主义国家的经济复苏，资本主义企业为了推销商品、刺激消费，大力开展消费信贷和超级市场、邮购业务、快餐等“销售革命”以及“服务革命”，这些无疑提高了人们的消费支出，促进了人们的消费活动和消费方式的发展。

第二，从人的发展经济学角度我们还可以看出，消费方式又是生活方式的组成部分，除受生产力制约外，还受社会制度的影响。由于社会经济制度和政治制度的不同，消费方式也呈现出不同的特点。

发达的资本主义社会，由于经济发达、技术先进，又由于资本主义的市场经济机制，必然使供过于求，消费品数量充足而导致的资本主义竞争尽管使欺骗行为层出不穷，但总的来说，也必然使消费品质量提高并不断出现新的品种、样式。但是，这些国家的消费方式并不是当今世界上先进的消费生活方式。这是因为，人的消费活动是否先进，归根到底应以能否适应人的全面发展的需要和社会进步为标准。资本主义市场经济的社会制度，使它的社会消费生活方式存在着严重障碍人的自由、全面发展和社会进步的根本性问题。

社会主义市场经济下的消费方式应反映社会主义生产关系本质要求，它应体现精神文明，有利于培育人们的理想和道德，有利于人的全面发展。消费方式发展的历史逻辑，必然是由实现人的全面发展需要的消费方式取代个人享乐主义的消费方式，消费方式将全面和谐地发展人的素质（包括生理的、心理的、思想的、文化的），从而使人自身和社会不断进步。

第三，从人的发展经济学的角度我们可以看出，消费方式还要反映消费领域中时间节约规律的要求，有利于节约时间。消费中的节约，也可以归结为物化劳动节约和活劳动节约。物化劳动节约即节约消费资料，活劳动节约即节约消费领域中的人力消耗。马

---

① 马克思，恩格斯．马克思恩格斯选集：第二卷［M］．中共中央马克思恩格斯列宁斯大林著作编译局编．北京：人民出版社，1995：10.

克思指出："正象单个人的情况一样，社会发展、社会享用和社会活动的全面性，都取决于时间的节省。一切节约归根到底都是时间的节约。"① 像生产中的时间节约一样，节约消费领域中的人力和物资，用较少的劳动为相同数量的人的生活服务，从社会的角度来看，可以将多余的人力和物质投入生产，增加物质财富；从消费者的角度来看，节约消费中的劳务支出和生活用具，相应地增多其他生活用品和自由时间，有利于发展人的智力和体力，促进人的全面发展，从而发展社会生产。所以，消费领域中的时间节约，也可以增加社会财富，促进人的充分全面的发展，从而促进"社会发展"和"社会享用"。

（二）公共消费

消费形式具体可划分为两种最基本形式，即社会公共消费和个人消费。这两种消费形式是与满足消费需要相适应的，因为社会的消费需要包括社会公共需要和个人需要两种。在这两种最基本的消费形式中，对人的全面发展起着主要作用的是公共消费。

社会公共消费又称社会集体消费。它是以消费资料公共所有为基础，满足人们共同需要的消费活动。公共消费资料依靠公共消费基金来支付，人们消费这些资料，有的免费，还有的减价优待。社会公共消费与个体家庭消费一样，具体形式和内容十分复杂，可以从多方面来把握。从提供的部门和行业来看，社会公共消费包括教育、科学、文化、卫生、保健、文学、艺术、体育、邮电、交通、商业、公共饮食、洗理、旅游等。从性质来看，社会公共消费包括医院、学校、公共图书馆、影剧院、城市公用事业（供水、供电、供气、供暖等）、体育馆、运动场、公园等，以及农村合作医疗等。从消费的内容和方面来看，社会公共消费包括物质消费和精神文化消费，前者包括吃、穿、住、用、行，后者如教育、文艺、书刊、电影、电视、广播、网络等。

由于社会公共消费是人们生活消费中的重要组成部分，因此，社会公共消费在再生产全面发展的新人中具有以下功能。第一，社会化大生产需要的总体劳动者，在很大程度上要通过社会公共消费来培养。第二，要使人们的个性逐步获得全面自由的发展，也必须有社会公共消费。

因此，全面发展的新人是经济发展的结果，也是经济发展的客观要求。而在再生产这种全面发展的新人的过程中，公共消费起着重要的作用。为了使我国人民得到全面的发展，必须加快发展社会主义的公共消费事业，特别是社会主义生态文明建设。这是实现人的全面发展向我们提出的一项迫切任务。

（三）劳务消费

劳务又称服务，其特点是劳动产品一般不表现为一定的实物，而是直接以劳动或活动的形式满足人们某种特殊的需要。因此，所谓劳务，即以劳动形式提供某种效用以满足人们某种需要的服务。它包括生产性服务和消费性服务两种。消费性服务是人们生活消费不可缺少的内容，是一种非实物形式的消费品。马克思指出，"任何时候，在消费

---

① 马克思，恩格斯．马克思恩格斯全集：第四十六卷上［M］．中共中央马克思恩格斯列宁斯大林著作编译局译．北京：人民出版社，1979：120.

品中，除了以商品形式存在的消费品以外，还包括一定量的以服务形式存在的消费品”①。他还提到，“服务这个名词，一般地说，不过是指这种劳动所提供的特殊使用价值，就象其他一切商品也提供自己的特殊使用价值一样；但是，这种劳动的特殊使用价值在这里取得了‘服务’这个特殊名称，是因为劳动不是作为物，而是作为活动提供服务的”②。

劳务消费服务可以划分为自我服务（如各种家务劳动）和社会服务两类。如果从满足需要的程度来说，可将劳务分为满足基本生活的劳务和满足享受、发展需要的劳务。在国外，也有划分为基本劳务和高档劳务的。所谓高档劳务，也就是文化教育和旅游等方面的劳务。

劳务消费与人的全面发展之间的关系主要表现在以下两点。

第一，提高人的素质，要求增加劳务消费量。劳务不仅能满足人们的物质文化生活需要，改善生活条件，提高生活质量，更重要的是通过满足人们生活需要，再生产出质量更高的总体劳动力，促进社会经济的发展，这正是消费促进生产的具体表现。

第二，劳务消费量增加，有利于节约劳动时间和实现人的全面发展。据有关资料分析，仅洗衣机一项来说，如果洗衣店每年为1000万户以上家庭服务，就几乎能够节省15亿小时，相当于节省75万名工作人员的劳动。另据某大城市对知识分子生活状况的抽样调查，科技人员平均每天用于家务劳动时间长达3小时，其中做饭最费时，达61分钟；缝洗衣服36分钟；照看孩子11分钟；购买商品22分钟。35岁以下的女科技人员中，已婚者家务劳动时间长达4小时25分钟。因此，节约劳动时间，努力发展劳务消费，将会为逐步实现人的全面发展创造物质条件。总之，发展劳务消费有其客观必然性，它不但是改善生活条件，提高消费水平的要求，更是节约劳动时间，提高劳动者素质，促进人不断得到全面发展的要求。因此，发展劳务消费有着极为重要的社会意义和经济意义。

第二节　生活质量

生活质量（quality of life，QOL）又被称为生存质量或生命质量，是全面评价生活优劣的概念，通常指社会政策与计划发展的一种结果。生活质量有别于生活水平的概念，生活水平回答的是为满足物质、文化生活需要而消费的产品和劳务的多与少，生活质量回答的是生活得“好不好”。生活质量须以生活水平为基础，但其内涵具有更大的复杂性和广泛性，它更侧重于对人的精神文化等高级需求满足程度和环境状况的评价。

生活质量的研究起源于西方发达国家，其策源地在美国。生活质量研究的兴起最直接的原因是经济高速增长所带来的一系列严重社会问题，改变了人们的生活价值观念，唤醒了人们重视生活质量的强烈意识。第二次世界大战结束后，一些西方国家迅速从废

---

① 马克思，恩格斯．马克思恩格斯全集：第二十六卷第一册［M］．中共中央马克思恩格斯列宁斯大林著作编译局译．北京：人民出版社，1972：160.

② 马克思，恩格斯．马克思恩格斯全集：第二十六卷第一册［M］．中共中央马克思恩格斯列宁斯大林著作编译局译．北京：人民出版社，1972：435.

墟瓦砾上崛起，伴随着物质生产的高速增长，国民的收入和消费显著增加，也出现了一系列严重的社会问题，诸如贫富两极分化，环境、社会治安恶化，市政建设混乱，交通运输拥挤，医疗保障制度不健全，公共服务质量低劣，个人权利、机会不平等，这些问题极大地恶化了人们生活的环境。面对严峻的社会现实，人们的价值观念发生了很大变化。人们不再信任过去只以国内生产总值或人均国民收入作为指标来衡量的“生活水平”。在考察生活状况时，人们不仅关心自己从经济增长中得到了多少好处，更关心得到的“是什么”和“怎么样”，于是，“生活质量”概念应运而生。1958 年，美国经济学家加尔布雷思在考察了美国社会中相对较高的物质生活水平和满足居民社会经济精神需求方面明显落后状况之间的矛盾后，在《富裕社会》一书中首次提出“生活质量”这一概念。他因而被看作生活质量概念及其研究的第一人。到 20 世纪 60 年代末，这一概念得到了学术界和有影响的国际经济及社会组织广泛的接受和使用。人们越来越清醒地认识到，经济增长本身不是目的，而是为了创造更好的生活。为此，必须对影响生活质量的各个方面的问题给予密切关注。世界各国的学者纷纷开始研究生活质量，一些专门研究生活质量与社会指标的机构就此建立，并出版了专门的刊物和大量著作。美国经济学家罗斯托于 1971 年出版的《政治和增长阶段》一书中深入地探索了生活质量问题，并形成了自己的理论。他认为，世界各国的经济增长要依次经历“传统社会阶段”“为起飞准备前提的阶段”“起飞阶段”“成熟阶段”和“高额群众消费阶段”。“高额群众消费阶段”反映的是一种数量上的消费特征。自此之后，人们可能转向对“质量的追求”，这种“质量”就是“生活质量”。到 20 世纪 70 年代，美国在生活质量的分析方面已形成了多种不同的模式。例如，坎贝尔和罗杰斯等主要进行了“可感生活质量”的模式分析，他们做了一项全国抽样调查，主要研究美国社会的生活质量，重点放在对生活整体的满意度及对 13 个生活具体方面满意度的研究上。从 20 世纪 80 年代开始，生活质量的研究又进一步向广度和深度拓展。例如，联合国教科文组织一方面组织对各国生活质量的各项因素进行探讨，另一方面对社会中各阶层人的生活质量进行微观的和定量的探索。进入 20 世纪 90 年代以后，特别是进入 21 世纪以来，对生活质量的研究更是越来越受到世界各国各界人士的重视。

可见，生活质量概念的提出和研究活动的开展，其目的是分析伴随着经济增长所出现的人类生活面临的各种严重阻碍，找到改善生活状况的办法和途径，从而维持社会的稳定和谐发展，促进人类生活质量逐步提高。这说明人们开始认识到，人类社会发展的目的不是单纯的商品数量的增加，经济发展并非就是社会的发展与进步，人类社会的发展必须从单纯注重物质因素转移到以人的发展为中心，从片面强调生活中商品货物的数量，转移到强调工作、消费、政治和精神生活中的意义和满足感，追求生活质量的协调与全面提高。这种新的生活质量发展观，并非要全部放弃对物质经济条件的要求，而是把一定的物质基础作为现代生活的必要前提，更多地强调工作的意义和自主程度，强调政治生活中的参与率、各种机会权利的平等，强调闲暇生活的丰富多彩、人们精神文化方面各种需求得到充分满足。

正如一些学者所论述的，生活质量研究的兴起，可以看作对人类自身价值的重新认识，是朝向人类本性的一种复归。在片面强调经济增长的年代，物和资本是主要的财富和社会运行的目的，而创造这些财富的人只被看作一种工具而已。本来作为社会主体的人类反而被动地受物的支配，人的价值、人的需要受到漠视。当经济获得高速增长后，蓦然回首，人们惊讶地发现自己处在一个环境急剧变化、贫富差距依然显著、人身安全没有保障的社会之中。因此，学者们开始研究并重视生活质量问题，直接要求在于提高人们的生活质量，其更深层的意义则是要促进人的自身价值的实现和人类本性的满足。人是社会的主体，社会的一切活动都应以人而不是以物为中心而运转。在现实社会中，人固然要进行物质生产，但生产本身不是目的，人也不是单纯地作为生产力的要素之一而存在的。生产的目的应该是为实现人的自身价值、为人的全面发展创造条件。人们最终追求的目标是物质文化生活水平的极大提高、创造每一个社会成员都很满意的生活质量。人们的生活质量的提高是经济社会发展所追求的终极目标和最高原则。正像联合国《社会发展问题世界首脑会议行动纲领》中所指出的："人民是发展的中心，我们的经济更要有效地为人的需要服务，提高和改善全体人民的生活质量，建立一个以人民为中心的社会发展框架。"

另外，闲暇时间的多少以及人们对闲暇时间能否有效地支配，被认为是生活质量含义的又一个重要方面。一些西方经济学家认为，闲暇时间的增加被看作生活质量提高的一个重要方面，从而它可以同生活质量问题放在一起考察。一个国家在制定政策和社会经济发展战略时，应当考虑到生活质量的这一含义，使人们不仅享有尽可能多的自由支配时间，而且能有效、合理地支配越来越长的闲暇时间，从而感到生活是丰富多彩的、富有乐趣的，并使人能得到全面充分的发展。

生活质量问题，对于社会主义社会也有重要的理论和现实意义。这是与人在社会主义社会中的地位直接有关的。在社会主义社会，人不是为了生产，而是生产为了人——这是我们考察社会主义生产目的的基本出发点。这里所说的"人不是为了生产"，是就人是社会的主体这一点而言的。生产本身不是目的，人不是单纯地作为生产力的要素之一而生活的。人的价值远远超过了这一点。这里所说的"生产是为了人"，是把生产作为实现人的价值的一种手段来看待。由于人是社会的主体，如果不是为了人而生产，那么生产就失去了意义。因此，对于社会主义经济的研究者来说，生活质量问题之所以重要，是因为只有重视生活质量并不断提高生活质量，才能体现出"生产是为了人"这项原则。

我国经济学界关于生活质量含义问题的讨论还很不充分，还没引起绝大多数经济学家和经济理论工作者的重视，关于生活质量的含义中尚缺少生活质量和人的全面发展关系的论述。社会主义生活质量含义应该表述为：人们有足够的收入，足以满足基本生活需要，并且在效率优先的前提下有一个公平竞争、机会均等的环境；同时人们有较多的闲暇，供自由支配，从而使人的才能得到全面发展。此外，人们能受到较高程度的教育，能得到较好的医疗条件，有一个清静优美的环境，社会有秩序、生活安定等。其中，大多数人能否有一个公平竞争、机会均等的环境，从而人的才能能否获得全面充分的发展，是社会主义生活质量内涵的主要方面和主要衡量标准。

（1）效率原则。效率原则就是资源配置使总剩余最大化的时候（也是市场最有效率的时候）要求获取尽可能多的实际收益，即以最小的投入取得最大的产出。西方经济学的经典理论认为，对纯粹自由竞争的市场而言，平衡的要求即是对生产中效率的要求，这包括资源在工业部门和企业中的分配、商品在消费中的分配等。生产的高效率是指给定每个人所需要的休息时间，剩下的工作时间尽可能高效率地加以利用。更多地生产一种产品的唯一方式是更多地投入，而不是在这种产品的生产中重新进行技术分配。而高效率消费的标准是：给定了所生产的各种商品，倘若对商品再加以重新分配，将使各方均受损。经典理论把达到均衡点的纯粹自由竞争的市场作为取得高效率的前提。虽然当代经济学家对此做了批评、补充和修正，但是效率原则仍然是衡量一个社会经济运转状况的基本标准。

而效率原则又随时要面对它的对立面——平等原则，因为效率原则本身并没有规定达到高效率的平衡点时的分配是否公平和平等。这样，效率问题和平等问题就成为伦理经济学中的两个重要方面（重要范畴）。因此，当代自由主义经济学家的特点是强调效率，而以权利和机会平等作为根本的甚至是唯一的平等要求，否定经济分配的平等。他们继承了古典经济学中的自由放任主义，认为分配的正义问题是由市场的运转来解决的，不需要人为的努力来实现。面对市场机制的干扰，不管持有怎样好的意图，都会导致低效率，阻碍进步。换言之，在市场体系中，人们的经济利益和自由权利并不冲突，市场可以同时满足两者。持此见解的具有代表性的是货币学派的经济学家米尔顿·弗里德曼。他论证道，市场机制以下述方式保障人们自由的天然权利：第一，它保证财产权利，包括人们按自己的意愿消费自己的收入；第二，它保证选择职业的自由，每个人自由选择自己最需要的与他的能力相适应的职业；第三，它促进人的能力自由发展，每个人选择他自己的生活方式，自由地按照自己的能力行事；第四，它促进了表达的自由，竞争的市场通过使经济权力和政治权力分离，并分散了经济权力而保障了交流的基本自由，人们的言论自由由于存在着就业的多种选择机会变得更有现实性。表达自由特别是新闻自由即是如此，与政府或某个报刊的主编意见不同的观点可以在竞争的大众传播中得以公布，等等。

货币学派的经济学家们认为，市场保障了人们对福利的天然权利，因为市场提供了最大效率，为大多数人产生了最大量的经济效益。而控制市场就会降低其效率，从而减少产品和服务的总量。由此可见，货币学派在效率原则问题上，与功利主义者一样，以所谓大多数人的最大利益作为主观的依据。而他们之所以强调绝对自由的市场只是要说明，只有不加干预的市场才能提供最大量的国民收入，以此实现人们对福利的权利。

货币学派对平等问题也进行了颇为详尽的讨论。米尔顿·弗里德曼把机会平等与结果平等加以区别（通常人们所说的起点平等和终点平等或经济平等也指同一件事）。他认为，机会平等不应完全按字面来理解，因为人们不可能在家庭出身、视力和智力等天赋条件上机会平等。机会平等的真正含义是法国大革命时的一句话：前程为人才开放。

米尔顿·弗里德曼强调这种机会平等与自由并不抵触，相反是自由的重要组成部分。在美国的经济中，机会平等居于优先地位，在自由的市场机制中，人们自由地做生意和从事任何职业。“金钱万能”改变了传统的看重出身和门第的封建贵族社会的标准，财富的积累成为衡量才能最方便的尺度。这使美国的生产日益提高，同时也促进了非营利医院、私人资助的院校等慈善事业的发展。

（2）我国生活质量历史沿革。中国封建主义经济及社会关系的长期统治留给我们双重历史遗产，即严重不平等的社会现实和绝对平均主义的传统要求，以及两者之间的尖锐冲突。新中国成立以后，以新的理论形式表达的平等原则，实质上是全体社会成员地位平等基础上的结果均等（即社会财富分配方面的平均主义），在一段时期内这曾被作为我国社会主义经济、社会生活中的普遍原则。

这种历史的选择曾经带来了伟大的历史进步：阶级剥削以及由此产生的贫富对立现象被消除，旧中国遗留的普遍失业和恶性通货膨胀奇迹般地迅速“治愈”，人民的基本生活需要得到了保障，在分配制度、劳动人事制度、社会福利制度等方面确立起来的平等与平均，使社会呈现出稳定景象。在社会主义制度建立以后的最初阶段，这种公平原则不仅不与效率原则相矛盾，甚至它本身还是迅速提高社会经济效率的某种现实条件。公平原则所激发的热情和英雄主义情怀，曾经为社会经济的发展提供了巨大动力。

但是，随着稳定秩序和恢复经济的任务基本完成，优先注重平均主义公平目标的选择便不能继续适应社会主义的进程。社会主义的历史使命归根到底是要极大地提高社会生产力的发展水平，创造前所未有的劳动生产率。这就要求我们及时调整社会目标体系，公平优先要为效率优先所替代，并在社会经济系统中建立和完善相应的动力结构和运行机制。然而，由于种种原因，我们长期未能实现这种目标转移，传统的选择以巨大的惯性把结果均等（如“大锅饭”）推到经济生活乃至社会生活的各个方面，对我国经济运行机制和人的发展产生了消费影响。具体表现在以下四个方面：第一，传统选择加强了高度集权的计划管理体制。第二，传统选择导致了经济运行过程中宏观调节。第三，传统选择削弱了经济系统的动力结构。第四，传统选择阻碍了国民经济进入良性循环。

总之，传统的目标选择不仅明显导致经济活力的严重衰退、经济效率的普遍低下，甚至也未能做到使社会成员享有普遍平等的社会福利（如城乡之间、国有企业和集体所有制企业之间的差别较大，工农业收益很不均等）。牺牲效率换来的公平只是贫穷的公平，在贫穷基础上公平的最终归宿必然是贫穷与不均的并存。在现实生活中，由于商品短缺而加剧的特权现象等不正之风和违法行为，已多方侵袭和损害了社会公平原则，严重地阻碍和损害着人的发展。正是在既要富裕又要公平的意义上，结果均等、公平优先的传统目标在我国社会实践中已走到了尽头。

新的历史时期社会关系将确立新的价值判断准则，而新观念一经确立，又将推动经济发展和社会进步。随着建设一个高度繁荣的经济社会的不断推进，确立平等观的科学内容这一要求已经摆到我们面前。今天，平均就是平等、平等就是结果均等的传统观念虽然正在被破除，但平等观的真正要义是机会均等这一点，却还未得到普遍的承认。

提倡机会均等，不仅适应社会主义联合劳动的新型生产关系，而且适应大力发展社会主义市场经济的迫切要求。当经济当事人在经济过程中面临竞争的筛选时，如果不享有自由进入竞争的权利，也不具备可供选择的机会，要想使自身生存、发展，从而推动社会主义市场经济的高度繁荣，将是十分困难的。多年的经济体制改革，为逐步确立科学的平等观提供了许多有利条件。随着多种经济成分并存、多层次决策和多渠道传播信息以及市场体系的形成和完善，人们将日益强烈地要求普遍贯彻与竞争择优原则密切相关的机会均等原则。

机会均等本身又是一条效率原则。与结果均等的公平要求不同，机会均等所强调的，不是对现有财富的平均分配，而是使社会财富不断增长，人的才能有平等充分发展的机会。因此，效率优先不过是机会均等要求的题中之义。

坚持效率优先原则，在根本上是由发展社会主义生产力的历史任务所决定的，特别是像我国这样的发展中国家，效率优先原则的普遍实施，意味着促进时间的节约，物质消耗和活劳动消耗的减少，人的活动能力和素质的改善，自主联合劳动集体的劳动生产率的提高，这一切同时意味着社会财富的涌流、生产力的增进和发展。只有效率优先所带来的生产力的极大发展，才能保证社会公平不断扩大规模，改善质量，提高水平。效率优先是使财富不断扩大和积累从而实现社会公平的根本途径。

从劳动者收入分配的角度来看，机会均等、效率优先原则与社会主义按劳分配的要求密切相关。在劳动者平等占有生产资料的基础上，等量劳动领取等量报酬，即劳动机会、按劳动量获得个人收入的权利是平等的。劳动者要得到更多的收入，必须先为社会财富的增进做出更大的贡献。因此，按劳分配的真正贯彻，恰恰又体现了效率优先的原则。

在整个社会范围内，效率优先的平等观认为，财富的分配和再分配，必须使那些能够最有效地促进社会财富增长的人或集团获得最大利益。否则，社会的经济效率、繁荣与进步就将受到损害。在经济体制改革中，我们提出了“让一部分人先富起来”的口号，它所代表的也正是效率优先的要求，并且确实刺激了经济效率的提高，因而是十分正确的。

另外，将机会均等、效率优先确定为社会主义平等观的真正要义，不仅没有忽视社会公平原则和必要的结果均等，相反，还以兼顾后者作为自身真正得以确立的保证手段。这在目标转换过程中尤为如此。

总之，社会向人们提供了各种机会，但这些机会无疑受到社会生产力水平的制约。能够使个人自主活动能力得到充分发挥并取得成就的各种机会的种类和范围，都将随着生产力水平的发展而增加、扩大，同时劳动者也随之锻炼出新的品质，提出新的要求，并为满足这些需求开拓新的方式和机会。尽管现代工业改变了旧的劳动分工的某些局限性，个人对自由全面发展的要求也日益强烈，但是个人自主活动受到有限交往的束缚。在旧的社会分工还将长期统治人们的时候，劳动者对局部生产资料的固定性、排他性占有和使用，把自身局限在某一特殊部门，形成了一种片面的发展；劳动者对产品的支配关系和由此形成的财产所有关系，约束着劳动者的交往形式；劳动仍然主要是谋取物质生活条件的手段，而不是自主活动的积极实践，劳动者被迫服从非自愿的社会分工，他本身的活动就不能达到充分的自主和自由。因此，在现阶段，实现公平竞争、机会均等，就必须尽快改变职业分工固定化的做法，使人们自由选择职业、自由全面地充分发展。公平竞争、机会均等和人的自由全面充分发展是联系在一起的，缺少了一个方面，另一个方面就不可能达到。

（3）闲暇时间。闲暇时间又称“自由时间”，它是历史发展的一种积极产物。马克思认为，“自由时间”一是指用于娱乐和休息的余暇时间；二是指发展智力，在精神上掌握自然的时间。“自由时间”就是“非劳动时间”，不被生产劳动所吸收的时间。只是在生产力很发达时，人类才能从社会必要劳动时间中分离出相当数量的剩余时间，构成社会的“自由时间”。所以，“自由时间”是生产力发展的尺度和标志，在生产力发展的不同阶段它具有量的区别。

“自由时间”的意义还在于它实质上是人类对自身动物性生存的超越，因而也是对自然必然性的摆脱和对人类自由的确证。如果没有“自由时间”的游离，也就意味着人类永远束缚于满足生存需要的、受外在目的支配的“必然王国”之中，也就不可能有真正的人类史。所以，人类的发展实际上就是对“自由时间”的运用和进一步的追求。

然而，我们又不能孤立地从一个方面去看待“自由时间”。“自由时间”本身是一个处于过程中的社会矛盾体，它以个体和类的抗争作为存在的前提，因而只能在个体发展不平衡和对立的夹缝中生长延伸。在阶级社会中，社会必要劳动时间和剩余劳动时间的对立就是阶级的对立。私有制社会制度不可能使“自由时间”均匀地分配给所有社会成员享受，而只能被少数人垄断。这种垄断以阶级压迫为条件，以通过强制劳动吸收被压迫者的时间为基础。“自由时间”的垄断者享受着人类历史一切文明成果，代表社会发展的方向，使自己作为人的本质得到确证。相反，“自由时间”的生产者却始终感到压抑和痛苦，承受着人类的愚昧和堕落。“自由时间”的发展，一方面缩短了社会必要劳动时间，为所有的人在科学等一切领域内全面发展提供了时间和可能性；另一方面它又把无数的人抛进了为他人、为社会生产剩余时间的不可解脱的劳动之中，从而失去了自由全面发展的现实性。“自由时间”对人类社会的价值是以金钱来计算的，是与痛苦时间或不自由时间的发展并行的。因此，从总体上看，资本主义社会里，“自由时间”又是与人类本质力量的确证相悖的。仅有“自由时间”量的增加并不完全表征历史主体自由的扩大。如果人类在“自由时间”之外的生产劳动中仍然感到压抑和痛苦，那么“自由时间”本质上就是不自由的。这就是说，在市场经济发展初期的社会里，时间的节约是依赖时间的掠夺实现的。少数人通过夺取他人的劳动和金钱丰富了自己的时间，垄断了多数人全面发展的可能性。但就整个社会来说，时间财富并没有得到真正的节约和丰富，社会的发展以牺牲大多数人为代价。在这种条件下，人是时间的奴隶，时间通过金钱奴役着人类。

时间的性质由劳动的性质来说明。“自由时间”赖以生产的社会劳动条件是非人道的。我们承认这种非人道的社会对原始愚昧辩证否定的历史进步意义，同时我们更相信，这种不人道的社会本身还将被更高级的人道的社会所代替。马克思说，物质生产的劳动只有在下列情况下才能获得真正自由的性质：“劳动具有社会性；劳动具有科学性，……人不是用一定方式刻板训练出来的自然力，而是一个主体，……作为支配一切自然力的那种活动出现生产过程中。”① 由于社会劳动本身的质变和升华，它将成为艺术和美的永恒和终极的表现形式，成为人的第一需要。劳动不再是畸形的、片面的，而是全面表现人类本质的完整的对象性活动，是自由的象征。人类的生产劳动（包括体力的和脑力的）是永远不会结束的，人类劳动形式的发展趋势又是传统意义上的劳动形式不能说明的。因此，真正自由的劳动必将导致“自由时间”和劳动时间对立的扬弃，在这个过程中，“自由时间”将结束自己的社会使命。它像资本一样推动了历史前进的“车轮”，也将像资本一样葬身于自己造就的历史“坟墓”之中，恢宏的时间会向人类社会显示自己崭新的品德。“时间实际上是人的积极存在，它不仅是人的生命的

① 马克思，恩格斯．马克思恩格斯全集：第四十六卷上［M］．中共中央马克思恩格斯列宁斯大林著作编译局译．北京：人民出版社，1980：113.

尺度，而且是人的发展的空间。”① 于是，时间将成为除人本身之外最宝贵的东西和最稀有的资源。人们不再以拥有物产和金钱的多少，而是以拥有社会时间的多少去衡量社会的发展和进步。对时间的开拓和充实是每个国家每个人发展和完善的中心环节。没有创新，就将失去时间；失去时间，就将失去生存的空间，就将被时代的发展所淘汰。

因此，“社会发展、社会享用和社会活动的全面性，都取决于时间的节省。一切节约归根到底都是时间的节约”②。时间的节约，不是对他人时间的掠夺，而是把时间当作人类全面发展自身才能的广阔天地，像人们不断地开拓生存的空间范围一样，实现于每个人积极的创造性的活动之中。对新的生存空间的开拓是节约和丰富时间的主要的或者是唯一的手段。新兴的微电子技术以其创造性的革命本性扩大和改造着人类的生活空间，极其有效地实现了对时间资源的节约。在这种历史条件下，时间的充裕不再与时间的浪费重叠，不再与时间的掠夺一致。它与时间对社会进步的服从、对社会的价值度是成正比例发展的。这样，人才是时间的主人，通过发展自身开拓未知领域，从而驾驭时间的运行。

我们每个生产者和管理者必须先认识到自由时间的积极作用，努力创造条件使个别劳动时间低于社会必要劳动时间，加速整个社会的财富积累过程。另外，我们又应该看到，金钱不能取代时间，时间赋予人类生命的意义是金钱所望尘莫及的。赶超世界的关键是时间资源的开发，开发时间的首要途径是提高劳动者主体的智力素质。在社会发展过程中，如果客观的既定的条件是进步的前提和决定因素，那么，主体的能动作用和人能否全面发展，便是进步的关键和主导因素。再优越的客观条件，如果没有主体的运用，它也永远只是沉睡着的潜能，只有主体通过积极的创造性的全面发展活动才能将其运动起来，它才能造福于人类。因此，一方面，我们应该增加劳动者的闲暇时间（即“自由时间”），并合理地利用、支配自由时间，才能促进人的自由全面发展；另一方面，我们只有加快实现人的自由全面发展，才能使“自由时间”得到更加科学、合理的利用。

本章小结

本章从消费活动和生活质量两个方面对人的自由全面发展做出了详细的解释。中国传统的政治经济学和部门经济学，一直忽视了对人的消费活动和生活质量的研究，人的发展经济学应该将此纳入自己的主要研究内容。人的发展经济学对人的消费活动和生活质量的研究，主要侧重于对人的自由全面发展与人的消费之间关系的研究。消费是经济过程和再生产过程的一个重要环节，从某种意义上来说，消费又是人的消费，因此，人的发展经济学也必须把消费作为自己的主要研究对象和研究内容。人的发展经济学对消费的研究主要是从人的自由全面发展和消费之间关系的角度加以研究，通过这种研究，可以更好地揭示社会主义市场经济下的消费在再生产全面发展新人中的作用，揭示消费的本质、目的和消费水平、消费能力、消费方式等与人的全面发展的密切关系。生活质

① 马克思，恩格斯．马克思恩格斯全集：第四十七卷［M］．中共中央马克思恩格斯列宁斯大林著作编译局译．北京：人民出版社，1979：532.

② 马克思，恩格斯．马克思恩格斯全集：第四十六卷上［M］．中共中央马克思恩格斯列宁斯大林著作编译局译．北京：人民出版社，1979：120.

量问题已日益被当代西方经济学家关注，中国传统的政治经济学对这一问题的研究是薄弱的，人的发展经济学应该担负起这一重任，将生活质量纳入自己的研究对象和研究内容。人的发展经济学对这一问题的研究不同于政治经济学和国民经济管理学之处在于，它侧重于从人的自由全面发展和生活质量的关系这一角度加以研究，特别注意研究公平竞争、机会均等、效率优先与人的自由全面发展、工作兴趣与人的自由全面发展、闲暇与人的自由全面发展。消费活动和生活质量作为人的自由全面发展的必要条件，对我国社会主义生态文明建设具有重要推动作用。

思考题

1. 简述消费的根本目的。
2. 消费能力发展的具体表现形式有哪些？
3. 社会公共消费在再生产全面发展中具有哪些功能？
4. 为何闲暇时间可以被定义为生活质量的重要因素之一？
5. 简述我国现阶段提倡的平等观念。

参考文献

[1] 曲夏夏．生活质量提升与和谐社会构建［J］．理论学刊，2013（11）.

[2] 许崇正．论中国“人的发展经济学”研究的历史和现状［J］．改革与战略，2008（7）.

[3] 许崇正．人的发展经济学［M］．北京：光明日报出版社，2022.

[4] 许崇正．人的发展经济学的研究对象、理论体系及其意义［J］．学术月刊，2009（12）.

[5] 许崇正．人的发展经济学概论［M］．北京：人民出版社，2010.

[6] 赵学增．《资本论》中的消费理论［J］．求索，1983（3）.

第十五章

价格的经济社会功能

在社会主义市场经济条件下，建立起合理的价格体系，充分发挥价格调节收入分配、调节和刺激生产，以及传递信息的基本职能，是实现人的自由全面发展的坚实基础和可靠保障。另外，人的自由全面发展有利于使人在不同劳动部门之间自由流动，从而使社会主义市场经济条件下的合理价格体系得以真正建立，从而更好地推动经济体制改革。

第一节　价格决定与价格的基本职能和人的全面发展

一、价格的基本职能

价格是商品交换的产物，只要存在商品生产和商品交换，价格就必然发挥作用，尤其是在发达商品经济社会，价格机制有着其他经济机制不能替代的作用。价格自身的职能是客观存在的。价格的基本职能就是价格机制在商品经济运行中，一切形式的价格都具有内在的根本的功能。它是价格机制得以正常发挥其作用的起点和结果。

由于商品的价格是商品价值的货币表现，也就是说，价格从本质上讲是货币形式上的价值。因此，价格是反映价值规律要求的经济机制。价格的基本职能是由价值规律所赋予和决定的。因此，对价格基本职能分析的着眼点必须集中到价值规律上。价格在贯彻价值规律要求的运动中，又执行着调节社会再生产活动的职能。价格机制作用的结果，一方面实现了商品生产者个体劳动的差异性向无差异性转变，即个别劳动时间向社会必要劳动时间的转变；另一方面又调节社会生产和再生产活动的正常运行。从这一过程来看，价格具有利益调节的功能，因此有观点认为，价格的本质是利益关系。这使价格对人的发展势必产生影响。

从人的发展经济学角度来看，价格具有以下基本职能。

一是传递信息。在发达的商品经济阶段，传递信息是价格的重要功能。在商品经济社会，生产者生产什么、生产多少、为谁生产、何时生产、如何生产，这些涉及决策问题，而决策离不开信息，尤其是在发达商品经济社会，任何一个市场化的企业都离不开信息。因此，信息决定着生产，决定着流通。市场是动态的，信息是不断变化的。可以说，信息是企业生产、流通的灵魂。信息不灵通，企业就无法从事竞争，也就无法从事生产。传导的信息包括有关需求、资源可获性和生产可能性方面的信息等。具体就一个企业来说，企业投放的产品，通过价格的变动，立即可以得到反馈信号，以供决策。总之，这种通过价格传递信息，具有渠道短、环节少、损耗量小、最不易失真等特点。

二是刺激生产者采用先进生产技术。价格的这项职能，本质上就是第二种社会必要劳动时间决定市场价格的规律对企业的压力。所谓第二种社会必要劳动时间，就是指社会需要（供求）。马克思说："不仅在每个商品上只使用必要的劳动时间，而且在社会总劳动时间中，也只把必要的比例量使用在不同类的商品上……为了满足社会需要，只有如许多的劳动时间才是必要的。"① 市场用社会需要这个尺度衡量各个生产者，奖励先进，淘汰落后，迫使企业改进生产技术，提高劳动生产率。价格的这一职能是无情的。

三是调节生产和消费。价格调节生产主要表现在：通过市场价格的变动，指导企业经营者及时灵活地迅速转移资金，开辟新品种、新样式、新行业；告诉企业生产的产品质量竞争情况，从而指导企业加强和改进产品质量。价格调节消费表现在：随着各种商品的价格变动，消费者时刻都在精打细算多买某种商品或少买另一种商品，从而实现价格调节消费的职能。具体来说，某种价格变动时，消费者对这种商品的购买，是以商品价格的高低为标准的，消费的需要按照和价格相反的方向变动。

四是刺激劳动者在不同职业间的合理流动和改进劳动态度。价格的这一职能在我国是客观存在的，但过去一直被忽视，或者一直未予承认。实际上价格的这一职能，对我国当前经济建设有着十分重要的作用。这一职能主要表现在：通过劳动者在不同行业、不同部门、不同工种中不同的劳动贡献和不同的劳动态度所能获得的不同工资报酬，刺激劳动者钻研科学文化知识和技术；刺激劳动者在不同的职业间合理流动，自由选择职业，以充分发挥自己的才能，从而促进人的主体能动性更好地发挥，人的才能全面发展；刺激劳动者自觉改进劳动态度。另外，价格的这一职能还可以使企业利用价格这个杠杆吸引所需的劳动者，流出不需要的、不合格的劳动者。在我国社会主义时期，价格这一职能发挥作用的程度，还对社会主义按劳分配原则的贯彻产生重要的影响。也就是说，这一职能作用得到了发展，按劳分配原则才能真正得到贯彻。这是因为，劳动者合理流动，体现了"各尽所能"的主要含义，而各尽所能又是按劳分配的前提。

五是调节收入分配。在商品经济中，每个经济单位按价格参加商品交换时，都要发生收入或支出，从而使它们的经济利益受到影响（并对每个经济单位的人员收入产生影响）。价格对收入的调节，与税收、福利待遇等其他经济范畴不同，它是通过市场关系而发挥作用。因此，价格在调节收入时，实际调节的是买者与卖者、消费者与生产及经营者的利益，而不是其他的利益。在社会主义时期，价格调节收入分配的职能，在对个人收入进行调节时，其作用的发挥，也是和按劳分配原则的贯彻密切联系的，也就是说，这一职能作用得到了发挥，按劳分配的原则才能真正得到贯彻。不论是马克思、恩

① 马克思，恩格斯．马克思恩格斯文集：第七卷［M］．中共中央马克思恩格斯列宁斯大林著作编译局译．北京：人民出版社，2009：716－717.

格斯的原意，还是社会主义的实践，都告诉我们，价值规律和按劳分配也是有密切联系的。事实上，社会主义时期，价值规律和市场供求必定调节劳动者的工资。忽视和不敢（不愿）承认这一点是不应该的，也是不利于我们贯彻按劳分配原则、不利于我们发挥价格这一职能作用的。

价格的上述五项基本职能发挥作用的前提为：一是完善的市场经济；二是价格以生产价格为轴心上下波动。对此，马克思曾指出，市场价格围绕生产价格波动要比价格反映价值需要有高得多的商品发展阶段。这正是历史进步的结果。

二、价格的最基本职能与人的全面发展

研究发达商品生产中价格的最基本职能，是解决当前价格问题的关键，对建立正确的、科学的、符合客观规律的合理价格体系，对利用价格和价格机制促进人的全面发展至关重要。

所谓最基本职能，就是指在诸多基本职能中，具有以下特征的那一项职能，即该项职能处于本质的主导的地位，它的发挥程度决定和影响着其他几项职能的发挥程度，并且其他几项职能不同程度受着它的支配和影响，离开它，其他几项职能就不复存在。经过比较分析，得出的结论是，在价格的五项基本职能中，最基本的职能应该是调节收入分配的职能。

（一）价格调节收入分配的职能和价格传递信息职能之间的关系

在发达的商品经济下，价格之所以具有传递信息的职能，主要是因为价格能履行其调节收入分配的职能。价格调节收入分配，可以说是价格传递信息的基础。没有这个基础，价格传递信息就是空话。因为，人们之所以关心价格传递信息，是因为它和自己的收入有关，或者说给自己的收入（物质利益）带来影响。如果不是这样，人们也就没有必要去关心价格传递的信息。这样一来，价格传递信息的职能也就不可能发挥作用，或者说也就不可能存在价格传递信息的职能。就一个人来说是这样，就任何一个企业来说也是如此。如果价格不能调节企业的收入分配，企业也就不会关心价格传递的信息。只有当价格能调节收入分配时，企业才会积极关心价格传递的信息，由此，价格传递信息的职能才能发挥作用。关于这一点，著名的货币学家派经济学家米尔顿·弗里德曼曾有过深刻的论述："如果我们不利用价格来影响收入分配，且不说充分决定收入分配，那么不管我们的愿望如何，要利用价格去传递信息，……是根本不可能的。"① 我国有些经济理论工作者也逐渐认识到，价格调节收入分配职能和价格传递信息的职能有着密切的关系，"在竞争的市场上，价格对商品生产者的收入，具有决定性的影响，这使传递价格和需要价格信息的企业总是积极地传递和寻找，供求双方的努力使信息的损耗量减少；同时，价格信息只传给每个能够使用这种情报的人和企业"②。这实际上是说明了，价格调节收入分配职能发挥作用的程度，在某种意义上决定着价格传递信息职能

① 米尔顿·弗里德曼等．自由选择［M］．胡骑等译．北京：商务印书馆，1982：27.

② 杨仲伟，李波．价格形成理论与价格改革政策的探讨［J］．经济研究，1985（8）：3－10.

发挥作用的程度。

（二）价格刺激生产者采用先进生产技术的职能与价格调节收入分配职能之间的关系

众所周知，在存在竞争的商品生产社会里，任何一个企业或个人改进工艺或采用先进的生产技术、设备，目的都是增加企业或个人的收入。这就是说，在正常的情况下（指在存在竞争的商品生产社会里）一个企业或个人采用先进的生产技术，从表层上看，是由于价格的刺激，而从实质（深处）来看，却是价格调节收入分配的职能在起作用。在采用某种先进的生产技术之前，生产者总要计算（反复权衡），采用这种生产技术是否会带来利润？带来多少利润？如果采用某种先进的技术，而不能使生产者收入增加，生产者绝不会采用这种先进生产技术。不过，一般来说，在商品生产社会里，假定生产经营管理等诸方面都很好，生产者采用先进的生产技术，必然会使新产品的产量增加，或产品成本减少，从而带来收入的增加。这正是生产者采用先进的生产技术的动力，或称力量的源泉。可见，价格刺激生产者采用先进的生产技术的职能与价格调节收入分配的职能也是有紧密联系的，前者紧紧地受着后者的制约。如果价格调节收入分配职能不能发挥作用，那么价格刺激生产者采用先进的生产技术的职能也就不可能实现。

当然，在价格调节收入分配的职能不发挥作用（乃至价格刺激生产者采用先进技术的职能也不复存在）的情况下，生产者尽管也可以采用先进的生产技术，但由于不是受价格的刺激而采用生产技术，它就没有科学性。其结果往往是盲目扩大生产，造成产品浪费；往往不会增加收入，还很可能适得其反，造成亏损。这种事例，在我国单纯计划经济时期以及在目前的经济生活中可以说是举不胜举。其原因在于，我们未能充分地重视价格调节收入分配的职能，从而也就不能使价格刺激生产者采用先进生产技术的职能发挥作用。这从反面说明，要想使价格刺激生产者采用先进技术的职能在经济生活中发挥作用，就必须高度重视价格调节收入分配的职能，使这一职能充分发挥作用。

（三）价格调节生产和消费的职能与价格调节收入分配职能之间的关系

在发达的商品生产的社会里，每个生产者对社会需要什么商品，什么样的商品受欢迎、需要多少，自己生产什么样的商品能赚利润，都是根据它的价格来判断的，“通过产品的跌价和涨价才亲眼看到社会需要什么、需要多少和不需要什么”①。因此，商品生产者就只有依靠市场商品价格的涨落盘算自己收入的增减情况，以调节自己的生产。如果某种商品供不应求，市场价格高于生产价格，就会吸引许多商品生产者转移自己的资金来生产这种商品；反之，如果某种商品供过于求，市场价格低于生产价格，就会有许多生产者放弃这种商品的生产，转移自己的资金或资源去生产其他商品。可见，在发达的商品生产的社会里，价格之所以具有调节生产的职能，主要是因为在它的背后，价格调节收入分配在起作用。一个商品生产者（一个企业或个人）之所以要把资金和资源转移去生产别种商品，缩小或扩大某种商品的生产，主要是考虑自己的收入（收益）

① 马克思，恩格斯．马克思恩格斯全集：第二十一卷［M］．中共中央马克思恩格斯列宁斯大林著作编译局译．北京：人民出版社，1965：215.

能否增加，也就是说价格调节收入的职能起着决定的作用。我国农村改革开放后几年的产业结构调整情况就充分说明了这一点。党的十一届三中全会以后，农村实行了改革，价格调节收入分配的职能发挥了作用，在价格调节收入分配职能的引导下，农民纷纷把资金投向乡镇工业生产，1979～1984年全国乡镇工业产值平均每年增加17.9%；1984年全国乡镇工业产值已达1031亿元，占全国工业总产值的13.6%。一段时间，由于基本农产品加价收购，导致了农民商品粮食和棉花产量出乎意料地高速增长。1979～1984年，平均每年增产粮食170亿千克，棉花1300万担。1979～1984年农业总产值平均每年递增8.8%，其中种植业平均递增6.61%[①]。短短的几年，我国农业生产就得到如此迅速的发展，一举打破了我国农业长期徘徊不前、粮食不能自给有余的局面。

价格调节生产是这样，价格调节消费也是如此，也必须受价格调节收入分配职能的影响支配。现代社会，经济的高速增长是以工业化为象征，为此，它也要求消费结构中工业制成品的份额迅速上升，而农产品的份额迅速下降。而这又是与价格调节收入分配的职能紧密联系的。因为人民选择消费品，往往是与价格有关，在有限的收入分配内，总喜欢选择价格偏低的。价格是改变消费需求结构的最重要的杠杆之一，而这背后起决定影响作用的是价格调节收入分配的职能。由此可见，价格调节生产和消费的职能与价格调节收入分配的职能二者之间也是紧密联系的，这种紧密联系表现在，前者必须依附于后者，后者的作用决定着前者的作用。

（四）价格刺激劳动者在不同的职业间合理流动和改进劳动态度的职能与价格调节收入分配职能之间的关系

在向现代化迈进的过程中，必然会出现许多劳动者在不同的职业间频繁地合理流动。随着我国市场经济的发展，要求合理流动的劳动者人数越来越多，实行和允许劳动者合理流动，是我国社会主义社会的一条不可违背的客观经济规律。将此确定为社会发展的一条客观规律，这实际上是马克思的观点。马克思在《资本论》第一卷中指出，大工业的本性决定了劳动的变换、职能的更动和工人的全面流动性。……大工业又通过它的灾难本身使下面这一点成为生死攸关的问题：承认劳动的变换，从而承认工人尽可能多方面的发展是社会生产的普遍规律，并且使各种关系适应于这个规律的正常实现[②]。

劳动者要求合理流动原因有多个方面，但其中也有一个重要的原因，是由于对原有的工资报酬有意见而要求流动。这是否合理呢？应该说是合理的，它是我国经济体制改革后出现的必然趋势，并且可以预料，随着我国经济体制改革的进一步深入，劳动者由工资报酬的引导而合理流动的人数会越来越多。合理流动并不是坏事，恰恰是好事，它表明了价格刺激劳动者合理流动的职能，在我们的经济生产中将发挥越来越重要的作用，标志着我国商品经济正在进入和已进入了发达的商品经济阶段。

在发达的商品经济社会里，价格之所以能刺激劳动者合理流动，这项职能之所以能

① 数据来自国家统计局发布的《关于1984年国民经济和社会发展的统计公报》、《中国统计年鉴》（1984）、《中国统计年鉴》（1983）。

② 马克思．资本论：第一卷［M］．中共中央马克思恩格斯列宁斯大林著作编译局译．北京：人民出版社，2004：561.

发挥如此大的作用，主要是因为在它的背后，价格调节收入分配的职能在起着重要的作用。如前所述，劳动者合理流动的一个重要的原因，是因为工资报酬。而工资在商品经济的社会里却是劳动力的价格，社会主义下劳动力仍然是商品。由于社会主义是商品生产的社会，按劳分配还得保留等价劳动相交换的市场交换的特征，价格规律必然对按劳分配起着重要的作用. 劳动者的工资必然受市场供求的影响、支配。从劳动者本人的意愿来讲，劳动力总会自发地从低收入方向朝高收入方向移动。在其他条件相同的情况下，同等劳动能力的劳动者，在甲单位工资高些，乙单位的劳动者必然会愿意流向甲单位。这说明，价格—供求—竞争仍然是社会主义下劳动力流动中基本的调节机制。劳动者的工资还在整个社会保持合理的职业结构上，起着“导航器”“调节器”的作用。某种工作岗位的收入高些，必然（也应该能）吸引许多劳动者纷纷流向（或改行做）这项工作，从而使整个社会各种职业间人数能不断保持合理的比例（这里所说的合理，就是能适应每一时期社会经济的发展）。由此可见，价格刺激劳动者合理流动，是由于价格调节收入分配的职能在起作用。

另外，价格刺激劳动者改进劳动态度，毫无疑问也与价格调节收入分配的职能密切相关。关于这一点，道理非常简单。因为如果价格不能调节收入分配，价格也就不可能刺激劳动者改进劳动态度。

综上所述，在价格的五项基本职能中，唯有价格调节收入分配的职能起着主导、本质的作用，它发挥作用的程度，直接影响和制约着其他四项基本职能发挥作用的程度。也就是说，其他四项价格的基本职能都和价格调节收入分配的职能有着密切的关系，它们能否发挥作用，以及发挥作用的程度，都受价格调节收入分配职能发挥作用的程度影响、支配和制约。因此，在价格五项基本职能中，我们将价格调节收入分配的职能作为价格最基本的职能应该是正确的，是符合客观实际的。

为了使社会主义下的价格、价格体系和价格体制能有效地发挥促进人的全面发展的作用，我们必须牢牢把握价格的最基本职能——调节收入分配的职能。当这一职能可以有效地发挥作用时，那么它对人的全面发展的促进作用也就能得到有效的实现。价格调节收入分配表现在两大方面：一是调节不同部门、不同行业、不同地区、不同企事业单位的收入分配。它主要是通过有效地调节资源分配和生产要素的合理有效的配置而实现的。而在资源和生产要素的调节、合理配置中，最主要的就是合理有效地调节、配置好人力这一资源和生产要素。因为在有限的资源和生产的几大要素中，人是最主要、最重要的资源和生产要素。而这一切，又离不开人能否得到自由充分的全面发展。二是调节个人间的收入分配。它主要是通过劳动力的价格——工资来实现的。通过工资在不同行业、部门、单位之间的差别与不断涨落、变化，促进人们不断地改变工作岗位，变换工种，鼓励先进的、符合社会需要的行业、部门、工种，淘汰落后的、社会不需要的部门、行业、工种，从而将不同的社会职能当作互相交替的活动方式，促进人的全面发展，使人的潜能和创造性精神得到充分的挖掘。

可见，调节收入分配这一价格的最基本职能与人的全面发展有着密切关系。社会主义时期，人要得到全面的发展，社会就必须充分、有效地使价格调节收入分配的职能得到有效的发挥。反过来，人不能得到自由全面的发展，价格这一基本职能就不可能有效地发挥作用，甚至会对社会和社会生产起到严重的破坏作用。对此，我们没有理由不加以高度重视，没有理由不遵循这一客观的规律。

第二节 合理价格体系的建立与人的全面发展

既然在价格的诸多基本职能中，最基本的职能只能是调节收入分配促进人的全面发展，那么，毫无疑问，衡量一个价格体系是否合理的准绳，应该是看它能否使这一最基本的职能充分发挥作用。我国经济体制改革中价格改革的目标，是要建立合理的价格体系，由此也就决定了价格的基点（或叫作着眼点）必须确立在使价格的最基本职能——调节收入分配促进人的全面发展的职能——充分发挥作用上。也就是说，价格改革的一切工作，都应该从充分发挥价格调节收入分配的职能入手，怎样有利于发挥价格调节收入分配的职能，就怎样进行改革。只有这样的改革，才抓住了事物本质，才符合客观规律。那种部分的局部的价格调整，即所谓按照价格符合价值，人为地搞部分价格涨、部分价格落，只能使已经不合理的价格体系更加不合理，并带来后遗症。因为它本身就违反了发达商品经济下价值规律的作用形式，暂时看起来合理，随着市场供求的迅速变化，很快就会不合理。所以，价格改革的着眼点应该放在努力造就一个能使价格诸项基本职能，特别是它最基本的职能，能够充分发挥作用的环境、条件上。这就是说，价格改革本身是一个整体，应从整体着手，从整体上改，从而建立一个长期的（而不是短期的）能够充分发挥价格调节收入分配的最基本职能的价格机制。而价格调节收入分配的职能不能在劳动者职业选择、才能发挥等方面起调节作用，那么也就不可能对社会主义经济生活的其他方面起调节作用。因为，一个行业、一个企业所使用的资金量，在很大程度上取决于这个行业、这个企业所使用的劳动量；妨碍劳动者的自由流动，也就必然同样妨碍资金的自由流动，妨碍资金的及时迅速转移，妨碍企业根据生产的需要及时吸收急需的生产人员和流出不合格的人员。

关于这一点，经济学家斯密在其名著《国民财富的性质和原因的研究》中有一段精彩的论述："由于限制一些职业上的竞争人数，使愿意加入者不能加入，所以使劳动和资本用途所有利害有了非常大的不均等。"他还指出："妨碍劳动和资本的自由活动，使不能由其职业转移到其他职业，由一地方转移到其他地方，从而使劳动和资本不同用途的所有利害，有时候出现令人非常不愉快的不均等。"他还进一步指出："劳动所有权是一切其他所有权的主要基础，所以，这种所有权是神圣不可侵犯的。一个穷人所有的世袭'财产'，就是他的体力与技巧。不让他以他认为正当的方式，在不侵害其他邻人的条件下，使用他们的体力与技巧，那明显地是侵犯这种神圣的'财产'。显然，那不仅侵害劳动者的正当自由，而且还侵害劳动雇佣者的正当自由。妨害一个人，使不能在自己认为适当的用途上劳动，也就妨害另一个人，使不能雇佣自己为适当的人。"著名经济学家马歇尔也指出："我们这一代最迫切的任务，是给青年人提供发展其所长并使其成为有效率的生产者的各种机会。而达到这个目的的一个主要条件是长期免于机械劳动的自由，以及有上学与进行各种有助于个性充分发展的游戏的充分时间。"① 获得

① 马歇尔．经济学原理：下［M］．陈良璧译．北京：商务印书馆，1965：370.

诺贝尔经济学奖的经济学家布坎南更明确地指出：只有建立一个合理的价格体系，才能为自由的劳动，为人的自由的发展提供坚实的基础，“提供可能是最好的道路”①。

总之，能否建立起合理的价格体系的关键，就在于能否充分发挥价格调节收入分配这一最基本职能的作用，而价格调节收入分配职能的发挥，归根到底又在很大程度上取决于劳动者能否充分自由地流动，人能否自由全面地发展，把不同社会职能当作互相交替的活动方式。经济生活是有客观规律的，社会主义经济建立是严格受到客观规律支配的。无论是否承认，客观规律都在引导着我们。

本章小结

从中国特色政治经济学——人的发展经济学的角度来看，价格具有信息传递、刺激生产者采用先进生产技术、调节生产和消费、刺激劳动者在不同职业间合理流动和改进劳动态度、调节收入分配等基本职能，其中，调节收入分配是价格的最基本职能。劳动者自由流动对合理的价格体系建立至关重要。

思考题

1. 价格的基本职能有哪些？其中最基本的职能是哪一个？为什么？
2. 建立合理的价格体系与人的全面发展之间有何关系？

参考文献

[1] 许崇正．论价格的基本职能［J］．江淮论坛，1986（5）．
[2] 许崇正．论我国资本项目管理的策略选择［J］．金融研究，2000（7）．
[3] 许崇正．人的发展经济学［M］．北京：光明日报出版社，2022.
[4] 许崇正．人的发展经济学概论［M］．北京：人民出版社，2010.

① 布坎南．自由、市场和国家［M］．吴良健等译．北京：北京经济学院出版社，1988：9.

第四篇　生存发展环境

第十六章

社会主义市场经济中人的存在与发展方式

随着人类社会的不断发展，作为个体存在的人在客观上也不断获得充分发展。依照马克思的分析，在不同的社会形态人的存在方式不尽相同，与之相匹配的是，人的个体发展由最初的“人的依赖关系”演变到“以物的依赖性为基础的人的独立性”，最终达到“自由个性”发展阶段。之所以呈现如此演化特征，是因为人的个体发展取决于商品经济的发展程度，同时人的个体发展又反作用于商品生产的发展。

第一节　社会主义以前的商品生产和人的个体发展

社会主义商品生产出现以前，人类的商品生产发展已经经历了简单商品生产和资本主义商品生产阶段，历史长达几千年。然而在简单商品生产发展阶段，商品生产的发展是缓慢的，是很不充分的，因而它对人的个体发展所起的作用是微弱的。直到资本主义商品生产的出现，人类商品生产的历史才出现了一个新纪元。资本主义把一切变成了商品，商品生产得到前所未有的充分而迅速的发展。而这又对推动人的个体发展起着重大的作用，使人的个体发展也同时出现了新阶段。

首先，我们应注意到，从物质生产、人和自然以及人和人的关系来看，商品经济与以往的自然经济有巨大的区别。在以人的依赖关系为纽带的自然经济中，每一个物质生产单位都是一个独立的与自然界进行物质变换的单位。从人和自然的关系来看，这种单位是一个开放的系统，人们借助于和自然的物质交换得以繁衍和发展。但是，由于在人的依赖关系下，每一个物质的生产单位之间，又是隔绝或基本隔绝的，没有或很少具有生产单位、消费单位之间的物质交换。在这种近似封闭的状态下，人们的生产能力与需要的发展自然是十分缓慢的。

商品经济的产生并不是由某种生产力的发展所引起的，它是在不同的物质生产单位之间的相互交往中自然地产生的。起初是偶尔的商品交换，进而形成了社会分工的关系，这样就在无形之中改变了进行物质生产的社会结构，形成了各个独立的生产者以物的交换为媒介而组成的一个大系统，而且随着商品经济的发展，这个系统越来越大，除非超出了人类的范围，这个系统是没有极限的。借助于市场而实现的社会分工关系，不仅扩大了总和的生产力，而且它使单个的生产者作为社会总生产的一个部分、一个环节存在。在这种分工体系下，每个生产者所进行的生产不是为了自己的直接消费，而是为满足其他社会成员的需要。他本身无论是在生产上还是生活上的消费，又依赖于别的生产者的生产。以物的交换为媒介的分工关系，实际上把各个独立的生产者联合起来，组成一个与自然进行物质交换的社会总生产体系。在这种分工关系下，个人在需要上的发展，不再受他所生活的自然环境的局限，而只受加入这种分工关系的商品生产者有多少与出现在市场上的商品有多少的限制。不同地区、不同气候、不同生产领域的产品都可能出现在市场上，唤起人们的需要。同时，随着商品的交换，某个领域内某种新的生产能力一经出现，又有可能迅速地传递到其他生产者的手中。因此，在商品经济这种开放的社会关系中，个人在生产能力、需要上的发展同整个社会生产联系起来，与在封闭的社会关系下的自然经济生产方式相比，具有更快的速度和在更广泛的范围内发展的可能性。

同时，我们应注意到，在商品生产的社会分工体系下，生产者被局限于自己的生产领域内，使他成为只从事本行业生产的劳动者。这时的生产者不再像在自然经济中那样，在物质生活的生产中是全面的，而成了本行的奴隶。但是，正由于生产者只局限于自己的行业内，他就能在生产中积累经验、提高技巧，甚至利用自然力来完成自己的操作。生产的专业化出现了，在这个基础上，只要市场大到有大批量生产商品的吸引力，社会上又具备了能够适应这种生产发展的条件，政治障碍的扫除，生产手段的集中，自然科学的发现，工人和技术人员的具备，生产的专业化就会向大机器生产过渡，机器延长了人的身体四肢，人工智能拓展了人的脑力。在商品经济发展中出现的这种现代化的生产方式，承认劳动的变换，要求个人尽可能多方面地发展，并认为这是社会生产的普遍规律。从而在扩大、发展社会分工的同时，又造就出具有全面生产能力的个人，为消灭这种社会分工关系做好了准备。社会分工关系的不断发展，使每个生产者对整个社会生产的依赖无论在广度上还是深度上都大大加强。人开始走出人的依赖关系的束缚，作为地域的、民族的，进而作为世界的人出现，人们对出现在他面前的这种社会关系感到茫然，犹如只能听任神的摆布一般。然而，随着商品经济的发展，随着科学的进步，人们终于能够逐步地认识这种社会关系，并驾驭这种关系了。于是，商品经济的发展又造就了这样的条件，使人们有可能按照社会生产的本性联合起来，共同驾驭整个社会生产，新的社会关系的建立具有了可能。

另外，我们还必须注意到，资本主义商品生产将人沦为商品，这一事实一方面不应该只遭到诅咒，另一方面也必须被看作人类历史上的一种巨大进步。尽管原始积累时期的剑与火使这个事实的到来付出了巨大的代价，但是，只有当劳动力成为商品以后，束缚已久的人的依赖关系才彻底宣告瓦解，个人才成为自由的，他才能独立地支配自己。

这是因为，在人的依赖关系下，劳动者基本上是没有人身自由的。一个人一生下来，就被所进入的历史的生产关系束缚，无法改变自己的命运。这种状况也使在进入生产过程时，每个人已被既定的等级、地位规定，只能扮演一定的角色。这种人身依附关系不仅反映了社会中极不平等的关系，而且对社会生产力的发展也起到极大的阻碍作用，它不允许每个社会成员自由地多方面地发展自己，也排斥了保证发展的生产要素进行多种组合的机会。资本主义商品生产使劳动力成为商品，这在今天看来似乎是十分罪恶的东西，但对人从人身依附关系下解放却起了非常革命的作用。它无情地斩断了形形色色的人身依附关系的羁绊，使劳动者第一次有了自由支配自身的权利。当然，这种自由又受到社会分裂为一部分人拥有生产资料成为资产者，另一部分人除了人身以外一无所有而沦为无产者的一种阶级关系的束缚。但是，这时劳动者至少可以作为自己劳动力的所有者出现，按等价交换的原则在市场上与资产者交换自己的劳动力，或者说他至少也有了选择买主的权利。

同时，人的依赖关系的解除，也标志着个人与自给自足的生产方式告别，他不得不作为需要就业的一员，加入现代化的经济生活中。在各种机会面前，劳动者之间是均等的，这本身又给他们造成了自身发展的前提。在自然经济中，个人永远不会具有这种发展的可能，永远不可能选择机会。

更重要的是，劳动者沦为商品以后，他作为一种生产要素而存在，商品生产的当事人有可能利用商品关系，不断按照市场上出现的机会，实行生产要素的重新组合，把经济不断推向前进。

劳动力成为商品，资本主义生产方式的产生，作为人类个体发展史上的一次重大转折，曾被马克思加以充分的研究。他用“原始积累”概括了这个过程。马克思曾经指出，那些具有划时代意义的资本原始积累的方法，是对直接生产者的剥夺，是用最残酷无情的野蛮手段，在最下流、最龌龊、最卑鄙和最可恶的贪欲的驱使下完成的。但是，马克思又指出，原始积累中被剥夺的直接生产者，代表着已经成为落后的、保守的生产方式。这种生产方式以土地及其他生产资料的分散为前提。它既排斥生产资料的积聚，也排斥协作，排斥同一过程内部的分工，排斥社会对自然的统治和支配，排斥社会生产力的自由发展。因此，我们不能不看到劳动力成为商品在人类个体历史发展中的巨大意义，它是人类社会历史发展的必经阶段，也是人类的个体发展史上的必经阶段。

总之，商品经济的发展，造就了资本主义生产方式。资本主义生产方式的发展，又为商品经济在人的个体发展中提供了充分发挥的舞台。马克思深刻地把握了这一点，他曾经高瞻远瞩地说道：

“以资本为基础的生产，其条件是创造一个不断扩大的流通范围，不管是直接扩大这个范围，还是在这个范围内把更多的地点创造为生产地点。……另一方面，生产相对剩余价值，即以提高和发展生产力为基础来生产剩余价值，要求生产出新的消费；要求在流通内部扩大消费范围，就象以前［在生产绝对剩余价值时］扩大生产范围一样。第一，要求扩大现有的消费量；第二，要求把现有的消费推广到更大的范围，以便造成新的需要；第三，要求生产出新的需要，发现和创造出新的使用价值。换句话说这种情况就是：获得的剩余劳动不单纯是量上的剩余，同时劳动（从而剩余劳动）的质的差别的范围不断扩大，越来越多样化，本身越来越分化。”①

“于是，就要探索整个自然界，以便发现物的新的有用属性；普遍地交换各种不同气候条件下的产品和各种不同国家的产品；采用新的方式（人工的）加工自然物，以便赋予它们新的使用价值……要从一切方面去探索地球，以便发现新的有用物体和原有物体的新的使用属性，如原有物体作为原料等等的新的属性；因此，要把自然科学发展到它的顶点；同样要发现、创造和满足由社会本身产生的新的需要。培养社会人的一切

---

① 马克思，恩格斯．马克思恩格斯全集：第四十六卷上［M］．中共中央马克思恩格斯列宁斯大林著作编译局译．北京：人民出版社，1979：390－391.

属性，并且把他作为具有尽可能丰富的属性和联系的人，因而具有尽可能广泛需要的人生产出来——把他作为尽可能完整和全面的社会产品生产出来（因为要多方面享受，他就必须有享受能力，因此他必须是具有高度文明的人），——这同样是以资本为基础的生产的一个条件。”①

“因此，如果说以资本为基础的生产，一方面创造出一个普遍的劳动体系，——即剩余劳动，创造价值的劳动，——那么，另一方面也创造出一个普遍利用自然属性和人的属性的体系，创造出一个普遍有用性的体系，甚至科学也同人的一切物质的和精神的属性一样，表现为这个普遍有用性体系的体现者，而且再也没有什么东西在这个社会生产和交换的范围之外表现为自在的更高的东西，表现为自为的合理的东西。因此，只有资本才创造出资产阶级社会，并创造出社会成员对自然界和社会联系本身的普遍占有。”②

在马克思身后的一百多年，当我们有幸看到资本主义生产方式所创造的阶段正在到来时，除了为马克思理论所折服外，更使我们深刻地认识到市场经济在人类历史发展中的积极作用。今天在资本主义生产方式下所实现的所有人类文明的发展，本身包含在市场经济这种生产方式之中，是在商品经济的发展中必然要实现的，我们称之为商品经济在人类历史发展中所要完成的历史使命。资本主义生产方式只是完成这种历史使命的一种自然的历史形式。在马克思生活的年代里，由于马克思深刻地洞察到资本主义内部的矛盾，他预言资本主义必然灭亡，并且认为资本主义的灭亡是与商品经济历史使命的完成联系在一起的。他根据在资本主义发展中所实现的人的个体的发展，提出了这样的论断：“生产力和社会关系——这二者是社会的个人发展的不同方面——对于资本来说仅仅表现为手段，仅仅是资本用来从它的有限的基础出发进行生产的手段。但是，实际上它们是炸毁这个基础的物质条件。”③ 在马克思看来，随着人的个体发展达到具有全面的能力、多方面的需求和全面的关系的时候，以商品经济为基础的资本主义生产方式，就会成为人的个体进一步发展的障碍。于是，在资本主义生产方式所能达到的人的个体发展的高度上，旧的历史形式必然会被扬弃，一种新的历史形式的生产就会诞生。

第二节　社会主义市场经济的发展是实现人的全面发展必不可少的阶段

既然资本主义商品生产对人的个体发展起到巨大的推动作用，那么社会主义条件下要不要发展商品生产呢？如果要发展商品生产，这种社会主义条件下的市场经济对人的个体的全面发展起着什么样的作用呢？

众所周知，按照马克思和恩格斯原来的设想，社会主义生产方式是资本主义内部矛

① 马克思，恩格斯．马克思恩格斯全集：第四十六卷上［M］．中共中央马克思恩格斯列宁斯大林著作编译局译．北京：人民出版社，1979：392.

② 马克思，恩格斯．马克思恩格斯全集：第四十六卷上［M］．中共中央马克思恩格斯列宁斯大林著作编译局译．北京：人民出版社，1979：392－393.

③ 马克思，恩格斯．马克思恩格斯全集：第四十六卷下［M］．中共中央马克思恩格斯列宁斯大林著作编译局译．北京：人民出版社，1980：219.

盾发展的必然结果，因此是建立在发达资本主义基础上的。这种建立在发达商品生产基础之上的社会主义将不再有商品生产，商品生产将自行消亡，社会将进入产品经济阶段。但是，实际出现的社会主义，与马克思、恩格斯所设想的社会主义有着很大的差异。这些社会主义革命不像马克思、恩格斯所设想的那样，它们不是在资本主义发展到顶点时爆发的，甚至也不是在资本主义十分发达的国家内爆发的，而恰恰是在一些资本主义不发达，甚至是在一些刚进入资本主义形态不久的国家内取得胜利的。这些国家，有的是资本主义的生产方式有了相当程度的发展，有的才刚刚起步。由于资本主义生产本身所固有的矛盾，以及国内和国际的各种政治经济条件，造成了无产阶级夺取政权的形势，从而建立了无产阶级政权，也建立了以生产资料公有制为标志的社会主义经济。但是，从人的个体发展的角度来看，这些国家又都是处在第二发展阶段中，其中有的领先一些，有的落后一些，但显然都不是处在第二个阶段已经完成的基础上。特别是我国，社会主义革命胜利之前，资本主义生产方式发展的历史还不太长，而且没有完全建立起自己的基础——大工业的体系和统一的国内市场。从整个国民经济来看，资本主义的成分所占的比重还不大，封建经济占有绝大的比重，自然经济正在向商品经济转化。从人的个体发展的角度来看，第一阶段向第二阶段转化的任务还没有全部完成。因此，这种建立在人的个体发展第二阶段基础上的社会主义社会，与马克思设想的社会主义生产方式一般相比较，从人的个体发展史的角度来看，少了一个商品经济充分发展，从而人的个体在第二阶段中的发展任务得以完成的过程。

当然，我们说在科学社会主义理论的指导下，这些国家在社会主义革命胜利之后，自觉地进行生产关系的改造，实现了劳动资料——原料、工厂、机器归工人自己所有的目标，建立了社会主义生产关系，并按照社会主义原则来组织经济生活。从社会发展的角度来看，这些国家进入了社会主义经济形态。由于这些国家没有完整地经历资本主义的发展阶段，也没有完成在商品经济的发展中所实现的人的个体的发展，于是，对这种社会主义生产方式来说就面临着这样一个问题：以生产资料公有制为标志的社会主义生产关系的改变，并不能相应地改变人的个体发展的进程，从社会经济形态来看已进入社会主义生产方式，而从人的个体发展角度来看刚进入第二阶段，这一客观现象尖锐地发生着矛盾。现阶段社会主义生产方式在人类历史发展中所处的这个特殊位置必然会提出这样一个问题：以物的依赖性为基础的人的独立阶段所应完成的人的个体的发展，在社会主义条件下将怎样实现？

反映人类历史中物质生活发展程度的人的个体发展的诸方面，是一个随着人类物质生产发展而不断发展的历史进程。由于种种历史条件和原因，基于人的个体发展一定阶段之上的、以生产资料所有制为标志的社会生产关系的改变，可以对人的个体发展进程起促进或阻碍作用，但并不能一下改变人的个体的发展程度。社会主义生产方式的建立，并不会使一个国家的标志人的个体发展的诸方面——生产能力、社会关系、人本身的生产能力和社会关系的关系发生跳跃，而只是改变了资本主义的那种与人相异化的、牺牲人的个体发展的形式。对于像我们这样从人的个体发展来看刚进入第二阶段不久的社会主义社会来说，社会主义生产关系代替资本主义生产关系，并不意味着个人在生产和需要上的差别也消失了，也不意味着商品经济的社会关系已经完成了促进人的个体发展的历史使命而应当消亡了。相反，与人的个体发展相联系的商品经济，作为一个自然的发展阶段，在社会主义下还有待于更充分地发展，只不过它发展的形式发生了变化，不是在资本主义生产关系下，而是在社会主义生产关系下。

因此，我们说，现阶段的社会主义生产方式由于从人的个体发展来看起点低，它必然要通过商品经济的关系来为自己的发展开辟道路和创造条件，通过发展商品经济促进人的个体发展。这是一条唯一的途径。除此没有其他的途径。这就是说，我们今天的社会主义面临着双重任务：一是要大力发展商品生产；二是要努力促进人的个体的发展。这两个方面又是相辅相成的：只是在社会主义阶段大力发展商品经济，才可能促进人的个体的充分、全面发展；而人的个体得到全面、充分的发展，才有可能促进商品经济更快地发展。

为了更好地说明这一点，我们再进一步从人的个体发展和商品经济的角度来分析。马克思主义经济学告诉我们，社会主义生产方式是对商品经济社会关系下所造成的普遍的社会物质变换、全面的关系、多方面的需求以及全面的能力体系这样一种人的个体发展程度的继承。没有商品经济的充分发展，也就没有与社会主义生产方式相适应的人的个体的发展程度，从而也就无法形成成熟的社会主义生产方式。因此，社会主义下的人的全面充分的发展本身就依赖于商品经济的发展。它是以个人全面的生产能力、全面的社会关系以及联合起来的人能够实现对这种生产力和社会关系的驾驭为特征的。它们是商品经济发展的产物，是人类在商品经济的历史发展中形成的文明之果。

正如马克思所指出的："全面发展的个人——他们的社会关系作为他们自己的共同的关系，也是服从于他们的共同的控制的——不是自然的产物，而是历史的产物。要使这种个性成为可能，能力的发展就要达到一定的程度和全面性，这正是以建立在交换价值基础上的生产为前提的，这种生产才在产生出个人同自己和别人的普遍异化的同时，也产生出个人关系和个人能力的普遍性和全面性。"① 社会主义的商品经济同样会把每一个生产者放到由商品关系结成的整个社会中，他必须在这种关系中活动，由受这种关系的支配，到逐渐自觉地认识这些关系、驾驭这种关系，从而在社会主义商品经济的竞争中，使人得到充分的发展。因此，只有在社会主义商品经济发展所造成的普遍社会关系中，人们才能充分全面地发展。从这个意义上说，没有社会主义的商品经济的充分发展，也就不可能实现人的全面充分的发展。因此，社会主义社会大力发展商品生产，就成为实现人的全面发展的不可缺少的必经阶段。

第三节　人的充分发展是社会主义市场经济发展的前提

人的自由全面发展对社会的发展，特别是对商品生产的发展有巨大的反作用。关于这一点，马克思最早在《资本论》中就做了详尽的论述，指出工人的全面发展对劳动（物质）生产力有巨大的促进作用，并且在一定的条件下，一定的时候，是物质生产力、商品生产能否进一步大发展的决定因素。如马克思建立在资本基础上的生产发展本

① 马克思，恩格斯．马克思恩格斯全集：第四十六卷上［M］．中共中央马克思恩格斯列宁斯大林著作编译局译．北京：人民出版社，1979：108－109.

身要求造就全面发展的人，只有这样的人才能使资本主义生产的进一步发展成为可能，这是一种客观趋势。这就是说，资本主义生产的发展，已经使人的全面发展成为商品生产进一步发展的一个条件。

社会主义时期更是如此，人的全面发展同样决定着物质生产力和市场经济能否进一步发展。虽然马克思、恩格斯并没有直接论述过人的全面发展可以促进社会主义时期商品生产，是社会主义时期商品生产发展的一个条件，但是他们关于人的全面发展是社会主义时期物质生产力发展的条件有许多论述，这些论述同样适合于社会主义时期的商品生产。因为社会主义时期的物质生产，无论从哪方面来说，无论从本质上说还是从形式上说，都是一种商品生产。如马克思指出，在社会主义、共产主义社会，物质生产力的限制，取决于物质生产对于个人完整发展的关系。其还指出，“在这个转变中，表现为生产和财富的宏大基石的，……是社会个人的发展”①。社会主义条件下，大工业也同样由它的激烈的变动本身，已经把能否造就全面发展的人，能否让劳动者多方面发展，当作生死存亡的问题，社会主义条件下，个人的全面发展已经成为生产和财富的宏大基石，是真正的财富，是生产力的最高发展。“真正的财富就是所有个人的发达的生产力。”② 因此，社会主义时期的社会生活过程，应该按照个人全面发展的需要对这一过程实行改造，使各种关系适应于这个规律的正常实现。而个人的这种发展，同样也将作为一种最伟大的生产力反过来影响和推动社会主义商品生产的发展。

在《反杜林论》中，恩格斯继承了马克思的这一思想，他进一步明确指出，社会主义下消灭旧的分工，实现人的全面发展，也不是只有损害劳动生产率才能实现的一种要求。相反，它已经被大工业变为生产本身的条件。社会主义社会造就全面发展的一代生产者。所以，这样的社会将创造新的生产力。

可见，在社会主义社会，实现人的全面发展，也不能不是社会主义市场经济和物质生产力进一步发展的前提。在社会主义时期人的全面发展和商品生产存在着一种辩证统一的关系。人的全面发展离不开社会主义商品生产的发展，社会主义商品生产是人得到全面发展的不可缺少的阶段。而反过来，社会主义市场经济的不断发展也同样离不开人的全面发展，没有人的全面发展，想达到社会主义时期市场经济的进一步发展就是空想。

第四节　劳动力非商品性与人的全面发展

一、社会主义劳动力不应成为商品的原因及人的全面发展

在社会主义下，劳动力不应成为商品有其历史的必然性。

---

① 马克思，恩格斯．马克思恩格斯全集：第四十六卷下［M］．中共中央马克思恩格斯列宁斯大林著作编译局译．北京：人民出版社，1980：218.

② 马克思，恩格斯．马克思恩格斯全集：第四十六卷下［M］．中共中央马克思恩格斯列宁斯大林著作编译局译．北京：人民出版社，1980：222.

（一）社会化大生产与人的全面发展

社会化的再生产过程不仅使产业结构频繁变化（如第三产业的比重扩大趋势），而且还逐步泯灭旧的分工所造成的严格职业界限（如脑力劳动和体力劳动之间的差别）。马克思在《资本论》中分析过：大工业的本性就是劳动的经常变换、职能的不断变动和劳动力的全面流动。现代工业通过机器、化学过程和其他办法，使工人的职能和劳动过程的社会结合不断地随着生产的技术基础发生变革。这样，它也同样不断地使社会内部的分工发生革命，不断地把大量资本和大批工人从一个生产部门转到另一个生产部门。因此，大工业的本性决定劳动的变换、职能的更动和工人的全面流动性。职能的不断变换作为个人全面发展的先决条件使劳动者不再束缚于某种固定的职业，不再成为职业的“奴隶”。

经典作家们还明确指出，劳动变换现在只作为不可克服的自然规律，承认劳动的变换，从而承认工人尽可能多方面发展，是社会生产的普遍规律，并且使各种关系适应于这个规律的正常实现。因为生产资料的数量和规模必须足以使这个劳动量得到充分的利用，生产资料数量必须足以吸收劳动量，足以通过这个劳动量转化为产品。一方面，随着科学技术的发展，机器体系的全面自动化和智能机器人的出现，开辟了大量的新的生产部门，给社会提供了新的就业机会，使一部分过去的简单体力劳动者转入现在的复杂的脑力劳动者行列。另一方面，科学技术的进步使产业结构频繁变化，必然把劳动者经常从一个部门抛向另一个部门。正是这两种趋势的存在，才能实现使工人的职能和劳动过程的社会结合不断地随着生产的技术基础发生变革，用那种把不同的社会职能当作互相交替的活动方式的全面发展的人来代替只是承担一种社会局部职能的个人，尤其具有特殊意义的是，在“一只狮子带领一群绵羊可以战胜一只绵羊带领一群狮子”的社会变革时代，一代满腹经纶的企业家和高、精、尖的技术骨干十分渴望在导演着生动“话剧”的广阔舞台上发展，往往一地的平庸之辈就是另一地的风流人物。没有这种劳动力的全面流动，就会严重限制开拓事业的“卧龙凤雏”的大批出现。

当前，随着经济体制改革的深入，我国不断出现一部分工厂、企业破产和转产，出现工人和技术人员从一个生产部门转移到另一个生产部门，从一个地区流动到另一个地区。社会主义时期工人和技术人才的全面流动和劳动的不断变换将是不可避免的。我们应该不仅承认劳动的不断变换，承认劳动者尽可能多方面发展是社会生产的普遍规律，并且将努力使社会主义下的各种关系适应这个规律的正常实现，从而促进生产力以更快的速度发展，并促进社会更加和谐地发展。

当然，社会主义下劳动力不应成为商品，劳动者可以自由选择职业，对于劳动者来说，毫无疑问，同时意味着劳动就业的间接性。劳动者就业的不规则性在资本主义条件下曾经是劳动者失业的重要机制。但是，在社会主义下，我们应该努力把就业的间接性的消极影响降到最低的限度。而劳动者职业的变换和流动性，也必将带来劳动者劳动技能的多样化、社会交往的普及和人的个性才能的全面发展。

（二）社会主义条件下劳动力成为非商品的客观要求与人的全面发展

马克思指出：“不论生产的社会形式如何，劳动者和生产资料始终是生产的要素。

但是，二者在彼此分离的情况下只在可能性上是生产因素。凡要进行生产，它们就必须结合起来。"[①] 劳动过程中各种不同的要素，在产品价值的形成上有不同的作用。劳动者，无论他的劳动是怎样的内容、目的和技术性质，当他把一定量的劳动加入劳动对象中时，总是把新的价值加入劳动对象中。劳动者会再生产它本身的等价物，并且会再生产出超过部分和剩余价值。而生产资料却不会在生产过程中变更它的价值。这就告诉了我们：在任何社会从事生产都必须有劳动者和生产资料的结合，并且二者在生产过程中和在价值形成上所起的作用是不相同的。生产资料不可能变更它的价值量，只有人——劳动力能创造价值，使价值增殖。但是，在商品生产的社会里，价值增殖又是有前提的，并不是任何商品生产都能使价值增殖。简单商品生产的特征只是劳动过程和价值形成过程的统一，它并不能使价值增殖。资本主义商品生产的特征，却不仅是价值的形成过程，而是价值的增殖过程，而这正是以劳动者能自由地支配自己的劳动力，即能自由出卖自己的劳动力作为前提的。这就是说，要使劳动力创造出价值，使价值增殖，就必须是劳动者本身对自己的劳动力有支配权，劳动力能够自由买卖，或者明确地说即劳动力要成为商品。而一旦劳动者能够自由地支配自己的劳动力，劳动力变成了商品，必然反过来对整个商品生产的发展产生巨大的促进作用，使商品生产飞快地发展。资本主义正是如此。

资本主义初期的发展史可以充分地证明这一点。以日本为例：明治维新前的1870年，日本国民收入极低，工业生产总指数只有0.1（1914年为100），工业和农业的总产值均不高。明治维新以后，由于自由民增多，国家工农业生产迅速发展，到1900年，国民收入达到7.36亿日元，工业生产总指数达到42.4（1914年为100），工业和农业总产值均达到10亿日元以上[②]。因此，无外乎有些人说，没有自由支配自己劳动力的劳动者，没有劳动力的自由买卖的出现，就不会有资本主义的大生产。资本主义的大生产和它的辉煌成就（指上升时期），正是以自由支配自己劳动力的劳动者的存在作为前提的。

社会主义社会和资本主义社会有本质的不同。但是，由于社会主义社会是共产主义的初级阶段，是刚刚从资本主义社会中产生出来的，因此它在各方面，在经济、道德和精神方面都还带有它"脱胎"出来的旧社会的痕迹。社会主义阶段还必须存在商品生产，必须大力发展商品生产。因此，社会主义生产中，生产资料同样不可能创造出价值，只有人——劳动者才能创造出价值，创造出超出劳动者工资以外的利润（或者叫作剩余价值）。显而易见，既然商品生产的迅速发展、商品生产的普遍化必须以能自由支配自己的劳动力的劳动者的存在作为前提，剩余价值来源于能自由处置自己劳动力的劳动者，那么在社会主义社会，要使社会主义商品生产能大发展，难道不同样需要以能自由支配自己劳动力的劳动者的存在作为前提吗？难道不同样必须让劳动者成为自己劳动能力的所有者吗？

当然，社会主义社会的劳动者自由地支配自己的劳动力，根据自己的专长、爱好、才能的充分发展和社会的需要自由地选择职业，这和资本主义下的劳动者自由地处置自

① 马克思，恩格斯．马克思恩格斯文集：第六卷［M］．中共中央马克思恩格斯列宁斯大林著作编译局译．北京：人民出版社，2009：44.

② 樊亢等．主要资本主义国家经济简史［M］．北京：人民出版社，1973：369.

己的劳动力虽有相似之处，但也有它的根本不同之处。

劳动力在某种意义上说不是商品，这是与资本主义所不同的。在资本主义下，劳动力完全成了商品，劳动者自由地处置自己的劳动力，但是劳动者的劳动力出卖给少数占有生产资料的资本家，他们之间的关系是剥削和被剥削的关系。并且，资本主义下劳动者对自己劳动力的自由的支配权是有一定条件的。当他还没有被资本家购买时，他虽然是自己劳动力的自由的支配者，然而，他出卖自己的劳动力主要是从生计出发，然后才从自己的专长、爱好、才能的充分发展出发去选择工作。当劳动力一经被资本家购买，成了资本家的资本后，他在资本家的整个生产过程中，只是资本家的一个“机器”，不仅行动受到资本家的限制，而且人的本质所具有的自由的有意识的创造性的活动也被严重压抑了。

在社会主义下，社会主义社会的劳动者作为自己劳动力的自由的支配者，自由地选择职业，包含有两个方面的含义：一方面是保留有商品关系的某些特征，劳动力在某种意义上说是商品；另一方面是社会主义社会中劳动者作为自己劳动力的自由的支配者，自由地选择职业，符合马克思主义关于社会主义社会就是让人的才能自由全面发展的特征，是在向自由全面发展自己才能的人接近。

另外，在社会主义时期，客观上也还存在着劳动力的个人所有制。马克思在《资本论》第一卷中阐述过劳动力之所以成为商品，是因为：一是根源于劳动者同生产资料的分离；二是根源于劳动者对自身劳动力的私有权。这两点，在社会主义条件下也不同程度存在着。如恩格斯在《反杜林论》中曾经指出，“训练有学识的劳动者的费用是由私人或其家庭负担的，所以有学识的劳动力的较高价格也首先归私人所有”。由于我国生产力不够发达，社会财富还没有充分涌流，社会还不能无条件地全部担负起抚养劳动者及其家庭的全部费用，要培养一个劳动者，并且不断地维持劳动者自身的劳动能力，他的家庭和个人总要支出相当大的一部分费用；劳动者为更新知识和技术所耗费的各项物质资料，个人也必须追加一部分投资。因此，毫无疑问，社会主义下的劳动者对自己的劳动力具有所有权。而社会主义下劳动力的个人所有制与资本主义下劳动力个人所有制是有共同点的，但更有不同点：一方面，它充分说明了劳动力的所有者是一个自由人，他在经济上完全摆脱各种形式的人身依附，有权完全支配自己的劳动力；另一方面，更重要的是，他是社会主义的主人，是社会的主人，因此，他绝不是也不应该作为商品，不能作为商品，他有权，也有必要使自己得到自由全面充分的发展。

二、社会主义劳动力成为商品对于人的自由全面发展的有害之处

传统经济模式中的直接生产者要参与社会劳动，或者说要进入作为社会联合体的国家直接管理的大工厂从事生产，完全由政府劳动人事部门根据国家指令计划统包统配。这样，期望把体质、智慧、学识、才能、专长、爱好、理想、抱负、要求等方面千差万别的劳动者，送到既能符合他们志愿又能适合不同地区、不同部门、不同企业所需要的各式各样的工作岗位上，使人尽其才，人尽其用，是非常难以办到的。

现代科学已经证明，由于遗传和社会环境的影响，人与人在爱好和才华上是有差别

的。这里不仅由于天赋的不同，更由于社会生活是丰富多彩的，是由各方面组成的，由此也就决定了人的才华和爱好的多样性。因此，马克思、恩格斯在他们创立的科学社会主义学说中认为，社会主义乃至共产主义的最大特点，就是能让人自由地、全面地发展他们各方面的才能，让每一个人的天赋和才华得到充分发挥。并且认为，这是人的解放和社会的解放乃至消灭阶级的前提。如在《社会主义从空想到科学的发展》一文中，恩格斯指出："当社会成为全部生产资料的主人……社会就消灭了人直到现在受他们自己的生产资料奴役的状况。自然，要不是每个人都得到解放，社会本身就不能得到解放。代之而起的应该是这样的组织，在这个组织中，一方面，任何个人都不能把自己在生产劳动这个人生存的自然条件中所应参加的部分推到别人的身上；另一方面，生产劳动给每个人提供全面发展和表现自己全部体力和脑力的能力的机会。这样，生产劳动就不再是奴役人的手段，而成了解放人的手段，以此生产劳动就从一种负担变成一种快乐。"在《共产主义原理》一文中，恩格斯又指出，未来社会的人们，将"根据社会需要或他们自己的爱好，轮流从一个生产部门转到另一个生产部门……这样一来，根据共产主义原则组织起来的社会，将使自己的成员能够全面地发挥他们的得到全面发展的才能。于是各个不同的阶级也必然消灭"。在《资本论》中马克思更为明确地指出，社会主义、共产主义"是以每个人的全面而自由的发展为基本原则的社会形式"。这就是马克思、恩格斯所设想的社会主义和共产主义的一个重要的特征。这一重要特征构成了社会主义的灿烂图景。这一灿烂的图景，正是社会主义和共产主义受人欢迎的原因，也正是千千万万的革命先烈为之奋斗的目的。

无论在不同劳动部门或同一劳动部门中，由于劳动者的劳动、技巧和体力等不同而形成了工资差别。而这种差别基本上取决于劳动者完成的工作量，于是变动的工资量就表现为劳动者本人劳动的结果和个人劳动质量的结果。在这现实生活中，他们就必然感到，为了得到较高的工资，并在保持同某个联合关系的连续性中不断享受某种高工资，自己就必须紧张、专心、灵活和勤勉劳动和努力学习科学技术。同时，基于自己及其家庭人员生活需要的驱策，劳动者自主地决定自己的主人翁意识（或想象），又会使他产生一种责任感；他必须像任何商品的卖者一样对他提供的商品（劳动力）负责，也就是说他的商品必须具有一定的质量，不然，他就有可能被同种商品的另一些卖者排挤；而他的商品的质量即劳动力的使用价值就是劳动。这样，他就要尽力使他自己具备一定的劳动能力、熟练程度和强度，并聚精会神、一丝不苟、奋发努力地劳动，从而必然使每个个体的潜能得到一定的发挥，人得到发展。

另外，社会主义下劳动力成为商品将不利于劳动者主人翁地位的实现，而劳动力成为商品，作为商品所有者同企业和单位进行劳动力买卖，这个过程是在流通领域或商品交换领域的界限内进行的。这个领域虽是所有权、自由和平等的"乐园"，却并不能说明劳动者在生产过程中一定会成为主人。资本主义条件下，劳动力在流通领域中，在市场上也是作为劳动力商品所有者同作为货币所有者的资本家相遇，在自由平等的交换条件下把劳动力让渡给资本家的。这种买卖关系一经结束，劳动者进入直接生产过程，他们便并入资本，变成了资本家支配和指挥下劳动的雇佣者，因而自由和平等的交换关系就完全不存在了，或者说成了纯粹的假象。其所以如此，是因为从根本上看，决定生产当事人在经济关系中地位的基础，是交易方式的社会性质，而不是劳动者和生产资料的结合方式即生产结构本身的社会性质。在社会主义市场经济条件下，目前来看，这一情形仍然未能消除，绝大部分工人，甚至技术人员、工程师在企业，特别是私人办的企业、学校（包括大学）、医院等民营实体里没有主人翁地位，缺少发言权和监督权以及民主权。这是我们社会主义市场经济的一大问题。我们必须寻找方法，加以解决。

第五节　社会主义市场经济下企业家的社会责任感和道德自律

企业是社会主义市场经济条件下的市场经济主体，是创造社会财富的微观主体。随着企业的不断发展以及人们对企业认知的不断加深，有关企业社会责任及企业家社会责任的研究日渐丰富。就内容而言，企业的社会责任主要包括两个方面：一是企业在内部要着力打造各个利益主体之间的和谐氛围；二是企业在外部要主动承接与社会各利益相关者和自然环境之间的和谐的义务。也就是说，企业一方面要追求最大利润；另一方面也要做好“企业公民”，真正承担起相应的社会责任。

一、社会主义市场经济下企业家的社会责任感

学术界对企业社会责任的研究颇有历史，并经历了三个阶段的演进。第一阶段是以公司社会责任和社会响应为框架，这一阶段研究的焦点是企业社会责任的内涵、企业是否具有承担社会责任的义务性以及企业应该如何承担社会责任，并成为整个研究框架的逻辑起点。第二阶段则以公司社会绩效为核心，并主要从企业外部视角评价企业履行社会责任的绩效。第三阶段则以利益相关者为核心，强调尽管公司社会责任和公司社会绩效作为企业外部产生的概念，且内涵具有规范性，但是内容不够具体和明确，很难获得一致的认同和积极的响应。

当然从企业伦理角度来看，企业社会责任实质上是社会对企业的伦理期待，是指企业的伦理责任，具体包括经济责任、法律责任和道德责任。在企业的价值排序中具有优先性。

在一个完善的市场经济体制中，企业家是现代经济的主角，能够利用丰富的市场经济资源，尤其是以其所拥有的创新与创业精神及能力，领导一个团队促使企业不断持续获取可观的利润水平。这种较高的社会地位赋予了企业家较高的社会责任。

就企业家社会责任而言，企业家应该运用其所拥有的市场经济理念，以增加社会财富为目标，不断地着力于促进市场的规范和完善，并且有效地处理好个人财富、企业财富和社会财富的关系。与此同时，企业家还应当充当先进文化的传播者，不断地在全社会氛围内营造优秀的企业文化，让“企业基因”日渐融入全社会当中。

可见，无论从哪个角度而言，企业家都应该承担起应有的社会责任，并且在社会体系里强化这种理念，并促使企业家不断践行这种责任。首先，要加强对企业家的社会责任教育，让企业家合理地处理好个人财富、企业财富、员工财富与社会财富的关系，逐

步形成科学合理的逐利动机，最终实现多个经济主体在获取财富过程中的激励相容。其次，为企业家践行社会责任提供支撑体系，学习借鉴西方发达国家符合我国国情的经验，构建合意的教育培训体系，不断增加企业家践行社会责任的自觉性、主动性和积极性。最后，营造利益相容的理念，让企业家充分认识到承担社会责任不是通过牺牲个人或者企业利益来补偿社会利益，而是让企业在兼顾多个经济主体利益的前提下，通过践行社会责任促使企业与社会、政府的良性互动，从而在更多维度获取利益。在这个意义上，践行社会责任是企业家在经营企业过程中的一项投资行为。

二、社会主义市场经济下企业家的道德自律

道德自律是现代法治秩序的最高实现形式，是道德主体的一种自主、自愿和自觉的活动，体现了道德主体以理性的态度对自身之外的道德规范的认同与确证。按照马克思的分析，道德是社会关系特别是经济关系的产物，是在维护社会利益的前提下，人类社会为了维持社会秩序和调整交往关系而产生的符合人类社会生活需要的观念和准则。

企业家作为社会财富的主要创造者，具有较高的社会地位，其言行在一定程度上具有示范效应。为此，无论从企业家个人还是社会建设而言，企业家都应该注重道德自律，通过道德自律不断规范自身行为，提高自身的道德修养，获得更多的社会认同。具体而言，主要做好以下三个方面的工作。

首先，要树立正确的世界观、人生观和价值观。道德自律的形成及践行，需要正确的世界观、人生观和价值观的指导，这三种观念越正确，经济主体就越能自我克制、自我约束，从而就越能符合社会发展的需求。所以，需要构建相应的制度保障体系确保企业家拥有正确的世界观、人生观和价值观，从而为企业家的道德自律奠定坚实的观念基础。

其次，不断提高企业家的道德自律认知能力。通过正确的道德规范的导向，让企业家认识到哪些行为是正确的，哪些行为是错误的，哪些行为有助于将企业的道德与社会道德有机地融合在一起。尤其是，要不断强化道德教育，通过倡导、警示等手段让企业家拥有正确的道德分辨能力。

最后，要辩证地处理好道德义务与道德权利的关系。加强企业家道德自律，并不是一味地让企业家履行道德义务，而不拥有道德权利。实际上，要真正地让企业家践行道德自律，必须在企业家履行道德义务之后让企业家享有相应的道德权利。为此，政府相关职能部门要通过法治保障，有效兼顾道德义务与道德权利，让企业家处在一种合理的道德自律履行状态中。

本章小结

社会主义市场经济与资本主义市场经济是有本质不同的，其中之一就是，在社会主义市场经济中，劳动者不是商品，也不能作为商品，劳动者是社会主义的主人、社会的主人，一切以人民为中心，一切为了人民。企业家作为经济社会生活中具有创新力的群体，应该树立并践行社会责任感，以崇高的道德自律实现社会利益和构建良好的社会秩序。

思考题

1. 简述社会主义市场经济下劳动力不应成为商品的原因。
2. 简述社会主义劳动力成为商品对于人的自由全面发展的有害之处。
3. 简述马克思的三大社会形态理论对促进社会生产力发展的启示。
4. 在全面深化社会改革进程中，如何践行人的全面自由发展理念？
5. 在社会主义市场经济条件下，企业家如何权衡处理好经济利益和社会利益的关系？

参考文献

[1] 安静. 企业和企业家的道德意识及社会责任感 [J]. 发展，2006 (12).
[2] 许崇正. 人的发展经济学 [M]. 北京：光明日报出版社，2022.
[3] 许崇正. 人的发展经济学概论 [M]. 北京：人民出版社，2010.

第十七章

经济效益论

经济效益作为一个抽象经济范畴，简单地说，就是指经济活动中的投入与产出、劳动占用与收益之间的对比关系。在马克思主义政治经济学中，经济效益理论具有重要的地位。马克思和恩格斯把经济效益一般概括为“生产费用对效用的关系”，用于“解决某种物品是否应该生产的问题，即这种物品的效用是否能抵偿生产费用的问题”①。马克思没有专门关于“经济效益”的著作，但关于经济效益的思想却随处可见。本章研究了马克思在各种著作中关于经济效益的思想，对于提高社会主义市场经济条件下的经济效益具有重要的意义。

第一节　马克思的经济效益理论

一、经济效益的二重性

经济效益本身具有二重性：一个是自然属性；另一个是社会属性。

从经济效益的自然属性方面来看，它反映着生产中人与物的生产技术方面的关系，是各个社会形态共同具有的经济范畴。在马克思看来，经济效益是指生产经营活动中占用与耗费的劳动（包括物化劳动与活劳动）同生产经营的最终成果之间的比较。也就是说，如果生产经营成果相同，则占用与耗费的劳动越少，经济效益就越大，反之经济效益就越小；如果占用与耗费的劳动相同，取得更多更好成果的，则经济效益就大，反之经济效益就小。因此，经济效益的大小，同生产经营活动中占用与耗费的劳动量成反比，同生产经营成果的大小成正比。由于经济效益的自然属性体现的是生产技术方面的关系，直接反映所费与所得的状况与水平，因而在不同性质的社会生产中都存在，并且是可以相互比较的。

与上述自然属性不同，经济效益的社会属性是指通过生产经营的使用性成果和收益性成果来表现人与人之间的社会生产关系。经济效益的性质会因社会形态不同而不同。

① 马克思，恩格斯．马克思恩格斯全集：第一卷［M］．中共中央马克思恩格斯列宁斯大林著作编译局译．北京：人民出版社，1956：605.

各个不同社会形态表现出来的这种经济效益的特殊性，受到各个不同的社会生产关系、不同的社会生产目的决定和制约。在资本主义制度下，生产资料由资本家私人占有，生产的目的是追求剩余价值。资本家追求的经济效益，正如马克思指出的，是力求“用最小限度的预付资本生产最大限度的剩余价值或剩余产品”①。在剩余价值规律的支配下，资本家讲求的经济效益只是重视资本的节约，而对活劳动的节约，只有在影响资本家得到更多利润的限度内才予以考虑。因此，资本家总是为了节约更多的不变资本而极大地浪费活劳动。如马克思所说：“资本主义生产方式按照它的矛盾的、对立的性质，还把浪费工人的生命和健康，压低工人的生存条件本身，看作不变资本使用上的节约，从而看作提高利润率的手段。”② 所以，对由资本主义剩余价值规律所决定的资本主义经济效益大小的评价，其唯一的标准就是“资本利润率”，即利润与全部预付资本之比。因此，资本主义生产资料私有制还决定了资本家所追求的仅仅是企业范围内的经济效益，即通常讲的微观经济效益，而不太关注社会范围的经济效益，即宏观经济效益，这样就会造成社会资源的浪费和社会生产的无序。

二、经济效益的基本原理

当年，马克思主要研究了资本主义社会的经济效益问题。在研究的过程中，也揭示了适合于各个社会形态的经济效益的一般原理。

马克思认为，任何社会经济的发展都要考虑到经济效益问题。他说：“在一切社会状态下，人们对生产生活资料所耗费的劳动时间必然是关心的，虽然在不同的发展阶段上关心的程度不同。”③ 这里所说的对生产生活资料所耗费的劳动时间的关心，也就是关心生产的经济效益。人们关心经济效益问题的原因在于，经济效益问题是与时间节约规律密切联系着的，而时间节约规律是人类经济生活的根本规律。人类只有创造物质财富才能生存和发展，而人类的劳动时间在一定的历史条件下又是有限的。要想用有限的劳动时间创造日益丰富的生活资料和生产资料，就必须从各个方面节约社会劳动，其中包括活劳动和物化劳动，这是一个不以人的意志为转移的客观规律。人们关心经济效益的原因在于，经济效益表现为剩余产品，而剩余产品是一切社会存在和发展的基础。马克思说：“剩余劳动一般作为超过一定的需要量的劳动，应当始终存在。”④ 不论什么社会，没有经济效益就没有积累，也就没有进步和发展。可以说，效益就是生命。

在马克思看来，经济效益是人类对预期生产目的实现程度的评价。人类的生产活动是创造使用价值的有目的活动，是人以自身的活动来引起、调整和控制人和自然之间的物质变换过程。人们总是力图“靠消耗最小的力量，在最无愧于和最适合于他们的人类

① 马克思，恩格斯．马克思恩格斯全集：第二十六卷第二册［M］．中共中央马克思恩格斯列宁斯大林著作编译局译，北京：人民出版社．1973：625.

② 马克思．资本论：第三卷［M］．中共中央马克思恩格斯列宁斯大林著作编译局译．北京：人民出版社，2004：101.

③ 马克思．资本论：第一卷［M］．中共中央马克思恩格斯列宁斯大林著作编译局译．北京：人民出版社，2004：88－89.

④ 马克思．资本论：第三卷［M］．中共中央马克思恩格斯列宁斯大林著作编译局译．北京：人民出版社，2004：927.

本性的条件下来进行这种物质变换”①。在这一过程中，人类必然要把经济活动获得的成果同劳动占用或耗费联系起来评价预期生产目的的实现程度。这一评价过程就是对经济效益的确定过程。产出大于投入的余额，就是经济效益的内容。

正因为经济效益的内容是如此，经济效益便与节约在不同的方向有相同的意义。经济效益在一定意义上也是对投入的节约，即产出已定的时候，经济效益的大小就表现为投入节约的多少。马克思说：“真正的经济——节约——是劳动时间的节约（生产费用的最低限度——和降到最低限度）。而这种节约就等于发展生产力。”② 经济效益提高会使生产规模扩大，由经济效益提高引起的扩大再生产是内涵扩大再生产。马克思说：“生产逐年扩大是由于两个原因：第一，由于投入生产的资本不断增长；第二，由于资本使用的效益不断提高。”③ 由第一个因素引起的扩大再生产是外延扩大再生产，因为在这里投入和产出是等比例增长。由第二因素引起的扩大再生产是内涵扩大再生产，因为在这里产出大于投入。而产出大于投入是经济效益的内容，因此，也可以说内涵扩大再生产是经济效益引起的。

三、经济效益的核心内容

马克思经济效益思想极为丰富，值得我们很好地研究。可以将马克思经济效益的核心内容概括为以下四个方面。

第一，用最小的价值获取最大的使用价值，创造真正的财富。马克思在《剩余价值理论》中曾经表示同意李嘉图的说法：“真正的财富在于用尽量少的价值创造出尽量多的使用价值，换句话说，就是在尽量少的劳动时间里创造出尽量丰富的物质财富。”④也就是说，评价经济效益一定要把经济活动中所得利益同劳动占用或耗费相联系。这才是真正的财富。马克思还认为，节约人类劳动和生产力的发展在不同的方向上有相同的意义：劳动时间的节约等于发展生产力，是“真正的经济”，是由生产力所决定的“效率”。

第二，生产要素质量的状况是检验经济效益好坏的重要标志。生产要素质量与经济效益成正比。马克思认为，要提高经济效益，必须提高生产要素的质量。

第三，充分利用生产和流通中多种潜能是经济效益的源泉。提高经济效益的方法就是充分利用各种潜能，使生产要素成为更大的产品形成或价值形成要素。马克思详细列举了各种提高经济效益的方法。这些方法可以归纳为两大类：一类是直接提高经济效益的方法，如充分利用自然物质和自然力、加强对劳动力和生产资料的使用、节约使用生产资料、缩短生产时间等；另一类是间接提高生产要素使用效率的方法，如

① 马克思．资本论：第三卷［M］．中共中央马克思恩格斯列宁斯大林著作编译局译．北京：人民出版社，2004：928－929.

② 马克思，恩格斯．马克思恩格斯全集：第四十六卷下［M］．中共中央马克思恩格斯列宁斯大林著作编译局译．北京：人民出版社，1980：225.

③ 马克思，恩格斯．马克思恩格斯全集：第二十六卷第二册［M］．中共中央马克思恩格斯列宁斯大林著作编译局译．北京：人民出版社，1973：598.

④ 马克思，恩格斯．马克思恩格斯全集：第二十六卷第三册［M］．中共中央马克思恩格斯列宁斯大林著作编译局译．北京：人民出版社，1974：281.

使社会生产部类之间和部类内部比例协调、采用先进的科学技术、缩短买卖时间、加强企业管理等。具体来说：(1) 生产上利用的自然物质，尽管不是资本的价值要素，但只要提高原有劳动力的紧张程度，不增加预付货币资本，也可以从外延和内涵方面加强对自然物质的利用。(2) 同一劳动资料可以延长每天的使用时间，更有效地加以利用。(3) 各种自然力可以通过各种方法和科学技术，更好地发挥它们的效能。(4) 随着分工和协作的发展以及人类文明的积累，劳动力的技能会得到提高。(5) 因资本集中而形成大规模的社会生产会带来劳动生产力的提高。(6) 加快资金周转，节省预付资金，在一定的时间内可以少花钱多办事。(7) 不追加资本，可通过提高劳动生产率增加产品数量。

第四，提高经济效益的主要途径是提高劳动生产率。马克思认为，如果撇开土壤肥力等自然条件，撇开分散劳动的独立生产者的技能，那么，社会劳动生产率的水平就表现为一个工人在一定时间内，以同样的劳动力强度使之转化为产品的生产资料的相对量。劳动生产率和经济效益有着密切的联系。劳动生产率的提高，一方面意味着具体劳动在单位时间内所生产的使用价值的增加；另一方面意味着生产单位产品所耗费的劳动时间减少，单位商品价值量的减少。马克思认为，要发展商品经济，商品生产者就必须提高劳动生产率，节约劳动耗费，降低商品中的物化劳动和活劳动的消耗，以求最佳经济效益。

第二节　大型国有企业效益分析和评价

一、传统产权制度下的效益分析

我国传统大型国有企业虽是大型或特大型企业，但作为国有独资企业由政府代表国家执行财产所有权，产权权能高度集中在政府手中，企业不仅不是独立的产权主体，而且产权不允许进入市场进行交易。这种制度造成了权力运作的高成本和低效率，政府则要承担过重的财政负担。

我国的国有企业产权制度的现实是，整个社会成为一个“管理处”，全体人民都成了国家的“雇员”。生产单位在决策和财务上既没有独立性，也没有相应的责任；既掌握所有权，作为社会经济调节者的国家政权又处于科尔奈所谓的“父子”关系之中。

我国传统的国有企业产权制度是存在缺陷的，本书认为，主要表现在两个方面：第一，虽然法律上的所有权益不缺位，但是经济上的所有权、实际占有权和企业经营权却存在缺位不清晰的问题。这是因为，在国有产权制度下，全体人民是生产资料法律上的所有者。但是，传统体制下的国家对经济的宏观管理系统是与国有资产的运营统混在一起的，国有资产运营系统并未与经济管理系统分立，因而经济上的所有权缺乏具体的代表。同时，由于企业治理结构不完善，没有通过竞争产生经营者的机制，因而全民国有企业资产的实际占有权和日常经营权也未落到实处。第二，产权结构扭曲。其实，传统体制下的国有企业没有产权。这主要表现在企业没有排他性的使用权、收益权和转让权。企业虽然具有资源的使用权，但不具有排他性，主要表现在：一方面政府可以随意变更使用者；另一方面即使资源的使用者是稳定的，但政府对资源的使用方式、用途等规定得很具体，使用者无法自由使用。

由于上述原因，传统体制下国有企业产权制度运行费用十分高昂。这主要表现在以下三个方面。第一，政府实施企业产权的交易费用。由于企业生产资源的获得不是通过市场，而是由政府实物计划来进行，因此，一整套等级管理系统代替了市场媒介作用，直接生产者与最终用户之间联系的链条就会很长，从而使非市场形式的交易费用很高。第二，企业经营产权所产生的交易费用。主要包括“搭便车”所带来的交易费用和时间费用。第三，寻租行为所造成的交易费用。也就是直接地追求非生产性利润。

二、国有企业的混合所有制改革

中国的改革开放表明，如果不对公有制进行改革，即使市场调节的范围在不断地扩大、价格机制在一定的范围内发挥着作用，经济的整个运行仍然难以摆脱传统的计划经济模式。因此，只有把公有产权制度的实现形式在理论和实践两个层面加以解决，才能真正推动中国特色社会主义经济的发展。在社会主义初级阶段，混合所有制是基本经济制度的重要实行形式。

改革开放 40 多年来，我国国企改革历经了三个阶段：第一，国企改革的初始阶段。20 世纪 80 年代初受启发于农村土地联产承包的经验，政府对国企简政放权、放权让利，实施两轮承包经营，激发企业活力。第二，国企改革的持续阶段。20 世纪 90 年代政府对国企抓大放小，有进有退，明晰新的市场定位，推动多种经济成分竞相发展。第三，国企改革的深化阶段。进入 21 世纪后，国企改革推进大面积的股份制改造，构建法人治理结构，推行现代企业制度。党的十八届三中全会抓住了这样的一个关键节点，开启新思路，寻求新突破，“国企活则经济活，主体强才能市场旺”，以此推动经济转方式、调结构，真正打造中国经济升级版。

之所以要走混合所有制形式的路子，是因为发展混合所有制可以使投资主体多元化，有效地促使政企真正分开，使企业完全面向市场，成为自主经营、自负盈亏、自我约束、自我发展的法人实体和市场竞争主体。混合所有制之所以具有促进生产力发展的作用，在于它开放性与兼容性的基本特征。具体有：第一，开放性。混合所有制经济是一种开放型的经济，可以吸纳各种所有制形式并从中产生新的财产所有结构。在微观企业层面，混合所有制的典型形式股份制兼容了各种财产所有制，既包括国有控股的企业，也包括民营资本控股的企业，促进了大规模财产组织的形成和规范运作。第二，兼容性。混合所有制能够兼容私有产权和公有产权，在市场经济中不断发展新的财产产权结构。无论在何种经济形态下，所有权运行的规律都是一种所有权对另一种所有权的排斥。这必然出现闲置经济要素的现象。而混合所有制无疑有效地解决了这一矛盾，它的功能在于使公有产权和私有产权在一种更广的范围内实现了统一，从而创造了消除公有产权和非公有产权对立的社会化产权的制度形式。

在宏观层次上，由单一的公有制经济发展为以公有制经济为主体，多种所有制经济并存、共同发展的基本格局；在微观企业层次上，多种经济成分之间相互渗透、相互融合，股权多元化的混合所有制企业正逐步形成和推行。混合所有制经济包括两种含义：一是指整个社会的多种所有制形式和经济成分并存的格局；二是指不同所有制性质归属的资本在同一企业中的“混合”。由于所有制结构的变化在宏观上和微观上表现为不同的特征，混合所有制经济的形成也就从两个不同的层次上展开。在经济转型时期，对原有公有制特别是国有制进行改革的同时，允许体制外非公有制经济发展，是一项非常成功的增量改革。非国有经济特别是非公有制经济成分的生成和发展，是中国混合所有制经济形成的前提条件。在此基础上，才有不同所有制性质和资本在企业中的“混合”。因此，由中国特殊的经济条件所决定，不同所有制经济的并存和混合是一个从宏观到微观的演变过程。

三、国有企业在产权多元化改革中提高经济效益

党的十八届三中全会发布的《中共中央关于全面深化改革若干重大问题的决定》（以下简称《决定》）强调，“产权是所有制的核心”“国家保护各种所有制经济产权和合法利益”。国有企业的产权改革直接关系混合所有制发展和企业治理绩效，最终影响着国有企业经济效益。

产权是以财产所有权为基础，由所有制实现形式所决定的，反映不同利益主体对某一财产的占有、支配和收益的权利、义务和责任。产权是所有制的核心和主要内容，包括物权、债权、股权和知识产权等各类财产权。作为所有制的核心和主要内容，产权具有排他性、独立性、可分解性和收益性。随着改革开放的发展，我国传统的产权制度出现了变化，开始发生转型。不过，我国企业的产权制度与现代产权制度的目标相比，还处于初级阶段，仍存在不少需要提升的内容。

产权多元化是积极发展混合所有制经济的重要途径，是完善现代企业制度的制度保障，也是与社会资本、国际资本、金融资本等各种所有制资本相结合的内在要求。产权多元化的目的在于转机建制，让“无形的手”即市场机制在优化资源配置中起决定性作用。推进产权多元化是优先发展的重点方向。可以通过以下路径实现产权结构多元化。

一是吸引民营资本。促进和引导民间投资，放宽投资领域，拓展融资渠道，允许社会资本进入法律法规未禁入的基础设施、公用事业及其他行业和领域。在电力、电信、铁路、民航、石油等行业和领域，进一步引入市场竞争机制。对自然垄断业务，非公有资本以参股等方式进入。对其他业务，非国有资本以独资、合资、合作、项目融资等方式进入。

二是利用外商外资。鼓励中小企业根据国家利用外资政策，引进国外资金、先进技术和管理经验，创办中外合资经营、中外合作经营企业。

三是培育机构投资者。培育和发展各类基金（如产业基金、风险基金、社保基金和企业年金基金等）资产管理公司。机构投资者可以较好地解决业主自营时出现的规模问题、私人大股东形成的垄断问题以及公众持股产生的内部人控制问题等，从而形成合理的产权模式。

四是支持个人投资入股。党的十八届三中全会《决定》首次提出："允许混合所有制经济实行企业员工持股，形成资本所有者和劳动者利益共同体。"必须继续推进职工集资入股、自然人投资入股等实践效果较好的形式。努力实现"劳者有其产，工者有其股"的宗旨，联股联利又联心，按劳取酬加按资分利。

五是激励经营管理者投资入股。允许国有和集体性质的高新技术企业吸收本单位的业务骨干参股，从产权制度上形成激励与约束机制，是充分肯定特殊的脑力劳动或复杂劳动的具体体现，有助于促进科技成果转化，增强企业的凝聚力。

六是促进公有产权之间互相参股入股，交叉持股。推动中央企业与地方企业、地方企业与地方企业、部门企业与地方企业、金融企业与实体企业投资参股。探索金融资本与产业资本的有机结合是当前公有产权相结合的有效形式。

四、提高国有企业经济效益的基本逻辑

（一）通过资本运营实现国有资产保值增值

作为社会主义基本经济制度的核心力量，公有制经济的主要表现形式是国有资产和国有资本。国资改革的核心方向是国有资产资本化。探索国有资产监管与经营的有效形式、深化国有企业改革是推进混合所有制发展的重要任务。提升资本运营水平，实现企业国有资产保值增值，既是现代企业制度建设的核心内容，又是国有企业改革的方向与重点。从管理资产向管理资本转变，有效地运营国有资本，实现收益的最大化，也是国有资产监管机构和经营主体共同的目标。

（二）打破垄断、引入民营，发挥国有经济杠杆作用

由于垄断行业大多数是国有企业，因此，推进垄断行业改革，可以大大提高资源配置和利用效率，是现阶段中国改革红利的重要源泉。按照"毫不动摇地巩固和发展公有制经济，毫不动摇地鼓励、支持、引导非公有制经济发展"的原则，鼓励民营经济进入垄断行业，成为混合所有制经济的重要动力。垄断行业改革的主要内容是"打破垄断，促进竞争，重塑监管"。改革方式需要采取增量改革与存量重组相结合的方式。所谓"增量改革"，就是通过放松市场准入，在发展潜力大、具有全局性影响的领域放开其他企业特别是民营企业进入，进而形成多企业有竞争的市场结构。所谓"存量重组"，就是对那些方向看得准、条件已具备的产业，下决心继续推进存量重组改革，以形成有利于公平有效竞争的市场结构。无论是"增量改革"，还是"存量重组"，最重要的是竞争机制的引入。

（三）完善现代企业制度

建设现代企业制度是国有企业改革的基本方向，完善现代企业制度是深化国有企业改革的主要任务。建设和完善现代企业制度也是坚持社会主义基本经济制度的必然要求。只有加快完善现代企业制度，才能提高国有企业发展的质量和效益，才能进一步激发国有企业活力和创造力，奠定经济发展方式转变和长期可持续发展的基础，从而推动

基本经济制度和社会主义市场经济体制不断完善。从这个层面来讲，国有企业改革也是我们可以用好的最大红利。现代企业制度是国有企业改革的方向，能否建成比较完善的现代企业制度，对国有企业改革目标的顺利实现和国有企业活力和竞争力的提升，进而对坚持和完善基本经济制度都会产生重要影响。

（四）规范公司法人治理结构

在完善现代产权制度的基础上，建立有效的公司法人治理结构，是现代企业制度建立的关键问题。发展混合所有制经济的目的之一，就是要吸引国内外投资者、提高企业经营管理效率、提升企业竞争力，建立、完善法人治理结构是重要的一环。党的十八届三中全会提出，要“健全协调运转、有效制衡的公司法人治理结构”，明确了公司法人治理结构的功能之所在，同时也明确了现代企业制度。我国作为一个经济转型国家，特有的经济体制和经济运行大环境以及企业自身的生态条件，决定了照抄照搬国外公司治理的经验和模式不可能奏效。因此，只有完善企业公司治理的法律规则，改善企业公司治理的市场环境，建立合理的内部治理结构，才能使我国的公司治理结构不断完善。

（五）构建职业经理人制度

职业经理人是在所有权、法人财产权和经营权分离的企业中履职的职业化企业经营管理专家。作为市场竞争主体的企业，只有由职业化的经理人来从事经营管理，才能实现所有权和经营权的真正分离，才能使企业成为真正的企业。企业经营机制能否真正转换，从根本上取决于对企业经营者激励约束机制的建立。而这一点必须依赖职业经营者市场的建立和完善。因为企业各产权主体对企业经营者的最大激励，就是通过职业经营者市场将优秀的经营者选拔出来。同时，各产权主体对企业经营者的最终约束，就是通过职业经营者市场对产权主体不满意的经营者进行无情的淘汰。

第三节　我国民营企业发展、人口红利与土地红利

一、民营企业又快又好发展

改革开放前我国主要存在国营经济和集体经济两种所有制形式，同时存在微量的个体经济，如农民有自留地、农村有个别以“社队企业”名义开办的联户企业，以及城镇中的 14 万个个体工商户。改革开放后，根据国家政策的变化以及私营企业发展的实际情形，私营企业的发展可分为四个阶段。

1978～1988 年是私营企业的萌芽和起步阶段。1978 年开始，农村开展包产到户，集体经济转变为个体经济。随着经济作物种植面积的增加，牧业、副业、养殖业等的发展，加之国家大幅提高农产品收购价格，农民收入快速增加，1979～1984 年全国农村人均纯收入平均每年提高 15%。农户之间收入差距拉大，农村中的各种专业户、重点

户、新经济联合体通过不断增加雇工数量演变为私营企业。同时城乡的个体工商户也迅速增加，到1988年发展为2400万户，其中也成长出一批私营企业。

与农业的包产到户同步实施的是农村原有“社队企业”的承包经营。这种承包经营方式在1984年又被引入城镇国有企业，承包者多为企业负责人，他们在这一过程中挖到了“第一桶金”。

物价改革是经济改革的一部分。计划经济时代的物价由国家有关部门控制或规定，1981年我国开始施行价格双轨制，即国家允许企业在完成计划的前提下自主销售部分产品，其价格由市场决定，至1992年基本结束。价格双轨制催生了一批“官倒”，即有些官员凭借手中权力利用计划价格和市场价格的价差赚钱，为自己或亲友创业积累了资本。

1983年，国家对私营企业的政策是“不宜提倡，不要公开宣传，也不要急于取缔”。1988年的《中华人民共和国宪法修正案》中明确了私营企业的合法地位，“国家允许私营经济在法律规定的范围内存在和发展，私营经济是社会主义公有制经济的补充”。同年6月，《中华人民共和国私营企业暂行条例》颁布，政府开始对私营企业进行依法登记管理。

1989~1991年是私营企业的曲折徘徊阶段。从1988年9月开始，宏观经济运行出现严重失衡，物价急剧上涨，通货膨胀率达到18%。为了控制经济生活混乱的秩序，国家开始治理经济环境，整顿经济秩序，采取了压缩需求、抑制通胀、缩紧银根等经济政策，私营企业面临资金不足、原材料紧张、“三角债”严重等问题。1989年，全国开展税收、财务、物价大检查，发现私营企业存在相当严重的偷税漏税问题，政府对此采取了惩罚措施。同年春夏之交的政治风波也对私营企业的发展产生了较大的影响。在这样的经济、政治环境下，这一阶段私营企业发展速度放缓，从1989年的9.06万户发展到1991年的10.78万户，年均增长速度为9.1%。

1992~1996年是私营企业的高速扩张阶段。1992年邓小平发表南方谈话，提出“姓社姓资”不能作为判断工作得失的标准，判断标准是“三个有利于”，即“是否有利于发展社会主义社会的生产力，是否有利于增强社会主义国家的综合国力，是否有利于提高人民的生活水平”。同年10月召开的党的十四大提出经济改革的目标，是“建立和完善社会主义市场经济”。南方谈话后，国内掀起了一个“下海经商”的热潮，新一轮经济高增长的形成，又一次产生了更多的商业机会：房地产开发、证券股票市场以及经济高速发展对大量的生产资料和各种商品的旺盛需求，给民营企业的发展带来了新的机遇和繁荣。在这种形势下，相当一部分富有才干的人士加入民营经济的行列，民营经济得到迅猛的发展。1992~1995年，私营企业户数从14万户增加到65万户，增长了5倍，平均每年增长67.83%；同期，国有企业户数年均增长13.09%，集体企业户数年均增长9.02%，外商投资企业户数年均增长44.97%；私营企业户数年均增长速度最快，远远高于其他所有制经济成分的增长速度；户均注册资本迅速增加，从1992年的15.8万元增加到1995年的40.1万元。创办企业的门槛提高使普通工人、农民变成私营企业主的概率降低。调查显示，1992年以前注册的私营企业中，来自普通工人、农民的私企业主分别占24.3%和12.3%，1993~1996年这一比例分别降为2.9%和4.4%。与此同时，来自专业户、个体户和企业负责人的私企业主比例显著增加。

1996年之后，民营经济进入了一个相对稳定发展阶段，以1997～2011年为例，从民营企业的户数来看，1997年为96.07万户，2011年这一数量达到967.68万户，增长了约10倍，年平均增长率超过17%，尤其是2004年随着对私人财产和非公经济的保护写入《宪法》，包括私营企业在内的非公经济地位被完全承认，当年民营企业总数激增22.4%。

民营企业在快速发展的同时，效益也在不断提升。民营企业创造的工业总产值和利润总额分别增长了约77倍和143倍，2009年时这两项指标分别为162026亿元和9677.69亿元。

另外，1998年，全国国有及控股企业创造的工业总产值和利润分别约是民营企业的16倍和8倍，到了2009年，民营企业的工业总产值和利润总额反超国有及控股企业。无论从绝对量还是相对量来看，我国民营企业的利润总额都有快速增长，同时，对比民营企业销售产值与利润总额的比重可以发现，民营企业的盈利能力也在逐渐提升，但其增长速度远低于利润总额本身。2005～2009年我国民营企业利润总额及盈利能力情况如表17－1所示。

表17－1　　2005～2009年我国民营企业利润总额及盈利能力情况

项目	2005年	2006年	2007年	2008年	2009年
利润总额（亿元）	2120.65	3191.05	5053.74	8302.06	9677.69
比重（%）	36	38	39	43	44

二、中国人口红利

联合国人口基金会（UNFPA）在《1998年世界人口状况报告》中首次使用了“人口红利”（demographic bonus）一词，用来描述一些欠发达地区未来20年将出现一个劳动年龄人口相对于老人和少儿临时增长的阶段，它向这些国家提供了经济增长的机会。如果这些拥有知识的青年自由地进入劳动力市场，为经济发展贡献力量，那么这些国家将收获“人口红利”的成果。联合国人口基金会把人口年龄结构中间大、两头小的阶段称为人口红利期，并认为人口红利只是提供了机会，而收获人口红利则需要以充分就业为前提。此后，众多学者接受了人口红利概念。

《国家人口发展战略研究报告（2007）》指出：“人口再生产类型转变使人口年龄结构变化依次形成从高少儿、低老年型的高人口抚养比，到低少儿、低老年型的低人口抚养比，再到低少儿、高老年型的高人口抚养比的三个不同阶段。在第二个阶段，劳动年龄人口比重高，人口抚养负担轻，人口生产性强，社会储蓄率高，有利于经济增长。这一人口年龄结构最富生产性的过渡时期通常被称为人口红利期，人口年龄结构对经济增长的这种潜在贡献就是人口红利。”人口年龄结构如果对经济增长做出了真实的贡献，那么这就是真实的人口红利。如果一个国家或社会，仅仅劳动年龄人口比重高，社会抚养比比较低，而高比例的劳动年龄人口没有对经济增长做出真实的贡献，那么这就不能算作真实的人口红利，而只能叫作潜在的人口红利。潜在的人口红利对经济增长没有帮助，但是，如果在一定条件下，潜在的人口红利转化为真实的人口红利，那就将对经济增长有很大帮助。

新中国成立后，中国政府由于过于看重人口作为生产者从而有利于经济增长的一面，忽略了人口同时还是消费者，过多的人口也有不利于经济增长的一面，而采取了鼓励人口增长、鼓励生育的人口政策，从而导致中国人口在短短几十年间迅猛增长。从人口总量上看，1949 年以后，中国人口一直在增长。1949 年为 5.4 亿人，1954 年突破 6 亿人，1964 年突破 7 亿人，1969 年突破 8 亿人，1974 年突破 9 亿人，1981 年突破 10 亿人，1988 年突破 11 亿人，1995 年突破 12 亿人，2004 年突破 13 亿人。第六次全国人口普查数据表明中国总人口为 13.7 亿。根据预测，中国人口数量将在 2030 年前后达到高峰。此后，人口总量开始逐步下降，由低水平增长阶段过渡到负增长阶段（见图 17－1）。

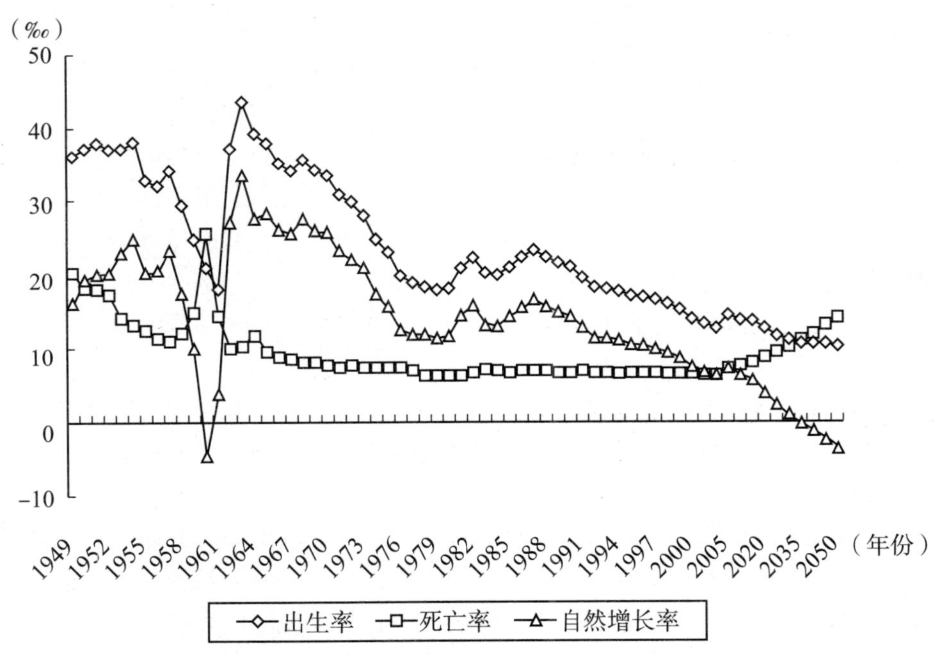

图 17－1　1949～2050 年中国人口增长指标

1949 年至今有三个阶段人口增长最为迅速：第一个阶段是 1949～1958 年，人口自然增长率维持在 20‰左右；第二个阶段是 1962～1973 年，人口自然增长率维持在 25‰左右；第三个阶段是 1981～1990 年，人口自然增长率维持在 15‰左右。这三个阶段人口的快速增长，使中国的人口结构发生了巨大变化，最终导致中国在改革开放 30 多年中，青壮年人口占全部人口的比例不断上升，整个社会的人口抚养比即依赖型人口（14 岁以下与 65 岁以上人口之和）与劳动年龄人口（15～64 岁人口）之比不断降低。从表 17－2 可以看出，中国社会的人口抚养比从 1994 年的 49.33% 下降到 2012 年的 34.9%。中国正处于明显的人口红利期。

表 17－2　　1991～2012 年我国人口抚养比变化趋势

指标	1991年	1992年	1993年	1994年	1995年	1996年	1997年	1998年	1999年	2000年	2001年
人口抚养比（%）	50.8	51.0	49.9	50.1	48.8	48.8	48.1	47.9	47.7	42.6	42.0
指标	2002年	2003年	2004年	2005年	2006年	2007年	2008年	2009年	2010年	2011年	2012年
人口抚养比（%）	42.2	42.0	41.0	38.8	38.3	37.9	37.4	36.9	34.2	34.4	34.9

资料来源：各年度《中国统计年鉴》。

人口抚养比的不断降低意味着中国在改革开放以来一直处于人口年龄结构变化的第二个阶段，劳动年龄人口比重高，人口抚养负担轻，人口生产性强。这表明中国在改革开放以来一直处于人口红利期，存在着巨大的人口红利。根据蔡昉等的研究，虽然中国的人口抚养比早在 20 世纪 60 年代中期就开始下降，但劳动年龄人口总量迅速增长并且比重大幅度提高，从而人口抚养比显著下降，主要开始于 20 世纪 70 年代中期。这说明中国从 20 世纪 70 年代中期开始就已经处于人口红利期，并逐渐拥有了规模巨大的人口红利。只不过这种规模巨大的人口红利在改革开放前由于政策、制度等因素的制约，长期得不到实现。因此这种人口红利只能被称作潜在的人口红利。最明显的例子就是在中国的农村和城市的国有企业中，劳动的边际生产力接近于零，有时甚至为负值，这意味着在这些地方存在着大量的隐性失业人口，也说明存在着巨大的潜在人口红利。一旦制约人口红利实现的政策、制度等因素得到改变，潜在的人口红利得到实现，中国经济就将快速增长。

改革开放后，随着农村家庭联产承包责任制的普遍实施，农业的劳动生产率大幅提高，农村的剩余劳动力也逐渐显现。随着国有企业的改革，国有企业中潜在的大量剩余劳动力也逐渐显现。与此同时，国家也逐步放宽了对于劳动力自由流动的限制，农村和城市的剩余劳动力都逐渐开始在市场中自由流动。这些解放出来的劳动力在市场中自由流动，寻找着生产效率更高从而工资也更高的工作，最终大部分剩余劳动力进入生产效率比较高的第二产业和第三产业中。在这一过程中，中国规模巨大的劳动力资源得到了更好的配置，劳动力的整体生产效率得到大幅提高，整个经济的生产效率也得到大幅提高，经济实现了快速增长。中国巨大的人口红利也在这个过程中得以逐步实现。

人口抚养比的不断下降，说明中国存在巨大的人口红利，同时也表明中国社会呈现显著的青壮年特征。根据美国经济学家弗朗科·莫迪利安尼的生命周期理论，消费者通过估算一生的总收入并考虑在长期中如何最佳分配自己的收入支出，以获得整个生命周期中消费的最佳配置。因此。一般来说，青年时家庭收入总体偏低，这时候消费会超过收入；随着人们进入壮年，收入日益增加，这时消费低于收入，一方面偿还青年时欠下的债务，另一方面进行诸蓄以备年老时使用；一旦年老退休，收入下降，消费又会超过收入。根据这种理论，如果社会上年轻人和老年人的比例增大，则储蓄倾向会下降，如果社会上中年人比例增大，则储蓄倾向上升。中国社会显著的青壮年特征必然会使整个社会的储蓄率不断提高。中国在改革开放后人口红利的实现过程中，由于存在着大量的青壮年人口，社会的总体储蓄倾向必然上升。社会总体储蓄倾向的上升也就意味着整个社会消费率的下降，从表17－3可以看出，中国社会的消费率在1991年以后，基本呈现直线下滑趋势。

表17－3　　1991～2012年我国消费率变化趋势　　单位：%

指标	1991年	1992年	1993年	1994年	1995年	1996年	1997年	1998年	1999年	2000年	2001年
消费率	62.4	62.4	59.3	58.2	58.1	59.2	59.0	59.6	61.1	62.3	61.4
指标	2002年	2003年	2004年	2005年	2006年	2007年	2008年	2009年	2010年	2011年	2012年
消费率	59.6	56.9	54.4	53.0	50.8	49.6	48.6	48.5	48.2	49.1	49.5

资料来源：各年度《中国统计年鉴》。

这与中国社会这一时期青壮年人口比重高、社会总抚养比一直下降的情况是相符合的。实际上，中国的高储蓄率并非完全合理。例如，土地等重要生产要素国家所有、百姓在收入分配中所占比重偏低以及社会保障体制不健全等因素，都会导致社会消费率偏低和储蓄率偏高。但是，把这些因素全部排除之后，考虑到中国社会整体呈现显著的青壮年特征、中国处于人口红利期以及存在着巨大的人口红利，中国仍然会出现低消费率和高储蓄率的现象。改革开放以来，中国社会显著的青壮年特征，必然在整体上使中国社会存在很高的储蓄率。

巨大的人口红利存在，一方面意味着中国必然要出现很高的储蓄率，另一方面也说明中国的劳动力资源非常充足。刘易斯在其二元经济理论中对发展中国家在经济发展过程中出现的人口流动现象给予了很好的说明。改革开放后，农村普遍实行家庭联产承包责任制，农业生产效率得到很大提高。农村中以前隐藏的大量剩余劳动力开始出现。这些剩余劳动力迫切需要转移到生产效率更高的部门中。随着国家对人口自由流动控制的放松，这些剩余劳动力开始向边际产出更高从而劳动价格也更高的城市流动。按照刘易斯的二元经济理论模型，在农村剩余劳动力完全流出之前，农村劳动力的价格不会提高，流到城市中的劳动力的工资也不会提高。在这一过程中，由于劳动价格一直处于非常低的水平，所以，资本的价格也即资本的利润率将会一直非常高。当然，中国的经济发展过程并不与该理论模型完全相同。中国的特殊之处在于，改革开放前，中国不仅农村存在大量潜在剩余劳动力，中国城市中的国有企业也存在着大量潜在剩余劳动力。在改革开放后，特别是在国有企业改革后，这些国有企业中以前存在的剩余劳动力开始流向市场，在市场中寻找生产效率更高的部门，这里主要是指中国的民营经济部门。所以，中国经济发展过程中，不仅农村的剩余劳动力向城市中流动，城市中国有企业中存在的剩余劳动力也开始向生产效率更高的部门即民营经济部门流动。根据二元经济理论模型，在剩余劳动没有完全转移之前，劳动的工资水平不会提高。这与中国的经济发展过程十分一致，中国在20世纪90年代之后，实际工资水平基本上保持不变，直到农村和城市的剩余劳动力完全转移后，也就是中国的人口红利开始出现拐点后，中国的劳动工资水平才开始出现上涨。

如果全社会的生产过程都只耗费劳动与资本两种生产要素，那么这个社会中劳动力的充足就意味着资本的相对稀缺，按照微观经济学的基本观点，相对稀缺的生产要素其价格也必然会相对较高。充足的劳动力资源必然使经济增长过程中的资本相对稀缺，中国从整体上说是一个资本稀缺型的国家。这一点符合传统的发展经济学理论，发展中国家在经济发展过程中普遍存在着资本稀缺的问题。作为资本稀缺的国家，社会中资本的价格肯定要比较高，也就是说，中国社会中资本的利润率会比较高。

以上两个方面是中国巨大的人口红利对中国经济的影响，即一方面，巨大的人口红利使中国存在很高的储蓄率；另一方面，巨大的人口红利也意味着中国的资本相对稀缺，中国的资本利润率比较高。

三、土地红利

土地红利在学术研究领域并没有统一的定义，研究者都是根据自己的理解来解释土地红利。例如罗军（2011）认为，所谓土地红利，是指土地资本化所得到的红利。高兆明（2011）认为，土地红利是在工业化、现代化、城市化进程中，缘于土地资源自然增值所形成的社会财富。著名经济学家厉以宁则认为，红利实际上是指一个国家或地区在特定发展阶段所具有的发展优势，以及利用这种发展优势所带来的好处。

总结专家学者对土地红利的概念界定，可以归纳为以下特征：（1）土地农业用途与非农用途的转变是土地红利产生的基础；（2）土地农业用途与非农用途的价格差异是土地红利形成的源泉；（3）土地红利的产生意味着土地所有权主体的变化，即农民集体所有的土地由政府通过土地征收程序变更为国有建设用地，再以“招拍挂”或者协议出让方式出让给城市土地使用者。

综上分析，本章认为在城市发展过程中，农村土地被各级政府征用，以高出几十倍甚至上百倍的价格出让给城市土地开发者，这种资源配置的土地价格差异就称为“土地红利”。土地红利是有限的土地资源在不同利用方式下产生的增值收益，城镇化和工业化带来的土地利用价值的提升是土地红利产生的根本原因。特别是农村土地产权制度和利用方式的变化，极大地提高了土地资源的合理配置水平，更实现了土地利用效率的最大化。

（一）中国城乡土地资源利用的变化趋势及其影响

所谓土地红利，是指土地资本化所得到的红利。有学者乐观地认为，“人口红利”造就了中国改革开放前30年的辉煌，未来经济的发展要转向充分利用土地资本化红利。在改革进入“深水区”后，新一轮土地革命和土地资本化红利的开启必将释放出巨大的改革势能。

党国英根据长期的研究指出，长期以来“土地红利”对中国经济低成本扩张起着重要作用。可以说，土地红利是中国经济增长的另一个奥秘。1979～2008年中国经济出现了持续高速增长的局面，国内生产总值（GDP）年均增长率为9.8%，在2006年和2007年甚至达到12%。2002年下半年以来，中国经济增长的投资主导型特点更加突出。中国经济依靠物质资本、人力资本和自然资本（包括土地）大量投入为特征的“粗放式”增长模式明显。据统计，1978年我国城市化率仅为18%，2007年已经上升到

45%。1978～2004年，全国约有497.78万公顷的耕地转变为非农用地，平均每年占用耕地18.44万公顷。

中国的土地资本化由政府主导，即政府垄断土地使用权转让。这种形式解决了经济发展过程中的投资协调、启动成本和外部性等问题，为区域经济的起飞提供了固定投入基金，推动了工业化和城市化的快速发展，但是也滋生了很多弊端，尤其随着我国东部沿海某些地区（如江苏、浙江、广东）经济发展进入工业化中后期阶段，土地资源日益短缺，各种因土地收益分配而导致的社会矛盾日趋尖锐。

目前，我国各地正积极探索土地管理制度创新，为今后土地资源的合理利用提供重要的体制机制保障。各地纷纷围绕土地开展一系列尝试和试验，主要集中在加强土地的宏观管理和统一规划，建立完善科学的土地收益分配机制，增强土地供应调控能力，建立和完善土地价格形成机制和土地市场交易机制，探索农村集体建设用地流转，改革征地补偿制度等领域。但是，从长远来看，把开发利用土地红利作为中国未来长期经济发展的重要增长点，过度依赖土地、劳动力等要素的大规模投入来发展经济，实际上走的是一条老路。如果今后中国不能有效摆脱依靠物质资本、人力资本和自然资本（包括土地）大量投入为特征的"粗放式"增长模式的束缚，走出一条集约型的新路径，顺利实现经济转轨，中国很可能会陷入"后发优势"陷阱而不能自拔。

（二）土地财政

"土地财政"、高房价等现象是土地红利在中国表现较为突出的问题，其中土地财政尤其值得我们关注。所谓"土地财政"是指中国现有的体制造成的地方财政过度依赖土地所带来的相关税费和融资收入的非正常现象，即一方面通过划拨和协议出让土地等方式招商引资，促进制造业、房地产业和建筑业高速发展，以带来企业所得税等地方税的大丰收；另一方面通过招、拍、挂等方式收取土地出让金，并以土地使用权和收益权获得土地融资，以此带动地方经济发展。

"土地财政"的现实源自1994年实行的分税制改革。一方面，实行分税制改革以后，地方政府的财政收入占全部财政收入的比重逐年降低，同时其职责却在不断扩大——财政收入不断向中央集中，地方政府要做的事却越来越多，导致地方政府收支不平衡。虽然中央政府通过专项转移支付补助了一定的资金，但是资金只能用于被指定的用途，实际上制约了地方政府财权。另一方面，"土地出让金"作为地方财政的固定收入全部划归地方所有，使地方政府成为高地价的直接受益者。

地方财政支出需求与地方财政收入总量的稳步增长"相依相伴"，这使地方财政收支缺口不断扩大，地方财政压力越来越大。图17－2对1978～2012年地方财政缺口规模进行了描述，地方财政缺口通过当年财政支出减去当年财政收入计算得出。再将这一数值除以当年财政收入，就进一步得到图17－3对1978～2012年地方财政缺口占财政收入比例的统计。数据显示，在1978～1987年，地方政府基本能够保持一定的财政盈余。1988～1993年，收支基本维持平衡，赤字规模最高不超过7%。1994年是一个明显的分界点，伴随着这一年的分税制改革，地方财政缺口一跃升至1726亿元，占当年财政收入的74.7%，随后这一比例经历过几次小幅回落，但财政缺口总量始终维持快速增长。2005年地方财政赤字突破1万亿元，2008年突破2万亿元，2010年突破3万亿元，2011

年突破4万亿元，每万亿元增量的时间跨度越来越短，财政缺口占财政收入的比例也整体持续上升，最低也维持在50%，在2009年一度达到87.2%的历史最高点。

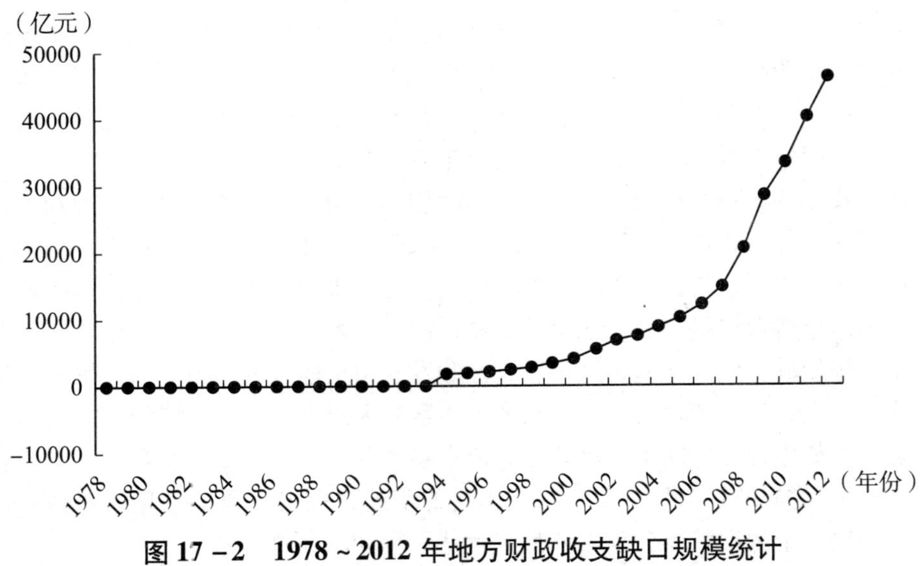

图17－2　1978～2012年地方财政收支缺口规模统计

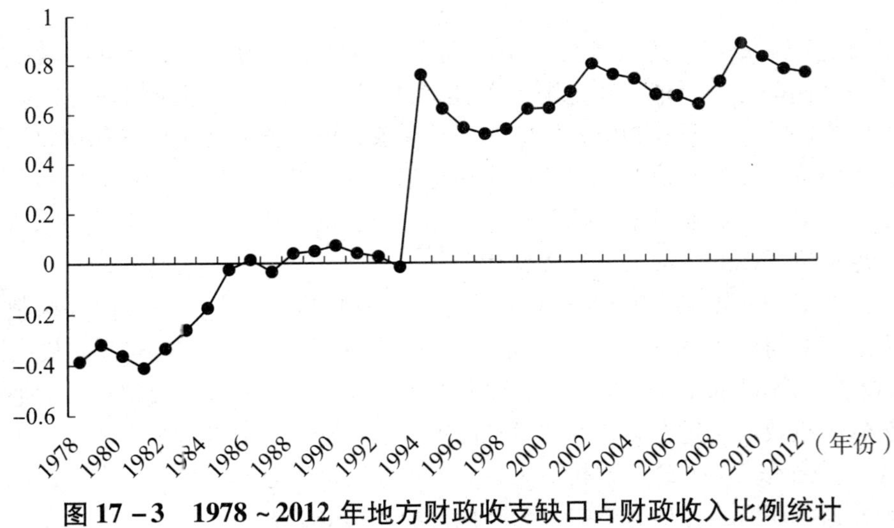

图17－3　1978～2012年地方财政收支缺口占财政收入比例统计

在这种情况下，地方政府为了履行公共品供给职能，必须寻求税收以外的收入弥补财政缺口，为公共品供给进行筹融资。土地出让金作为一项潜力巨大且规模可观的预算外收入，逐渐显示出其在地方财政中的重要作用。

通过图17－4可以发现，从可获得相关数据的1999～2011年，除去个别年份（2004～2005年及2007～2008年，土地出让收入及其占地方财政收入比例出现回落，而这两个时期国家均出台了房地产业的重大宏观调控政策，因此推断这种现象与政策上加强土地管理、规范市场秩序、抑制投机、稳定房价等有关），土地出让收入总量和其占地方财政收入的比例整体上呈现不断上升的趋势，表明土地出让收入对地方财政的贡献度不断提高。

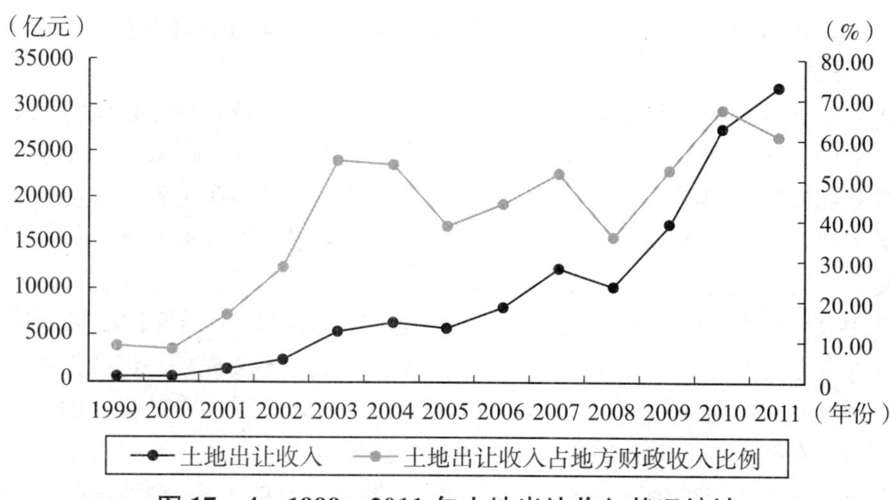

图 17－4 1999～2011 年土地出让收入状况统计

土地财政在给地方政府带来巨大资金来源的同时也产生了很多问题。我国人多地少，单纯依靠“土地财政”对地方经济发展的贡献是不可持续的。虽然“土地财政”在城市建设初期，政府主导的土地经营模式可以形成房地产市场和土地市场互相带动的双赢局面，很多城市凭借收取的土地出让金完成了最初的原始积累。但“土地财政”绝不应该成为我国财政的常规模式。这种模式已经造成了我国部分城市税收超常规增长，产业结构异常，各地对房地产行业依赖严重。另外，“土地财政”产生的“驱赶效应”容易导致地方政府将收入的重点由依靠企业的预算内收入转到依靠土地的预算外和非预算收入，由侧重工业化转到侧重城市化，由此进一步影响中国工业化的进程和经济转轨的顺利实现。

第四节 树立正确的经济效益观

一、马克思主义经济效益观的基本内涵及启示

根据前面对马克思经济效益理论的分析，可以进一步对马克思主义经济效益观的基本内涵进行深化。

马克思主义经济效益观的基本内涵如下：第一，使用价值和价值的统一。只有生产耗费减少，使用价值和价值扩大，才能称得上好的经济效益。只是物质消耗减少，而劳动消耗却增加，或者只是劳动消耗减少，而物质消耗却增加，都不能说明经济效益好。第二，生产和流通的统一。生产过程是创造使用价值和价值的过程，即形成经济效益的过程；而流通过程则是实现使用价值和价值的过程，即实现经济效益的过程。无论是生产过程，还是流通过程，都要讲经济效益。第三，生产和需要的统一。生产的产品必须是符合社会需要的产品，只有如此才能实现商品的使用价值和价值；反之就是无效劳动，也就谈不上经济效益。第四，增产和节约的统一。既要节约劳动消耗，又要增加产品。

现阶段，我国全面深化改革，经济发展步入新常态，我们必须树立马克思主义经济效益观，把经济发展转移到提高经济效益的轨道上。

首先，要通过正确处理速度和效益的关系，有效提高经济效益。速度和效益是对立统一的。它们的统一性表现在：从速度角度来看，其本身包含着对效益的要求，如果在劳动耗费和物质耗费相同的情况下，生产不仅速度快而且产品多，就意味着投入少、产出多，经济效益好。从效益的角度来看，其本身也包含着对速度的要求，如果能用较少的劳动耗费和物质耗费，生产出更多的产品，这就意味着经济发展速度快。而速度和效益的对立则表现在：如果急于求成，片面追求速度，效益就不会好；如果一味强调效益，即使客观条件具备，也不允许适当加快速度，效益也不会提高。经济发展速度不能太慢，否则经济难以繁荣。当然，也不能不顾客观条件，盲目追求速度。因此，经济发展速度应该是在提高经济效益的前提下保持适当的速度。

其次，要通过正确处理微观经济效益和宏观经济效益的关系，有效提高经济效益。微观经济效益和宏观经济效益本质上是一致的，企业的经济效益是整个国民经济效益的基础。各个市场主体的微观经济效益又是宏观经济效益的基础和组成部分，大量企业微观经济效益差、亏损严重，不可能有好的宏观经济效益。不过，两者之间也有矛盾。如果一个生产单位只顾局部利益，就会损害整个国民经济的利益。所以，必须提倡局部利益服从全局利益，要有“全国一盘棋”的思想。作为市场主体的各类企业都应努力提高自身的微观经济效益，为自身的发展壮大创造条件，也为提高国家的总体经济实力和宏观经济效益做出贡献。马克思在《资本论》第二卷中，通过分析资本循环和资本周转理论，从微观的角度揭示了企业资本家重视经济效益的情境，通过分析社会资本再生产理论，从宏观的角度揭示了资本主义的国民经济比例关系是怎样经常遭到破坏的，经济危机又是如何爆发的。

再次，要通过正确处理短期经济效益和长远经济效益的关系，有效提高经济效益。生产经营者要兼顾短期效益和长远效益，才能有效提高社会主义经济效益。只顾短期效益，不顾长远效益，就容易产生短期行为。只顾长远效益，不顾短期效益，就会挫伤劳动者的积极性，从而影响长远效益。因此，必须从长计议，强调长远效益，同时，又要尽快建立生产单位内部约束机制，克服短期行为，实现短期经济效益和长远经济效益的有机统一。

最后，要通过正确处理经济效益和社会效益的关系，有效提高经济效益。无论就国民经济整体来说，还是对每个经济实体而言，在争取现实经济利益、提高经济效益的过程中，必须具有长远眼光，考虑其社会后果。只顾一时或一己之利而造成环境污染、浪费资源、损人利己、侵吞国家资产等，给社会带来严重不良后果，都不是获得真正的经济效益。这样的结果，不仅不能推动社会生产力的发展和全面进步，相反，还会破坏社会经济和政治稳定，损害社会的长远发展。因此，必须树立正确的经济效益观，在能带来良好社会效益的前提下，争取更好的经济效益。

二、社会主义市场经济条件下经济效益观拓展

在社会主义制度下，由于实现了生产资料的社会主义公有制，生产目的是最大限度

地满足劳动人民日益增长的物质和文化的需要。由于社会主义经济效益服从于满足劳动人民需要这一生产目的，因而讲求经济效益的手段必须是以有益于劳动人民的身心健康、促进劳动者的全面发展为前提。

基于上述生产目的，评价社会主义经济效益的标准，也就应该与资本主义的根本不同。不过，在目前还存在着商品货币关系的情况下，劳动时间的耗费仍然要通过商品的价值表现出来，因此评价社会主义经济效益的大小，还需要利用价值形式。这表现在评价社会主义企业的经营成果时，除了要有考察使用性成果的指标外，还要有考察收益性成果的指标。后者包括企业的经营利润，以及资金的占用与耗费等情况。因此，在社会主义制度下，讲求经济效益，就是要最大限度地节约劳动时间，充分地利用有限的物质资源和劳动资源，提高劳动生产率，以最少的劳动耗费，创造出更多、更好的产品，以满足整个社会和劳动人民不断增长的需要，从而使社会主义生产目的得到更好的实现，巩固和发展社会主义制度。

在社会主义市场经济条件下，必须重视商品价值的生产与实现，追求商品价值增值和利润。更为重要的是，必须考虑到社会主义市场经济是建立在社会主义基本制度的基础之上，社会主义市场经济发展的目的，是发展社会主义社会的生产力，增强我国的整体国力，促进人民生活水平的迅速提高，实现共同富裕，从而使社会主义制度的优越性得以充分发挥。因此，社会主义市场经济所需要的经济效益，就不能简单地用利润最大化来衡量与概括，必须符合社会主义生产目的的经济效益内涵。具体来说，有以下六个方面。

第一，从外延式发展效益观转变到内涵式发展的效益观。过去片面地认为速度越快，GDP 越高，经济效益越显著。在速度中片面以产值作为核心指标，不仅造成经济过热、固定资产投资过多、产能过剩，而且使经济效益低下，人力、财力、物力严重浪费。众所周知，社会生产力的提高最根本的表现为社会财富的增加及其生产手段的改进，表现为较少的投入获得较多的产出，表现为劳动生产率的不断提高。因此，在社会主义市场经济条件下，生产力的发展更应当表现为在社会主义商品经济运行中，应开源节流，走内涵为主求效益的道路，增殖更多的新价值，创造更多的物质财富，以求得实实在在的效益。

第二，从单纯的使用价值效益观转变到价值与使用价值相统一的效益观。过去对企业的评价，只着眼于使用价值的实现，把经济效益与社会效益、价值和使用价值分割开来。从市场经济角度来考察社会主义企业经济效益，必然是商品的有用性和盈利性相统一，要求企业在单位时间内，以尽可能少的劳动消耗和占用，生产或经营尽可能多的价廉物美、符合社会需要的商品，实现价值与使用价值的统一。

第三，从封闭式经济局部效益观转变到开放式的整体经济效益观。经过几十年改革开放，尤其是社会主义市场经济的发展，经济活动打破了传统条块分割的计划经济体制下封闭式的单元经济活动，经济交往日趋频繁、复杂，但是，也出现了新情况、新问题。近些年，在现行的财税体系下地方主义、分散主义、本位主义趋强，影响了整体效益。因此，必须树立开放式、全方位的整体经济效益观。社会主义经济效益包括宏观经济效益和微观经济效益两个方面。宏观经济效益是国民经济全局的经济效益，微观经济效益是从某个局部地方或企业来考虑的经济效益。整个国民经济获得最佳效益必然会给各个地方、企业创造良好的经济条件。同时，也只有各个地方、各个企业都追求实实在在的经济效益，才能保证整个国民经济持续、稳定、协调地发展。只有微观经济的真实效益和宏观经济调节机制有效结合，才能实现总需求和总供给的总量平衡与结构平衡，取得整体上的效益。

第四，从静态经济效益观转变到动态效益观。在市场经济中，应该从经济活动的空间运动和时间变化中考察经济效益。从空间运动中考察经济效益，是指从生产—流通—消费的整个经济运行过程中进行考察，树立经济运行效益观，重视各个环节、各个阶段的密切联系、协调配合，统筹生产、流通、消费等领域的经济效益。从时间变化发展中考察经济效益，就是要树立时间经济价值观，把时间作为最重要的约束条件计入成本，提高经济活动的效益质量。在此基础上，还应考察近期和远期、短期和长期经济效益的统一，避免盲目追求短期和近期的高效益而轻视长期、远期的高效益。

第五，从简单的投资效益观转变到边际效益观。对投资效益进行评价，不能简单地从总收益与总费用之间的关系来考察，应该分别考察投资中每单位货币投资与带来的收益之间的关系，也就是要进行增量分析或边际分析。应该重视研究经济活动中的盈亏临界点，掌握这种边际效益的临界点，实际上是一种决策方法的转变，促使人们从凭印象决策转变为凭数据决策，提高决策效益，从而科学地组织经济活动。

第六，从数量效益观转变到质量效益观。不适应市场需求、质量差的产品，数量再多也产生不了效益。而且，不顾商品使用价值的质量和性能的好坏，唯利是图，用假冒伪劣商品欺骗社会和买主，盈利再多都是违背社会主义生产目的的，而且这种现象范围越广、规模越大，对社会和群众的危害也就越大。只有在高度重视商品的质量和性能、更有效地满足社会需要的前提下，取得尽可能多的利润，才是社会主义所需要的经济效益，才能有效推动社会主义市场经济的发展。因此，必须根据国内外市场需求和发展趋势，分析市场需求变化的信息，及时调整企业的产品结构，组织科技力量创新、研发新产品，提升产品质量。这是提高企业经济效益的重要途径。

本章小结

经济效益作为一个抽象经济范畴，是指经济活动中的投入与产出、劳动占用与收益之间的对比关系。从经济效益的自然属性方面来看，它反映着生产中人与物的生产技术方面的关系，是各个社会形态共同具有的经济范畴。在马克思看来，经济效益是指生产经营活动中占用与耗费的劳动（包括物化劳动与活劳动）同生产经营的最终成果之间的比较。古典经济学在价值问题上将交换价值归结为劳动时间，但没有对价值和使用价值进行区分，不了解价值的本质，也就不理解经济效益的本质。新古典经济学认为，对于价值的衡量完全是主观的，不仅对价值的性质的衡量是主观的，而且对价值的衡量也是主观的。不过，古典经济学主要在增产上做出了理论指导，而新古典经济学则主要在降耗方面给予人们启发。国有独资企业由政府代表国家执行财产所有权，实现经济利益。在社会主义初级阶段，国有企业的混合所有制改革，是社会主义市场经济条件下经济利益的重要实现形式。改革开放以来，民营企业在快速发展的同时，效益也在不断提升。同时，随着改革开放的深入，人口红利、土地红利也不断显现。在社会主义制度下，必须树立正确的马克思主义经济效益观。由于社会主义经济效益是服从于满足劳动人民需要这一生产目的的，因而讲求经济效益的手段必须是以有益于劳动人民的身心健康、促进劳动者的全面发展为前提。

思考题

1. 马克思主义经济效益的基本原理和核心内容是什么？
2. 怎样认识古典经济学和新古典经济学的经济效益理论？
3. 怎样分析大型国有企业效益？现阶段如何提高国有企业的经济效益？
4. 怎样认识民营企业发展中的经济效益？
5. 怎样认识我国改革开放以来出现的“人口红利”和“土地红利”？
6. 为什么在社会主义制度下必须树立正确的马克思主义经济效益观？怎样拓展社会主义市场经济条件下的经济效益观？

参考文献

[1] 陈林，唐杨柳．混合所有制改革与国有企业政策性负担［J］．经济学家，2014(11).

[2] 洪远朋．利益关系总论［M］．上海：复旦大学出版社，2011.

[3] 梁坚．《资本论》中的经济效益观及其启示［J］．江西社会科学，1990（1）.

[4] 许崇正．人的发展经济学［M］．北京：光明日报出版社，2022.

[5] 许崇正．人的发展经济学概论［M］．北京：人民出版社，2010.

第十八章

发展绿色经济

20 世纪以来，全球经济发展取得了巨大进步，但在经济发展进程中也出现了一些问题：自然资源被极大地消耗和浪费，造成生态退化；污染物排放剧增，环境污染严重；不同地区贫富差距增大，影响了社会和谐与稳定。人们越来越感到，近代工业文明的发展模式和道路是不可持续的。改革开放以来，我国坚持以经济建设为中心，推动经济快速发展起来，但也没有处理好经济发展同生态环境保护的关系，以无节制消耗资源、破坏环境为代价换取经济发展，导致能源资源、生态环境问题越来越突出，已经难以支撑“高投入、高消耗、高排放、低效率、不协调”的粗放型增长。人类是自然的一部分，所有行为方式必须符合自然规律，对自然界不能只讲索取不讲投入、只讲利用不讲建设，否则难免会遭到“自然界的报复”。如何在发展的同时保护好生态环境，实现人与自然的和谐？如何让不同地区、不同阶层的人们共享经济发展成果，实现人的发展面对这些问题，我们选择了可持续发展的理念与道路，发展绿色经济、投资自然资本、实现包容性增长是实现可持续发展的途径，是现实人的发展的前提与保证。

第一节　绿色经济的内涵与时代特征

“绿色经济”一词源自英国环境经济学家皮尔斯于 1989 年出版的《绿色经济蓝图》一书。环境经济学家认为经济发展必须是自然环境和人类自身可以承受的，不会因盲目追求生产增长而造成社会分裂和生态危机，不会因为自然资源耗竭而使经济无法持续发展，主张从社会及其生态条件出发，建立一种“可承受的经济”。发展绿色经济以应对经济衰退、生态退化、环境恶化和气候变化等多重危机，已经成为世界各国的普遍共识。在绿色经济模式下，环保技术、清洁生产工艺等众多有益于环境的技术被转化为生产力，通过有益于环境或与环境无对抗的经济行为，实现经济的可持续增长。绿色经济的本质是以生态、经济协调发展为核心的可持续发展经济，是以维护人类生存环境，合理保护资源、能源以及有益于人体健康为特征的经济发展方式，是一种平衡式经济。发展绿色经济，是对工业革命以来几个世纪的传统经济发展模式的根本否定，是 21 世纪世界经济发展的必然趋势。

我国政府也提出要大力发展绿色经济，并提出了培育以低碳排放为特征的新的经济增长点，加快建设以低碳排放为特征的工业、建筑、交通体系等。但是，人们对于绿色经济内涵的理解尚未取得一致。为了推动绿色经济发展，需要对绿色经济概念进行梳理和辨析，建立一个比较清晰的绿色经济概念体系；在此基础上，阐述发展绿色经济的重要意义。

一、绿色经济的内涵及外延

（一）绿色经济的内涵

联合国环境规划署（UNEP）对“绿色经济”的定义为：绿色经济是促成提高人类福祉和社会公平，同时显著降低环境风险和生态稀缺的经济。由此可见，发展绿色经济不仅要增长物质财富，降低环境风险和生态风险，还要解决社会公平问题。绿色经济是经济系统、生态系统和社会系统三者的综合。

（二）绿色经济的外延

按照绿色经济是能同时产生环境效益和经济效益的人类活动的定义，绿色经济的外延由两个部分组成：一是对原有经济系统进行绿化或生态化改造。它包括开发新的生产工艺、减少或替代有毒有害物质的使用、高效和循环利用原材料、减少污染物的产生量以及对污染物进行净化治理等。这些活动都能减轻对环境的压力，并通过节约资源而获得经济效益，对传统产业都是适用的。实际上，现代工业已经在很大程度上做到了低排放甚至零排放，所以尽管产业是传统产业，但属性上已属于绿色经济。我国政府部署的“加快建设以低碳排放为特征的工业、建筑、交通体系等”就属于这个范围。二是发展对环境影响小或有利于改善环境的产业。它包括生态农业、生态旅游、有机食品、可再生能源、服务业、高新科技、植树造林等，称为绿色产业，其特点就是天生对环境友好，不必投入过多资源进行污染防治和生态保护。这些产业并不都是新兴产业，有些是属于传统产业的，而且有些产业有着数千年的悠久历史，例如，我国传统的农耕生产方式中有些做法充分运用了资源循环利用的原理，充满了生态文明的智慧。目前联合国环境规划署倡导的绿色投资主要是要求各国把资金投入这些既能增加就业、拉动消费又可以减少排放的经济活动中，包括清洁技术、可再生能源、生态系统或环境基础设施、基于生物多样性的商业（如有机农业）、废物及化学品管理、绿色城市、绿色建筑和绿色交通等，可以看到与上述绿色产业也是基本一致的。我国政府部署的“培育以低碳排放为特征的新的经济增长点”也属于这个范围。

绿色经济、循环经济、低碳经济、生态经济等都是当前被广泛使用的概念，厘清他们之间的关系也很有必要，这样可以使人们在不同的层面和语境下使用，避免概念之间互相干扰而扰乱认识。绿色经济是最大的概念，它包含了循环经济、低碳经济和生态经济。其中，循环经济主要解决环境污染问题；低碳经济主要针对能源结构和温室气体减排而言；生态经济主要指向生态系统（如草原、森林、海洋、湿地等）的恢复、利用和发展（如发展生态农业等）。这种划分有其合理性，大致上使每个概念各归其位，清晰有序。当然，也有学者认为生态经济应该等同于绿色经济，而不是从属于绿色经济。

这样，绿色经济与生态经济是同一的，绿色经济就是生态经济，它包含了循环经济和低碳经济。发展绿色经济，就是发展低碳经济与循环经济等这些具体的经济运行方式。

二、中国发展绿色经济面临挑战

自2008年国际金融危机以来，绿色经济方兴未艾。2012年第41个世界环境日以绿色经济为主题，在巴西里约热内卢召开的2012年联合国可持续发展大会（“里约+20”峰会）也将其作为主题之一。这表明，发展绿色经济已经成为全球可持续发展领域的趋势和潮流。从绿色经济的内涵和外延来审视中国发展的当前状况和未来，可以确信，中国比其他任何国家更需要发展绿色经济。但是未来中国绿色经济发展仍将面临众多的障碍与挑战。

（一）粗放型经济发展方式的惯性

中国正处在工业化、城市化和现代化建设的关键时期，追求经济增长仍然是中国未来很长一段时期的发展目标和任务。同时，人口的持续增加和消费形态的变化对资源环境带来更大的压力。从经济增长方式来看，不少地方通过固定资产投资来拉动经济增长，实现GDP增长就能实现发展的传统思维惯性和跨越式增长冲动仍然很强烈。可以说，高投入、高增长仍是未来一段时期内推动发展的主要模式，向依靠资本效率和技术进步的经济增长方式转变还需要较长时间。

（二）经济和产业结构调整的滞后

从产业结构来看，伴随着工业化、城市化和现代化的进程，第二产业中的原材料、制造业和传统的污染密集型行业如钢铁、水泥、有色金属、煤炭、石油、化工、电力、交通运输等仍将保持相对平稳的增长态势，经济和产业结构重型化的格局短期内难以取得根本性转变。能源需求还会持续增长。中国经济和产业结构的调整是未来绿色经济发展过程中面临的主要矛盾和挑战之一。

（三）社会制度和条件不成熟

在当前的体制框架下，以经济总量和经济增长速度指标为中心的地方官员政绩考核体系仍然占据一定的主导地位。从地方调研的情况来看，大项目、大投入和大增长仍是各级地方官员和决策者考虑的中心问题。在这种氛围下，在全国水平上无法真正做到经济、社会和环境的全面均衡发展，无法实现绿色转型。目前政府各部门对绿色经济还没有清楚和完整的认识和理解，仅停留在理念的层面，仅是被动地执行中央关于调整结构和转变经济发展方式的决定，没有主动、深入、系统地思考什么是绿色经济、为什么要发展绿色经济、如何发展绿色经济，以及实现绿色转型需要哪些社会制度、经济政策和环境政策等的调整与安排等根本性问题。社会公众对绿色经济更是缺乏深入的认识和了解。从环境治理结构来看，尚未形成政府、企业和社会公众良性互动的环境保护公共治理结构，社会公众参与环境保护与经济综合决策的范围和程度非常有限，自下而上的公众参与环境保护的渠道和体系还未真正建立起来。

（四）绿色投资和技术创新不足

产业投资方面，我国正在大力培育战略性新兴产业如信息、新能源、新材料、环保产业等。在技术创新方面，从地方和企业的调研情况来看，目前技术引进较多，自主研发创新普遍不足。特别是信息、新能源、新材料等产业，这种状况可能会在短期大幅提高当地的产业规模和经济总量，但缺乏技术自主创新支持。在较长时期来看，只能成为产品链的低端和下游生产商与提供商，难以改变“两头在外”的加工和制造中心模式，而非创造和设计中心，缺乏核心与长期竞争力。

（五）环境管理能力偏弱

中国目前处于工业化中期，经济社会处于高速发展和转轨阶段，同时也处于环境风险和健康问题的集中暴发期，当前及未来中国的环境风险防范和应急处置压力大。在社会综合决策中，环境保护部门地位较以前虽有所改善，但相对经济主管部门仍处弱势。环境保护部门尚未真正成为经济社会发展各阶段决策和管理的重要部门，在宏观综合决策特别是经济决策中的作用仍待提高。在地方层面，涉及项目审批、排污收费、行政处罚等环境执法过程中，干预环保部门执法的情况仍然存在。总体上，环境管理能力总体偏弱的状态无法适应当前环境管理以及通过环境保护推动国家绿色转型的客观要求。

三、中国实施绿色经济的现状与展望

在联合国的“绿色经济”和“绿色新政”倡议的引领下，主要经济发达国家正积极地进行一场以发展绿色经济为核心的“经济革命”，将绿色经济作为未来经济的主力引擎，中国政府也在积极引导实施绿色经济。

（一）结合国情稳步推进

国际环境保护的原则是“共同但有区别”，中国作为发展中国家，即使近年来 GDP 增长迅速，但在发展质量、人均占有量等方面与发达国家相比仍有较大差距。绿色经济本质上是人类经济发展的新阶段，是高度生产力经济，离不开先进的环保技术和充足的资金支持。而中国现在的生产力水平，特别是技术水平，与经济发达国家还有较大差距，在推进绿色经济时必须量力而行、稳步发展，事实上这种经济合理性的要求也是绿色经济的本来之意。

绿色经济是环境保护与经济发展的结合体，具有很强的经济性。我国地区生态系统的差异性较大，经济发展和行业发展不均衡，发展绿色经济不宜按照统一标准来实施，特别是在法律和政策上防止“一刀切”现象。我国目前绿色经济的制度支持，宜多采用政策鼓励手段，相关立法应以指导性意见和规范为主，不宜不成熟地出台强制性和指定性规范和法律，而经济和环保的主管部门在此应通力合作，使规范具有超部门的综合性和可操作性。

绿色经济要积极鼓励探索，在科学技术、经济体制和政策法律规范的探索中积极进行试点工作；要在不同地区、不同行业进行不同的典型试点，还要加强国际交流，学习借鉴经验；要加大宣传教育力度，尤其是在与公众最相关的绿色消费方面要给予特别重视。

（二）中国绿色经济的优先领域

联合国环境规划署提出了绿色经济发展的六个优先领域，即清洁技术，可再生能源，生态系统或环境基础设施，基于生物多样性的商业如有机农业，废物以及化学品管理，绿色城市、建筑与交通。在绿色经济的立法上，要找准中国的优先领域。把有限的财力投入最迫切需要解决的问题上。生态补偿机制在中国的试点实施中比较成功，值得在绿色经济的推进中进一步强化。全球化背景下，为促进和提升企业的核心竞争力，绿色经济的相关立法应充分考虑将国际贸易制度中的绿色壁垒应对方法的相关内容入法，如将鼓励企业开展 ISO 14001 环境管理体系认证等条款列入法律条款并出台相应的支持措施等。

目前中国正在启动转变经济增长方式的行动计划。提高资源生产率是实现世界经济全面转型的有效途径，若要解决好资源环境与经济社会发展之间的关系问题，不能只靠人们的自觉意识，还要综合运用科技、政策及市场的力量。换言之，发展绿色经济不仅需要对现有工业化的物资技术基础包括能源工艺基础进行全面的替代和创新，而且需要经济社会组织包括企业、产业、国民经济和政府与家庭的组织进行调整和创新。这样的创新，既需要技术上的积蓄，又需要经济上的积蓄，而一旦启动，其带来的将是全球性绿色工业革命。

绿色经济的顺利实施需要技术创新、制度创新、组织创新和管理创新加以保证。以制度创新为例，绿色投资、绿色金融、环境税、环境标准、环境会计、环境统计、环境保险、环境行政合同、排污权交易制度及公众参与制度等都是各个国家在实践绿色经济的历程中行之有效的制度。例如，实施好绿色经济，要置绿色投资于经济刺激计划的核心，给绿色投资在政府常规预算中留一席之地，创建公私结合的绿色融资机会，创造有利的国内政策环境和国际环境。并且，绿色经济不仅仅是政府的事情，还需要企业和消费者全面参与。作为企业，可以参加类似“全球契约”的国际组织，自愿承诺遵守包括应对环保问题在内的“十大原则”，从而规范约束自己的行为。作为消费者，也要提倡所谓负责任的“绿色消费”，可以通过采买绿色产品和绿色服务等消费方式促进企业向绿色转型。

第二节　生态资本非减性是发展绿色经济和满足人的全面需要的生态保障

自工业革命以来，生产力水平显著提高，资源开发和利用速度大大加快。当人类陶醉于征服自然的“伟大战绩”时，地球上的资源短缺与环境污染日趋严重。有关研究表明，在过去的半个世纪中，全世界已经丧失了 1/4 的表土层和 1/3 的森林覆盖，在过去的近 40 年中，地球上 1/3 的资源——“自然财富”已经被消耗殆尽。全球生态环境问题日益严重，人们开始逐渐认识到保护和维持自然生态系统对于人类社会发展的重要性，并对此开展了大量的研究工作。在这些研究中，对生态资本的研究是我国学者重点关注的内容，因为生态资本的非减性是发展绿色经济和满足人的全面需要的生态保障。

一、生态资本的含义

生态资本这一全新的概念是由皮尔斯（Pearce）和特纳（Turner）提出的，他们认为，可以为人类带来社会经济效益的生态资源和生态环境就是生态资本，主要包括：(1) 自然资源的总量（可更新和不可更新）和环境自净能力；(2) 生态潜力；(3) 生态环境质量；(4) 生态系统作为一个整体的使用价值①。生态资本是指通过自然因素和人为投资的双重作用而形成的资本，它表现为生态功能、环境功能与资源价值，生态资本像其他资本一样，具有追逐回报的性质②。生态资本是一个涵盖经济、社会和生态三方面的复合系统概念，包括物质要素、时空分布、系统循环和流动以及社会因素等多个维度。③

生态资本的内涵丰富，不仅具有一般资本保值增值的价值属性，还具有自然生态的使用价值属性，既需要遵循市场供求规律，也需要遵循自然发展和生态阈值规律。生态资本一方面可以理解为与人力资本、物质资本平行的资本范畴，发挥促进经济发展和人类社会进步的作用，即生态资本与人力资本、物质资本可以并列，成为促进经济增长的一种源泉；另一方面也可以理解为内化在人力资本和物质资本范畴之内的资本形式，表现在提供自然环境和要素、保障人力资本积累等方面。

二、生态资源、生态资产与生态资本

生态资本是一个历史概念，不是所有社会发展的阶段都存在，但是生态资源在所有社会阶段都是存在的，唯有生态资源具备了稀缺性、可以带来收益以及所有权明晰后，生态资产才会出现，闲置或不参与循环和周转的资产永远只能是资产，只有能为所有者带来未来收入流的生态资产才能顺利转变为生态资本。生态资源转变为生态资本需要一些前提条件，如产权制度的创新。资源即使再稀缺，如果产权不清晰，责权利划分模糊，预期的资源收益权不确定，很难实现向生态资本的转变。产权清晰有利于界定所有者、使用者的权利边界，参与者面临较大的违规成本，运行机制较健全。以森林为例，原始社会时期由于人口数量稀少，森林资源显得相对充裕，当时的人们自然不会提出界定森林产权的要求，也可以说在当时界定森林产权的成本远远大于其实际收益。然而，随着人口的增加和经济的发展，森林资源相对于人类不断膨胀的需求而言显得日益稀缺，即明晰产权的收益大于明晰产权的成本，人们开始通过各种方式占有森林资源，结

① 严立冬，张亦工，邓远建．农业生态资本价值评估与定价模型［J］．中国人口·资源与环境，2009（4）．

② 霍肯，洛文斯，洛文斯．自然资本论——关于下一次工业革命［M］．王乃粒，诸大建，龚义台译．上海：上海科学普及出版社，2000：11．

③ 王海滨，邱化蛟，程序等．实现生态服务价值的新视角（一）——生态服务的资本属性与生态资本概念［J］．生态经济，2008（6）．

果，森林就不再是“资源”而变成“资产”。生态资产要想实现资本化，必须创造条件使生态服务和自然资源能实现顺利转让，生态市场的作用即在于此，碳汇市场、排污权交易市场等都是生态市场的具体表现，通过市场供求和竞争机制，实现生态资产的货币化，生态资产价值的货币化为生态资本的形成奠定基础，生态资本的增值性才有体现的可能。当前，生态与经济的和谐发展成为时代热议的话题，生态资本又与可持续发展存在逻辑一致性，明确生态资源、生态资产和生态资本的联系与区别具有一定的理论和实践价值。

三、生态补偿机制

党的十八届三中全会通过的《中共中央关于全面深化改革若干重大问题的决定》指出，建设生态文明，必须建立系统完整的生态文明制度体系，实行最严格的源头保护制度、损害赔偿制度、责任追究制度，完善环境治理和生态修复制度，用制度保护生态环境。实行资源有偿使用制度和生态补偿制度。加快自然资源及其产品价格改革，全面反映市场供求、资源稀缺程度、生态环境损害成本和修复效益。坚持使用资源付费和谁污染环境、谁破坏生态谁付费原则，逐步将资源税扩展到占用各种自然生态空间。坚持谁受益、谁补偿原则，完善对重点生态功能区的生态补偿机制，推动地区间建立横向生态补偿制度。生态补偿（eco-compensation）是以保护和可持续利用生态系统服务为目的，以经济手段为主调节相关者利益关系的制度安排。可见，生态补偿机制是以保护生态环境、促进人与自然和谐发展为目的，根据生态系统服务价值、生态保护成本、发展机会成本，运用政府和市场手段，调节生态保护利益相关者之间利益关系的公共制度。

（一）生态补偿的内涵及其理论基础

尽管已有一些针对生态补偿的研究和实践探索，但尚没有关于生态补偿的较为公认的定义。综合国内外学者的研究并结合我国的实际情况，对生态补偿的理解有广义和狭义之分。广义的生态补偿既包括对生态系统和自然资源保护所获得效益的奖励或破坏生态系统和自然资源所造成损失的赔偿，也包括对造成环境污染者的收费。狭义的生态补偿则主要是指前者。从目前我国的实际情况来看，由于在排污收费方面已经有了一套比较完善的法规，急需建立的是基于生态系统服务的生态补偿机制，所以在我们的研究中采用了狭义的概念。

生态补偿应包括以下四方面内容：一是对生态系统本身保护（恢复）或破坏的成本进行补偿；二是通过经济手段将经济效益的外部性内部化；三是对个人或区域保护生态系统和环境的投入或放弃发展机会的损失的经济补偿；四是对具有重大生态价值的区域或对象进行保护性投入。生态补偿机制的建立是以内化外部成本为原则，对保护行为的外部经济性的补偿依据是保护者为改善生态服务功能所付出的额外的保护与相关建设成本和为此而牺牲的发展机会成本；对破坏行为的外部不经济性的补偿依据是恢复生态服务功能的成本和因破坏行为造成的被补偿者发展机会成本的损失。

生态经济学、环境经济学与资源经济学理论，特别是生态环境价值论、外部性理论和公共物品理论等为生态补偿机制研究提供了理论基础。

长期以来，资源无限、环境无价的观念根深蒂固地存在于人们的思维中，也渗透在社会和经济活动的体制和政策中。随着生态环境破坏的加剧和生态系统服务功能的研究，使人们更为深入地认识到生态环境的价值，并成为反映生态系统市场价值、建立生态补偿机制的重要基础。科斯坦萨等（Costanza et al.）和联合国千年生态系统评估（MA）的研究在这方面起到了划时代的作用。生态系统服务功能是指人类从生态系统获得的效益，生态系统除了为人类提供直接的产品以外，所提供的其他各种效益，包括供给功能、调节功能、文化功能以及支持功能等可能更为巨大。因此，人类在进行与生态系统管理有关的决策时，既要考虑人类福祉，同时也要考虑生态系统的内在价值。生态补偿是促进生态环境保护的一种经济手段，而对于生态环境特征与价值的科学界定，则是实施生态补偿的理论依据。

环境资源的生产和消费过程中产生的外部性，主要反映在两个方面：一是资源开发造成生态环境破坏所形成的外部成本；二是生态环境保护所产生的外部效益。由于这些成本或效益没有在生产或经营活动中得到很好的体现，从而导致了破坏生态环境没有得到应有的惩罚，保护生态环境产生的生态效益被他人无偿享用，使生态环境保护领域难以达到帕累托最优。庇古认为，当社会边际成本收益与私人边际成本收益相背离时，不能靠在合约中规定补偿的办法予以解决。这时市场机制无法发挥作用，即出现市场失灵，而必须依靠外部力量，即政府干预加以解决。当它们不相等时，政府可以通过税收与补贴等经济干预手段使边际税率（边际补贴）等于外部边际成本（边际外部收益），使外部性“内部化”。构建这种外部性内部化的制度，就是生态补偿政策制定的核心目标。

人们普遍认为，自然生态系统及其所提供的生态服务具有公共物品属性。生态环境由于其整体性、区域性和外部性等特征，很难改变公共物品的基本属性，需要从公共服务的角度，进行有效的管理，重要的是强调主体责任、公平的管理原则和公共支出的支持。从生态环境保护方面，基于公平性的原则，区域之间、人与人之间应该享有平等的公共服务，享有平等的生态环境福利，这是制定区域生态补偿政策必须考虑的问题。

（二）生态补偿机制建设

生态补偿机制是以保护生态环境、促进人与自然和谐为目的，根据生态系统服务价值、生态保护成本、发展机会成本，综合运用行政和市场手段，调整生态环境保护和建设相关各方之间利益关系的环境经济政策。主要针对区域性生态保护和环境污染防治领域，是一项具有经济激励作用、与“污染者付费”原则并存、基于“受益者付费和破坏者付费”原则的环境经济政策。生态补偿机制包括生态修复补偿机制与生态建设补偿机制等。生态补偿机制建设应重点做好以下工作。

1. 加快建立“环境财政”

把环境财政作为公共财政的重要组成部分，加大财政转移支付中生态补偿的力度。在中央和省级政府设立生态建设专项资金，列入财政预算，地方财政也要加大对生态补偿和生态环境保护的支持力度。为扩大资金来源，还可发行生态补偿基金彩票。按照完善生态补偿机制的要求，进一步调整优化财政支出结构。资金的安排使用，应着重向欠发达地区、重要生态功能区、水系源头地区和自然保护区倾斜，优先支持生态环境保护作用明显的区域性、流域性重点环保项目，加大对区域性、流域性污染防治，以及污染防治新技术新工艺开发和应用的资金支持力度。重点支持矿山生态环境治理，推动矿山生态恢复与土地整理相结合，实现生态治理与土地资源开发的良性循环。采取“以能代赈”等措施，通过货币帮助或实物补贴，大力支持开发利用沼气、风能、太阳能等非植物可再生能源，来保证“休樵还植”，以解决农村特别是西部地区农村能源问题。积极探索区域间生态补偿方式，从体制、政策上为欠发达地区的异地开发创造有利条件。加大生态脱贫的政策扶持力度，加强生态移民的转移就业培训工作。加大支持西部地区改善发展环境力度。支持西部地区特别是重要生态功能区加快转变经济增长方式、调整优化经济结构、发展替代产业和特色产业，大力推行清洁生产，发展循环经济，发展生态环保型产业，积极构建与生态环境保护要求相适应的生产力布局，推动区域间产业梯度转移和要素合理流动，促进西部地区加快发展。

2. 完善现行保护环境的税收政策

增收生态补偿税，开征新的环境税，调整和完善现行资源税。将资源税的征收对象扩大到矿藏资源和非矿藏资源，增加水资源税，开征森林资源税和草场资源税，将现行资源税按应税资源产品销售量计税改为按实际产量计税，对非再生性、稀缺性资源课以重税。通过税收杠杆把资源开采使用同促进生态环境保护结合起来，提高资源的开发利用率。同时，加强资源费征收使用和管理工作，增强其生态补偿功能。进一步完善水、土地、矿产、森林、环境等各种资源税费的征收使用管理办法，加大各项资源税费使用中用于生态补偿的比重，并向欠发达地区、重要生态功能区、水系源头地区和自然保护区倾斜。

3. 建立以政府投入为主、全社会支持生态环境建设的投资融资体制

建立健全生态补偿投融资体制，既要坚持政府主导，努力增加公共财政对生态补偿的投入，又要积极引导社会各方参与，探索多渠道多形式的生态补偿方式，拓宽生态补偿市场化、社会化运作的路子，形成多方并举，合力推进。逐步建立政府引导、市场推进、社会参与的生态补偿和生态建设投融资机制，积极引导国内外资金投向生态建设和环境保护。按照“谁投资、谁受益”的原则，支持鼓励社会资金参与生态建设、环境污染整治的投资。积极探索生态建设、环境污染整治与城乡土地开发相结合的有效途径，在土地开发中积累生态环境保护资金。积极利用国债资金、开发性贷款，以及国际组织和外国政府的贷款或赠款，努力形成多元化的资金格局。

4. 积极探索市场化生态补偿模式

引导社会各方参与环境保护和生态建设。培育资源市场，开放生产要素市场，使资源资本化、生态资本化，使环境要素的价格真正反映它们的稀缺程度，可达到节约资源和减少污染的双重效应，积极探索资源使（取）用权、排污权交易等市场化的补偿模式。完善水资源合理配置和有偿使用制度，加快建立水资源取用权出让、转让和租赁的交易机制。探索建立区域内污染物排放指标有偿分配机制，逐步推行政府管制下的排污

权交易，运用市场机制降低治污成本，提高治污效率。引导鼓励生态环境保护者和受益者之间通过自愿协商实现合理的生态补偿。

5. 为完善生态补偿机制提供科技和理论支撑

建立和完善生态补偿机制是一项复杂的系统工程，尚有很多重大问题急需深入研究，为建立健全生态补偿机制提供科学依据。例如，需要探索加快建立资源环境价值评价体系、生态环境保护标准体系，建立自然资源和生态环境统计监测指标体系，研究制定自然资源和生态环境价值的量化评价方法，研究提出资源耗减、环境损失的估价方法和单位产值的能源消耗、资源消耗、“三废”排放总量等统计指标，使生态补偿机制的经济性得以显现。还应努力提高生态恢复和建设的技术创新能力，大力开发利用生态建设、环境保护新技术和新能源技术等，为生态保护和建设提供技术支撑。

6. 加强生态保护和生态补偿的立法工作

环境财政税收政策的稳定实施，生态项目建设的顺利进行，生态环境管理的有效开展，都必须以法律为保障。为此，必须加强生态补偿立法工作，从法律上明确生态补偿责任和各生态主体的义务，为生态补偿机制的规范化运作提供法律依据。应尽快制定“可持续发展法”，对生态、经济和社会的协调发展做出全局性的战略部署，同时修订《中华人民共和国环境保护法》，使其更加关注农村生态环境建设；完善环境污染整治法律法规，把生态补偿逐步纳入法治化轨道。

7. 确定西部生态补偿重点突破领域

生态补偿点多面广，任务艰巨。西部生态保护与建设亟须在一些领域重点突破，以点带面，推动生态补偿发展。应按照西部大开发战略的总体部署，以西部地区尤其是西部贫困和生态脆弱区为重点，把生态补偿纳入“十一五”规划，加强规划引导，提出各类生态补偿问题的优先次序及其实施步骤，抓紧研究制定比较完整的生态补偿政策。

8. 加强组织领导，不断提高生态补偿的综合效益

建立和完善生态补偿机制是一项开创性工作，必须有强有力的组织领导。应理顺和完善管理体制，克服多部门分头管理、各自为政的现象，加强部门、地区的密切配合，整合生态补偿资金和资源，形成合力，共同推进生态补偿机制的加快建立。要积极借鉴国内外在生态补偿方面的成功经验，坚持改革创新，健全政策法规，完善管理体制，拓宽资金渠道，在实践中不断完善生态补偿机制。

第三节　绿色发展战略是21世纪人生存发展的基本战略

21世纪是生态文明与绿色经济时代。在生态文明与绿色经济时代，一个大国的崛起必须要在生态上崛起。党中央领导集体在继承和发展了马克思主义关于人与自然和谐发展的生态文明思想的基础上，把它提升到发展中国特色社会主义的战略地位，多次强

调要促进人和自然的协调与和谐，使人们在优美的生态环境中工作和生活。因此，绿色和谐发展论是促进人与自然相和谐的绿色发展思想，是科学发展的核心理念。而绿色发展战略也是21世纪人生存发展的基本战略。

一、绿色发展的概念及内涵

（一）绿色发展概念提出及发展

始于2008年的经济危机使人们逐渐认识到以自然资源开发和化石燃料燃烧为主的传统经济增长方式的不可持续性，同时也越来越清楚地意识到这种经济增长方式带来的环境污染和生态危机。“绿色经济”被作为一种充分考虑了经济、社会和环境因素的经济发展方式受到了人类社会尤其是各国决策者越来越广泛的关注。例如，“八国集团”“二十国集团”会议以及经济合作与发展组织（OECD）提出“绿色增长”的概念。2008年，联合国环境规划署（UNEP）发出了“绿色发展倡议”和“绿色新政”的动员，号召将全球经济发展重心转移至发展清洁能源技术和改善自然基础设施上。许多OECD成员结合本国实际相继出台了绿色经济发展措施。2012年6月，在巴西里约热内卢举行的联合国可持续发展大会将“绿色经济”作为其重要议题进行了讨论，包括中国在内的与会国家签署了会议决议——“我们期望的未来”。“绿色转型”已得到世界各国执政者的广泛关注，且关注重点已越来越多地集中于贫困地区的“绿色转型”。

（二）中国的绿色发展

由联合国开发计划署出版的《2002年中国人类发展报告：让绿色发展成为一种选择》中对中国绿色发展做了深刻的阐述：绿色发展强调经济增长与环境保护的统一与和谐发展，是一种以人为本的可持续发展方式。此后，中国政府针对“可持续发展”的目标提出了新的发展理念并采取了一系列政策措施，如“以人为本”“科学发展观”“和谐社会”“两型社会——资源节约型和环境友好型社会”建设，以及“生态文明”建设等。近年来，“绿色经济”与“绿色发展”也受到了学术界和政府越来越广泛的关注。《中华人民共和国国民经济和社会发展第十二个五年规划纲要》（以下简称《规划》）被认为是中国首个国家级绿色发展规划。《规划》正式采用了“绿色发展”一词，并将绿色发展和生态建设从总体设计上分为五个方面，即：建设资源节约型社会、建设环境友好型社会、发展循环经济、建设气候适应型社会和实施国家综合防灾减灾战略。“十二五”规划的一个重要理论框架就是“实现经济社会净福利最大化的目标”，即一方面要实现社会福利最大化，另一方面要实现经济社会发展成本最小化。从经济学的视角来看，经济社会净福利可用“绿色GDP”来衡量，即将自然资产损失、环境污染等方面的成本纳入GDP核算体系中，量化评估经济、社会、人力、自然资本以及环境污染。然而，“绿色GDP”考核制度在中国尚未建立。绿色发展概念框架涵盖自然资本、经济资本、社会资本与人力资本，以及服务于四方面资本共同改善和提升的措施与调控方案。其中，自然资本是所有在社会经济生产过程中发挥作用的自然要素的集合。经济资本即区域经济资本存量，包括基础设施、固定资产、技术进步、生产能力和可投入经济、社会与人类发展活动以及环境保护的资金。经济资本是全面实现小康社会的基础。它既依赖于自然资本，同时又为自然资本的改善和提升提供必要的投入。人力资本是指劳动者受到教育、培训、经历、迁移、保健等方面的投资而获得的知识和技能积累。它不仅包括人类的知识、受教育水平、培训水平、劳动技能，同时也包括良好行为习惯以及身心健康状况，人力资本是区域发展的根本原动力。

（三）绿色发展的内涵

绿色发展是指以生态和谐为价值取向，以生态承载力为基础，以有益于自然生态健康和人体生态健康为终极目的，旨在追求人与自然、人与人、人与社会、人与自身和谐发展为根本宗旨，以绿色创新为主要驱动力，以经济社会各个领域和全过程的全面生态化为实践路径，实现代价最小、成效最大的生态经济社会有机整体全面和谐协调可持续发展①。因此，绿色发展的概念框架具备环境友好、内生增长与社会包容的鲜明特征。环境友好型增长强调低碳排放、资源高效利用和生产环境可持续“产品”，提倡在追求经济增长的同时要充分考虑自然环境承载能力的永续性。确保生态系统服务功能的可持续供给是实现社会经济繁荣、富足的前提。要实现绿色发展，必须强化区域自身的经济、社会、人力和自然资本积累。社会包容即要消除一切因社会排他性所带来的区域发展不利因素，如社会贫富差距明显、受教育机会不平等等，以实现人的自由全面发展。社会包容一般可通过建立活跃的地方经济体、改善落后的建筑和自然环境、促进社区参与、保障平等受教育机会、改善生活条件和生活质量实现。在区域发展过程中实现社会包容的最大挑战在于协调环境保护、社会发展和经济增长三者间的关系。绿色发展将使人类文明进步和经济社会发展更加符合自然生态规律、社会经济规律和人自身的规律。

二、绿色发展的路径选择

绿色发展既是应对全球气候变化的战略选择，也是破解我国发展面临的资源环境瓶颈的必由之路。《规划》突出强调绿色发展，并做出了具体安排部署。经过努力，目前我国绿色发展已经取得积极进展。2013 年，我国能源消耗强度下降 3.7%，二氧化硫、化学需氧量排放量分别下降 3.5%、2.9%，森林覆盖率上升到 21.6%。全国低碳试点省份碳强度下降幅度显著高于全国平均水平。水电装机容量、太阳能集热面积、风电装机容量、核电在建规模、人工造林面积均居世界第一位。我国已成为世界主要的清洁能源生产国。但也应看到，我国绿色发展仍处于初期阶段，绿色经济、循环经济、低碳经济、生态经济、节能经济等相关概念还有待梳理、整合，发展目标、评判指标还低于发达国家和地区的水平。采用综合手段，促进绿色低碳循环转型，创造人与自然协调发展的绿色文明，是实现绿色发展的重要路径。

（一）绿色经济是绿色发展的主要内容

坚持发展绿色能源与发展绿色经济（低碳经济、循环经济等）并重，推进产业结

① 刘思华．生态马克思主义经济学原理［M］．修订版．北京：人民出版社，2014：578.

构优化升级，提高绿色低碳技术的核心竞争力，提高服务经济和智能经济比重，形成生态化、可持续的绿色生产方式。大力发展太阳能、风能、生物质能等新能源和可再生能源以及节能环保产业，慎重发展污染环境、安全度低的产业。推进以天然气、能源绿色技术为主要内容的化石能源高效清洁利用。进行生态税改革，建立企业创新利益补偿机制，鼓励绿色低碳技术创新，降低清洁能源成本，促进清洁能源资源优化配置。加快淘汰落后产能，促进废弃物循环处理与气、水、土污染防治。加大对公益林、富碳农业的生态补偿力度。加强与发达国家在新技术和新兴产业领域的双边和多边合作，借鉴国际经验，推进节能减排和生态环保，与世界各国共同应对能源、资源、环境、气候变化、空气安全等全球性挑战。

（二）绿色体制机制是绿色发展的保障

发挥法制的导向和保障作用。制定实施空间环境规划，把环境治理与空间规划结合起来。重点构建政府绿色政绩考核体系，使能源利用效率和环境质量改善成为重要考核指标和问责因由，建立自然资源、生态环境损害责任终身追究制度。完善全国城市空气质量实时监测制度，对污染排放实行最严格的监管，让污染排放、非绿色生产付出的代价远大于使用清洁技术、实行绿色生产付出的成本。

（三）绿色文化是绿色发展的基础

在全社会普及绿色理念，树立“保护生态环境就是保护生产力，改善生态环境就是发展生产力”的发展理念，树立非绿色消费就是增加自身健康成本、绿色消费就是提高健康效益的消费理念。政府应像关心经济增长、居民收入水平提高一样，承担更多的绿色责任，全面保护公众健康和安全。以资源性产品价格改革、生态税改革、绿色文明教育等推进绿色消费，倡导绿色生产生活方式。研究推广绿色国内生产总值核算，引导绿色发展。

绿色发展指标体系是绿色发展的衡量工具。通过构建绿色发展指标体系促进绿色发展及相关体制机制的完善。严格把握绿色发展指标体系构建的原则和具体指标的确定。把绿色发展评价重点放在宏观经济发展、生态环境保护、能源资源有效利用、生活质量提升四个方面，充分体现经济增长的资源与环境可持续性，完善衡量指标，注重评价效果的后续跟踪。把空气污染频发的特大城市作为区域重点案例加以研究，加快制定实施区域空气质量改善战略。

三、绿色发展战略

长期以来，能源资源利用和配置的低效率和过度依赖资源消耗和环境代价的粗放型增长方式使我国付出了高昂的经济和社会成本，对我国能源安全供给、生态环境保护造成巨大压力，经济增长面临越来越严重的“资源瓶颈”和“环境瓶颈”。我国要在资源环境瓶颈的严格约束下实现“稳增长”，必须大力发展绿色经济，通过“绿色转型”实现人口、资源和环境的协调发展。我们要把发展绿色经济作为我国推动可持续发展、实现人的发展的有效途径，需要采取以下六种措施，积极探索发展绿色经济的有效模式。

（一）利用利益引导机制，培育绿色新兴产业

要完善资源环境价格形成机制，发挥价格机制的引导作用，通过投资审批、土地供应、融资支持、财政补贴和税费优惠等政策工具，改变绿色生产的成本收益结构，积极引导企业培育和发展绿色新兴产业。要加强绿色产业集聚区建设，依托现有高新区、经济开发区，营造良好的软环境，推广资源节约和环境友好的“两型”产业，推动绿色产业集群化。要根据产品工艺和生产工序的内在联系，在多个企业或产业间进行工业生态的链接，增强相关企业或产业之间的关联度，延伸产业链条，提高产品的附加值，形成多产业横向扩展和资源深加工纵向延伸相结合的绿色产业链。

（二）加强绿色技术研发，培育发展绿色产业的人才

要加强政府、企业、高校、科研院所和社会中介组织之间的分工协作，广泛建立并优化产学研合作体系。政府要加大对绿色技术的公共研发投入，构建利益补偿机制和风险分担机制，可设立专项基金用于支持绿色经济企业的自主技术创新，推进引进、吸收和集成技术创新；企业同科研院所、高等院校要联合建立研发机构、产业技术联盟等技术创新组织，形成支持自主创新的企业、高校、科研院所的合作生态，共同面向绿色技术进行科技创新活动；行业学会协会等社会组织也要发挥其中介优势，提供绿色技术交流平台和绿色技术引进渠道，促进绿色技术成果的扩散和商业转化。要完善绿色技术和产品的质量认证标准，淘汰对生态环境危害较大的企业，保留具备绿色生产能力、符合绿色生产标准的先进企业。绿色技术的学习和扩散必须建立在一定的知识积累和人才储备基础上。所以，要完善绿色创新人才的培养激励机制，建设绿色技术研发队伍。通过发现、评价、选拔、管理和激励等制度创新来培养一大批“顶天立地”的绿色经济技术领军人才和创新型企业家，借助各种契机引进国内所稀缺的海外高端人才。

（三）要完善金融投融资渠道，发展绿色金融

绿色新兴产业对既有石化技术体系可能产生的颠覆性冲击和高投入长周期的特征使对其的投融资面临很多风险和不确定因素，在一定程度上限制了其银行信贷的获取。股权投资具有市场筛选、产业培育、风险分散、资金放大、要素集成、促进合作等制度功能，是高新技术产业化的“催化剂”。支持绿色经济必须发展以“天使投资—风险投资—股权投资”为核心的投融资链，尽可能扩大其退出通道，吸引天使投资、风险投资和股权投资聚集对绿色经济领域的投资，扶持创新型绿色中小企业。除利用直接融资工具外，还要鼓励国家政策性金融机构对绿色产业进行重点扶持，针对可再生能源项目定向发放无息、低息贷款。要实施积极的绿色信贷政策，对商业银行实施信贷窗口指导。通过加强对节能减排、新能源研发企业的信贷支持，严格控制对高耗能、高污染和产能过剩行业的贷款和对污染企业实施惩罚性高利率等措施，引导金融机构将资金投入绿色经济领域。

（四）推动绿色生产和绿色消费良性互动

倡导绿色消费方式，有利于带动绿色产业发展，促进产业结构升级优化。我国绿色

消费市场潜力巨大。有研究表明，80%以上的欧美国家消费者把环保放在首位，愿意为环境清洁支付较高的价格，而与国外相比，中国的绿色消费人群要少10～20个百分点，绿色消费理念的形成将促进中国绿色消费市场的开发。倡导绿色消费要利用经济手段引导，通过价格机制，加大对以节能环保为导向的绿色消费的补贴力度和信贷支持，刺激绿色生产和绿色消费。要加大政府采购对绿色产品的首购、订购力度，为新兴绿色产业产品打开市场，促进新兴绿色产业研发和产业化。要在消费者中加强绿色理念宣传，促进公民逐步树立绿色消费观，在全社会营造生态、适度、节俭的绿色消费氛围。要推进绿色建筑、绿色家庭和绿色交通建设，形成绿色消费与绿色生产的良性互动机制。

（五）要探索建立绿色政绩考核机制

目前，北京、浙江等省份已明确要求将“绿色 GDP”纳入其经济统计体系，并致力于将此作为地方党政官员政绩考核的一部分。但受限于自然环境固有的非排他性和非竞争性特点，污染责任难以明晰，部分地区只是在 GDP“指挥棒”上涂抹了一层“浅绿色”。为此，要通过明晰资源环境产权、确定资源环境价格来完善资源环境成本核算体系，实现绿色经济考核有据可依。要理顺绿色经济的监督管理体制，明确监督管理部门和其他相关部门的职责，从机制上做到权责一致、分工合理。根源上，要弱化着眼于地方经济总量的政绩考核机制，而把万元 GDP 能耗、水耗、主要污染物和二氧化碳的排放强度等环境绩效指标作为考核官员的硬约束性指标来督促地方发展模式的转型。对于生态环境重要但脆弱的地区要建立资源有偿使用和生态补偿机制综合试验区，增强全社会的可持续发展能力。

（六）要加快修订和制定绿色经济相关法律法规

发展绿色经济、实现绿色发展是一项复杂的系统工程，要着力加强多层次梯度立法和完善法律配套措施，为绿色经济发展提供体制机制保障。推动“绿色经济促进法”和“能源法”等相关法律的制定。鼓励各地在国家立法的框架内，结合本地特色和实际，制定适合地方需要、可操作性强的地方性法规、条例、规章和政策标准。要统筹考虑循环经济、低碳经济、清洁生产以及节能减排等与绿色经济相关的范畴，综合处理好“资源利用法”“能源法”“污染防治法”“自然资源保护法”等法律之间的关系，保证相关法律之间的衔接与协调，逐步构建系统、高效的绿色经济法律体系。法律的生命在于执行，特别要强化环境执法的重要地位。环境执法是实现绿色经济法律体系贯彻落实的保证。

本章小结

资本主义市场经济与工业文明的高度发展，不仅创造了物质生产力的高度发展和高物耗的生活水平，同时也制造了以生态环境问题为主线的一系列“人类困境”，使人类生存与发展面临着一系列全球性危机的严重挑战。绿色经济是可持续经济的实现形态和形象概括。它的本质是以生态经济协调发展为核心的可持续发展经济。只有发展绿色经济，才能长期地保持自然生态的生存权和发展权的统一，使生态资本存量在长期发展过程中不至于下降或大量损失，保证后一代人至少能获得与前一代人同样的生态资本与经济福利。2011 年，联合国环境规划署发布了《绿色经济报告》，报告中将绿色经济定义为可促成提高人类福祉和社会公平，同时显著降低环境风险与生态稀缺的经济。发展绿色经济对于生计和安全都依赖自然的贫困人群而言尤为重要。

实施绿色发展战略，是克服人类全球性生态危机、实现可持续发展的客观需要。现行的市场经济体制机制是以生态与经济相脱离为特征，其理论范式是以单纯追求利润最大化的传统市场经济学为基础。实施绿色发展战略，就是要以“生态化”引导市场经济体制机制的改革和完善，在体制机制上有效解决市场经济发展中外部不经济的问题，实现经济效益与生态效益、社会效益的有机统一，实现经济与生态、社会相互协调和可持续发展。

思考题

1. 如何理解绿色经济的内涵？
2. 如何理解我国发展绿色经济必要性？
3. 为什么说绿色发展战略是 21 世纪生存发展的基本战略？
4. 如何实施绿色发展战略？

参考文献

[1] 联合国开发计划署．中国人类发展报告 2002：绿色发展　必选之路［M］．北京：中国财政经济出版社，2002.

[2] 刘思华．生态马克思主义经济学原理（修订版）［M］．北京：人民出版社，2014.

[3] 皮尔斯．绿色经济的蓝图（4）——获得全球环境价值［M］．徐少辉，冉圣宏等译．北京：北京师范大学出版社，1997.

[4] 许崇正．人的发展经济学［M］．北京，光明日报出版社，2022.

[5] 许崇正．人的发展经济学概论［M］．北京：人民出版社，2010.

[6] Daly H E. Operationalizing sustainable development by investing in natural capital [M]//Janasson A, et al. (Eds.). Investing in natural capital: the ecological economics approach to sustainability. Washington: Island Press, 1994: 23 - 37.

[7] The Group of Twenty Annual Meeting's Summit. Inclusive, Green and Sustainable Recovery [R]. London, 2009.

第十九章

生态文明建设与人的发展

第一节　生态文明定义与多元文明形态

生态文明建设作为一种文明形态的建设过程，纵向贯穿于整个人类社会的历史演进过程之中，是继原始文明、农业文明和工业文明之后的一种新的文明形态；同时，作为中国特色社会主义总体布局的重要组成部分，生态文明又具有与经济、政治、文化、社会文明横向并列排序的意义。因此，生态文明建设研究的基础，是界定清楚生态文明的本质内涵，并分清生态文明与多元文明之间的相互联系与区别。

一、生态文明概念界定及内涵辨析

在生态文明建设中涉及文明、生态文明以及生态文明建设三个不同的概念界定。这三个概念之间，无论是从字面还是从内涵看，都具有各自不同的含义，三者之间既有联系又有区别。

（一）文明

按照《辞海》对文明给出的释义，文明主要包含如下含义："（1）犹言文化，如物质文明、精神文明。（2）指人类社会的进步状态，与'野蛮'相对。"① 在1987年出版的《中国大百科全书·哲学》中，文明是指"人类改造世界的物质和精神总和"② 在2009年《中国大百科全书·哲学》再版中，把文明定义为"人类在认识和改造世界的活动中所创造的物质的、制度的精神的成果的总和"。

（二）生态文明

关于生态文明，我国学者在借鉴前人研究的基础上得出了多种结论。但比较一致的

① 辞海编辑委员会．辞海［M］．上海：上海辞书出版社，1979：1534.

② 中国大百科全书总编辑委员会《哲学》编辑委员会．中国大百科全书：哲学［M］．北京：中国大百科全书出版社，1987：924.

意见是认为生态文明应当有广义和狭义之分。

广义的生态文明是指人们通常所说的纵向的文明演进视角，或者说从历史的角度来认识和理解生态文明。它是指继原始文明、农业文明、工业文明（包括后工业文明）之后的全新文明形态，标志着人类文明发展进入一个新阶段。

狭义的生态文明是指人们常说的从横向的社会文明的视角，又称同（共）时性视角来认识和理解生态文明。它是指与物质文明、政治文明、精神文明、和谐社会并列的一种文明形态。

广义生态文明的本质是人类文明发展的历史形态维度，反映人类文明形态的演进规律；狭义生态文明的理论本质是社会整体文明的结构形态维度，反映社会文明构成要素的互动规律①。

（三）生态文明建设

生态文明建设基于生态文明，同样有狭义和广义之分。

狭义的生态文明建设是指在尊重、顺应、保护自然的前提下，以谋求人与自然和谐发展为灵魂和主旨，大力推进“自然生态系统的文明”建设。是与物质文明建设、政治（制度）文明建设、精神文明建设、和谐社会建设并列的文明建设领域之一。

广义的生态文明建设是指中国社会主义现代化建设的各个方面、各个领域诸层次的文明结构，乃至全过程的整个社会文明重塑过程，充分显示生态文明整体性的本质特征。正如党的十八大报告所指出的，把生态文明建设放在突出地位，努力建设美丽中国。在这里，生态文明建设被赋予广义的生态文明建设的含义，其实质就是建设生态文明②。

二、人类社会发展历史进程视角下的四种文明形态

从人类社会发展历史进程的视角进行纵向考察，人类社会先后经历了四种不同的社会文明形态，即原始文明、农业文明、工业文明以及生态文明。按照人类社会文明的内涵规定进行划分，社会文明形态的标志应是社会生产方式，其中既包括生产力的内容，也包括生产关系的内容。从人类利用自然改造自然的方式即生产方式来看，虽然世界不同地区文化特色各异，文明发展进程有先有后，发展程度也各不相同，导致文明的多样性和复杂性，但是世界文明发展仍有共同规律可循。如果以生产方式为核心来划分人类文明形态的发展历程，人类社会至今已经经历了三种文明形态，分别是原始文明、农业文明和工业文明。各种文明形态间的更迭演化，伴随着生产力水平的不断发展，与不同的生产方式相适应。原始文明、农业文明和工业文明是人类历史上已经经历或正在经历的文明形态，生态文明则将是继工业文明之后的一种新的文明形态。

有什么样的生产力就会有什么样的社会形态和文明。社会的进步与生产力的进步大体上是同步的。对此，马克思有一句名言：“手工磨产生的是封建主为首的社会，蒸汽

①② 方时姣．论社会主义生态文明三个基本概念及其相互关系［J］．马克思主义研究，2014（7）．

磨产生的是工业资本家为首的社会。”① 从这个意义上说，人类历史演进过程中的各种文明形式，都是以使用工具和相对应的生产组织方式为依托的。

四种文明形态具体如下。

第一种文明是原始文明。产生于公元前9000年的原始社会时期，人类处于发展的早期蒙昧时代，产业类型以渔猎与采摘为主，末期开始蓄养；其生产目的是维持生存需要，劳动是第一生产要素，支柱产业是狩猎、采摘、捕鱼。与自然生态系统的关系是顺应自然、依附自然。原始文明时期，由于基本上不存在生产剩余，人们对渔猎所得采取公平的分配方式，形成了区别于其他社会文明形态的原始文明。

第二种文明是农业文明。产生于公元前6～7世纪的农业社会，是指以种植业和手工业等农耕经济为主体的经济生产形态，生产目的是维持人们的温饱。在农耕社会土地和劳动是基本生产要素，后期开始使用畜力，生产力水平低下，支柱产业是耕作、畜牧、饲养、手工。后期开始使用简单的铁制工具，生产力水平虽有提高，但生产剩余并不多。人与自然的关系，主要是依赖自然、顺应自然和利用自然，处于一种人与自然基本和谐相处的关系之中。

第三种文明是工业文明。指1780～2020年近代以来，以工业化、自动化、电气化为标志的工业生产所带来的人类文明。产业类型为传统工业、现代农业和服务业。生产目的是创造物质财富。生产要素扩展到土地、劳动、资本，并且资本上升为第一生产要素。伴随着蒸汽机、汽轮机的出现和广泛采用，人类征服自然、战胜自然的能力空前增强，并开始了挑战自然、征服自然的进程；掠夺自然资源、破坏生态系统日益加剧。从本质上看，工业文明是一种资源型经济，其生产和增长，依赖于大量的自然资源投入，消耗大量的能源和原材料，工业文明是在资本主义市场经济主导下，体现着资本的逻辑，一段时间内奉行的是“人类中心主义”哲学，以对“物”的崇拜为核心价值，为了攫取剩余价值，在科学和技术不断发展的同时，地球的资源不断消耗，环境遭到日益严重的污染和破坏。

与农业文明相比，工业文明有两个重大的改变。第一，改变了理想社会的方向，农业文明追求的是个人精神境界的提升、人与人之间以及人与自然的和谐共生，而工业文明追求的是对物质世界的控制，追求更高的经济指标，如经济增长率等。第二，改变了物质和能量的转化方式，从农业社会“来于尘土归于尘土”的准循环变成了从自然到垃圾的开放链条。

第四种文明是生态文明。西方发达资本主义国家在工业社会资源耗竭、环境污染的严酷现实昭示下，开始认识到人与自然之间相互依存、休戚与共的关系，开始反思人类中心主义对自然资源环境的破坏，从20世纪60年代起，开始了寻求可持续发展路径的历程。西方发达国家的生态文明肇始于70年代之后。其产业类型为传统工业改造、生态农业和高技术产业；发展中国家的生态文明由于生产力水平的限制，晚于发达国家，开始于90年代，主要产业类型为新兴工业、现代农业和高技术产业。生态文明社会的生产目的已经从单纯追求创造物质财富，转向创造物质财富与修复生态系统并重。生产要素扩展为资源、劳动、资本、科技，并把良好的生态系统放在生产要素的重要位置。

① 马克思．哲学的贫困［M］．北京：人民出版社，1961：85.

与自然的关系是修复生态系统。并且在后工业社会，把人与自然和谐相处的生态文明社会形态，以及建设生态文明放在日益重要的位置上。这是对工业文明深刻反思的结果，也是人类文明史的一个进步和飞跃。

三、中国特色社会主义建设总体布局中的“五位一体”

人类社会的发展在经历蒙昧时代、野蛮时代以后，进入了文明时代。但在原始社会解体到社会主义社会这一崭新的社会制度诞生以前的漫长岁月中，无论是奴隶社会、封建社会还是资本主义社会，都一直存在着阶级剥削和阶级压迫，文明的发展之路曲折起伏，始终充满着文明与野蛮、进步与倒退的斗争。从纷繁复杂的社会现象中可以看出，人类社会的发展和进步，从总体上讲，是经济、政治、文化形态的有机结合、互相作用的统一整体。人类对文明演进的认识，也伴随着生产力的不断发展和生产方式的不断进步而逐步提高。

在中国特色社会主义建设的过程中，人们开始认识到：人类文明是一个有机系统，包括物质文明、政治文明和精神文明三个方面。人类在经济领域中创造的财富，主要表现为社会物质生产和经济生活的进步即物质文明；在政治领域中创造的财富，主要表现为社会政治制度和政治生活的进步即政治文明；在文化领域中创造的财富，主要表现为社会精神产品和精神生活的进步即精神文明。在社会生活中，这三个方面存在着相互交织、渗透和转化的情形。社会在发展，各种文明也在不断发展，从低级走向高级。人们在衡量社会进步的水平时，常常把这三个方面所创造的文明成果作为一种标志。政治文明是人类政治活动和政治文化进步的成果。它在物质文明的基础上发展而来，又与精神文明相互交融。在一个现代国家和现代社会，形成什么样的政治关系，建设什么样的政治制度，开展什么样的政治活动，确立什么样的政治文化，在一定程度上反映着这个国家和社会进步的水准和面貌。在社会主义市场经济体制的建设过程中，人们对文明的认识伴随着社会生产力的发展在发生不断的变化。

经过多年的经济文明、政治文明和文化建设之后，人们看到，随着经济社会的不断发展，科学的社会管理具有难以替代的重要，因此，在经济、政治、文化之后，在党的十六大报告中，把社会文明纳入中国特色社会主义事业总体布局之中。

伴随着经济社会的不断发展，由经济增长带来的自然资源巨大损耗和环境的污染，已经成为当今社会乃至全球普遍关注的焦点问题，甚至上升到环境与社会制度能否相容的高度。20 世纪 60 年代起，西方发达国家已经开始关注环境与经济社会发展的关系问题，西方马克思主义学者在研究资本主义生产方式的过程中，得出了资本主义社会的“资本逻辑是导致经济不可持续发展的制度根源”的结论。福斯特认为：“生态危机根源于资本主义的社会经济制度。资本主义在对积累的无止境追求中造成了巨大的浪费，也产生了严重的生态危机，发达垄断资本主义国家应承担主要责任。要解决人类所面临的生态问题，就要摆脱资本积累的逻辑，而这意味着人类必须超越资本主义。”①

① 福斯特，克拉克．星球危机［J］．张永红译．国外理论动态，2013（5）．

中国正在进行中国特色社会主义市场经济体制建设，在这个过程中，同样离不开资本对经济社会的推动作用。如果我们仅仅着眼于 GDP 的增长，仅仅满足于资本的不断增值而忽视人与自然之间的关系，忽视甚至肆意掠夺和消耗自然资源，肆意增加环境污染，那么，我们将毫无例外地陷入与资本主义生产方式结局相同的资源环境约束窘境。正因为如此，习近平总书记在中国共产党第十八届代表大会所做的报告中，将生态文明纳入中国特色社会主义"五位一体"的总体布局之中，使生态文明建设上升到前所未有的重要地位，成为国家未来发展战略中的重要内容。把"生态文明"纳入中国特色社会主义"五位一体"总体布局之中，体现了中国共产党对中国特色社会主义本质认识的飞跃。

第二节　工业文明的经济增长方式对人的自由全面发展的危害

伴随生产力水平不断提高的经济增长，是人类社会不断向前发展的物质基础。世界各国由于资源禀赋不同、经济发展水平和发展阶段不同，在经济增长过程中采取了各不相同的经济增长方式。所谓经济增长方式，是指一个国家（或地区）经济增长的实现模式，通常指决定经济增长的各种要素的组合方式以及各种要素组合起来推动经济增长的方式。按照马克思主义的观点，经济增长方式可分为两种类型：外延扩大再生产和内涵扩大再生产。外延扩大再生产主要通过增加生产要素的投入实现生产规模的扩大和经济的增长。内涵扩大再生产主要通过技术进步和科学管理提高生产要素的质量及使用效益实现生产规模的扩大和生产水平的提高。现代经济学将经济增长分为两类：粗放型经济增长和集约型经济增长。粗放型经济增长方式是指主要依靠资金、资源的投入增加产品的数量，从而推动经济增长的方式。集约型经济增长方式主要是指依靠科技进步和劳动者素质提高增加产品的数量和提高产品的质量，从而推动经济增长的方式。

本章所指的传统经济增长方式，主要是指以依靠资金、资源的高投入并直接导致高消耗、高污染为主要特征的经济增长方式。这种经济增长方式对人的自由全面发展造成了危害。高投入的投资驱动型经济主要表现在：第一，投资品投资过剩，生产资料相对紧缺；第二，外向型部门与内向型部门之间的严重失衡，社会福利分配格局趋向一种结构性扭曲。这种经济增长方式伴随着资源的高消耗、环境的高污染，不仅损害了人的自由全面发展的自然生态环境，也破坏了人的发展的社会环境，并危害人类赖以生存延续的客观基础。

一、传统经济增长方式危害人类自由全面发展的生态环境

人是自然生态环境的一分子和重要组成部分，人类依托自然环境生存与繁衍、发展；在人类生存发展的过程中，又会对自然环境造成不同的影响。特别是工业社会以来，机械动力的发明，促进了人类对自然的索取，加剧了资源的消耗和污染的产生。不

同的经济发展方式，对自然环境构成程度不同的影响。

新中国成立后，为了在“一穷二白”的薄弱经济基础上迅速建成发达的社会主义国家工业化体系，实现“超英、赶美”的奋斗目标，中国的经济增长方式一直秉承着投资拉动经济增长（即依靠资金和资源投入）的传统路径。计划经济年代，为了使有限的资本投入得到较高的回报，我国实施了“重工业优先发展”的非均衡经济发展战略和城乡阻隔的户籍制度，与此相伴随的是中国产业结构的失衡，即农业因得不到资本支持而长期处于简单再生产的低水平循环；重工业优先发展过程中，由于资金有限，轻工业生产难以得到应有的重视，人民生活水平和生活质量长期得不到提高，形成了典型的社会主义计划经济体制下的以“排队”和“强制替代”为典型特征的“短缺经济”。人的自由全面发展缺少应有的物质基础。

改革开放以来，中国经济在引进外来资本、与我国的丰富劳动力资源相结合、实现资源有效配置的基础上获得长足发展。但由于经济社会发展观念的偏颇，以及产业结构水平过低的制约，中国的经济增长陷入了“高投入、高污染”的“怪圈”。在经济增长过程中，投资驱动必然要求较高的资源消耗和浪费，以及由自然资源消耗浪费而导致的环境污染恶果。《中国统计年鉴》的数据显示：“中国固体废物、废水、废气（以SO_2为例）的排放量分别从 2000 年的 81.6 亿吨、415.1 亿吨、1.99 亿吨增加到 2010 年的 225.1 亿吨、617.3 亿吨、2.19 亿吨，分别增长 175.8%、48.7%、10%。”① 经济增长伴随着资源的高消耗以及污染的不断增加，这种污染从空气到水源，直至土壤，对自然生态环境形成了全方位的立体污染。

按照马克思主义的基本观点，人是自然的有机组成部分，自然生态环境是人类赖以生存的基本物质生活条件，自然生态环境的优劣，直接关系到人的生存质量以及能否生存。人类生存在地球之上，地球上的自然资源是十分有限的。高投入的结果是自然资源的高消耗，在自然资源有限的前提下，一方面，高投入将把人类带入一个日益可见的增长极限窘境。在这种资源环境约束下，人类的生存难以得到有效的保证，更谈不上自由全面发展。另一方面，高投入伴随的高污染，以空气、水源、土壤等全方位立体方式出现，对人的健康和生命带来极大的威胁，不仅使其社会经济发展的成果大打折扣，造成经济利益的沉重损失，更严重的是污染会直接夺去无数人的生命，“皮之不存，毛将焉附”？生命消失，何谈自由全面发展？

二、传统经济增长方式危害人自由全面发展的社会环境

在宏观经济调控语境中，经济增长主要驱动力来自投资、消费和出口“三驾马车”。传统的高投入驱动的经济增长，伴随着“高储蓄、低消费”的国民收入分配格局。按照“GDP 崇拜”的畸形发展观，经济增长高于一切，为了实现以经济效益为主导的经济增长，社会经济结构、公平正义的价值理念均可以置之度外。此种经济增长方式将导致两个恶果。

第一，高投入、高储蓄限制了人民生活水平的提高预期，导致人民生活质量不能伴

① 中华人民共和国国家统计局．中国统计年鉴（2012 年）[M]．北京：中国统计出版社，2013.

随经济增长得到应有的改善。按照马克思的工资理论，现代社会的工人工资主要取决于三部分内容，即工人自身劳动力再生产的需要、抚育家人的需要以及自身发展所需的教育资本投入的需要。劳动力的再生产需要衣、食、住、行等基本物质，这是保证人们拥有健康身体的基本条件。这一目标的实现，取决于整个社会以及公民家庭的生活水平在经济增长的过程中不断提高。到 2020 年底，中国消除了绝对贫困人口，为世界反贫困事业做出了卓越的贡献，同时为全体公民不断提高生活水平和健康水平提供了基本的物质保障。但不可否认的是，近年来由于实行按劳分配与按生产要素相结合的收入分配制度，以资本为代表的要素收入远远高于劳动收入，不断拉大社会各阶层的收入分配差距（地区差距、城乡差距以及不同社会群体之间的收入分配差距），按照市场经济资本逻辑推动的经济增长，虽然能够保证整个社会经济效益的不断提高，但却不能自动调节社会公平，正如《21 世纪资本论》中所得出的结论：资本具有无限增殖的能力，市场经济必然导致资本劳动比代表的社会贫富差距拉大，这将成为一个日益加剧的趋势，继续沿用高投入的经济增长方式，必将影响一部分家庭和一部分公民的自由全面发展进程。

第二，由于一段时间内的“GDP 崇拜”和市场经济导向渗入所有领域，人们在对经济领域高投入的同时，忽略了社会公共产品的必要投入。特别是在一切“向钱看”的错误发展观导向下，部分医疗、教育、文化等公共产品也被推向市场，忽略了其保障人民生活水平提高的基本功能。政府公共产品的必要资金，也被高投入部分挤占，延缓了公共产品对保障人民生活水平不断提高的调节作用。“人类生活在两个世界里，一个是由土地、空气、水和动植物组成的自然世界，这个世界在人类出现以前几十亿年就已经存在了，而后来人类也成为其中的一个组成部分；另一个是人类为着自己而用双手建立起来的社会结构和物质文明的世界。在后一个世界里，人类用自己创造的工具和机器、自己的科学发明以及自己的设想来创造一个符合人类理想和意愿的环境。”① 人类要实现自由全面发展，不仅需要物质的满足，更需要在精神层面实现自我发展和不断提高。后一个层面的精神需求以及社会环境，以自然生态环境为基础，又通过人的认识和观念反作用于自然生态环境。要得到可持续发展的自然和社会环境，必须改变“高投入、高污染”的传统经济增长方式，代之以科学发展观为主导的科学发展方式，从而为可持续发展奠定自然的和社会环境的基础。

三、传统经济增长方式阻碍人类经济社会可持续发展

我们生长在一个资源有限的星球上，地球上的自然资源顺应自然规律按照算数级数增长，而地球上的人口按照指数级数增长，并且人的欲望具有无限性。地球资源的有限性约束和人类欲望的无限扩张，必将使人类增长日益逼近资源环境约束的极限。“我们不只是继承了父辈的地球，而且借用了儿孙的地球”——1981 年当代科学家、思想家莱斯特·布朗在他影响深远的著作《建设一个可持续发展的社会》的扉页上引用了这

① 沃德，杜博斯．只有一个地球［M］.《国外公害丛书》编委会译校．长春：吉林人民出版社，1997：3.

句话来呼唤人类梦醒。[①] 按照莱斯特·布朗的观点，人类的自由全面发展，绝不仅局限于当代人的公平和平等机会以及权利的获得，还包含有代际公平的含义。传统的高投入、高污染的经济增长方式，不仅仅通过资源耗竭和环境污染损害了当代人的健康全面发展机会，从长远的观点出发，更剥夺了后代子孙的生存和发展权利。人们依赖地球自然资源提供食物得以生存，当按照算数级数增长的自然资源遭遇到按照指数级数增长的人类的无限欲望之时，地球资源约束的极限将提前到来，从而剥夺了子孙后代赖以生存的自然资源基础。

美国学者约瑟夫·萨克斯教授于20世纪70年代早期提出了环境资源保护的公共信托理论，他认为公共信托理论有以下三个相关的基本原则：第一，将水、大气等这种对公民生存至关重要的公共资源作为私有的对象是不合适的且不明智的；第二，大自然对人类的恩惠不受个人经济地位和政治地位的影响，公民可以自由地利用；第三，政府不能为了其本身的利益将可广泛、一般使用的公共物予以限制或改变分配形式。这意味着某些资源是公共资源以至于排斥在传统自由意识下的私人所有制。萨克斯的公共信托理论实质是以信托的形式将本应由公众行使的管理环境资源的权利转交给民选的环境资源管理机关，即政府机关来行使，它对公众负责，公众可通过行政或司法等程序对政府的管理行为进行监督。依据公共信托理论，地球资源是人类的共有财产，人类所有世代的成员共同掌管地球资源。当代人受托为后代人掌管地球，同时有权从地球资源受益。当代人作为受托人对地球资源负有保管的责任，不得随心所欲超出合理限度使用或占有信托资源——地球资源[②]。

罗尔斯在《正义论》第44节中指出，代际正义是一种社会正义。当代人和后代人都是具有道德地位的人，代际正义的核心就是要寻找“不计时间地同意一种在一个社会的全部历史过程中公正地对待所有世代的方式”。所以，由于各个世代存在时间上的先后顺序，而且这种时间顺序是不可能逆转的，在当代已经造成了当代人对于后代人具有一种压迫性的力量，影响了后代人生存发展和享有人类文明。对于后代人来说，存在的时间是不能由自己决定的，这就需要一种正义制度对纯粹自然事实造成的不平等进行纠正，这时候就出现了社会正义问题。代际正义的实质是通过一定社会制度实现对有限的自然资源在当代人和后代人之间的公平分配，这种制度既不造成对当代人的自由或者机会的限制，也不对后代人的自由或者机会造成限制以至于损害。“不同时代的人和同时代的人一样相互之间有各种义务和责任。现时代的人不能随心所欲地行动，而应受制于一定的正义原则的要求。”[③]

人类社会经济的可持续发展，不仅需要同代人之间能够平等地享有使用自然资源的权利，更要求贯彻“代际公平”原则。代际公平是可持续经济学强调的一个概念。传统经济学注重在有限的地球空间内配置资源，其传统的经济发展方式是依靠消耗现有的自然资源维持的。其直接后果是自然资源的日益减少和生态环境遭到不断破坏，维持人类生存的长期经济发展缺乏必要的物质保障。近年来，经济学家在看到经济增长带来的环境破坏影响的不可逆之后，纷纷从可持续的视角出发，提倡将代内公平拓展到代际公

① 转引自：米都斯等．增长的极限［M］．李宝恒译．长春：吉林人民出版社，1977：2.

②③ 朱小静．代际公平的理论依据及其法律化之途径［J］．环境与可持续发展，2008（4）.

平，要求人类在发展经济的同时对自己的子孙后代负责，更多地考虑到子孙后代的生存和发展权利，注意在运用市场机制进行资源配置时加强对自然资源、生态环境的保护，把对单纯物质财富的追求和满足，转变为对人的全面发展的追求，在经济增长中既满足当代人的需求，又不对后代人的经济发展构成危害。

总之，传统的经济增长方式盲目追求 GDP，以过度消耗自然资源和破坏环境为代价，不仅危害人类自由全面发展的自然环境，还干扰了人类自由全面发展的社会环境，不仅如此，高投入高消耗高污染的经济增长方式对自然资源的过度消耗，直接损害子孙后代的公平发展权利，是不可持续的经济增长方式，必须被科学发展所取代。

第三节　人与自然关系的转换——从征服者到保护者

人的全面发展是人的物质需求和精神需求的全面满足过程。这个过程，要在人与自然结合互动以及人与自然物质变换的过程中才能实现。生态文明使人与自然的结合更加和谐，并为人的物质需求满足提供可持续的基础，更进一步为人的精神需求满足提供条件；生态恶化，不仅影响人与自然结合的进程，更干扰了人与自然的正常物质变换，难以满足人的物质需求，也使人的精神需求大打折扣。因此，可持续的经济发展、社会进步的终极目的是人的全面自由发展，而不是实现劳动异化，更不能以“物”代替人。

一、人与自然关系的认知：告别“人类中心主义”

人与自然之间关系的认知经历了漫长的历史过程。在工业革命之前，由于人类生产力水平低下，人们认识自然和改造自然的能力十分有限，对自然的依赖性很强，自然、地理环境对人类社会的发展影响很大，人在自然面前显得十分渺小，为此“环境决定论”在很多人的心目中扎下了根。

随着工业社会的来临，蒸汽机、电动机所带来的生产力水平的飞速提高，刺激起人类挑战自然、征服自然的野心。对自然环境资源的开发利用以及随之给人类带来的美好生活，使人类从理论和实践上彻底否定了“环境决定论”，从此后“征服自然”“改造自然”成为人类的座右铭，大自然仅仅是人们征服与控制的对象。工业社会以来的社会经济发展，伴随着人们对自然资源的疯狂索取与野蛮征服的过程，体现出十足的“人类中心主义”，人类成为自然的主人。在人类疯狂地掠夺和侵蚀自然的过程中，人与自然的关系违背了自然界的内在发展规律，大量被索取的自然资源作为一种物质变换，进入人类生活，而其废弃物却不能按照自然转换的规律回归到自然中，打断了自然的正常物质循环链条，废弃、污染物逐年增多而物质变换所需的自然资源数量在逐年减少。生产力水平的迅速提高，加快了人类对自然资源的索取过程，使自然与人类之间的相互依存关系发生了逆转，自然开始转向惩罚人类。正是在人类无视自然、轻蔑自然的同时，西方工业发达国家出现了一系列环境事件，这些环境污染事件震惊了人类，使人们开始认识到环境与资源问题与人类生存息息相关，并直接威胁人类的生存和发展。

正如恩格斯所说："文明是一个对抗的过程，这个过程以其至今为止的形式使土地贫瘠，使森林荒芜，使土地不能产生其最初的产品，并使气候恶化。"① 从20世纪60年代开始，西方经济发达国家的民众和学者开始自发地兴起抵制环境恶化的运动，以《寂静的春天》为代表的绿色著作的问世，向世界发起了保护环境的邀约。美国前总统阿尔·戈尔在为《寂静的春天》所作的序中写道，《寂静的春天》"将我们带回如下在现代文明中丧失到了令人震惊地步的基本观念：人类与自然环境的融合。本书犹如一道闪电，第一次使我们时代可加辩论的最重要事情显现出来"②。在《寂静的春天》正式出版之时，公众政策中还没有"环境"这一款项。正是由于蕾切尔·卡逊用生命进行的抗争，才使政府开始关注环境，开始重新审视人类发展与自然之间的关系，开始告别"人类中心主义"。

二、人与自然关系的认同：从征服到和谐

利奥波德在威斯康星州一个被人遗弃的农场里，提出了土地伦理的概念，呼吁人们培养一种"生态良心"（ecological conscience）③。在当今社会，要实现人与自然关系从征服到和谐的转变，必须树立生态文明的可持续发展观。

首先，在生产层面要树立新型的生态科技观。将科学技术的应用与发展纳入与自然统一的生态系统内，改变那种只局限于考察科技自身和人类社会经济增长的思维定式。在这种价值观的指引下，使科学技术的应用与发展更好地发挥科学技术的正效应，有效地防止、避免其负效应，并对生态进行补偿。

其次，在消费层面要形成生态文明的消费理念和健康、科学的生活方式。反对和摒弃以奢侈浪费为代表的消费主义生活方式，大力倡导在日常生活中遵循适度消费、精神消费和生态消费的原则，养成"节约资源，减少污染；绿色消费，环保选购；重复使用，多次利用；垃圾分类，循环回收；救助物种，保护自然"④ 的消费观念，并在日常生活中从自身做起，从身边的一点一滴做起。

最后，在价值观层面要形成生态道德意识。在全社会大力倡导生态德育。一方面，通过生态规则意识的培育，使人们不仅在关乎人与人之间的权利义务，而且在人与自然中的每一个生态位中的利益主体，能够从正当与否的角度加以评价，从而使整个社会的公共利益（包括生态利益）和社会成员的正当权利得到维护；另一方面，通过生态道德意识的培育，使人们将基于生态规则意识层面基础之上对于规则本身的尊重或者出于内在良心、道德的要求在行为中外化出来，从而以一种主动的姿态和行为，参与到实现人与自然和谐、人与人和谐的努力当中。如果说生态规则意识的培育是一种底线道德培育，那么生态道德意识的培育就是在前者基础之上的升华，与受教育者自我生态道德素质的提升。这两者缺一不可。只有基于两者之上，生态道德意识才能以最稳固的形式内化为受教育者的品德。尊重生态、敬畏自然生态道德的确立，是人类对自然从征服到和

① 恩格斯．自然辩证法［M］．于光远等译编．北京：人民出版社，1984：311.
② 卡逊．寂静的春天［M］．吕瑞兰，李长生译．长春：吉林人民出版社，1997.
③ 转引自：程虹．寻归荒野［M］．北京：生活·读书·新知三联书店，2011：16.
④ 刘春元．生态文明视阈下高校生态道德教育的思考［J］．思想政治教育研究，2009（12）.

谐相处的基础。

三、人与自然关系的和解：从竞争到共赢共生

随着经济社会的不断发展，人们对自然的认识在发生重要转变，近年来越来越多的人开始认识到“人与自然已不再是‘我和它’的关系，而是‘我和你’的关系。他们认为已经没有一个单纯的自我，而只有与所生存的生态环境融为一体的自我（self-in-place）”①。在认识到人与自然关系的基础上，越来越多的学者开始分析产生环境危机的主要原因。阿格尔认为，异化消费是造成生态危机的根源所在。资本的逻辑致使资本主义过度生产、过度消费，生产和消费日益膨胀，极大地超过了自然承载力，而资本主义的过度生产只能借过度消费得以实现，这种异化消费引发了更为严重的环境危机。因此，在阿格尔看来，“历史的变化已使原本马克思主义关于指数与工业资本主义生产领域的危机理论失去效用。今天，危机的趋势已转移到消费领域，即生态危机取代了经济危机”②。

在福斯特看来，不改变以追求利润为目的的不断自我扩张价值的资本主义制度，不仅无法消除生态危机，而且也无法用科技的方法根除生态危机。由资本主义技术进步造成的环境问题、生态危机是无法通过技术来解决于资本主义制度之内的。因此，快速的生态退化是历史的特殊积累过程中固有的一部分。这个过程定义了资本主义社会及其阶级斗争③。

党的十七大报告中提出的“以人为本”的科学发展观，让人们在盲目追求物质增长的同时开始思考和追问“什么是发展?”“为什么发展?”“如何发展?”的哲学命题。在思考中人们发现，生产力水平的提高是人的全面自由发展的前提，为实现人的自由全面发展创造了坚实的物质基础。但生产力水平的提高并不必然带来人的全面自由发展。马克思和恩格斯当年在《德意志意识形态》中曾经阐述过的“劳动的异化”就是特指人类在创造物质生产力的过程中，由于生产目的的偏差，使人创造出自己的对立面，出现了“商品的异化”和“劳动的异化”。不仅如此，在生产力发展过程中，由于发展的目的不清楚，人类在促进生产力高速发展的同时，还带来了资源的损失和环境的破坏，导致了不可持续的发展。因此，在生产力水平提高的基础上，人类要不断明确自己的发展目的，迫切需要生态文明目标的确立。只有具有和谐、稳定、可持续的生态环境，才能使人的自由全面发展有的放矢。

生态文明的科学发展观，要求人类实现从自然的征服者到保护者的转变。这就要求人们首先要正确认识人与自然之间的关系，充分认识人是自然的一分子，是自然的有机组成部分之一，人与自然资源相伴而生、共生共存；其次人类需要从自然界获取衣、食、住、行的基本生活资料，没有自然资源环境的可持续发展，人类的自由全面发展也将难以为继；最后要充分认识到人与自然之间存在物质变换，人类的经济社会活动，也

---

① 程虹．寻归荒野［M］．北京：生活·读书·新知三联书店，2011：16.

② 阿格尔．西方马克思主义概论［M］．慎之译．北京：中国人民大学出版社，1991：486.

③ Kultur E. It's not a postcapitalist world，nor is a post－Marxist one—An interview with John Bellamy Foster［J］. Monthly Review，2002，54（5）.

是人类与自然界进行物质变换和能量转换的过程。

第四节　人的自由全面发展与生态保护和循环经济

马克思关于人的全面自由发展的理论是马克思主义理论体系中的重要内容。马克思主义把共产主义表述为“以每个人的全面而自由的发展为基本原则的社会形式”，揭示了人类社会发展的美好前景，也成为人类的美好理想和为之奋斗的目标。对于什么是“人的全面自由发展”，马克思没有长篇完整的理论阐述。纵观《德意志意识形态》等一系列涉及人的发展的伟大著作和论述，我们可以看到，马克思和恩格斯是在针对旧式分工条件下人的发展状况的深刻剖析中，对人的全面自由发展做出明确逻辑规定的。他们认为，人的全面自由发展就是指每个人都能得到的平等发展、完整发展、和谐发展和自由发展。

人是生态文明的主体，人的自由全面发展是生态文明的最终目的。人作为自然界的有机组成部分，与其他生物（动物、植物）共享自然资源，并依赖自然资源而生存和发展。但是人又区别于其他生物，具有主观能动性，在适应自然的过程中，依靠主观能动性开始驯服自然和改造自然为己所用。在经济社会发展的过程中，随着社会生产力水平的不断提高以及科技进步的不断发展，人类对发展目的的认识逐渐出现了偏差，工具理性、对物的崇拜、机械发展观等，在一定程度上取代了对人类发展最终目的的认识。从这个意义上来说，实现经济社会发展的理性回归，既是生态文明的迫切要求，更是人的自由发展的基本保证。

一、要实现人的自由全面发展，必须自觉进行生态保护

广义的生态保护，涉及自然生态系统的保护、自然资源的保护、生物多样性的保护、自然保护区、农村生态保护、城市生态保护、生态环境管理等诸多内容。在这里，人是保护的主体，生态保护要求人们在经济社会发展过程中，按照生态可持续发展的客观要求规范自己的生产方式和生活方式。生态保护的最终目的是要实现生态环境的可持续发展，其间涉及生态承载力问题。

“生态承载力”的概念最早来自生态学。1921 年，帕克（Park）和伯吉斯（Burgess）在人类生态学领域中首次应用了生态承载力的概念，即在某一特定环境条件下（主要指生存空间、营养物质、阳光等生态因子的组合），某种个体存在数量的最高极限。为了更好地理解生态承载力，将自然资源分为可更新资源和不可更新资源两大类。随着人类对资源的不断利用，不可更新资源会日益枯竭，只有利用可更新资源，生态承载力才具有可持续性。

生态承载力的计算公式为：

$$Ec = e/p1$$

其中，Ec 为人均生态承载力；e 为可更新和不可更新资源的人均太阳能值；$p1$ 为全球平均能值密度。

生态承载力包括两层基本含义：第一层是指生态系统的自我维持与自我调节能力，以及资源与环境子系统的供容能力，为生态承载力的支持部分；第二层是指生态系统内社会经济子系统的发展能力，为生态承载力的压力部分。生态系统的自我维持与自我调节能力是指生态系统的弹性大小，资源与环境子系统的供容能力则分别指资源和环境的承载能力大小；而社会经济子系统的发展能力指生态系统可维持的社会经济规模和具有一定生活水平的人口数量。从生态承载力的视角出发，生态保护应当具有以下三方面含义。

一是适度限制人口增长。人是自然资源的一部分，同时又是自然资源消耗的主体。每个人的生命都要以一定的自然资源消耗为前提。自然资源的有限性，要求地球上的人口不能超过一定的极限，也就是不能超过生态承载力，否则，或出现因资源短缺而引发的战争，或出现由资源短缺而引起的人类自然消亡。正因为如此，人口的增长需要相应的人口政策予以调节，使之控制在生态承载力允许的范围内。

二是提倡适度消费和节约资源。生态供容能力的有限性，要求人类的消费限制在一定范围之内。欲望的无限性是有限的自然资源消耗的直接原因，无止境的人类欲望所需要的自然资源是地球难以承载的。因此，必须提倡适度消费和节俭消费，以把资源消耗限制在可控的范围内，为自然资源提供休养生息不断再生的可能。

三是人类对环境和生态的影响，主要体现在生产方式和生活方式两个方面。要保护生态环境，一方面要加快生产方式的转变，变高消耗、高污染的生产方式为低消耗、少污染的生产方式，这就要依靠科学技术提升落后的产业结构，从而实现资源节约、减少污染；另一方面要加快生活方式的转变，变消费主义的生活方式为适度消费、节俭消费的生活方式，从而减少对自然资源的消耗和可持续利用。

二、要实现人的自由全面发展，必须发展循环经济

循环经济（circular economy）概念最早来源于把地球比作密封的宇宙飞船的美国经济学家肯尼斯·鲍尔丁。发展循环经济的逻辑起点在于：把地球看作一个类似宇宙密封舱一样的物质整体。在这个密封体内，资源和环境是有限的，只有循环地使用有限的资源，才能减少资源消耗和污染的发生，实现地球资源环境的永续利用。传统经济是“资源—产品—废弃物”的单向直线过程，创造的财富越多，消耗的资源和产生的废弃物就越多，对环境资源的负面影响也就越大。循环经济是一种倡导经济系统、社会系统和生态系统和谐发展的发展模式。将经济运行机制组织为“资源消耗—产品—再生资源”的闭环系统、反馈式模型。在这种经济模型中，物质流和能源流在闭合的经济循环中不断“利用、再生”，实现了资源、能源的合理和永续使用，从而形成一种可持续发展①。循环经济运行遵循“3R”原则，即：（1）减量化原则（reduce）：要求用较少的原料和能源投入达到既定的生产目的或消费目的，进而从经济活动的源头就注意节约能源和减少污染。（2）再使用原则（reuse）：要求制造产品和包装容器能够以初始的形式被反复使用。（3）再循环原则（recycle）：要求生产出来的物品在完成其使用功能后，能重新变成可以利用的资源而不是不可恢复的垃圾（见图 19－1）。

---

① 诸大建．生态文明与绿色发展［M］．上海：上海人民出版社，2008：27.

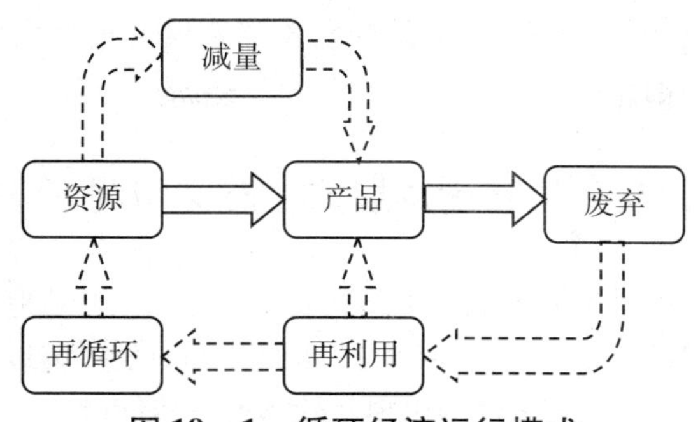

图 19-1　循环经济运行模式

循环经济以尽可能小的资源消耗和环境成本，获得尽可能大的经济和社会效益，从而使经济系统与自然生态系统的物质循环过程相互和谐，促进资源永续利用。因此，循环经济是对“大量生产、大量消费、大量废弃”的传统经济模式的根本变革。循环经济的特征之一是提高资源利用效率，减少生产过程的资源和能源消耗。这是提高经济效益的重要基础，也是污染排放减量化的前提。特征之二是延长和拓宽生产技术链，将污染尽可能地在生产企业内进行处理，减少生产过程的污染排放。特征之三是对生产和生活用过的废旧产品进行全面回收，可以重复利用的废弃物通过技术处理进行无限次的循环利用。这将最大限度地减少初级资源的开采，最大限度地利用不可再生资源，最大限度地减少造成污染的废弃物排放。特征之四是对生产企业无法处理的废弃物集中回收、处理、扩大环保产业和资源再生产业的规模，扩大就业①。

上述四个特征要求大力发展废旧物资的回收与处理适用技术，要求大力发展高附加价值、少污染排放的高新技术产业，要求高新技术向污染处理和资源再生产业扩散，它的最终要求是使用废旧资源的经济效益高于利用有限的初次资源的经济效益。这对科学技术发展提出了新的方向和巨大需求，必将改变科学技术发展方向，带来新的技术革命。

人既是生态文明的主体，也是生态文明的最终目的。人类中心主义只关注人的自身发展，忽略了人与自然之间的关系，在经济社会发展的同时付出了沉重的资源浪费和环境损失代价。严酷的事实已经引起人们的广泛关注。在经济社会发展过程中，通过生态保护，最终可以实现生态环境的可持续发展；通过发展循环经济，可以使资源得到减量化、重复利用，实现可持续发展。而资源、环境的可持续利用，最终还是为了人的全面自由发展，在资源、环境以及人的发展之间存在着内在的、必然的联系，三者之间相互依存、互相影响、互相制约并相互促进。人与自然环境的和谐相处，是经济社会发展和人的自由全面发展的基础。

第五节　加强生态文明制度建设，保障人的发展

为了人的自由全面发展，我们必须自觉地保护环境、发展循环经济，这已成为人们

① 诸大建．生态文明与绿色发展［M］．上海：上海人民出版社，2008：179.

的共识。要树立生态文明观，坚定不移地建设生态文明，在当代经济社会发展的背景下，必须做出三个方面的努力。

一、充分树立人与自然和谐发展的生态文明观

从一定意义上讲，科学发展观就是生态文明观，是在人们适应自然与改造自然的过程中，重新认识自然资源与环境的内在价值，实现人与自然和谐以及人与人和谐的发展观。“20世纪中叶西方八大公害事件的出现，标志着环境问题已经发展到威胁人类社会生存和发展的程度。在处理环境问题的实践中，人们逐步认识到环境问题只靠发明一些新的治理措施、关闭一些污染源或发布一些新法令是解决不了的。环境问题的解决根植于更深层次的人类改革中，它包括对经济目标、社会结构和民众意识的根本改革。”①诚然，法国经济学家弗朗索瓦·佩鲁在20世纪80年代先于中国提出了“新发展观”。并体现出“以人为本”的发展思想。他的“新发展观”的问世，对整个国际社会的科学发展带来了不可估量的影响。他让人们在享受到经济社会发展带来的物质利益的同时，冷静地反思经济增长带来的资源耗竭和环境损害，让人们反思发展究竟为什么，应该怎样发展。但不可否认的是，弗朗索瓦·佩鲁的“新发展观”仅仅限于一个学者的理论探索和学术研究，并没有上升为一个国家经济社会发展的价值理念。因此，其作用的发挥具有较大的局限性。中国共产党把“科学发展观”作为中国特色社会主义建设的整体布局中的重要组成部分，足以表明中国共产党对经济社会发展规律的尊重与敬畏。把生态文明作为科学发展的价值取向，把生态文明融入中国特色社会主义建设的总体布局，将使中国经济社会发展在人与自然和谐及人与人和谐的环境下有序进行。

中国共产党提出的科学发展观，赋予了中国经济社会发展以科学的价值理念和理论内涵，并且是把共产党的宗旨和执政理念进一步具体化的实践过程。可见，生态文明价值观培育中的人与自然和谐以及人与人和谐的内在要求不仅是当代中国实现文化生态有机统一的必要条件，更是实现社会全面协调发展的根本动力。基于此，应当大力从生产层面、消费层面以及价值观层面加强生态文明价值观的构建。形成生态文明价值观，要求对全社会各层面广泛进行生态道德教育，这是将生态伦理学的思想观念变成人们的自觉行为选择，“是用人类特有的道德自觉精神协调人与自然的关系或人与自然关系背后的人与人之间的利益关系，保护自然环境，维护生态系统的动态平衡，促进人、社会、环境的协调与可持续发展”②。

总之，加强生态文明价值观的培育是生态文明建设的重要内容，也是贯彻落实党的十八大提出的“中国特色社会主义建设总体布局”的重要组成部分。在生态文明视域中人与自然关系和谐的实现，依赖于全社会人的理性与生态道德意识自律的相互提升。自然生态文明与社会生态文明之间只有实现了真正的耦合，整个社会生命系统才会富有生命和活力，才能实现经济社会健康、稳定、可持续的发展。

---

① 转引自：王芳．环境社会学新视野［M］．上海：上海人民出版社，2007：8.

② 王正平，周中之．现代伦理学［M］．北京：中国社会科学出版社，2001：343.

二、充分利用和创新环境保护的先进技术

1988 年邓小平在会见捷克斯洛伐克总统胡萨克时说道："马克思说过，科学技术是生产力，事实证明这话讲得很对。依我看，科学技术是第一生产力。"① 纵观人类社会发展的历史，人类的每一个进步，都离不开生产力的推动，而在现代社会生产力中，又以科学技术的创新和利用为主要标志。以手工工具的使用为代表的农业社会，告别了漫长的原始文明，使人类走出蒙昧时代，进入具有历史意义的农业文明，并推动农业社会不断向前发展；以蒸汽机为代表的工业社会，带来人类社会发展史上的工业文明，其创造力远远胜过农业文明时期。人类社会发展的历史向我们展示了科学技术对人类社会的巨大动力，因为科学技术的广泛利用具有无限的创造力，具体如下。

（一）充分利用科学技术，开发资源、保护环境

首先，科学技术的利用可以减少单位资源利用率，起到减少资源消耗总量的作用。人类经济社会发展的最终目标是要不断提高人们的物质文化生活水平，这一目标必然指向人们物质需求的增加。通过科学技术的广泛采用，在一定程度上能够减少资源的单位利用率，可以在物质生活水平提高的同时，相对减少资源消耗总量，提高资源利用效率。其次，科学技术的广泛采用，能够突破原有技术水平的局限，发现更多未被人类发现和利用的新资源、新能源，扩展人类资源利用的空间。如海水淡化技术，将使人类可饮用水源持续增多；太阳能利用技术，将使人类发展所依赖的能源发生革命性的变化，减少对石油、煤炭、天然气等不可再生能源的绝对依赖，从而增加人类经济社会可持续发展能力，为人的自由全面发展提供动力源泉。最后，科学技术的环境指向，有助于人们在经济增长过程中将资源废弃物转化为可利用资源。"垃圾是放错了位置的资源"，按照这一理念，合理开发和利用工业以及生活垃圾，使其成为可利用的资源，将直接减少经济社会的资源成本，并减少工业和生活废弃物对环境的污染，带给人类一个宽松的自由发展环境空间。

（二）正确认识科学技术有限性，减少科技对资源利用和环境保护的弊端

科学技术是一把"双刃剑"，它既可以使人类充分利用自然资源服务或者造福于人类，也能够通过技术的广泛应用破坏人类赖以生存的资源环境直至毁灭人类。这是因为科学技术具有以下特性。

第一，人类对自然资源的消耗总量并不能随技术的进步而减少。科学技术提高了生产效率，因此，有人认为随着科技进步和劳动生产率的提高，对资源消耗的总量也必将大大减少。这样的认识有失偏颇。这是因为：其一，人类对自然资源消耗的总量，取决于人口总量和单位消耗量的乘积。尽管单位消耗量有所减少，但由于人口总量呈不断增加的趋势，仅仅依靠单位资源利用率的提高并不能减少资源消耗总量，中国粮食产量持续增长，而人均粮食持平就是一个简单的证明。其二，人均资源消耗总

① 邓小平．邓小平文选：第三卷［M］．北京：人民出版社，1993：274.

量还取决于人们的消费欲望，人的消费欲望的无限性，必将推动自然资源消耗总量的不断增加，即便单位资源消耗量在减少，也不能抵消巨大的消费欲望的无限增长。“如果没有消费社会物质欲望的减少、技术的改变和人口的稳定，人类就不能拯救地球。”① 其三，在消费社会，从一个国家而言，谁占有了资源，谁开发的自然资源越多，谁的经济就越发达。技术进步使人类开发和利用资源的广度、深度大大增强。总之，科学技术的发展即便提高了单位资源利用率，也并不能导致人类对自然资源消耗总量的直接减少。

第二，科技应用会产生新的环境问题。科学技术对环境的影响具有延迟效应。所谓延迟，“就是事物的产生与其影响显露之间总会间隔一段时间”②。这种延迟效应取决于人们对科技成果认识的有限性。在经济发展过程中，科技开发和应用主要是为经济服务的，而不是为生态服务的，这必然导致科技发展应用的经济合理性和保护生态环境的不合理性。科学技术对经济效益提高的作用越大，一定意义上对环境污染的影响也越大。特别是受到人们认识能力的限制，有些新科技的采用，其负面影响要在几年甚至几十年之后才能不断显现出来，而有些负面影响对人类具有致命的打击。例如双对氯苯基三氯乙烷（DDT）的采用，就是在减少害虫危害的同时，对人类生存造成了不可挽回的损失，直至影响相当一部分人的生存。

第三，科技进步不能完全解决由其他因素引起的环境资源问题。科学技术在解决环境问题的时候，仅仅是一种工具，它们能否应用于环境保护，怎样应用于环境保护，是由社会的政治、经济、文化乃至伦理价值决定的。有什么样的政治、经济、文化、伦理价值观念，人们就会开发出什么样的科技。由非科技因素引起的环境问题有很多可以通过科技进步来解决。但是单纯依靠科技进步并不能完全解决由其他因素引起的环境问题。

总之，科学技术的开发和利用，是解决资源、能源利用问题的有效途径之一，但它是一把“双刃剑”，在运用科技解决资源环境问题的时候，必须扬长避短，使之真正起到科学利用自然资源、切实保护环境的作用。

三、实现生态文明建设的制度创新

（一）科学发展观与生态文明制度建设的指导思想和道路选择

科学发展观是中国特色社会主义生态文明制度建设的指导思想和道路选择。科学发展观是对中国共产党历代领导集体关于发展的重要思想的继承和发展，是马克思主义关于发展的世界观和方法论的集中体现，是同马克思列宁主义、毛泽东思想、邓小平理论和“三个代表”重要思想既一脉相承又与时俱进的科学理论，是我国经济社会发展的重要指导方针，是发展中国特色社会主义必须坚持和贯彻的重大战略思想。要牢固树立保护环境的观念。良好的生态环境是社会生产力持续发展和人们生存质量不断提高的重

---

① 杜宁．多少算够？——消费社会与地球的未来［M］．毕聿译．长春：吉林人民出版社，1997：37.

② 高健等．决断力［M］．北京：中国城市出版社，1998：87.

要基础。要彻底改变以牺牲环境、破坏资源为代价的粗放型增长方式，不能以牺牲环境为代价去换取一时的经济增长，不能以眼前发展损害长远利益，不能用局部发展损害全局利益。要在全社会营造爱护环境、保护环境、建设环境的良好风气，增强全民族的环境保护意识。要牢固树立人与自然相和谐的观念。自然界是包括人类在内的一切生物的“摇篮”，是人类赖以生存和发展的基本条件。保护自然就是保护人类，建设自然就是造福人类。要加倍爱护和保护自然，尊重自然规律。对自然界不能只讲索取不讲投入、只讲利用不讲建设。发展经济要充分考虑自然的承载能力和承受能力，坚决禁止过度性放牧、掠夺性采矿、毁灭性砍伐等掠夺自然、破坏自然的做法。要研究绿色国民经济核算方法，探索将发展过程中的资源消耗、环境损失和环境效益纳入经济发展水平的评价体系，建立和维护人与自然相对平衡的关系。

（二）生态文明制度建设的目标选择和总体格局

党的十六大报告率先提出“推动整个社会走上生产发展、生活富裕、生态良好的文明发展道路”的设想；党的十七大报告把“建设生态文明”作为实现全面建成小康社会奋斗目标的新要求之一；党的十八大报告则以“四个第一次”的方式强调“把生态文明建设放在突出地位，融入经济建设、政治建设、文化建设、社会建设各方面和全过程，努力建设美丽中国，实现中华民族永续发展”。

习近平强调环境保护的重要性，指出经济发展很重要，但不能以牺牲环境为代价，必须注重生态环境的保护和改善。同时，他也强调了生态文明建设与人民群众利益的关系，指出只有让人民群众享受到更好的生态环境，才能实现可持续发展。

习近平总书记还提出了“山水林田湖草是生命共同体”① 的理念，强调了人与自然和谐共生的重要性，指出要建设资源节约型和环境友好型社会，并围绕这个目标提出了一系列具体的措施和要求。同时，他还强调加强生态文明制度建设的重要性，提出要完善生态文明制度体系，强化生态文明制度执行力度。

习近平总书记进一步强调了生态文明建设的战略意义和历史使命，提出了一系列具有针对性的新理念和新战略，如“创新、协调、绿色、开放、共享”的新发展理念，强调要以生态文明建设为统领，推动经济社会全面发展。同时，还加强了生态文明建设的国际合作和交流，推动了全球环境治理体系的完善和变革。

2018 年 5 月召开的生态环境保护大会首次系统性地总结和阐释了“习近平生态文明思想”，将其提升到国家战略层面的高度。习近平总书记进一步强调了生态文明建设在国家发展中的战略地位和作用，提出要坚持绿色发展理念，推进生态文明建设，加强生态文明宣传教育，提高社会公众的参与度，推动形成全社会共同参与生态文明建设的良好氛围。同时，还要加强生态文明建设的制度建设和法治保障，推动生态文明建设的常态化、制度化、法治化进程。

党的十八大报告对生态文明建设作了如下解读：树立尊重自然、顺应自然、保护自然的生态文明理念，坚持节约资源和保护环境的基本国策，坚持节约优先、保护优先、自然恢复为主的方针，坚持生产发展、生活富裕、生态良好的文明发展道路；着力建设

① 习近平．论坚持人与自然和谐共生［M］．北京：中央文献出版社，2022：12.

资源节约型、环境友好型社会，形成节约资源和保护环境的空间格局、产业结构、生产方式、生活方式，为人民创造良好生产生活环境，实现中华民族永续发展。在这里，需要再次指出，生态文明制度建设，既涉及资源系统与环境系统的重新耦合，又涉及经济制度、政治制度、文化制度和社会制度的重新构建。因此，它既要求重新认识与协调文明制度建设与其他制度建设之间的关系，又要求启蒙与推进其他制度建设向生态化方向的变革，还要求以法律制度体系的规范方式促进生态文明行动方案的实施。显然，比起其他制度建设来说，生态文明制度建设更具复杂性、艰巨性、创新性、探索性。从结果角度来看，生态文明制度建设与科学社会主义理论一脉相承，也与人类文明演进趋势息息相关，最重要的是，它把持续了数千年的中华文明与当代文明和未来文明对接起来，并使之成为推动中国特色社会主义永续发展最重要的文明力量，因此，它必定是中国特色社会主义理论体系和制度建设的一个重要组成部分。

（三）生态文明框架下的制度体系建设

“制度是行为规则，并由此而成为一种引导人们行动的手段。因此，制度使他人的行为变得更可预见。它们为社会交往提供一种确定的结构”①。制度经济学表明，社会经济基础上的一系列制度按照其来源，一般可分为内在制度与外在制度。路德维西·拉赫曼指出：“许多左右我们行为的规则是演化的结果；早在政府被发明出来以前，许多共同体的运转就已经以受规则约束的行为为基础了。”因此，内在制度与外在制度间的区别与规则的起源有关，也与它们的产生方式有关。

习近平总书记指出，“只有实行最严格的制度、最严密的法治，才能为生态文明建设提供可靠保障”②。加快生态文明制度建设，用制度保护生态环境，是建设生态文明、实现美丽中国梦的制度保障和路径选择。生态文明框架下的制度体系建设同样可以分为强制性外在制度建设和由于文化习俗等演化而成的内在制度建设。

第一，法律制度是生态文明制度建设的根本保障。法律制度是指运用法律规范来调整各种社会关系时所形成的各种制度，属于强制性的外在制度建设。生态文明制度建设必须以法律制度作为根本保障。生态文明法律制度的建立，需要建立一整套严格保护生态资源可持续发展的制度体系，包括国土资源、水资源、矿产资源以及生物物种资源在内的资源环境保护，并在完善生态立法、规范生态执法、严格生态司法、完善公众参与制度等方面，形成重大突破。近年来我国已经加大了对生态环境立法的力度，以2013年全国人大常委会五年立法规划为例，在68件立法项目中，包括修改《土地管理法》《环境保护法》《大气污染防治法》《水污染防治法》等，制定“土壤污染防治法”“核安全法”等，有11项涉及生态文明建设。这表明，未来一段时期内，立法和法律制度建设将成为生态文明制度建设的重要表征。这将为生态文明提供有力的制度支撑。

第二，政策体制、机制是生态文明制度建设的“灵魂”。健全国家自然资源资产管

① 柯武刚，史漫飞．制度经济学——社会秩序与公共政策［M］．韩朝华译．北京：商务印书馆，2000：112－113.

② 中共中央文献研究室．习近平关于全面建成小康社会论述摘编［M］．北京：中央文献出版社，2016：168－169.

理体制和完善自然资源监管体制，是完善生态文明政策机制建设的重大改革。在生态法律制度建设的同时，应当高度重视政策机制制度在生态文明制度建设中的作用，不失时机地深化生态文明体制和机制改革，坚决破除一切妨碍生态文明建设的思想观念和体制机制弊端，通过政策机制的补充作用，使那些法律制度之外的违反生态文明的行为得到有效的约束。

第三，完善生态文明建设的内在制度建设。文化习俗和生活习惯是约定俗成的内在制度建设，对生态文明制度体系建设起到有益的补充作用。强制性制度规则是人们行动的准则，而非强制性的内在制度，通过民众的舆论监督和道德规约影响作用，可以有效地弘扬和抵制不同的行为方式。因此，在法律和政策规范社会行为的同时，不可忽视内在制度建设的作用，这种内在制度，可以通过舆论宣传、社区活动、公益活动等方式弘扬生态文明的先进典范，抵制违反生态文明的不良生活方式，配合法律政策体系起到生态文明的保障作用。

本章小结

按照马克思主义的观点，人类是自然生态的有机组成部分，人依托自然而生存、发展，并通过生产力水平的不断提高而适应自然和改造自然。人类社会是一个自然与社会共进互补的过程，在人类社会演进过程中经历了四种文明形式的变迁。广义的生态文明是指按照纵向的人类历史演进顺序，共有四种文明形态——原始文明、农业文明、工业文明以及生态文明；狭义的生态文明隶属于中国特色社会主义建设的总体布局体系之中，共有物质文明、政治文明、精神文明以及和谐社会和生态文明。

正如美国德内拉·梅多斯等的《增长的极限》一书中所说："纯粹技术上的、经济上的或法律上的措施和手段的结合，不可能带来实质性的改善。全新的态度是需要使社会改变方向。"① 传统的经济增长方式以高投入、高消耗、高污染为主要特征，损害了人类自由全面发展的经济基础、社会环境和可持续性，要实现人的自由全面发展，必须转变观念，发展循环经济。而真正意义上的生态文明和人类的自由全面发展，有赖于社会经济发展观念的确立、有利于经济社会和谐发展的技术支持以及可持续的制度安排。

思考题

1. 什么是生态文明，其实质是什么？
2. 广义的和狭义的生态文明释义是什么？
3. 生态文明建设具有哪三条主要路径？

参考文献

[1] 刘思华．生态马克思主义经济学原理（修订版）[M]．北京：人民出版社，2014.

① 梅多斯等．增长的极限［M］．李宝恒译．成都：四川人民出版社，1984：228.

[2] 萨卡．生态社会主义还是生态资本主义［M］．张淑兰译．济南：山东大学出版社，2008.

[3] 许崇正，杨鲜兰．生态文明与人的发展［M］．北京：中国财政经济出版社，2012.

[4] 许崇正．人的发展经济学［M］．北京：光明日报出版社，2022.

[5] 许崇正．人的发展经济学概论［M］．北京：人民出版社，2010.

第二十章

人的发展指数、指标

主流经济学很少考虑人的发展问题，而是将其抽象化、同质化，早期的发展经济学也仅仅关注人的物质需求，所以度量人的发展状况也只是单一维度。本章提出人的发展的四个维度，结合已有的关于人类发展的统计方法筛选出度量人的发展的指标。

第一节　人的发展维度

人的发展涉及“人”和“发展”两个重要的主题。亚当·斯密（Smith，1776）提出“经济人”假设后，“人与人的生产关系”的研究逐渐被回避，演变为只注重“人与物的一般关系”。发展经济学的发展观最早也是关注人的物质需求，20 世纪 50 年代到 70 年代主要集中于用人均国民产量或者国民生产总值（GNP）作为度量指标。进入 20 世纪 90 年代以后，发展观开始从“物”转向“人”，集中关注人的需求满足和人的发展，各种衡量人类发展的多维的综合指标开始大量出现。在阿马蒂亚·森（Amartya Sen）的可行能力理论指导下，联合国开发计划署比较全面地界定了人类发展的概念，强调发展应将人置于中心，发展的目的在于扩展人的可行能力，并推出了人类发展指数（human development index，HDI）。

人的自由全面发展是一个具有丰富内涵的理论范畴，按照马克思的观点，未来社会的人是全面发展的人。目前理论界有这样几种观点描述人的全面发展①：其一，认为人的全面发展是指人的各方面素质和潜能的普遍提高和发展。其二，人的全面发展指“每个人”的发展，包括全面发展、自由发展和充分发展三个方面，全面发展把自由发展和充分发展都包含在其中。其三，人的全面发展是既要达到人的充分社会化，又要在充分社会化过程中达到人的充分个性化。其四，人的全面发展是人的发展的最高境界，是个人的德、智、体、美、劳和谐发展，是个人潜力和智能的充分发挥，人的需求得到全面满足。我们认为，对于人的发展要从不同表现维度来进行分析。人的发展维度应该是从

① 张步仁. 论马克思的人的全面发展学说及其当代意义［J］. 南京航空航天大学学报（社会科学版），2002（3）.

其本质特征以及其他个性来展现，这也是我们进行人的发展测度的理论依据。具体说来，人的发展维度至少要包含以下几个方面：人的劳动性、需求性、社会性和个性，以及可持续性，自由全面发展便是人在这四个维度的充分发展。

一、人的劳动性维度

人之所以为人，是因为劳动，劳动是人与动物的本质区别，人的本质力量的表现是劳动。人的发展集中体现于人的本质发展，即是劳动能力的发展。劳动使“生产者也改变着，炼出新的品质……造成新的交往方式、新的需要和新的语言”①。劳动的过程就是人在具体环境中对特定对象的外在化和实现，结果是人的本质力量的外在展现，其产生才有人类的产生，异化劳动的本质便是人的异化，劳动的解放就是人的自由发展。

劳动是人的活动的外在表现，而人的任何行为活动都是其体力和智力的组合体现，因此人的发展应该是体力和智力的协调发展。人的劳动能力，是人改造和征服客观世界的能力。其中，体力是人体所具有的自然力，智力则是精神方面的生产力，包括人的劳动技能、生产经验和科学文化知识，同时也体现为人的认知能力、审美能力。体力和智力的统一发展，是人的其他各方面发展的基础，所以人的劳动能力的发展是人的发展的核心，是衡量人的关键维度。

二、人的需求性维度

和动物一样，作为自然界的生物，人有各种需求。人的发展的内在动力是人的需求不断变化、不断丰富。人的全面发展是在人的需求全面性的驱动下向前推进的，人的需求总是随着其生存环境的变化而变化，从而表现出丰富性和层次性。从个人需要的层次方面来看，人的需要包括生存需要、享受需要和发展需要，生存需要得到满足是享受需要、发展需要的前提，基本生存需要得到满足后会向享受需要、发展需要发展。从横向来看，人的需要包括自然需要、精神需要和社交需要等方面。亚伯拉罕·哈罗德·马斯洛（Maslow，1954）就将人的需要划分为五个层次，并认为人的高一层次需要的实现往往以满足低层次的需要为前提，如图 20－1 所示。不过值得怀疑的是，低层次需要的满足不一定会导致高层次的需要，而高层次需要的出现也不是在低层次需要完全得到满足后才会产生。所以在这里我们将人的需要划分为三个方面：物质需要、社会需要和精神需要，这三个方面的需要在表面上近似于马斯洛的三个层次，但不完全是由低到高。

人的生存和发展包含着多方面的需要，而人的需要结构则反映了人的发展水平。人不是独立的个人，是现实的、具体的社会人。那么在一定历史条件下，人的需要应与现实的社会相适应，即在满足生存需要的基础上才能谈发展需要，人不可能获得超

① 马克思，恩格斯．马克思恩格斯全集：第四十六卷上［M］．中共中央马克思恩格斯列宁斯大林著作编译局译．北京：人民出版社，1979：494.

越发展水平需要的满足，发展的更高级阶段也不能完全抛弃低级阶段时的需要。“在发展的早期阶段，单个人显得比较全面，那正是因为他还没有造成自己丰富的关系，并且还没有使这种关系作为独立于他自身之外的社会权力和社会关系同他自己相对立。留恋那种原始的丰富，是可笑的，相信必须停留在那种完全空虚之中，也是可笑的。”① 人的需要具有丰富性和全面性，主要是指人的需要会由单一的片面的需要变成日益全面的需要，除了物质需要以外，还包括社会关系方面的各种需要、精神生活中的各种需要，以及自我实现和发展的需要等。正是这种丰富的需要架构，才促进人向更高级的方向发展。

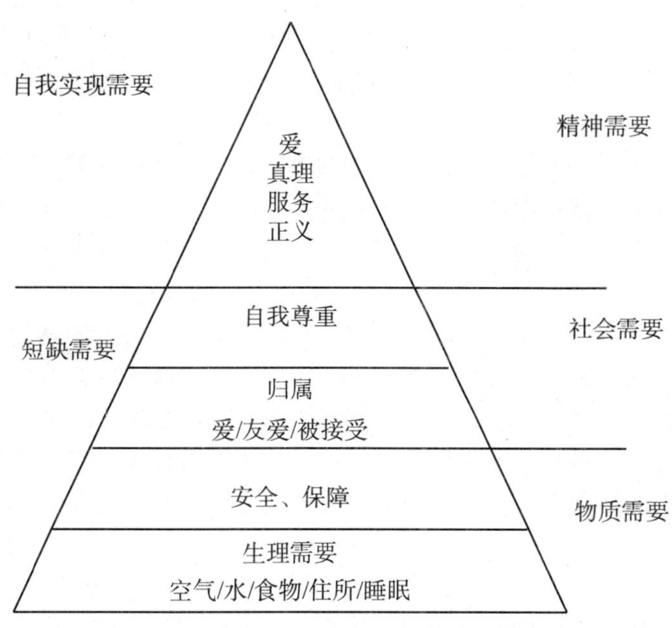

图 20－1　马斯洛的需要层次

三、人的社会性和个性发展维度

人的发展的第三个维度是人作为社会中的人，即人在人群中所处的地位和发展状态。人与动物的区别之一便是人具有社会属性，人是社会的人，人在社会关系中生存和发展。人的社会关系体现在两个方面：一是人与人群、集体、国家以及其他组织之间的关系；二是个人与个人之间的关系，此时，每个人不是同质的，而是有其特性——个性。

人的本质的丰富性、全面性取决于社会关系的丰富性、全面性，“社会关系实际上决定着一个人能够发展到什么程度”②，“一个人的发展取决于和他直接或间接进行交往

① 马克思，恩格斯．马克思恩格斯全集：第四十六卷上［M］．中共中央马克思恩格斯列宁斯大林著作编译局译．北京：人民出版社，1979：109.

② 马克思，恩格斯．马克思恩格斯全集：第三卷［M］．中共中央马克思恩格斯列宁斯大林著作编译局译．北京：人民出版社，1960. 295.

的其他一切人的发展"①。在交往中，人与人之间在心理、情感、信息等方面得到交流，得到启发，从而丰富自己、充实自己、发展完善自己。人的关系首先表现为血缘关系。当剩余产品开始产生时，出现了物质交换，随着生产力的进一步发展，分工和交换扩大，人类的活动能力进一步扩展，这种物的依赖关系进一步深化扩展，人与人的关系变得丰富化，比如信用关系。人与人之间的交往活动扩大了单个人的视野、锻炼了个人的才能，正是个人与社会的普遍联系，人的个性才展现出来。尽管建立在分工基础上的交换关系导致了人的异化发展，但是相对于血缘关系来说是一个大的进步。交换关系建立在价值交换的基础上，体现了一种形式上的平等关系，也正是这种形式上的平等，促进了事实平等的发展。资本主义的"公平自由"等理念冲破了传统的森严的阶级关系，追求政治自由在一定程度上体现了作为社会人的平等。在当前多元化社会中，不仅要考虑到政治上的自由平等，更应考虑到经济自由平等、发展机会的平等。

构成社会的个人，并不是同质的、独立的单个人。与其他人相比，每个人都是独一无二的，因此人的个性就不能被同质化，人的发展应该包含人的个性发展。人的个性发展从根本上表现为个人主体性水平的提高。主体性是人作为活动主体在对客体的作用过程中所表现出来的自觉能动性、创造性和自主性，劳动过程就是他的个体主体性的实现。人的器官为人所有，所感觉到的为对象本身的性质，社会人的感觉不同于非社会人的感觉，如望梅止渴只有社会人才可能发生。人在实践中按人的方式发生关系，人的感觉的形成是整个社会实践的结果：耳朵是自己的，分辨选择所喜欢的音乐；手是自己的，能随自己的意愿去做自己乐意做的事，这样，人在劳动中肯定自己的个性，并通过人的自由的有意识的活动，以一种全面的方式全面地占有自己的本质，使人成为一个完整的人、全面的人。

人的个性首先要表现在类性上，即作为一个完整的人，其德、智、体、美各个方面都能够达到与社会相适应的发展，但不是每个人都无所不能，而是以个人天赋为前提的个体内在发展，是每个人潜能的发展。"劳动组织者根本没有像桑乔所想像的那样认为每个人应当完成拉斐尔的作品，他们只是认为，每一个有拉斐尔的才能的人都应当有不受阻碍地发展的可能"②，"即使在一定的社会关系里每一个人都能成为出色的画家，但是这决不排斥每一个人也成为独创的画家的可能性"③。真正的自由全面发展只能是以个人天赋为前提，充分发挥个人的内在本质、天赋和潜质。

四、人的可持续发展维度

人是自然界的一分子，自然界的生物都有其适应环境的特殊方式，自然本身的发展

① 马克思，恩格斯．马克思恩格斯全集：第三卷［M］．中共中央马克思恩格斯列宁斯大林著作编译局译．北京：人民出版社，1960：515.

② 马克思，恩格斯．马克思恩格斯全集：第三卷［M］．中共中央马克思恩格斯列宁斯大林著作编译局译．北京：人民出版社，1960：458－459.

③ 马克思，恩格斯．马克思恩格斯全集：第三卷［M］．中共中央马克思恩格斯列宁斯大林著作编译局译．北京：人民出版社，1960：460.

变化也有其特殊的规律，那么人的有意识的主观活动也就不能突破自然环境，而必须符合自然运动规律，否则，人自身会被客观规律所惩罚。人类活动的最终目的是人的自由全面发展，但是并不意味着为了人的福利而肆意向大自然索取，我们提倡一种可持续发展——既满足当代人的需要，又不对后代人的需要满足构成危害的发展。这也意味着人的发展不仅仅是当代人的发展，也包括后代人的发展。

也就是说，人类与自然环境的关系应该是和谐的，而不是一种掠夺与被掠夺、征服与被征服的关系。自然为人类提供原始的生存物质与空间，社会人与自然和谐相处是人的生存与发展的前提。如果人与自然不能持续和谐相处，则这个生存空间将不再适合后代人的生存，个人其他方面的发展也就成为空谈，因此，人与自然关系的协调也应属于发展的范畴，人的可持续发展是人的自由全面发展的前提。

总之，人的发展有四个维度，劳动性、社会性是人的根本属性，劳动条件的改善、劳动能力的提高以及异化分工的减少都是促进人的发展的基本手段，也是基本目标，是其他维度得以发展的根本要求。人的需要的满足又是人进行生产劳动的动力，尤其是物质需要的满足是人得以生存的基本要求。与自然环境的可持续发展也是人达到自由全面发展的外在必要条件，是人得以发展的时间保障，也是人类作为自然存在物得以存续的基本要求和实现手段。

第二节　人类发展指数

衡量发展程度的指标和方法一直是发展研究的主要课题。对人类发展的测度经历了一个从单维度向多维度发展的过程。单一维度指标主要是 GDP 指标以及后来修正的绿色 GDP、福利 GDP、贫困发生率、恩格尔系数、基尼系数和收入不平等指数等。这些指标主要关注发展的单一方面，反映发展的一个狭小领域，集中于人的物质需求层面。单一维度指标的不足及社会的进步促使不同学科领域的研究者做了各种努力和尝试，试图找到一个能够更全面反映人类发展的多维指标。20 世纪 70 年代后期很多国家收集和公开了一系列社会经济指标，最具有代表性的是物质生活质量指数（PQLI）、社会进步指数（ISP）、ASHA 指数和人类发展指数（HDI）。

一、PQLI 指数

PQLI（physical quality of life index）指数通常被译为物质生活质量指数。它是 1975 年在大卫·摩里斯博士指导下，由美国海外发展委员会提出的，其目的是衡量一国物质福利水平。由于 PQLI 指数包含了较多的人口健康状况的内容，且计算简便，因而被广泛地应用到人口学和社会医学的研究之中，用来反映人口的健康素质和人口生活质量。PQLI 由平均预期寿命、婴儿死亡率和识字率三个指标组成。计算公式如下：

$$PQLI = \frac{1}{3}（识字率指数 + 婴儿死亡率指数 + 预期寿命指数） \quad (20-1)$$

识字率是指 15 岁及以上人口中识字人口占 15 岁及以上总人口的百分比，指标本身就是一种指数形式。

婴儿死亡率是指每千名新生儿的死亡数，计算公式如下：

$$婴儿死亡率指数 = \frac{229 - 每千名婴儿死亡数}{2.22} \qquad (20-2)$$

根据联合国的有关记录，自 1950 年以来，婴儿死亡率最高的国家是加蓬，为 229‰，医学界认为婴儿死亡率最低可以降低到 7‰。

期望寿命指数指从 1 岁起平均每人可存活的年数，计算公式如下：

$$期望寿命指数 = \frac{某国1岁期望寿命 - 38}{0.39} \qquad (20-3)$$

二战后人口寿命最短的国家是越南，为 38 岁，在这里作为指数的最低限，最高的是瑞典，为 77 岁。

二、ISP 指数

社会进步指数（index of social progress，ISP）是由美国宾夕法尼亚大学的理查德·J. 埃斯蒂斯（R. J. Estes）教授在国际社会福利理事会的要求和支持下于 1984 年提出的，它涉及 10 个有关的社会经济领域的 36 项指标，每一项指标都根据其对社会进步贡献或破坏的程度大小设定一个“+”号或者“-”号。1988 年，埃斯蒂斯在《世界社会发展的趋势》一书中又提出了加权社会进步指数（weighted index of social progress，WISP），该指数将众多社会经济指标浓缩成一个综合指数，作为评价社会发展的尺度。

10 个领域分别为教育、健康状况、妇女地位、国防、经济、人口、地理、政治参与、文化、福利成就。未加权社会进步指数的计算，实际上是将每个指标的权数看作 1，假定各指标在描述国家的发展水平方面具有同等的重要性。ISP 的计算方法如下：先计算各指标的均值和标准差，然后将各指标进行无量纲处理，实现标准化。各指标的影响方向不同，正指标用“+”号表示，数值越大，表明社会在这一领域越进步；逆指标用“-”号表示，数值越小，表明社会在该领域越进步。因此，为了更方便、准确地反映社会进步程度，需要将逆指标的标准化值乘上 -1，换算成正数。最后，平均各子领域所属指标值得到各项目值，并将各项目值相加。这样就得到了未加权的 ISP。

加权社会进步指数是在 ISP 的基础上，对各子领域的指数值进行因子分析得到一组统计权数，然后对各子领域得分进行加权，最后得到加权社会进步指数值。根据埃斯蒂斯的计算，1983 年中国的未加权 ISP 为 74，在 124 个国家中排名第 77 位，加权 ISP 为 37，在 124 个国家中排名第 71 位。

三、ASHA 指数

ASHA 是美国社会健康协会（American Social Health Association）的缩写，ASHA 指数是以该组织命名的一个综合评价指标，主要用来反映一国尤其是发展中国家的社会经济发展水平以及在满足人民基本需要方面所取得的成就。ASHA 指数由就业率、识字率、平均预期寿命、人均 GNP 增长率、人口出生率、婴儿死亡率 6 个指标组成，这 6 个指标的目标值分别为 85%、85%、70 岁、3.5%、25‰、50‰。与 PQLI 不同之处在于，这一指数不仅反映了“满足人民基本需求方面的成果”，而且还测量了社会经济发展水平，所以多了就业率、人均 GNP 增长率和人口出生率这三个指标。

ASHA 指数 =(就业率×识字率×预期寿命指数×人均 GNP 增长率)/(人口出生率×婴儿死亡率)，用目标值计算出的 ASHA 指数最优值为 20.23。其计算过程如下：

首先，对平均预期寿命指标进行转化。

$$\text{预期寿命指数} = \frac{\text{平均预期寿命}}{70} \times 100\% \tag{20-4}$$

其次，采用乘除法合成方式计算指数：将正指标放在分子上连乘，将逆指标放在分母上连乘。具体计算公式为：

$$ASHA = \frac{\text{就业率} \times \text{识字率} \times \text{预期寿命指数} \times \text{人均 GNP 增长率}}{\text{人口出生率} \times \text{婴儿死亡率}} \tag{20-5}$$

四、人类发展指数（HDI）

人类发展指数又称为人文发展指数，由巴基斯坦籍经济学家赫布卜·乌·哈格（Mahbub ul Hager）和印度籍经济学家阿马蒂亚·森（Amartya Sen）于 1990 年创造。人类发展指数的指标值是“预期寿命”“教育年限”“生活水平”三个分指标的几何平均数。这三个方面分别用出生时的预期寿命、成人识字率和综合入学率、人均国内生产总值来衡量。1990 年 5 月，联合国开发计划署（UNDP）首次公布了人文发展指数，将经济指标与社会指标相结合，揭示了经济增长与社会发展的不平衡。之后，联合国开发计划署每年都会在发布的《人类发展报告》中使用人类发展指数来衡量各个国家人类发展水平。

计算 HDI 之前，需要先计算每个指标的指数。先设定每一项指数的最大值和最小值，计算公式如下：

$$\text{指数值} = \frac{\text{实际值} - \text{最小值}}{\text{最大值} - \text{最小值}} \tag{20-6}$$

教育指数的计算为：

$$\text{教育指数值} = \frac{2}{3}\text{成人识字指数} + \frac{1}{3}\text{GER 指数} \tag{20-7}$$

GDP 指数的计算为：

$$\text{GDP 指数} = \frac{\log(GDP) - \log(100)}{\log(40000) - \log(100)} \tag{20-8}$$

然后，将这三项指数进行简单的加权平均，每项指数的权重都是 1/3。指数介于 0 和 1 之间，指数值越大，说明人类发展水平越好。归结起来，其计算方法可以用图 20-2 表示。

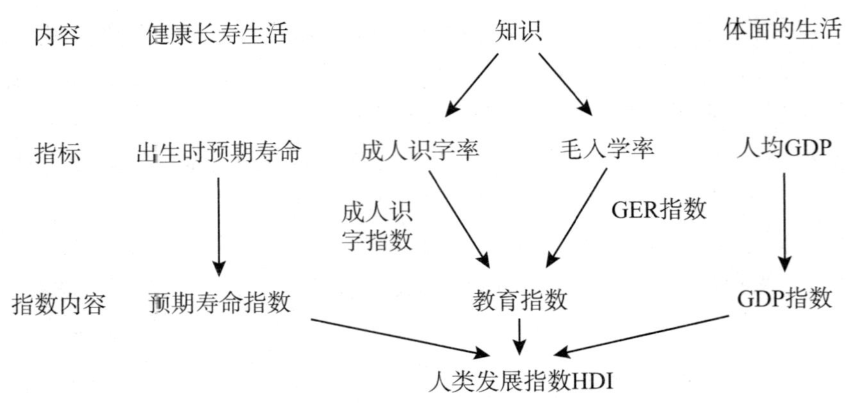

图 20－2　人类发展指数的形成示意图

将物质生活质量指标（PQLI）、社会进步指数（ISP）、ASHA 指数等多维度综合指数与 HDI 进行比较，结果见表 20－1。

表 20－1　　多维指数的比较

指数名称	指标构成	侧重点	使用范围	不足之处
HDI	预期寿命、成人识字率、综合入学率和人均 GDP	经济和社会；人的基本方面	国家之间、国家内部层面	计算方法的技术问题；忽略了环境和可持续发展
PQLI	婴儿死亡率、预期寿命和识字率	社会方面	适合衡量最贫穷国家	计算方法技术问题；忽略了经济指标；不适用发展中国家和发达国家
ASHA	就业率、识字率、平均预期寿命、人均 GNP 增长率、人口出生率、婴儿死亡率	社会方面	适合衡量发展中国家	计算方面的技术问题；结果偏重社会指标
ISP	10 个社会经济领域的 36 项指标	全面评价社会发展状况	国家之间、国家内部不同层面的比较	指标的选择上未做详细的理论说明

资料来源：李晶．人类发展的测度方法研究——对 HDI 的反思与改进［M］．北京：中国财政经济出版社，2009.

中国科学院现代化研究中心的新人类发展指数 HDIn 是对 HDI 的一个扩展，以衡量一个国家在人类发展的五个基本方面的平均成就。新人类发展指数包括健康长寿的生活、知识普及、信息共享、环境改善和富裕生活水平，这五个方面分别用出生时预期寿命、大学普及率、互联网普及率、生活废水处理率和人均购买力平价（purchasing power parity，PPP）来表示。每个方面的成就表示成 0～100 之间的数值，HDIn 就取这些指数的简单平均数。HDIn 比 HDI 多了两项指标，即环境改善和信息共享，而知识普及不再是HDI所用的识字率，而是采用大学普及率，将HDI中衡量人类生活水平的人均GDP改成人均购买力平价。新人类发展指数比HDI更为全面地衡量了人类发展状况，但是我们可以看到，这些度量指标依然是停留在物质层面，不管是大学普及率还是人均购买力平价，都没有反映出人的精神层面的发展状况。

我们根据前面所有学者所提的有关人的发展具体指标，并按照所提的四个维度进行分类，罗列出大部分指标，有些不可度量的指标已经先行剔除了，而有些指标在每个维度中会进行详细的讨论，见表20-2。

表20-2　所有出现过的指标归类汇总

维度	层次	具体指标
劳动性	就业层次	就业率、就业条件、童工、非常规就业、最低工资政策、工会密度、城镇登记失业率、第三产业增加值占GDP比例、高等教育入学率、公共设施的提供占GDP比重、人口迁移自由度
	劳动能力	平均教育年限、识字率、毛入学率、成人文盲率、大专以上文化程度人口比例；疾病发病率、预期平均寿命、五岁儿童存活率、婴儿死亡率
需求性	物质需求	生理需要：人均GDP、恩格尔系数、住房、安全卫生水普及率、城乡居民年人均消费比、贫困率、卫生设施 安全保障：个人生命安全、健康保险、政治稳定、集体暴动、政治暴动、政治恐怖系数；经济周期、CPI波动、社会保障覆盖度
	精神需求	男女自杀率、犯罪率、生活满意度、监狱人数、上访率、集体事件
社会性和个性	社会关系	朋友价值、家庭价值、邻居间的宽容度、离婚率、政治上平等、基尼系数、城乡不平等、横向不平等、GDI（UNDP衡量性别不平等的综合指标）、政治上平等、生活满意度、社会工作普及程度
	个性发展	政治自由、信仰自由、文化娱乐大众消费、教育的多元化、潜能的发展
自然环境	可持续发展	人均环境污染治理投资额、二氧化碳人均排放量、环境可持续系数

第三节　人的自由全面发展指标体系构建

一、人的劳动性维度发展指标构建

（一）劳动机会层面

劳动是人的发展的本质体现，衡量人的发展首先应该从劳动这一角度去衡量。单纯地从劳动角度来说，目前的社会经济发展还无法达到人自由选择的地步。劳动还停留在生存的层面，是人得以生存的手段，而不是人的发展需要。随着经济全球化加速，劳动分工问题开始变得更为复杂，分工不再局限于一国之内，而是更加广泛意义上的国际分工。其次，生产力的欠发达使大部分人的劳动属于谋生性质，其劳动并不是完全出于兴趣爱好，而是生存的需要。即使个人有某些方面的天赋才能，但他可能为了满足最基本的生存而不得不放弃这方面的发展。同时，在某些生产环境中，个人无法发挥人的个性，最大限度地挖掘人的创造力、激发人的主动性。最后，失业的存在使得即使是谋生性质的劳动也可能无法实现，个人的自由全面发展也就根本无从谈起。所以，人的发展首先是建立在劳动与生存的基础上，当维持生计的劳动都不可能实现时，更高级的发展根本就无从谈起。所以劳动与就业联系在一起成为必然，劳动性的第一个层面就是就业。

既然劳动还仅仅是人的谋生手段，那么追求人的发展最基本的要求便是这种谋生手段的可获得性。从经济的角度来说就是能否达到充分就业——只要愿意工作的人都有份工作（那些不愿意工作的人或自愿失业者不予考虑），所以就业率是一个必需的指标。反映就业状况通用的衡量指标是失业率，由于我国统计口径的原因，只能用城镇登记失业率来表示。

仅仅有工作并不能完全代表人的劳动意愿，在工作中能享受到的基本福利以及就业条件也需要考虑进来。在正常的劳动现象中出现的异常，比如童工、非正常就业等方面也是工作层面的表现，但是鉴于数据因行为本身违背法律而难以通过正常的途径获得，我们不得不将这些可以体现劳动状况的指标放弃掉。劳动利益的保护是工作条件之一，而一般情况下工会是保护劳动者权益的主要机构之一，工会的密度也可以体现劳动者权益的保护情况。工会的密度这个指标不仅可以衡量劳动这一维度，同时也反映了社会关系以及人的权利保障，在人的需求中以及社会关系的维度里也有体现。为了体现劳动的本质性，我们将工会密度作为衡量工作条件的一个重要指标，并假设工会能够发挥其职能。工会密度的指标可以有多种，如基层组织数占企业数比重和工会专职人员比例，在这里我们采用基层工会会员人数占经济活动人口的比重这一数据。

（二）劳动能力层面

个人劳动能力的提高也是人的发展的一个方面。个人的劳动能力提高包含智力和体力的发展。智力的发展可以用教育水平来衡量，包含平均教育年限和识字率、毛入学率等指标。衡量人类智力发展水平的外在表现应该是科学技术水平的提高、文明思想的成熟等，但在这里，我们不主张采用这些代表科技发展水平的指标来衡量，主要原因是：科学技术发展的继承性比较强，每个时期的重要成果都是建立在前人的研究基础上，这些成果的出现并不一定代表这一个时间点上的成就，而是前人长期研究积累的成果。在短期中，我们不能将该时期的成果都归结到这个时期的智力发展水平上，因此放弃采用这些成果指标来衡量人的智力发展。通用的平均教育年限数据不全，识字率、毛入学率在九年义务教育普及后反映的变化不明显，因此我们采用大专及以上学历者占人口的比例来反映受教育程度。

体力的发展可以用预期寿命和婴儿死亡率来衡量，尽管体力的发展可以从体育事业和卫生事业的发展等角度来分析，但是预期寿命和婴儿死亡率等指标是从结果的角度来衡量人的身体素质，从结果的角度反映身体素质状况更能说明问题。由于无法收集到疾病发病率这个指标的统计数据，而且由于疾病的显性与隐性表现，一个地区某一疾病的暴发并不能体现当前的健康状态，而是一个长期的身体素质状态下降的结果体现，所以我们只能放弃这个衡量指标。所能收集到的婴儿死亡率的数据不完整，预期平均寿命数据的时间跨度相对较大，所以放弃婴儿死亡率这个指标。

二、人的需要性维度发展指标构建

人的需要具有多样性和丰富性，并且具有层次性。我们将人的需要划分为三个方面：物质需要、精神需要和社会需要。马斯洛认为需要是由低层次得到满足后向高层次发展，但这不是必然，在这里我们将这三个方面的需要视为平行的。另外，鉴于社会需要的特殊性，我们将它归入社会关系维度，作为社会中的人在社会中得到满足。

（一）物质需要满足的衡量指标

人的生存需要是最基本的需要，物质生产活动是最主要的生产活动，在这个需要层次上，GDP 或者人均 GDP 一直以来都是最为广泛的衡量指标——甚至一度被视为发展的唯一衡量指标。在市场经济时期，人的物质需要一般要通过市场来实现，物质和服务用货币衡量最为简单，但对于单纯地用 GDP 或者人均 GDP 表示存在争议，我们认为用恩格尔系数会更合适些。恩格尔系数 = 食品金额支出/消费性支出金额 ×100%，不仅反映了消费的结构，而且常被用于衡量居民生活的富裕程度，比重越小说明生活越富裕，所有收入中只有小部分用于满足基本物质需求。GDP 和恩格尔系数一样是通过货币来衡量物质发展情况，使用恩格尔系数可以忽视内外物价波动影响，其实也就不必再用 PPP 来修正（由于国际贸易的非完全自由性，这个修正将很多因素给忽略掉了，特别是只测量一个国家内部的经济发展情况时）。同时，对于物质需要的满足，用消费指标来衡量更合适，因为收入的另一个去向是储蓄，高储蓄则意味着即使有能力满足高需求，却不一定能够实现与收入相适应的需求，所以我们选择恩格尔系数①。另外，非货币化衡量的住房、饮用水等也能体现人们的生存状况，出于简洁的考虑，我们排除这些指标。

安全的需要包括物质上的安全和精神上的安全，精神上的安全需要通常难以衡量，而一般也是通过物化的指标来衡量，所以将安全保障归入物质需要层面。安全需要的表现是多样的，如生命安全、财产安全、政治和经济安全等，常见的指标有个人生命安全、健康保险、社会保障覆盖度、政治稳定、集体暴动、政治暴动、政治恐怖系数、经济周期和 CPI 波动等。在市场经济中，人的物质需要的满足来自收入，个体经济的脆弱可能源自宏观经济波动和通货膨胀波动，社会保障则可降低个体的不安全感，因此，经济安全包含经济周期、CPI 波动及社会保障覆盖率。

（二）精神需要的满足度

我们可以用幸福感指数和国民不道德指数来衡量人们精神需要的满足程度。幸福感是一种心理体验，它既是对生活的客观条件和所处状态的一种事实判断，又是对于生活

---

① 拉尼斯（Ranis，2005）在扩展人类发展指数的研究时发现人均收入是反映人类发展的较为逊色的指标，见文献 Human Development：Beyond the HDI，Center Discussion Paper No. 916（June，2005）。

的主观意义和满足程度的一种价值判断，表现为在生活满意度基础上产生的一种积极心理体验。而幸福感指数（happiness index）就是衡量这种感受具体程度的主观指标数值[①]。近年来，美国、英国、荷兰、日本等发达国家都开始了幸福指数的研究，并创设了不同模式的幸福指数。

如果说 GDP、GNP 是衡量国富、民富的标准，那么幸福指数就可以成为衡量人们精神需要满足度的一个综合标准。百姓幸福指数与 GDP 一样重要，通过这一指数，一方面可以监控经济社会运行态势，另一方面可以了解民众的生活满意度。可以说，作为最重要的非经济因素，它是社会运行状况和民众生活状态的“晴雨表”，也是社会发展和民心向背的“风向标”。

20 世纪 60 年代晚期到 80 年代中期，对于人的主观幸福感的测量成为心理学的一个热点研究领域。心理学家对于主观幸福感的探讨更多地来自生活质量、心理健康和社会老年学三个学科领域。由于社会学家和经济学家加入幸福感研究的行列，幸福感的丰富内涵和表现形式得到了更多的揭示。

应该说，作为社会心理体系一个组成部分的幸福感，受到许多复杂因素的影响，主要包括：经济因素，如就业状况、收入水平等；社会因素，如教育程度、婚姻质量等；人口因素，如性别、年龄等；文化因素，如价值观念、传统习惯等；心理因素，如民族性格、自尊程度、生活态度、个性特征、成就动机等；政治因素，如民主权利、参与机会等。

此外，对主观幸福的理解还涉及许多分析层面，主要包括认知与情感、个体与群体、横向与纵向、时点与时段等。在主观幸福感与社会心理体系诸多因素和层面之间的密切联系中，以下几点是十分独特而重要的：

第一，心理参照系。就社会层面而言，其成员的幸福感将受到他们心理参照系的重大影响。例如，在一个封闭社会中，由于缺乏与其他社会之间的比照，尽管这个社会的物质发展水平不高，但由于心理守常和习惯定式的作用，其成员便可能知足常乐，表现出不低的幸福感；而一个处在开放之初的社会，面对外来发达社会的各种冲击，开始了外在参照，因此，其成员的幸福感便可能呈现下降之势，因为此时他们原有的自尊受到了伤害。

第二，成就动机程度。人们的成就需要决定他们的成就动机程度，成就动机程度又决定其预期抱负目标。其中，人们对于自身成就的意识水平是一个重要环节。如果人们意识到的自身成就水平高于他们的预期抱负目标，则会产生强烈的幸福感；反之，如果人们意识到的自身成就水平低于他们的预期抱负目标，则不会有幸福感。

第三，本体安全感。本体安全感指的是个人对于自我认同的连续性、对于生活在其中的社会环境表现出的信心。这种源自人和物的可靠感，对于形成个体的信任感是极其重要的，而对于外在世界的信任感，既是个体安全感的基础，也是个体抵御焦虑并产生主观幸福感的基础。因此，人的幸福感有时与其经济状况或收入水平之间并未呈现出简单的正向关系，在现实生活中，一些经济状况不佳的人，其幸福感却不低，而有些百万

① “幸福感指数”的概念起源于 30 多年前，最早是由不丹国王提出并付诸实践的。20 多年来，在人均 GDP 仅为 700 多美元的南亚小国不丹，国民总体生活得较幸福。“不丹模式”引起了世界的关注。

富翁却整日忧心忡忡。

因此，我们就可以理解，为什么中国人的幸福感在改革开放以来先升后降，表现出与经济发展轨迹的非同步性。主要原因在于，改革开放和现代化建设初期，物质发展成效明显地呈现出来，那时社会分化程度还不高，社会成员在心理上更多是做纵向比较，与过去的生活水平相比，较容易产生满足感。2004～2014 年，社会结构转型加速，各个领域的体制改革日益全面地触及深层利益，社会分化程度加大，尤其是贫富差距凸显；在社会心理方面，随着生活条件逐渐改善，人们的需要层次日益提升，且呈现出多样化态势，因此，需要能被满足的标准相对提高了；而由于资源相对短缺和竞争加剧以及现代生活节奏加快，人们的各种压力感大大增加。这一切都强烈地影响了人们的幸福感。

特别值得关注的是，一些调查结果表明，近年来人们对社会问题的关心更倾向于与民生有关的领域，民生问题成为大多数社会成员最关心的社会问题。这种关注重点的变化，反映了人们对于社会发展态势的判断。而对于民生问题关注程度的上升，尤其反映了体制改革与社会发展正在对人们的生存条件和生活质量产生最强有力的影响。这一切都极其深刻地影响着人们的本体安全感，即具体表现为对社会生活保障需要的增强，从而影响到人们的幸福感。

三、人的社会性和个性的发展指标构建

（一）社会层面发展的指标

人是社会中的人，其全面性也体现在社会关系的完整性上。人的社会关系表现多种多样，但无外乎是作为一个主体，与家庭、朋友、邻居、同事及其他人发生各种关系。人的关系最早体现为血缘家庭关系，所以家庭关系和谐是人的一个非常重要的需要，对于一夫一妻制的现代家庭来说，夫妻之间的关系、代际关系是家庭关系的主要体现形式，在这种情况下，我们可以用离婚率来衡量。而走出家庭后，与朋友、邻居的关系也是非常重要的部分，朋友价值和邻居间的宽容度也应该包含在人类发展指数中，但中国这方面的数据尤其稀缺，同时也带有非常强的主观色彩。尽管有许多社会学者发现中国传统邻里关系的退化，但缺乏足够的数据来描述人与人之间关系状态，目前能够利用的数据只能是离婚率。

在社会关系方面，男女平等的衡量也是一项重要内容。性别指数（gender-related development index）是联合国开发计划署（UNDP）常用的一个指标。性别发展指数实际是人类发展指数（HDI）的补充，它使用的指标主要有三个：一是分性别的预期寿命；二是分性别的受教育程度；三是调整男女两性的实际收入，主要用来评价性别发展的程度。

性别指数的测评思路与 HDI 是一致的。在考虑社会经济发展状况（GDP）的时候，两者都十分注重人的基本能力的评估，即将人的发展而不只是把经济当作社会发展唯一的衡量标准。不同的是，性别指数更着重于测评男女两性在基本行为能力方面的差距，重点显示的是女性因为受教育程度低于男性而形成知识能力限制所导致的发展能力

限制。

根据分性别的出生时预期寿命、成人识字率、大中小学综合毛入学率、估计收入而计算出分值，分值越接近于1，表明人类基本能力发展中的性别差异越小，男女能力平等发展的程度越高。为构建该指数，每个指标都设定了最小值和最大值：出生时预期寿命：25岁和85岁；成人识字率：0和100%，为15岁以上识字者占15岁以上人口的比率；综合入学率：0和100%，指学生人数占6~21岁人口的比率（依各国教育系统的差异而有所不同）；实际人均GDP（购买力平价美元）：100美元和40000美元。对于HDI的任何组成部分，该指数都可以用以下公式来计算：指数值=（实际值-最小值）/（最大值-最小值）。

如果一个国家或地区女性中文盲所占比例较高，同时还有大批女童失学、辍学，或有对女生进入各级学校的歧视等，就意味着在提高妇女知识能力上存在一定障碍，女性的基本行为能力也因此与男性存在较大差距，并预示大部分女性在就业和进入专业工作职位方面落后于男性，致使她们的劳动就业、经济收入、社会与家庭地位、个人成就取得方面相应也较低，女性群体的发展能力欠佳。显然，根据女性群体受教育程度这一关键性数据，可测定其基本能力（知识能力、工作能力、发展能力），而所测数据与男性差距越大，或与GDP与HDI背离越远，即显示性别发展不平等情况越严重。反之，则说明性别平等情况良好。

如在1995年联合国报告中，中国的GDI排名为世界第71位，属中下水平，但比中国HDI排名却高7个位次，显示性别平等状况还算不错。2000年中国性别发展指数为0.700，低于世界（0.706）和中等收入国家（0.743）的平均水平，也低于东亚国家平均水平（0.710）。在2006年性别发展指数的排序中，中国位列世界177个国家和地区的第64位。

此外，我们还可以通过国民不道德规范总值（gross domestic immorality，GDI）来衡量一个国家国民总体的道德水平，进而体现人的社会层面的发展状况。这项指标最重要的意义是能显示一个国家的稳定程度以及国民的幸福程度，得分越高，则该国的稳定程度以及国民的幸福程度越低。它由以下四个方面的小指标构成：政府的不道德水准分（GIS）、企业的不道德水准分（EIS）、普通民众的不道德水准分（CIS）、公益组织的道德贡献分（SIS）。GDI用公式表示为：GDI = GIS + EIS + CIS + SIS。指标考察周期为1年，每个指标都有A、B、C、D、E共5个依次递减的等级。其中A等级的分值为100分，B等级的分值为50分，C等级的分值为25分，D等级的分值为15分，E等级的分值为10分。各个等级的事件数乘以相应等级分，其和就是该项小指标的得分。

（二）人的个性发展的衡量

心理学上所谓的个性（又称人格）指的是一个人在生活实践中经常表现出来的、比较稳定的、带有一定倾向性的个体心理特征的总和。个性心理由两方面组成：一方面是个性心理倾向性，包括需要、动机、兴趣等，它是人的行为的潜在动力，是人的积极性的不竭源泉。需要是人对一定客观事物的渴求或欲望。动机是直接推动人去行动以达到一定目的的内部动力。如饥渴时求饮食，寒冷时求衣被，孤单时求伴侣，疲劳时求休息，其中饮食、衣被、伴侣、休息是需要，而采取行动以满足这些需要的直接动因就是动机。兴趣是指一个人积极探究某种事物或从事某种活动的心理倾向。一个人无论从事脑力劳动还是体力劳动，无论从事什么具体工作，只要他感兴趣，他就一定会积极地、兴高采烈地、富有创造性地投入进去，并容易做出成绩来。另一方面是个性心理特征，包括气质、性格、能力，它比较稳定地反映了个体的特色风貌。气质是人典型的、稳定的心理特点，即人的性情或脾气。性格是指个人对现实稳定的态度和稳定行为方式的心理特征。有人大公无私，有人自私自利；有人勤劳朴实，有人懒惰奢侈；有人自尊自强，有人自暴自弃……这些都是人的性格特征。当某些特征稳定地而不是偶然地表现在某人身上时，就可以说这个人具有这种性格特征。能力是成功地完成某种活动的个性心理特征。一个人要能够顺利、成功地完成某种活动，主要的心理前提是要具备某些能力，能力是人完成任何活动不可缺少的一种心理品质。

人的个性不是生来就有的，而是在个人的生理素质的基础上、在一定社会历史条件下通过实践活动逐渐形成和发展起来的。其影响因素有生理因素、家庭环境、学校教育、社会因素、自我教育在性格形成中的作用等。因此，我们可以借助智商和情商来衡量人的个性发展。

智商（intelligence quotient，IQ），即智力商数，具体是指数字、空间、逻辑、词汇、记忆等能力，也称智慧、智能，是人们认识客观事物并运用知识解决实际问题的能力。智力的高低通常用智力商数来表示，用以标示智力发展水平。智商由法国的比奈（Alfred Binet，1857～1911 年）和他的学生所发明，根据这套测验的结果，将一般人的平均智商定为100，而正常人的智商，根据这套测验，大多在 85～115 分。智商计算有两种方法：

一是比率智商，其计算公式为：$IQ = 100 \times MA/CA$。其中，MA = 心智年龄，CA = 生理年龄。

如果某人智龄与实龄相等，他的智商即为100，表示其智力中等。

二是离差智商。为了准确表达一个智力水平，智力测量专家提出了离差智商的概念[①]。离差智商（deviation IQ）是用统计学中的均数和标准差计算出来的，表示被试者成绩偏离他自己这个年龄组平均成绩的数量（单位为标准差），是依据测验分数的常态分布来确定的。离差智商实际上就是同年龄组的标准分，它是根据同年龄组测得的平均分和标准差计算出来的。比如说，两个年龄不同的成年人，一个人的智力测量得分高于同龄组分数的平均值，另一个的测量分数低于同龄组分数的平均值，那么我们就可以得出这样的结论：前者的智商比后者高。目前大多数智力测量都用离差智商来表示一个人的智力水平。

在韦克斯勒智力测验（WAIS）中，以每个年龄组的 IQ 均值为100，标准差为15。

具体公式为：

$$IQ = 100 + 15Z = 100 + 15(X - M)/S$$

其中，Z 为标准分数，X 为某人在测试中的实得分数，M 为人们在测试中取得的平均分

① 1949 年韦克斯勒在他编制的儿童智力量表中首次用离差智商取代比率智商。这是因为比率智商的基本假定是智力发展和年龄增长成正比，是一种直线关系，但随着人年纪的增长，到26 岁左右智商就停止提高而进入高原期，所以比率智商不适用于年纪大的时候。离差智商采用了一种新的方法，放弃了智龄，运用了离差。

数，S 为该组人群分数的标准差。

如果 1000 位随机测试者在测试中取得的分数的平均值为 20，通过计算得到该组人群所得分数的标准差为 4，那么一个分数为 28 的人的智商为：

$$100 + 15 \times (28 - 20)/4 = 130$$

在斯坦福—比奈智力量表中，以每个年龄组的 IQ 均值为 100，标准差为 16。

具体公式为：

$$IQ = 100 + 16Z = 100 + 16(X - M)/S$$

智商分级标准如表 20－3 所示。

表 20－3　　智商分级标准

智商值（分）	智商等级	智商值（分）	智商等级
130 以上	非常优秀	90～109	中等
120～129	优秀	80～89	中下（迟钝）
110～119	中上（聪明）	70～79	临界状态
		70 以下	智力缺陷

智商测验有 11 个项目，包括常识、理解、算术、类同、记忆、字词、图像、积木、排列、拼图、符号测验。在现代典型的智力测验中，设定主体人口的平均智商为 100 分，则根据一定的统计原理，一半人口的智商介于 90～110 分，其中智商为 90～100 分和 100～110 分的人各占 25%。智商为 110～120 分的占 14.5%，智商为 120～130 分的人占 7%，智商为 130～140 分的人占 3%，其余 0.5% 人智商在 140 分以上，另有 25% 的人智商在 90 分以下。另据我国科学家证实，不同民族、不同性别和不同血型的人的智商并无明显的先天差异，而且智商并非完全由先天决定，后天的培养同样至关重要。一个人的智商可以决定其成就。

除智商外，个人发展还受到情商高低的影响。智商、情商是人更好地适应社会与环境的基础。一个人的智商一般来说是比较稳定的，虽然可以开发，但是不会有太大的变化。但情商却不同，在经历了很多的人生起伏、感情历程后，我们的情商就会随之提高。所以成熟的人的情商比不成熟的人要高很多。

情商（emotional quotient，EQ）① 表示认识、控制和调节自身情感的能力。情商的高低反映着情感品质的差异。情商对于人的成功起着比智商更加重要的作用。情商主要与非理性因素有关，它影响着认识和实践活动的动力。它通过影响人的兴趣、意志、毅力，加强或弱化认识事物的驱动力。智商不高而情商较高的人，学习效率虽然不如高智商者，但有时能比高智商者学得更好，成就更大。因为锲而不舍的精神可以弥补智商的不足。另外，情商是自我和他人情感把握与调节的一种能力，因此对人际关系的处理有较大影响。其作用与社会生活、人际关系、健康状况、婚姻状况有密切关联。情商低的

① 1995 年，丹尼尔·戈尔曼的《情商：为什么情商比智商更重要》（*Emotional Intelligence: Why It Can Matter More Than IQ*）一书出版后，情商这个概念得到普及。2000 年，由巴昂（Reuven Bar－On）主编的《情绪智力手册》（*The Handbook of Emotional Intelligence*）出版，标志着情绪智力研究进入一个新的阶段。

人人际关系紧张，婚姻容易破裂，领导水平不高。而情商较高的人，通常有较健康的情绪，有较完满的婚姻和家庭，有良好的人际关系，容易成为某个部门的领导人，具有较高的领导管理能力。通常我们把情商分为四个等级（见表20－4）。

表20－4　　情商等级及特征描述

情商等级	特征
高	其典型表现为：（1）自动自发；（2）目光远大；（3）情绪控制；（4）认识自我；（5）人际技巧即尊重所有人的人权和人格尊严。不将自己的价值观强加于他人。对自己有清醒的认识，能承受压力。自信而不自满。人际关系良好，和朋友或同事能友好相处。善于处理生活中遇到的各方面的问题。认真对待每一件事情
较高	自信而不自满，很乐观，很幽默，能站在别人的角度想问题，有较好的人际关系，做事不怕难，心理承受能力强，能应对大多数的问题
较低	易受他人影响，自己的目标不明确。比低情商者善于原谅，能控制大脑。能应付较轻的焦虑情绪。把自尊建立在他人认同的基础上。缺乏坚定的自我意识。人际关系较差
低	自我意识差，没有自信，无确定的目标，也不打算付诸实践，严重依赖他人，说话和做事时从不考虑别人的感受，经常大发脾气，处理人际关系的能力差，应对焦虑能力差，生活无序，爱抱怨。总喜欢为自己的失败找借口，推卸责任，做事怕困难，胆量小。心理承受能力差，受不了一点打击，经常流泪，对生活感到悲观绝望

四、人与自然的和谐发展衡量

人是自然界的一分子，人的发展应该体现出与自然环境相适应的一面。随着经济的发展，人类对自然的索取力度越来越大，而且到了一种竭泽而渔的地步，过度开采和对环境的破坏不仅在当期对人们的生活质量和身体状况产生很大影响，更重要的是会对于后代人的发展产生不可估量的后果。

多代人的发展要求自然环境持续存在。能源消耗的总量和结构直接影响到环境质量（反映经济增长对能源的依赖程度，以及经济增长可能产生的环境影响）。出于简单化考虑，我们可用环境可持续指数、二氧化碳人均排放量、废水处理率等指标衡量环境状况。

环境可持续指数（environmental sustainability index，ESI）是一项整合性指标系统，追踪21项环境永续的元素，包括自然资源、过去与现在的污染程度、环境管理努力、对国际公共事务的环保贡献，以及历年来改善环境绩效的社会能力。环境可持续指数由美国耶鲁大学环境法律与政策中心、哥伦比亚大学国际地球科学资讯网络（Center for International Earth Science Information Network，CIESIN），以及世界经济论坛合作，在1999年至2008年间公开发布。环境可持续指数的团队已经发展出另一套新的指标系统，名为环境绩效指数（environmental performance index，EPI）。该指数利用结果导向的指标，以作为政策制定者、环境科学家、咨询者与一般大众更容易使用的基准指标。EPI分别于2006年与2008年发布。2008年，在149个国家和地区中，中国 EPI 位列第 105 名。

二氧化碳排放量（简称“碳排放量”）是指在生产、运输、使用及回收某产品时所产生的平均温室气体排放量。而动态的碳排放量，则是指每单位货品累积排放的温室气体量。同一产品的各个批次会有不同的动态碳排放量。比如一家超市货架上的某只箱子来自附近的工厂，而其旁边的另一只箱子则来自数百公里以外的工厂，并且这两只箱子是否通过物流公司运输，也会对其碳排放量产生很大影响。同时，每家每户在生活中都要排放“碳”，家庭用电中，二氧化碳排放量（千克）等于耗电度数乘以 0. 785。也就是说，一个人用了 100 度电，就等于排放了大约 78. 5 千克二氧化碳。出行时，如果开小轿车，二氧化碳排放量（千克）等于油耗数乘以 2. 7。使用家用天然气，二氧化碳排放量（千克）等于天然气使用度数乘以 0. 19。使用家用自来水，二氧化碳排放量（千克）等于自来水使用度数乘以 0. 91。

低碳是指较低的温室气体（以二氧化碳为主）排放。节水、节电、节油、节气，是我们倡导的低碳生活方式。生活中，我们一方面要鼓励采取低碳的生活方式，减少碳排放，另一方面要通过一定碳抵消措施，来达到平衡。种树就是“碳中和”的一种方式，需种植的树木数（棵）等于二氧化碳排放量（千克）除以 18. 3。

根据专家统计，每节约 1 度（千瓦时）电，就相应节约了 0. 4 千克标准煤，同时减少排放 0. 272 千克碳粉尘、0. 997 千克二氧化碳、0. 03 千克二氧化硫、0. 015 千克氮氧化物。为此可推算出以下公式：节约 1 度电 = 减排 0. 997 千克“二氧化碳”，节约 1 千克标准煤 = 减排 2. 493 千克“二氧化碳”[①]。在日常生活中，每个人也能以自身的行为方式，为节能减排出一份力。以下是“碳足迹”的基本计算公式：家居用电的二氧化碳排放量（千克）= 耗电度数 ×0. 785；开车的二氧化碳排放量（千克）= 油耗（升）× 0. 785；短途飞机旅行（200 公里以内）的二氧化碳排放量 = 公里数 ×0. 275；中途飞机旅行（200 ~1000 公里）的二氧化碳排放量 =55 +0. 105 ×（公里数 −200）；长途飞机旅行（1000 公里以上）的二氧化碳排放量 = 公里数 ×0. 139。

废水处理率指经过处理的生活污水、工业废水量占污水排放总量的比重。计算公式如下：

污水处理率 = 污水处理量 ÷ 污水排放总量 ×100%

城市污水处理在我国城市建设中是非常薄弱的。全国城市污水处理率的平均值仅为 2. 43% 。中等发达国家的污水处理率为 39% ~88% 。

本章小结

人的发展涉及“人”和“发展”两个重要的主题。人的发展维度应该是从其本质特征以及其他个性来展现，这也是我们进行人的发展测度的理论依据。具体说来，人的发展维度至少要包含以下几个方面：人的劳动性、需求性、社会性和个性，以及可持续性，自由全面发展便是人在这四个维度的充分发展。

一是人的劳动性维度。人的发展集中体现于人的本质发展，即是劳动能力的发展。体力和智力的统一发展，是人的其他各方面发展的基础，所以人的劳动能力的发展是人

① 电与标煤的等价值折算系数为 1 度电 =0. 4 千克标准煤，而 1 千克原煤 =0. 7143 千克标准煤。

的发展的核心，是衡量人的关键维度。

二是人的需要性维度。人的全面发展是在人的需要全面性的驱动下向前推进的，人的需要总是随着其生存环境的变化而变化，从而表现出丰富性和层次性。我们将人的需要划分为三个方面：物质需要、精神需要和社会需要，这三个方面的需要在表面上近似于马斯洛的三个层次，但不完全是由低到高。

三是人的社会性和个性发展维度。人的第三个维度是人作为社会中的人，即人在人群中所处的地位和发展状态。人的社会关系体现在两个方面：一是人与人群、集体、国家以及其他组织之间的关系；二是个人与个人之间的关系，此时，每个人都不是同质的，而是有其特性——个性。人的本质的丰富性、全面性取决于社会关系的丰富性、全面性，社会关系实际决定着一个人能够发展到什么程度。人的个性发展从根本上表现为个人主体性水平的提高。主体性是人作为活动主体在对客体的作用过程中所表现出来的自觉能动性、创造性和自主性，劳动过程就是他的个体主体性的实现。

四是人的可持续发展维度。人的发展不仅仅是当代人的发展，也包括后代人的发展。也就是说，人类与自然环境的关系应该是和谐的，而不是一直掠夺与被掠夺、征服与被征服的关系。

总之，人类发展的测度经历了一个从单维度向多维度发展的过程。20 世纪 70 年代后期，很多国家收集和公开了一系列社会经济指标，最具有代表性的是物质生活质量指数（PQLI）、社会进步指数（ISP）、ASHA 指数和人类发展指数（HDI）。在此基础上我们尝试着从人的发展的四个维度构建了一套人的自由全面发展指标体系。

思考题

1. 人的发展有几个维度？
2. 影响人的劳动性维度发展的因素有哪些，如何衡量？
3. 影响人的需求性维度的因素有哪些，如何衡量？
4. 人的社会性发展如何衡量？
5. 人的个性发展如何衡量？
6. 人与自然的和谐发展如何衡量？

参考文献

［1］李晶．人类发展的测度方法研究——对 HDI 的反思与改进［M］．北京：中国财政经济出版社，2009.

［2］万资姿．人的全面发展指标体系研究论纲［R/OL］. http：//theory. people. com. cn/GB/10346514. html.

［3］许崇正．人的发展经济学的研究对象、理论体系及其意义［J］．学术月刊，2009（12）.

［4］许崇正．人的发展经济学概论［M］．北京：人民出版社，2010.

［5］许崇正．人的发展经济学［M］．北京：光明日报出版社，2022.

[6] 朱巧玲，杨威．对于马克思关于“人的发展”理论的再认识［J］．改革与战略，2009（10）．

[7] 朱巧玲．人的发展指标的构建［J］．改革与战略，2011（9）．

[8] Adelman I，Morris C T. Society，Politics and Economic Development：Aquantitative Approach［M］. Baltimore：Johns Hopkins University Press，1967.

[9] Ambuj D. Sagar A D et al. The Human Development Index：A Critical Review［J］. Ecological Economics，1998，25.

[10] Carlucci F，Pisani S. A Multiattribute Measure of Human Development［J］. Social Indicators Research，1995，36：145－176.

[11] Clark A. Sen's Capability Approach and the Many Spaces of Human Well-being［J］. The Journal of Development Studies，2005，48（8）.

[12] Emes J，et al. Measuring Development：An Index of Human Progress［R］. Public Policy Sources，No. 36，2001.

[13] Gasper D. Is Sen's Capability Approach an Adequate Basis for Considering Human Development?［J］. Review of Political Economy，2002（14）.

[14] Mcnieil D. “Human Development”：The Power of the idea［J］. Journal of Human Development and Capabilities，2009，10（3）.

[15] Stantion E A. Inquality and the Human Development Index［R］. Submitted to the Graduate School of the University of Massachusetts Amherst in partial fulfillment of the requirements for the degree of Doctor of Philosophy，2007.

第二十一章

推进社会主义和谐经济与人的发展相统一

第一节　城镇发展与农村发展相统一

一、统筹城乡融合发展：城市与农村发展的一般趋势

（一）城市与农村的概念

1. 城市

广义地说，城市有两方面的含义："城"为地域的概念，即非农业人口的集聚地；"市"为商业的概念，即商品交换的场所和交换行为。随着交换的发展，城中居民也多了，其经济与居住功能就进一步扩展、融合，"城"与"市"就合一了。随着人类社会的发展，城市也在不断发生改变，在规模、结构、景观、功能上不断完善，逐渐成为人类经济、政治、文化和生活的中心。

从这种意义出发，我国的《城市规划法》把"镇"也定义为"城市"是有道理的。我国目前关于城市规模的划分，以2014年国务院印发的《关于调整城市规模划分标准的通知》（以下简称《通知》）给出的标准为准。《通知》明确，新的城市规模划分标准以城区常住人口为统计口径，将城市划分为5类7档。城区常住人口50万以下的城市为小城市，其中20万以上50万以下的城市为Ⅰ型小城市，20万以下的城市为Ⅱ型小城市；城区常住人口50万以上100万以下的城市为中等城市；城区常住人口100万以上500万以下的城市为大城市，其中300万以上500万以下的城市为Ⅰ型大城市，100万以上300万以下的城市为Ⅱ型大城市；城区常住人口500万以上1000万以下的城市为特大城市；城区常住人口1000万以上的城市为超大城市（以上包括本数，以下不包括本数）①。

---

① 《国务院关于调整城市规模划分标准的通知》，中华人民共和国中央人民政府网，https：//www.gov.cn/zhengce/content/2014-11/20/content_9225.html。

2. 农村

农村可以有广义与狭义两个概念。广义的农村，通常是指处于农村区域里的人和事。如我们讲的“农村工作”中的“农村”，实际上是泛指农业、农村和农民（“三农”）的工作。那么，“农村”就成了农业、农民和农村居民点的总称了。狭义的农村，指的是聚集居住在农村的人们形成的居民点。由于农村居民点目前较小、较分散并且存在着某些“脏乱差”的情况，所以在观念上，农村是与城市相对立的居民点。其实随着经济、社会的发展，人们将会不断地用工业化的生产方式和生活方式武装农业和农村，未来，城乡二元化现象将会消亡，农村有可能成为生态环境优于城市的社区。

（二）城市与农村的发展趋势

1. 总趋势

随着全球经济一体化和计算机信息技术的发展，城市与农村逐渐展现出统一发展的总趋势。

由于城市具有较为完善的基础设施、良好的投资环境、大批的优秀人才，城市和城市群越来越成为经济发展最具活力的区域。世界上的城市人口已经超过世界总人口的50%。专家预测，到2030年，全球居住在城市的人口比例将达到60%以上，全球将进入城市时代。

城市及交通和信息技术的快速发展，使城市与城市、城市与农村之间在经济、社会、文化等各方面活动的相互影响、相互联系越来越紧密。大城市的辐射作用越来越大，使较大区域内的城市相互影响，相互促进，连成一体，形成了城市群或城市带。城市群和城市带，由于在城市空间布局、产业布局及其集聚和扩散等方面的优势，又成为更大区域城市系统形成的基础，如我国的长三角、珠三角城市群等。这种大型区域的城市系统，一方面通过集聚效应从农村吸引了人口和物质资源，另一方面又通过扩散效应将带动区域内农村经济社会的发展，使本来二元发展的城市与乡村，出现了一体化发展格局。

2. 城乡二元化发展向一元化发展转化的必然性

由于非农产业的高效率和向城镇集中发展的趋势，农村的资源不断向城镇转移，城乡二元化发展成为普遍现象。虽然城乡一元化发展具有必然性，但也需要经过一个长期的发展过程，不可能一蹴而就。

马克思指出，城乡的分离对立也就是社会的不协调，是社会进一步发展的障碍，消灭城乡之间的对立是社会统一的首要条件。同时，他还指出，城乡融合是一个漫长的历史过程，要具备许多物质条件。

发展经济学家刘易斯、费景汉、拉尼斯、舒尔茨等在市场化体制下研究了城乡二元结构的问题，认为发展中国家由于工业与农业发展的不协调，普遍出现了城乡二元结构，这种状况必须通过用工业的生产方式改造传统农业和农业劳动力的自由转移，才能得到改变。这种典型的理论被称为“刘易斯—费景汉—拉尼斯模型”。不少发展中国家确实走上了这样的发展道路。

但是当工业化发展到一定程度，刘易斯所说的“拐点”出现时，农业人口向城镇转移的速度会大大下降，直到基本停止，则农村发展的现代化问题就被提到日程上来了。如我国就提出了“工业反哺农业，城市支持农村”的发展战略：通过城市与农村发展的统一，建设社会主义新农村。

钱纳里的世界发展模型揭示了这个道理。在研究世界城市化与工业化的发展趋势时，钱纳里指出：在人均 GDP 超过 500 美元后，工业化基础牢靠，城市化率超过 50%，城乡关系就会发生根本性转化。

无论是发达国家还是发展中国家，城乡关系的发展与变化均与工业化程度相关。工业化水平的不断提高是城乡二元化发展转向一元化发展内在根据；而工业化水平的提高是一个不以人们意志为转移的趋势，所以，城乡二元化发展转向一元化发展也就具有必然性。但是，由于发展中国家多数实施赶超战略，常使工业化推进速度过快，使经济和社会结构调整的时间较短，既易于出现“城市病”，又会造成农村发展的落后。因此，为了从根本上消除和阻止城乡发展的二元化，把“城市发展与农村发展相统一”作为处理城乡关系的战略指导，具有重要的意义。

二、我国城市与农村发展的历程

从新中国成立到目前为止，我国城市与农村发展大体经过了由二元对立逐步向城乡融合发展的四个阶段。

第一阶段：城乡各自发展（1949～1955 年）。新中国成立后，政府把农村土地平均分配给农民，农民生产积极性高涨，农业生产有了较快发展。这一时期，城市与农村人口和物质资源可以在城乡之间自由流动，户籍制度并不限制农民进城。

第二阶段：城乡二元化发展现象明显，城市大力度吸收农村资源（1956～1978 年）。这一阶段，农村推行“一大二公”的集体所有制，城市推行工业化急速发展战略，对农村资源实行了“一平二调”。在农民的财产权利受到极大损害的同时，强制推行了城乡分治的二元户籍制度。这个阶段，伴随着“文化大革命”，城乡发展不平衡，社会剧烈变革，城乡收入差距拉大，城乡二元化发展格局形成。

第三阶段：改革发展，城乡互动，城镇资源对流，农民负担仍重，二元化格局初步解冻（1978～2006 年）。1978 年开始对“一大二公”的人民公社制度进行改革，推行了家庭联产承包责任制。农民的生产积极性空前高涨，农产品产量大幅度增长，供给很快由“短缺”转向了“有余”，并出现了“卖粮难”问题。农村乡镇企业也发展起来了。农民开始向非农产业和城镇流动，从“离土不离乡”到“离土又离乡”，从“盲流”到“农民工”“农民企业家”，城乡二元固化发展的格局开始“解冻”。但是这一阶段农民的负担日益加重，不断引发以减轻农民负担为主题的“深化改革”。随着农村劳动力的转移，农民的非农收入虽然增加了，但是农村公共事务的建设也缺乏青壮年农民，这些事情落到了妇女、儿童和老年人身上，影响了农村公共事务建设的发展。农村虽然也盖了不少新房，但是正如人们所说的，“远看有新房，近看无新村”。农民工虽然成为产业工人，但是由于城乡分治的户籍制度，使他们绝大部分人还成不了“城里人”。因此，城乡二元分割发展的状况虽有一些逆转，但仍然没有形成质变的基础。

第四阶段：统筹城乡发展，主动破解城乡二元化发展格局，城市与农村发展相统一(2006 年至今)。这一阶段发生了两个根本性的转变：一是农村彻底废止了农业税制度和农民的各种提留积累制度，并且还开始提供种粮、良种、农机等各种补贴，实行了新农合和低保政策，从经济基础上挖掉了使农村发展落后的根子；二是党的十六大、十七大、十八大提出并坚持了“工业反哺农业，城市支持农村”的方针，对城乡分治的二元户籍制度进行了改革，为农村流动人口进城务工和落户打开了方便之门。这样便从政治上、政策上挖掉了产生城乡二元化发展的根基，开创了工业化、信息化、城镇化、农业现代化城乡融合发展的新格局。

三、我国城市与农村发展的问题

由于我国发展长期执行城市工业化主导的路线，加上农村人口众多，人多地少，资源紧缺，以农户分散经营为主，农业生产规模较小，虽然 2006 年后我国实施了以工补农、以城带乡的消除域乡二元化发展的方针，但离全方位实现城市与农村发展相统一还有一定的距离，还有很多问题要解决。

（一）城市发展重量轻质

长期以来，我国在城市发展中片面地追求外延扩张，忽视了城市功能质量的提高。表现为地方政府主要通过大量征用耕地扩张城市空间，利用征用土地获得的财政投入推动城镇经济增长，同时主要以产业集聚吸引农村劳动力，既忽视了城市结构的合理和功能的提高，也忽视了产业结构升级和与农村产业的协调发展。不少城市出现了“城市病”，农村的发展明显滞后于城市。人们常用“鬼城”“睡城”来形容城市的过快成长和功能的不配套，也常用“空心村”来形容农村的相对落后。

（二）城乡二元结构问题虽有缓解，但根本格局没发生变化

城乡二元结构为城市与农村发展相统一设置了障碍，表现在以下几个方面：

1. 城乡二元户籍制度所产生的问题没能彻底解决，农民工难以市民化

农民工虽然在身份上已经成为城镇产业工人的重要组成部分，但是城乡二元户籍制度所产生的财政问题没能真正解决，限制了其享受与城镇居民一样的住房、教育、社会保障等公共福利，阻碍了农民工市民化的进程。国家近年来推行了户籍制度改革，不少地区还取消了城乡户籍登记的差别，实行了居住证制度，但是城市的各种福利农民工及其随同亲属仍然有不少享受不到。因此，解决这个问题的关键在于财政出资补平差距。

2. 城乡二元的土地流转制度仍然存在

农村的集体建设用地虽然说可以“同市同价”，但是具体实施上难以操作。而农民的土地承包经营权的流转也没真正形成可操作的市场机制，进城务工农民难以通过市场化途径实现土地财产收益权的合理价值，从而无法获得市民化的发展资本。就土地征用

而言，农民从农地征用中获得的补偿上限远远低于土地的市场价值。这些问题影响了农民财产的增加和农业现代化进程。

（三）城市与农村的公共服务没能真正实现均等化

这种不均等既表现在大中小城市之间，也表现在城市与农村之间。在城镇化进程中，各个区域以及各区域中的大中城市与小城市或小城镇的城镇化进度存在巨大差异，存在着城镇发展不平衡的现象。原因在于资源在地区间的分配及地方的行政配置存在差异，从而导致资源倾向于流向大中城市。具体而言，首先，资源不断地向大中城市集中。其次，大中城市在基础设施和公共服务等方面与小城镇存在巨大的差距。最后，长期以来产业集聚形成的城镇化结构使大部分乡村人口涌入大城市，从而忽视了小城市和小城镇。以上三个方面的原因导致大城市膨胀，而小城市、小城镇发育不足。

另外，城市与农村之间也存在一些问题。一是农村中的公共活动场所、教育卫生资源等落后于城市；二是大量的青壮年农民进入城市后，农村中的劳动力结构发生了很大变化；三是即便农村的保险、医疗、卫生等都实现了全覆盖，但由于条件和收入的差距，这些设施和政策发挥的作用也与城市有较大差距。

（四）城市工业化与农业现代化发展之间仍存在一些矛盾

城市工业化的主导思想已经形成了城乡二元化发展格局。城市工业化的发展，把大量的农村青壮年劳动力吸引进了城镇，但在农业领域并没有相应形成新型的农民群体；城市的发展，占用了大量的农村耕地，但没能吸收相应比例的农村人口；保证农业生产与粮食安全需要实现农业适度规模化经营，而农业适度规模化经营方式始终没有形成主要的经营方式。人们长期形成的先城市后农村的潜意识仍然不同程度地存在。

（五）资源环境约束和环境污染问题没能真正解决

现在的资源短缺和环境污染问题，既表现在城市发展中，也表现在农村发展中。

城市空间、规模扩张太快，已表现出资源短缺和配置不协调问题。如用地指标不足，就设法侵占农村土地；不少城市存在水资源缺乏、绿色覆盖率不达标、交通拥挤、人们情绪急躁、公共活动空间紧缺等“城市病”，降低了城市的质量。

农村耕地短缺，威胁到粮食生产的安全，迫使国家不得不提出“18 亿亩耕地红线”；农村部分地区水资源污染严重，垃圾无害化处理比重很低；“空心村”整治率不高，既浪费了资源，又显示出农村有效资源的缺乏和管理缺位。

农民工的妥善安置也是一个值得重视的问题。2 亿多农民工在城镇的居住、就业、社区活动及子女教育等问题没能很好地解决，影响了他们的安定和社会的和谐。1 亿多新生代农民工绝大多数并没有农村土地，在农村“既无根（乡情），又无本（土地）”，他们怀着“城市梦”，希望在城市定居生活。他们的市民化问题更是一个不可忽视的重大问题。

（六）城乡居民生活水平差距仍然较大

城乡居民的收入与消费水平差距较大。虽然说农民收入增长速度超过城镇居民，但是其收入的绝对差距还是较大的。以2022年的水平为例，城镇居民人均可支配收入是49283元，农村居民人均可支配收入20133元，绝对差距近2.5倍。城镇居民人均消费支出24538元，农村居民人均消费支出16632元，绝对差距将近1.5倍。这反映了其生活的二元化现象。

四、我国城市与农村发展的前景

根据改革开放的总体进程和2006年以来城乡统筹发展的情况，我国城市与农村发展的前景大体可以用“四个转化”来说明。

（一）由城乡“二元”分割发展向城乡统筹发展转化

在2005年之前，基本上是农村的积累用于发展城市，农村没有得到较好的发展，使城乡“二元化”的现象较为严重。其实，从长远的观点来看，这是得不偿失的。在2005年10月召开的党的十六届五中全会上通过的《中共中央关于制定国民经济和社会发展第十一个五年规划的建议》中，提出建设社会主义新农村战略任务后，“工业反哺农业，城市支持农村”政策措施逐步落到实处，城市公共服务向农村覆盖、城市现代文明向农村扩散，出现了城市发展与农村发展相统一的良好趋势。

（二）由靠传统工业化向工业化、信息化、城镇化和农业现代化同步发展转化

传统工业化的突出弊病是重物轻人、重城轻乡、重工轻农、粗放发展。与此相对应的结果是经济低效率、资源高消耗；城市扩地盘，功能不合理；农村空心化，农业低收益。自2006年取消农业税和农村各种提留后，农民手中有了积累，农村发展有了力量，中央又加大了对农村的转移支付力度，各级政府都制定了消除农村贫困的具体目标，结合整个国家的新型工业化、新型城镇化、建设社会主义新农村的发展战略，信息技术、智能化的快速发展，社会主义新农村建设形成了良好局面，我国出现了工业化、信息化、城镇化和农业现代化同步发展的新格局，为从根本上扭转城乡分割发展的旧局面打下了坚实的基础。

（三）由轻视资源环境保护向崇尚生态文明转化

纵观我国城市与农村的发展历程，2006年以前的发展，虽然创新了生产和生活方式，带来了社会财富的增长，但走的是一条先发展、后治理的道路，轻视资源利用效率和环境保护。由此造成了资源被大量消耗、有害物质大量产生、温室气体大量排放等诸多问题，使城市与农村污染严重，难以实现可持续发展。党的十八大以来国家注重提高城乡人民的物质和文化生活水平，促进人的全面发展，实现社会和谐、生态文明和共同富裕。这种趋势的延续，将使城市与农村发展相统一。

（四）由社会矛盾积聚向社会和谐发展转化

从经济社会发展的实质看，农村剩余人口迁入城市，促进了城市的发展，促进了我国社会由传统文明走向现代文明。这种发展的核心是“化人”，是人的全面而自由的发

展。这是追求现代文明、幸福康乐的新生活的过程，不仅目标是伟大、崇高的，而且过程也应充满幸福、和谐。到2020年实现全面小康，其实现路径就是城市与农村发展相统一，即中央提出的“统筹城乡发展”。我们从“城乡分化”“贫富分化”“劳资对立”“阶层对立”“传统与现代割裂”“人与自然分离”等诸多社会矛盾中走了出来，正在按照“一切为了人，为了一切的人，为了人的一切”的要求，实现了城市与农村发展相统一。

五、实现我国城市与农村发展相统一的对策

（一）突出以人为本理念，抓好城市与农村的协调发展

落实城市与农村发展相统一的目标，要突出以人为本的理念，抓好城市与农村的协调发展。

1. 以人为本的理念

在落实城市与农村发展相统一目标的全过程中，都要贯彻以人为本的理念，以为人民服务的思想时时处处考核工作安排和实绩。新型城镇化的核心是人。我们推进工业化和城镇化发展的根本目的，是提高城乡居民的生活水平，巩固小康社会建设成果。

2. 协调发展

应重点抓好三个方面的工作：

一是抓好产城人融合。工业化和城镇化的发展，目的是提升城乡居民的生活质量。但我们在发展过程中，出现了土地城镇化率高于人口城镇化率、工业园区与城镇建设和居民生活脱节等现象，出现了“空城”“睡城”及城市拥堵、交通混乱等现象。老的园区，要按照产城人融合的要求进行改造、提高；新建园区，规划时就必须符合产城人融合的要求，以提高城市发展的质量。

二是抓好城市群（带）建设，促进区域全方位发展。城市群的发展是当代区域城市经济社会发展的趋势。城市群中不仅有发展水平较高的城市，也有发展水平不高的农村。因此，在推动城市群发展的过程中，一定要搞好城市群中城、镇、村的协同发展，实现城市与农村发展相统一。

三是努力解决“三农”问题，让农民共享改革发展成果。城市与农村发展相统一，就是要求我们的发展，不单要让城镇居民满意，还要让农村居民满意。这就要求我们必须抓好城乡融合发展。就我国基本国情来说，要使城乡居民都满意，其实主要矛盾在农村，国家把“三农”问题作为重中之重，正显示了这一点。要按照生产发展、生活宽裕、乡风文明、村容整洁、管理民主“20字方针”，把新农村建设好、管理好。

（二）做好农村工作，突出“三个集中”

集中是规模经济发展的基本途径；只要规模适度，就能产生新的集合的生产力，促

进社会产品总量的增加和质量的提高。农村工作涉及方方面面，但就目前的实际来看，应突出“三个集中”。

一是做好土地流转的文章，促进土地向新型农业经营主体集中。建立农村土地流转服务机构和网络，积极探索土地经营权转包、转让、入股、代营等新路子，促进土地向龙头企业、经营大户、家庭农场等新型农业经营主体集中，创造现代农业发展的条件。

二是做好“飞地经济”的文章，促进乡镇企业向园区集中。引导分散在农村中的乡镇企业向乡镇产业集中区集中；对于不适合发展工业的山区乡镇，通过落实促进“飞地经济”发展的鼓励政策，引导它们主动向园区集中。

三是做好农民工市民化的文章，促进人口向城镇集中。消除附加在户籍制度上的社会保障、劳动就业等各种差别，加快“土地挂钩”试点、旧村改造等步伐，促进宅基地空间转移，规划建设一批农村新社区和居民点，促进人口向新型镇、村社区集中。

（三）加快结构调整，协调产业发展

一是调整农业结构，加快推进农业现代化。推进农业现代化建设，已成为农业与整个经济社会协调发展的现实需要。主要包括：积极推进优势农产品产业带建设；大力发展农业产业化经营，与加工业、超市组成产业链；建立健全农产品市场营销体系，提高其盈利率；努力提升农产品质量，保障食品安全；等等。

二是走新型工业化道路，加快工业化进程。通过“工业反哺农业，城市支持农村”，为农业现代化提供物质技术基础和人力资源，促进农业现代化的发展。具体到每个县，要坚持从实际出发，经过科学论证，因地制宜地确定其主导产业，并不一定都要通过“工业立县”而实现工业化。

三是调整城乡结构，推进农村经济全方位融入市场经济。区域经济发展的一般规律表明，统筹城乡经济发展，应充分发挥城市对农村的带动作用，推进农村经济融入城市。通过完善城市功能，强化产业支撑，增强人口和各类要素的聚集能力，推动大中小城市和镇、村的协调发展。

（四）建立城乡一体化市场，促进要素流动

就业是民生之本。统筹城乡劳动力就业，关键要明确政府在促进农村劳动力转移方面负有重要职能和重大责任，应从体制和机制上不断完善劳动力市场，取消限制农民进城的歧视性政策；要创建非农业居民进入农村、农业就业的机制和政策，逐步建立以劳动力素质为主要就业标准的城乡统一的就业制度和统一、开放、竞争、有序的城乡一体的劳动力市场，促进生产要素在城乡之间的合理流动。

一是构建劳务输出服务长效机制。各级劳动部门要努力工作，有目标、有计划、有组织地做好劳动力输出工作。

二是抓好“劳动力培训”工程。劳动力的素质决定着劳务输出规模、决定着市场竞争力、决定着收入水平。充分发挥现有职业技术学校、劳动力培训中心、乡镇成人学校、农函大、农业广播电视学校、农技推广中心等各类培训机构的作用，鼓励和支持企业等社会力量创办具有特色的民办培训机构，广泛开展农村劳动力培训，提高农村劳动

力的素质。

三是抓好“劳务品牌”工程。品牌就是市场，就是竞争力。各地政府部门要加强引导，组织从业人员组建行业协会，成熟的劳务品牌应及时注册，保护品牌资源，按照市场经营的理念，做大、做强、做响已有的劳务品牌。

四是抓好农民工维权工程。加强劳动监察执法和用工管理，严禁随意清退、限制农民工就业的做法，集中力量解决拖欠和克扣工资、劳动安全、职业病防治等突出问题，维护农民工的权益。用人单位都要按照《中华人民共和国劳动法》等规定依法与农民工签订劳动合同，明确规定用人单位和农民工双方之间的权利、义务和责任，按规定为农民工办理社会保险。

（五）调整支出结构，加大支农力度

农业是基础产业，又是弱势产业，要承担自然风险和市场风险。加快农业、农村发展，增加农民收入，光靠市场调节不行，政府必须加强扶持和保护。这是世界各国普遍的做法。今后，各级政府应该调整国民收入分配结构和财政支出结构，提高政府支农资金的使用效益，切实增加对农民可以直接受益的农村基础设施建设的支持力度，以改进农民生产和生活条件。

（六）创新体制机制，深化相关改革

制度、体制属于上层建筑，既有促进经济社会发展的作用，也有阻碍经济社会发展的作用，必须根据经济社会发展的实际需要维护或改革、创新制度、体制。

一是深化土地制度改革。坚持节约用地原则，合理确定土地流转的方向及规模，使土地向规模经营集中，为城镇和工业区集中留足空间、创造条件。建立完善土地流转经营激励机制、利益协调机制、管理服务机制，促进土地流转市场健康有序发展。

二是深化户籍制度改革。落实好居民居住证制度，逐步消除附加在户籍制度上的社会保障、劳动就业、计划生育、服役退伍、文化教育等城乡差别，使进城务工农民与城镇居民享受平等待遇，促进农村劳动力转移。

三是深化财政体制改革。调整优化财政支出结构，节约行政费用开支，提升经济社会发展投入比重，建立城市与农村发展相统一的长效投入机制，重点改善农村公共设施建设和公共服务供给，实现公共财政城乡全覆盖。

四是深化投融资体制改革。完善市场化运作机制，加快建立政府引导、市场运作、社会参与的多元化投融资保障机制，引导和鼓励各类金融机构增加对乡镇的信贷投放，鼓励发展农村信贷担保机构，积极培育小额信贷组织和资金互助组织。

五是深化农村基本经营制度改革。保障农民承包经营的自主权，发挥龙头企业、经营实体、各类协会、社区组织、农民经纪人的作用，积极发展各类农村新型合作组织，培育新型农民群体，提高农民的组织化程度，增强农民抵御市场风险的能力。

六是深化行政管理体制改革。加快计划、规划、国土、建设、城管、环保、工商、劳动保障等部门职能向农村延伸；积极有序地改革乡镇行政管理制度，强化行政管理统筹，降低行政成本，使乡镇行政管理体制与统筹城乡一体化发展要求相适应。

第二节　经济增长速度与结构、质量、效益相统一

经济增长是指一定时期内一国国民生产的商品和劳务总量。其内涵不仅仅是指增量，更应该是一个存在增量结果的长期持续增长。构成经济增长的要素包括经济增长速度、经济增长结构、经济增长质量和经济增长效益。经济发展的重要目标是追求速度、结构、质量和效益相统一。提高我国经济发展的整体水平，最重要的是提高经济运行的质量和效益。质量和效益提高了，国民经济就能形成良性循环，发展就有后劲。质量效益无法提高，片面强调速度，只能是欲速则不达，最终影响经济的整体运行。经济增长结构是指国民经济构成要素之间相互联系和相互作用的关系与方式，主要包括所有制结构、产业结构、技术结构、企业组织结构和地区结构等。经济增长质量是一个很广泛的综合概念，它包括人们生活水平的提高、就业充分、物价稳定及环境优美等，它关注的是经济增长的后果、前景及其给人们带来的福利。经济增长效益则更多地体现在劳动报酬和居民收入增长上，体现在企业利润增加和财政收入增长上。因此，经济增长质量与效益、经济增长速度与结构存在着密切关系。提高经济增长质量和效益，需要保持一定的增长速度，同时要在“调结构”上做文章，否则，提高质量和效益就无从谈起，增加就业、提高居民收入和改善民生就缺乏物质基础，以提高经济增长质量和效益为中心，要求的是有质量、有效益、可持续发展的速度，是质量和效益不断提高的速度，也是不断调整经济结构的必然结果。

一、经济增长速度与经济增长质量

经济增长的速度通常用GDP的增长率来衡量。经济增长的速度并不等同于经济增长的质量，经济增长质量的提高是以经济增长的数量和速度为前提，但是如果片面追求经济增长数量和速度会制约经济增长质量的提高。对经济增长质量的评价不仅要看GDP的数量，而且要看GDP的结构和内容以及经济增长成果的分享，包括产品种类和质量的升级、产业结构和产品结构的优化、人民的消费水平和福利水平提高等。经济增长速度的变化对经济增长质量有很大影响。经济增长速度太快，超过了潜在增长率（适度增长率），会导致增长质量的下降，引起经济波动，这是我国经济中长期存在的问题。20世纪90年代中期经济过快增长导致了严重通货膨胀、经济波动，以至持续到2002年的通货紧缩，这段经历人们仍记忆犹新。

经济增长质量的变化会反过来影响经济增长的速度。为了扩大就业，提高人民的收入和生活水平，我们确实需要追求尽可能高的经济增长速度。但是，我们要追求的高速度，不是一年、两年的高速度，而是十年、二十年的高速度。以往的经验教训表明，对于我们这样一个发展中大国，短期内的经济增长速度过高，不能解决持续发展这样的大问题，只有长期的持续增长，才能使国民经济发生根本性的变化。为了追求短期的高增长而引起经济波动，不仅影响了增长质量，而且从长期看则欲速不达。因此，防止增长过快，保持经济增长的可持续性，具有重要意义。经济增长质量对增长速度的作用和影

响表现在：如果增长质量稳定且不断上升，经济增长就具有较强的后劲，持续快速增长就有较大的潜力和可能性；如果增长质量波动并下降，经济增长的可持续性就会受到破坏，增长过程就会出现波动。同时，增长质量还影响着经济增长的有效性，使同样的增长速度出现不同的经济效果，表现为国民福利含量和增进程度的差别。从这个角度看，保持较高的增长质量，是经济长期持续增长和高效增长的重要保证。而这就需要防止追求短期高速度对增长质量的影响。

二、经济增长结构与经济增长质量

从经济增长结构与经济增长质量来看，经济增长结构构成了经济增长质量的重要维度之一，经济增长结构均衡就会对经济增长质量发挥积极作用，而经济增长结构失衡就会制约经济增长质量的进一步提高。具体来看，经济增长结构主要从以下几个方面影响经济增长质量。

第一，经济增长结构的优化有利于改善资源的配置状况，降低国民经济的中间消耗，从而提高经济增长的效率，促进经济增长质量的提高。从资源配置状况来看，我们知道，资源是非常有限的，而经济增长中不同构成要素之间存在生产率的差异，如果生产率低下的部门或产业占据了过多的资源，那么整个经济运行的效率就不会太高。随着经济增长结构的变动，资源的配置结构也会相应地发生变化。当经济增长的结构优化时，各个部门或是产业的资源配置也就产生变化，资源从生产率增长较慢的部门向生产率增长较快的部门转移，从而促进经济增长效率的提高。

第二，经济增长结构的优化有助于抑制经济增长的大幅波动，保持经济增长的稳定性，从而提高经济增长的质量。经济增长的结构在很大程度上决定着经济增长数量的波动状况，如果经济增长的结构失衡比较严重，就会引发和强化供求总量方面的矛盾，从而强制性地将经济运行压向低谷，形成大幅度的经济波动。随着经济增长结构的优化，各构成要素之间的发展相互协调，经济增长结构的失衡状况就会得到改善，使经济增长数量剧烈波动的结构性矛盾弱化，经济增长的稳定性增强，从而经济增长质量获得提高。自 1978 年经济转型以来，我国经济在持续高速增长的过程中往往伴随着大起大落的剧烈波动，而其中非常重要的一个内在原因就是产业结构的失衡。当结构性矛盾发展到一定程度时，长期积累形成的供求矛盾就会爆发，将经济运行压向低谷，此时政府不得不从宏观上放松对经济的控制，而经济系统内部存在的强烈扩张冲动和投资倾向有可能造成投资需求迅速增长，出现经济过热和通货膨胀，此时政府又不得不采取紧缩政策，由此导致经济的大起大落。如果经济增长的结构可以得到优化，那么构成经济增长的各个要素之间的矛盾就会弱化，且相互之间的关联程度会深化、结构聚合质量会提高，从而使供求总量关系实现相对平衡，经济的大幅度波动受到抑制，经济增长的稳定性增强，经济增长的质量提高。

第三，经济增长结构的优化有助于改善居民的福利水平，从而提高经济增长的质量。作为世界上最大的发展中国家，中国具有典型的二元经济结构特征，一方面存在着以城市工业为代表的现代经济部门，另一方面还存在着以手工劳动为特征的传统农业部门，并没有实现工业化和城市化。由于二元经济结构的存在，自改革开放以来，在我国经济发展的现实中出现了城乡收入分配差距不断扩大的趋势，而这又导致农民的购买力低下、受教育水平持续下降、医疗保障缺乏等问题。如果二元经济结构可以转化，传统部门的劳动力与现代部门的资本能够有效结合，农村中大量剩余劳动力实现转移，不仅可以提高他们的收入水平，同时也可以提高我国的粮食生产率，并且这些转移到非农业领域的人口还提高了对于粮食的需求，从而又有利于种粮农民收入水平的提高。在此基础上，占我国总人口近 2/3 的农民的福利水平获得改善，经济增长质量得到提高。

三、经济增长质量和经济增长效益

由于我国经济增长方式尚未得到根本改变，在经济保持持续较快增长的同时，要在经济增长中实现质量和效益的统一，应做好以下几个方面的路径转型。

第一，经济增长的战略要从赶超型向质量效益型转变。要在经济数量增长的基础上，提高经济增长的质量和效益，就必须使经济增长的战略由追赶型增长战略转向质量效益型增长战略：一是战略思路由比较优势向竞争优势转型。在实现经济增长的数量、质量和效益统一的过程中，经济增长的战略思路要由过去强调比较优势转向强调竞争优势，以科技创新为主导，以产业结构升级为核心，以制度创新和企业创新为动力，以环境优化为保障，以提高诚信能力和竞争力为目标，培育以技术进步为基础的经济增长新优势。二是战略目标由低成本扩张型增长向高效率的创新型增长转型。一方面要优化需求结构，由过去依靠投资和进出口带动向消费投资和出口协调增长转变，在强调投资需求和进出口需求的同时，要更加强调消费对经济增长的作用。另一方面要优化供给结构，促进产业结构升级，降低能耗提高效益，走自主创新之路、新型工业之路、农业现代化之路和新型城镇化之路。三是战略模式由过去的数量增长向效益型增长转型。在中国经济增长进入新阶段、经济增长整体水平提高、市场竞争日益激烈、资源环境的约束强化背景下，片面追求速度和数量的经济增长模式已经走到尽头，因此要提高经济增长的质量和效益，实现经济增长的数量、质量和效益的统一，就必须实现经济增长战略模式由过去的数量速度型增长向质量效益型增长转型。四是战略要素依赖由过去的物质资源依赖向智力资源依赖转型。过去数量速度型的经济增长依赖于资本、自然资源和人口资源，通过扩大这些资源的投入实现经济规模的扩张来实现增长。质量效益型增长依赖于智力资源，强调在经济增长过程中发挥技术进步、人力资本的作用。

第二，经济增长模式要从成本外生型向成本内生化转变。传统经济增长模式在经济增长中仅仅把生态、环境与资源看成是经济增长的外生变量，没有充分考虑资源短缺、环境污染和生态破坏的问题，更没有对由于资源浪费、环境污染与生态破坏所带来的经济增长成本与收益进行对比。而“成本内化的经济增长模式”，则把资源、环境、生态内化为经济增长的内部要素，使人与自然生态相协调，以追求经济增长的质量为目标，降低经济增长的代价。这一模式的内容有：一是在发展观上，以人的全面发展为最终目标，以人与自然的协调为核心，彻底改变把自然视为征服对象的发展观，使经济增长由对物的终极关怀转向对人的终极关怀，在经济增长过程中，把经济过程与自然过程结合起来，把经济增长的数量、质量和效益结合起来。以环境保护来促进经济进步，以降低发展成本来提高经济增长的质量，提高经济增长的净收益。二是在生产方式上，建立低耗能、轻污染的生产方式。在生产中对资源浪费、环境破坏的控制由末端控制转变为全过程控制管理，推行清洁生产和柔性化的工业生产方式。大力推行循环经济，它是以物质与能力的积累和闭路循环为特征，在环境方面表现为污染低排放，把清洁生产、资源综合利用、生态设计融为一体。三是在技术选择上，围绕环境保护和降低资源消耗建立新的技术创新体系。一方面研究、开发和推广无污染的新技术和治理环境污染的新技术，另一方面研究和开发提高资源利用效率的新技术，降低资源浪费，拓宽人类资源利用空间。四是在经济增长的评价方面，建立经济效益、社会效益、生态效益相结合的综合评价体系。以国民生产总值和国内生产总值来衡量经济增长的速度、数量，以经济增长成本和经济增长的净收益来衡量经济增长的质量和生态效益。

第三，经济增长的动力要从要素驱动型转向创新驱动型。我国传统的数量型增长是一种要素驱动型经济增长，这种经济增长的形成机制是通过投入规模扩大，从而实现产出增长的机制。要实现经济增长的数量、质量和效益的统一，必须实现由要素投入驱动向创新驱动的转型，创新驱动的机制是提高效率、降低成本。实现经济增长动力从要素驱动型转向创新驱动型的路径在于：首先，以产业创新形成新型产业体系。20 世纪 60 年代初，世界主要发达国家的经济重心就开始转向服务业，产业结构呈现出“工业型经济”。要通过创新驱动来实现经济增长数量、质量和效益的统一，就要进行产业创新，产业创新的目标是：构建以高端制造、创新驱动、品牌引领、低碳发展为特征的新型产业体系。其次，以科技创新形成完备的技术创新体系。我国经济发展技术含量不高，很多关键技术和核心技术受制于人，先导性战略高技术领域科技力量薄弱，重要产业对外技术依赖程度依然较高，影响自主创新的诸多体制机制障碍依然存在。要通过创新驱动来实现经济增长数量、质量和效益的统一也要进行科技创新，科技创新的目标是：大力推动自主创新，实现从模仿创新到自主创新的转型，形成完备的技术创新体系。再次，以制度创新保证制度创新。一是促进行政管理制度创新，建立科学的政府决策机制。要鼓励政府行为长期化，政府行为长期化重在转变经济增长方式，在此基础上建立科学合理的政府决策机制。二是促进科技和教育制度创新，为改善供给和经济增长质量提供知识、技术和人才支持。通过科技制度创新鼓励在经济发展的关键技术领域和前沿核心技术领域进行创新，努力形成一批拥有自主知识产权的关键技术。通过教育体制的创新，培养高素质的人才，优化教育结构，推行素质教育，扩大教育资源，加快创新人才的培养。三是促进收入分配体制的创新，完善各项社会保障制度。加强政府对收入分配的调节职能，调节过大的收入差距。规范分配秩序，合理调节少数垄断性行业的过高收入。扩大中等收入者比重，提高低收入者的收入水平。最后，以战略创新形成具有自主知识产权的协同创新体系。战略创新实质上是通过发展战略的调整来统筹各方面资源，进而达到协同创新。实现经济增长数量、质量和效益相统一的战略创新的目标是：提高创新能力，根据比较优势形成自己的产业链，以增强国际竞争力。

第四，经济增长的结构要从多元化转向高级化。在未来中国经济增长中要实现数量、质量和效益的统一，就必须使经济结构从多元化转向高级化。一是提高企业自主创新能力，促进科技成果向现实生产力的转化，同时应注重企业的人力资源积累，引导人力资本、知识和技术在产出增长中发挥真实作用。二是加快传统部门改造，加大传统部门技术和人力资源投入，同时要促进产业结构升级，促使企业或整个行业从原先的资本驱动或劳动驱动型增长向知识驱动型增长转变，实现产业结构从传统规模报酬不变或者递减转化为规模报酬递增。三是产业结构的调整要从结构多元化向高级化转型，积极推动中国产业结构向合理化和高级化演进，加快现代化产业体系的形成，增强产业结构的转化能力，使中国未来经济增长的主要方向从以结构多元化求增长速度转向以结构高级化求增长质量。四是培育更多的新经济增长点，坚持以市场为导向，形成以高技术产业为先导、基础产业和制造业为支撑、服务业全面发展的产业新格局。

第五，经济增长的体制要由速度数量型体制转向质量效益型体制。造成经济增长方式难以转变，经济增长的数量、质量和效益不相统一的深层次原因在于经济体制。因此，要实现经济增长的数量、质量和效益的一致性，就必须实现由速度数量型体制转向质量效益型体制：一是在行政管理体制改革中，一方面要改变单纯以数量增长和产值为核心的官员考核标准以及由该标准而引起的晋升激励，把质量和效益指标纳入考核体系中，形成质量激励和效益激励。另一方面要正确处理政府和市场的关系。要追求有质量和效益的增长，就要通过深化改革，正确处理政府和市场的关系，最大限度地消除扭曲的体制性因素对经济增长的影响，在经济平稳增长的基础上实现数量、质量和效益的有效统一。二是在投融资体制改革中，要解决投融资行业部门化和地方行政化体制，改变现有行业部门和政府管投资的体制，建立投融资市场化机制，实现投融资行为的市场化，使经济主体按照市场需求和效益原则进行投融资。三是在社会主义市场经济体制的完善中，使经济主体的决策和行为面向市场需求，通过市场的外在压力促使企业进行技术创新、管理创新，建立起经济增长中数量、质量和效益相统一的体制机制，发挥市场的作用。彻底打破行业、地区和部门垄断，改变市场行为扭曲情况，发挥竞争机制在资源配置中的作用，促进资源的合理流动与有效配置，以解决产业趋同以及由此引起的产能过剩。四是在科技体制的改革中，应充分发挥市场机制在科技资源配置中的基础性作用、企业在科技创新中的主体作用、大学的基础和生力军作用，形成科技创新的整体合力。努力形成以企业为主体、市场为导向、产学研相结合的技术创新体系，建设科学研究与高等教育有机结合的知识创新体系。

第三节 经济效益、社会效益、生态效益相统一

一、经济效益的含义

经济效益是通过商品和劳动的对外交换所取得的社会劳动节约，即以尽量少的劳动耗费取得尽量多的经营成果，或者以同等的劳动耗费取得更多的经营成果，是资金占用、成本支出与有用生产成果之间的比较。它有两种含义：第一层含义是指在社会再生产过程中，劳动占用和劳动消耗同劳动成果的比较。劳动占用包括物化劳动量及必需的

原材料储备。劳动消耗是指生产过程中实际消耗的劳动量，包括活劳动的消耗与物化劳动的消耗。第二层含义是人们通常所说的净收益和纯收益，主要是指企业在总收入中扣除物化劳动消耗和包括活劳动消耗在内的全部消耗后剩下的余额，前者叫净收益，后者叫纯收益。

经济效益的第一种含义是一个比值，而第二种含义是一个绝对数，不管是哪一种含义，最终都可派生出一些其他指标来表示经济效益的大小。所有这些指标，都包含利润与成本的关系，或者说在商品经济的条件下，利润越高，成本越低，经济效益就越高。经济效益主要应从价值形态上去考察，但也不能无视使用价值，而使用价值反映的主要是社会效益的一部分。我们考察的是二者相统一的经济效益，即社会经济效益。

（一）提高经济效益的意义

第一，提高经济效益，才能充分利用有限的资源创造更多的社会财富，意味着生产更多产品和劳务，从而有利于满足人民不断增长的物质和文化生活需要。

第二，提高经济效益，有利于增强企业的市场竞争力，意味着增加企业盈利和国家收入，增加资金积累，增强综合国力，从而有利于国民经济和社会的发展。

第三，提高经济效益，意味着提高投资效益和资源利用效益，从而有利于缓解中国人口多与资源相对不足、资金短缺的矛盾，提高经济增长的速度。

（二）提高企业经济效益的途径

第一，依靠科技进步，采用先进技术，用现代科学技术武装企业，提高企业职工的科学文化水平和劳动技能，使企业的经济增长方式由粗放型向集约型转变。

第二，采用现代管理方法，提高企业经营管理水平，提高劳动生产率，以最少的消耗，生产出最多的适应市场需求的产品。

第三，企业兼并重组和企业破产。企业兼并重组指的是由经济效益好的优势企业吞并那些长期亏损甚至资不抵债的劣势企业的经济现象，进而组建跨地区、跨行业、跨所有制和跨国经营的大企业集团，这样可以实现优势互补，优化资源配置，降低生产成本，提高劳动生产率，促进先进技术的研究和开发，达到扩大市场占有份额、获取更大经济效益的目的。企业破产指的是对那些长期亏损、资不抵债而又扭亏无望的企业，按法定程序实施破产清算的经济现象。企业破产制度的建立，可形成优胜劣汰的竞争机制，及时淘汰落后产能，达到资源的合理配置和实现产业结构的合理调整。总之，企业兼并重组和企业破产制度可以有效地提高企业经济效益，强化企业的风险意识，激发企业的活力，使企业在破产风险的压力下改善管理，改进技术，提高劳动生产率。企业兼并重组和企业破产也是价值规律作用的具体体现，其目的是优化资源配置，增强企业竞争力，最终提高经济效益。

二、社会效益的含义

社会效益是指社会再生产过程中满足社会对物质和精神财富需求的程度及其满足需

求以后的后续社会后果。一般讲，满足需求度以使用价值的生产总量指标、人均指标来衡量。所以，满足需求度是社会效益的数量指标，表达的是某项社会财富的使用价值量的发展速度。社会效益的另外一层意思是满足某种程度需求的后果。相比之下，这是更重要的社会效益。如粮食生产中大量使用化肥和农药，导致土壤污染，粮食作物中的各种有害物质超标，给人类的生产生活造成重大损失，就谈不上社会效益问题。从精神层面上讲，黄、赌、毒等危害人类精神文明建设和发展的消费品，其社会效益也不能仅以使用价值是否满足人的需求来衡量，而应该从“后果”上来衡量。

社会效益与生态效益的最大区别在于后者是自然再生产过程的“有用性”度量标准，而前者则主要是社会有用性及其后果的度量标准，是社会再生产过程的产物，是由社会及经济系统生产出来而又面向社会的使用价值及其消费后果。

三、生态效益的含义

生态效益是指人们在生产中依据生态平衡规律，使自然界的生物系统对人类的生产、生活条件和环境条件产生的有益影响和有利效果，它关系到人类生存发展的根本利益和长远利益。生态效益的基础是生态平衡和生态系统的良性、高效循环。农业生产中讲究生态效益，就是要使农业生态系统各组成部分在物质与能量输出输入的数量和结构功能上，经常处于相互适应、相互协调的平衡状态，使农业自然资源得到合理的开发、利用和保护，促进农业和农村经济持续、稳定发展。

生态效益是从生态平衡的角度来衡量效益。生态效益与经济效益之间是相互制约、互为因果的关系。在某项社会实践中所产生的生态效益和经济效益可以是正值或负值。最常见的情况是，为了更多地获取经济效益，给生态环境带来不利的影响，此时经济效益是正值，而生态效益却是负值。生态效益的好坏，涉及全局和长期的经济效益。在人类的生产、生活中，如果生态效益受到损害，整体的和长远的经济效益也难得到保障。因此，人们在社会生产活动中要维护生态平衡，力求做到既获得较大的经济效益，又获得良好的生态效益。

生态效益和经济效益综合形成生态经济效益。在人类改造自然的过程中，要在获取最佳经济效益的同时，也最大限度地保持生态平衡和充分发挥生态效益，即取得最大的生态经济效益。这是生态经济学研究的核心问题。长期以来，人们在社会生产活动中，由于只追求经济效益，没有遵循生态规律，不重视生态效益，致使生态系统失去平衡，各种资源遭受破坏，已经给人类社会带来灾难，经济发展也受到阻碍。从事某项生产建设项目，以单纯的经济观点来衡量，其个别的、一时的经济效益可能很高，但往往存在着对生态资源的掠夺和破坏，如森林过伐、酷渔滥捕、陡坡开荒、草场超载过牧等。这种只看当前、不顾长远的开发利用方式是错误的。客观现实要求人们树立生态经济效益的观点。所以，人们在社会生产活动中，要对建设项目产生的生态效益进行评价，考虑项目在生态环境方面的可行性与价值，来进行可行性分析，在此基础上决定是否开始项目，以实现经济效益与社会效益的统一。

四、实现经济效益、社会效益、生态效益相统一

（一）经济效益与社会效益相统一

经济效益和社会效益本应该是统一的，应该是共同发展的。自改革开放以来，我国经济快速发展，取得了举世瞩目的成绩。随着经济效益提高，更多的老百姓开始关注社会效益。社会效益是民生问题，也就是人民群众最关心、最直接、最现实的利益。若经济效益的获得要以社会效益为代价，就违背了人民群众的根本利益，违背了以人为本的发展观，违背了社会主义的本质。为了我国又好又快地发展，经济效益和社会效益必须兼顾起来。

首先，政府应该出台一些政策来引导社会，如制定污水废气排放指标、限制噪声污染的时间等。有关部门还应该加大对企业的监督力度，对违反规定的企业要严肃处理，触犯法律的要追究刑事责任。应尽快建立有效的社会管理机制，从根本上解决经济效益和社会效益的矛盾。

其次，企业本身要严格自律，把社会效益也当作是企业发展的目标，在取得经济效益的同时兼顾社会效益。企业必须依靠科技进步，加紧环保的科技创新，不仅要把科技应用在提高经济效益上，还应该应用到社会效益的保护上，让企业不仅成为推动经济发展的力量，而且成为推动社会全面进步的主要力量。

再次，市场经济是法治经济，要完善健全有关社会效益的法律制度和体系。把社会效益纳入法治保障，做到有法可依，保障社会效益随着经济效益不断提高。

最后，社会效益的最终落实还得靠人的操作。政府应该改变传统发展观念，把只关注 GDP 变成关注社会全面进步，把只关注经济指标变成同时关注民生动态，树立以人为本、以民为本的观念。公民应该主动学习有关法律，做到知法、懂法、用法。这样不仅能维护自己的权利，也能监督政府和企业的行为。

党的十六大以来，中国共产党先后提出了科学发展观、全面建设小康社会及建设和谐社会等，明确指出社会发展应该是全面发展，应该是经济与社会的协调发展，应该是可持续发展。这为我们维护并提高社会效益指明了方向。我们应该坚决贯彻落实这些思想，把我国建设成为经济现代化、社会现代化的国家。

（二）经济效益与生态效益相统一

人们进行经济活动是以经济效益最大化为目的。不产生经济效益的经济活动，不仅会造成社会再生产过程的中断，而且会危及人类的生存和发展。

经济效益是人们进行经济活动所取得的结果，而经济活动的生产环节又是整个经济活动的基础，决定着分配、交换、消费等环节。生态效益是指生态环境中诸物质要素在满足人类社会生产和生活过程中所发挥的作用。在社会生产过程中，处于主体地位的是劳动者，处于客体地位的是生态环境提供的阳光、空气、水、土地、动植物、矿石等物质要素。在单位时间内的主客体相结合转化过程中，在劳动者耗费的劳动量和科技水平一定的条件下，如果生态环境提供的物质要素质量好、数量多，则既可产生好的生态效

益，又可产生较高的经济效益。反之，如果生态环境提供的物质要素质次量少，则不仅会使劳动者数量减少、能力下降，所耗费的劳动量增加，而且会直接影响生产的产品质量和数量，进而使经济效益下降。经济效益受生态效益的制约表明，人们的经济活动不能脱离一定质量和数量的生态环境物质要素的支持，经济效益必须以生态效益为基础。

生态环境之所以能产生生态效益，是由构成生态环境诸多物质要素的功能决定的。人们以什么方法充分利用生态环境诸物质要素的功能，又采用何种方式使生态效益转化为经济效益，是由生产力发展水平和与之相适应的经济条件决定的。随着科学技术的进步和商品经济的发展，人类一方面不断利用科学技术充分发挥生态环境中诸物质要素的功能，另一方面则通过商品交换的方式，把生态环境中物质要素的使用价值转化为价值，从而实现经济效益。

生态环境中的诸多物质要素之间是相互联系、相互促进、相互制约的统一整体。人们的物质生产活动，虽然是在不同的时间、不同的地域，运用不同的手段，利用生态环境中的部分物质要素功能完成的，但也会引起其他物质要素的变化，使生态平衡状况处于不断变动之中。毁林垦荒、围湖造田、乱排“三废”、过量使用化学制品、捕杀野生动物，虽然可给人类带来经济效益，但也仅是眼前的、局部的、短期的经济利益得以满足；而由上述行为造成的植被破坏、水土流失、土壤沙化、环境污染、食物链中断、物种减少、资源短缺，会造成生态失衡、灾害不断，给人类全局的、长远的、持久的经济利益带来严重的损失。

发展经济和保护生态环境是统一的。突出其三个特征，就一定能获得比较好的经济效益和生态效益。

一是突出其社会性，要从微观入手严格宏观调控。发展经济、保护生态环境是每个人的事情，可以说生态经济是全民经济。在社会经济活动中，一方面要求人人树立环境保护意识，从自身做起，使社会再生产在良好的生态环境中发展，具有广泛的群众基础；另一方面要求国家密切关注微观经济动态，及时采取有力措施，严格调控人们的利益关系，制止某些利益群体在谋求自身经济利益的过程中出现破坏生态环境的行为。

二是突出其历史性，要在发展生态经济过程中，继承前人优秀成果，探索新的办法，注重不断创新。人类已积累了不少经济与环境协调发展的经验，我们应该认真借鉴和利用；但是，随着生产力的发展，人们又必须充分利用新的科技成果去解决当代经济发展中出现的新问题，善于创新才能推动人类社会不断进步。

三是突出其科学性，充分利用经济规律和自然规律的综合作用，走可持续发展道路。人类的社会再生产活动是以生态环境为载体，以取得经济效益为目的，因而必须顺应自然规律和经济规律的要求，才能达到预期目的。这两个规律虽然发挥作用的领域和形式不同，但都共同影响着人们生产的物质成果的质量和数量。因此，人们在进行经济活动时绝不可忽视这两个规律的共同作用，只追求一时的经济效益而忽视长远的生态效益。人类在经历了无数次自然界的惩罚后，终于在20世纪70年代找到了符合自然规律和经济规律要求的可持续发展道路，从而使世界各国掌握了如何发展经济的科学依据。目前，各国正结合本国以及全球生态变化的实际，制定和实施可持续发展战略。未来，人类将在新的认识指导下，去创造全面、持久的经济效益。

第四节　人口、资源、环境同经济社会发展相统一

构建社会主义和谐经济社会需要从多方面同时展开，经济发展是重中之重，只有经济和谐发展才能更好地实现社会和谐。但是，当前经济社会发展中存在着一系列矛盾和问题，导致经济发展不和谐。其中最为突出的就是人口、资源、环境同经济社会发展的关系问题。

马克思曾把“人和土地之间的物质循环”称为“调节社会生产的规律”，强调的就是人和自然之间实现良性循环的客观要求。因此，人与自然之间的物质循环规律，就是人口、资源和生态环境协调发展的规律。实行低耗、高效和清洁的集约型生产，并对这些过程中受损的自然物质资源设法补偿和替代，对被污染的生态环境予以补救和改善，就能促进人与自然之间的良性循环，同时促进经济的发展。人口、资源、环境同经济社会发展相统一，就是要走人与自然和谐发展的道路。从中国国情出发，有必要明确在人口、资源和环境三个主要方面采取措施，做好工作。

一、人口同经济社会发展相统一

（一）提高人口素质

为进一步提高中国人口的文化素质，必须认真贯彻科教兴国战略。要重视基础教育，降低文盲率，继续推进九年义务教育；要增加农村文化教育事业的投入，从根本上改变农村地区教育落后、人口素质低的现状。人力资本存量水平高、积累快的国家，产出和经济增长就快。在知识经济社会中，优质人力资本能迅速积聚大量物质资本，知识对个人和国家的命运具有前所未有的重要性。因此，必须加大对教育的投资，使人口压力转化为人力资本，并使一般的人力资源向优质的人力资源转化，构建人力资本投资和回报的合理机制。

（二）解决好人口老龄化带来的问题

国际上通常把60岁及以上人口占总人口的比例达到10%，或65岁及以上人口占总人口的比例达到7%作为国家或地区进入老龄化社会的标准。中国现阶段已经迈入人口老龄化阶段。老年人的生活是否有保障，影响着在职劳动者的情绪和生产积极性。所以，做好老年人口的工作，关系到社会的安定团结，关系到经济资源的充分利用，关系到人口素质的提高，是人口同经济社会发展相统一的一项不可忽视的工作。健康老龄化战略内涵主要包括“老有所养、老有所医、老有所为、老有所学、老有所教、老有所乐”，这是对中国老龄工作的综合概括，是促使经济社会可持续发展的重要内容，是解决好中国人口老龄化问题的主体思路。具体建议是：要在全社会弘扬尊老养老的道德风尚；开展老年人的教育活动（如书画、电脑教育等），发挥老年人的社会积极作用；组织身体健康的老年学者专家，为社会提供智力服务。要加快建立和逐步完善符合中国国

情的城乡老年社会保障制度，建立完善的老年社区服务网络，形成社会养老、家庭养老和自我养老相结合的养老保障体系。

二、资源同经济社会发展相统一

资源，广义来讲，是在人类社会经济发展过程中可以用来创造财富的一切有用要素。它既包括天然地存在于自然界的自然资源，如土地、森林、矿产、水资源等，也包括后天通过人类劳动创造而形成的人造资源，如人力资源、技术资源、物质资产、货币资本、人造的与自然资源种类和形态相同的资源等。在发展经济学中，资源一般被界定为其狭义的一面，即自然资源。

我国陆地国土面积960万平方公里，海域面积约300万平方公里，自然资源丰富。截至2023年，我国人口数量为14.0967亿，为世界第一人口大国。从资源总量看，我国是一个资源大国，品种丰富，一些重要资源拥有量位居世界前列。但从人均资源占有量看，我国又是一个“资源小国”，低于世界平均水平。我国人均资源偏低，所以必须节约资源，综合利用资源，提高资源的利用效率，为经济和社会长期持续发展留下余地。需要做好以下工作：

一是要节约利用自然资源。要建立节约型国民经济体系和资源节约型社会，形成有利于节约资源和保护环境的产业结构和消费方式。我国节约自然资源的潜力很大，节能大有潜力可挖。由于许多企业的技术水平不高，管理水平较低，对许多资源的利用效率都不高。这就要求我们依靠科技进步，加强管理，挖掘潜力。要逐步建立资源节约型的生产、运输和消费体系，减少资源消耗，并提高资源利用率。要加强宣传教育，树立节约资源、保护资源的意识，同时促进资源替代使用，包括生产中的资源替代和消费中的资源替代。当一种相对丰富、相对廉价的资源能够替代某种相对稀缺、相对昂贵的资源时，这种替代就可使稀缺资源延长可供利用的时间。科学技术的发展，使我们有可能发现更多在生产中用一种物质替代另一种物质的方法。所以，要积极依赖科技进步，研究资源替代，最大限度地节约稀缺资源。

二是要加强资源的综合利用。对于具有多种用途的自然资源，如矿产资源中的共生矿、伴生矿，一定要综合管理，设法综合开发、综合加工，努力发挥各种资源的利用潜力。要避免进行单一的某种资源的开发，而把其他有用资源作为废物摈弃。同时，对于生产和生活中排放到环境中的废物，也要努力加以利用，提高废旧物资的回收、综合利用率，变废为宝。要加强资源综合利用重点领域的技术创新和先进适用技术的推广应用，提高资源综合利用的整体技术水平。鼓励扶持一批有条件的研究机构和企业联合，进行资源利用综合性、基础性、前沿性研究和开发。同时加强国际合作，积极引进利用国外技术和资金，引导企业或民间资本增加对资源综合利用的投入。

三是要善于利用国外资源。我国是资源大国，但与别国相比，资源的种类、各种资源的数量既有相对丰富的，又有相对短缺的。因此，要善于利用国际资源。应当用国内相对丰富的资源及其制品，到国外换取国内紧缺的资源及其制品。要通过制定相应的法规，严格限制或禁止国内稀缺资源的出口。对于从国外换回的重要战略资源，要节约使用，注意保持必要的储备。

四是要全面推动技术进步。定期制定颁布《资源综合利用重点推广应用技术目录》和《资源综合利用产品目录》，运用市场机制和各种经济手段促进成熟、先进技术的推广应用，加快科技成果转化的步伐。加强对重点行业资源综合利用技术应用的引导。要制定和修订资源利用的技术与产品标准，建立资源综合利用基本资料统计制度以及资源综合利用信息库。

五是要完善资源综合利用的相关法律和法规。加强环境资源、粮食资源、水资源及各种主要矿产资源保护法的制定和完善；制定反对浪费的法律法规，为惩罚严重破坏环境资源者和严重浪费资源者提供法律依据；完善产权法律制度，规范和理顺产权关系，保护各种产权权益，并系统地研究制定有关资源综合利用的技术经济政策，提高资源使用效率；制定激励工业“三废”资源、再生资源和伴生矿产资源等综合利用的措施，使资源综合利用工作能够真正走上法治化轨道；完善产品质量和市场交易法律法规，严厉打击坑蒙拐骗以及制假售假行为，规范市场交易，减少资源损失。

三、环境同经济社会发展相统一

国家制定的环境保护规划必须纳入国民经济和社会发展计划。国家采取有利于环境保护的经济技术政策和措施，使环境保护工作同经济建设和社会发展相统一。改革开放以来，我国经济快速发展，但由于经济发展的模式比较粗放，加之对资源的不合理利用，导致生态遭受破坏，环境污染加剧。从总体上看，我国生态环境恶化的趋势已初步得到遏制，部分地区有所改善，但我国环境形势仍然相当严峻，不容乐观。严峻的环境形势迫使我们必须做出选择：是持续发展还是自我毁灭。毫无疑问，我们应当采取有效措施，防治环境污染与破坏。否则，日益恶化的环境将使我们在其他领域中所取得的一切成就黯然失色。因此，在推进现代化建设过程中，必须把环境保护放在突出的位置。我们应该认识到，保护和改善环境也是保护和发展生产力。要实现环境与经济社会的协调发展，必须积极采取以下措施：

一是优化经济结构。发展经济要充分考虑自然环境的承载能力和承受能力，杜绝掠夺性采矿、毁灭性砍伐等掠夺、破坏自然环境的做法，建立人与自然环境相平衡的关系。要调整优化经济结构，探索发展循环经济的有效途径，积极发展生态农业、生态林业、生态工业和生态旅游，使经济系统与生态环境系统形成良性循环，使生态环境同经济社会建设实现协调发展。同时还需要调整产业结构和产品结构，减少高能耗、高污染工业的比重，大力发展节能、少污染的工业和第三产业，对于保护生态环境具有重要意义。要通过结构调整，坚决淘汰那些消耗高、性能差、污染严重、浪费资源的落后生产方法。

二是调整生态环境的管理体制。建立有效的、权威的领导管理机构，加强领导，改变当前生态环境管理中政出多门、互不协调的状态。统筹解决生态环境建设中的重要问题，协调部门、地区间的行动。明确部门和地区的职责，制定地区规划与部门实施方案，组织实施本地区、本部门的环境保护与生态建设任务，形成省、设区市、县（县级市区）分级管理、上下联动、务实高效的管理决策系统。

三是依靠科技进步，实现清洁生产。企业要树立清洁生产意识。清洁生产是对生产过程采取整体性的防治污染环境的措施，以尽量减轻生产过程和其产品对人类和环境的可能危害。推行清洁生产，既可以促进企业改善经营管理，改进产品设计、工艺过程和技术，妥善处理废物，又能充分利用能源和资源。清洁的工作和劳动环境，还有助于调动劳动者的积极性，不仅能取得良好的环境效益，还有利于提高经济效益。要积极推进国际环境管理标准即 ISO 14000 标准的实施。同时要积极实施产品环境标识制度。环境标志可以表明一种产品对环境的影响程度。要求企业产品通过国家环保部门的检验，或取得环境标志，这既有利于消费者在购物时做出有利的选择，又可以促进企业从扩大产品销路的角度，主动保护环境，让更多的企业创造条件，按照国际标准建立和实施环境管理体系。

四是加强环境的综合治理。加强环境的综合治理对实现可持续发展具有重要意义。保护生态环境要坚持强化管理、预防为主和“谁污染谁治理、谁开发谁保护”的原则，充分调动地方政府、企业及广大群众保护环境的主动性和积极性。要加强环境保护重要性的宣传与教育，增强人们保护环境的自觉性，使“爱护环境人人有责”的理念成为社会各界人士的共识和自觉行动。要坚持经济建设和环境建设同步规划、同步实施，尽快发展环保产业，引导一部分有条件的大中型国有企业参与环保产业，利用国有企业现有的人才、技术和管理优势发展壮大环保产业。政府和企业都要加强对环保设施建设的投入，社会各方面应密切配合，有效实施国家制定的统一综合治理规定。要严格执行国家的环境保护法，依法保护环境。

五是坚持防范与治理相结合。立足于从源头上控制环境污染，加强污染治理、监测和监管，严格控制主要污染物排放总量，减少二氧化硫排放量，降低化学需氧量，建立完善以生态补偿为主要内容的利益补偿机制，着力解决影响人民群众健康安全的突出环境问题。全面实施对重要生态功能区抢救性保护、重点资源开发区生态环境强制性保护、生态环境良好区和农村生态环境积极性保护、风景名胜资源严格保护，维护生态平衡，保障生态安全。

本章小结

人是自然界的存在物，自然是相对于人、人类社会、人类社会历史而言的。自然界是人类赖以生存和发展的基础。人与自然应建立和谐统一的关系，才能保持经济社会的可持续发展。

经济增长是指一定时期内一国国民生产的商品和劳务的总量。经济增长是经济发展的基础条件。经济发展的目标是追求速度、结构、质量和效率的统一，其核心是质量与效益的统一，没有质量、效益以及合理的经济结构，单纯追求速度则只能是欲速不达。

经济效益是指通过商品和劳务的对外交换所取得的社会劳动节约，即以尽量少的劳动耗费取得尽量多的经营成果。社会效益是指社会在生产过程中满足社会对物质和精神财富需求程度及其满足需求以后的后续社会后果。生态效益是指人们在生产中依据生态平衡规律，使自然界的生物系统对人类的生产、生活条件和环境条件产生的有益影响和有利效果。

经济效益和社会效益、生态效益存在着极为密切的关系。在取得经济效益的同时，必须关注社会效益，即民生问题。要把提高经济效益与改善民生问题紧密结合起来，通过政府引导、企业自律、法治建设保障其实施。经济效益必须以生态效益为基础。提高经济效益绝不能够以牺牲生态环境为代价。充分利用好生态环境诸物质要素的功能，生态效益可转化为经济效益。

人口、资源、环境同经济社会发展是相辅相成的。提高人口素质，节约利用自然资源，加强资源的综合利用，推动技术进步，完善资源综合利用的相关法律法规，保护环境，加强对环境的综合治理，保持三者在经济发展过程中的协调统一，才能促进经济社会全面、健康、可持续发展。

思考题

1. 城市与农村的发展有何趋势？其内在根据是什么？
2. 经济增长结构如何制约经济发展的质量和效益？
3. 如何理解经济效益、社会效益、生态效益三者的统一性？
4. 论述人口、资源、环境同经济社会可持续发展的关系。

参考文献

[1] 姜学成，徐志辉．生态经济学通论［M］．北京：中国林业出版社，1993.

[2] 苏明．城乡经济社会统筹发展机制和宏观政策研究［J］．地方财政研究，2006(2).

[3] 许崇正．人的发展经济学［M］．北京：光明日报出版社，2022.

[4] 许崇正．人的发展经济学概论［M］．北京：人民出版社，2010.

后　记

《中国特色政治经济学——人的发展经济学教程》一书由南京师范大学许崇正教授主编，吉林大学韩喜平教授、南京大学葛扬教授任副主编。全书提纲和整体框架、构想由许崇正教授撰写、提出。本书编写组进行了各章分工撰写（编写）。

第一章：许崇正教授（南京师范大学）

第二章、第三章第一、二、三、五节：韩喜平教授（吉林大学）

第三章第四节：杨鲜兰教授（湖北大学）

第四章：杨鲜兰教授、邱海燕教授（湖北大学）

第五章：李仙娥教授、王萍副教授（西安科技大学）

第六章：张昌兵教授（南京邮电大学）、刘雪梅副教授（南京师范大学）

第七章：葛扬教授（南京大学）

第八章：朱巧玲教授、张霞副教授（中南财经政法大学）

第九章：叶祥松教授（广州大学）

第十章第一、二、四、五节：许崇正教授（南京师范大学）

第十章第三节：刘雪梅副教授（南京师范大学）

第十一章：苗艳青教授、张辉教授（北京大学）

第十二章第一节：刘静暖教授（琼州学院）

第十二章第二、四节：苗艳青教授、张辉教授（北京大学）

第十二章第三节：张辉教授（北京大学）、刘静暖教授（琼州学院）

第十三章：曾国安教授（武汉大学）

第十四章：胡芬教授（湖北大学）

第十五章：张昌兵教授（南京邮电大学）

第十六章：刘元胜副教授（吉林财经大学）、陶士贵教授（南京师范大学）

第十七章：葛扬教授（南京大学）

第十八章：马兆良副教授、田淑英教授（安徽大学）

第十九章：刘铮教授（上海大学）

第二十章：朱巧玲教授、何凌云副教授（中南财经政法大学）

第二十一章：辛维举教授（宁夏大学）、马怀礼教授（安徽大学）

初稿完成后，许崇正教授对全书各章进行了统稿，并对不少章、节进行了修改、补充和删减。刘雪梅副教授协助许崇正教授参与了对第十九章第五节的修改。感谢经济科学出版社的编辑团队在此书编辑过程中细致、认真的工作，反复校阅，给我们留下了深刻的印象，在此深表感谢！

本书编写组

2024 年 3 月 2 日